토미즘의 생명사상과 영성이론

SPIRITUALITY

이명곤

E-Mail: bosco4181@hanmail.net

경북대학교 철학과를 졸업하고, 프랑스 리옹 가톨릭대학에서 토마스 아퀴나스의 「영혼론」으로 석사 학위를 받았다. 파리1대학에서 철학사 DEA 학위와, 토마스 아퀴나스의 「인간의 본질과 실재론적인 영성」으로 박사 학위를 받았다. 예술과 미학에도 관심이 많아 파리1대학의 예술대학에서 조형미술(한국화) 석사 학위와 미학 DEA 학위를 취득하였다. 귀국 후 대구가톨릭대학교 연구교수, 경북대학교 전임연구원을 거쳐 현재는 제주대학교 철학과에 재직 중이다. 고·중세철학, 종교철학, 예술철학 등을 강의하고 있으며, 2014년에는 〈영남미술대전〉의 초대작가로 등단하기도 하였다. 주된 철학적 관심은 인간학, 신비주의, 영성 그리고 프랑스 가톨릭 철학자들의 사상 등이다. 저서는 『토마스 아퀴나스 읽기』, 『키르케고르 읽기』, 『역사 속의 여성 신비가와 존재의 신비』 등 6권이 있고, 역서는 『영성의 파노라마』, 『토마스 아퀴나스의 존재의 형이상학』, 『진리론』, 루이 라벨의 『자아와 그 운명』, 가브리엘 마르셀의 『존재의 신비I』 등이 있다. 또한 「중세철학 및 토마스 아퀴나스」 관련 논문 20여 편과, 루이 라벨, 가브리엘 마르셀, 엠마누엘 무니에 등 프랑스 가톨릭 철학자들에 관한 논문 8편, 키르케고르 관련 논문 6편, 그리고 예술철학 관련 논문 5편 등 다수의 논문을 발표하였다.

토미즘의 생명사상과 영성SPIRITUALITY 이론

찍은 날 2016년 12월 8일 • **펴낸 날** 2016년 12월 15일
지은이 이명곤 • **펴낸이** 김상동 • **펴낸 곳** 경북대학교출판부
출판등록 1973년 10월 10일 ㉑97호 • **주소** 대구광역시 북구 대학로 80
전화 053-950-6741~3 • **팩스** 053-953-4692 • **이메일** press@knu.ac.kr
홈페이지 http://knupress.com
ISBN 978-89-7180-448-3 93110

* 정가는 뒤표지에 있습니다. 파본은 바꾸어 드립니다.

이 저서는 2011년 정부(교육부)의 재원으로 한국연구재단의 지원을 받아 수행된 연구임(NRF-2011-812-A00060)

토미즘의 생명사상과 영성이론

SPIRITUALITY

초자연적 실재론

이명곤 지음

경북대학교출판부

서문

철학을 한다는 것이 어떤 위대한 철학자의 사상을 전공하거나 답습하는 것은 분명 아닐 테지만, 한 사상가의 사유를 전체적으로 가급적 깊이 있게 이해한다는 것은 참으로 매력적인 일이다. 그것은 비록 한 번도 직접 만난 적은 없지만 그의 정신을 통해 그를 알게 되고 그와 교감하며 일종의 정신적인 우정을 나누는 것이기 때문이다. 모든 인간관계가 그러하겠지만 특히 '우정'이나 '사랑'의 본질적인 특성은 '그를 더 알고자 하는 것', '그의 모든 것을 이해하고자 하는 것'이다. 토마스 아퀴나스의 사상을 처음 접한 뒤 그의 사상에 매료되어 전공 분야로 선택한 지 어느덧 25년이 지났다. 그동안 토마스 아퀴나스에 대한 적지 않은 논문을 발표하고 저서와 역서를 출간하였지만, 늘 마음 한구석에는 무언가 부족하다는 느낌과 허전함이 자리하고 있었다. 토마스 아퀴나스라는 철학자의 사상이 워낙 방대하고 심오하여 나의 모든 노력들에도 불구하고 그를 제대로 잘 이해하지 못하고 있다는 생각 때문이었을 것이다. 특히 철학적으로 다루기가 쉽지 않은 그의 '영성(靈性)'에 관한 주제는 늘 미루어 왔던 것이 사실이다. 나의 박사 학위 논문이 '실재론적인 영성'이라는 제목을 달고 있기는 하지만, 그것은 어디까지나 그의 영성이 가지고 있는 근본적인 성격을 밝히는 것이었지, 그의 영성을 참으로 알고자 하는 것은 아니었다. 이러한 점은 나로 하여금 항상 부채 의식을 가지게 하였다. '토미즘의 생명사상과 영성이론'이라는 제목의 이 책은 비록 불완전하겠지만 나의 아쉬움을 해결해 주는 작업이었다고 할 수 있다. 특히 철학적으로 다루기가 쉽지 않은 토마스 아퀴나스의 '영성'에 관한 사상을 전체적으로 이해할 수 있는 기회가 되었다는 점에서 나로서는 굉장히 의미 있는 일이었다.

인생의 여정이라는 측면에서 볼 때 생명에 관한 주제가 삶의 시작에 관한 것이라면, 영성에 관한 주제는 그 마지막에 관한 것이다. 즉 본 저서의 내용은 제목이 보여 주는 것처럼 '생명의 탄생'에서부터 심미적·윤리적 지평을 거쳐 '영성적 지평'에 이르는 인간 존재의 전 지평에 걸쳐서 이러한 지평들이 어떠한 원리들과 상호관계를 맺으면서 발전하고 있는지, 그리고 그 과정에서 어떠한 본질적인 문제들이 있는지를 유기적으로 제시하고 있다. 본 저술에서 특기할 만한 점은 이 모든 인간실존의 지평들을 하나의 근본적인 개념 즉 '생명'이라는 개념을 통해서 해명하고 있다는 점과, 토마스 아퀴나스의 사유와 대립하거나 동일한 노선에 있지 않은 다양한 견해들까지도 함께 고찰하면서, 불일치하는 사유들을 어떻게 이해해야 하며 그 해결점은 무엇인지를 함께 고민하고 있다는 점일 것이다. 본 저서의 제1장이 생명에 관한 현대 과학자들의 사유에 대한 문제 제기로 시작하고 있는 것도 바로 이러한 이유에서이다. 다시 말해서 본 저서는 비록 토마스 아퀴나스의 사유를 조명하는 것이기는 하지만, 그의 사상을 중세철학자의 사상으로서가 아니라, 현대를 살아가는 지성인의 입장에서 우리 시대를 살아갈 수 있는 하나의 사상 혹은 이론으로 삼고자 한 것이다. 본 저서의 제목을 '토마스 아퀴나스의 사상'이 아닌 '토미즘의 사상'이라고 한 것도 바로 이 때문이다. 비록 토미스트라고 할 수는 없겠지만 토마스 아퀴나스의 사유와 공유될 수 있는 많은 사상가들의 생각을 함께 등장시키고 있는 이유도 바로 여기에 있다. 현대의 대표적인 토미스트인 에티엔느 질송은 "토미스트가 된다는 것은 토마스 아퀴나스의 사상을 이해하고 소개하는 사람이 아니라, 토마스 아퀴나스가 했던 소중한 작업들을 되풀이하는 사람이 된다는 것"이라고 말한 적이 있다. 토마스 아퀴나스가 했던 그 소중한 작업이란 당대에 등장하는 다양한 사유들, 대립하는 사유들까지도 하나의 형이상학적 지평에서 수렴하고 종합하며, 끊임없이 새로운 사유로 창출하고자 한 그 모든 노력을 말한다.

내가 이러한 토미스트적인 철학적 작업을 할 수 있었던 것은 나의 박사 학위 논문을 지도해 주셨던 헤미 브라그(Hémi Brague) 교수님 덕분이다. 그분은 논문 지도를 마치고 나에게 "토마스 아퀴나스 전공자가 아니라, 진정한 토미스트가 되면 좋겠다."라고 말씀하셨는데, 그 말씀이 지금껏 나의 뇌리에 남아 있다. 이 기회를 빌려 그분에게 다시 한 번 깊이 감사드린다. 그리고 이 책의 출간을 위해 애써 주신 경북대학교출판부 편집진에게도 깊은 감사를 드린다.

2016년 늦은 가을에
제주 아라동 연구실에서 **이명곤**

CONTENTS

제1장 들어가는 말

인류의 생명은 어디서 와서 어디로 가는가?

一

생명현상과 생명의 법칙에 관한 새로운 차원의 질문은 형이상학적 차원에서 주어진다. 이는 '생명이 어떤 과정을 거쳐서 발생하였는가?' 혹은 '인류의 탄생은 어떠한 생명의 과정을 거쳐서 가능했는가?' 하는 과학적인 질문이 아니라, '인간은 어디서 와서 어디로 가는가?' 하는 인간적 삶의 의미와 목적에 관련된 것이다. 자연과학이 과정을 문제 삼는다면, 철학과 형이상학은 그 의미와 목적에 대해서 질문하는 것이다.

제 1 장

들어가는 말

인류의 생명은 어디서 와서 어디로 가는가?[1]

1. 생명의 기원에 대한 과학자들의 가설들

'생명'이라는 말에는 참으로 다양한 의미가 있다. 생명에 관하여 논하자면 사람들은 우선 자연과학적 혹은 생물학적 차원의 생명을 떠올린다. 아마도 그것이 대다수의 사람들이 생각하는 생명의 일차적인 의미일 것이다. 하지만 생명이라는 용어가 단지 과학적 의미로만 사용되지는 않는다. 생명은 문학적·철학적 혹은 형이상학적 의미, 도덕적·종교적 의미로도 사용될 수 있다. 가령 '그의 정치적 생명은 이제 끝이 났다' 또는 '아직 시인으로서의 생명은 건재하다'라고 할 때, 나아가 성서에서 '나는 생명을 주러 왔다'고 할 때, 생명이 가지는 의미는 모두 다르다. '정치적 생명이 끝났다'는 대중의 신뢰를 잃어 정치인으로서의 자격을 잃었다는 의미이며, '시인으로서의 생명이 건재하다'는 비록 다른 모든 상황이 매우 열악하다 해

1 이 장에서 제시하는 철학적 사유들은 일반적으로 알려진 학문적인 진리들이다. 생명의 기원에 대한 논쟁은 분명 여기에 제시하는 내용들보다 복잡하고 지평과 차원이 다른 과학적인 논의들도 있을 것이다. 하지만 본 장의 저술 목적은 이러한 다양하고 복잡한 과학적 논의들에 대해 밝히는 것이 아니라, 생명에 관한 과학적 지평과는 다른 형이상적 지평의 새로운 논의가 필요함을 역설하기 위한 문제 제기임을 밝힌다.

도 시를 쓰는 그의 재능이나 용기는 여전히 활발하다는 의미이다. 그리고 성서에서 '나는 생명을 주러 왔다'라고 하는 것은 진리 혹은 빛을 의미하는 도덕적인 문제와 관련된 생명의 의미이다. 이처럼 생명에 관한 의미가 다양하지만, 일반적으로 사람들이 생명이라고 하는 것은 자연과학적 혹은 생물학적인 의미의 생명이라고 할 수 있다. 가령 '생명은 어떻게 발생하였는가, 혹은 어디서 왔는가'라는 생명의 기원 문제나, 안락사를 이야기할 때 '어떤 조건 하에서 한 인간의 생명이 다했다고 할 수 있는가'라고 하여 삶과 죽음의 경계를 구분하는 조건을 논하는 질문에서의 생명은 생물학적인 의미의 생명이다. 생명의 기원에 관한 사유는 참으로 오랫동안 논쟁의 대상이 되었지만 여전히 분명한 답을 찾지 못했고, 안락사의 문제에 있어서도 생물학적 죽음의 의미가 어디까지를 말하는지 전문가에 따라 이견이 있을 수 있다. 물론 이러한 질문들이 언젠가는 분명한 해답을 얻을 수 있는가 하는 물음에도 답을 할 수 없기는 마찬가지다. 과학기술이 상상 이상으로 발전하고 유전공학이나 양자역학 등이 아무리 발달한다고 하나, 죽은 사람을 살릴 수도 없고 살아 있는 작은 장미꽃 하나를 만들 수도 없음을 상식적인 사람이라면 알 수 있을 것이다. 왜냐하면 생명이란 살아 있는 다른 생명으로부터만 발생하는 것이지 인위적으로 만들 수 있는 것은 아니기 때문이다. 즉 생명이라는 문제는 인간의 이해를 넘어서는 초월적인 것 혹은 신비적인 것, 아니면 최소한 자연과학적인 고찰을 넘어서는 것을 내포하고 있다.

생명의 기원 문제에 대한 역사적인 추이를 살펴보면, 가장 먼저 창조신화를 들 수 있다. 고대 이집트나 수메르 그리고 그리스도교에서 전형적으로 볼 수 있는 '창조설'은 생명의 기원을 어떤 절대적이고 전능한 외부의 존재로부터 설명하고자 하는데, 오늘날 미국 등지에서 제기되고 있는 지적 설계론 역시도 이러한 창조설의 아류로 볼 수 있다. 하지만 이러한 창조설은 논증이나 검증이 불가능하다는 점에서 과학적·학문적 이론으로 받아들이기에는 한계가 있다. 한편 희랍의 철학자 아리스토텔레스는 생명이 그것을 야기하는 원인 없이 자연적으로 발생한다는 자연발생설을 주장하였는데, 이는 17세기 이탈리아의 레디(Francesco Redi)에 의해서 부정되었다. 레디는 고기를 넣어 둔 용기를 천으로 감싸 두면 구더기가 생기지 않고, 파리가 알을 낳아야만 구더기가 생길 수 있음을 보여 줌으로써 이를 증명하였다. 하지만 레벤후크(Antonie van Leeuwenhoek)가 미생물의 존재를 확인함에 따라 문제는 미생물의 자연발생으로 옮겨 가게 되었는데, 이 논쟁 역시 19세기 후반에 파스퇴르(Louis Pasteur)에 의해 일단락되었다. 파스퇴르는 길고 구부러진 목을 가진 플라스크에 수프를 끓인 후 방치하여, 신선한 공기가 자유롭게 출입하더라도 미생물을 넣지 않는 한 생명이 자연적으로 발생하지 않음을 증명하였다.

현재까지 생명의 기원에 관한 가장 그럴듯한 과학적인 이론은 화학적 진화설이라고 볼 수 있다. 구소련의 생화학자 오파린(Aleksandr Ivanovich Oparin)이 이 이론을 주장하였다. 그는 1936년 『생명의 기원』에서 이 이론을 처음 발표하였는데 그 내용을 요약하면 다음과 같다. 원시 해양에서는 아미노산과 핵산 같은 고분자 유기물질이 형성되며, 이것이 더 발전하면 표면에 막을 갖는 코아세르베이트가 생겨난다. 이들 중 어떤 것들은 물질 대사 능력을 갖게 되는데, 이것들이 다양한 환경 조건에 잘 적응하여 자기 복제가 가능한 원시적 생명체로 발달하게 된다. 그리고 자기복제의 과정에서 일어나는 실수(돌연변이)는 하나의 진화가 되는 것이다. 아주 단순한 원시미생물에서는 자기 복제 과정의 실수로 인한 아주 작은 변화도 보다 나은 것을 의미한다. 즉 돌연변이를 거듭할수록 보다 복잡한 고등 생명체로 진화하는 것이다. 1953년 미국의 밀러는 원시 대기의 성분으로 추정되는 메탄·암모니아·수증기 및 수소의 혼합 가스로부터 전기 방전을 통하여 유기화합물인 여러 가지 아미노산과 유기산을 합성하는데 성공하여 오파린의 화학적 진화론을 뒷받침하였다. 밀러의 실험이 발표된 후 많은 과학자들은 에너지원으로 방전 이외에 방사선·자외선·열 등을 이용하여 원시대기 성분으로서 가능성이 있는 여러 가지 기체 혼합물을 만들었고, 이들의 화학반응에 의해 각종 아미노산이나 유기화합물이 생성되는 것을 확인하였다.

하지만 이러한 이론의 문제점은 이후의 과정들에 대해서는 진위를 전혀 확인할 수 없다는 것이다. 비록 원시대기 성분으로부터 아미노산이나 유기물질을 산출할 수 있다고 하여도, 자기복제를 하는 원시 미생물의 탄생이나 복제 과정에서 돌연변이를 일으켜 진화하는 과정을 과학적으로 검증할 수는 없다. 이러한 과정은 최소한 수만 년을 필요로 하고, 원시 생태계를 그대로 재현한 장소를 만드는 것 자체가 거의 불가능한 일이기 때문이다. 이처럼 과학적으로 검증이 불가능한 것은 어디까지나 하나의 가설에 불과하다.

생명의 기원에 관한 또 다른 학설로 판스페르미아설이라는 것이 있다. 이 이론은 생명이 지구 밖에서 기원한다고 주장한다. 원시자연에서 발생한 원시생명은 화학적인 진화에 의한 것이 아니라, 다른 천체로부터 운석 등에 부착되어 도래했다는 것이다. 즉 생명의 기원이 되는 세균이나 포자 같은 것들이 운석 등에 포함되어 지구에 충돌하면서 도달하였다는 설인데, 천문학자 호일(Fred Hoyle)은 이러한 생명의 기원이 되는 작은 미생물이나 포자 등을 판스페르미아라고 명명하였다. 하지만 이 이론 역시도 지구에서의 생명의 기원이 아니라 생명의 기원 자체에 대해서는 아무런 정보도 제공하지 못하고 있다. 애초에 생명의 기원이 되는 작은 원인자들이 어떻게 발생했는가에 대해서는 설명하지 못하고 있는 것이다. 결국 생명의 기원이라는 가장 근원적인 문제에 있어서 학문적으로 진리라고 할 만한 분명한 이론을 제시하기는 불가능하므로, 생명의 기원에 관해 다양한 가설이 존재할 수 있음을 인정해야 하는 것이다.

2. 진화론과 엔트로피의 법칙

우리가 두 번째로 질문해야 할 것은 '인류의 기원'에 관해서이다. '인간이 어디서 와서 어디로 가는가?' 하는 질문은 인간이 자신에 대해서 눈뜨게 되면서부터 가져온 질문이며, 현재에 와서는 아무도 더 이상 진지하게 관심을 가지지 않는 식상한 질문으로 취급되고 있다. 그 이유 중 하나는 진화론이 마치 이 질문에 대한 답처럼 주어져 있기 때문이다. 진화론이란 것은 사실상 하나의 가설에 지나지 않지만 많은 수의 현대인들은 마치 그것이 이미 과학적으로 증명된 사실인 것처럼 생각하고 믿고 받아들이고 있다. 다윈식의 진화론은 발굴된 몇 가지 고고학적 자료들에 모종의 연계성을 부여하는 것인데, 이는 하나의 생물 종은 새로운 생물의 종으로 분화한다는 가정에 근거를 두고 있다. 그리고 이러한 이론은 생물학의 발달과 함께 인간의 유전자가 침팬지의 유전자와 99%나 일치한다는 사실을 통해서 더욱 공고해졌다. 결국 진화론에 따르면 침팬지와 같은 유인원으로부터 오스트랄로피테쿠스·호모 하빌리스·호모 에렉투스·네안데르탈인 등 여러 단계의 종의 과정을 거쳐 현생 인류인 호모 사피엔스가 탄생한 것이다.

만일 우리가 앞서 언급한 화학적 진화론과 다윈의 진화론을 연결하게 되면 애초에 아메바와 같은 하나의 생명이 수만 혹은 수억 년 동안 점진적인 진화적 변화를 거쳐 오늘날과 같은 다양한 생명의 종으로 분화되었다는 말이 된다. 하지만 이러한 이론에는 하나의 의문점이 있다. 비록 하나의 생명종 안에서 다양한 다른 종의 생명으로 분화되는 것이 사실이라 할지라도 서로 차원이 다른 생명의 종이 다른 하나의 차원으로 분화될 수 있는가 하는 점이다. 즉 '식물과 같은 전혀 감각이 없는 생명의 종으로부터 동물과 같은 감각작용을 하는 생명 종으로 그리고 동물과 같은 전혀 지성을 가지지 않는 생명 종으로부터 인간과 같이 사유하는 생명의 종으로 분화하는 것이 가능한가' 하는 의문점이다.

다윈 진화론의 결정적인 근거가 되는 갈라파고스 군도의 핀치(되새)는 40여 종이 저마다 나름의 독특한 삶의 방식을 취하고 있으며 각기 자신이 서식하는 환경에 적합하게 분화된 대표적인 예이다. 다윈은 핀치 새가 애초에 하나의 종이었으나 각기 섬에 적합한 형태로 돌연변이해 살아남으면서 서로 다른 종으로 분화했다고 설명하면서 이를 자연선택(natural selection)이라고 한다. 이러한 설명은 매우 설득력이 있다. 하지만 이러한 핀치 새의 예가 다른 모든 예들, 가령 식물류에서 동물류로의 진화 또는 동물류에서 인류로의 진화까지 설명해 줄 수는 없을 것이다. 아리스토텔레스는 말과 당나귀가 교미하여 새로운 종인 노새가 발생했다고 믿지만, 동물은 애초에 동물이며 인간은 애초에 인간이었다고 생각한다. 하나의 유전적 본성을 규정하는 것은 형상(forma)이며, 형상은 진화하지 않기 때문이다. 즉 진화란 하나의 종 안에서의 외적인 형질 변형을 의미하는 것이고, 한 종의 유적인 본질을 규정해 주는 형상은 진화하지 않는다는 것이다. 두 생명이 유적으로 유사하다고 해서 어느 하나가 다른 하나에서 기인하였다는 것은 논리적으로 말하면 잘못된 유비추론의 오류라고 할 것이다. 즉 유사하다는 것이 곧 인과관계를 말하는 것은 아니다. 만일 진화론이 과학적 사실로 인정받고자 한다면 과학적인 방식, 즉 검증 가능한 방식으로 증명해야 한다. 하나의 식물이 감각을 가진 곤충이나 동물로, 그리고 침팬지가 인간과 비슷한 사유하는 침팬지로 진화하는 것을 실험실에서 증명해 보여야 하는 것이다. 하지만 이러한 실험에는 수억 년이 걸릴 것이므로 불가능하다. 검증 불가능한 사실을 과학적 사실로 주장할 수는 없는 일이다. 즉 진화론이란 어디까지나 가능성이 높은 하나의 과학적 가설에 지나지 않는 것이다.

진화론의 문제는 단순히 검증불가능성에 있는 것은 아니다. 진화론이 과학적 이론이라는 차원에서 건전하려면 다른 과학적 이론들과 모순되지 않아야 한다. 그런데 진화론은 현재 과학계에서 통용되고 있는, 소위 열역학 제2법칙이라고 불리는 '엔트로피의 법칙'과 상반된다. 엔트로피의 법칙이란 모든 존재하는 것에 공통되는 하나의 우주적 법칙으로, 자연 상태에 있는 모든 것이 질서에서 무질서로 나아가고자 하는 경향성을 말한다.[2] 가령 물이 든 컵에 설탕을 넣으면 설탕은 원래의 분자구조를 상실하고 녹게 되며, 이러한 녹는 상태는 곧 무질서의 증가이다. 그리고 녹은 설탕은 자연 상태에서는 결코 결정체로 복귀하지 않는다. 이러한 엔트로피의 법칙은 생명체의 경우에도 예외 없이 적용되는데, 에어빈 슈뢰딩거는 『생명이란 무엇인가-물질과 정신』에서 다음과 같이 말한다.

모든 과정·사건·일(뭐라 불러도 좋다) 한마디로 자연 속에서 일어나는 모든 일은

---

2 "오늘날 우리는 이 근본적인 물리학의 법칙이 다름 아니라, 우리가 방치할 경우 사물들이 카오스적인 상태에 접근하는 경향성과 같다는 것을 안다." 에어빈 슈뢰딩거, 『생명이란 무엇인가-물질과 정신』, 전대호 옮김, 궁리, 2011, p. 123.

> 그 일이 일어나는 장소 근처의 엔트로피가 증가함을 의미한다. 그러므로 살아 있는 유기체는 끊임없이 자신의 엔트로피를 증가시킨다. 혹은 일정량의 엔트로피를 산출한다고 말해도 좋다. 따라서 살아 있는 유기체는 최대 엔트로피 상태 즉 죽음을 향해 나아가는 경향성을 가지고 있다.[3]

엔트로피의 법칙에 의하면 질서에서 무질서로의 이동이 자연적인 질서이다. 그런데 진화론의 법칙은 이러한 엔트로피의 법칙과 정면으로 대립하고 있다. 진화론이란 상황에 보다 적합하게 적응하면서 무질서에서 질서로 이동하는 생명현상을 의미하기 때문이다. 꽁트와 같은 진화론자에 의하면 진화란 '보다 불완전하고 하급의 신경체계에서 보다 완전하고 고차적인 신경체계로의 변화'이다.

그런데 엔트로피의 법칙은 하나의 중요한 사실을 시사한다. 자연 상태에 있는 모든 존재들이 엔트로피의 법칙에 지배 받고 있지만, 유독 생명의 법칙만은 엔트로피의 법칙을 거스르고 있다는 것이다. 죽음을 피하기 위해서 생명체들이 산출하는 생명의 작용이란 이러한 무질서에 저항하고 질서를 유지하고자 하는 집요한 노력과 같이 나타난다. 에어빈 슈뢰딩거는 이러한 현상을 유기체가 자신을 지키기 위해서 '불가피하게 발생하는 엔트로피를 자신에게서 떨어내는 것'이라고 표현한다.[4] 즉 우주의 근본적인 물리 법칙이 엔트로피(무질서)의 증가라면, 생명체의 법칙은 엔트로피의 소멸로 나타난다. 이는 생명이 없는 우주의 물리적 법칙과 생명을 가진 생명체의 법칙이 정확히 반대된다는 말이다. 이러한 의미에서 '생명의 법칙은 물질적 저항에 대한 정신의 승리'라고 표현한 베르그송의 사유는 매우 그럴듯하다.[5] 베르그송은 생명의 법칙이나 원리가 단순히 진화론적인 과정을 거쳐서 형성된 것이 아

---

3 위의 책, p. 120.

4 "유기체가 죽음으로부터 멀리 떨어져 있을 수 있는 이유는 오직 환경으로부터 끊임없이 음의 엔트로피를 끌어들이기 때문이다. (…) 물질대사의 핵심은 유기체가 살아 있는 동안 불가피하게 산출하는 엔트로피를 유기체 자신에게서 성공적으로 떨어내는 것이다." 위의 책, pp. 120~121.

5 "생명은 비약을 원하나 물질이 그 비약을 밑으로 끌어당긴다. (…) 생명의 유기체는 물질적 저항과 무기력에 대한 승리를 보여 주고 있다." 김형효, 『베르그송의 철학』, 민음사, 1991, p. 19.

니라, 어떤 초월적인 힘에 의해서 주어진 선물 즉 생명의 원리로서의 영혼이라고 표현한다.

> 생명의 현상이 모든 인간의 형상 안에서 지성은 질료를 자극하는 영혼의 노력을 통찰한다. 이 영혼은 무한히 부드럽고 영원히 움직이며 무게로부터 벗어난 영혼이다. 왜냐하면 영혼을 산출하는 것은 땅이 아니기 때문이다. 이러한 영혼의 가벼움으로부터 영혼은 질료에 생명을 불어넣는 그 어떤 것을 전달한다. 질료 안에서 질료를 초월하는 이러한 비질료성, 이는 사람들이 '선물'이라고 부르는 어떤 것이다.[6]

물론 이러한 베르그송의 진술을 진리로 받아들일 수만은 없을 것이다. 알 수 없다고 해서 초월적인 존재로부터의 선물이라고 단정할 수는 없기 때문이다. 하지만 그렇게밖에 생각할 수 없는 필연적인 것이라는 의미에서, 이러한 진술을 여전히 수용 가능한 형이상학적 가설로 인정할 수 있을 것이다.

결국 이러한 예들이 우리에게 시사하는 것은 과학이 생명의 기원에 대해서 납득할 만한 설명을 하지 못하고 있듯이 인류의 기원에 대해서도 사실 혹은 진리라고 할 만한 것을 제공하지 못하고 있다는 것이다. 꽁트는 '과학적이라는 것은 검증 가능한 것'이라고 말한 바 있다. 하지만 과학은 생명의 발생과정을 검증할 수 없으며, 침팬지로부터 인간이 발생했다는 것을 검증할 수도 없다. 최소한 현대 인류의 과학으로는 이러한 과정을 재현하기가 불가능하다. 이는 과학이 어떤 근원적·근본적인 문제에 대해서는 가정하고 가설을 세울 수 있을 뿐 사실 혹은 진실을 보여줄 수는 없음을 의미한다. 생명의 기원이나 인류의 기원에 관한 것뿐 아니라, 모든 근원적인 것들, 가령 우주의 기원·사후세계의 존재 여부·신의 존재 여부·사랑의 신비 등 형이상학적인 문제에 대해서 과학이 말해 줄 수 있는 것은 거의 없다.

---

6 H. Bergson, *Le Rire*, Paris, PUF, 1900, p. 22.

3. 여정의 인간

생명현상과 생명의 법칙에 관한 새로운 차원의 질문은 형이상학적 차원에서 주어진다. 이는 '생명이 어떤 과정을 거쳐서 발생하였는가?' 혹은 '인류의 탄생은 어떠한 생명의 과정을 거쳐서 가능했는가?' 하는 과학적인 질문이 아니라, '인간은 어디서 와서 어디로 가는가?' 하는 인간적 삶의 의미와 목적에 관련된 것이다. 자연과학이 과정을 문제 삼는다면, 철학과 형이상학은 그 의미와 목적에 대해서 질문하는 것이다.

만일 생명현상에 적용되는 법칙이 단순히 물질들의 물리적인 법칙에 적용되는 법칙들과 다른, 즉 단순히 질료적 차원에서 적용되는 법칙과 다른 보다 고차적인 법칙이라고 한다면 생명현상들 내에서도 보다 고차적인 생명현상에 적용되는 법칙과 보다 하위적인 생명현상에 적용되는 법칙이 다를 수 있다. 다시 말해서 식물이나 곤충 혹은 조류처럼 인간이 아닌 생명체에게서 관찰되는 법칙들은, 그것이 아무리 분명한 사실이라 할지라도 지성을 가진 영장류인 인간의 생명현상에 그대로 적용할 수는 없을 것이다. 따라서 인간에게는 인간의 생명현상을 보다 잘 설명해 줄 다른 법칙이 있다고 가정할 수 있다. 만일 누군가 이러한 가정을 거부한다면 그는 '모든 생명체는 동일한 생명의 법칙에 지배받아야 한다'라는 일종의 일방적인 전제, 즉 독단적인 선입견을 고수하고 있다고 보아야 할 것이다. 데카르트가 말하였듯이 어떤 것이 명석·판명하게 진리로 인정되지 않은 한 우리는 의심해 볼 수 있고, 새로운 가설을 형성할 수 있어야 한다. 진정한 과학자나 철학자라면 이러한 열린 사고가 반드시 필요하며, 진리의 기준은 현상을 보다 잘 설명할 수 있고 인간의 지성으로 납득할 만한 해명을 제공하는 것이어야 한다.

여기서 주지해야 할 사실은 그것이 어떤 생명체이든 그의 존재의 모든 현상들은 생명과 연관이 있고, 궁극적으로 그의 생명의 원리 혹은 법칙이 나타나는 현상이라고 해야 한다는 것이다. 한 생명체가 보여 주는 모든 현상들은 그가 지닌 유일한 생명의 원리에 의해서 혹은 이를 통해서 이루어지고 있다. 나의 신체적·생물학적 건강이 나의 생명과 연관이 있는 것처럼 나의 감각적·지성적 작용 역시도 나의 생명과 밀접하게 연관이 있다. 결국 나의 모든 삶의 현상들은 유일한 생명의 원리와 밀접하게 연관되어 있다는 것이다. 이러한 생명의 유기체성은 중세철학자 토마스 아퀴나스는 물론 우리가 생(生)철학이라고 부르는 현대의 철학자들, 예컨대 베르그송과 같은 철학자들에게서도 잘 나타난다. 베르그송은, 현대인들은 한 인간의 자아를 생물학적인 자아·심리학적인 자아·역사적인 자아·종교적인 자아 등으로 구분하지만 이 모든 자아는 '그의 자아'라는 단 하나의 자아, 단 하나의 생명(삶)에 대한 잠정적 구분일 뿐 실질적으로 인간의 자아를 여러 개의 자아로 구분할 수는 없다고 말한다.[7]

생철학 혹은 삶의 철학에서 생(生)이란 단지 생물학적인 생명을 의미하는 것이 아니라, 인간이 살아가는 삶 자체를 지칭한다. 생명이 하나의 유기체적 통일성을 이루고 있다는 사실은 언어의 사용에서도 잘 드러나고 있다. 생명을 뜻하는 한자 生은 목숨을 의미하기도 하지만 삶을 의미하기도 한다. 그리고 라틴어의 vita, 불어의 vie, 영어의 life는 생물학적인 생명과 일상의 삶 그리고 인생이라는 의미를 모두 가지고 있다. 따라서 우리는 모든 생명을 가진 존재의 모든 존재현상들을 생명현상이라는 용어로 지칭할 수 있다. 그리고 이 생명의 현상이 유일한 하나의 생명의 원리로부터 발생한다면, 혹은 최소한 이 생명의 원리에 밀접하게 관여하고 있다면 인간의 생명을 제대로 이해하기 위해서는 인간의 모든 현상들을 생명의 현상이라는 단 하나의 지평을 통해서 고찰해야 할 것이다. 여기에는 학문을 하고 인생관과 가치관 및 세계관을 가진 그의 자아의 현상과 예술 활동을 통한 창조성, 사랑하는 이나 타인을 위해 자신을 헌신하는 사랑의 현상, 나아가 보이는 세계 내에서

---

7 "이처럼 우리는 다양한 의식의 상태가 서로 스며들어 점점 더 풍부해지고 유기적으로 변하면서 공간을 넘어선 하나의 나(자아)를 형성한다고 말하는 것이다. 하지만 이미 '다양한'이라는 용어를 사용하여 이러한 의식의 상태들을 서로 분리하면서, 하나의 의식을 다른 의식들로부터 외면화하는 것이다. 다시 말하면 이 의식들을 병렬적으로 나누는 것이다. 이처럼 우리는, 우리가 추구할 의무가 있는 공간 안의 시간의 진보라는 것에 뿌리한 우리들의 습관을 배신하게 되는 것이다." H. Bergson, *essai sur les données immédiates de la conscience*, Paris, PUF, 1970, p. 91.

눈에 보이지 않는 어떤 초월적인 것을 살고 있는 신비적 현상 등 모든 것이 포함된다. 인간의 생명을 이해하려면 인간적 현상 전반에 대한 최소한의 이해가 요구된다. 인간생명에 대한 고찰은 다양한 인간적 현상을 고려하지 않고는 불가능한 것이다.

내가 그의 생명 혹은 그의 삶을 사랑한다는 것은 어떤 의미일까? 그것은 그의 모든 것을 사랑한다는 것이다. 여기서 그의 모든 것이란 말 그대로 모든 것이다. 그의 육체·생김새·정신, 그가 가진 재능이나 기질들, 나아가 그가 품고 있는 어떤 이상이나 계획들, 심지어 그가 소유하고 있는 집이나 골동품들 혹은 그가 쓰거나 만든 작품들 등 모든 것을 말한다. 만일 그것이 타인이나 세상을 해치는 악이 아니라면 그의 삶을 사랑한다는 것은 그의 모든 것을 사랑한다는 뜻이다. 여기서 한 가지 흥미로운 사실은 우리가 삶을 사랑하고 생명을 사랑하는 것에서 하나의 일정한 법칙을 발견할 수 있다는 것이다. 이 법칙이란 시간에 비례해서 나타나는 어떤 것이다. 우리가 한 인간의 생명 혹은 삶을 사랑할 때, 가장 먼저 사랑하게 되는 것은 그의 외모나 감각적인 어떤 것과 연관된 것이다. 그리고 점차 그를 알게 되면 그의 생각이나 그의 마음의 어떤 성향을 사랑하게 된다. 이는 어린이들의 성장에서도 분명히 나타나는 것으로, 아이들은 처음에는 감각적·외적인 것들을 사랑하게 되며, 시간의 흐름과 더불어 정신적·내적인 것들을 사랑하게 된다. 이는 다시 말해 생명의 현상이란 감각적인 것에서 정신적인 것으로, 그리고 외적인 것에서 내적인 것으로 성장 혹은 발전해 간다는 것이다. 만일 이러한 법칙을 좀 더 고차적으로 설명하자면 생명현상은 어떤 현상적인 것에서 본질적인 것으로 성장·발전한다고 할 수 있다. 이는 예술가들의 삶에서도 분명히 나타난다. 어떤 예술가도 시작부터 그의 예술성에 관심을 가진 사람은 없다. 처음에는 지극히 외적인 행위를 의미하는 기법이나 기술을 배우고 이러한 기법들을 획득하는 것이 거의 전부이다. 그리고 점차 그가 예술을 이해하고 자신만의 예술을 구사하게 되면 그는 그만의 어떤 예술 즉 '자신의 예술성'을 획득하게 된다. 그의 관심은 지극히 외적인 것에서 점차 내적인 것으로 나아가며, 언젠가는 이 내면성이 전부인 것 같은 때에 도달하게 되는 것이다.

이처럼 한 생명이 개화하고 발전하는 단계는 외적인 것에서 내적인 것으로, 감각적인 것에서 정신적인 것으로, 현상적인 것에서 본질적인 것으로 나아간다. 여기서 우리는 다른 질문을 던져 볼 수 있다. 만일 생명의 개화와 발전이 도달하는 가장 최상의 단계 혹은 가장 탁월한 단계가 있다면 그것은 무엇일까? 아마도 종교적 현상이나 신비주의적 현상을 믿지 않는 현대의 지성에게 있어서 그것은 정신 혹은 지적인 현상이다. 하지만 우리는 파스칼이나 막스 쉘러의 말을 빌려, 인간의 생명은 인간인 것을 무한히 넘어서는 것이라고 할 수도 있지 않을까? 초인간적인 것, 단순한 지성을 넘어서는 것, 현상의 배후에 있는 초현상적인 것을 인정하지 않는다면 모든 종교적 현상이란 엄밀히 말해 인간현상이 아니라 환상이나 허상에 지나지 않을 것이다. 실존주의자 키르케고르의 단독자 개념에 의하면 인간이 진정으로 진리와 마주하는 순간이란 한 개인이 절대자와 마주하는 순간뿐이다. 마찬가지로 불교에서도 모든 규정이나 개념을 초월한 공(空)의 상태에서만 진정한 실재를 통찰할 수 있다고 한다. 아마도 우리가 생명현상에 대해 고찰하면서 마지막으로 고찰해야만 하는 것이 있다면 그것은 바로 인간의 종교적인 현상, 보다 구체적으로 말하자면 신비주의적 현상들일 것이다. 이는 오늘날 보다 일반적이고 대중적인 의미로 영성(靈性, spirituality)이라고 한다. 이러한 사실은 예술가들의 삶에서 경험적으로도 확인할 수 있다. 대부분의 위대한 음악가나 화가들이 생의 마지막에 작곡하거나 그린 것들은 종교적인 작품들이다. 사실상 어린아이들은 진정으로 종교적이 될 수 없다. 그들의 삶은 어디까지나 심미적인 현상에 국한되어 있기 때문이다. 하지만 어른이 되면 지성적인 삶을 가지고 또 종교적인 삶을 가지게 된다.

만일 인간의 종교적인 현상 혹은 신비주의적 현상 역시도 인간생명의 개화 혹은 발전의 한 열매라고 한다면, 이러한 생명의 목적이나 끝은 무엇인가? 여기서 우리는 종교와 관련하여 오래된 고전적인 주제를 상기해 볼 수 있다. 그것은 '여정의 인간'이다. 가브리엘 마르셀은 『여정의 인간』에서 "희생은 계획에 반대된다."[8]라

---

8 "La sacrifice est le contraire du projet." Gabriel Marcel, *HOMO VIATOR*, Association Présence de

고 말한다. 인간은 인생을 보다 잘 살기 위해서 많은 계획을 세운다. 어떤 의미에서는 인생 자체가 하나의 거대한 계획이다. 하지만 어느 순간 인간은 그 누군가를 위해서 이러한 계획을 포기하게 된다. 종교에서는 이를 사랑이라고 한다. 그 누군가를 위해서 자신의 계획을 포기하는 것이 사랑이라면 사랑의 의미는 어디에 있을까? 만일 이러한 사랑이 그의 죽음을 통하여 이루어진다면 그 의미는 어디서 구해야 할까? 사후 세계의 보상이라는 진부한 종교적 답변을 제시하지 않는다면, '인생이란 여행'이라고 답할 수 있을 것이다. 즉 어떤 식으로든지 시간적이고 공간적인 현생의 삶이 인생의 전부는 아니며, 다만 그 무엇을 향해 나아가는 여정이라는 것이다. 이러한 사유를 가장 분명하게 드러낸 철학자는 희랍의 마지막 철학자 플로티노스이다. 왜냐하면 "그는 다소 길게 상연되는 인생이라는 무대 위에서 인간의 영혼 자체는 (보다 좋은 능력을 지니고 있는 까닭에) 한낱 그림자나 허상에 지나지 않는 이 세상에 마음을 빼앗길 수 없다고 역설하기 때문이다."[9] 만일 이를 인정하지 않는다면 모든 종교적인 사랑, 즉 나와 이해관계가 전혀 없는 어떤 인간을 위한 희생은 무의미하고 어리석은 일에 지나지 않을 것이다.

인간적인 삶 혹은 인생을 어떤 목적을 가진 여행이라고 보는 것은 인생의 의미를 보다 큰 것 혹은 이 현생의 목적을 넘어선 것에 두고자 하는 것이다. 아니면 최소한 인간의 삶이란 죽음, 보다 정확히는 생물학적 죽음을 통해서 완전히 끝나지는 않는다는 것을 의미한다. 사실상 어떤 식으로든지 이러한 시간적이고 공간적인 현생의 의미를 초월하지 않고서는 종교적이라는 사건이 발생하지 않는다. 꽁트나 칸트와 같은 철학자에게 있어서 이러한 종교적인 사건들은 학문의 영역 바깥에 존재하거나 혹은 최소한 학문적으로 다룰 수 없는 것이겠지만, 형이상학을 가진 대다수의 철학자들은 이러한 종교적인 사건을 오히려 인간의 가장 본질적인 어떤 것으로 고려하고 있다. 플라톤의 이데아론에서 시작된 관념론적인 사유는 철학

G. marcel, 1998, p. 256.

9 화이트비, 『플로티노스의 철학』, 조규홍 옮김, 누멘, 2008, p. 48.

사 전반을 유유히 이어오면서 이러한 초인간적인 것에 대해 얘기하고 있다. 이데아란 무엇인가? 문학적인 표현을 빌리자면 이데아란 아직 인간의 의식이나 마음속에 완전히 존재하지 않는 이상적인 삶의 이미지라고 할 수 있을 것이다. 결국 이 유한하고 상대적인 세계에서 이상적인 것을 획득할 수 없다면 왜 인간은 이상적인 어떤 것을 추구할까? 사람들은 이러한 질문들에 다양하게 답할 수 있다. 부조리 철학자들처럼 인생 자체가 부조리한 것이기에 이상적인 것의 추구는 그 자체로 모순되고 공허한 몸짓이라고 답할 수도 있다. 더 나아가 쇼펜하우어처럼 이러한 질문을 통해서 '현재의 삶을 존재하지 않는 것만 못한 비극'임을 확인해 주는 계기로 파악할 수도 있다. 아니면 '인간은 다른 인간에 대해서 늑대이고 일상의 삶이란 전쟁의 연속'이라 본 홉스의 고백처럼 인간이 이상적인 삶을 추구하는 것은 전쟁을 두려워하는 나약한 인간성의 발로라고 할 수도 있다. 아니면 '성인은 광야로 도망가고 예술가는 이상 안으로 도피한다'라는 옛 금언처럼 무료하고 염증이 나는 현실을 도피하기 위한 수단으로 단순하게 볼 수도 있다.

하지만 이러한 모든 해명들에도 불구하고 종교적인 현상은 여전히 인류의 역사 안에서 면면히 이어지고 있다. 비록 어떤 특정한 종교의 옷을 입고 있지는 않다 하더라도 인간의 내면 깊숙이 초인간적인 것에 대한 추구, 현재의 지상의 삶을 넘어서는 그 어떤 이상적인 것에 대한 추구가 끊임없이 이어져 오고 있다. 예컨대 니체와 같은 철학자는 모든 인간적인 것을 넘어서는 새로운 인간 즉 초인에 대해 꿈꾸었고, 멘느 드 비랑 같은 철학자는 이러한 형이상학적인 욕구를 가진 자신의 욕망을 내적 현상으로 고찰하면서 신성한 어떤 것과 연관하여 정립하고자 하였다. 그리고 토마스 아퀴나스는 이러한 인간의 추구 역시도 지성을 가진 인간의 가장 본질적인 욕구라고 파악하면서 '모든 자연적인 것이 헛되지 않은 것처럼, 지성에게 자연스러운 이러한 추구 역시도 헛되지 않다'라고 단언한다. 가브리엘 마르셀은 이러한 인간의 초인간적인 것에 대한 추구를 희망이라고 요약하면서 이러한 희망은 모든 인간적인 가치들을 상실한 것 같은 절망의 순간에도 삶에 의미를 부여한다고 말한다.

어떤 하나의 가능성은 그것이 실현되어 현실적인 것이 되기 이전에는 가치를 판단할 수 없다. 생명, 최소한 인간의 생명은 하나의 가능성이다. 모든 인간은 자신의 생명을 가지고 있지만, 그 생명이 어떤 방식으로 그리고 어떤 본질적인 것으로 구체화될 것인가 하는 문제는 그것이 개화하고 열매를 맺기 전까지는 아무도 판단할 수 없다. 다만 우리는 생명현상을 지켜보고 그것을 고찰할 수 있을 뿐이다. 현상에 대한 최대한의 고찰을 통해서 결국 그 현상의 원인이 되는 본질을 어렴풋이 파악할 수 있는 것이다. 이러한 의미에서 삶의 저편에까지 의미를 부여하고 이 현실적인 삶에서 얻을 수 없는 초현실적이 것 혹은 초자연적인 것을 추구하는 인간의 생명을 여전히 '여정의 인간'이라는 형이상학적 주제를 통해서 바라볼 수 있다. 오늘날의 사회가 영성(spirituality)을 갈망하고 있다면 우리가 누리고 있는 모든 현실적인 삶의 가치들을 넘어서는, 모든 인간적인 가치들이 소멸한 순간조차 생에 의미를 가져다주는 초현실적인 것 혹은 초자연적인 것에 대한 희망을 배제하고서는 그것을 생각할 수 없다. 우리는 본 저술에서 인간생명의 특수성은 인간현상의 특수성과 일치하며, 따라서 인간현상의 특수성은 인간생명의 특수성의 발로라고 여기고 있다. 그리고 인간의 생명에 대한 올바른 이해는 이러한 인간현상의 특수성, 특히 영성이라는 것에 초점을 맞추어 고찰하는 것이다. 인간의 특수한 생명현상은 심미적 지평·윤리적 지평·종교적 지평이라는 세 지평을 하나의 생명의 지평 혹은 하나의 존재의 지평에서 유기적으로 고찰해야 하며, 이렇게 할 때에만 우리는 인간의 생명에 대한 가치와 의미를 보다 깊이 있고 실재에 근접한 모습으로 밝힐 수 있다.

제2장

근대 이후 생명에 관한 사조와 인류의 자아에 대한 고민

一

'한 마리의 제비가 봄을 가져오지는 않는다'라는 격언이 있듯이, 인류의 미래에 대한 창조적인 비전은 단 하나의 사상이나 단 한 사람의 철학자가 이룰 수 있는 것은 아니다. 보다 많은 철학자들이 보다 많은 개별적인 형식을 제시할수록 인류의 미래는 보다 많은 가능성을 가지게 될 것이다.

제2장 근대 이후 생명에 관한 사조와 인류의 자아에 대한 고민

'생명'이란 무엇을 지칭하는 용어인가? 생명이라는 개념을 통해서 우리가 떠올리는 이미지나 우리가 이해하고 있는 것은 무엇인가? 모든 사람들이 이 생명이라는 말을 통해서 동일한 것을 떠올리고 동일한 이해를 유발하는가? 그리고 이 생명에 관한 가치부여는 어떻게 이루어지고 있는가? 모든 사람이 생명에 동일한 가치를 부여하고 동일한 의미를 부여하는가? 그렇지는 않을 것이다. 만일 그렇다면 낙태나 안락사에 대한 치열한 토론이나 논쟁은 있을 수 없기 때문이다. 만일 모든 사람들이 생명에 대해서 서로 다른 다양한 이미지를 가지거나 의미를 두고 자신이 생각하는 생명에 가치를 부여하고 있다면, 그 이유는 무엇일까? 이러한 질문에 답하기는 쉬운 일이 아닐 것이다. 가장 일반적인 이유를 들자면 다른 모든 가치들 가령 자유나 정의 등과 마찬가지로 생명의 가치 역시도 각자의 인생관이나 세계관으로 인해 차이가 발생하기 때문일 것이다. 어떤 사람에게 있어서 자유나 정의 등이 가지는 의미는 자신의 목숨만큼이나 중요할 수 있겠지만, 또 어떤 사람에게 있어서는 이러한 것은 한 줌의 쌀보다 못한 사치스러운 감정에 불과할 수도 있다. 마찬가지로 어떤 사람에게 있어서 사랑이란 자신의 전부일 수 있겠지만 또 어떤 사람에게 있어서는 사랑이란 사실 존재하지도 않는 감상적인 허상에 지나지 않을 수도 있다.

이러한 사실들이 우리에게 시사하는 것은 생명이 다양한 의미와 개념으로 사용되고 있으며 사람에 따라 모두 다른 실재를 지칭하기도 한다는 것이다. 즉 생명에 관해서 서로 다른 의견이나 사상을 가지고 대립하거나 논쟁할 때, 많은 경우 어느 하나가 틀리고 어느 하나가 옳은 것이 아니다. 그 이유는 생명이라는 용어가 지칭하고 있는 실재가 다르기 때문일 수도 있고, 생명이 전개되는 과정에 대한 이해의 관점이나 사유의 지평이 다르기 때문일 수도 있다. 따라서 우리는 생명에 대해 보다 깊이 있고 완전하게 이해하기 위해서 생명에 관해서 다루고 있는 각각의 사상들에서 말하는 생명이란 어떠한 개념이며 무엇을 지칭하는지, 나아가 생명이 전개되는 생명현상에 대한 이해의 틀과 사상의 구조는 무엇인지 살펴보아야 하는 것이다. 그리고 생명에 대한 다양한 사상들의 어떤 부분들이 긍정할 만하고 어떤 부분들이 한계를 가지고 있는지에 대해서도 알아보지 않을 수 없다.

1. 생명에 관한 현대 과학의 사유와 그 한계들

생명에 관한 자연과학자들의 사유는 다양하겠지만 그중 가장 일반적이고 보편적으로 널리 알려진 것은 진화론이다. 리처드 도킨스는 『이기적 유전자』에서, 현대인들은 진화론을 너무나 분명한 사실로 생각한다고 주장한다.

> 오늘날 진화론은 지구가 태양을 돌고 있다는 이론과 같이 의심의 여지가 없지만…[10]

사실 교육을 받은 대다수의 사람들이라면 진화론을 부정하지는 않을 것이다. 하지만 진화론이 지동설만큼이나 분명한 사실이라고 하는 것은 과장이다. 현대의 진화론자들은 진화론의 내부에서도 다양한 이론적인 대립이나 위기가 이어지

10 리처드 도킨스, 『이기적 유전자』, 홍영남 옮김, 을유문화사, 2005, p. 22.

고 있다고 말한다.[11] 사실 진화론자들은 생명 그 자체에 대해서 말하기보다는 생명이 다양한 형태로 발전하는 과정 즉 생명의 외적인 현상에 대해서 말하고 있다. 우리는 진화의 과정 자체를 의심할 필요는 없지만, 하나의 동일한 생명이 다른 모든 생명체들이 지니고 있는 생명의 기원이라고 단정하는 것은 성급하다고 말할 수 있다. 그리고 하나의 유일한 종에서 인류를 비롯한 다양한 종들이 분화되어 나왔다는 것을 과학적으로 분명히 검증하기는 어렵다. 왜냐하면 어떠한 과학자도 수백 년 혹은 수천 년이 걸리는 무기물질에서 유기물질로의 진화과정, 그리고 유인원에서 인간으로의 진화과정을 연구실에서 재현해 낼 수는 없기 때문이다. 물론 이와 반대로 어떤 종교적인 신념에 근거하여 이러한 과학자들의 사유를 무조건 오류로 간주하는 것도 문제이기는 마찬가지이다.

생명의 진화에 대한 진화론자들의 탐구는 과거의 화석을 발굴하고 그 과정을 결합하여 진화의 과정을 추론하는 것이다. 반면 현대의 유전공학은 부모의 어떤 특수한 형질들이 자녀에게 유전된다는 사실을 인지하고 이를 진화의 추론에 적용하는 것이다. 하지만 추론의 결과가 유일한 결론을 도출하지만은 않으며, 그 결과는 다양하다.

> 사실 다윈의 이론이 제기하고 있는 가장 큰 두 질문은 유전에 대한 메커니즘의 이론과 다양성의 원인에 관한 이론이었다.[12]

단순한 유기물질에서 스스로 움직이는 생명체로, 미세생명체에서 어류나 파충류로, 파충류에서 유인원으로 그리고 유인원에서 현재의 인간으로 진보·발전하는 생명의 종적 분화에 대한 이론을 의미하는 진화론은 그 과정을 실제로 확인하거나

---

11 "다윈이 제시하고 있는 '자연선택'을 통한 종들의 기원에 대한 설명은 새로운 연구의 계획들을 구체화하였고 이와 동시에 오늘날까지 이어오고 있는 이론적인 위기의 연속을 촉발시켰다." Jean-Marc Druin et Charles Lenay, *Théories de l'évolution*, Paris, presses pocket, 1990, p. 11.

12 *Théories de l'évolution*, *op. cit.*, p. 11.

실험실에서의 실험을 통해 검증할 수가 없다는 점에서 우주의 기원을 말하는 빅뱅 이론과 유사하다. 즉 모든 이론(理論, theory)은 그 자체로서 어떤 사실을 말하는 것이라기보다는 매우 개연성이 높은 이론을 창출하는 것이며, 그렇기 때문에 과학적인 이론에는 항상 반증의 가능성이 포함되어 있다.

진화론에 대한 반증의 예로 고고학자이자 신학자인 떼이야르 드 샤르뎅의 이론을 들 수 있다. 그는 진화론을 인정하기는 하지만, 진화의 과정이란 인류가 점진적으로 발전한 것이 아니라 어느 순간 지구상에 동시다발적으로 다양한 종의 인류가 탄생하였다고 주장한다. 그리고 진화의 과정은 단지 생명체가 자신을 둘러싼 자연의 환경에 적응해 가는 과정이 아니라, 궁극적인 목적을 향한 창조적인 진화라고 보고 있다. 물론 이러한 사유도 어디까지나 몇몇 확인된 사실을 통해서 추론된 것이다.

사실 과학자들이 말하는 진화론이란 어떠한 진화의 과정을 거쳐서 오늘날의 '인간'이 존재하게 되었는가—그것이 사실인지 허구인지는 차후의 문제로 하더라도—즉 인간이 출현하게 된 과정을 발견한 것일 뿐, 인간이 탄생하게 된 이유나 목적에 대해서 말하는 것은 아니다. 도킨스는『이기적 유전자』1장에서 저술의 목적을 다음과 같이 밝히고 있다.

> 이 책이 주장하는 바는 사람과 기타 모든 동물이 유전자에 의해 창조된 기계에 불과하다는 것이다. (…) 이제부터 논하려는 것은 성공한 유전자에 기대되는 특질 중에 가장 중요한 것은 비정한 이기주의라는 것이다. 이러한 유전자의 이기성은 보통 이기적인 개체 행동의 원인이 될 것이다.[13]

도킨스의 사유는 다윈이 발견하고 체계화시킨 진화론을 사실로 인정하고, 진화의 과정에서 진화의 가장 중요한 원인자가 유전자임을 밝히는 것이다. 이 책에

---

13 위의 책, p. 24.

서 도킨스가 다루고 있는 중요한 몇 가지를 소개하자면 다음과 같다. 그는 이기적이라는 유전자의 근본적인 특성을 말하기 위해서 먼저 이기주의에 대립하는 이타주의를 설명하고 있다. 그는 어떤 생물종에 있어서 이타주의적인 행동이 발견된다면 유전자의 이기적 특성을 주장하는 자신의 이론이 매우 난처한 상황에 봉착하게 될 것이라고 언급한 뒤,[14] 이타주의처럼 보이는 인간의 행동은 실제로 이타주의가 아니라 외형만 다른 이기주의라고 해명한다. 물론 이러한 설명은 심리학적인 해명, 즉 이타적인 행위가 무의식에 숨겨진 이기주의의 발로라고 말하는 것은 아니다. 그의 주장은, 모든 이타주의적인 행위 안에 생존가능성에 대한 실제적인 고려가 숨겨져 있다는 것이다. 예컨대 인간의 행동은 이타적일지라도 그 이타적인 행위 안에는 유전자의 자기보존이라는 '이기적인 원리'가 작동하고 있다는 것이다. 하지만 갈등과 고민을 통하여 어렵게 타인을 위해서 자신을 포기하는 희생이 사실은 '유전자의 이기적인 전략에 불과한 것'이라는 사실을 수용하기는 쉽지 않다. 이는 인간 행위의 이유를 해명하는 방법론의 문제이며, 이해지평의 문제이다.

리처드 도킨스는 『이기적 유전자』에서 모든 것의 근원적인 원인은 유전자이며, 유전자는 궁극적으로 생존하게 되는 생명의 근원이라고 말한다. 그는 이 책을 다음과 같이 끝맺는다.

> 그러나 지구에서는 그렇게도 낯익은 그 개체가 존재해야만 하는 것은 아니었다. 우주의 어떤 장소이든 생명이 생기기 위해 존재해야만 하는 유일한 실체는 불멸의 자기 복제자뿐이다.[15]

---

14 "자연선택에 의해 진화되어 온 것은 무엇이든 이기적일 수밖에 없다는 것을 알게 된다. 그러므로 우리는 비비, 인간, 그리고 기타 모든 생물의 행동을 보면 이 행동이 이기적일 것이라고 예상한다. 만약 이 예상이 잘못된 것이라는 사실을 알게 되면, 즉 인간의 행동이 진정으로 이타적이라고 관찰될 경우, 우리는 난처한 설명을 필요로 하는 사태에 직면하게 될 것이다." 위의 책, p. 26.

15 『이기적 유전자』, 앞의 책, p. 416.

모든 생명의 근원은 오직 유전자뿐이라는 도킨스의 진술은 마치 '우주의 모든 존재를 이루고 있는 근본 물질은 물 혹은 불이다'라고 말했던 최초의 희랍 철학자들인 밀레투스 학파의 진술을 연상시킨다. 하지만 이러한 진술의 참과 거짓 여부를 떠나서, 도킨스가 말하는 인간존재의 의미는 철학적인 혹은 인문학적인 의미에서의 존재 이유는 아니다.

유전자진화론에 대해서 다른 차원에서 질문을 던진다면, 근원에 관해 질문할 수 있다. 생명이 발생하기 위한 유일한 전제조건이 유전자라는 말은, 유전자가 모든 생명의 근원이라는 것과 같다. 그러나 이러한 주장에 대해, 애초에(즉 우주의 탄생 시에) 유전자가 존재하지 않았다는 근본적인 사실에 근거하여 다른 질문이 주어질 수 있다. 왜 유전자가 존재하게 되었는가? 유전자는 어디서 왔는가? 무기물질도 유기물질도 존재하지 않았고 그래서 자기복제가 전혀 없었던 시간에 유전자는 어디에 있었는가? 유전자의 탄생이 그냥 우연한 사건인가? 이러한 근원에 대한 질문은 결코 과학적으로 해명할 수 없을 것이다.

유전자에 관해 사유한 현대 철학자 중에서 특기할 만한 사상가는 질 들뢰즈이다. 실재(實在)를 이해하는 들뢰즈의 사고방식은 독특하다. 그는 모든 것이 현실적으로 나타나 있는 것과 이념적이고 잠재적인 것으로 구성되어 있다고 본다. 과학기술의 발전으로 인해, 모든 것을 극대로 확대해 보면 그것이 매우 엉성하게 조직되어 있고 우리가 꽉 차 있다고 믿고 있는 물질들이 많은 빈 공간을 내포하고 있음을 볼 수 있다. 그렇기 때문에 극한의 존재들은 눈에 보이지도 않고 우리가 경험할 수도 없다. 들뢰즈는 이러한 존재를 '미분의 존재'라고 말한다.[16] 따라서 "극한, 미분, 연속체의 존재방식은 이념적이고 잠재적이다. 현실적으로 나타나 있지 않기 때문에, 이념적이고 잠재적인 것에 불과하다."[17] 이러한 보이지 않는 미분의 존재들을 눈에 보이도록 하는 것이 곧 적분인데, 이는 포물선이나 그래프 등으로 나타나

---

16 "미분은 차이와 차이의 관계를 무한히 산출하는 장(場)을 표현하게 된다." 고이즈미 요시유키, 『들뢰즈의 생명철학』, 이정우 옮김, 동녘, 2003, p. 43.

17 위의 책, p. 43.

는 것이다. 미분의 존재는 감각에 나타나는 것이 아닌 요청된 실재(리얼리티)이며 형이상학적 실재라고 할 수 있다. 들뢰즈의 관점에서 보자면, 우리가 인간성·세계관·자연·생명이라고 부르는 모든 것은 결국 요청된 실재요, 이념적인 존재이며 나아가 형이상학적 실재라고 말할 수 있다. 들뢰즈는 원칙적으로 진화론을 인정하지만, 진화현상을 설명하는 데 있어서 자연과학자들과는 다른 형이상학적 입장을 견지한다.

그런데 들뢰즈의 사상에서 생명현상을 이해하기 위해서는 요청된 실재 즉 모든 생명에게 공통되는 생명의 근원적인 것이 있어야 한다. 하지만 계통분류학이나 DNA를 체계화한 생명에 대한 설명은 모든 차이와 다름이 발생하는 장(場)으로서의 생명 그 자체를 이해하는 데는 크게 도움이 되지 않는다. 왜냐하면 생명 그 자체가 미분의 존재라면, 체계화된 도식은 적분의 존재에 해당하기 때문이다. 즉 진화의 계통이나 DNA 자체를 생명 현상이나 생명 그 자체로 환원할 때 범주의 오류를 범한다는 것이다.[18] 즉 유전자를 인정하더라도 이는 알 수 없는 미분적인 것이며, DNA란 미분적인 실체가 기호적으로 드러나고 있는 적분적인 것이다.

이러한 들뢰즈의 사고는 존재의 유기체성을 고려한다면 충분히 지지할 만하다. 어떤 관점에서 보자면 인체의 어떤 작은 부분도 나머지 모든 것과 상관관계를 맺고 있다. 그런데 유독 DNA만이 독자적으로, 하나의 DNA가 특정한 한 부위와 배타적인 관계를 맺고 있다는 것은 유기체적인 관점에서 수용하기 힘들다.[19] 생명의

---

18 "그러나 유전자 개념은 혼란스럽다. (…) 정확히 해야 할 것은 미분적인 것과 현실적인 것의 관계이며 유전자와 현실적인 부분의 관계이다. (…) 그러나 DNA 영역은 현실적인 부분에 불과하며, 단백질 생산 과정을 감안할 때 한 종류의 단백질 사육자가 하나로 확정되지 않으므로 이념적인 유전자와 현실적인 DNA 영역을 동일시 하는 것은 범주오류(category mistake)이다." 위의 책, p. 97.

19 들뢰즈는 '다운증후군 유전자'의 예로써 이를 설명하고 있다. "다운증후군의 유전자가 실재한다는 것은 그 실체가 염색체나 DNA이기 때문이 아니며, 그것이 염색체나 DNA와 동일한 때문도 아니다. (…) 그 사람이 이 세상에 태어났다는 사실이 바로 그 사람에게 유전자의 시스템이 내재한다는 가설을 받아들이게 만든다." *Ibid.*, pp. 99~100. "유전자는 복수의 특성들을 동시에 지배하고 오로지 다른 유전자들과의 관계 안에서만 작용한다는 이중의 측면을 지닌다. 이 요소들을 이루는 총체는 어떤 잠재성, 어떤 잠재력을 구성한다." 질 들뢰즈, 『차이와 반복』, 김상환 옮김, 민음사, 2008, p. 404.

유기체성은 질 들뢰즈의 사상에서는 다른 언어로 표현되는데 그것은 생명의 구조라는 용어이다.

> 생명체야말로 미분적인 것을 내장하고 있는 존재이다. (…) 이념적이고 미분적이고 잠재적인 구조로부터 생물이 자라난다.[20]

구조는 생명현상이 발생하기 위해서 필연적으로 전제되는 것이며, 그런 한 마치 생명의 실체처럼 고려되고 있다.[21] 왜냐하면 구조로부터 생명이 발생한다는 것은 생명현상이 구조에 의해서 전개되어 간다는 의미이기 때문이다. 그렇기에 들뢰즈는 근본적으로 유전자를 인정하지만 이러한 유전자가 곧 과학기구들에 의해 관찰된 DNA를 의미하는 것은 아니다. 관찰된 DNA는 어디까지나 미분적인 존재인 유전자가 구체적인 유기체의 몸의 한 부분으로 구현된 것에 지나지 않는다. 유전자는 생명현상에서 매우 중요한 역할을 담당하고 있지만, 이러한 유전자가 DNA를 의미하는 것은 아니다. 오히려 DNA 이전에 전제되는 것이라는 측면에서 생명에 전제되는 구조나 유전자는 거의 동일한 의미로 사용될 수 있다. 이렇게 본다면 생명현상의 근원이 되는 구조나 유전자는 사실상 용어만 다를 뿐 아리스토텔레스나 토마스 아퀴나스가 말한 '생명의 원리로서의 영혼(anima)'의 개념과 거의 동일한 것이다. 결국 여기서의 문제는 생명현상의 근원이 되는 '어떤 형이상학적인 것'·'어떤 미분적인 것'—생명의 구조, 최초의 실체, 근원적 원리(영혼) 등 어떻게 불러도 상관이 없을 것이다—을 가정하는가, 아니면 물리적이고 관찰 가능한 어떤 것 예컨대 DNA를 그 자체 생명의 유일한 실체로 볼 것인가 하는 점이다. 전자가 형이상학적 관점을 의미한다면 후자는 자연과학적 관점을 의미할 것이다. 따라서 생명에 관한 현대의 자연과학적인 사유의 한계점은 생명현상의 근본적인 원인이 되는 실체나

---

20 『들뢰즈의 생명철학』, 앞의 책, p. 103.

21 "구조는 잠재적으로 존재한다. 어디에 존재하는가 하고 묻는다면, 자연계에 실재하며 내재한다고 답해야 한다." 위의 책, p. 111.

혹은 원리 등 형이상학적인 차원에서의 가능성들에 대한 고찰이 고려되지 않다는 데 있을 것이다.

2. 생명에 관한 새로운 과학적 사유와 현대의 형이상학적 사유

이제 생명의 의미나 목적에 관한 전혀 다른 시각을 가진 과학적 사유를 살펴보기로 하자. 『물질과 정신』이라는 책을 쓴 에어빈 슈뢰딩거는 이 책에서 과학적 지식에 대한 아주 흥미 있는 관점을 보여 준다. 그는 유물론적 사유를 가진 과학적 지식들이 구체적인 실재에 대한 지식이 아니라 매우 추상화된 지식이라고 하면서 이에 대해 불만을 터뜨리는 일군의 과학자들의 생각을 소개하고 있는데,[22] 그중 물리학이 다루고 있는 세계가 실재의 세계가 아니라 실재의 그림자에 불과하다는 에딩턴의 말을 인용한다.

> 물리학이 다루는 것이 '그림자의 세계'라는 솔직한 깨달음은 최근에 일어난 가장 중요한 발전 중 하나이다.[23]

여기서 우리는 '왜 물리학이 다루는 세계가 실재의 세계가 아니라, 실재의 그림자의 세계라고 생각할 수 있는가?'라고 질문해 볼 수 있다. 마치 플라톤의 세계에 대한 진술과 같은 이러한 진술의 의미는 무엇인가? 이를 이해하기 위해서 슈뢰딩거

---

22 "우리의 세계상에서 정신을(융의 표현을 따르면 영혼을) 배제한 것에 대해 심리학자 융이 터뜨리는 불만의 목소리를 들었다면, 이제 나는 대조를 위해, 아니 어쩌면 보충을 위해 더 오래되고 시시한 과학인 물리학과 생리학의 저명한 대표자들의 말을 인용하고자 한다. 과학의 세가가 너무 끔찍하게 객관화되었기 때문에 정신과 정신의 직접적인 감각들이 설 자리가 없어졌다는 사실만을 답답하게 진술하는 말들을 말이다." 에어빈 슈뢰딩거, 『정신과 물질』, 전대호 옮김, 궁리, 2011, p. 198.

23 A. S. Eddington, *The Nature of the Physical World*, Cambridge University Press, 1928, 서문, 재인용, *Ibid*. p. 199.

의 말을 들어 보자.

> 우리는 주어진 자연적인 대상(혹은 물리적 계)에 대해 그것과 접촉하지 않는 한 어떤 사실적인 진술도 할 수 없다. 이때 접촉은 진정한 물리적 상호작용이다. 그 접촉이 다만 우리가 대상을 보는 것에 불과한 경우에도 대상은 광선을 맞고 그것을 눈이나 관찰 장치를 향해 반사시켜야 한다. 이는 대상이 우리의 관찰에 의해 영향을 받는다는 것을 의미한다. 대상을 완전히 고립시킨 상태에서는 대상에 대해 어떤 지식도 얻을 수 없다. 더 나아가 관찰에 동반되는 이런 방해가 무의미하지도 않고 완벽하게 측정될 수도 없다. 따라서 몇 차례 힘든 관찰이 이루어진 후에 대상은 일부 특징들이 알려졌지만 다른 특징들은 알져지지 않거나 정확히 알려지지 않은 상태에 놓이게 된다. 이 사태는 물리적 대상에 대한 완전하고 빈틈없는 기술이 왜 절대로 불가능한지를 설명해 준다.[24]

어떤 실재를 알기 위해서 실재와의 실제적인 접촉에 진입해야 한다는 이 말은 참으로 경험적이고 과학적인 사고이다. 하지만 칸트가 '물자체(Ding an Sich)는 알 수 없다'라고 말했듯이 인간이 직접 실재와 접촉할 수 있는 경우는 매우 드물거나 불가능하다. 모든 관찰이라는 것은 어느 정도 실재와의 거리가 있는 단편적인 관찰을 의미하며, 과학자들은 이러한 단편적인 관찰 결과들을 모아서 실재에 대한 어떤 총체적인 이미지를 산출하는 것이다. 이때 이 산출된 총체적인 이미지가 실재와 동일하다고 말할 수 있을까? 그럴 수는 없을 것이다. 왜냐하면 실재가 가진 모든 단편들을 남김없이 관찰할 수도 없거니와 그럴 수 있다 하더라도 이러한 단편들을 하나의 총체로 묶어내는 원리는 사실상 실재의 내부에 존재하고 있으며, 과학자들이 산출한 원리는 실재의 내부에 있는 원리와는 다르기 때문이다.

하이젠베르크는 『부분과 전체』에서 다음과 같이 말한다.

---

24 *Ibid.*, p. 205.

원리상으로 우리는 한 세포 안에 있는 모든 원자의 위치를 측정할 수 있습니다. 그러나 사람들은 그 측정이 살아 있는 세포를 죽이지 않고서도 가능하다고는 생각하지 않을 것입니다. 따라서 우리가 알게 되는 것은 살아 있는 세포가 아니라 죽은 세포들에서의 원자들의 배열이 됩니다.[25]

유전자를 통해서 한 생명체의 모든 것을 이해하기는 불가능하다. 왜냐하면 유전자라는 것은 이미 한 생명체의 생명으로부터 분리된 생명의 징표에 지나지 않기 때문이다. 마찬가지로 단편적으로 관찰된 모든 것을 하나의 총체로 묶어낼 때, 그 총체를 구성하는 원리는 이미 살아 있는 유기체가 지니고 있던 생명의 원리와는 완전히 다른 것이다. 자연과학자들은 어떤 장비나 기계의 도움을 얻지 않고는 결코 미세한 세포나 생명의 기본단위들을 관찰할 수 없으며, 직접 실재와 접촉하는 경우는 극히 드물다. 천문학자들이 수천 광년 떨어진 별들을 관찰할 경우에도 어마어마한 기계장치를 사용해야 한다. 이는 말하자면 별을 관찰할 수 있는 조건 자체가 어떤 실재에 대한 왜곡을 감수해야만 성립 가능하다는 것이다. 우리는 왜 에딩턴이 '물리학의 세계는 실재에 대한 그림자의 세계'라고 하는지 충분히 이해할 수 있다. 파스칼이 말했듯이 가장 광대한 세계나 가장 미세한 세계는 어떤 의미에서 이미 무한의 세계이다. 생명이라는 것도 인간의 앎에 대해서는 이미 무한의 세계에 닿아 있는 어떤 것이다.

사실상 자연과학이라는 학문의 성격 자체가 실재의 어떤 한 측면을 다루는 학문이며, 실재 그 자체를 다루는 학문이 아니다. 마찬가지로 철학이나 미학 등의 학문역시도 실재 그 자체를 다루지 않기는 마찬가지일 것이다. 모든 학문은 각기 고유한 실재의 어떤 영역을 다루고 있으며, 학문이라는 것은 무한히 실재에 접근해 갈 수 있을 뿐이다. 이에 관한 슈뢰딩거의 아래와 같은 진술은 의미심장하다.

---

25 하이젠베르크, 『부분과 전체』, 지식산업사, 2005, p. 175.

> 물리학적 모형은 색이 없고 소리가 없고 만질 수 없다. 마찬가지로 또한 같은 이유에서, 의식이 있고 감각하고 느끼고 생각하는 주체와 관련해서만 의미를 가지는 것들은 과학의 세계 속에 들어올 수 없다. 미적 가치를 비롯한 모든 종류의 가치, 전체의 의미나 목적에 관련된 모든 것들은 과학의 세계 속에 들어올 수 없다는 말이다. 철저히 과학적인 관점에서 본다면 이 모든 것들은 과학의 세계 속에 없을 뿐 아니라, 근본적으로 그 곳에 포함될 수 없다. (…) 그리고 위에서 언급한 그 모든 것들은 과학적 진술의 형태를 띨 때 거짓이 된다.[26]

'의식이 있고 감각하고 느끼고 생각하는 주체와 관련해서만 의미를 가지는 것들은 과학의 세계 속에 들어올 수 없다'라는 진술은, 개별자의 개별적인 삶에 관한 문제는 과학의 영역이 다룰 수 있는 문제가 아니라는 말이다. 다시 말해 과학적 지식은 객관화된 지식임을 말한다. 사실 이러한 사고는 일상의 한두 가지 예를 들어도 충분할 것이다. 가령 해부학의 경우 해부학도들이 문제 삼는 것은 오직 장기의 구성이나 뼈의 구조, 그리고 그들이 위치하고 있는 정확한 위치와 크기 등 객관적인 사실들이다. 자신이 해부하는 시체가 선한 사람의 것인지 악한 사람의 것인지, 생전에 문학자였는지 정치가였는지 혹은 위대한 예술가나 성인이었는지 하는 것은 문제 삼지 않는다. 이러한 것은 이미 과학을 넘어선 다른 문제이기 때문이다.

슈뢰딩거와 유사한 말을 하고 있는 하이젠베르크의 말을 들어보자.

> 자연과학은 객관적인 물질의 세계를 다룹니다. 따라서 자연과학은 객관적인 실재에 대한 올바른 진술과 그 연관성을 이해하는 과제를 우리에게 부여하고 있습니다. 그러나 종교는 가치의 세계를 다루고 있습니다. 여기서는 우리가 마땅히 행해야 할 바에 대해서 얘기하지만, 그것이 무엇인가에 대해서는 언급하지 않습니다. 자연과학에서는 옳으냐 틀리냐가 문제시되고 종교에서는 선이냐 악이냐, 또는 가

---

26 위의 책, p. 225.

치가 있느냐 없느냐가 문제가 됩니다.[27]

과학과 종교를 구분하는 하이젠베르크의 사유가 정확한가 하는 문제는 차후로 미루더라도, 어쨌든 이러한 구분을 통해 과학은 객관적인 실재를 다루지만 주관적인 세계는 다룰 수 없음을 알 수 있다.

이제 이러한 사유를 생명이라는 주제에 적용해 보자. 모든 개별적인 요소가 제거되어 순수하게 물리적이고 생물학적인 어떤 보편적인 생명의 법칙만을 문제 삼는 것이 자연과학일 것이다. 그렇다면 우리가 생명이라고 할 때, 이 생명의 의미는 무엇인가? 만일 생명이라는 용어가 모든 개인들의 개별적인 삶과 유리된 물리학적이고 생화학적인 의미에서의 보편 법칙만을 의미하는 것이라면 이는 과학의 고유한 영역일 것이며, 이외 미학이나 철학 그리고 종교 등은 생명에 대해서 말할 자격을 잃고 말 것이다. 하지만 이러한 생각은 일반적으로 수용될 수 없을 것이다. 왜냐하면 육체적 현상만이 생명현상이고 정서적인 혹은 정신적인 현상들은 전혀 생명의 현상이 아니라고는 아무도 생각하지 않을 것이기 때문이다. 따라서 우리는 과학에서 말하는 생명의 의미와 철학이나 종교에서 말하는 생명의 의미는 다르며, 이 모든 학문들은 '구체적이고 살아 있는 동일한 생명의 실재'에 대한 각기 다른 단편적인 실재의 부분들을 말하고 있다고 해야 할 것이다. 누구도 자신이 관찰하거나 탐구하는 실재의 부분을 두고 실재의 전부라거나 실재의 유일한 실체라고 말할 수는 없기 때문이다.

마찬가지로 에어빈 슈뢰딩거는 정신에 대해서 다음과 같이 말한다.

> 정신은 그 구성물 속에 주소가 없다. 당신은 공간 속에서 정신이 사는 장소를 지적할 수 없다. 평소에 우리는 이 사실을 깨닫지 못한다. 왜냐하면 인간의 인격이 혹은 동물의 개체성이 각각의 몸속에 있다는 생각에 함몰되어 있기 때문이다. (…)

---

27 위의 책, p. 132.

우리는 의식이 있는 인격이 개인의 머릿속에 있다는 믿음에 익숙하다.[28]

정신이나 의식은 인간이 살아가는 데 가장 중요한 것이다. 손이나 발이 하나 없어도 사는 데 지장은 없겠지만, 만일 정신이나 의식이 없어지거나 그에 이상이 생긴다면 정상적인 인간의 삶이 불가능하다. 그렇다면 정신은 어디에 있는가? 우리의 의식은 어디서 발견할 수 있는가? 어떤 과학적 장치를 사용해서 정신이나 의식을 포착하거나 발견할 수 있을까? 그럴 수는 없을 것이다. 나의 두뇌를 해부하거나 분석하면 나의 정신이나 의식을 발견할 수 있을까? 그것도 아닐 것이다. 왜 그런가? 정신이나 의식이 분명 나에게 있음에도 육체의 어느 곳에서도 그것을 발견할 수 없다면 그 이유는 무엇일까? 그리고 나의 어디에서 이를 발견할 수 있을까? 만일 우리의 육체 그 어디에서도 정신이나 의식을 발견할 수 없다면, '육체가 영혼(정신)을 포함하고 있는 것이 아니라, 오히려 영혼(정신)이 육체를 포괄하고 있다'는 토마스 아퀴나스의 사유를 수용해야만 하지 않을까?

이러한 관심은 이미 인간생명의 가장 신비로운 지점에 와 있다. 인간의 정신이라는 것은 수만 년 동안 진화가 이루어진 결과이다. 그런데 이 정신은 과학이 완전히 접근하기에는 너무나 신비로운 것이다. 지금 나의 생각이나, 10년 전 내가 겪은 중요한 사건에 대한 기억과 당시의 감정이나 느낌 등을 과학적 장치를 이용하여 충분히 밝혀내는 것은 사실 불가능하다.

우리의 두개골은 텅 비어 있지 않다. 그러나 두개골은 매우 큰 관심을 유발하는 것이 사실이지만, 우리가 두개골 속에서 발견하는 것은 생명과 영혼의 감정에 비하면 정말 아무것도 아니다.[29]

---

28 『정신과 물질』, 앞의 책, p. 202.
29 위의 책, p. 204.

인간의 두뇌 속에 있는 것은 무엇일까? 흔히 우리는 두뇌가 인간의 모든 것을 관장하며, 두뇌 속에 모든 것이 저장된다고 생각하기 쉽다. 하지만 조금만 더 깊이 생각해 보면 그것은 매우 단순한 생각이다. 한 목수가 사용하는 망치나 끌을 아무리 분석해도 그 목수가 지니고 있는 기술이나 집의 형상을 발견할 수 없듯이, 뇌를 아무리 분석해도 정신이 가지고 있는 세계관·가치관·인생관 또는 어린 시절의 기억 등을 찾을 수는 없을 것이다.[30] 인간의 생명은 육체적 차원과 정신적 차원으로 구별될 수 있다. 나의 생명은 나의 육체적 현상으로 드러나지만, 보다 심오하게 정서활동이나 나의 정신활동을 통해서 드러나는 것이다.

생명현상이 정신이나 의식 혹은 자아의 문제로 확대될 때, 이는 이미 과학의 영역을 넘어서고 있다. 과학이 생명현상의 기초적인 부분을 밝히고 담당할 수는 있겠지만, 생명은 분명 과학이 근접할 수 있는 것보다는 심오하다. 생명에는 단순한 물리적 현상과 생화학적 현상이 기초적으로 깔려 있겠지만 생명현상은 감정과 정서 그리고 사유와 기억, 자아와 초자아 등 고차적인 정신현상을 의미하는 철학적·형이상학적 영역에 맞닿아 있다.

생명에 관한 형이상학적 사유에 보다 신빙성을 더하기 위하여 우선 우리는 과학자이자 신학자였던 떼이야르 드 샤르뎅의 말을 경청해 볼 필요가 있다. 그는 『인간현상 이해』에서 초기 생명체들의 진화과정과 그 계통에 대해서 진화론자들과 거의 유사한 이론을 제시하고 있다. 하지만 의식이 탄생하는 지점에 있어서 일반진화론자나 유전자진화론자와는 매우 다른 흥미 있는 관점을 제시한다. 그의 말을 들어보자.

생물의 내부에는 분자의 맹목적인 운동을 정교하게 제어하는 능력이 있으므로,

---

30 "그러나 우연히 뇌가 만들어져 세계가 뇌 속에서 자신을 보게 되기 이전에 이미 수백만 년 동안 세계가 존재했다는 낭만적인 생각은 여전히 계속되고 있다. (…) 우리는 의식 있는 정신이 이 분주한 세계 내부의 매우 특수한 기관(뇌)에 묶여 존재한다는 인상을 받는다. 그 인상은 아마도 기만적일 것이다." 위의 책, p. 224.

> 생명은 물질계와 생물계의 교류에서 세계의 모든 곳에서 우연히 생기는 광범한 반작용을 스스로의 창조적 결합에 이용하고 있다. 그러나 기계적 에너지 자체는 그것을 기르는 무엇인가의 내부 메커니즘이 없다면 대체 무엇인가? 의식이라는 커다란 압력에 의하여 나타나는 지구의 원동력은 운동에 내재한 원리에 의해서만 최종의 원천을 구할 수 있으며 고도의 정신적 비가역적 진보의 설명도 찾을 수 있다.[31]

'분자의 맹목적인 운동을 제어하는 능력'이라든가 '반작용을 창조적 결합에 이용한다', 그리고 '운동에 내재한 원리' 등을 가정해야만 진화의 비가역적 진보를 설명할 수 있다는 관점은 분명히 과학적인 사유는 아니다. 그렇다고 비과학적 사유인 것도 아니다. 현상에 대한 엄밀한 관찰들을 통해서 그 현상들에 작용하는 보이지 않는 어떤 원리나 힘들을 가정한다는 것은, 과학적이지만 이미 과학적 지평을 넘어선 형이상학적인 지평에 닿아 있는 것이다. 그리고 외적인 진화의 변천들이 단순히 자연환경의 산물이거나 돌연변이 즉 우연의 산물이 아니라, 의식의 압력에 의한 것이라고 하는 떼이야르 드 샤르뎅의 가정은 참으로 형이상학적인 사고라고 할 수 있다. 비록 관찰이 불가능하고 실증적으로 증명할 수 없지만, 그것을 가정하지 않고서는 설명할 수 없는 어떤 필연적인 요청에 의한 실재를 우리는 형이상학적 실재라고 부를 것이다. 사실 이러한 형이상학적 실재는 결코 비과학적인 것이거나 반과학적인 것이 아니며, 다만 순수하게 과학적인 것을 넘어서고 있을 뿐이다.

이러한 샤르뎅의 사유와 거의 일치하는 관점을 가진 현대철학자로 앙리 베르그송이 있다. 베르그송은 애초부터 생명현상이란 물리적 현상과 화학적 현상의 조합이라는 생명에 대한 유물론적인 사유를 부정하면서 사고를 전개하고 있다. 그는

---

31 떼이야르 드 샤르뎅, 『인간현상 이해』, 떼이야르 드 샤르뎅 연구회 옮김, 대건인쇄출판사, 2009, p. 106.

모든 존재하는 것에는 어떤 생명의 근원이 내포되어 있다고 생각하며,[32] 또한 이 생명의 근원에는 단순히 물질적인 것이 아닌 그 무엇이 내포되어 있다고 한다. 그는 『창조적 진화』에서 이를 '휘어진 곡선'의 비유를 통해 설명한다. 즉 휘어진 곡선이 아주 작은 직선들로 구성되지 않은 것처럼 생명도 결코 물리-화학적인 요소들로 구성되지 않았다는 것이 그의 설명이다.[33] 그렇다면 물리-화학적 요소 외에 생명을 구성하고 있는 요소는 무엇인가? 베르그송이 말하는, 물질적인 것 외에 생명을 구성하고 있는 것이 정확히 무엇인지는 확인 불가능하지만 그것은 분명 비질료적인 것 즉 일종의 정신적인 무엇이다. 다음의 그의 진술은 진화론자들과는 반대의 관점에서 생명의 진화를 바라는 그의 관점을 제시해 주고 있다.

> 분열과 결합의 메커니즘 이면에 정신적인 노력이 있다. 이 두 경우 안에서 활동하는 힘은 단순히 밀도의 차이로서만 구별되지는 않는다. 이 둘은 그 방향에 있어서 구별된다. (…) 이러한 분석에서 우리는 생명행위의 특징인 '비질료성으로부터 질료화하기'의 가장 추상적인 따라서 가장 간단한 보기를 제시한 것이다.[34]

구체적이고 물질적인 세계의 현상에 대해서 그 이면에 작용하고 있는 보다 근본적인 원인으로서의 의식 혹은 정신을 가정하는 것은 확실히 형이상학적 사유이다. 베르그송은 생명현상으로서의 진화 과정을 순수한 기계론적인 관점(유전자 진

---

32 "베르그송의 자연관은 자연은 물질의 무기력한 덩어리들의 단순한 집합이 아니며, 자연의 물질계 내부에도 생명의 흐름이 관통하고 있다고 보는 관점으로 이뤄져 있다." 『베르그송의 철학』, 앞의 책, p. 17.

33 "과학적인 분석은 유기적인 기관의 창조의 과정에서 물리-화학적인 현상의 증가를 발견할 것이다. 그러나 이러한 발견은 화학과 물리적 현상이 생명에 대한 열쇠를 제공한다는 것을 의미하지는 않는다. 휘어진 곡선의 아주 작은 한 부분은 거의 직선에 가깝다. 이 곡선의 보다 작은 부분을 취할수록 이는 보다 직선에 근접해 보일 것이다. (…) 이처럼 '생명력'은 물리적 화학적 힘과 매우 근접해 있는 것이다. (…) 사실상 하나의 곡선이 작은 직선들로 이루어지지 않은 것과 마찬가지로 생명은 물리-화학적 요소들로만 구성된 것은 아니다." H. Bergson, *L'évolution créatrice*, F. Alcan, Paris, 1914, pp. 33~34.

34 H. Bergson, *L'énergie spirituelle*, PUF, 1966, pp. 189~190.

화론의 입장)이나 혹은 우연(돌연변이)으로 설명하지 않고, 어떤 정신적인 목적이 있다고 가정한다. 그는 생명의 내부에 있는 정신적인 것은 가장 미소한 곤충들에게도 이미 어렴풋이 나타나고 있다고 보는데,[35] 이러한 관점은 사실상 과학적으로 그 진위를 파악하기 힘들다. 이러한 관점은 확실히 형이상학적인 관점이다. 베르그송은 생명의 진화에 있어서 생명현상의 특징을 '비질료적인 것에서 점차 질료화하는 과정'으로 이해함으로써 사실상 질료적인 것에 대한 비질료적인 행위성의 우위를 주장한다. 그리고 이 비질료적인 것을 영혼(âme)[36]이라고 지칭하면서, 고·중세의 형이상학적 용어를 그대로 사용한다. 존재하는 모든 물질에 생명의 원천이 관통하고 있으며, 생명이 진화하는 곳에 눈에 보이지 않고 관찰 불가능한 하나의 생명의 원리 즉 영혼이 있다고 가정하는 것은 분명 형이상학적인 사고이다.

베르그송은 *Le Rire*에서 '생명의 원리 혹은 원인으로서의 영혼'은 결코 물리-화학적 작용의 산물이 아님을 분명히 밝히고, 매우 시적인 방식으로 형이상학적인 혹은 신비주의적인 관점을 보여 준다.

> 모든 인간의 형상 안에서 지성은 질료를 자극하는 영혼의 노력을 통찰한다. 이 영혼은 무한히 부드럽고 영원히 움직이며 무게로부터 벗어난 그러한 영혼이다. 왜냐하면 영혼을 산출하는 것은 땅이 아니기 때문이다. 이러한 영혼의 가벼움으로부터 영혼은 질료에 생명을 불어넣는 그 어떤 것을 전달한다. 질료 안에서 질료를 초

---

35 "여기로부터 진화를 거듭하면서 점 점 더 분리되고 있는 지성과 본능은 그럼에도 하나가 다른 하나로부터 결코 완전히 분리되지 않음을 알 수 있다. 한편으로는 가장 완벽한 본능을 가진 곤충에게 있어서도 어렴풋하게 지성을 동반하고 있음을 알 수 있는데, 장소의 선택, 보금자리의 건축에 있어서 때와 재료들의 선택이 그러한 것이다. 예를 들어 꿀벌들이 공중에 그들의 집을 꾸밀 때, 이들은 새로운 조건에 적응하기 위해서 진정한 지성적인 새로운 기질을 고안하고 있다. 다른 한편으로 지성은 본능이 지성을 필요로 하는 것 보다 더욱 본능을 필요로 한다. (…) 그들의 정신적인 행위성에 기체를 형성하는 것은 본능이지만, 이 기체를 자리 잡게 영감을 주는 것은 지성이다. (…) 따라서 본능과 지성은 동일한 하나의 문제(즉 진화)에 있어서 다른 두 해결책을 나타내 주는 것이다." *L'évolution créatrice, op. cit.*, pp. 154~155.

36 라티어의 'anima'에서 유래한 불어의 '영혼(âme)'은 동사 'animer' 즉 '생명 혹은 생기를 불어넣다'의 명사형이다. 따라서 'âme'는 '생명을 불어넣는 원리' 혹은 '생명의 원리'이다.

월하는 이러한 비질료성, 이는 사람들이 선물이라고 부르는 어떤 것이다.[37]

베르그송의 이와 같은 진술이 기독교의 창조론을 의미하는 것인지, 원시 샤머니즘을 의미하는 것인지는 분명하지 않다. 영혼이 선물이라고 한다면, 누구로부터의 선물인지도 분명하지 않다. 다만 분명한 것은 순수한 에너지를 생명으로 환원하는 어떤 원리를 가정한다는 것이며, 이러한 원리가 에너지 그 자체로부터 발생한 것은 아니라는 점이다. 이는 곧 '원인은 결과보다 항상 크다'라는 아리스토텔레스의 형이상학적 원리와 정확히 일치하는 형이상학적인 관점이다. 순수하게 물리적인 요소들—빛·물·산소·메탄·전기에너지 등—이 생명이라는 전혀 다른 탁월한 요소로 변모할 때, 이를 우연이나 자연발생적이라고 설명하는 것보다는 이를 가능하게 하는 하나의 원리를 가정하는 베르그송의 설명이 보다 합리적인 설명이 아닐까?

베르그송은 생명의 진화현상에 대한 두 가지 계기를 "생명의 근원적 도약(élan original de la vie)"과 "창조적 진화(évolution créatrice)"로 보고 있다. 진화가 도약인 이유는, 모든 변화 혹은 변모는 하나의 목적을 설정하고 이 목적을 성취하고자 하는 진보를 의미하기 때문이다. 결과론적인 해명이라고 볼 수도 있겠지만, 진화가 곧 더 나은 것으로의 발전임은 부정할 수 없다. 그렇기 때문에 진화현상이 생명의 진보라고 한다면, 그것이 진보인 한 어떤 목적성이 전제되어야 한다. 즉 베르그송은 모든 진화의 현상 안에는 어떤 목적을 향해서 상승하는 움직임이 있고 이를 도약이라고 본 것이다. 베르그송에게 있어서 한 생명체가 도약을 위해 가정하는 목적은 아리스토텔레스식의 목적론에서의 목적이나 생물학적인 기계론의 목적과도 구분된다. 이 목적은 생명의 주체가 비전과 예견을 통해서 가지게 되는 가능성의 선택처럼 나타나고 그렇기 때문에 베르그송은 이러한 생명의 진화를 창조적 진화라고 말한다.[38] 그래서 그는 이를 생명의 자유라고 말하면서 자유란 정신활동의 가

---

37 *Le Rire, op. cit.*, p. 22.

38 "그것의 완전한 실현은 일종의 은총이다. 목적론자들은 이 은총을 '목적인(目的因)'을 통해서 단번

장 두드러진 표징이라고 보고 있는 것이다. 그래서 그는 "진화는 모든 순간에 있어서 정신적인(혹은 심리적인, psycholgique) 해석을 동반하여야 한다."[39]라고 말한다. 즉 진화라는 생명현상은 질료적인 것에서 정신적인 것으로 점진적으로 이동하는 현상이 아니라, 오히려 정신적인 것의 도약을 방해하는 질료에 대한 정신의 승리와도 같은 것이다.

하지만 이러한 형이상학적인 사유에도 여전히 의문점이 남아 있다. 베르그송은 진화의 원동력으로 '생의 근원적인 도약'을 가정하지만 이러한 생의 근원적인 도약이 애초에 어떻게, 무엇으로부터 주어진 것인가 하는 점이 해명되고 있지 않다. 나아가 창조적 진화가 모든 생명에게 적용되는 것이라면 인간이 아닌 다른 생명체들도 여전히 비전과 자유의지를 통해 진화를 하고 있는 것인지에 대한 질문이 주어질 수 있다. 그리고 진화의 과정이 의식을 탄생시키기 위한 목적을 가진 것이라는 이러한 관점이 진화의 결과물인 의식을 보고 결과론적으로 그렇게 주장하는 것이 아니라고 한다면, 애초에 의식의 탄생이 목적이었음을 어떻게 증명할 수 있는지에 대해서도 해명이 불충분하다. 가령 성성(聖性)이나 천재성(天才性) 등은 단순한 의식이상일 것이기 때문이다.

3. 생명사상에 관한 새로운 비전의 요청과 인류의 자기 동일성

다양한 인간의 현상들은 어떤 공통적인 용어로 환원 불가능하지만, 그럼에도

에 제시하며, 기계론자들은 자연선택의 효과를 통해서 조금씩 이를 획득할 것이라고 한다. (…) 사실상 (진화의) 원인은 보다 더 혹은 덜 직접적이며, 이 원인의 효과는 단편적으로 실현된 방식으로만 산출할 뿐이다. (…) 진실은 이러한 진화의 걸음이 '생명의 근원적인 도약' 덕분에 실시된다는 것이며, 이 진화의 발걸음이 '도약의 움직임' 그 자체 안에 적용된다는 것이다." *L'évolution créatrice, op. cit.*, pp. 96~97. 베르그송이 목적론과 기계론을 모두 비판하고 있다는 것의 근본적인 이유를 김형효 교수는 이 두 사상 모두가 '생명의 자유를 인정하고 있지 않기 때문'이라고 설명하고 있다. 『베르그송의 철학』, 앞의 책, p. 173. 참조.

39 *L'evolution creatrice, op. cit.*, p. 51.

이 모든 것들은 하나의 실체적인 존재로서의 '인간존재'의 현상들이란 점에서 여전히 하나의 유일한 실체로서의 인간의 현상이다. 그리고 그런 한 여전히 이들을 통합적으로 혹은 수렴적으로 이해할 수 있는 가능성이 있을 것이다. 이 모든 것을 하나의 지점에서 수렴하여 이해하고자 할 때, 그 지점은 어디일까? 이 지점을 대변해 주는 용어는 무엇일까? 아마도 그것은 인간의 실체적 생명현상 혹은 인간존재의 현상이라는 말일 것이다. 왜냐하면 모든 생명현상이 하나의 지점에서 수렴되기 위해서는 생명현상이 하나의 통합되고 유기적인 실체로서의 생명에서 발생한다는 것 혹은 이 유일한 생명의 실현 혹은 개화(開花)라는 것을 인정해야 하기 때문이다. 또한 인간에 대한 그 어떤 새로운 학문도 여전히 인간존재에 대한 학문일 수밖에 없다고 말하는 질송의 말처럼 모든 인간의 현상은 그것이 어떠한 것이든 인간존재라는 하나의 존재의 현상일 것이다.

그런데 대다수의 과학자나 철학자가 인정하듯이 생명현상이 어떤 목적을 향해서 진보하는 것이라면, 이러한 목적이 생명의 실재 그 자체에 잠재적으로 규정되어 있는지(내재되어 있는지) 혹은 진화 주체의 자율적인 비전과 자유의지에 의해서 선택되고 창조되는지 질문하는 것은 매우 중요한 관점이다. 혹은 이 두 상이한 태도가 하나의 새로운 관점에서 수렴될 수 있는가 하는 질문 역시 매우 중요하다. 왜냐하면 이러한 질문들은 인류가 미래의 발전에 대한 비전을 가지는 데 있어서 결정적인 역할을 할 것이기 때문이다. 즉 생명의 가능성의 실현 혹은 새로운 생명형식의 창조라는 차원에서 이러한 것을 이루는 근본적인 원동력이나 계기를 어디에 둘 것인가 하는 질문이기 때문이다.

이러한 질문들의 해답을 구하는 과정은 인류의 자기동일성 즉 '인간이란 무엇인가?'라는 문제와 밀접하게 연관된다. 인간의 생명이 다른 모든 생명체와 달리 특수하고 탁월한 것인지, 아니면 실증주의가 그렇게 믿고 있듯이 신경의 체계만 복잡할 뿐 다른 모든 생명체와 생명이라는 차원에서는 다를 것이 없는지의 문제는 아직 학문적으로 검증되지 않는 문제이기도 하거니와 어쩌면 검증 불가능한 것인지도 모른다. 하지만 인간의 생명현상이 시간적으로 그리고 존재론적으로 생명진화의 최후의 결실이라고 한다면, 생명에 대한 이해를 위해서는 인간의 생명현상에 보다 초점을 맞춰야 할 것이다. 하나의 완성된 도자기에는 도공의 모든 기술과 능력이 집약되어 있듯이, 인간의 생명현상에는 다른 모든 생명체가 지니고 있는 현상들이—양적으로가 아니라 질적으로—집약되어 있다고 할 수 있다. 그래서 우리는 생명에 대한 보다 심오한 탐구를 위해서 인간의 생명에 특별한 관심을 가지고 탐구해야 한다. 인간의 생명이 다른 모든 생명체에 비해서 탁월하다는 생각은 사실 대다수의 문화에 존재하는 것이다. 흔히들 불교에서는 모든 생명체가 동등한 것으로 고려되고 있다고 믿고 있지만 사실상 불교의 이러한 생명의 평등도 '차등적 평등'을 의미한다. 불교의 윤회론에서는 "한 때 축생이었던 존재가 인간이 될 수 있으며 또 인간이었던 존재가 축생이 될 수도 있는 자리바꿈이 가능한 상호 열린 생명체계를 갖고 있으며, 그러한 의미에서 생명을 지닌 모든 생명체는 소중하다."[40] 하지만 이러한 윤회론이 생명에 대한 무조건적 혹은 절대적인 평등을 의미하는 것은 아니다. 불교의 생명관은 원칙적으로 모든 생명을 평등한 것으로 보지만, 개체의 도덕적 차이를 반영하여 실제적으로는 차등적 평등을 내세운다. 즉 인간의 생명은 동물보다 소중하며, 동물의 생명은 식물의 생명보다 소중하다는 것이다. 심지어는 "같은 인간이라 할지라도 도덕적 인격성이 높을수록 그 생명의 가치는 존귀하다."[41]라고 생각한다. 따라서 우리는 모든 생명체들 중에서 인간이 가장 탁월하며, 인간의 생명에 대한 탐구를 통해 다른 모든 생명체들이 가진 생명의 신비들을 모두 이해할 수 있다.

만일 인간이 미래의 삶의 형식을 선택해야만 한다면—생의 도약과 비전을 통해서 이건, 생명의 가능성의 실현이든—이는 창조적 행위로서 이루어져야만 할 것이다. 왜냐하면 창조적 행위란 인간의 본질적인 어떤 행위, 즉 우연성과 개연성에 의한 자유선택이 아니라 깊은 인간성으로부터 표출되는 갈망과 희망의 실현이라는

---

40 윤종갑, 「불교의 사생관과 생명윤리」, 『철학연구』, 제105집, 대한철학회, 2008, p. 33.
41 위의 논문, p. 33.

형식을 의미하기 때문이다. 따라서 만일 미래의 인류가 가져야 할 새로운 삶의 형식을 상상하고자 한다면, '인류는 무엇이며 무엇을 희망하는가?'라는 질문으로부터 과거의 수많은 문명들과 문명을 주도해 온 철인·문호·정치가·종교인 그리고 예술가들이 갈망하고 희망해 온 삶의 양태에 대해서 숙고해 보아야 한다.

인류의 역사에서 깊은 인간성으로부터 표출되는 부정할 수 없는 갈망과 희망에 대한 사유를 간략히 요약해 보자면 우리는 대략 4가지를 제시할 수 있다. 첫째, 인간은 모든 종류의 생명에 대해서 존중하는 마음과 이 모든 생명들이 하나의 동일한 생명에 참여하고 있다는 어떤 생명의 유기체성을 지향한다는 것이다. 둘째, 이러한 생명의 유기체성이 현실적으로 실현되기 위해서는 대상과 인간, 세계와 인간이 일치를 이루게 하고 모든 것을 유기적으로 통찰하게 하는 '인간의 미학적인 실존'이 형성되어야 한다는 것이다. 셋째, 모든 구성원들이 성숙한 윤리·도덕성을 갖춤으로써 인간과 인간이 서로 완벽하게 조화를 이루는 이상적인 윤리·도덕적인 세계이다. 이러한 세계는 현실적으로 불가능한 세계일지라도 인간이 지향해야 할 지표가 되는 사회이다. 넷째, 비규정적이고 비제약적인 각 개인의 실존을 지탱하고, 일체의 인생을 정당하고 충만케 해 줄 어떤 '절대적이고 초월적인 지평' 즉 종교적인 지평의 삶이다. 이러한 종교적인 삶이 보다 보편적인 언어로 나타나는 것은 곧 '영성'이다. 생명의 유기체성, 충만한 미학적 실존, 이상적인 윤리·도덕적인 사회, 그리고 영성적인 삶의 4가지 지평은 아마도 인류의 진화가 이루어 낸 가장 아름답고, 가장 놀랍고, 가장 탁월한 어떤 것이며 그렇기에 창조적인 것이다. '한 마리의 제비가 봄을 가져오지는 않는다'라는 격언이 있듯이, 인류의 미래에 대한 창조적인 비전은 단 하나의 사상이나 단 한 사람의 철학자가 이룰 수 있는 것은 아니다. 보다 많은 철학자들이 보다 많은 개별적인 형식을 제시할수록 인류의 미래는 보다 많은 가능성을 가지게 될 것이다. 우리는 이 책에서 '생명에서 영성으로'라는 인류의 창조적 진화를 '토마스 아퀴나스의 생명사상과 영성이론'이라는 차원에서 고찰하고 정립해 볼 것이다. 이는 바로 보편적인 인류의 비전에 하나의 가능성을 모색하는 시도일 것이며, 이러한 비전을 갈망하는 다른 연구자들에게 작은 하나의 빛이 될 것이다.

제3장

토마스 아퀴나스의 생명의 유기체성과 생명의 형이상학적 지평

모든 인간은 그가 유일하고 절대적인 하나의 생명을 창조주로부터 부여받았다는 이유만으로도 존중받을 가치가 있으며, 인간답게 살 수 있는 가치가 있다. 마치 한 송이 장미꽃이 그 자체로서 가치 있는 것이듯 한 생명도 그가 그답게 살고 있는 한 그 자체로서 가치 있는 것이며, 그 어떤 유용성으로도 판단될 수 없다.

제3장 토마스 아퀴나스의 생명의 유기체성과 생명의 형이상학적 지평

1. 생명의 기원과 창조의 지속으로서의 진화현상

그리스도교의 세계관을 가지고 있었던 중세철학자들에게 '생명의 기원이 무엇인가?'라고 묻는다면 당연히 신의 창조라고 답할 것이다. 하지만 중세철학자들이 말하는 신이나 창조의 개념은 단순히 성서적이고 우화적인 것이 아니다. 토마스 아퀴나스의 신의 개념은 무엇보다 먼저 아리스토텔레스의 우주의 제일 원인이나 플로티노스의 일자(一者)처럼 존재의 원인 혹은 기원으로 나타난다. 그는 "분출된 모든 것은 보편적인 원인으로부터 발생한다. 이 보편적인 원인이 신(Deus)이다."[42]라 하고, 또한 "창조란, 보편 존재(Ente universali)로부터 모든 다른 존재들이 흘러나오는 것을 뜻한다."[43]라 하고 있다. 이러한 진술들은 분명 아리스토텔레스의 제일원인과 일치하며, 또한 플로티누스의 유출설과도 일치한다. 하지만 토마스 아퀴나스에게 있어서 신(神)은 단순히 기계론적인 원인 혹은 원리를 의미하지는 않는다. 형이상학자로서 그의 사유는 결코 자연과학적 혹은 기계론적인 인과의 원리에 머물

---

42 Thomae Aquinatis, *Summa Theologiae*, I, q. 45, a. 2, c. 이하 이 책을 '*ST*'의 약어로 통일함.
43 *ST*, I, q. 45, a. 4, ad 1.

고 있지 않다. 그는 '원인은 항상 결과보다 큰 것이다'라고 하는 아리스토텔레스의 형이상학적 원리를 견지하고 있다.

> '신이 창조자이다'를 긍정한다는 것은, 동시에 신이 모든 속성이나 범주를 초월하는 절대자임을 긍정하는 것이 된다. (…) 신은 모든 존재들의 원리(원인)이다. 그렇기에 원인으로서 신은 (결과인) 다른 어떤 것들의 장르에 속할 수가 없다.[44]

모든 것의 존재원인으로서의 신은, 모든 것의 원인이라는 이유로 모든 것보다 큰 존재이다. 따라서 존재하는 모든 것을 합해 놓는다고 해서 신과 필적할 수는 없다. 도자기를 만드는 도공은 도자기보다 확실히 큰 존재이다. 도공이 만든 모든 도자기들을 모두 합해 놓는다 해도 도공에 견줄 수 없다. 이것이 범신론과는 다른 토마스 아퀴나스의 신 개념이다. 여기서 우리는 인간처럼 의지하고 이해하는 인격적인 신을 상상할 수 있을 것이다. 하지만 신을 인격적으로 이해할 수 있다고 해도, 신은 인간의 인격을 무한히 초월하는 존재일 것이다. 그래서 중세철학자들은 신을 있는 그대로 이해하려면 '신은 ~이 아니다'라는 방식으로, 즉 부정적인 방식으로밖에 이해할 수 없다고 생각하였는데 이를 부정신학이라고 한다.

신이 모든 존재하는 것의 원인이니, 생명의 기원도 신인 것은 분명하다. 하지만 생명의 기원이 신의 창조라고 해서 다른 모든 가설들 즉 진화론이나 창조적 진화론을 부정한다는 것은 또한 아니다. 우리는 토마스 아퀴나스의 사상 안에서 생명의 발생에 관해 진화론, 특히 창조적 진화론과 매우 유사한 사유를 발견할 수 있다. 우선 그는 창조란 이 나무나 저 말과 같은 개별적인 존재자들의 창조가 아니라, 단적으로 나무 혹은 말이라는 어떤 유적(類的)인 형상의 창조에 대해서 말한다.

> 하나의 존재(혹은 존재자)는 창조되었다고 말해진다. 그러나 이는 그가 하나의

---

44 *ST*, I, q. 3, a. 5, c.

구체적인 개별적인 존재(hoc ens)로서가 아니라 단순히 하나의 존재(ens quod)로서 말해진다.[45]

존재·어떤 것·존재자·대상 등을 의미하는 라틴어의 *ens*는 구체적이고 개별적인 존재자를 의미하기도 하고, 단순히 어떤 것(*quod*)이라는 대상의 본질 혹은 형상을 의미하기도 한다. 따라서 이 용어에 이(*hoc*)나 저(*hec*)라는 지시대명사가 붙으면 구체적인 대상을 지칭하게 되며, 단순히 그 자체로 쓰이거나 무엇(*quod*)이라는 형용사가 붙으면 어떤 종류의 일반적인 본질을 의미하게 된다. 이 일반적인 본질이란 영어의 what이나 불어의 quoi에 해당하는 말로서 구체적인 개별 대상을 염두에 두지 않은 사람·짐승·비행기 등의 일반적인 본질을 지칭한다. 그런데 토마스 아퀴나스가 말하는 창조된 것은 개별자로서의 존재가 아니라 본질 혹은 형상을 지칭하는 후자를 의미한다. 사실 이러한 진술은 경험적인 사유로는 이해 불가능하다. 존재하는 것은 그것이 무엇이든 질료와 형상의 결합인데, 질료를 가진다는 것 자체가 이미 개별적인 존재로서 존재함을 의미하기 때문이다. 즉 이러한 사유는 경험적인 질서하의 사실을 말하는 것이 아니라, 형이상학적인 질서하의 논리적인 이해를 함의하고 있다. 가령 자동차의 원리 없이는 자동차라는 기계가 존재할 수 없듯이, 생명의 원리 없이는 생명현상이 발생할 수 없다. 즉 형이상학적인 질서에 있어서는 자동차의 원리나 생명의 원리가 구체적인 자동차나 개별적인 생명체를 앞서는 것이다. 토마스 아퀴나스는 모든 존재하는 것들은 하나의 유기적인 통일체를 이루고 있다고 보는데, 이러한 유기적인 통일체를 이루는 원리를 실체적인 형상이라고 생각하였다. 바로 이 실체적인 형상을 통해서 육체가 육체인 것으로, 감성이 감성인 것으로 그리고 정신이 정신인 것으로 존재하며 이들이 전체적으로 하나인 유기체를 형성하는 것이다.[46]

---

45 *ST*, I, q. 45, a. 4, ad 1.

46 "실체적 형상이 존재(*esse*)를 순수하게 부여한다. 그 결과, 이 실체적 형상의 사건(발생)을 통해서

그는 "발생의 질서 안에서는 질료가 형상에 앞서고, 불완전한 것이 완전한 것을 앞선다."[47]라고 말한다. 이는 경험적인 관찰 혹은 시간적인 순서에 있어서는 질료(육체)가 형상(정신, 영혼)보다 먼저 생성됨을 의미한다. 즉 형이상학적인 지평에서는 형상이 먼저 있고 이 형상이 질료들을 구체화시켜 각각의 특성을 부여하겠지만, 경험적인 시간적 역사 안에서는 질료가 먼저 발생하고 이후에 형상이 현실화되는 것이다. 비유하자면 형이상학적으로 볼 때 도자기의 형상은 도공의 정신 안에 먼저 존재하였겠지만, 실현의 순서에서는 도자기를 형성할 질료들이 먼저 존재하는 것이다. 사실 이러한 토마스 아퀴나스의 사유는 '닭이 먼저냐 달걀이 먼저냐' 라는 해결 불가능한 진화론적인 질문에 어떤 실마리를 제공한다. 어떤 진화론자는 닭이 처음 나온 것은 달걀이 아니라 공룡 알이라고 주장하면서 알이 먼저라고 주장하겠지만, 이 경우 여전히 '공룡이 먼저인가, 공룡의 알이 먼저인가?'라는 질문으로 옮겨가게 된다. 즉 여기서 질문의 핵심은 닭이냐 공룡이냐가 아니라 '알을 낳는 모체가 먼저인가, 아니면 모체가 탄생한 알이 먼저인가?' 하는 것이다. 즉 관념적 존재를 우선적으로 볼 것인가, 개별적이고 질료적인 실재적 존재를 우선적으로 볼 것인가 하는 이념적인 출발점이 문제인 것이다. 토마스 아퀴나스는 형이상학적인 질서에서는 형상으로서의 닭이 먼저지만, 발생 순서에서는 알이 먼저라고 한다. 즉 토미즘은, 형이상학적으로 볼 때 모든 존재자들은 신의 지성 속에 있는 관념적인 존재로서의 형상으로부터 기인한 것이 분명하다고 보지만 발생의 시간적인 순서에 있어서는 진화론자들이 관찰한 과정을 인정하는 셈이다.

어떤 것이 순수하게 발생하였다고 말해지는 것이다. 그리고 이 실체적 형상의 소멸은 존재의 소멸을 야기하는 것이다. (…) 따라서 인간 안에는 지성적인 영혼 외에 어떠한 실체적인 형상도 있을 수 없는 것이다." *ST*, I, q. 76, a. 4, *ad resp*. 토마스 아퀴나스에게 있어서 실체적인 형상은 인간존재를 전체적으로 하나의 유기체가 되게 하는 원리이다. 반면 근본적으로 육체와 정신을 두 가지 다른 실체로서 파악하고 있는 데카르트의 사유에서는 이러한 존재의 '유기적인 통일성'이 약화될 수밖에 없다. "따라서 여기에 두 가지 원초적인 개념과 두 가지 종류의 실체가 있다. 비질료적이고 사유하는 실체인 영혼과 질료적이고 연장(étendue)적인 육체가 그것이다." Descartes, *Correspondance avec Élisabeth*, Paris, GF-Flammarion, 1989, p. 73.

47 *ST*, I-II, q. 62, a. 4, c.

우리는 베르그송이나 떼이야르 드 샤르뎅의 창조적 진화 현상과 거의 동일한 것을 말하는 토마스 아퀴나스의 진술을 발견할 수 있다. 그는 다음과 같이 말한다.

> 하나의 보다 완전한 형상이 산출되면 이전의 형상은 사라진다. 그러나 이 새로운 형상은 이전의 형상이 포함한 모든 것을 포함하면서 그보다 더 많은 것을 내포하고 있다.[48]

여기서 알 수 있는 사실은 (경험적인 질서에서) 먼저 존재한 것은 불완전한 형상이며, 이로부터 보다 완전한 형상이 산출되어 나오면서 이전의 불완전한 형상은 소멸한다는 것이다. 즉 새롭게 산출된 형상은 이전의 형상과는 본질적으로 차원이 다른 형상이다. 여기서 우리는 토미즘이 비록 인간의 진화를 인정하고 있다고 하더라도 '인간은 신경이 좀 더 복잡하게 발달했을 뿐, 근본적으로 동물과 다를 것이 없다'라는 실증주의의 관점과는 완전히 다름을 알 수 있다. 반면 토마스 아퀴나스의 진술을 창조적 진화현상에 적용시켜 보면 매우 일치함을 알 수 있다. 즉 하나의 생명체는 항상 보다 완전한 것으로의 생의 도약을 감행하는데, 새롭게 도약한 생명체는 이전의 생명체와는 질적으로 다른 하나의 생명의 형식을 가지게 되며 그렇기에 진화는 창조적이다. 하지만 이러한 생의 도약의 지향이 이미 정해진 것인가 아니면 진화주체의 자유의지와 비전에 의해서 선택하는 것인가 하는 물음에 대하여, 토마스 아퀴나스의 견해는 베르그송의 그것보다는 의식의 탄생에로 지향되어 있다는 떼이야르 드 샤르뎅의 사유와 일치한다.

우리는 여기서 경험적이고 과학적인 차원에서 발견한 진화론과 성서적 세계관에서의 창조이론의 화해 가능한 지점을 발견할 수 있다. 그것은 '창조의 지속'이라는 개념을 통해서이다. 토마스 아퀴나스는 창조란 창조의 주체 안에 어떤 속성이 발생하는 것이라고 규정하면서 새로움 또는 시작을 의미한다고 말한다. 이러한 창조

48 *ST*, I, q. 118, a. 2, ad 2.

는 창조주와 피조물의 관계성을 함축하고 있다는 것이다.

> 창조가 실재 안에서 관계성을 의미할 때 피조물은 주체이며, 창조는 주체에서 속성이 발생하듯이 실존 안에 발생하는 것이다. (…) 창조는 '새로움' 또는 '시작'의 개념과 함께 창조주에 대한 피조물의 관계를 함축하고 있다.[49]

이러한 진술은 참으로 신비주의적인 것이다. 왜 새로움 혹은 시작의 개념이 창조주와 피조물의 관계를 함의하고 있는 것일까? 만일 이를 동물로부터 사유하는 존재인 인간으로의 탄생에 적용해 보면, 동물에서 인간으로의 진화는 돌연변이 즉 우연이나 자연선택 혹은 자유로운 선택이 아니라, 신의 창조 과정이라고 해야만 한다. 만일 신의 창조가 성서에서 우화적으로 말하듯이 7일 안에 모두 끝났다면 이러한 사고는 불가능하다. 하지만 만일 이 첫째 날 또는 둘째 날이라는 표현이 어떤 창조의 단계라고 본다면[50] 인간이 탄생한 시점은 진화의 과정 중 어느 순간일 것이며, 또한 창조의 과정 중 어느 순간일 것이다. 그리고 인류의 탄생이 창조의 과정 속에 있는 한 새로움 즉 인류의 시작은 신의 창조가 지속되고 있음을 의미하는 것이다. 사실 이러한 관점에서 보자면 생명체가 진화를 계속하는 한 창조가 계속된다는 사유가 가능하며, 인류의 역사, 아니 우주의 역사는 창조적 진화의 과정이라고 요약할 수 있다. 그리고 이러한 사유는 토마스 아퀴나스의 사유에서 충분히 긍정될 수 있다. 그는 "세계는 신이 그것을 원하는 한 존재한다. 왜냐하면 세계의 실존은 이 실존의 원인으로서의 신에게 의존하기 때문이다."[51]라고 말한다. 말하자

---

49 *ST*, I, q. 45, a. 3, ad 3.

50 이러한 사유는 성서의 언어적 표현 자체에 있어서 충분히 가능한 것이다. 오늘날 우리가 하루, 이틀이라는 말에서 하루란 태양이 지구를 한 바퀴 돌아서 제자리로 오는 24시간을 의미한다. 하지만 성서의 첫째 날이나 둘째 날에는 아직 태양도 지구도 생기기 전이니, 하루가 무엇을 의미하는지는 알 수 없는 것이다. 창세기에서는 해와 달 그리고 별들이 창조된 날은 4일째라고 되어 있다. 결국 이는 신의 하루 혹은 창조의 단계라고 할 수 있는 것이다. 그리고 성서에서의 창조의 순서는 과학에서 말하는 진화의 과정과 매우 유사한 것을 발견할 수 있다.

51 *ST*, I, q. 46, a. 1, c.

면 세계가 없어지지 않고 계속 존재하는 것, 즉 존재의 보존은 신의 존재에 의해서 가능하다. 그리고 이와 마찬가지로 세계의 진화의 법칙이 어떠하든 이 법칙 자체가 신의 의지에 의해서 존재할 수 있으며, 그런 한 창조와 세계의 지속은 구별되지 않는다. 왜냐하면 진보 혹은 진화는 어떤 의미에서든지 세계를 지탱하고 있는 신적 실존과의 관계성 속에서 이루어지기 때문이다.

2. 존재(*esse*)의 지평과 생명현상의 근원

세계의 지속이 신에 의해 가능하다는, 즉 세계의 존재가 신적 실존에 의해 지탱되고 있다는 사유는 매우 신비주의적이다. 하지만 이러한 사유는 낭만주의적인 동기에서 발생한, 단순한 시적 표현이 아니라 엄밀한 형이상학적 사유에서 탄생한 것이다. 그리고 세계 존재의 지속이 신에 의해 가능하다는 점과 이것이 왜 창조를 의미하는지 살펴보는 일은 생명현상을 이해하는 데 중요하며, 생명현상에 관한 가장 근원적인 이해가 될 것이다.

현대의 실존철학자인 하이데거는 '무엇인 것'과 '무엇이 있음'은 다르다고 구분한 바 있다. 즉 토끼가 무엇인 것은 토끼가 존재한다는 사실과는 별개이며, 그렇기에 토끼가 존재한다는 것은 토끼가 무엇임으로부터 발생하지 않는다. 즉 본질(무엇인 것)은 존재(있음)의 원인일 수가 없다. 이러한 사실로부터 하이데거는 존재란 피투성(被投性) 즉 던져져 있음이라고 규정한 바 있다. 즉 내가 존재한다는 사실은 내가 누구인 것과 무관하며 내가 존재해야 할 필연적인 이유도 없다. 이러한 존재의 피투성이 사람들이 그를 무신론자로 분류하는 가장 큰 이유일 것이다. 왜냐하면 인간의 창조와 무관한 신은 더 이상 신이 아닐 것이기 때문이다. 하지만 존재와 본질에 대한 이러한 구분은 이미 토마스 아퀴나스에 의해 아주 세밀하게 이루어졌으며, 토마스 아퀴나스는 하이데거와는 정반대로 이러한 존재와 본질의 구분으로부터 신의 존재를 유추해 내고 있다. 토마스 아퀴나스는 존재(*ens*)란 존재하는 힘

(*esse*)[52]과 본질(*essentia*)의 결합으로 이루어져 있다고 본다. 라틴어의 에세(*esse*)는 영어의 be동사 혹은 being에 해당하는 것으로 '존재하다·존재·~이다·~이 있다' 등 다양한 의미를 가지나, 토마스 아퀴나스가 사용하는 존재론의 특수한 용어로서는 '존재하는 힘·존재 현실력·존재행위' 등의 의미로 사용된다. 즉 이 *esse*는 어떤 것을 실제로 존재하게 하는 근원적인 힘인 것이다. 아마도 과학적인 언어에 익숙해진 현대인들에게는 모든 에너지를 있게 하는 근원적인 에너지라는 표현이 보다 자연스럽게 느껴지겠지만, 토마스 아퀴나스는 에너지도 물질적인 어떤 것인 한 존재하는 행위가 있어야만 존재를 지속할 수 있다고 본 것이다.

> 존재(*esse*) 자체는 질료의 고유한 행위가 아니라 실체 전체의 존재 행위이다. 왜냐하면 질료의 존재 행위는 그것을 통해서 질료가 존재한다고 말할 수 있는 것(실체)의 존재이기 때문이다. 따라서 존재는 질료에서 나오지 않고 실체 전체에서 나온다고 말해야만 한다. 따라서 '질료가 존재한다'고 말할 수 없으며, 존재하는 것은 실체 자체인 것이다.[53]

하이데거가 말하듯이 내가 인간이며 한 개인이라는 사실, 즉 나의 본질은 내가 존재하게 된 이유나 내가 존재를 지속하고 있는 이유가 될 수 없다. 만일 나를 계속 존재하도록 하는 힘이 나의 본질로부터 오는 것이 아니라면 이 존재하도록 하는 힘은 어디서 오는 것일까? 바로 이 힘이 *esse*이다. 그런데 이 *esse*는 단지 주어진 존재자를 지속하게 하는 것만이 아니라, 애초에 가능성으로 혹은 관념적으로 존재하던 내가 현실적으로 구체적인 육체와 감각과 정신적인 존재자로서 존재하게 된 원인이기도 하다. 즉 모든 존재를 현실적으로 존재하도록 하는 것이 *esse*인 것이다.

---

52 *esse*는 모든 존재하는 것들이 존재를 지속할 수 있게 하는 지반 혹은 근원적인 힘으로서 존재현실력, 존재행위 혹은 단순히 존재라고 번역되고 있다. 본서에서는 문맥에 따라서 이러한 용어들을 적절하게 사용하고 있다.

53 *Summa contra gentiles*, II, ch. 54. 이하 이 책을 '*SCG*'의 약어로 통일함.

그렇다면 이러한 *esse*는 어디서 기인한 것인가? 토마스 아퀴나스는 모든 존재하는 것들은 신으로부터 *esse*를 지속적으로 분유 받는다고 설명하고 있다. 이것이 바로 분유론(分有論)이다. 물론 신의 입장에서는 분유지만 피조물의 입장에서 보면 참여가 될 것이다. 즉 신은 무제약적 존재로서 그 스스로 자립하는 존재 자체(*Ipsum Esse per se Substens*)이며, 다른 모든 피조물들은 제약된 존재로서 신의 존재에 참여함으로써만 존재할 수 있다. 이러한 분유론은 확인할 수 있는 방법이 없기 때문에 긍정도 부정도 가능하지만, 형이상학적인 사유에 있어서 이렇게 설명하지 않고는 존재의 지속에 대한 이유를 해명할 길이 없다.

본질이 존재하는 자이며 그렇기에 스스로 존재하는 자, 존재하기 위해서 아무런 다른 원인을 가지지 않는 자로서의 신은 모든 것의 원인이다. 이러한 사고는 아리스토텔레스의 우주의 제일 원인으로서의 신에 기원을 두고 있지만 존재의 개념을 통해 보다 섬세하게 체계화되었다고 볼 수 있다. 신은 존재함에 있어서 무제약적이고 어떤 본질을 통해서도 구속받지 않으며 다른 모든 것들의 원인이라는 측면에서 무제약자·절대자·창조주라고 불린다. 유출설의 입장에서 창조를 보자면 생명체와 무생명체 그리고 정신적인 존재들은 모두 이 무제약적인 존재로부터 유출되어 나온 것이며, 마치 무색의 태양빛이 스펙트럼을 통과하며 다양한 색을 발산하듯이 존재는 본질과 결합하면서 다양한 양태를 띠게 되는 것이다. 이런 의미에서 신을 '길이며, 진리며, 생명'으로 묘사한 성서(요한 14, 6절)의 진술은 충분히 납득할 수 있다. 길(지향점), 진리(원리, 법칙) 그리고 생명(동인)이라는 각기 다른 지평을 하나로 수렴하는 것은 존재 그 자체뿐이기 때문이다.

모든 존재들이 본질과 존재현실력(*esse*)의 합성이며, 각각의 본질은 자신의 본질에 적합하게 존재현실력을 수용하고 있다는 의미에서 모든 존재자는 공통되는 존재(보편존재)로부터 동일한 존재를 수용하면서 또한 각자 자신만의 유일한 존재를 지닌다. 그렇기에 "존재는 하나이면서 동시에 다양하다."[54] 또는 "존재는 보편

54 요셉 라삼, 『토마스 아퀴나스: 존재의 형이상학』, 누멘, 2009, p. 25.

적이면서 동시에 개별적이다."[55]라고 자연스럽게 말할 수 있는 것이다. 즉 존재(*esse*)는 보편적이면서 동시에 개별적이다. 이러한 존재에 대한 사유는 세계의 유기체성에 대한 사유를 가능하게 한다. 서로 다양한 존재들이 혼란스럽게 얽혀 있는 것처럼 보이는 이 세계를 어떻게 하나의 전체, 즉 서로 긴밀하게 연결되는 하나의 전체적인 실체로 이해할 수 있는가? 그것은 모든 존재하는 것이 동일한 하나의 보편존재에 참여하면서, 눈에 보이지 않고 의식할 수는 없어도 서로 긴밀하게 소통하고 있기 때문이다.

> 존재는 모든 원리들 가운데 가장 형상적인 것이지만, 그러면서도 또한 최대로 소통 가능한(communicabile) 것이기도 하다.[56]

비록 다분히 신비주의적인 시각이긴 하지만 존재의 소통에 대한 이러한 이해는 세계의 유기체성을 설명해 줄 수 있는 유일한 합리적인 설명일 것이다. 마찬가지로 한 생명체나 인간이 지니는 다양한 지평들, 육체, 감성, 정신 등이 하나의 단일한 유기체를 형성하고 있는 것도 이러한 존재의 개념을 통해서만 충분히 해명될 수 있다. 왜냐하면 본질의 차원에서는 결코 순수한 질료인 뼈나 살이 순수하게 비질료적인 정신과의 통일, 일치를 확보할 수가 없을 것이기 때문이다. 반면 본질과 결합하여 하나의 실체를 이루고 있는 개별화된 존재(*esse individuatum*)의 차원에서는 모든 것이 단일한 하나를 이루고 있기 때문이다. 이 개별화된 존재는 항상 완결되고 통일된 하나의 존재로 나타나며, 그렇기에 인간에게 있어서 단 하나의 존재가 영혼과 육체 모두의 공통존재가 되는 것이다.

> 만약 영혼이 육체의 형상이라면, 합성체의 존재인 하나의 공통된 존재가 영혼과

---

55 위의 책, p. 28.

56 Thomas Aquinas, *Quastiones disputatae De Anima*, q. 1, ad. 17, Parisiis, Sumptibus P. Lethielleux, Editoris, 1925. 이하 이 책을 '*QDA*'의 약어로 통일함.

육체 모두의 것이어야 할 필요가 있다.[57]

사실 토마스 아퀴나스에게 있어서 이러한 개별화된 존재의 개념은 인간의 존재론적인 구조를 해명하는 열쇠와도 같다. 어떻게 정신과 감성 혹은 육체가 서로 다른 지평에 위치하면서 서로 긴밀하게 일치하는 유기체를 형성하는지, 그리고 어떻게 영혼은 육체의 소멸 이후에도 존재를 지속할 수 있는지에 대해 답해 주는 것이 바로 이 존재의 개념이기 때문이다. 모든 존재자들이 신의 존재에 참여함으로써 존재행위(*esse*)를 가질 수 있듯이, 인간의 육체도 인간영혼의 존재행위에 참여함으로써 자신의 존재행위를 가지게 된다. 왜냐하면 토마스 아퀴나스의 형이상학에서는 하나의 실체 안에서 상위적인 형상은 하위적인 형상에게 존재를 부여하기(혹은 하위적인 형상이 상위적인 형상의 존재에 참여하기) 때문이다.[58] 그렇기에 상위형상(영혼)이 소멸하면 자연히 하위형상(육체적 형상)들이 존재를 상실하지만, 하위형상이 소멸한다 해도 상위형상은 여전히 자신의 존재행위를 지니기에 존재를 지속할 수 있다. 바로 이러한 이유로 영혼은 육체의 현실성(*anima est actus corpus*)이며 생명의 원리이다. 즉 인간의 영혼은 육체적 생명의 원리이며, 영혼의 존재행위는 육체적 생명이 현실적으로 존재하고 존재를 지속하게 하는 근원적인 힘이라고 할 수 있다.

영혼은 (질료에게) 하나의 육체를 부여하며, 동시에 유기체가 되게 하며, 또한 능력으로서 생명을 부여한다.[59]

---

57 *Ibid*., q. 1, ad. 13.

58 "육체의 존재(esse)가 소멸적(corruptibile)이라고 일컬어지는 것은 자신(즉 육체)과 영혼에게 공유되던 바로 그 존재(esse)가 소멸(과정)에서 자립체인 영혼에게는 남지만 육체에게는 없어지게 되는 한에서이다. (…) 왜냐하면 육체는 자기 자신(실체)의 한 부분으로 구성되어야 영혼으로부터 존재를 수용할 수 있기 때문이다." *Ibid*., q. 1, ad. 14.

59 *ST*, I, q. 76, a. 4, ad 1.

한 존재자가 존재로서 고려될 때 결코 부분으로 나뉠 수 없으며 하나의 유일한 실체(*substantia*)를 이루고 있다는 사유는 인간의 생명을 이해하는 데 결정적인 도움을 준다. 실체적인 존재인 개인을 육체적 존재와 감성적인 존재 그리고 정신적인 존재나 영적인 존재로 나눌 수 없듯이, 생명 역시 육체적 생명과 정신적인 생명 혹은 영적인 생명으로 나눌 수 없으며 인간에게는 단 하나의 '실체적인 생명'[60]이 있을 뿐이다. 뿐만 아니라, 사후에도 개별적인 존재를 상실하지 않고 보존한다는 토마스 아퀴나스의 사유는 생명의 조건이 육체적인 에너지가 아님을 말해 주는 것으로, 생명의 기원이 물질적인 에너지가 아니라 형이상학적이고 초월적인 것임을 말해 주는 가장 중요한 단서이다. 뿐만 아니라 이러한 사고는 생명이 처음부터 개별적인 것, 즉 나의 생명, 그의 생명으로 창조되었음을 말해 주고 있다.[61] 왜냐하면 사후의 영혼이 개별적인 생명을 그대로 간직하고 있다는 것은 지상에서의 육체적인 삶을 영위할 때와 동일한 자기동일성(정체성, identity)[62]을 유지하고 있음을 말하기 때문이다. 사실 이러한 부분은 윤회를 긍정하는 불교의 생명관과 매우 다른 사유를 내포하고 있다. 왜냐하면 인간의 생명을 가진 영혼이 동물이나 곤충의 생명으로 재탄생할 수는 없을 것이기 때문이다. 어쨌든 토마스 아퀴나스의 이러한 생명의 근원으로서의 존재 개념은 생명에 대한 형이상학적인 지평에 대해 논의를 전개할 수 있는 가장 든든한 사유의 지반이 된다.

---

60 참조: *ST*. I, q. 18, a. 2.

61 가톨릭의 생명관에서는 인간은 수태되는 순간부터 절대적으로 존중되어야 하는 생명의 불가침성을 긍정하고 있다. 만일 이러한 생명의 불가침성에 대한 이유 혹은 정당성에 대해 근거가 무엇인가를 묻는다면 가장 확실한 근거는 인간의 생명(생명의 원리로서의 개별적인 영혼)이 신으로부터 창조된 것이라는 점이다. 만일 이를 부정한다면 이러한 생명의 절대적 가치는 어디서도 그 근거를 확보할 수가 없을 것이다. "수태의 순간부터 죽을 때까지 무고한 인간 생명권이 갖는 불가침성이고, (…) 따라서 인간생명은 수태되는 순간부터 철저하게 존중되어야 하며…" 이상묵, 「가톨릭의 생명윤리」, 『철학논총』, 새한철학회, 제34집, 제4권, 2003, p. 417.

62 여기서 자기동일성의 개념은 자아의 개념과 동일한 의미로 취해지고 있다. 즉 비록 육체를 가지고 있지 않지만, 한 영혼은 자신 안에 지상에서 가졌던 그 동일한 삶에 대한 기억과 자아를 지니고 있다는 것이다. 이러한 관점은 토미즘의 존재론적인 분석에 의해 필연적인 것이기도 하지만, 사후의 심판이라는 그리스도교적 도그마에 있어서도 적합한 결론이다. 개인의 자기동일성이 소멸된다면 최후의 심판이란 것은 있을 수가 없을 것이기 때문이다.

3. 생명의 형이상학적 지평과 신비주의적 지평

일반적으로 그리스도교의 생명관이 비판 받는 이유는 인간과 동물의 생명을 평등하게 인식하지 않는다는 점과, 이로 인한 인간중심적인 생명관 때문일 것이다. 특히 생태주의나 반려동물에 대한 관심이 점차 커지고 있는 오늘날에는 더욱 그러할 것이다. 하지만 이러한 시각은 그리스도교적 생명관의 일면만을 고찰한 것이다. 중세 그리스도교 철학을 대표하는 토마스 아퀴나스의 생명관은 일상인이 생각하는 것보다 훨씬 심오하며 형이상학적인 지평과 신비주의적인 깊이를 내포하고 있다. 그리고 이러한 사유는 모든 생명체들에 대한 사랑을 강조하기에 충분할 것이다. 토마스 아퀴나스는 『신학대전』에서 그의 존재에 대한 사유에 입각하여 다음과 같은 놀라운 진술을 하고 있다.

> 신은 단지 하늘과 땅, 그리고 천사와 인간만을 보살피는 것이 아니다. 가장 작은 것들—가장 자잘한 벌레들, 새들의 깃털, 들판의 아주 소박한 꽃들, 나뭇잎들—의 가장 내밀한 구조들도 보살핀다. 신은 이들 부분들의 조화와 일치를 보증한다.[63]

신이 세계 내의 모든 존재들 안에 존재할 뿐만 아니라, 이들의 내밀한 구조들을 보살피고 또한 이들 사이의 조화와 일치를 보존하는 존재라는 것은 참으로 신비주의적인 관점이다. 그리고 이러한 진술은 '모든 존재하는 것은 존재 자체(*Ipsum Esse*)인 신의 존재에 참여함으로써만 존재를 지속할 수 있다'라는 존재론적인 분석으로부터 필연적이다. 물론 보살피다·보존하다는 등의 표현이 다분히 의인화된 시적 표현일 수 있겠지만 보다 나은 언어도 없을 것이다. 세계 내의 신의 현존에 대한 사유는 오늘날 현대철학자들에게서도 볼 수 있는데, 프랑스의 유신론적 실존주의

63 *ST*, I, q. 103, a. 5, sed contra.

자인 루이 라벨은 『나르시스의 오류』에서 자연의 순수함에 대해 말하면서 신의 현존을 다음과 같이 말한다.

> (자연의) 순수함은 그들에게(제 사물들에게) 하나의 친숙한 얼굴을 부여하고 있는데, 그럼에도 이 친숙함은 마치 처음으로 발견되는 것처럼 보인다. 그리고 우리는 (이 친숙한 얼굴 앞에서) 하나의 감탄을 발견하는데, 이 감탄은 모든 다른 감탄의 동기들이 이 감탄 앞에서 자취를 감출 만큼 새롭고 큰 것이다. 제 사물들은 이 순수함을 통해서 그들의 무죄함을 가식 없이 보여 주고, 마치 신(神)이—자신의 고유한 얼굴을 드러내지는 않지만—이 순수함을 통해서 자신을 드러내는 것처럼 보이는 것이다.[64]

신의 현존이 자연 속에서 드러난다는 사고보다 더 자연을 신성화하고 자연의 가치를 최대한으로 끌어올리는 사유는 없을 것이다. 그리고 토마스 아퀴나스의 이러한 신비주의적인 관점보다 '세계 내의 생명체들의 유기체성'을 더 잘 설명해 주는 이론도 없을 것이다. 생명체들의 자연치유나 생태계의 자연보존이 어떻게 가능한가? 아마도 이러한 물음에 대해 진화론자들은 자연선택이라고 답할 것이며, 유전자 진화론자는 유전자에 의한 것이라고 할 것이다. 그러나 애초에 자연선택의 법칙이나 유전자의 원리를 누가 만들었는지, 왜 자연선택이 어느 날 갑자기 혼란에 빠지지 않는 것인지, 그리고 누가 유전자들의 이러한 정교한 법칙을 지속적으로 유지해 주는지 하는 문제에 과학이 답할 수는 없을 것이다. 과학의 답변은 오직 자연적으로 혹은 원래부터일 수밖에 없기 때문이다. 토마스 아퀴나스는 '결과는 항상 원인과의 유사성을 가진다'라는 아리스토텔레스의 형이상학적 원리에 따라 "모든 피조물들이 신과의 유사점을 가지고 있다."(『신학대전』 1권, 문93)라고 하면서, 인간은 신의 이미지(*Imago Dei*)를, 다른 생명체들은 신의 흔적(*vestigii*)을 지니고 있

---

64 Louis Lavelle, *L'erreur de Narcisse*, Ed. Bernard Grasset, 1939, p. 237.

다고 말한다. 신이 모든 존재하는 것들에 내재하고 있다거나 모든 존재하는 것들이 신과의 유사함을 가지고 있다는 말은, 결국 모든 존재하는 것들이 사실상 신을 표상하고 있다는 의미이다. 나아가 신은 이 모든 존재하는 것들을 통해 자신을 드러내고 있다고 하는 것과 같다. 그래서 토마스 아퀴나스는 "피조물들의 완전함(완성)에서 무언가를 제거한다는 것은, 신성한 완전함에서 무언가를 제거하는 것이다."(『대-이교도대전』 3권, 69장)라고 말하고 있는 것이다. 모든 존재하는 것들이 신의 존재를 표상하고 있다는 말을 보다 현대적인 용어로는 신의 현존이라고 말할 수 있으며, 이러한 신의 현존은 특히 생명의 도약을 통해서 가장 잘 드러난다. 토마스 아퀴나스는 이를 다음과 같이 표현한다.

> 신의 이미지가 어떤 것에서 나타나기 위해서는 이 어떤 것이 최고의 유적(類的) 완성(*ultimum genus perfectionis*)에 도달해야 한다. 이러한 완성에서 피조물은 휴식을 취하는 것이다.[65]

사실 이러한 진술은 인간의 진보와 궁극적인 목적에 대해서 말해 주는 것이다. 아우구스티누스는 "내 영혼이 신의 품안에서 휴식할 때까지 휴식은 없습니다."라고 고백한 적이 있는데, 사실 신의 품에서 휴식을 취한다는 표현은 완성에 이른다는 것과 같은 말이다. 인간의 영혼이 완성에 이르는 것은 신의 지성 속에 있는 창조적 본질(이데아)과 동일해지는 것인데, 이는 곧 신의 품에 있다고 표현하는 것과 다름이 없기 때문이다. 그런데 인간이 가진 신의 이미지는 유사함이라는 정의 자체부터 보다 완전하게 될 수 있는 어떤 것이며, 완성의 극치에 이른다는 것은 완성하는 과정을 전제한다. 이러한 완성의 과정이 바로 생명의 도약으로 이해될 수 있는 것이다.

---

65 Thomae Aquinatis, *Questiones diputatae de Veritate*, q. X *De Mente*, a. 1, ad 5. 이하 이 책을 '*QDV*'의 약어로 통일함.

만일 토미즘에서 생명의 진보 혹은 생명의 도약이라는 말을 사용할 수 있다면 이는 곧 생명의 최종 목적을 향해 상승하는 것이라고 할 수 있다. 이 최종 목적은 곧 이미지의 완성이다. 인간이 지닌 신의 이미지는 결국 인간의 생의 도약에 대한 지향점이라고 할 수 있다. 이러한 사유는 아리스토텔레스가 형이상학적인 차원에서 '목적은 원인과 같다'고 말한 원리와 일치한다. 운동의 원인이 건강이듯이 운동의 마지막 목적도 건강을 획득하는 것이다. 이처럼 인간의 영혼(생명)이 신에 의해서 기인한 것이기에 그 목적은 결국 신에게서 발견되는 것이다. 이러한 형이상학적 사유는 '모든 것은 일자(一者)로부터 나와서 일자(一者)로 돌아간다'라고 생각하는 플로티노스의 「일자론」에서도 분명하게 드러나는 관점이다. 따라서 만일 인간의 생명이 다른 생명체들과 다르다면, 인간의 생명은 보다 탁월하게 신의 현존을 드러낸다고 할 수 있다.

> 유사함은 이미지의 개념에 포함된다. 그러나 이미지는 이러한 유사함에다 어떤 다른 것이 첨가된다. 곧, 이미지는 다른 하나에 대한 표현이다.[66]

좀 더 문학적인 표현을 빌려서, 다른 모든 존재나 생명체들이 신의 현존을 반사한다면 인간의 생명현상은 신의 현존을 직접 표현한다고 할 수 있다. "신을 이해하기 위해서는 인간을 이해하지 않을 수 없고, 인간을 이해하기 위해서는 신을 이해하지 않을 수 없다."[67]라는 현대의 신비가 마가레트의 말은 토마스 아퀴나스에게 있어서도 여전히 진실하다. 토마스 아퀴나스에게 있어서 한 생명이 보다 상승할수록 혹은 보다 진보할수록 생명은 보다 정신적인 것으로 나아간다.[68] 인간의 생명

---

66 *ST*, I, q. 93, a. 1, c.

67 Thierry Gosset, *Femmes mystiques époque moderne*, Paris, La table ronde, 1996, p. 55.

68 "한 형상이 보다 상위 등급일수록 보다 더 그의 육체적 질료를 초월한다. 형상이 이 질료에 덜 구속될수록 자신의 행위성과 능력을 통하여 이 육체적 질료를 초월한다. (…) 존재의 등급에서 보다 더 올라갈수록 우리는 보다 더 질료적 요소를 넘어서는 형상의 장점을 발견하게 된다. 식물적 영혼은 금속의 형상이 질료를 초월하는 것보다 더 질료를 초월하며, 감각적 영혼은 식물적 영혼이

은 육체적·감각적·정서적 지평을 넘어 지성적 지평에 이르러 정점에 달하는데, 혼돈과 같은 세계를 하나의 질서로서, 그리고 조화롭고 통일된 세계로서 획득하는 것은 인간정신의 고유한 능력이다.[69] 이는 또한 정신적인 세계 즉 자아 혹은 세계관을 창조하는 인간만의 능력이며, 이러한 창조적인 능력은 '인간이 신을 닮았다'라는 말을 설명해 주는 하나의 예이다.

4. 생명의 원리로서의 영혼과 생명의 다양한 양태

토마스 아퀴나스의 사상에서 생명이란 구체적으로 무엇을 말하는 것인가? 그리고 생명체의 정의는 무엇인가? 에티엔느 질송(Etienne Gilson)은 토마스 아퀴나스가 『영혼론』에서 설명하는 생명체의 정의에 대해서 다음과 같이 기술한다.

> 육체는 두 가지 종류가 있다. 어떤 것은 자연적으로 무기력하고(생기가 없고), 다른 것은 이와 반대로 성장하고 변화한다. 그리고 이들 중 보다 완전한 것은 내적인 에너지의 덕분에 장소를 이동한다. 이 후자의 것을 사람들은 생명체라고 하고 이를 다시 식물·동물 그리고 사람이라고 말하는 것이다.[70]

여기서 우리는 생명체란 내적인 에너지로 인하여 자연적으로 성장하고 변화하는 것이며, 이들 중 자율적인 운동을 가지는 것은 보다 완전한 생명체라고 정의할 수 있다. 따라서 생명이란 생명체들이 가지는 속성이므로 내적인 에너지로서 변화

그러한 것보다 훨씬 더 질료적 육체를 초월한다. 그런데 인간의 영혼은 형상들 중에 완성도에서 가장 상승된 것이다. 그의 능력은 육체적 질료가 전혀 개입할 수 없는 행위와 능력을 소유할 만큼 매우 강하게 질료적 육체를 초월하고 있다. 이 능력은 지성의 능력이다." *ST*, I, q. 76, a. 1, ad resp.

69 Cf. *QDV*, q. X *De Mente*, a. 8,

70 E. Gilson, *Le Thomisme*, Paris, J. Vrin, 1942, p. 258.

하고 성장하고 운동을 하는 것이라고 정의할 수 있을 것이다. 하지만 이러한 정의는 토마스 아퀴나스가 실제로 생명에 대해서 말하는 내용을 매우 현대적으로 요약한 것이며, 토마스 아퀴나스의 생명에 관한 사유는 훨씬 더 심오하고 풍부하다. 『신학대전』에서 그는 생명에 대해 다음과 같이 설명한다.

> 생명(vita)이라는 용어는 자율적인 운동을 의미하는 명백한 현상에 대해서 말해진다. 그러나 이 용어를 통해서 의미하고자 하는 것(지칭하는 것)은 이것(현상, operatio)이 아니라, 이 현상이 귀속되는 실체(substantia)이다. 즉 그의 본성에 따라 자율적인 운동에 따라, 그의 작용을 스스로 수행하는 것을 통해서 지니게 되는 (…) 그러므로 산다는 것은 구체적인 한 '본성'이 된다. 생명이란 이러한 것 자체를 말한다. 그러나 추상적인 형식 아래 '질주'가 추상적으로 달리는 사태를 의미하듯, '살아 있다'는 것은 우연적인 속성이 아니라 실체적인 속성이다. 그럼에도 가끔은 생명이라는 용어가 보다 덜 고유하게 이 생명이라는 용어로부터 파생된 '생명작용들'을 지칭하기 위해 사용되는 것이다.[71]

질주라는 것이 달리고 있는 사태를 추상적으로 말해 주듯 생명이라는 것도 살아 있는 사태에 대해서 추상적으로 말해 준다. 달리고 있는 사태란 달리는 행위에 수반되는 모든 현상들을 통칭하는 말이듯이, 살아 있는 사태 역시도 살아가는 행위에 수반되는 모든 현상들을 통칭하는 말이다. 어떤 것의 모든 현상들을 하나로 이해하는 것이 곧 어떤 것을 실체적으로 이해하는 것이다. 따라서 생명을 실체적으로 이해한다는 것은 살아가는 사태에 수반되는 모든 현상들을 통합적으로 이해한다는 말이 된다. 여기서 우리는 생명이라는 말이 다양한 생명체에게 있어서 각기 다른 의미를 지님을 알 수 있다. 식물에게 있어서 생명이라는 말은 동물에게 있어서 생명이라는 말보다 협소하고 덜 포괄적인 의미이며, 동물에게서 생명이라는 말은

---

71 *ST*. I, q. 18, a. 2.

또한 인간에 비해서 빈약하고 협소한 의미일 것이다. 즉 다시 말해서 동물은 식물보다 더 탁월한 생명을, 그리고 인간은 다른 모든 생명체보다도 더 탁월한 생명을 가지고 있는 것이다. 따라서 존재의 위계가 있는 것처럼 생명에도 위계가 있다고 할 수 있으며, 최소한 이 지상의 세계에서는 인간의 생명이 가장 탁월하다고 할 수 있다.

생명이 실체적인 것이라는 진술은 생명이 모든 인간현상에 관련되어 있음을, 혹은 생명이 모든 인간현상의 원인임을 말해 주고 있다. 문학적으로 말하면 인간이 가진 모든 속성들과 능력들은 하나의 유일한 인간생명의 개화 혹은 실현이다. 이러한 측면에서 토마스 아퀴나스는 생명에 대해 정의 가능한 모든 것 중 가장 풍요롭고 포괄적이며 심오하게 정의한다. 이는 또한 각각의 개인이 근본적으로는 인간의 생명이라는 동일한 생명을 지니고 있지만, 그 생명력이나 탁월성에 있어서는 각자 다른 다양한 생명을 지니고 있다고 할 수 있다. 가령 천재나 영웅 혹은 성인들은 일상인들보다 더 강력하고 심오한 생명력을 지니고 있다. 이들은 일상인들의 생명현상과 분명하게 구별되는 생명현상을 보여 준다고 할 수 있다. 그렇다면 토마스 아퀴나스가 이해하는 생명현상이란 어떤 것인가?

생명현상에 대한 토마스 아퀴나스의 사고는 운동의 원리에서 시작되는데, 그는 이를 크게 세 가지로 구분한다. 생명현상이라고 할 수 없는 자연법칙의 운동, 이보다 고차적인 운동이라고 할 수 있는 생명현상의 자율적인 운동, 마지막으로 이해를 의미하는 정신의 운동으로서 비질료적인 운동이다.[72] 『영혼론(*De Anima*)』[73]에서 토마스 아퀴나스가 구분하고 있는 운동에 관하여 우리는 다음과 같이 요약할 수 있다.

1) 천상물체(*corpus caelestis*)들을 움직이는 원리(실체): 천체운동의 원인으로 가정되는 형이상학적인 원리. 자연법칙은 이 원리에 참여하면서 자연현상의 원인이 된다.
2) 자연법칙: 물은 아래로 흐르고 불은 위로 오르는 등의 자연법칙의 원리가

---

72 "생명은 특히 앎(*cognitionis*)과 운동(*motus*)을 통해서 나타나고 있다." *ST*, I, a. 75, q. 1, c.
73 *QDA*, q. 1, c.

되는 법칙.

3) 식물들의 내적 운동의 원리인 식물혼 혹은 생장혼(*anima plantarum*): 다른 것에 의해 움직여지면서 식물의 내적인 운동(생장)의 원인이 되는 것.
4) 동물혼(*animae brutorum*): 스스로 대상을 인식하며, 움직이는 '자율적인 운동'을 가진다.
5) 인간의 영혼(*animae humanae*): 스스로 육체를 움직일 뿐 아니라, 앎(이해)을 통해 질료적인 대상을 비질료적(정신적)으로 이해할 수 있다는 점에서 동물혼보다 탁월하며, 천상적인 실체(천사들)들과 유사함.

사실 현대인이라면 천체나 우주를 움직이게 하는 어떤 운동의 원리도 자연법칙이라는 말에 귀속시킬 것이다. 왜냐하면 이들도 넓은 의미에서 자연의 일부이기 때문이다. 하지만 저편세계 즉 천국이 저 하늘 위에 존재할 것이라고 생각한 중세인들에게 있어서 천체의 운동은 지상의 자연법칙과는 다른 것이며, 천체의 운동을 야기하는 원리는 지상의 자연법칙과 다른 것으로서, 지상의 자연법칙이 발생하는 원인이었다. 물론 이러한 사유는 오늘날 여전히 가능성 있는 가설이다. 왜냐하면 지구상의 자연 법칙과 우주를 움직이게 하는 법칙은 완전히 다를 수 있기 때문이다. 어쨌든 천체운동의 원인과 자연현상의 원인을 단순히 이들이 물리적인 법칙이라는 차원에서 생명현상이라고 볼 수는 없을 것이다. 하지만 식물혼·동물혼·인간의 영혼에 있어 영혼에 의한 운동은 모두 생명현상들을 동반하는 것으로서 생명현상이라고 말해진다. 바로 이 때문에 토마스 아퀴나스는 "영혼은 생명의 제일 원리이다(*anima est primum principium vitae*)."[74]라고 정의한다. 여기서 생명현상으로서의 운동은 물론 자율적인 운동을 말한다. 그리고 이러한 자율적인 운동 중에서 가장 탁월한 것은 인간의 영혼에서 산출되는 이해하기이다. 이해 혹은 앎의 행위는 그 자체로서 물리적인 운동은 하지 않을지라도 어떤 내적인 변화를 야기한다는 차원에서

74 *ST*. I, q. 75, a. 1.

여전히 운동(*motus*)[75] 즉 정신적인 운동이라고 할 수 있다. 가령 인간은 전혀 물리적인 힘을 행사하지 않고도 어떤 정신 혹은 의지를 통해서 다른 사람들을 행동하도록 할 수 있는데, 이는 물리적으로가 아닌 정신적으로 어떤 사람에게 영향력을 행사하는 것이다. 이는 물리적인 힘을 사용하는 것보다 더 탁월한 행위 즉 내적인 혹은 정신적인 운동이다. 따라서 우리는, 인간에게는 소화 작용과 같은 단순한 생체적 운동부터 달리기와 같은 육체적 운동 및 지각하고 느끼는 정서적인 운동과 지적인 이해의 운동까지 다양한 차원의 운동이 있다고 말할 수 있다. 그리고 단적으로 인간의 생명활동 혹은 생명현상이란 이 모든 운동들을 지칭하며, 그것도 이 모든 것을 하나의 유기체로 고려하는 것이다. 그렇기에 생명은 하나이지만 생명이 나타나는 현상은 다양한 양태로 나타난다. 즉 인간이 창조한 모든 문화·학문·예술 등은 인간생명의 다양한 양태가 산출한 결과물인 것이다.

생명현상을 다양한 인간현상 중의 하나로 고려하지 않고 유기체적인 실체(substantia)로 고려한다는 것은, 생명의 다양한 양태를 말해 준다. 가령 단적으로 나의 생명이라고 할 때, 이는 단순히 생물학적으로 살아 있음 즉 육체적인 목숨을 의미하는 것이 아니라 감각적인 능력과 감성적인 느낌 및 정신적인 사유들을 모두 포괄한다. 그리고 건강한 생명이라고 한다면, 이는 이 모든 것들이 잘 작용하고 있음을 의미한다. 즉 생명은 하나이되 생명의 다양한 양태들이 다양한 지평을 이루고 있으며, 이들은 또한 서로 유기적으로 일치하는 것이다. 인간에게는 "동시에 그리고 동일한 하나의 원리 덕분에 생명체이고, 동물이며, 인간이 되는 원리가 존재하는 것이다."[76] 다양한 계층의 생명의 양태들을 하나이며 유기체적인 나의 생명으로 수렴하고 유지되게 하는 근본 원리가 바로 영혼(anima)이다. 영혼이란 생기를 불어넣는

75 라틴어에서 운동을 의미하는 *motus*는 단순히 육체적인 움직임을 의미하는 것이 아니라 다양한 의미를 담고 있다. 가톨릭대학교 고전라틴어연구소에서 편찬된『라틴-한글 사전』(가톨릭대학교출판부, 2004)에서는 이 용어를 움직임·운동·춤·몸짓·성장·감정·정서·정신활동·변화·충동·영감 등 다양한 의미를 가지고 있는 것으로 나타내고 있다.

76 *SCG.*, II, ch. 58.

것이란 의미로서 생명의 원리(principium vitae)로 사용되는 개념이다.[77] 즉 영혼은 한 생명체 안에서 모든 생명현상의 근본적인 원인이 되는 형이상학적 실재·비질료적 실재이다. 하나의 실체는 하나의 존재를 가지며 또한 하나의 영혼을 가진다. 따라서 식물들의 생명현상, 동물들의 생명현상, 인간의 생명현상 사이의 차이는 그 원리인 영혼의 다름에 기인한다. 하지만 동일한 인간존재 안에서 식물적·동물적·지성적 생명현상들은 유일한 하나의 인간영혼에서 기인한 것이다. 즉 동일한 영혼을 통해서 인간은 영양작용을 하며, 감각작용을 하며, 지성작용을 하는 것이다.

존재가 존재로서 고려될 때는 모든 존재자들이 동일한 존재를 지니고 있지만, 또한 존재의 유적인 본질에 적합한 존재로서 존재한다는 측면에서 존재는 각각 다른 등급을 가진다. 생명도 생명으로서 고려될 때는 모든 생명체가 동일한 생명을 지니겠지만 식물과 동물과 인간은 각기 다른 생명을 지니고 있다고 말할 수 있다. 즉 생명은 존재에 있어서와 마찬가지로 '하나이면서 다양한 것'이다. 따라서 우리는—최소한 논리적으로—생명의 다양한 양태는 우선 존재의 다양한 양태와 일치하며, 존재의 등급을 말할 수 있는 것과 마찬가지로 생명의 등급도 말할 수 있다. 토마스 아퀴나스의 사유에서 인간의 생명이 다른 동물들의 생명에 대해 가지는 특수성은 생명의 원리로서의 인간의 영혼이 가지는 특수성과 다르지 않을 것이다. 즉 인간의 생명은 단순히 생존을 지향하는 것이 아니라 실현해야 할 과제이며, 초월적인 것을 지향하는 생명이다.

5. 개별적인 영혼과 생명의 개별성

생명의 원리가 영혼이라는 사유는 자연히 다른 하나의 사유를 야기하는데, 그

---

77 "영혼의 본성에 대해서 탐구하기 위해서는 영혼이 삶의 제일원리라는 것을 받아들이는 것으로 시작하지 않으면 안 된다." *ST*, I, a. 75, q. 1, c.

것은 생명의 개별성에 대한 것이다. 모든 인간은 인간의 생명이라는 차원에서는 동일한 등급의 생명을 지니겠지만, 이들이 각자 자신의 개별적인 영혼을 지닌다는 의미에서는 서로 다른 자신만의 생명을 지니고 있다. 만일 모든 이에게 있어서 생명이 개별적인 것이라고 한다면, 그것은 곧 영혼의 존재행위(*esse*)가 개별적이기 때문이다. 사실 논리적으로 본다면 나의 모든 육체적·감성적·지성적인 개별적 특성들은 영혼의 본질 자체가 개별적이라는 점과, 이러한 개별적인 영혼의 본질에 적합하게 수용된 나의 존재의 개별성에 기인하고 있다. 그렇기에 모든 육체나 감각이 소멸된 사후에도 나의 개별성은 여전히 손상 없이 유지되는 것이다. 즉 사후의 인간 존재는 여전히 개별화된 존재이다.[78] 모든 사람들이 각자 자신의 고유한 영혼을 원리로 하는 자신만의 고유한 생명을 지니고 있다는 생명의 개별성에 대한 사유는 현대사회에 큰 사회적 문제로 부각되고 있는 생명윤리의 문제에 매우 중요한 사유의 관점을 제공해 준다. 예를 들면 가장 일반적인 주제로 등장하는 인간복제나 배아줄기세포 등의 사안에서 제기되는 도덕성의 문제, 즉 도덕적 정당성의 문제가 있다. 이러한 도덕적 정당성의 문제에서 핵심 사안으로 나타나는 것은 존엄성 파괴의 문제이다. 모든 인간은 인간으로서의 존엄함을 가진다고 하는 인간으로서의 존엄성의 근거는 모든 인간이 이 세상에서 유일한 존재, 하나뿐인 자신의 존재를 가진다는 것이다. 세상에서 하나뿐인 개별자는 자신이 가진 유일성 그 자체로부터 비교할 수 없는 하나의 절대적인 가치를 획득한다. 이러한 것이 개체성으로서의 각 개인이 지니는 천부적인 존엄성의 이유가 되는 것이다. 하지만 인간복제나 배아복

---

78 "그런데 인간의 영혼은 자신의 존재(esse suum)를 육체에 의존하지 않는다는 점에서 다른 형상들과 구별된다. 그러므로 그것의 개별화된 존재(esse individuatum eius)도 육체에 의존하지 않는다." *ST*, I, q. 3, sed cont. 이러한 생명의 개별성은 라이프니츠의 '실체의 유일성'의 개념을 통해서도 잘 드러나는 것인데 그에 의하면 모든 실체는 그 자체 소통이 불가능한 절대적인 것을 의미하기 때문이다. "'연결(connexion)'이라는 용어와 '소통(communication)'이라는 용어는 긍정적인 차원과 부정적인 차원으로 사용되고 있다. 라이프니츠는 의도적으로 연결이라는 용어를 '소통 혹은 조화(communication ou harmonie)'라고 사용하며, 반면 실체(substance)에 대해서는 '그것들 사이에 전혀 소통이 없는 것'이라고 표현하고 있다." Leibniz, *Système nouveau de la nature et de la communication des substances*, présentation par Chistiane Frémont, GF-Flammarion, 1994, préface, p. 14.

제 등은 바로 이러한 개인의 개별자로서의 유일성을 파괴한다는 문제를 야기하고 있다. 우리는 이러한 견해를 국내의 한 연구논문에서 발견할 수 있다.

> 모든 사람은 태어나면서부터 유일성을 지닌다. 그러나 만약 인간복제가 허용된다면 이러한 유일성에 침해를 초래할 수 있다. 인간의 복제는 유전형질이 같은 사람을 마음대로 만들 수 있는 길이 열리는 것이기 때문에 유일성에 대한 침해는 자명하게 나타날 것이다. 그리고 인간복제는 인간의 존엄성에 심각한 타격을 입힐 수 있다.[79]

한 예술가의 예술품을 복제할 때 사람들은 저작권 문제를 제기한다. 이는 단지 상업적 혹은 경제적인 이유가 아닌 유일무이한 창조품의 유일성을 침해당함으로써 작품이 가지는 어떤 품위나 가치에 손상을 입게 되기 때문이다. 이와 마찬가지로 한 개인의 생명은 유일한 것이므로 어떤 식으로든지 생명을 복제한다는 것은 복제당하는 생명의 품위나 가치를 손상시키게 된다. 하지만 아직은 이러한 개인의 유일성 혹은 개체성에 대한 학문적인 연구, 즉 그 기원이나 가치 혹은 의미에 대한 심도 있는 학적인 연구는 잘 이루어지지 않고 있다. 비단 복제의 경우에 있어서만이 아니라, 유전자를 조작하여 보다 우수하고 경쟁력 있는 개인을 탄생시키고자 하는 경우도 마찬가지이다. 생명을 조작한다는 것은 이미 주어진 유일무이한 한 생명체를 변형시키는 일이며, 유사한 것이 많을수록 그 개체가 가지는 유일성의 가치를 손상시키게 된다. 유전자 조작을 하여 보다 탁월한 기능을 가진 개인들이 많아진다는 것은 다른 의미로 보다 유전적으로 유사한 사람들이 많아진다는 것이며, 이는 마치 많은 사람들이 성형수술을 하여 서로의 얼굴이 유사해지는 것과 같다.

토마스 아퀴나스에게 있어서 한 인간이 유일무이한 개별생명을 가지는 것은 그

---

79 최준호·박기묵, 「생명과학과 인문학의 생명윤리정책에 관한 의사소통의 시론적 분석」, 『인문연구』, 제54호, 영남대학교 인문과학연구소, 2008, p. 290.

의 생명을 유지하고 있는 모든 생명현상의 원리가 그의 개별적인 영혼이기 때문이다. 이 개별적인 영혼은 존재를 수용하고 자신의 종적 특수성과 개별적 특수성을 야기하고 유지하는 실체적 삶(생명)의 원리이다.[80] 그러므로 개별적이고 실체적인 생명의 원인은 곧 형상(*forma*)으로서의 그의 영혼이다. 인간의 영혼이 실체적인 형상이기에 인간의 생명이란 본질적으로 유일한 실체적인 생명이며, 통일된 하나이다. 바로 이 때문에 마음의 병은 육체의 병과 관련되고, 육체가 병들면 정신도 나약해지는 것이다. 사람들이 육체적인 생명이나 정신적인 생명 및 정치적 생명 나아가 시인으로서의 생명이라고 하는 것은, 사실상 나의 생명 혹은 그의 생명이라는 하나의 유일한 생명에 대해 추상된 개념 혹은 유비적인 개념으로 사용하고 있는 것이다.

그렇다면 인간으로서의 인간의 생명, 즉 인간의 유적 특성으로서의 인간의 생명과 개인의 영혼이 가지고 있는 개별적인 특성 사이에는 어떠한 상관관계가 있는가? 이를 이해하기 위해서 우리는 우선 인간영혼이 가지는 유적 특수성, 즉 인간의 영혼이 다른 동물의 영혼에 비해 어떤 특수한 양태를 지니고 있는지 물을 수 있다. 가장 일차적인 것은 앎 혹은 이해라는 정신적인 양태이다. 토마스 아퀴나스는 이에 대해서 다음과 같이 진술하고 있다.

> 만약 영혼을 그것으로부터 작용이 생겨나오는 원리(*principium*)로 고려한다면, 영혼의 고유한(*propria*) 작용은 이해하기(*intelligere*)다.[81]

---

80 "육체로 하여금 생명체가 되게 하는 것(id quo vivit corpus)은 영혼이며, 산다(vivere)는 것은 살아있는 것의 존재(esse viventium)이므로, 이로부터 영혼은 인간 육체로 하여금 현실태의 존재(esse actu)로 유지하게 하는 것이 분명하다. 그런데 형상이 바로 이런 본성을 지닌 것이다. 그러므로 영혼은 육체의 형상이다. (…) 그러므로 이로부터 영혼은 이 어떤 것이며 따라서 그 자체로서 자립할 수는 있지만, 그 자체로 온전한 종을 소유한 그런 것은 아니고 육체의 형상으로서 인간의 종을 완성시키는 것이라고 할 수 있다." *QDA*, q. 1, sed contra. "영혼의 개별성 역시 육체와 어떤 관계를 가지고 있음에도 불구하고 육체의 소멸로 인해 소멸되지 않는다." *Ibid*., q. 1, ad, 5.

81 *Ibid*., q. 1, ad. 11.

이 말은 만일 영혼이 육체와 무관하게 독자적인 실존(*esse*)을 가지고 있다면 이 때 영혼으로부터 발생하는 행위는 이해하기이다. 그리고 이러한 이해하기 능력은 사유로부터 발생하는 것으로서 인간영혼의 고유한 행위는 사유와 이해이며, 이것이 다른 생명체들이 갖지 못하는 인간생명의 고유한 점이다. 인간의 생명의 탁월성은 "나는 사유한다. 고로 나는 존재한다."라는 데카르트의 사유에서도 강하게 부각된다. 왜냐하면 나의 존재의 개념에 있어서 가장 무게를 가지는 것이 사유하는 것이기 때문이다. 인간의 영혼이 육체적인 실존에 의존하지 않고 자립할 수 있다는 것은 생명의 의미가 생물학적, 감각적 차원을 넘어서 정신적 차원에서 고유하게 논의 될 수 있다는 것으로, 자연과학적 사유로는 이해 불가능한 형이상학적인 사유임이 분명하다. 즉 사후 영혼의 존재는 여전히 비육체적인 생명을 지니고 있다고 할 수 있다.[82] 육체를 초월하는 이러한 생명의 고양에 대한 토마스 아퀴나스의 사유는 생의 약동의 극단적인 차원을 보여 준다.

이러한 인간생명의 형이상학적 지평은 생명의 기원에 있어서 최소한 인간의 생명이 문제가 될 때, 결코 자연발생설이나 진화론적인 사유로 해명할 수 없다. 왜냐하면 형이상학적인 차원에서 원인은 항상 결과보다 크기 때문에, 인간의 영혼이 비질료적인 생명현상을 가지는 것 즉 순수하게 정신적인 것은 애초에 인간의 영혼이 가진 특성이지 물질이나 화학적 작용을 통해서 발생할 수 있는 것이 아니며, 따라서 진화나 진보를 통해서 획득한 것이 아니기 때문이다. 그렇기에 인간의 생명은 오직 창조만이 그 기원일 수 있는 것이다.[83] 인간의 생명이 물질이나 질료적 에너지로부터 발생할 수 없으며, 오직 창조에 의해서만 주어질 수 있다는 토마스 아퀴나스의 생각은 단순히 생명의 기원에만 적용되는 것이 아니다. 그는 개개인의 영혼 역

---

82 "그러므로 인간 영혼의 작용으로부터 이렇게 그것의 존재양태(modus esse)가 알려질 수 있다. 영혼이 물질적 사물들(materialia)을 초월하는 작용을 소유하는 한, 그 자신의 존재는 육체에 의존하지 않을 뿐 아니라, 육체보다 상위의 것으로 고양될 것이다." *Ibid. sed contra.*

83 "이성적인 영혼은 창조를 통해서만 산출될 수 있다. 하지만 이는 다른 형상들에 있어서는 사실이 아니다." *ST*, I, q. 90, a. 1, c.

시도 신의 창조에 의해서 주어질 수밖에 없다고 생각하는데, 그 이유는 인간의 영혼이 자립적인 영혼이라는 데 있다.

'자립하다'에는 두 가지 의미가 있다. 첫째는 영혼이 존재(*esse*)하기 위해서 육체에 의존하지 않는다는 것이다. 영혼은 존재의 조건인 존재 현실력(esse)을 육체적인 에너지로부터 수용하는 것이 아니라 존재 자체(*Ipsum esse*)로부터 부여받기 때문에, 자신의 존재를 가지기 위해 육체에 의존하지 않는다. 존재하기 위해 질료를 전혀 필요로 하지 않는 영혼이 질료적인 것으로부터 발생할 수는 없으며, 그럴 이유도 없기 때문이다.[84] 둘째는 영혼이 항상 자신의 고유한 본질—자기인 것, 자기다움—로 귀환할 수 있는 능력과 귀환하고자 하는 속성을 가지고 있다는 점이다. 만일 우리가 자립하는 영혼이라는 인간 영혼의 정의를 수용할 수 있다면, 한 개인의 영혼은 그 자체로 다른 모든 영혼과 다르고 개별적이며, 이러한 개별적인 영혼이 부모의 영혼으로부터 유전된다는 것은 논리적으로 불합리함을 알 수 있다. 베토벤이나 고흐 같은 예술가들에게 있어서 이러한 자기다움은 특히 강렬하게 나타나는데, 반 고흐는 그의 동생 테오에게 보낸 편지에서 다음과 같이 쓰고 있다.

> 결국 무엇이든 간에 나는 어떤 대가를 치르고서라도 전진하고 싶다. 나 자신이고 싶다. 나 스스로 고집스러움을 느끼고, 사람들이 나나 내 작품에 대해 뭐라고 말하든 전혀 연연하지 않기 때문이다.[85]

이러한 예술가들이 가진 그들만의 것, 즉 그들의 개별성은 결코 부모들의 기질이나 속성에서 발견할 수 없는 것이다. 이는 모든 천재나 성인들의 경우에도 마찬가지이다. 그렇기에 한 개인의 영혼의 기원을 궁극적으로 추적하다 보면 결국 신으로부터 창조되었다고 할 수 있다. 한 영혼이 개별적이라는 것은 그의 생명이 개

---

84 *Ibid.*, a. 2 참조.

85 나탈리 에니히, 『반 고흐 효과』, 이세진 옮김, 아트북스, 2006, p. 108.

별적인 것이라는 말이다. 왜냐하면 영혼은 생명의 실체적인 원리이기 때문이다.[86] 따라서 개별적인 생명에 대해서 과학적으로 모든 것을 설명해 줄 수는 없다. 사실 과학은 그 본질에 있어서 일반적인 것만을 다루며, 개별적인 것을 다루지는 않는다. 해부학은 인간의 육체에 대해서는 매우 섬세하게 설명해 줄 수 있지만 개별화된 나의 육체·나의 장기에 대해서는 아무것도 설명해 주지 않는다. 그리고 생명현상을 단순히 자연과학적 고찰이나 인간의 이성을 통해 판단하거나 규정할 수 없는 이유는 바로 이 생명의 개별성과 개별성의 원인이 어떤 '초월적인 것'에서 기인하기 때문이다. 결국 인간은 자신보다 더 큰 어떤 초월적인 세계와 관계하고 있으며, 인간의 생명은 바로 이러한 초월적인 것과의 어떤 끈을 가지고 있으며, 그런 한 인간은 이러한 초월적인 존재와 교감한다고 해야 할 것이다.[87] 이러한 인간의 생명의 특수성에 대한 토미즘의 고려는 결코 인간중심주의의 생명관을 의미하지는 않는다. 토미즘이 말하고자 하는 것은 다만 생명현상의 놀라운 특성들 중 정점에 있으면서 생명의 신비를 가장 잘 드러내는 것이 인간의 생명임을 확인하는 것뿐이다. 그는 "인간의 영혼 즉 지성혼은 질료적인 세계와 비질료적인 세계를 한계 짓는 경계"[88]라고 하는데, 이는 인간의 생명이 생물학적(물리적)·감각적·지성적 차원을 넘어 영성적(초감각적) 차원에서까지 가치와 의미를 지니고 있음을 말해 준다. 그리고 이러한 초월적인 인간의 생명은 그의 생명의 개별성을 통해서 가장 잘 드러난다. 그렇기에 생명의 신비를 이해하는 데 있어서 영성적인 차원 혹은 초월적 차원에 대한 이해는 가장 중요하며, 또한 본질적으로 이러한 영성적 지평에서의 생명현상

86 "영혼은 각자에게 유일한 개별성을 가지며, 유일한 개별 형상이 유일한 사태를 유발한다. 스승과 제자의 앎과 세계관이 서로 정확히 일치하지 않는 것은 세계 혹은 존재가 각자의 개별적인 영혼에게 그 자신의 모습을 다르게 드러내기 때문이다. 하지만 실상은 영혼의 다름 때문이다." 이명곤, 「인간의 영혼이란 무엇인가」, 『중세철학』 3호, 분도출판사, 1998, p. 158.

87 "따라서 우리는 다음과 같이 말할 수 있다. 신의 본질을 보기 위해서는 신과의 유사함(similitudo)이 (보는 자의) 보는 능력을 위해 수용되어야 한다. 인간의 지성에게 신을 볼 수 있는 능력을 부여하는 것은 시편이 말하고 있는 신성한 영광의 빛이다." *ST*, I, q. 12, a. 2, *ad* 3.

88 "unde est quod anima intellectualis dicitur esse quasi quidam horizon et confinium corporeorum et incorporeorum". *SCG*, II, ch. 68.

은 개별적인 생명의 현상일 수밖에 없는 것이다. 사실 생명에 대한 초자연적인 근거를 긍정하는가 아닌가 하는 문제는 세계와 인간을 고찰하는 데 있어서 형이상학적 시각을 긍정하는가 아닌가 하는 차이에 달려 있다. 왜냐하면 형이상학적인 시각이 제거되자마자 모든 경험할 수 없는 것은 비실재가 되어 버릴 것이기 때문이다. 힐쉬베르그는 그의 『서양 철학사』에서 이러한 경험론적인 관점의 대표적인 철학자로 로크를 들며 그의 사유는 오직 간단화하기에 동기가 있다고 말하고 있다.[89]

한편, 생명의 개별성과 개별적인 생명의 기원을 신의 창조에 두고 있는 토마스 아퀴나스의 사유는 생명의 존엄성의 가장 든든한 기초가 된다. 사람들은 문학적인 표현으로 가치 있는 인간·쓸모없는 인간이라는 말을 사용할 수 있다. 하지만 결코 가치 없는 생명·쓸모없는 개인이라는 말은 할 수 없다. 왜냐하면 나의 개별적인 생명은 그 자체로서 유일하고 절대적인 것이라 비교의 척도가 없기 때문이다. '죄는 미워도 인간을 미워할 수 없다'라는 격언은 사실상 '인간을 미워할 수 없다'라는 의미보다는 '개인을 미워한 수 없다'라는 의미이다. 모든 인간은 그가 유일하고 절대적인 하나의 생명을 창조주로부터 부여받았다는 이유만으로도 존중받을 가치가 있으며, 인간답게 살 수 있는 가치가 있다. 마치 한 송이 장미꽃이 그 자체로서 가치 있는 것이듯 한 생명도 그가 그답게 살고 있는 한 그 자체로서 가치 있는 것이며, 그 어떤 유용성으로도 판단될 수 없다. 그래서 현대철학자 루이 라벨도 "내가 없어도 사회는 잘 돌아가겠지만, 그러나 내가 없는 사회는 유일한 하나의 생명을 상실하고 말 것이다."라고 말한다. 생명인 한 모든 인간의 생명은 동등하며, 또한 각각의 생명이 유일하고 고유한 것이라는 의미에서도 동등하다. 그러

---

89 "근세 경험론의 추상작용과 아리스토텔레스적-스콜라적인 철학의 추상작용을 구별하는 것은 중요하다. 후자는 순수한 본질파악 이며, 따라서 언제나 귀납법(Incuktion)에만 의존하고 있는 감각적인 경험을 넘어서서, 보편적이고 형이상학적인 인식의 길을 열려고 한다. 록크의 추상작용은 이와 반대로 고의적으로 '단순한 현상'에만 국한시켜 놓고 있고, 단지 관념화하고 이름붙이는 문제를 간편하게 하려는 것일 뿐이며, 오직 심리주의적으로만 이해해야 할 작용이며, 그 배후에 본질형이상학이 깔려 있지 않다. (…) 록크는 오로지 간단화 한다는 심리학적·경제학적인 계기만을 생각하고 있다. 이런 점에서 형이상학은 분명하게 거부당하고 있다." 힐쉬베르거, 『서양철학사(하)』, 강성위 옮김, 이문출판사, 1988, p. 315.

나 이러한 생명의 가치의 동등성이 곧 생명의 의미의 평등성을 말하지는 않을 것이다. 왜냐하면 모든 개인의 생명은 개별적이라는 차원에서 각기 다른 의미를 가질 것이기 때문이다. 가령 만일 내가 어떤 장기를 이식해야만 한다면, 즉 심장이나 신장 등을 다른 사람으로부터 기증받아야만 한다면 나는 누구의 장기를 기증받기를 원할까? 베토벤이나 피카소 같은 예술가의 장기는 히틀러나 네로 황제 같은 독재자의 장기와는 그 의미가 다를 것이다. 비록 육체적인 혹은 생물학적인 차원에서 동일한 신선도와 건강을 유지한다고 해도 그 의미는 다를 것이다. 왜냐하면 그들의 장기는 그들의 생명의 일부이며 생명이란 단지 생물학적인 차원의 목숨을 의미하는 것이 아닌, 생명의 원리를 통해 실현한 주체의 삶까지도 포함하는 실체적인 개념이기 때문이다. 단적으로 나의 생명이라고 할 때 이 생명이 최상의 의미를 지니는 것은 나의 삶 혹은 나의 존재라는 의미로 이해될 때이다. 이러한 이해는, 생명이란 그 자체로서 개별적임을 말해 준다.

제4장

인간생명의 특수성으로서 감각인식 -생명의 감성적 지평

一

만일 인간의 본성을 완성하는 것이 인간의 생명을 완성하는 것이라고 말할 수 있다면, 자아실현이란 한 인간이 가진 모든 생명의 지평들이 가지는 가능성을 끊임없이 실현하고자 하는 것이다. 감성적인 생명의 지평, 지성적인 생명의 지평, 나아가 영성적인 생명의 지평들은 인간적 삶이 지속되는 한 끊임없이 실현되어야 한다.

제4장 인간생명의 특수성으로서 감각인식
생명의 감성적 지평

인간의 생명이 그 자체로서 다른 모든 생명체와 구별되는 특수한 위치에 있는 것은 지성적인 생명이라는 이유에서겠지만, 생명은 애초에 실체적인 것이기에 인간 생명의 특수한 현상은 감각적인 인식에서부터 시작된다. 왜냐하면 식물혼의 경우에는 인간의 의지와 무관하게 생명현상이 이루어지지만, 감각혼의 경우에는 의지를 동반하기 때문이다. 사실 토마스 아퀴나스에게 있어서, 인간의 지성적인 생명현상의 고유한 특성은 감각적인 행위의 특수함을 전제하고 있다. 왜냐하면 지성적인 행위가 실행되기 위해서 반드시 감각행위가 전제되며, 감각행위는 모든 지성적인 행위에 동반되면서 지성적인 행위를 완전하게 해 주기 때문이다. 따라서 시간적 순서 그리고 인식단계의 순서에 있어서 가장 우선인 감각인식에 있어서의 생명현상을 고찰하는 것은 이후 다른 모든 생명현상을 제대로 이해하기 위한 초석이라고 할 수 있다.

1. 감성인식에 관한 몇 가지 견해들

일반적으로 철학자들이 인간존재를 감성적 지평과 이성적 지평 혹은 단순히 육체와 정신으로 구분하는 것은 부정할 수 없다. 인간존재가 육체와 정신 혹은 감성과 이성(지성)으로 구성되어 있다고 상정하는 것은 가장 일반적인 견해이다. 감각행위 혹은 감성행위에 대한 사유는 철학자들마다 차이가 있겠지만 일반적으로 감성은 이성(오성)에 대립하는 것, 혹은 지적 인식이 성립하기 위한 전제조건으로 고려된다.

이성을 생각하는 능력으로 고려하고 감성을 감각하는 능력으로 고려하면서 이 둘이 서로 대립한다고 규정하는 한, 감성적 능력이 이성적 능력의 하위에 있다고 생각할 수밖에 없다. 왜냐하면 감각적 지각은 수동적이며 또한 이성의 사유에 소재를 제공하는 능력에 지나지 않는 반면, 이성적 능력은 감각능력이 제공한 소재들에 질서를 부여하고 추상작용을 통해 개념을 형성하는 능동적인 능력이기 때문이다. 나아가 행위의 차원에서도 감성은 다분히 충동적이고 본능적이지만, 이성은 이러한 충동적인 능력을 조절하고 합리적으로 이끌어가는 인도자처럼 고려된다. 그래서 많은 사람들은 이성적 행위를 보다 인간다운 행위로, 감성적 행위를 보다 동물적 행위에 가까운 것으로 고려하는 것이다. 사실상 '동물에게는 자연스러운 것이 인간에게는 추한 것'이라는 아리스토텔레스의 말은 이성이 배제된 감성의 행위를 염두에 둔 것이다.

우리는 플라톤과 아리스토텔레스가 이 두 인간적 행위에 대해서 상반된 견해를 가지고 있었음을 익히 알고 있다. 플라톤은 보다 지성적인 것이 보다 참되다는 생각을 가지고 있었기 때문에, 감성을 행위의 초석으로 하는 예술가들 특히 시인들이 이성을 혼란하게 한다며 국가에서 추방하자고 주장하였다.[90] 반면 아리스토텔레스는 감성적인 인식을 모든 이성적인 사유의 전제조건으로 고려하면서 감성적인 인식은 이성적인 인식을 보완하고 완성해 준다고 보았다. 그리하여 그는 시인들이 감성과 이성을 모두 조화롭게 제시하고 있는 사람들로서 철학자와 동등한 존

90 "우리가 그대 이 나라에서 시를 추방한 것은 합당했다는 데 대한 변론이 이것으로써 된 것으로 하세나. 우리의 논의가 그렇게 결론을 내렸으니까 말일세." 플라톤, 『국가』, 10권, 607b, 박종현 옮김, 서광사, 1997, p. 637.

재라고 생각하였다.[91] 이 상징적인 두 사유는 역사가 지속되는 동안 끊임없이 등장하는데, 중세에는 아우구스티누스가 플라톤적인 입장을 지지하였고 토마스 아퀴나스가 아리스토텔레스의 입장을 지지하였다.

감성과 이성의 능력을 분명하게 구분하지만, 이 둘이 대립적이거나 상하 관계에 있는 것이 아니라 서로 상보적인 관계 즉 인식이 이루어지기 위해 필요불가결한 두 요소라고 생각하는 철학자들도 있다. 가령 칸트는 "감성이 없으면 어떠한 대상도 우리에게 주어지지 않을 것이며, 지성이 없으면 어떠한 대상도 우리에게 사유되지 않을 것이다. (…) 지성은 아무것도 직관하지 못하며, 감성은 아무것도 사유하지 못한다. 양자가 결합해야만 인식이 나올 수 있다."[92]라고 하였다. 칸트에 의하면, 인식이 이루어지기 위해서는 서로 절대적으로 필요하다는 차원에서, 감각과 이성이 서로 평등하다고 할 수 있다. 각자 자신의 고유한 행위를 수행하면서 동등한 역할을 담당한다는 측면에서 이들은 어느 하나가 다른 하나에 대해 우월하거나 열등하지 않다. 서로 다른 차원의 기능을 수행할 뿐이므로 대립한다는 말도 적절하지 않을 것이다. 하지만 베르그송은 감성과 이성을 이렇게 분명하게 구분하지 않는데, 사실상 토마스 아퀴나스 역시도 칸트처럼 분명하게 감성과 이성을 구분하지는 않는다. 그는 "감각이란 지성에 대한 불완전한 참여(*participatio incompletum*)와 같은 것이다."[93]라고 진술하고 있기 때문이다. 여기서 '불완전한 참여'라는 것은 무엇을 의미할까? 그것은 우리가 지성활동을 할 때 감각적인 활동을 동반하며 또한 감각활동을 할 때도 지성활동을 동반하지만 어느 경우든 완전하게 실행되지는 않는다는 의미이다. 이는 경험적으로도 쉽게 알 수 있다. 주의를 집중하여 사과를 바라보고 있을 때, 사과를 보는 것은 시각이지만 어떤 식으로든지 사과에 대한 어떤

---

91 "따라서 아리스토텔레스는 시의 본질 및 효과의 면에서 플라톤을 비롯한 희랍 일반의 견해가 품고 있었던 불신 앞에서 시가 철학과 마찬가지로 보편적 진리를 향하는 길이 될 수 있다고 선언함으로써 시의 본질적 위상을 철학의 지위로 격상시켰다고 보겠다." 손효주, 「필연성과 개연성 - 『시학』 9, 1451a 38 해석」, 『고전미학연구』, 민음사, 1992, p. 17.

92 칸트, 『순수이성비판』, B76, 재인용: 『순수이성비판 서문』, 김석수 옮김, 책세상, 2006, pp. 138~139.

93 *ST*, I, q. 76, a. 7. c.

생각을 할 것이다. 하지만 이러한 사과에 대한 생각은 매우 불완전하게 진행될 것이다. 마찬가지로 사과에 대해서 곰곰이 생각할 때, 어떤 식으로든지 감각적인 이미지가 떠오르지만 이 이미지는 완전한 방식으로 진행되지는 않는다. 이는 말하자면 이성적인 행위에는 감각이 동반되며, 감각행위에는 이성이 동반되지만 어느 경우든 완전한 방식으로 동반되지는 않는다는 것이다. 사과의 감각적 이미지가 완전히 배제된 사과에 대한 생각은 불가능하며, 사과에 대한 사유가 완전히 배제된 사과의 감각적 이미지란 불가능하다는 것이 토마스 아퀴나스의 입장이다. 이는 감각적 행위와 이성적 행위는 서로 겹쳐져 있어서 그 경계선을 완전히 구분하기가 어려울 만큼 지속적이라는 말과 같다.

이러한 사유는 하나의 실체가 유기적인 전체라는 이유에서도 필연적이다. 발을 밟으면 입이 소리를 지르듯이, 유기체란 유기적으로 연결된 전체라는 말이다. 따라서 어떤 하나가 영향을 받으면 자연히 유기적으로 연결된 다른 모든 것이 영향을 받을 수밖에 없다. 감각이 작용하면 지성이 어떤 영향을 받고 지성이 활동하면 감각이 어떤 영향을 받는 것이다. 따라서 지성을 가진 인간과 지성을 가지지 않은 동물들의 감각적 인식은 당연히 다를 수밖에 없다. 이는 인간의 감각적인 생명 현상이 어떤 식으로든지 지성적인 생명현상과 깊이 연계되어 있음을 의미하며, 토마스 아퀴나스는 감각적 생명현상은 지성적 생명현상을 목적으로 실행되고 있다고 보는 것이다.

2. 생명의 개화 그리고 지적 생명현상의 대지로서의 감각적 생명활동

생명현상이 단순한 변화나 운동을 말하지 않고 어떤 것을 생산 혹은 산출하는 행위를 지칭할 때, 인간에게 있어서 가장 일차적으로 부각되는 생명현상은 감각적인 생명의 활동단계이다. 왜냐하면 토미즘에 있어서 어떤 것을 감각 혹은 지각한다는 것은 그것을 통해서 어떤 것을 감각인지하는 감각상(species sensibilium)의 산출 행위를 말하기 때문이다. 그리고 이러한 감각상의 산출은 인간의 지성적인 인식을 위해서 필요불가결한데, 이러한 감각상을 통해서 가지상(species intelligibilis)을 산출할 수 있기 때문이다. 인식하는 행위가 단순히 어떤 것을 포착하는 것이 아니라 인식 주체의 내부에 무언가를 산출하고 이를 통해서 인식이 이루어진다는 토마스 아퀴나스의 사유는 인간의 인식행위에 매우 적극적인 의미를 부여한다.

토마스 아퀴나스에게 있어서 인간의 생명현상은 우선 실현의 형식으로 나타난다. 인간의 생명은 단지 생존을 지향하는 것이 아니라 무언가 실현하고자 하며, 이 실현을 위해서 무엇인가를 산출하고자 한다. 이 산출은 감성적인 단계와 지성적인 단계, 나아가 영성적인 단계로 이어지면서 자아를 완성하는 것이다. 인간은 존재의 모든 지평에서 그 지평에 적합한 욕구(*appetitus*)를 가지며, 이러한 욕구에 응하는 것이 곧 감각하는 것, 이해하는 것, 신앙하는 것으로 나타난다. 그리고 이러한 욕구들은 하나가 하나를 목적으로 하면서 성장 혹은 실현하는 형식으로 나타나는 것이다. 토마스 아퀴나스는 『신학대전』[94]에서 이러한 욕구를 사랑이라는 이름으로 설명하는데, 사랑은 인간실존의 모든 차원에 있어 욕망과 운동의 동인으로 고려되고 있다. 그는 욕망 혹은 갈망(appetitus)을 자연적인 발생의 질서에 따라 각각 '자연적 갈망·감성적 갈망·지성적 갈망·영성적 갈망' 네 가지로 분류한다. 여기서 자연적인 갈망은 단지 생존을 위해서 필요하지만, 감성적인 갈망은 자아실현을 위한 첫 단계로 나타나고 있다. 왜냐하면 감성적인 갈망은 시간적으로 가장 먼저 발생하는 것이며, 지성적인 갈망이 존재하기 위한 전제조건 혹은 원인으로 고려되기 때문이다.[95] 이 중에서도 감성적 지평의 발달은 이후의 모든 발전의 지반이 된다는 측면에서 중요성을 가지며, 어떤 의미에서 인간 생명의 개화에 있어서 첫 단추를 끼우는 것과 같다.

---

94 참조, *ST*, I-II, q. 26.

95 "각각의 갈망들(자연적, 감각적, 지성적)이 사랑받게 된 목적으로 향하는 운동의 원리로서 사랑이라고 부른다." *ST*, I-II, q. 26 a.1, c.

토마스 아퀴나스의 신학대전에서 나타나는 갈망의 순서

이러한 토마스 아퀴나스의 사유는 감성적 작용이 진리를 추구하는 데 있어서 방해요소와 같이 생각한 플라톤의 관념론적 사유[96]와 대립하며, 인간의 감성이나 정념에 가장 큰 의미를 부여한다. 그 자체로서 하나의 유기적인 통일체로 나타나는 인간존재에 있어서 감성이나 정념은 단지 지적 갈망의 전 단계나 예비단계로 끝나는 것이 아니다. 감성은 지성적인 인식의 전 과정에 참여하면서 지적인식을 완전하게 하는 필수불가결한 보조요소로 고려되고 있다. 토마스 아퀴나스는 "지성적인 인식(앎)이 (감각적인) 이미지들에 의존하는 한, 지성적 행위는 감각에 의해서 유발된 것이다."[97]라고 말하는가 하면, "영혼은 이미지 없이는 어떠한 것도 지성적으로 통찰할 수가 없을 것이다."[98]라고 말하고 있다. 이러한 진술들은 모두 감각적 지각과 감성의 역할의 중요성을 보여 준다.

이뿐만이 아니라 그는 종교적인 삶 혹은 영성적인 삶에서 있어서도 감각적 혹은 감성적인 차원의 정념이 여전히 일종의 동인처럼 작용한다고 말하는데, 그 이유는 영성적인 갈망 역시도 특정한 정서적인 욕구를 통해서 발생한 어떤 특정한 정

---

96 "이처럼 한 인간이 외적감각의 도움 없이 오직 이성의 방법으로부터의 변증법(대화)을 통하여 각 개별자의 본질에 도달하려고 노력할 때, 그리고 오직 지성을 통해서 선의 본질에 도달할 때까지 멈추지 않을 때, 그는 지성의 정상에 도달한다." Platon, *La République*, 532a-533a, trad. R. Baccou, Paris, GF-Flammarion, 1991, p. 291.

97 *ST*, I, q. 84, a. 6, c.

98 *Ibid.*, I, q. 84, a. 7, *sed contra*. "이 지상의 삶에서 지성은 '이미지' 없이는 아무것도 알 수 없을 것이다. 이미지란 그것을 통해서 지성(가능 지성)이 여러 사물들을 알게 되는 것이다." *SCG*, III, ch. 51. Cf. "영혼론에 의하면 이미지란 그 기원이 감각에 있는 하나의 운동이다." *ST*, I, q. 84, a. 6, ad 2.

서적 능력(affectus)에 의해 산출된 것[99]이라고 보기 때문이다. 이러한 의미에서 인간의 생명현상은 감각적 차원에서 이미 창조적 형식으로 나타나고 있다고 할 수 있다. 왜냐하면 창조적이란 의미가 새로운 것의 산출 혹은 새로운 시작 등을 함의한다면, 이 새로운 실재는 감각적 생명현상의 지평에서 이미 이루어지고 있기 때문이다. 토마스 아퀴나스에게 있어서 감각적 생명현상 즉 감각지각과 감각인식은 그것을 통해 감각적 인식이 이루어지는 감각적 상(species sensibilium)의 산출 과정을 의미하며, 이러한 산출된 감각상은 개별적이며 완전히 새로운 실재를 산출하는 창조적인 행위인 것이다.[100]

> 가지상(species intelligibilis)과 지성 사이에는 감각상(species sensibilis)과 감각 사이에 존재하는 것과 동일한 관계가 존재한다. 그런데 '감각상'이란 감각되어진 무엇(id quod)이 아니라 그것을 통해서(id quo) 감각이 감각하는 것이다.[101]

감각적 인식에 대해서 창조적인 의미를 부여하는 토마스 아퀴나스의 사유에서는, 중세철학자뿐 아니라 인식론을 다루는 대부분의 철학자들에 비해 감각적 인식의 가치나 중요성이 더 부각된다. 왜냐하면 감각활동의 창조성은 인간의 생명활동이 가지는 다른 생명체들과의 다른 특수한 면모를 보여 주기 때문이다. 감각적 인식이 창조적 행위를 수행하는 과정은 다음과 같다. 우선 그는 "영혼은 아무것도 쓰여 있지 않은 백지와 같다."[102]라고 말하는데, 이는 인간의 영혼에는 생득적인 관념이나 선험적 이미지 등이 전혀 없음을 의미한다. 태아의 영혼뿐 아니라 생명의 원리로서의 영혼에는 내용이라고 할 수 있는 것이 아무것도 없어야 하는데, 그 이유

---

99 "영성적인 아름다움이나 선함에 대한 명상은 영성적 사랑의 원리이다 - contemplatio spiritualis pluchritudinis vel bonitatis, est principium amoris spiritualis." *ST*, I, q. 27, a. 2, c.

100 "창조는 '새로움' 또는 '시작'의 개념과 함께 창조주에 대한 피조물의 관계를 함축하고 있다." *ST*, I, q. 45, a. 3, ad 3.

101 *ST*, I, q. 85, a. 2, sed contra.

102 *ST*, I, q. 84, a. 3, sed contra.

는 모든 것을 왜곡 없이 있는 그대로 수용하기 위해서 수용하는 주체인 영혼은 아무것도 포함하고 있지 않아야 하기 때문이다. 가령 보는 원리로서의 시각에는 아무 색깔도 없어야만 모든 색깔을 왜곡 없이 통찰할 수 있다. 애초에 아무것도 소유한 것이 없는 영혼이 오직 감각하는 원리 및 이해하는 원리와 더불어 경험을 통하여 앎이라고 할 수 있는 일체를 산출하고 현실화한다는 것이 곧 인간생명의 창조적 특성이다. 감각행위를 통하여 감각적인 이미지들을 현실화하고, 이해하는 행위를 통하여 개념을 창조하고, 나아가 자기세계를 창조하는 것이다. 이 중에서도 감각적인 행위를 통하여 산출된 감각상은 감각적인 이미지(fantaisie, imagination)의 형태로 영혼에 저장(기억)된다. 이후의 모든 지성적인 생명활동의 근원이 되는 감각적 인식은 특히 중요한 의미를 지니고 있다.

토마스 아퀴나스에 따르면 지성적인 행위가 이루어지기 위해서는 우선 감각적인 행위가 이루어져야 하며, 완전한 지성적 이해는 감각적인 이미지를 동반한다. 따라서 충만한 감각적인 행위는 충만한 지성적인 행위를 위해서 필수적인 것이다. 간단한 예를 들어 설명해 보자. 누군가가 연꽃의 형태나 색깔 그리고 향기를 통해서 연꽃에 대한 하나의 종합적인 이미지(感覺像, species sensibilis)를 산출하면, 이를 '감각적 기억(fantaisi 혹은 imagination)'의 형태로 영혼에 저장하게 될 것이다.[103] 그리고 가능태(potentia)라는 형식으로 보존되어 있는 이 감각 이미지는 새로운 연꽃을 지각할 때, 단번에 현실태(actus)의 이미지(imagination, 심상)로 떠오를 것이다. 이러한 이미지를 통해서만 연꽃에 대한 지성적인 인식이 완전하게 이루어지는 것이다. 즉 보다 완전한 감각적 인식은 보다 완전한 지성적인 앎을 가능하게 하는

---

103 일반적으로 토미즘에서는 감각상을 수용하는 능력과 이 수용된 것을 저장하는 능력은 구분되고 있다. 수용된 감각상을 '감각적인 기억'의 형태로 저장하는 것을 불어로는 '감각기억(fantaisie)' 혹은 '상상력(imagination)'으로 부르고 있다. "영혼의 감각적인 능력은 육체적인 기관의 행위이며, 이 능력에서는 필연적으로 서로 다른 두 가지 능력에 대한 질문이 주어진다. 하나의 능력은 감각상들을 수용하는 능력이며 다른 하나의 능력은 이 수용된 감각상들을 보존하는 능력이다. 이 보존하는 능력은 감각기억(fantaisie) 혹은 상상력(imagination)이라고 별 구별 없이 칭해지고 있다." *Le Thomisme*, op. cit., p. 283.

것이다.[104] 이러한 토미즘의 이해에서는 보다 풍요로운 감각적 생명현상이 보다 풍요로운 지성적 생명활동을 보장하면서, 한 개인의 생명이 충만한 감각적인 능력과 지성적인 능력에 의해 각자 다양하게 나타난다. 생명이 생명인 한 동일한 가치를 지니겠지만, 감각적인 생명과 지성적인 생명이 얼마나 풍요롭게 활동하는가에 따라서 그가 지닌 생명은 보다 풍요롭거나 빈약할 수 있다. 그리고 한 개인이 지닌 생명은 개별적인 생명으로 나타나는 것이다. 바로 이러한 이유로 시인이나 화가들의 생명력은 일상인보다 탁월하게 나타날 수 있으며, 이러한 의미에서 "우리가 보는 것은 우리가 주의 깊게 바라보는 것뿐이다."[105]라고 한 메를로 퐁티의 말은 생명현상에 대한 토미즘의 사유와 일치하는 진술이다. 비록 육체적 근육은 나약할지라도 풍요로운 감각과 비상한 감각적 인식능력, 그리고 풍부한 상상력을 소유한 시인의 생명은 그 어떤 운동선수들보다도 탁월한 생명력을 지녔다고 할 수 있다.

모든 인간이 감성적인 능력과 지성적인 능력을 자연적으로 지니고 있으며 자연스럽게 진보해 가겠지만, 화가나 음악가의 예술적인 능력이나 시인의 시적 상상력이 자연발생적인 성장을 통해서 이루어지지는 않는다. 예술적인 능력들은 교육과 훈련을 통해서 성장하는 것이다. 즉 감각상을 통한 감각인식과 이미지를 통한 상상력의 풍요로움이 생명 그 자체의 약동과 비약으로 나타나는 것이 곧 인간생명의 특수성이다. 바로 이러한 감성적 생명력의 대지 위해서 지성적인 생명의 약동이 현실화될 수 있다.

3. 감각적 생명활동에 대한 현존(présence)으로서의 감성 혹은 정념(passio)

감각적 생명활동이 단순히 감각적 인식의 과정을 지칭하는 것이 아니라 어떤 사

---

104 "시각과 청각이 이성에 봉사하듯이, 아름다움에 대해 감각들이 깨어난 사람들은 보다 많은 앎을 얻는다." *ST*, I-II, q. 27, a. 1, ad 3.

105 모리스 메를로-퐁티, 『눈과 마음』, 김정아 옮김, 마음산책, 2008, p. 36.

물을 느낀다는 의미의 감성(sensibilitié)까지 포함한다면, 감각적 생명활동은 보다 분명하게 창조적인 활동으로 나타나고 있다. 토마스 아퀴나스가 사용하는 용어들 중에서 감성의 의미에 가장 근접하는 용어는 빠시오(passio) 즉 정념일 것이다. 감각(sensus)이 오감의 기능이나 오감이 감각적인 것을 인지하는 사태를 의미한다면, 감성(passio)은 이러한 감각적인 것이 구체적인 행위를 통해 어떤 반응으로 나타나는 것을 의미하기 때문이다. 토마스 아퀴나스가 영혼의 정념이라고 부르는 이 감성은 사실상 감각적인 생명활동과 지성적인 생명활동을 매개하는 감각과 지성의 공동실존의 영역으로서 감각적인 생명현상의 가장 탁월한 지평이며, 또한 지성적인 생명현상의 가장 원초적인 지평이기도 하다.

> 정념(passio)의 개념은 영혼의 이해하는 부분보다는 느끼는(감성적인) 부분에서 더 잘 드러난다.[106]

따라서 '감각이란 지성에 대한 불완전한 참여'라는 토마스 아퀴나스의 정의가 가장 잘 드러나는 부분이 바로 이 감성적인 지평에 대한 논의이다. 감성(感性)이란 느끼는 본성을 의미한다. 그런데 느낀다는 것은 무엇을 의미하는가? '느끼다'라는 것은 어떤 대상을 단순히 감각지각하는 것이 아니라 대상에 대해 정서적인 반응을 가진다는 것이며, 나의 정서적인 상태를 통해서 감응한다는 것을 의미한다. 보다 현대적인 용어로는 '교감을 가지다'와 같다. 감응과 교감은 감성적 지평에서의 어떤 소통을 의미하며, 이러한 소통은 비록 말은 없을지라도 어떤 내적인 정서를 감성적으로 표출하는 것을 의미한다. 자신의 내적인 어떤 것을 감성적으로 표출하는 일은 감성적인 행위이지만 여기엔 이미 최소한의 지성적인 행위가 개입된다. 왜냐하면 성냄·두려움·신뢰 등의 정서에는 이미 어떤 이해가 개입되며, 완전히 무의식적인 행위가 아닌 한 여기에는 정신적인 혹은 지성적인 어떤 의도나 의지가 동반되기 때

---

106 *ST*, I-II, q. 22, a. 2, c.

문이다. 그리고 느낌 혹은 교감이라는 차원에서 이 행위는 이미 개별적인 어떤 행위이며, 이 개별적인 것의 의미에는 가장 감각적인 육체적인 기질이 포함된다.

> 모든 영혼의 정념들—성냄, 두려움, 신뢰, 자비 등—은 언제나 육체적인 기질들과 함께 실행된다.[107]

정념이 감성적인 것이며 동시에 이성적인 것이 참여한 것이라는 차원에서 정념은 문학적으로 이성적인 감성행위라고 표현될 수도 있다. 감성과 이성은 바로 이 정념에서 서로 조화와 일치를 이루고 있는 것이다.[108] 따라서 모든 인간의 생명현상들이 서로 불가분의 관계에 있다는 생명의 유기체성을 잘 보여 주는 것도 바로 이 정념이다.

정념이 본질적으로 감성적인 행위이지만 지성이 참여하고 있다는 관점은 또 하나의 특이한 사유를 산출하는데, 그것은 바로 현존(la présence)의 개념이다. 현존이라는 개념은 프랑스의 유신론적인 실존주의자들에 의해 부각되었는데, 의식적으로 존재하는 인간의 특수한 존재방식에 대해서 잘 해명하고 있는 개념이다. 현존(現存)이란 말 그대로 '현재에 존재하고 있음'을 말하는 것으로, 단순히 있음(être)의 개념과는 다르다. 가령 불어권에서는 교사가 출석을 부를 때 학생들은 'je suis(나는 있다)'라고 대답하지 않고, 'je suis présent(나는 현존하고 있다)' 혹은 단순히 'présent'이라고 대답한다. 이는 지금 내가 의식적으로 혹은 의미를 가지고 이 수업에 참여하고 있음을 말하는 것이다. 따라서 만일 누군가가 교실에 있지만 그가 다른 일

---

107 Thomae Aquinatis, *Opera Omnia*, tom XLV, *Sentencia Libri de Anima*, Cap. II, 403 a 16, J. Vrin, 1984,

108 토미즘의 인식론의 실재론적인 특성이 '이성적 작용'과 '감각적 작용'이 가지는 상호적 관계성에 있다고 한다면, 이는 데카르트식의 '육체-정신'의 이원론과 분명히 구분되는 점이다. 왜냐하면 데카르트에게 있어서 이성의 사유는 감각적인 것과 분리된 고유한 이성적인 것이기 때문이다. "코기토(cogito, 나는 사유하다)는 그의 가능성 그 자체 안에서, 우리로 하여금 정념(passion)의 저편으로 솟아오르게 하는 것이다. 왜냐하면 코기토는 여기서 하나의 초월(dépassement)이기 때문이다. 그의 정념을 긍정하고 진술한다는 것은, 비록 이를 오류로서 진술한다고 하더라도 여전히 필연적으로 그의 고유한 사유를 반성한다는 것을 말하는 것이다." Descartes, *Les passions de l'âme*, Paris, Le livre de poche, 1990, p. 13.

에 골몰하여 수업에 전혀 관심이 없다면 그는 비록 교실에 있지만 현존(présent)하는 것은 아니다. 즉 현존이란 어떤 행위를 함에 있어서 행위의 주체가 그 행위에 임하고 있음을 의미한다. 여기서 '임하다'라는 것은 '의미를 가지고 있다·의식적으로 참여하고 있다·주의를 집중하고 있다' 등을 의미한다. 따라서 모든 학생들이 교실에 있는 것은 사실이지만, 모든 학생들이 동일하게 현존하고 있지는 않다. 이와 마찬가지로 사람들이 어떤 감성적인 감응을 통해서 기쁨이나 분노 등을 느낄 때, 이는 단순히 감각하는 것과는 달리 정신이 관여하고 있다는 차원에서 의식적인 행위이며 행위의 주체가 행위에 임하고 있으므로 현존하고 있다. 즉 인간의 특수한 존재형식으로서의 현존은 이미 감성적 차원의 행위에서 발생하는 것이며, 이는 인간의 감각적 생명현상이 동물들의 그것과는 다름을 의미한다. 감성적 현존이란 감각적 행위에 있어서 지성이 관여하는 것이라는 이유에서 우리는 감성 혹은 정념을 감각적 인지 과정에 지성이 현존하는 사태로 정의할 수 있다.

현존이 정신이 관여하고 있는 사태를 의미하기 때문에, 어느 정도의 집중력을 가지고 관여하고 있는가에 따라 현존의 정도는 다를 것이다. 내가 오감을 통해서 어떤 것을 인지할 때, 나의 의식이 이 인지과정에 얼마나 참여하고 있는가 즉 내가 이 감각적 행위를 얼마나 의식하고 있는가에 따라서 나는 보다 많이 현존할 수도 있고 보다 덜 현존할 수도 있다. 그리고 모든 인간의 감각행위에는 정도의 차이를 가지고 지성이 참여하고 있으므로 모든 인간의 감각행위는 어느 정도 현존일 수 있다. 행위주체가 거의 현존하지 않는 것 같은 반사적인 행위의 감각활동이 있을 수 있고, 나의 모든 주의집중을 통해서 실행되는 감각활동이 있을 수 있으며, 나의 현존이 클수록 나의 감각행위는 그만큼 생명력이 왕성하다고 할 수가 있을 것이다. 즉 감각적인 생명활동의 크기는 현존의 크기에 비례한다. 이러한 의미에서 절대음감을 가진 음악가의 자연의 소리에 대한 주의집중은 현존이 매우 강할 것이며, 음악가는 매우 큰 현존으로 감각행위를 실행하는 사람이라고 할 수 있다.[109]

---

109 데카르트가 정신의 활동과 감각의 활동을 완전히 분리하고 있다면, 토미즘은 감각활동과 정신활

중세의 신비가나 성인들은 석양을 보면서 신의 현존을 체험하고 한 송이 꽃을 보면서 우주를 체험하고는 했다. 사실 이들은 '보다(see)'라는 감각행위를 최고의 현존으로 실행했다고 할 수 있으며, 그러한 의미에서 가장 생명력이 강하다고 할 수 있을 것이다. 이러한 관점이 실재론이라고 할 수 있는 토마스 아퀴나스의 독특한 관점이다. 관념론자들, 예컨대 플라톤과 같은 철학자에게 있어서 감각이나 정염은 진리를 인식하는 지성적인 활동에 오히려 걸림돌이 되겠지만,[110] 실재론자인 토마스 아퀴나스에게 있어서는 감성이나 정염은 지성이 진리를 파악하는 데 필요불가결한 요소이다. 뿐만 아니라 그는 모든 개념들에는 필연적으로 이미지가 동반될 수밖에 없다고 보고 있다.[111] 따라서 감성적인 것이 제거된 건조한 개념보다는 감각적 이미지가 함께하는 개념이 보다 완전한 앎이다. 보다 크고 깊이 현존할수록 보다 참된 혹은 보다 완전한 앎이라고 할 수 있는 것이다. 이러한 현존의 개념과 유사한 것으로 나타나는 현대철학의 개념으로 교감(sympathie)이 있다. 루이 라벨은 『자아와 그 운명』에서 베르그송이 사용하는 교감의 개념을 "대상의 총체적인 국면과 접촉 가능하게 하는 것"[112]이라고 규정하는데, 이러한 교감이 가능한 이유는 "세계를 가득 채우고 있는 질료와 생명은 또한 우리에게도 있으며, 우리는 세상의 모든 것들 안에서 활동하는 힘들을 우리 자신에게서도 역시 느끼고 있기 때문"[113]

동의 분리된 관계를 현존이라는 개념을 통해 아날로그식으로 다시 정립하고 있다. 반면 스피노자의 사상에서는 이 두 사이의 관계를 아예 철폐해 버리고 마치 이 둘이 동일한 사태의 두 가지 관점의 차이처럼 고려하고 있다. "이 모든 것이 영혼의 욕구뿐 아니라 영혼의 명령과 육체의 결정이 그 본성에 있어서 동시적이라는 것을 분명하게 보여 준다. 혹은 우리가 육체적인 결정을 사유의 속성이라는 측면에서 그리고 사유에 의해서 고려하고자 할 때, 우리가 (영혼의) 명령이라고 부르는 것과 하나이고 동일한 것임을 분명하게 보여 주고 있다." Spinoza, *Éthique* III, 2, trad. C. Appuhn, paris, GF-Flammarion, 1965, p. 140.

110 참조: Platon, *La République*, *op. cit.*, p. 291.

111 "인간의 지성은 그가 가지상(可知像)을 추상해 낸 그 실재를 아는 데 있어서 오직 이미지를 통해서만 이해할 수 있다." *ST*, I, q. 85, a. 1, ad 5.

112 "이 직관은 실재와의 접촉과 일치를 겨냥하면서, 우리가 우리자신 스스로에게 있어서 체험하는 그리고 대상의 총체적인 국면(그인 모든 것, tout ce qui est)과 접촉 가능하게 하는 '교감(sympathie)'을 통해서 발생한다." 루이 라벨, 『자아와 그 운명』, 대구가톨릭대학교출판부, 2005, p. 34.

113 위의 책, p. 35.

이라고 한다. 교감은 토마스 아퀴나스의 현존 개념보다 훨씬 풍요로운 의미를 함의하겠지만, 감각인식에 지성이 참여하면서 대상을 전체적으로 인식한다는 원리는 동일하다. 마찬가지로 라벨은 막스 쉘러가 사용하는 교감에 대해서도 "교감은 자신의 가장 고차적인 형식에서조차도 거의 공감과도 같은 육체와의 관계를 발견해야 한다."[114]라고 진술한다. 이는 생명작용이 본질적으로 유기적이며, 인간의 생명활동은 본질적으로 감각적인 것과 지성적인 것이 함께 이루어지는 것임을 말하는 것이다. 그리고 이러한 감각과 지성의 일치가 보다 완전할수록 보다 탁월한 생명작용이라고 할 수 있다. 루이 라벨은 또한 『성인들의 세계』에서 이러한 교감이 완벽하게 이루어짐에 따라 가장 탁월한 생명력을 보여 주는 이들이 곧 성인이라고 말하며 이들의 실존에 대해서 다음과 같이 요약하고 있다.

> 성인만이 감각적인 것과 정신적인 것의 이원성(二元性)을 초극할 수 있으며 이 양자의 완전한 합일을 이룩할 수 있다. (…) 성인이 사물에 어떤 작용을 가하기도 전에 사물들은 벌써 그에게 순응한다고 말할 수도 있을 것이다. 이때 사물 안에는 우리로 하여금 그들을 발견케 해주는 감각적 특성, 그리고 그들이 우리 의식 안에 불러일으키는 느낌과 구별하기 힘든 감각적인 특성만이 남아 있을 뿐이다. 이와 같이 내부와 외부 사이에 있는 간격은 사라지고 만다. (…) 성인은 다른 사람들과 또 사물들과 가장 직접적이며 진실된 접촉을 하기 때문에…[115]

육체적인 것과 정신적인 것 혹은 감각적인 것과 지성적인 것의 이원성을 완전히 극복하고, 대상들과 가장 직접적이고 진실한 접촉을 한다는 것은 간단히 말해 대상에 대한 완전한 현존을 실현한다는 것이다. 우리는 우리의 지성이 감각행위에 최고로 현존할 때 생명의 교감이라는 말을 사용할 수 있다. 토마스 아퀴나스에게 있

114 위의 책, p. 38.
115 루이 라벨, 『성인들의 세계』, 최창성 옮김, 가톨릭출판사, 1997, pp. 27~29.

어서 현존과 교감을 통한 대상과 인식주체의 일치는 종교적인 지평에서도 예외가 없다. 그는 종교적 삶에서 신성한 어떤 것을 갈망하는 영성적인 사랑은 신성한 것에 대한 감성적 인지에서 깨어난 욕구들 즉 정서적 능력(affectus)을 통해서 산출된 것[116]이라고 말하고 있다. 즉 신성을 갈망하는 인간의 종교적인 실존에 있어서도 '감성적인 지평'이 여전히 행위의 동인처럼 작용하는 것이다. 이처럼 감성적 작용은 인간의 모든 실존의 지평에서 동인처럼 나타나며, 또한 모든 지평의 생명작용에 동반된다. 감성적 생명력은 다른 모든 생명활동의 지반이라고 할 수 있다. 이러한 의미에서 "감정(sentiment)은 거절할 수 없는 선물(don)이고 떼어 놓을 수 없는 것의 본질"[117]이라고 한 미셸 앙리(Michel Henry)의 진술은 토미즘의 생명사상의 출발점을 잘 표현해 주는 것이라 할 수 있다.

4. 생명의 지향성과 상승의 운동

인간이 탄생과 더불어 아무것도 소유하지 않는 영혼을 지니고 있다는 토미즘의 사유는, 인간의 생명을—그 본질에 있어서 정신이겠지만—발생학적으로 보면 감각적 작용에서 정신으로 그리고 정신에서 영성으로의 지향성을 지닌 상승운동을 가졌음을 함의하고 있다. 이러한 상승운동은 형이상학적인 차원에서는 가능태가 현실태로 이행함을 의미하겠지만, 현상학적으로 혹은 발생학적으로 보자면 하나에서 다른 하나로의 변화 혹은 변모를 함의하고 있다. 왜냐하면 "발생의 질서 안에서는 질료가 형상에 앞서고, 불완전한 것이 완전한 것을 앞서기 때문이다."[118] 하나의 불완전한 것에서 완전한 것으로의 이행은 어떤 변화를 전제하는데, 이러한 변화

116 "영성적인 아름다움이나 선함에 대한 명상은 영성적 사랑의 원리이다 - contemplatio spiritualis pluchritudinis vel bonitatis, est principium amoris spiritualis." *ST*, I-II., q. 27, a. 2, c.

117 쟝 라크르와, 『현대프랑스 사상의 파노라마』, 정성진 옮김, 탐구당, 1985, p. 171.

118 *ST*, I-II, q. 62, a. 4, c.

는 양적인 변화뿐 아니라 질적인 변화를 의미한다. 만일 동일한 형질 안에서의 양적인 변화를 단순하게 변화(changement)라고 한다면, 질적인 변화는 변모(transformation)라고 할 수 있을 것이다. 이러한 변모를 토마스 아퀴나스는 다음과 같이 설명한다.

> 하나의 보다 완전한 형상이 산출되면 이전의 형상은 사라진다. 그러나 이 새로운 형상은 이전의 형상이 포함한 모든 것을 포함하면서 그보다 더 많은 것을 내포하고 있다.[119]

토마스 아퀴나스의 사유는 매우 과학적이지만, 과학적인 사유와는 다른 변모에 대한 독특한 사유를 보여 준다. 생화학적인 의미에서 발효의 과정은 하나의 형질 안에서의 양적 변화에서 시작하여, 완전히 발효하였을 때는 질적인 변화 즉 형질 자체가 변화하는 것을 의미한다. 가령 포도가 발효하여 포도주가 되었을 때는 알콜이라는 새로운 성분으로의 형질 변화가 일어난다. 이 경우 변화는 이전의 포도가 포함한 많은 성분들을 상실하면서 포도주가 지닌 새로운 성분을 가지게 되는 것이다. 하지만 토마스 아퀴나스가 말하고 있는 변모에서는 새롭게 산출된 보다 완전한 형상은 이전의 형상이 지니고 있던 모든 것을 포함하면서 더 많은 것을 포함한다. 이러한 변모는 생명현상이 가지는 독특한 현상에 적용되는 것이다. 가령 인간의 경우 생명의 원리로서의 영혼은 비록 잠정적으로 모든 것을 포함하고 있지만 발생학적으로는 식물적인 형상·동물적인 형상·인간의 형상으로 변모한다.

> 하나의 보다 상위적인 형상은 보다 하위적인 형상들이 가지는 모든 완전함들을 잠정적으로 지니고 있다. 인간이 하나의 존재이고 하나의 육체이며, 한 생명체이고 한 동물이며, 한 인간인 것은 동일한 하나의 형상을 통해서이다.[120]

---

119 *ST*, I, q. 118, a. 2, ad 2.
120 *ST*, I, q. 76, a. 1, c.

태아가 발생하는 과정을 보면 하나의 세포에서 다수의 세포로 분화하는 세포들은 어느 순간 식물적인 형상에서 감각하는 동물적인 형상을 가지게 되며, 또한 어느 순간 인간적인(지성적인) 형상을 가지게 된다. 하지만 각각의 단계에서 가지는 모든 기능과 기질들은 다음 단계의 형상에서 그대로 보존되면서 더 많은 것을 가지게 되는 것이다.[121] 그리고 보다 완전한 동물혼이 산출되면 식물혼은 사라지며, 또한 이성혼(지성혼)이 산출되면 동물혼은 사라진다. 바로 이 때문에 인간에게는 유일한 하나의 지성혼(anima intellectiva)이 나머지 영혼들이 가지는 모든 완전함을 지니게 됨으로써 단 하나의 영혼만이 존재하는 것이다.

여기서 우리는 생명철학적 관점에서 생명을 가진 존재는 생명을 가지지 않은 존재보다 더 크고 가치 있다고 말할 수 있는데, 그 이유는 그 형상이 보다 많은 것을 지니고 있기 때문이다. 생명을 품지 않는 바위의 형상은 다만 존재한다는 한 가지 특성만을 지니고 있지만, 생명을 품고 있는 새싹은 다만 존재할 뿐 아니라 성장하고 변화하는 것을 관장하는 생명의 원리로서의 식물혼이라는 형상을 가지고 있기에 보다 크고 가치 있다. 자신을 짓누르는 무거운 바위에 굴하지 않고 그 바위를 밀치고 솟아오르는 새싹은 바위보다 위대하다. 그것은 그 새싹이 생명을 품고 있기 때문이다. 마찬가지로 감각과 느끼는 행위를 산출하는 동물혼은 식물혼보다 위대하며, 지성행위를 통해서 진리를 추구하고 자유의지를 통해서 선을 갈망하며 아름다움을 추구하는 인간의 영혼은 동물혼의 그것보다 훨씬 더 완전한 형상을 소유한 것이다. 그렇기에 인간은—그가 평범한 인간인 한—인간이라는 이유만으로 다른 어떤 동물들의 생명보다 더 위대하고 가치 있다. 따라서 식물혼에서 동물혼으로 그리고 동물혼에서 지성혼으로 나아가는 인간의 생명을, 보다 불완전한 것에서 보다 완전한 것으로 나아가는 생명현상의 일반적인 법칙으로 고려할 수 있다. 우리는 이러한 것을 다른 차원, 즉 초월이라는 차원에서 고찰할 수도 있다. 토

---

121 "태아는 우선적으로 감각적인 영혼만을 가지고 있다. 감각영혼이 사라지면서 보다 완전한 영혼이 나타날 것인데, 이 새 영혼은 감각적이면서 동시에 지성적인 영혼이다." *ST*, I, q. 76, a. 3, ad 3.

마스 아퀴나스는 이를 다음과 같이 기술하고 있다.

> 한 형상이 보다 상위 등급일수록 보다 더 그의 육체적 질료를 초월한다. 형상이 이 질료에 덜 구속될수록 자신의 행위성과 능력을 통하여 이 육체적 질료를 초월한다. (…) 존재의 등급에서 보다 더 올라갈수록 우리는 보다 더 질료적 요소를 넘어서는 형상의 장점을 발견하게 된다. 식물적 영혼은 금속의 형상이 질료를 초월하는 것보다 더 질료를 초월하며, 감각적 영혼은 식물적 영혼이 그러한 것보다 훨씬 더 질료적 육체를 초월한다. 그런데 인간의 영혼은 형상들 중에 완성도에서 가장 상승된 것이다. 그의 능력은 육체적 질료가 전혀 개입할 수 없는 행위와 능력을 소유할 만큼 매우 강하게 질료적 육체를 초월하고 있다. 이 능력은 지성의 능력이다.[122]

A가 B를 초월한다는 것은 A가 B를 넘어선다는 것이며, 이는 곧 보다 완전하고 나은 것으로 나아간다는 것이다. 초월이라는 의미에서 우리는 이러한 생명의 법칙을 상승이라고 말할 수 있다. 보다 완전한 형상은 하위의 형상이 품고 있는 모든 것을 품고 있으며, 이것을 무한히 초월한다. 동물은 식물을 무한히 초월하며, 인간은 동물을 무한히 초월한다. 생명은 초월이라는 지향성을 지니고 있으며, 특히 인간의 생명은 인간 이상을 초월하고자 하는 지향성을 지닌다. 자신을 초월한다는 것은 어쩌면 인간의 생명이 가진 가장 심오하고 신비로운 점일 것이다. 생명의 신비는 인간의 생명에서 가장 잘 부각된다. 왜냐하면 토미즘에서 인간적인 삶이란 지속적인 자기초월처럼 나타나기 때문이다. 하지만 인간의 생명이 신비로운 까닭은 다만 자신을 초월한다는 것뿐만이 아니다. 초월한 형상은 초월되기 전의 형상이 지닌 모든 것을 그대로 지니면서 보다 많은 것을 지닌다. 이러한 고찰은 매우 의미 있다. 성인(成人)은 어린이가 지닌 모든 것을 그대로 지니며 또한 더 많은 것을 지닌다. 마찬가지로 천재(天才)나 성인(聖人)은 범인들이 지닌 모든 것을 지니면서 그

---

122 *ST*, I, q. 76, a. 1, c.

들보다 더 많은 것을 지닌다. 이러한 사유는 인간의 심리를 고찰하는 데 아주 유용한 점을 제공한다. 사람들은 어떤 범죄자나 불한당들에게 '짐승만도 못한 놈'이라고 말하고는 한다. 왜 인간의 형상을 가진 자들이 인간 이하의 행위, 아니 짐승만도 못한 행위들을 산출하는가? 그것은 그들이 비록 인간의 형상을 가지고 있지만 여전히 하위의 형상들이 지니는 모든 것을 잠정적으로 내포하고 있기 때문이다. 마찬가지로 성인(聖人)들도 웃고 울고 괴로워하며 범인들이 갈망하는 모든 것을 갈망한다. 왜냐하면 그들도 범인들이 지니고 있는 모든 것을 여전히 지니고 있기 때문이다. 다만 그들은 변모를 통해서 범인들이 지니고 있지 않는 어떤 것을 지니고 있을 뿐이다.[123] 이러한 관점에서, 문학적인 표현이지만 만일 신이 생명을 가지고 있다면 신은 가장 탁월한 생명의 형상을 가질 것이다. 그래서 토마스 아퀴나스는 "신 안에는 생명이 최상으로 존재한다."[124]라고 한 것이다. 가장 완전한 형상을 가진 신 역시도 인간이 가진 모든 것을 가질 것이기에 창조주인 신을 '인격적인 신'으로 묘사하는 것은 과장된 것이나 오류가 아니다. 다만 신은 인간적인 것이 말해주는 모든 것을 무한히 초월하는 그 어떤 존재이며, 또한 여전히 자신이 초월한 것을 포함하고 있는 존재일 것이기 때문이다.

생명이 현재의 자신을 초월하고자 하는 하나의 지향성을 지니고 있다는 이러한 사유는 감각적인 생명작용들의 목적에 대한 이해를 유발한다. 감각을 넘어선다는 것은 곧 지성적인 것에 도달한다는 의미이다. 하지만 그렇다고 해서 감각적 생명작용의 목적이 개념을 소유하는 지성행위에 있다고 생각하는 것은 너무 성급한 견해이며 소박한 관점이다. 왜냐하면 감각적인 생명현상은 그 자체로서 개별적인 생명

---

123 이러한 관점은 루이 라벨의 『성인들의 세계』에서도 잘 드러난다. "성인이라고 해서, 우리가 길에서 아무런 관심 없이 지나쳐 버리는 사람들과 구별할 수 있는 어떤 외적 표지를 가지고 있는 것은 아니다. 성인의 삶이라 해서 외형상으로 평범한 사람들의 삶과 다를 것도 없다. 다만 성인은 맡은 일에 열중하며 주어지는 모든 일을 거절하지 않는다. 성인에게는 주어지는 모든 것이 선행의 좋은 기회가 될 뿐이다. (…) 성인들 중에는 성격이 과격하여 쉽게 격분하는 사람도 있고, 때로는 한평생 과격한 성격의 소유자로 남아 있을 수도 있다." 『성인들의 세계』, 앞의 책, p. 17.

124 "in Deo maxime est vita." *ST*, I, q. 18, a. 3. c.

현상이기 때문이다. 토미즘에서 인간이 지니고 있는 유일한 형상은 한 개인의 개별적인 영혼으로서의 형상이다.[125] 이 유일한 형상이 유일한 감각적인 생명작용과 유일한 지성적인 생명작용을 산출하는 것이다. 모두가 동일한 산을 보고 있다고 하더라도 모두가 동일한 이미지를 가지지는 않으며, 모두가 동일한 인간들을 접하지만 동일한 인간개념을 가지지 않는다. 그래서 토마스 아퀴나스는 스스로 통찰하는 모든 앎은 개별적인 앎이라고 보는 것이다.

> 고유하게 그 자신에게 속하는 것을 통해서 획득된 앎은, 구체적인 한 개인에게 있어서 존재를 소유하는 것으로서의 획득한 영혼의 앎이다.[126]

내가 지니는 감각적인 혹은 감성적인 인식이 다른 사람의 그것과는 다르다는 사실은 무엇을 의미할까? 이는 단순히 감각적인 것이 다만 지성적인 앎에 봉사하는 것이 아니라, 그 자체로서 어떤 고유한 목적을 가질 수 있음을 의미한다. 예를 들어 산보를 하는 두 사람 중에 화가인 사람은 꽃이나 돌들의 색채와 명암을 일상인들보다 세심하게 통찰할 것이고, 음악가인 사람은 바람소리나 새소리에서 음색이나 화음을 보다 잘 파악할 것이다. 이러한 어떤 남다른 감성적인 특성은 사람에 따라서는 신이 부여한 섭리처럼 이해될 수 있으며, 이러한 감성적 생명력의 완성이 곧 그의 삶의 의미가 될 수 있을 것이다. 프랑스의 음악교육가인 모니크 드쇼세(Monique Deschaussées)는 남다른 감성적인 특성을 가진 사람들을 예술로의 부르심을 받은 사람들이라고 생각하며, 이러한 부르심을 외면하는 것은 한 개인의 영혼을 죽음으로 몰고 가는 것이라고 표현한다.

---

125 토미즘에 있어서 '영혼은 아무것도 쓰여 있지 않는 백지와 같다'는 사실과 '영혼은 원래부터 개별적인 영혼'이라는 사실은 서로 모순된 것이 아니다. 왜냐하면 전자는 영혼의 어떤 내용을 말하는 것으로 생득적인(선천적인) 앎의 부재를 말하는 것이며, 후자는 영혼이 그것을 통해 감각하고, 느끼고, 인식하는 앎의 원리의 개별성을 말하기 때문이다. 즉 모든 인간은 각자 감각하는 원리이며, 느끼는 원리이며, 이해하는 원리인 개별적인 하나의 원리를 타고났다고 할 수 있다.

126 *QDV*, X, De Mente, a. 8, c.

> 그 어원에 있어서 사명이란 하나의 '부름'이다. 이 부름은 선택의 여지가 없는 부름이다. 선택이란 단지 예술적인 표현 방식의 선택에만 해당되는 것이다. 나는 매우 강한 어떤 부름에 대해서 사람들이 저항할 수 있다고 믿지 않는다. 왜냐하면 이 부름에 대해 답변 없이 남아 있다면, 그는 자신의 영혼을 죽음에로 몰고 갈 수 있기 때문이다.[127]

여기서 영혼의 죽음이란 무엇을 말하는 것일까? 그것은 바로 개별성의 소멸을 의미한다. 인간의 영혼이 애초에 신으로부터 부여받은 것이며, 또한 처음부터 개별적이라는 것은 이 영혼이 가지는 앎들이 개별적인 앎이라는 뜻이다.[128] 그리고 이러한 개별적인 앎은 가장 최초의 앎이라고 할 수 있는 감성적 앎에서부터 시작된다. 이러한 개별성은 그 자체로 완성된 것이 아니라 완성해야만 하는 무엇이다. 왜냐하면 인간의 영혼은 "인간 그 자체의 본성을 완성하도록 운명지워진 형상"[129]이기 때문이다. 결국 남다른 감성적 능력을 가진 사람들 혹은 강력하고 탁월한 감성적 생명력을 소유한 사람들은 이러한 영혼의 개별성을 완성해야만 한다. 이러한 의미에서 자신의 개별성을 완성한다는 것은 곧 자기실현이요, 부르심에 대한 응답이다. 토마스 아퀴나스는 이러한 자아실현을 곧 신의 부름에 대한 응답 즉 소명이라고 할 것이며, 그런 의미에서 참된 예술가는 모두 부르심에 응답한 자들이라고 말할 것이다. 에티엔느 질송은 "너인 것이 되라! 이것이 최상의 법이다."[130]라는 말로 토미즘의 인생관을 요약하는데, 이는 곧 '너만의 개별적인 생명을 완성하라!'라는 말과 같다. 그리고 이러한 개별적인 생명을 완성하는 것은 곧 끊임없는 자기 초월을 통한 실현으로 나타날 것이며, 특별하게 감성적 생명력이 탁월한 이들에게서는 예술이라는 형식으로 나타날 것이다.

---

127 Monique Deschaussées, *Musique et spiritualité*, Paris, Dervy, 1990, p. 45.
128 "지성은 개별자에 대한 어떤 지성적인 앎을 가지는 것이다." *Le Thomisme*, *op. cit*., p. 384.
129 cf. *ST*, I-II, q. 50, a. 2, c.
130 *Le Thomisme*, *op. cit*., p. 384.

'너인 것이 되라'는 토미즘의 언명은 사실상 의무적으로 다가오는 것이 아니라, 모든 인간에게 있어서 자연스러운 갈망 즉 생명의 자연적인 법칙처럼 '생명의 원초적인 지향성'으로 나타난다. 우리는 이를 고흐와 같은 예술가들의 삶에서 분명하게 확인할 수 있다. 그는 동생 테오에게 보낸 편지에서 다음과 같이 고백하고 있다.

> 결국 무엇이든 간에 나는 어떤 대가를 치르고서라도 전진하고 싶다. 나 자신이고 싶다. 나 스스로 고집스러움을 느끼고, 사람들이 나나 내 작품에 대해 뭐라고 말하든 전혀 연연하지 않기 때문이다.[131]

그리고 현대미술의 최고 거장 중 한 사람인 피카소가 고흐에게 관심을 가진 것도 나 자신을 실현하고 싶다는 고흐의 갈망 그 자체 때문이었다.[132] 자신의 개별적인 생명을 실현 혹은 완성하고자 하는 것은 다른 생명체들에게는 볼 수 없는 인간만이 가진 특수한 생명의 지향성이요, 생명의 독특한 상승운동을 말해 주는 것이다. 그런데 예술가들에게서 나타나는 자기완성으로의 상승운동, 생명의 지향성은 무엇을 의미할까? 우리는 토마스 아퀴나스의 사유를 통해서 이를 '그 자체 선(善)의 확산이요 삶의 풍요'라고 말할 수 있을 것이다.

> 아름다움과 선은 사실 동일한 것이다. 이 둘의 유일한 차이는 이성의 관점에 있다. 선은 그것이 선한 것이라는 이유로 추구되지만, 아름다움은 아름답기 때문에 보려고 하고 알려고 하는 욕구에서 추구되는 것이다.[133]

---

131 『반 고흐 효과』, *op. cit.*, p. 108.

132 "중요한 것은 예술가가 무엇을 하는가가 아니라 그가 무엇인가이다. 세잔느가 만일 쟈끄-에밀 블랑슈처럼 살고 생각했다면, 그가 그린 사과들이 10배나 더 아름다웠더라도 난 그에게 관심을 갖지 않을 것이다. 우리의 관심을 끌어당기게 하는 것은 세잔느의 불안이다. 그것이 세잔느의 교훈이다. 반 고호의 고통, 그것이 그 인간의 실제적인 드라마이다. 나머지는 껍데기이다." 존 버거, 『피카소의 성공과 실패』, 김윤주 옮김, 미진사, 1984, p. 12.

133 *ST*, 1-II, q. 27, a. 1, ad 3.

감성적인 생명운동의 동인이 되는 것은 아름다움이다. 아름다움은 이미 주어진 것도 있겠지만 예술가들의 예술적 행위를 통해 창조되는 것이며, 창조된 아름다움이 사람들의 기분이 좋아지게 만들고 알고자 하는 욕구를 유발한다.[134] 즉 창조된 아름다움은 사람들의 감성적인 생명력에 활력을 불어넣고 감성적인 생명활동을 활발하게 하는 동인이며, 지성적인 생명력을 자극하는 것이다. 사람들에게 생명의 활력을 불어넣는 이러한 작업들은 그 자체로 선을 산출하는 선한 행위라고 할 수 있으며, 그런 의미에서 진정한 예술적 활동은 이미 그 자체로 윤리적·도덕적이라고 할 수 있다. 그리고 '고흐와 같은 예술가들은 비록 물질적으로 빈궁하였으나 누구보다도 풍요로운 생명을 지니고 있었다'라고 할 수 있다. 토마스 아퀴나스는 "기쁨이 행동을 완성하듯이, 아름다움은 젊음을 완성한다."[135]라고 말하고 있다. 우리는 이를 '예술이 감성적 생명을 완성한다'라는 말로 바꾸어 볼 수 있다. 토마스 아퀴나스의 목적론적인 사유에서 감성적 생명활동은 근본적으로 지성적인 생명활동을 목표로 하지만, 그럼에도 감성적 생명력은 여전히 자신만의 완성을 보존하고 있다. 왜냐하면 보다 상위적인 형상은 보다 하위적인 형상이 가진 모든 것을 상실 없이 보전하기 때문이다. 토미즘에서 완성이란 각각의 지평이 자신의 가능성을 최대한 실현하는 것이다. 따라서 만일 인간의 본성을 완성하는 것이 인간의 생명을 완성하는 것이라고 말할 수 있다면, 자아실현이란 한 인간이 가진 모든 생명의 지평들이 가지는 가능성을 끊임없이 실현하고자 하는 것이다. 감성적인 생명의 지평, 지성적인 생명의 지평, 나아가 영성적인 생명의 지평들은 인간적 삶이 지속되는 한 끊임없이 실현되어야 한다.[136] 우리가 전인교육이라고 하는 것도 사실상 생명을 있는 그대로 사랑하는 방법과 같은 말이다. 토마스 아퀴나스가 "피조물들의 완전함

---

134 "아름다움은 선에 어떤 앎의 능력을 추가하는 것이다. 사람들은 선에 대해서는 단순하고 순수한 욕구를 지니고 있지만, 아름다움에 대해서는 기분 좋고 알려 주려는 욕구를 지니는 것이다." *Ibid.*

135 *SCG*. III, ch. 26.

136 "한 존재(ens)는 그가 현실성(actus) 중에 있다는 한에서 '완전하다'고 말해진다. 왜냐하면 사람들은 그의 고유한(완전성의 양태에 따른, 또는 창조된 본성에 따른) 완전함으로부터 아무것도 부족함이 없는 것에 대해서 '완전하다'라고 말하기 때문이다." *ST*, I, q. 4, a. 1, ad 1.

(완성)에서 무언가를 제거하는 것은, 신성한 완전함에서 무언가를 제거하는 것이다."[137]라고 한 것도 사실상 이러한 개별적인 생명의 실현이 신성함을 말해 주는 것이다. 단순히 생존하는 것이 아니라 자신의 생명을 실현하고자 하는 일은 그 자체로 신성하고 절대적인 가치를 가진다. 왜냐하면 이는 모든 인간이 인간의 생명을 가지고 있다는 이유만으로 가지게 되는 가장 본질적인 갈망이며, 동일한 두 개의 생명이 있을 수 없기 때문이다. 이러한 의미에서 한 사람을 사랑하는 것은 한 생명을 사랑하는 것과 같다.

토마스 아퀴나스는 "아름다움은 선(善)과 함께 사랑의 대상이며 동기"[138]라고 말하고 있는데, 이는 감성적인 생명이 사랑을 유발하는 동인이라는 것과 같다. 왜냐하면 감성적인 생명의 동인은 곧 아름다움이기 때문이다. 그리고 이러한 감성적인 생명은 또한 지성적인 생명을 촉발하는 계기가 된다. 왜냐하면 "완전한 앎을 위해서는 사랑이 필요한데",[139] 이러한 사랑의 동인은 아름다움과 선이기 때문이다. 인간의 삶 전체가 생명이 개화하여 열매를 맺는, 즉 마치 선물처럼 가능성으로 주어진 개별적인 생명들이 자아실현이라는 이름하에 이를 최고로 실현하는 완성의 과정처럼 나타난다고 하는 것이 곧 토미즘의 생명관이다. 여기서 감성적인 생명의 운동은 실현의 전 과정에서 마치 하나의 동인처럼 나타나는 것이다. 그리고 감성적인 운동이 충분히 열매 맺음과 동시에 인간은 다른 하나의 자기초월적 행위를 감행하는데, 그것은 곧 의식의 특수한 현상인 윤리적 지평의 생명현상이다. 왜냐하면 윤리적이란 선을 지향하는 인간의 의지를 뒤따름으로써 성립하는 독특한 인간존재의 삶의 형식을 말하기 때문이다. 그리고 여기서 의지를 요청한다는 것 자체가 이미 하나의 자연적인 기질이나 본성을 넘어서고자 하는 행위이다. 이제 우리는 윤리적인 지평의 생명현상이나 생명운동에 대해서 고찰해야 하는데, 이 또한 감성적 생명현상이나 운동과의 밀접한 관계성 속에서 고찰되어야 할 것이다. 왜냐하면 그

---

137 *SCG*, III, ch. 69.

138 "Bonitas autem, cum sit ratio et obiectum amoris." *ST*, I, q. 39, a. 8, c.

139 *ST*, I-II, q. 27, a. 2, ad 2.

것이 어떤 형태이든 모든 생명현상은 전체적으로 유기적인 실체로서의 하나의 생명의 개화(開花)를 의미하며, 또한 하나의 상위형상은 하위형상이 지닌 모든 것을 포함하고 있기 때문이다.

제5장

생명현상의 다양한 지평과 지성의 역할

인간의 생명이 다양한 의미로 사용되고 있지만, 종교적 지평에서의 인간생명의 의미는 다른 모든 의미와 다른 하나의 초자연적인 의미를 가진다. '인간은 인간을 무한히 넘어서는 존재'라고 한 파스칼의 말이나, '인간이란 보다 더 큰 세계로 열린 X'라는 막스 쉘러의 말은 모두 이러한 인간생명의 초자연적인 의미를 말해 주는 것이다.

제5장 생명현상의 다양한 지평과 지성의 역할

1. 인간생명의 특수성으로서 지성(의식)과의 관계성 – 윤리적 지평

어떤 것이 죽지 않고 '살아 있다'라는 말은 다양한 의미를 가진다. 식물의 경우 뿌리로 영양분을 흡수하고 광합성 작용을 하는 것이 모두 살아 있는 것이다. 동물의 경우 영양분을 흡수하고 감각작용과 운동을 하는 것을 말한다. 인간의 경우 동물의 생명활동에 정신적인 활동이라는 특수한 현상을 동반한다. 그런데 이러한 생명의 작용들은 외적·내적인 원인으로 인하여 타격을 받을 수 있으며, 이 타격으로 인하여 생명활동에 심각한 손상을 입을 수 있다. 가령 교통사고를 당하여 사고하는 기능이나 감각적인 기능을 상실한 사람은 스스로 아무것도 할 수 없게 된다. 이러한 사람은 비록 아직 생명이 남아 있지만 인간의 생명작용을 할 수 없기에, 식물인간·뇌사상태 등의 용어가 아무런 거부감 없이 사용된다. 인간으로서 특수한 생명활동을 영위할 수 없는 식물인간에 대해, 우리는 '살아 있지만 산 것이 아니다!'라고 말할 수 있다. 왜냐하면 이러한 사람은 비록 생물학적인 생명인 목숨은 유지하고 있지만 인간적인 삶에 필요한 본질적인 어떤 생명작용을 박탈당했기 때문이다. 그렇다면 인간적인 삶에 필요한 본질적인 생명작용이란 무엇인가? 이 질문에는 다양한 답변이 가능하지만 무엇보다 먼저, 의식의 활동 혹은 정신의 활동이라고 할 수 있다.

의식의 활동을 하는 생명작용은 인간에게 있어서 본질적인 것이다. 하지만 이는 하위의 생명현상들, 즉 영양을 섭취하는 것과 감각활동을 통한 감성행위를 전제하지 않으면 불가능하다. 토미즘의 의식 활동을 이해하기 위해서는 우선 감각적 행위와 의식행위의 관계를 이해하는 것부터 시작해야 한다. 왜냐하면 앞서 살펴 본 바와 같이 생명이란 실체적인 것으로, 모든 인간의 단편적인 행위들이 하나의 통일된 실체로 이해될 때 진정한 생명현상의 진면목을 보여 주기 때문이다. 그리고 이러한 두 행위의 관계가 규정되는 시점에서 어떻게 윤리·도덕적인 지평의 삶이 형성되는지 조명하여야 한다. 왜냐하면 토미즘에 있어서 윤리·도덕적인 삶의 제일 원리인 양심(synderesis)이나 도덕적 의식(conscientia)은 지성의 제일 법칙으로 주어져 있기 때문이다.

> S. Basile은 이 양심(syinderesis)을 판단하는 자연적 능력이라 불렀고, S. Jean Damascène는 양심을 '지성의 법칙'이라고 하였다.[140]

양심이 지성의 한 법칙이라고 선언하는 것은, 인간의 윤리·도덕적인 삶은 인간의 지성활동 자체로부터 발생한다고 하는 것과 같다. 즉 사유하는 정신은 곧 도덕적인 삶을 추구할 수밖에 없다는 것이 토미즘의 관점이다. 토마스 아퀴나스는 지성의 대상은 참된 것이며 의지의 대상은 선한 것이라고 하였는데, 사실은 의지가 지성의 한 능력—정확히는 지성혼의 한 능력—이므로 올바르게 사유하는 사람은 누구나 올바른 도덕적 삶을 추구하며, 올바른 도덕적인 삶은 올바른 지성적인 앎을 전제로 한다. 이것이 토미즘을 지성주의라고 부르는 근본적인 이유이다.

---

140 *ST*, I, q. 79, a. 13, c.

1) 감각적 생명활동과 지성적 생명활동의 상관관계

지성적 유(可知想, species intelligibilis)와 지성 사이에는, 감각적 유(感覺想, species sensibilis)와 감각 사이에 존재하는 것과 동일한 관계가 존재한다. 그런데 감각적인 유란 감각된 무엇(id quod)이 아니라 그것을 통해서(id quo) 감각이 감각하는 것이다. 마찬가지로 지성적인 유란 알려진 무엇(id quod)이 아니라, 그것을 통해서(id quo) 지성이 알게 되는 것을 말한다.[141] 인간이 그것을 통해서 무엇을 알게 되는 그것이란 무엇을 말하는 것일까? 가령 보름달을 인식할 때, 무엇을 통해서 보름달이라는 것을 알게 될까? 앞서 우리는 이것이 인간의 영혼이 창조한 개념 혹은 관념임을 고찰한 바 있다. 그리고 이러한 관념은 플라톤의 사유에서처럼 선천적으로 주어진 것이 아니라, 감성과 이성의 부단한 노력을 의미하는 추상의 과정을 통해서 영혼이 창조한 것임을 알 수 있었다. 그렇게 때문에 토마스 아퀴나스에게 있어서 인간의 인식이란 본질적으로 창조적인 행위라고 말할 수 있다. 창조 행위라는 말에는 다양한 의미가 함의되어 있지만, 여기서 우리는 두 가지 본질적인 의미에 대해서 생각해 볼 수 있다. 첫째는 고유함의 의미이며, 둘째는 완전함의 의미이다. 토마스 아퀴나스는 이를 다음과 같이 말하고 있다.

> 인간 안에는 그 자신에게 고유한 발생의 능력이 있다. (…) 그런데 자연적인 제 존재들 사이에서 인간의 영혼보다 더 완전한 것은 없다.[142]

인간 안에 있는 그 자신의 고유한 발생의 능력은 무엇을 의미할까? 여기서 우리는 고유함의 의미가 인간으로서의 고유함과 개인으로서의 고유함이라고 말할 수 있다. 인간으로서의 고유함이란 이해하는 행위(intelligere)이다.[143] 어떤 것을 이해하

---

141 *ST*, I, q. 85, a. 2, sed contra.
142 *ST*, I, q. 79, a 4, c.
143 "만약 영혼을 그것으로부터 작용이 생겨나는 원리(principium)로 고려한다면, 영혼의 고유한(pro-

는 것은 인간이 가진 가장 탁월한 행위이다. 동물들도 어떤 특정한 앎을 가질 수 있다. 대다수의 동물들은 감각적 작용을 통해서 자신들의 먹이활동을 하기에, 감각지각과 감각적인 앎을 가질 수 있다. 그리고 원숭이나 돌고래 같은 고등동물은 최소한의 이성적 추론과 지적작용을 할 수 있다. 하지만 고유한 의미에서의 이해는 인간에게만 가능하다. 이해란 어떤 대상의 본질을 인식하는 것을 말하기 때문이다. 토마스 아퀴나스는 "지성의 고유한 대상은 존재(자)의 본질이다."[144]라고 말하는데, 이는 다시 말해서 대상의 내면을 읽는 것과 같다. 한국어에서 '이해'라는 말은 사실 라틴어나 다른 영어권 용어와 정확하게 일치하지는 않는다. 왜냐하면 'intelligere' 하는 것, 즉 어떤 것의 본질을 파악하는 것은 그 어떤 것이 지닌 내적인 것 혹은 내밀한 것을 파악하는 것을 말하기 때문이다. 그렇기 때문에 어떤 것을 이해한다고 할 때는 대상과의 내밀한 교류 혹은 교감을 전제하는 것이다. 이러한 이해 행위를 인간에게 적용하면, 이는 한 개인의 본질을 파악함으로써 그의 행위를 전체적으로 인지하고 있음을 의미한다. 즉 그의 행위의 근본적인 원리가 되는 내적인 것을 그의 본질을 통해 이해하고자 하는 것이다. 이러한 이해하는 행위의 특성은 불어에서도 잘 드러나는데, 불어에서 이해를 의미하는 comprehendre는 com(함께)과 prenendre(휘어잡기)의 합성어이다. 어떤 사람이 행위를 이해한다는 것은 그가 행위를 할 당시의 내적 이유에 공감하면서 그 행위를 인식하는 것이다. 이는 인간 의식의 고유한 특성인데, 토마스 아퀴나스는 의식(contientia)에 대해 설명하면서 동시적인 앎(simul scire)[145] 혹은 전체적인 앎(scientiam cum collatione)[146]이라고 규정한다. 어떤 사람을 이해한다는 표현은 그가 어떤 내적인 상태에서 왜 그러한 행위를 해야만 했는지 전체적으로 인지하고 있음을 의미하며, 나아가 이러한 행위가 어떠한

---

pria) 작용은 이해하기(intelligere)다." *SCG.*, II, ch. 58.

144 *ST*, I, q. 85, a 6, ad resp.

145 "이는 마치 의식하는 행위(conscire)가 동시적인 앎(복합적인 앎, simul scire)의 행위를 지칭하는 것과 같다." *QDV*, q. 7I, *De la conscientia*, ad resp.

146 "그런데 의식이라는 이름이 '학문과 그 전체적인 앎(scientiam cum collatione)'을 암시하듯이…", *Ibid.*, Sed contra 2.

영향을 야기하고 있는지도 인식하는 것을 말한다. 따라서 이해라는 표현은 인간의 앎의 등급에서 가장 포괄적이며 탁월한 행위라고 할 수 있다. 이해의 고유함은 공감과 소통을 유발한다. 이러한 이유로 토마스 아퀴나스에게 있어서 지성을 의미하는 intelligentia는 이성을 의미하는 ratio와 근본적으로 구분되는 것이다. 전자가 어떤 것의 본질을 통찰하는 행위라면 후자는 개별적인 것들을 추론하는 행위이다. 이해하는 행위는 오직 지성을 소유한 인간의 고유한 행위인 것이다.

그런데 이해가 본질적으로 한 개인의 내밀한 것과의 교감·소통·일치 행위라는 점에서 진정한 이해의 행위는 매우 개별적이다. 즉 나의 '이해 행위를 만인이 알 수 있는 객관적인 표현으로 재현하기는 불가능하다는 의미이다.' 즉 내가 누구를 이해하는 행위에는 나만의 고유한 무엇이 있다. 내가 어떤 사람을 이해할 때, 여기에는 그 누구도 모방할 수 없고 흉내 낼 수 없는 나만의 내적인 앎의 조건들이 형성된다. 나의 과거의 사건들, 소설이나 드라마를 통한 추체험의 결과로 주어진 어떤 상황에 대한 인식, 나의 가치관이나 인생관, 나아가 나만의 어떤 정서적인 특성 등이 모두 결합하여 하나의 전체적인 인식이 형성된다. 그리고 바로 이러한 전체적인 인식의 틀 안에서, 어떤 비관습적이고 일탈적인 행위들에 대해서도 그렇게 할 수밖에 없는 어떤 상황에 대한 인식이 이루어지고 타인의 행위에 대한 공감을 형성할 수 있다. 따라서 이해 행위는 그 자체로서 어떤 도덕적인 특성을 가지게 된다. 일상의 일들에서 이해 행위는 종종 용서를 낳는다. 비도덕적이고 실정법을 어긴 범죄 행위조차도 진정으로 이해한다면 용서할 수 있다. 왜냐하면 이해는 그가 왜 그렇게 할 수밖에 없었는지 전체적으로 인지하는 것을 말하기 때문이다. 물론 용서가 행위에 정당성을 부여함을 의미하는 것은 아니며, 다만 특수한 상황에서는 그러한 행위가 어쩔 수 없었다고 인정함을 의미하는 것이다. 그렇기 때문에 한 개인을 진정으로 이해하지 않고서는 그의 행위를 쉽사리 판단할 수 없다. 그것이 무엇에 대한 것이든, 이해 행위는 창조적인 행위이다. 이는 매 순간 어떤 것에 대한 새로운 앎의 조건들을 산출하기 때문이다. 이 세상의 어떤 사람도 동일한 상황에 처하거나 동일한 조건을 가질 수 없음을 인정한다면, 한 개인에 대한 진정한 이해는 이전과 전혀 다른 앎의 조건 및 공감의 분위기를 형성할 때 가능하다. 따라서 이해하는 행위는 인간 영혼의 가장 고유한 행위인 동시에 인간의 영혼을 풍요롭게 하고 완성해 가는 행위이다.

이성(ratio)	의식(contientia)	지성(intelligentia)
* 추론하고, 추상하는 사변적인 능력을 통해 어떤 것에 대한 앎을 유발한다. * 수학적 원리나 개념적인 앎 등 순수한 앎을 의식에게 제공한다. * 이성은 일종의 원리로서 양심의 능력과 마찬가지로 그 자체 결코 오류가 있을 수 없다. (*generatio*에 비유)	* 이성이 산출한 순수한 앎을 현실에 적용하는 능력이다. * 양심을 그 첫 원리로 하며, 선과 악, 올바름과 그릇됨의 지평에서 어떤 외적 대상을 인식하는 사태 자체이다. * 지성이 소유하고 있는 앎의 내용들이 새로운 대상을 이해하기 위해 현실적으로 작용되는 상태이다. * 올바른 의식이란 대상을 '진리(궁극선)와의 관계 안에서' 고려하는 의식이다. (*actus*에 해당)	* 가장 포괄적인 개념의 정신으로서, 인식한 외적 대상들(앎들)을 소유하고 보존하는 주체이다. * 소유한 정신적 실제들(기억, 개념, 세계관)을 하나의 통일성으로 간직하면서 '자기의식(자아)'을 가지는 개별적인 실체이다. (존재, *esse*에 비유)

토마스 아퀴나스에게 있어서 이성 · 의식 · 지성의 역할과 그 관계[8]

감각적 생명활동이 육체를 성장시키듯 지성적인 앎도 정신적인 실체를 형성한다. 즉 이해는 영혼을 성장하게 하는 것이다. 감각활동이 생명작용이라고 한다면 마찬가지로 정신활동 역시도 (정신적인) 생명활동이며, 인간은 이러한 생명활동을 통해서 인간다운 삶을 영위한다.

인간의 지성 작용이 이해를 목적으로 하고 있으므로, 필연적으로 감각적인 생명작용과 밀접한 상호작용을 하고 있다는 사실은 자명하다. 앞 장에서 이미 보았듯이 지성의 추상작용에 소여를 제공하는 것은 감각이기 때문이다. 원이나 사각형의 개념 혹은 빨강이나 검정의 개념을 가지기 위해서는 먼저 '둥근 어떤 것'이나 '네모

147 이명곤, 「토미즘에 있어서 인간의 의식의 특수성과 새로운 윤리관의 전망」, 『철학연구』, 제103호, 대한철학회, 2007, p.134.

진 어떤 것' 그리고 '붉은 꽃'이나 '검은 머릿결' 등에 대한 감각지각이 먼저 이루어져야 한다. 하지만 이해 행위는 이러한 추상적 행위의 차원을 넘어 훨씬 멀리 나아간다. 가령 한 개인의 윤리·도덕적 행위에 대한 이해는 그가 그러한 행위를 할 수밖에 없었던 상황에 대한 인식을 전제로 한다. 그리고 이 상황에 대한 인식을 의미하는 의식에는 내면의 정서적 상태에 대한 공감이 포함되며, 일종의 감정이입과 같은 내적 통찰이 이루어지고 있다. 즉 어떤 의미로는, 이해의 행위란 감성적인 활동과 지성적인 활동이 동시에 이루어지는 것이라고 할 수 있다. 바로 이러한 이유로 토마스 아퀴나스는 인간의 감각을 '지성에 참여하는 감각'이라고 본다. 보다 일상적인 언어로 말하자면, 인간의 감각과 지성은 어느 정도 겹쳐 있으며, 지성이 완전히 배제된 감각 행위나 감각이 완전히 배제된 지적 행위는 있을 수 없다.

결국 인간의 감성적 생명활동과 지적 생명활동은 분리될 수 없으며, 그 한계를 규정하기 어려울 만큼 내밀하게 연계되어 있다. 사실 엄밀한 의미에서 토마스 아퀴나스에게 있어 감각적 생명이나 지성적 생명이라는 말은 사용할 수 없는 것이며, 다만 감각적 생명작용과 지성적 생명작용이 있을 뿐이다. 즉 하나의 유일한 실체적인 생명이 있고 여기에서 다양한 생명작용이 발생할 뿐이다. 그래서 그는 "생명이 지칭하는 것은 현상(작용, operatio)이 아니라, 이 현상이 귀속되는 실체(substantia)이다."[148]라고 말한다. 따라서 만일 우리가 생명력이나 건강한 생명에 대해 말할 수 있다면 육체적인 생명과 정신적인 생명 모두에 대해 말해야 한다. 그리고 하나의 건강함은 다른 하나의 건강함에 관련되어 있는 유기적인 것으로 이해해야 한다. 보다 건강한 육체적인(감각적인) 생명력은 보다 건강한 정신적인 생명력에 요청되며, 보다 건강한 정신적인 생명력은 또한 보다 충만한 육체적인 생명력에 요청된다. 물론 건강한 육체적인 생명이란 근육질의 육체를 의미하는 것이 아니라, 충만한 오감의 인지능력과 외부 대상에 공감하는 내면의 정서적 능력을 모두 포함한 감성적인 것을 말한다. 마찬가지로 지성적인 생명 역시 단순히 이해 능력을 말할

---

148 *ST*. I, q. 18, a. 2, ad resp.

뿐만 아니라, 추론하고 가정하는 이성적인 능력과 사물의 본질을 통찰하는 직관력인 지적 능력 나아가 인생과 세계를 전체적으로 인지하는 인생관과 세계관의 형성 및 자신을 총체적으로 인지하는 자아의 능력 등 모든 것이 어우러진 종합적인 사고능력을 의미한다. 따라서 건강한 생명이란 존재의 충만을 지칭하며, 이는 곧 행복한 상태를 의미한다. 토미즘에서의 생명에 대한 탐구는 필연적으로 윤리·도덕적인 삶과 연결된다. 왜냐하면 행복이란 윤리·도덕적인 삶이 지향하는 목적 그 자체이기 때문이다.

2) 윤리·도덕적인 지평과 도덕적 생명력

인간의 생명이 지성적인 차원에서 고려될 때, 인간적인 생명이란 필연적으로 윤리·도덕적인 생명의 특성으로 나타난다고 할 수 있다. 왜냐하면 인간의 윤리·도덕적 행위의 근거가 되는 '의지'는 곧 지성의 한 능력에 속하기 때문이다.

> 의지가 자연적으로 어떤 것을 신중하게 고려하는 것에 비추어 볼 때, 의지는 이성보다는 지성에 관계하고 있다. 이러한 의미에서 의지는 이성보다는 지성적인 능력에 속하는 것이다.[149]

토마스 아퀴나스에게 있어서 의지란 선한 것(좋은 것, bonum)을 추구하는 내적인 힘을 의미하며,[150] 어떤 것을 선택할 수 있는 능력은 자유의지이다. '지성은 자신에게 있어 무엇이 '선한 것'인지에 대한 이해, 그리고 그것이 자신의 행복에 도움을 주리라는 이해를 통해 자유의지를 유발한다.' 행복을 추구하기 위해서 선을 지

---

149 *ST*. I, q. 82, a. 1, ad 2.

150 "만일 그것이 선하다고 하는(좋은 것이라고 하는) 이유가 없이는 의지는 결코 움직이지 않을 것이다." *Ibid*., a. 2, ad 1.

향하는 것은 토미즘에 있어서 윤리·도덕적인 행위이다.[151] 따라서 토미즘에서 인간의 모든 지성적인 행위의 의미나 목적은 도덕적 지평에서 고려될 수 있다. 왜냐하면 지성의 고유한 대상인 사물들의 본질[152]은 곧 사물들이 지닌 선(bonum)을 의미하며, 이는 또한 우리들의 의지의 대상이 되기 때문이다. 토마스 아퀴나스의 "지성은 참된 것을 그 대상으로 하고, 의지는 선한 것을 그 대상으로 한다."[153]라는 진술은 논리적으로 이미 지성적인 행위 역시 선을 목적으로 실행됨을 포함하고 있다. 왜냐하면 인간의 지성행위란 자동기계의 행위가 아니라 의지로 인해 행해지며, 따라서 이 행위는—무의식적으로나마—자신에게 선한 것·좋은 것을 추구함을 전제하기 때문이다. 그래서 토마스 아퀴나스는 "선한(善) 것과 참된(眞) 것과 존재한다는(有) 것은 사실상 같으나, 사유의 관점에서 다른 것이다."[154]라고 말하는 것이다.

선한 것과 참된 것과 존재한다는 것이 같다는 사유는 사실상 현대인의 언어습관과는 일치하지 않을 수 있다. 가령 길가에 피어 있는 작은 야생초 자체는 윤리·도덕적인 의미를 내포하지 않으며, 따라서 선한 것도 악한 것도 아닐 것이다. 엄밀히 말해 그것은 도덕적 차원에서는 중립일 것이다. 이러한 존재하는 것의 도덕적 중립성은 특히 레비나스의 사유에서 잘 드러난다. 레비나스의 사유에서 다른 모든 존재자의 근원이 되는 초월자로서의 존재(Être)는 모든 지성적인 긍정을 초월하는, 즉 선한 것도 악한 것도 아닌 존재함 그 자체로 나타난다.

> 이 존재의 현존 안에는 무어라 규정할 것이 아무것도 없다. 그럼에도 여기엔 존재가 있다: il y a rien, mais il y a de l'être. '무엇이 있음(il y a-본질 없는 실존, 순수한 상태의 실존)'의 개념 안에는 주관적이지도 객관적이지도 않은 하나의 일반적

151 "도덕이란 인간이 그의 삶의 역사가 행복한 것이 되기 위해서 어떻게 행위 해야 하는가 하는 것을 탐구하는 방법적 학문이다." Étienne Gilson, *Saint Thomas moraliste*, Paris, J. Vrin , 1974, p. 23.

152 "지성적인 비전은 어떤 것(앎의 대상)의 유사한 정도에서 멈추는 것이 아니라, 이 어떤 것의 본질 자체에까지 이른다." *QDV*, q. 10, De Mente, a. 8, ad 2.

153 *SCG.*, III, ch. 26.

154 *ST*. I, q. 5, ad 1.

인 '존재함', 즉 '중립성'이 있다.[155]

따라서 레비나스에게 있어 모든 가치의 개념들 즉 선악이나 미추 등은 인간 지성의 존재에 대한 해명에 의해서 발생하는 것이다. 그래서 그는 "모든 철학적인 연구들은 예외 없이 존재론으로—존재자로부터 존재로, 본질에 관한 지성화 작업으로—거슬러 올라간다."[156]라고 말하고 있다. 인간의 지성이 의미를 부여하기 이전까지는 존재는 무엇이든 '중립적인 것'으로 나타난다. 레비나스는 이를 '존재의 중립성(la neutralité de l'être)'이라고 하였다. 이러한 사유는 현대철학에서 매우 강하게 나타나는 것으로 사실상 해체주의의 사상적 배경이 된다. 존재가 중립적이라고 하는 것은, 기존의 모든 가치 질서가 인간의 지성에 의해서 만들어졌을 뿐이라고 하는 것과 같기 때문이다. 그렇기에 레비나스의 사유에서는 생명 혹은 삶의 개념 역시도 최초의 등장은 윤리·도덕적으로 중립적인 것으로 나타난다.

> 산다는 것, 이는 마지막 목적과 본능의 긴장에도 불구하고, 향유한다는 것이다. 어떤 것에 대해 하나의 목적이나 하나의 존재론적인 방편의 의미 없이, 이 어떤 것을 사는 것이다.[157]

존재나 삶에 대해서 특정한 윤리·도덕적 의미를 부여하지 않고, 그리하여 모든 것을 중립적으로 보는 것은 매우 그럴듯한 사유이며 세계를 보는 하나의 관점이라고 인정할 수 있다.[158] 하지만 이러한 존재의 중립성에 대한 '존재' 해명은 존재와

---

155 이명곤, 「레비나스 / 제일철학으로서의 윤리학」, 『동서철학연구』, 한국동서철학회, 2002, 세종출판사, p. 140.

156 E. Levinas, *Autrement qu'être ou au-delà de l'essence*, Paris, LGF, 1990, p. 30.

157 E. Lévinas, *Totalité et Infini, Essai sur l'extériorité*, La Haye, Nijhoff, 1961, p. 107.

158 사실상 레비나스가 존재를 윤리·도덕적으로 중립적이라고 상정한 것은 윤리학이 존재론에 앞서는 것, 즉 윤리학을 제일 철학으로 두기 위한 목적에 의해서이다. 윤리학이 존재론에 앞서기 위해서는 존재에 가치를 부여하는 행위가 존재론에 앞서 전제되며 이러한 가치들이 발생하는 것이 곧 관계성을 탐구하는 윤리학이기 때문이다. "윤리학은 세계관과 확실성에 앞서 외면성(extériorité)의

지성의 필연적인 관계를 부정하는 한에서만 가능하다. 그런데 토마스 아퀴나스에 의하면 존재와 지성 사이에는 분리할 수 없는 필연적인 관계가 존재한다. 왜냐하면 존재가 지성의 제일 첫 번째 대상이기 때문이다.

> 존재와 지성 사이의 관계는, 존재는 지성의 제일 첫 번째 대상이라는 것이며, 이 존재의 바깥에서 지성은 아무것도 이해할 수 없다.[159]

그렇다면 존재가 지성의 제일 첫 대상이라는 말은 무슨 의미이며, 왜 그러할까? 존재가 지성의 제일 첫 대상이라는 진술은 두 가지 의미를 가지고 있다. 첫째, 존재(ens)란 그 자체가 어떤 본질로서, 즉 어떤 질서를 지니고 있거나 최소한 질서에 의해 나타남을 의미한다. 토미즘에 있어서 모든 존재하는 것(ens)은 실존(esse, 존재현실력 혹은 존재행위)과 본질(essentia, 내용·정수·핵심)의 합성으로 이루어져 있으며, 사실상 이 두 개념은 하나의 존재자에 있어서 형이상학적인 원리로서만 구분될 뿐 실제로 구분할 수 있는 실체가 아니다. 따라서 비록 실존이 본질에 앞선다 할지라도 이러한 선재성은 '형이상학적 근원으로서만 인정될 뿐이며' 시간적·논리적으로 동시적이다. 지성이 어떤 알 수 없는 대상을 발견하였을 때 가장 먼저 하는 질문은 '이것이 무엇인가?'이다. 여기서 '무엇(quid, What)'이란 곧 이 대상의 정체성 혹은 동일성을 말하는 본질이다. 인간의 지성이 어떤 대상과 가지는 관계는 바로 이 무엇과의 관계이다. 그렇기에 지성에게 있어서 존재(ens)는 가장 먼저 본질로 나타나고 이 본질은 그 자체로서 어떤 질서를 지니고 있다. 가령 '소크라테스는 인간이다'라는 진술에서 소크라테스의 본질은 인간이라는 것이며, 여기서 인간이란 본질적으로 사유하는 존재·감각하는 존재·윤리도덕적인 존재 등 다양한 질서를 가진 존재이다. 하나의 존재가 아무렇게나 존재하지 않고 어떤 질서를 가지고 있는 것, 혹은

구조를 있는 그대로 그려낸다. 도덕은 철학의 한 가지가 아니라 제일철학이다." *Ibid.*, p. 268.

159 *QDV*, q. 1, a. 1, ad resp.

어떤 질서 안에 존재한다는 것은 이 존재가 어떤 가치를 지니고 있음을 의미한다. 우리는 이를 존재의 중립성이라는 개념과 대립하는 존재의 가치성(la valeur de l'être)이라고 할 수 있다.

둘째, 존재를 존재자로서 고려할 때, 존재는 결코 독립되어 존재할 수 없고, 어떤 관계성 속에 존재함을 의미한다. 토미즘에서 신을 제외한 모든 존재는 '자립하지 않는 존재이다', 즉 의존적인 존재이다. 이 말은 존재행위(esse, 존재현실력)의 차원에서는 모든 존재자들은 존재함에 있어서 신의 존재(Ipsum Esse)에 의존한다는 의미이지만, 본질이나 질서의 차원에서 보자면 모든 존재하는 것은 다른 존재들과의 관계성 속에 존재하고 있음을 의미한다. 즉 하나의 존재자는 그의 본질을 통해서 전체(총체)의 세계 안에서 서로 다른 존재에게 도움을 받고 도움을 주는 사태를 통해서 존재하는 것이다. 엄밀한 의미에서 이러한 관계성을 완전히 떠난 절대적 지평에서 한 존재자의 의미나 가치를 고려하는 것은 불가능하다. 돌고래는 바다와의 관계를, 다람쥐는 도토리와의 관계를, 남자는 여자와의 관계를 그리고 동양은 서양과의 관계를 전제할 때, 그 의미나 가치가 충분히 이해될 수 있다. 민들레 한 송이는 아무런 윤리·도덕적인 가치를 지니지 않지만, 그럼에도 어떤 상황에서는 매우 좋은 것으로 나타날 수 있다. 가령 민들레의 뿌리로 자신의 병을 치유한 사람에게 있어 민들레는 그 어떤 다른 것보다 소중하다. 마찬가지로 민들레를 보고 시를 짓는 시인이나 그림을 그리는 화가에게도 민들레는 매우 귀한 존재이다. 이렇게 상황이 어떻게 변하는가에 따라서 그 관계성이 어떻게 성립하는 가에 따라서 중립적이던 한 존재가 매우 귀한 존재가 되는 것이다. 하지만 굳이 특수한 상황을 고려하지 않더라도 세계를 전체적으로 고려한다면 존재하는 모든 것은 매우 소중한 어떤 것이 될 수 있다. 사람들이 귀찮아하는 파리나 모기 등도 생태계 전체를 고려하는 관점에서는 매우 소중한 생명체들이다. 파리의 애벌레는 썩어가는 짐승들의 시체를 청소함으로써 질병을 예방하는 역할을 하며, 모기의 애벌레는 수중 생명체의 먹이가 되어 먹이사슬의 기초를 튼튼하게 한다. 이렇게 존재하는 모든 것은 각기 자신만의 역할을 하면서 건강한 생태계를 보존하는 구성원이 된다. 그렇기에 자연적인 질서 속에 존재하는 모든 것들은 좋은 것, 즉 선한 것(bonum)이다. 사람들이 자연악(自然惡)이라고 하는 것은 이러한 자연적인 질서 속 존재들의 자연적인 질서가 파괴된 데서 비롯된 것이다.

> 이처럼 현실적으로 존재하는 모든 존재는 어떤 특정한 선(善)이다. 마찬가지로 모든 가능성 중의 존재는 그가 선에 대한 하나의 질서를 가지고 있다는 것에 따라서 어떤 특정한 선처럼 존재한다. 마찬가지로 가능성 중의 한 존재인 만큼 가능성 중의 선이다. 이는 악(惡)의 주체는 선임을 증명해 준다.[160]

따라서 토미즘에 있어서 있는 그대로의 존재 혹은 자연적인 질서 속에 있는 존재란 결코 중립적이지 않다. 어떤 것이 참되다고 하는 말은 다양한 의미를 가지지만 우선 원래대로의 어떤 것, 자연적으로 주어진 것, 왜곡되지 않은 원래의 모습 등의 의미가 있다. 다시 말해 애초에 그에게 주어진 본질에 적합하게 존재하는 모든 것은 참되다. 따라서 자연 질서 속에서 자연 질서에 적합하게 존재하는 모든 것은 참되다. 이렇게 하여 참된 것과 선한 것과 존재한다는 것은 최소한 '자연적인 존재들'에 있어서는 동일한 의미가 되는 것이다. 따라서 토미즘에서는 '존재는 선하다' 혹은 '자연은 선이다'라는 표현이 전혀 어색하지 않다. 따라서 도덕적인 문제는 곧 존재론적인 문제에서 출발하는 것이다.

> 토미즘의 도덕을 이해하기 위한 첫 번째 조건은 토미즘에 있어서 (인간의 존재론적인 문제와) 분리된 독자적인 도덕이 존재하지 않는다는 것이다.[161]

지성은 참된 것(verum)을 추구하고, 의지는 선한 것을 추구한다는 토미즘의 원

---

160 *ST*, I, q. 48, a. 3, ad resp.
161 Étienne Gilson, *Saint Thomas moraliste*, op. cit., p. 4.

리는, 결국 모든 인간적인 행위[162]는 본질적으로 윤리·도덕적인 지평에서 이루어질 수밖에 없음을 말하고 있다. 어떤 의미에서는 존재하는 행위 자체가 이미 어떤 도덕적인 행위[163]를 함의하고 있다. 왜냐하면 존재하기를 지속하고자 하는 것 자체가 어떤 특정한 선을 지향하기 때문이다.

> 존재하는 모든 것은, 존재로서 고려되면서, 필연적으로 좋은 것(선한 것)이다. 왜냐하면 모든 것은 그의 존재를 사랑하고, 그의 존재의 보존을 원하기 때문이다.[164]

따라서 토미즘에서의 '살고자 하는 의지'는 선 그 자체를 지향하며, 그렇기에 이는 도덕적인 행위이며 나아가 모든 가치의 기초가 되는 근본적인 가치이다. 진정한 토미스트라면 자연의 모든 생명들을 그 자체로서 선한 것으로 발견하며, 세계 안의 온갖 생명체들의 약동에서 이루 말할 수 없는 선과 가치들을 발견할 수 있어야 한다. 또한 토미스트들은 결코 자살이나 사형 제도를 찬성할 수 없다. 토미즘에 있어서 선은 단지 살고자 하는 생명의 약동에서만 발견되는 것이 아니라, 더 멀리 나아간다. 선은 어떤 것의 본질에서 발견된다.

> 선은 항상 행위에만 관여된 것이 아니다. 왜냐하면 한 존재는 다만 그가 행위를

---

162 토미즘에서 인간의 행위와 인간적인 행위는 분명하게 구분된다. 전자가 한 인간이 행동하는 모든 것이라고 한다면, 후자는 지성적인 사유가 동반된 최소한의 반성적 행위를 포함하는 행위들을 말한다. 왜냐하면 인간적이라는 말은 인간으로서의 본성으로부터 발생한 혹은 인간의 본성에 적합한 행위를 의미하기 때문이다. 따라서 사유나 반성적 숙고가 전혀 동반되지 않은 우발적 행동은 결코 인간적인 행위라고 할 수 없다.

163 윤리(倫理)와 도덕(道德)은 서로 별 구분 없이 사용되기도 하지만 일반적으로는 분명하게 구분되는 개념이다. 학자들에 따라서 두 용어에 대한 개념이 불분명하기도 하지만, 언어 분석적 차원에서 윤리가 인간관계 사이에 발생하는 모든 관습이나 규범적인 질서 혹은 법칙을 말하는 것이라면, 도덕은 보다 잘 살기 위해서 지향하는 모든 인간의 탁월한 행위를 말한다. 이러한 구분은 불어에서 분명하게 나타나는데, 윤리를 위미하는 éthique는 선과 악에 관한 인간의 행위를, 도덕을 의미하는 moral은 보다 더 가치 있는 것을 지향하는 인간의 행위와 관련이 있다. 따라서 본 저술에서는 이러한 의미에서 윤리와 도덕을 사용하고자 한다.

164 *SCG*, II, ch. 41.

하는 것에 따라서 선하다고 말해지는 것이 아니라, 그의 본질 안에서 완전하다는 것에 따라서 선하다고 말해지는 것이다.[165]

그의 본질 안에서 완전하다는 것은 어떤 의미일까? 우리는 본질 안에서 완전하다는 것을 두 가지 의미로 이해할 수 있다. 첫째, 선한 속성은 그의 본성 혹은 본질로부터 주어진다는 의미이다. 우리는 경험론적인 차원에서 선한 사람이 어떤 사람인가를 판단하기 위해 그가 선한 행위를 하는지 아닌지 고찰할 수 있다. 일반적으로 그가 하는 행위가 그가 선한 사람임을 말해 준다. 하지만 엄밀한 의미에서 선하지 않은 사람도 선한 행위를 할 수는 있으므로 행위만으로 그가 선한 사람인지 판단하기는 어렵다. 그렇지 않다면 위선자라는 말은 무의미할 것이다. 선을 가장한 선 아닌 행위가 얼마든지 있을 수 있으며, 반면 선행을 하지 않지만 선한 사람도 있을 수 있다. 가령 선한 사람이 아파서 침대에 누워 꼼짝할 수 없다거나, 누명을 쓰고 감옥의 독방에 있다면 선행을 하는 것이 불가능하다. 그럼에도 그는 선한 사람임이 분명하다. 즉 그가 선한 사람인가 아닌가 하는 것은 엄밀한 의미에서 그의 행위가 말해주는 것이 아니라, 그의 내면 혹은 본질이 말해 주는 것이다. 그렇기에 그가 선한 것은 그가 선한 본질을 가졌다는 것으로부터 주어진다. 보다 완전한 선한 본질을 가졌다면 그는 보다 선한 사람일 것이다.

둘째, 작용이 본질을 따른다는 형이상학적 원리에 의해서이다. 토끼는 토끼의 본성에 의해서 풀을 먹고, 사자는 사자의 본성에 의해서 영양을 먹는다. 인간 외의 모든 다른 생명체가 하는 행동은 그것이 무엇인가에 의해서 결정된다. 하지만 인간은 인간이라는 이유만으로 인간다운 행위를 하지는 않는다. 인간은 본성적으로 선을 지향하지만 자유의지로 항상 선을 선택하는 것은 아니다. 여기서 우리는 인간의 무엇이 그로 하여금 선을 행하도록 하는지 질문할 수 있다. 그것은 그가 누구인가 하는 그의 개별적인 본질에 의해서이다. 인간이 자유의지를 지니고 있으며,

165 *ST*, I, q. 2, a. 1, ad 4.

그의 의식(conscientia)을 스스로 형성해 간다는 이유만으로 인간의 개인적인 본질은 어떤 가능성이다. 즉 인간의 본질은 그 자체로 완성된 것이 아니라 완성을 향해서 열려 있는 것이다. 내가 그리스도교 신자인 것, 민주주의자인 것, 예술가이거나 철학자인 것은 내가 스스로 선택한 것이며 선택한 이상 이를 완성하고자 부단히 노력해야 한다. 이러한 개별적인 본질은 완성되어야 하는 것이라는 의미에서 항상 불완전한 것이라고 할 수 있다. 보다 완전한 그리스도교 신자가 될수록 그는 보다 완전한 선행을 실행할 수 있을 것이며, 보다 완전한 예술가가 될수록 그는 보다 많은 선을 세상에 산출할 수 있을 것이다.[166] 이처럼 개인의 본질은 완성해야만 하는 어떤 것이며, 그의 본질 안에서 완전하다는 것에 따라서 즉 그가 얼마나 완전한 본질을 실현하는가에 따라서 그만큼 그가 선하다고 할 수 있다.

토마스 아퀴나스에게 있어서 존재론적인 문제는 바로 도덕적인 문제와 직결된다. "존재의 바깥에서는 선이 있을 수 없다."[167]라는 토마스 아퀴나스의 진술을 이러한 차원에서 이해할 수 있다. 따라서 토마스 아퀴나스에게 있어서 산다는 것은 결코 레비나스에게 있어서처럼 목적의 의미나 존재론적인 의미가 완전히 제거된 단순한 향유가 아니다. 산다는 것은 존재를 지속한다는 의미에서 선 자체를 지향한다는 것이며, 또한 삶을 통해서 개별적인 본질을 실현하고 완성해 간다는 의미에서 어떤 (선한) 목적을 지향하는 것이다. 모든 목적이 배제된 단순한 향유는 결코 삶이 아니다. 토미즘에서는 향유라는 표현 자체가 이미 어떤 선을 지향하고 있다.

---

166 보다 완전한 신앙인이나 완전한 예술가 혹은 보다 완전한 철학자가 된다는 것은 보다 탁월하게 신앙인으로서, 예술가로서 혹은 철학자로서의 의무를 충실히 실행한다는 의미이다. 이러한 관점에서 보자면 토미즘의 도덕은 칸트의 의무감정의 개념과 상통하고 있다. "선행을 할 수 있게 하는 것, 우리가 이를 할 수 있을 때, 이는 의무감정이다. (…) 이러한 조건들 아래서 어떠한 자연적인 경향성도 우리로 하여금 선행을 하도록 내밀지 못하지만, 그럼에도 우리는 이러한 죽음의 무감각을 제거할 수 있고, 자연적인 경향성을 통해서가 아닌 다른 방식으로, 즉 유일하게 의무 감정만을 통해서 행위를 할 수 있다. 따라서 이 경우(의무 감정을 통해서 행위를 하는 경우)에만 유일하게 그의 행위가 참된 가치를 가지는 것이다." Kant, *Fondement de la métaphysique des moeurs*, trad. par Victor Delbos, Paris, Delagrave, 1969, p. 96.

167 "Nihil est bonum nisi ens" *ST*, I, q. 5, a. 2, ad 4. "모든 존재는 그가 존재하는 만큼 선하다" *Ibid.*, a. 3, ad resp.

그렇다면 단순한 향유란 무엇인가? 향유는 어떤 것을 누림을 의미하며, 이는 일차적으로 감각적·정서적 감흥을 가지는 것이라고 할 수 있다. 그런데 토마스 아퀴나스에게는 이러한 감각적인 감흥의 뿌리 역시 다른 모든 선의 근원인 동일한 사랑(amor)이다. 그는 "모든 감각적 정서적 감응(affectio, affection)의 뿌리는 사랑이다."[168]라고 말하고 있다. 사랑이 모든 다른 정서적 열정들의 근원이라고 하는 것은,[169] 도덕적으로 정의롭고 선하게 되고자 하는 고차적인 욕망의 근원 역시도 동일한 사랑임을 말하는 것이다. 생명이 본질적으로 삶을 통해 실현되고 그 본질이 드러난다고 한다면 인간의 생명은 사랑을 통해 실현되고 그 본질이 드러난다고 할 수 있다. 토미즘에서의 사랑은 존재를 지속하고자 하는 것과 보다 건강한 육체를 소유하고자 하는 것, 나아가 선하고 의로운 존재가 되고자 하는 것 등 모든 좋은 것 즉 선을 갈망하는 모든 인간의 욕망을 포괄하고 있다. 따라서 토미즘에 있어서 생명력은 사랑의 능력과 유사어로 사용될 수 있다. 감각적이고 육체적인 생명력이 건강하고 균형 잡힌 육체에서 드러나듯이, 도덕적인 생명력은 선을 추구하는 정신의 조화에서 드러난다.

여기서 우리는 감각적 지평의 생명과 도덕적 지평의 생명을 구분할 수 있는데, 전자는 그 사랑의 대상이 외부에 있다면, 후자는 그 사랑의 대상이 내부에 있다. 토마스 아퀴나스는 감각적 지평의 사랑을 '쾌락에 대한 사랑'이라고 하는데, 이는 본질적으로 나의 기쁨을 위해서 사랑하는 대상을 취하는 경우이다. 즉 사랑의 목적이 사랑하는 대상의 선이 아니라, 나 자신의 선에 있다. 하지만 토마스 아퀴나스는 진정한 사랑이란 선 안에서 만족하는 것이라고 하는데,[170] 이러한 사랑은 도덕

168 *ST*, I-II, q. 62, a. 2, ad 3.

169 "사랑은 욕구(appetitus)에 대해서 상관관계를 가지고 있다. 왜냐하면 이 둘의 공통대상은 선이기 때문이다. 이로부터 사랑은 욕구처럼 다양해진다." *Ibid*. "사랑은 두려움, 기쁨, 욕망 그리고 슬픔이라고도 불린다, 이러한 정염들과 동일하기 때문이 아니라, 사랑이 이러한 정염들의 원인이기 때문이다." *Ibid*., q. 26, a. 1, ad 2. "모든 정염들의 원리 혹은 뿌리는, 이미 앞서 말했듯이, 사랑이다." *Ibid*., q. 26, a. 2, ad 3.

170 "사실 진정한 사랑은 善(bien) 안에서 만족하는 것이다. 순수하고 단순한 사랑은 선 안에서 만족하는 것이다. 단순하게 왜냐하면 그가 취하는 그 자체가 곧 선이기 때문이다. 다른 사랑의 경우는

적 사랑이다. 가령 내가 타인을 위해 헌신할 때, 이 헌신은 사랑하는 대상의 선을 위한 노력을 의미한다. 아리스토텔레스는 "'사람들은 실제적인 선(진정한 선)을 원하는가? 아니면 자신들에게 선한 것을 원하는가?'라고 물을 수 있다. 왜냐하면 가끔 이 둘 사이에는 불일치가 존재하기 때문이다."[171]라고 진술하고 있다. 이와 마찬가지로 토미즘에 있어서 도덕적인 사랑은 엄밀히 말해 인간과 인간 사이에서 발생하는 사랑이다. 에티엔느 질송은 이를 더 단순화해서 사물에 대한 사랑과 사람에 대한 사랑을 구분해야 한다고 말한다.

> 나는 포도주가 나에게 주는 즐거움 때문에 포도주를 사랑한다. 그러나 만일 내가 어떤 사람을 나에게 주는 즐거움 때문에 사랑한다면 내가 그의 진정한 친구라고 말할 수 있겠는가? 따라서 사물에 대한 사랑과 사람에 대한 사랑은 구분되어야 한다.[172]

결국 사랑은 감각적인 사랑과 도덕적인 사랑으로 구분될 수 있으며, 도덕적인 사랑은 사람들이 아가페라고 부르는 자기 헌신적인 사랑의 특성을 가진다. 우리 시대의 다른 토미스트인 루이스 게이제(Louis-B. Geiger)는 도덕적 사랑의 아가페적 특성을 순수하고 단순하며 자신의 이익을 구하지 않고, 나아가 정신적인 사랑이라고 말하면서 이러한 요소들이 진정한 사랑의 특성이라고 말한다.

> 우리가 여기서 말하고 있는 것은 일종의 '자신의 관심사(이익)에 의한 사랑(amour intéressé)'임을 알 수 있다. 따라서 이러한 사랑은 단순하고 순수한 사랑은 아니

그가 취하는 것이 그 자체 곧 선인 것처럼 취하는 것이 아니라, 다른 어떤 것을 위해서 선한(좋은) 것처럼 취하는 것이다. 사람들은 이러한 사랑을 '쾌락에 대한 사랑(amour de convoitise)'이라고 한다." *QDV*, q. IV, *De Verbo*, a. 3 ad. 3.

171 Aristote, *Éthique à Nicomaque*, Paris, J. Vrin, 1994, VIII, 2, 1155 b, 21~23.

172 *Le Thomisme*, *op. cit.*, p. 376. 라틴어나 불어에서는 '사랑하다'와 '좋아하다'의 구별이 존재하지 않는다. 질송이 사용하는 불어의 'aimer' 동사는 '좋아하다', '사랑하다'로 모두 쓰이고 있다.

다. 따라서 이러한 사랑은 그가 사랑한다고 말하는 대상을 진정으로 위하는 사랑은 아니다. (…) '자신의 관심사에 의한 사랑'과 '자신의 이익을 구하지 않는 사랑(amour désintéressé)'에 관한 문제의 근원에 존재하는 사실상 진정한(순수한) 사랑의 가능성에 대한 문제가 있다. 이는 앞서 우리가 다룬 문제로서 선에 대한 요청들에 의한 사랑의 문제에서 발생하는 것이다. (…) 만일 우리가 '자신의 이익을 구하지 않는 사랑'의 긍정적인 실재를 다루게 된다면, 이는 '선에 대한 정신적 사랑(l'amour spirituel du bien)'과 일치할 것이다. 즉 선이라는 그의 절대적인 가치로 인해서 그 자체로서 사랑받을 가치가 있는 것에 대한 사랑과 일치하는 것이다.[173]

누군가를 진정으로 사랑하는 것은 사랑하는 대상의 선을 바라는 단 한 가지 동기로 인하여 자신의 이익을 구하지 않으며, 그렇기에 단순하고 순수한 형식을 가진다. 또한 이러한 사랑은 그것이 좋은 것이라는 정신적 자각에 의한 것이기에 정신적인 사랑이라고 말할 수 있다.[174] 따라서 도덕적인 생명이 개화하고 충만해지기 위해서는 몇 가지 조건이 요청된다. 우선 선에 대한 정신적인 자각이 이루어지기 위해서는 최소한의 사고능력과 윤리·도덕적 지식 혹은 지혜가 요청된다. 감각적인 사랑은 본질적으로 보아서 좋은 것 혹은 들어서 좋은 것이라는 직접적인 인지에 의해서 거의 본능적으로 이루어지지만, 도덕적인 사랑은 정신적인 사랑이라는 정의에 의해서 선에 대한 정신적인 이해능력이 요청되는 것이다. 뿐만 아니라 인간은 자유의지를 지니고 있기 때문에, 정신적으로 '선한 것'에 대한 자각이 이루어졌다고 해서 필연적으로 그것을 사랑하는 행위가 도출되지는 않는다. 선을 행할 수 있는 어떤 내적인 능력 혹은 습성이 주어져야만 하는 것이다. 이러한 내적인 능

---

173 Louis-B. Geiger, O. P., *Le problème de l'amour chez saint Thomas d'Aquin*, Paris, J. Vrin, 1952, pp. 69~75.

174 물론 인간 대 인간의 사랑을 의미하는 도덕적인 사랑이 오직 인간에 대해서만 가능한가 하는 질문은 여전히 가능하다. 왜냐하면 오늘날 많은 사람들은 여전히 인간과 인간 사이의 도덕적인 사랑을 인간과 자연 혹은 인간과 특정 동물에 대해 적용하고 있기 때문이다. 가령 어떤 생태주의자나 동물애호가 등은 인간에 대한 순수한 사랑을 자연이나 특정 동물들에 대해 지니고 있을 수 있다.

력은 덕(vertus)이라고 부를 수 있다. 이는 아리스토텔레스가 『니코마코스 윤리학』에서 "우정은 어떤 특정한 덕이거나, 덕 없이는 이루어지지 않는다."[175]라고 말한 바 있다.

만일 도덕적인 생명이 인간과 인간 사이에 발생하는 도덕적인 사랑의 관계 혹은 도덕적 사랑을 하고 있는 상태를 의미한다면, 도덕적인 생명력이란 사람에 대한 사랑이 충만한 사람에게서 강하게 나타난다고 규정할 수 있다. 보다 많고 깊은 인간에 대한 사랑을 지니고 사는 사람은 결국 도덕적 생명이 충만한 사람이다. 이러한 모습은 사회성이 강한 사람들에게서 잘 드러나겠지만 여기서 중요한 것은 '사회성' 자체가 아니라 관계성의 순수함·깊이·진지함 등 질적인 특성이다. 토마스 아퀴나스에게 있어 도덕적인 생명력은 인간의 사회성 자체에 대한 어떤 비전을 제시하고 있다. 즉 사회란 생존을 하기 위한 것도, 보다 잘 살기 위해 구성원들의 계약이나 합의에 의해서 형성된 것도 아니다. 이는 인간이 인간답게 살고 행복하게 살기 위해서, 즉 최종 목적으로 나아가기 위해서 필요한 본성적인 것이다. 그는 『신학대전』 2권에서 다음과 같이 진술하고 있다.

> 인간은 본성적(천성적)으로 사회적이고 정치적이기 때문에, 인간 안에는 세 번째 질서가 존재해야만 한다. 바로 이 세 번째 질서를 통해서 인간은 그가 함께 살아야 할 타인들과의 관계 속에 놓이게 되는 것이다.[176]

> 인간이 그의 본성에 의해서 사회적 혹은 정치적 동물이기에(suam naturam est animal politicum), 인간 안에 존재하는 본성의 조건에 적합한 덕들은 사회적인 덕이라고 불린다. 이러한 덕에 적합하게 자신을 인도하면서, 사람들은 제 인간적인 업무들

---

175 Aristote, *Éthique à Nicomaque*, *op. cit.*, VIII, 2, 1555a 2.

176 St. Thomas D'Aquin, *Petite Somme Politique*, trad. et pré. par Denis Sureau, Paris, Téqui, 1997, p. 129.

을 정확하게 수행하는 것이다.[177]

따라서 우리는 도덕적인 생명이란 가능성으로 주어진 본성적인 것이며, 인간관계라는 사회적 삶을 통해서 현실적(actus)이 된다고 규정할 수 있다. 그리고 이러한 도덕적 생명력이 충만해지기 위해서는 이를 가능하게 하는 윤리·도덕적인 덕과 사회적인 덕이 필요함을 알 수 있다. 따라서 도덕적 사랑을 가능하게 하는 '덕'은 구체적으로 어떠한 것이며, 나아가 이것이 어떻게 가능한지 묻지 않을 수 없다.

3) 윤리·도덕적 덕의 원리들: 양심과 도덕적 의식

파스칼은 『팡세』에서 인간의 위대함만을 보는 것이나 인간의 비참함만을 보는 것이나 모두 위험하기는 마찬가지이며, 이 둘을 동시에 볼 수 있어야 한다고 말하였다.[178] 그런데 여기서 위대함과 비참함을 나누는 기준은 무엇인가? 인간의 위대함은 물론 사유에 있고, 인간의 비참함은 연약한 육체적 조건에 있다. 하지만 조금만 더 생각해 보면 사유가 인간의 위대함이라는 말은 매우 공허하다. 가장 위대한 인류의 업적들이 사유의 결과물이기는 하지만, 가장 끔찍한 범죄들도 사실은 인간 사유의 결과물이다. 따라서 사유가 중요한 것이 아니라 올바르게 사유하는 것이 중요하다. 토미즘에서의 올바른 사유는 곧 윤리·도덕적인 문제와 맞닿아 있다. 지성은 참된 것을 지향하고 의지는 선한 것을 지향하기 때문에 인간의 사유는 필연적으로 참되고 선한 것을 추구하게 된다. 참되고 선한 것은 곧 도덕적으로 올바른 것이며, 인간의 생명은 도덕적으로 올바른 지평에서 보다 건강하고 풍요롭고 충만

---

177 *ST*, I-II, q. 61, a. 5, c.

178 "인간의 위대함을 보여 주는 것 없이, 인간이 얼마나 짐승들과 동일한 것인지를 너무 많이 보려고 하는 것은 위험하다. 그의 미천함을 보는 것 없이 그의 위대함을 너무 많이 보여 주려고 하는 것도 여전히 위험하다. 이 두 가지에 대해서 무지하게 내버려 두는 것은 여전히 훨씬 더 위험하다. 인간에게 이 두 가지를 제시해 준다는 것은 매우 유용한 것이다." Pascal, *pensées*, 418-121, Paris, GF-Flammarion, 1976, p. 161.

해지게 된다. 그렇다면 참되고 올바르게 사유하고 행위를 할 수 있도록 하는 척도는 무엇인가? 그것은 곧 양심과 도덕적인 의식이다.

양심이라고 번역되는 토마스 아퀴나스의 용어는 synderesis인데, 이는 인간이 선천적으로 타고난 도덕적 판단의 제일 원리이다.

> 자연적인 습관들이 (창조를 통해) 신이 우리에게 부여한 것이라는 이유로, 사람들은 우리 자신에게 자연적인 습관들이 있다고 하듯이, 양심(synderesis)의 자연적인 습관으로부터 발생한 의식(conscientia)의 행위에 대해서 사람들은 의식이 신(Deus)에 의해서 우리에게 주어졌다고 하는 것이다.[179]

위의 진술에는 윤리·도덕적 두 원리인 양심과 도덕적 의식에 대한 토마스 아퀴나스의 사유가 집약적으로 드러난다. 양심은 자연적으로 혹은 본성적으로 주어진 것으로서 경험 이전에 주어진 원리이기에 오류가 있을 수 없다. 즉 양심은 인간이 도덕적으로 올바름을 추구할 수 있는 최초의 근거이다. 양심은 모든 도덕적 행위의 가장 기저에 놓여 선악을 비춰 주는 빛과 같다. 따라서 양심은 오류를 범할 수 없으며, 또한 소멸될 수도 없다. 다만 사유하는 지성을 비추는 빛이 약해질 수 있을 뿐이다. 반면 의식 혹은 도덕적 의식은 이러한 양심의 빛을 통해서 생성된 종합적인 앎이다. 따라서 만일 인간이 자신의 양심의 소리에 의해서 성실하게 사유한다면 좋은 의식, 도덕적이고 의로운 의식을 지닐 수 있다. 만일 인간이 이러한 의식을 소유하고 있다면, 우리는 이를 신에 의해 주어진 의식이라고 말할 수 있다. 최초의 원리가 신에 의해 주어졌기에 이러한 원리에 충실히 근거한 결과도 신에 의해서 주어졌다고 할 수 있는 것이다. 이러한 사유는 토미즘 특유의 유비(analogia) 추리이다. 꽃이 피는 것은 계절의 변화에 의해서지만, 계절의 변화를 일으키는 자연법칙이 애초에 신에 의해서 주어졌기에 유비적으로 신이 꽃을 피운다고 할 수 있다. 마찬

179 *QDV*, q. XVII, *De Contientia*, a. 1, C, ad 6.

가지로 내가 진정 올바른 윤리·도덕적인 의식을 지니고 있다면, 이 의식은 곧 신이 나에게 부여한 것이라고 유비적으로 말할 수 있다. 사실 이러한 사유는 어떠한 관점에서 보자면 지극히 당연하다. 가령 생명을 낳은 이가 부모이기에 생명에 귀속되는 모든 현상들도 부모에게서 받은 것이라고 하는 말은 전혀 이상하지 않다. 마찬가지로 만일 생명의 근원이 부모가 아니라 신에게 있다고 한다면, 이러한 모든 생명의 현상들이 곧 신에게 부여받은 것이라고 해도 전혀 이상하지 않다. 중요한 것은 근원이 어디에 있다고 믿는가에 달려 있다. 토마스 아퀴나스에게 있어서 이러한 양심의 근원이 신에게 있다는 것, 즉 생득적인 것이라는 점은 부인할 수 없다.[180] 철학적으로 이러한 신념은 두 가지 근거를 통해서 긍정될 수 있다.

첫째, 대다수의 스콜라 철학자들은 일체의 존재하는 것들은 신의 존재에 의존하여 그들의 존재를 유지할 수 있다고 믿고 있다. 에티엔느 질송은 이를 다음과 같이 표현하고 있다.

> 그들(스콜라 철학자들)에게 있어서 existere는 고유하게 ex alio sistere(다른 것을 통해서 존재하는)를 의미하였다. existantia가 essentiam cum ordine originis(근원의 질서에 따른 본질)을 상기하는 것과 마찬가지로 existere는 그들의 언어 안에서 우선적으로 한 주체가 그의 기원의 덕분에 그것을 통해서 '존재'에 진입하는 행위(acte)를 의미한다.[181]

이러한 사유는 많은 중세철학 연구자들에게 영감을 제공하고 논의의 대상이 되었다. 어떤 것의 본질(essentia)은 그가 존재하는 행위(esse)의 원인이 될 수 없기에 그

---

180 인간의 영혼이 신으로부터 창조된다는 이러한 사유는 단지 유비적인 차원에서가 아니다. 토마스 아퀴나스는 매 순간 인간이 탄생하는 순간에 영혼은 개별적으로 신이 창조한다고 주장하고 있다. "이성적인 영혼은 창조를 통해서만 산출될 수 있다. 하지만 이는 다른 형상들에 있어서는 사실이 아니다." *ST*, I, q. 90, a. 1, c.

181 Étienne Gilson, *L'Être et L'Essence*, Paris, J. Vrin, 1994. p. 16.

가 존재를 지속하기 위해서는 다른 근원이 요청된다. 바로 이 근원이 그의 본질이 곧 존재인 신의 존재로서의 존재 자체(Ipsum Esse)이다. 이러한 스콜라 철학자들의 사유를 분유론(participatio)이라고 한다. 분유론의 입장에서는 어떤 것의 본질 자체가 존재에서 기원하기에 모든 자연적인 혹은 본성적인 것은 유비적인 차원에서 신으로부터 기원한다. 인간에게 주어진 자유의지로 형성된 것이 아닌 일체의 자연적인 것은 곧 유비적으로 신으로부터 온 것이다. 그렇기에 자연적 도덕 판단의 제일 원리인 양심도 신으로부터 주어진 것이며, 따라서 선천적인 것이다.

토마스 아퀴나스는 양심의 선천성을 또 다른 방식으로 증명하는데, 그것은 양심의 능력이 현실적인 앎들에 있어서 시간적으로 혹은 논리적으로 앞선다는 데 근거한다.

> 현실적인 앎(actus cognitionis)은 양심의 능력 혹은 습관을 위해서 미리 요청되지 않으며, 양심의 행위를 위해서만 요청된다. 따라서 양심의 능력이 선천적임을 부정할 수 있는 것은 없다.[182]

현실적인 앎이란 구체적인 사태에 대한 앎들이다. 가령 우리가 알고 있는 법률적 지식이나 의학 상식, 다른 전문적인 지식들 등을 현실적인 앎이라고 할 수 있다. 하지만 이러한 지식들은 올바른 양심을 가지는 데 요청되는 것이 아니다. 또한 올바른 윤리·도덕적 행위를 위해서는 이러한 지식들만으로는 충분하지 않다. 여기에 요청되는 것이 양심, 정확히는 양심이 생득적으로 알고 있는 기본적이고 근원적인 앎들이다.[183] 이러한 이유로, 어떤 습득된 지식도 양심 그 자체를 유발하지 않는다.

---

182 *QDV*, q. XVI, *De synderesis*, a. 1, ad 14.

183 "이 앎은 연구의 마지막에 나타나는 그러한 앎이 아니며, 이후의 모든 앎들의 원리가 되는 그러한 앎이어야 한다. 사변적이든 실천적이든 다른 원리들에게 확실성과 안정성을 가져다주는 그러한 앎이다. 바로 이러한 이유로 이러한 앎이 인간 안에서 자연적으로 발견되어야 하며, 이러한 앎은 말하자면 이후의 모든 앎의 근원(seminarium)이 된다. 다른 한편 모든 자연적인 작용들과 이들에 선존재하는(praeexistant) 어떤 자연적인 원인들과 그리고 이 작용들을 뒤따르는 결과들 안에서

습득된 지식은 양심의 올바르고 정확한 적용을 위해 필요할 뿐이다. 생득적으로 주어진 자연적이고 본성적인 능력으로서, 양심은 곧 도덕적 생명이 개화하는 지반이라고 할 수 있다. 왜냐하면 양심도 인간의 실체적인 생명의 자연적 현상이며, 직접적인 생명현상이기 때문이다. 레비나스가 "창조의 기적은 도덕적 존재를 창조한 데 있다."[184]라고 하였을 때, 기적의 의미는 토미즘에 의해서 두 가지로 해석될 수 있다. 첫째, 양심은 인간의 영혼이 곧 신의 손으로 직접 창조되었음을 의미한다. 즉 양심의 존재는 인간이 탄생하는 매 순간마다 신의 손길이 있음을 알려 주는 증거이다. 즉 매 순간 한 인간의 생명이 탄생한다는 것은 매 순간 신의 손길을 체험한다는 말이다. 둘째, 기적이란 불가능한 것을 가능하게 하는 것, 자연적 질서에서 초자연적 질서로의 초월을 말한다. 인간에게 있어서 양심은 본성적으로 혹은 자연적으로 주어진 것이지만, 바로 이 양심을 통해서 인간은 자연적인 존재 이상의 도덕적인 존재로 나아가는 것이다. 도덕적인 생명의 소유는 인간에게 자연적인 생명 혹은 육체적인 생명 이상의 것을 가지게 하여, 비로소 인격(Persona)이라는 개념에 적합한 인간다운 인간이 되게 한다. 왜냐하면 인간은 도덕적 존재를 통해서 비로소 진정한 개인을 의미하는 인격을 소유하게 되기 때문이다. 여기서 우리는 보다 인간다운 인간이란 보다 양심적인 사람 혹은 보다 도덕적인 사람, 즉 보다 도덕적 생명이 강한 사람이라고 규정할 수 있다.

이를 이해하기 위해서는 양심의 기능을 이해할 필요가 있다. 양심이 도덕적 판단의 제일 원리라고 할 때 양심이 판단하는 것은 구체적으로 무엇이며, 어떤 방식으로 판단할까? 양심이 판단하는 것은 무엇이 선하고 무엇인 악한가이다. 하지만 선악 판단이라는 말은 매우 추상적이어서 구체적인 현실의 삶에서는 매우 공허한 것일 수 있다. 왜냐하면 현실에서의 삶은 매우 복잡하고 다양한 사태들이 뒤엉켜 있어서 무엇이 선이고 무엇이 악이라고 단적으로 말할 수 있는 것이 거의 없기 때

역시 근원이 된다. 이 앎이 필연적인 적용들에 완전히 준비되어 있다는 방식에 있어서 이 앎은 습성적인 것(habitualem)이어야 한다." *Ibid*., c.

184 *Totalité et Infini, Essai sur le penser-à-l'autre*, 앞의 책, p. 61.

문이다. 토마스 아퀴나스는 양심이 선악을 판단하는 제일 원리를 자연적인 권리에 대한 보편적인 원리라고 표현하고 있다.

> 인간의 영혼은 사변적 학문들의 제 원리를 알게 하는 일종의 자연적인 습관, 즉 우리가 제 원리에 대한 지성(즉 이성)이라고 부르는 것을 소유하고 있듯이, 인간의 영혼은 양심(synderesis)에 속하는 실천적인 원리들, 즉 자연적인 권리(iuris natualis)에 대한 보편적인 원리들을 알게 하는 자연적인 습관을 가지고 있다.[185]

어떤 것의 자연적인 권리란 무엇을 말하는가? 우리는 인간 삶의 모든 것을 자연적인 권리와 사회적인 권리 두 가지로 분류할 수 있다. 자연적인 권리란 본성적으로 주어진 권리 혹은 그가 지닌 그의 본질(quid, essentia)로부터 귀속되는 권리이며, 사회적인 권리란 사회적 직위나 정체성으로부터 주어지는 권리이다. 가령 모든 생명체는 생명이라는 본질을 가지고 있기에 살 권리가 있으며, 토끼는 그의 본질로 인해 풀을 먹을 권리가 있으며, 사자는 그의 본질로 인해 고기를 먹을 권리가 있다. 인간은 또한 그의 본질로 인해 직업을 가질 권리와 알 권리, 휴식의 권리 등이 있다. 그리고 신은 창조주라는 그의 본질로 인해 찬양받을 권리가 있다. 이러한 권리들은 사회적 직위나 신분으로부터 주어지는 것이 아니라, 그가 누구인가 하는 정체성 즉 자연적인 본성으로부터 주어진다. 실존주의자인 가브리엘 마르셀은 이러한 자연적인 권리를 신성불가침이라고 말하면서, 이를 인정하지 않는 것은 가장 분명한 야만의 증거라고 말하고 있다.

> 깊이 잠들어 있고 완전히 무방비 상태에 있는 이 어린이는 우리들의 능력 하에 있는 것처럼 보인다. 이 어린아이는 우리가 원하는 것은 무엇이든 할 수 있는 상태에 있다. 그러나 신비라는 측면에 있어서는 이 어린이가 무방비 상태에 있고 또 오직

---

185 *QDV*, q. XVI, *De synderesis*, a. 1, ad resp.

우리들의 손아귀에 있으므로, 오히려 건드릴 수 없고 신성한 것으로 나타난다. 의심의 여지 없이 이러한 신성불가침의 성격을 인정하지 않는 것보다 더 분명한 야만의 증거는 없을 것이다.[186]

가장 연약한 존재에게 신비적인 특성을 부여함으로써 오히려 가장 신성한 의미를 부여하는 것은 유신론적 사유의 일반적인 특성이다. 키르케고르 역시 이와 거의 유사한 예를 들고 있는데, 그는 어린이가 홀로 잠들어 있는 광경을 건덕적이라고 하면서, 그 이유는 신의 사랑이 그를 감싸고 있음을 목격할 수 있기 때문이라고 말하고 있다.[187] 만일 토미즘에서 자연적인 권리들이 신성한 것으로 생각될 수 있다면, 그 근거는 자연적인 권리들이 신에 의해 주어졌기 때문이다. 토마스 아퀴나스는 "자연법이라는 것은, 이성적인 피조물들 안에서, 영원법(legis aeterna)에 대한 하나의 참여를 말하는 것이다."[188]라고 말하는데, 자연적인 권리를 부여하는 자연법은 이성이 파악한 것이지만 그 근거는 이성이 아니라 영원법에 있다. 양심이 판단하는 근본적인 법칙들은 인간이 이성을 근거로 만든 인정법(lex humana)보다 더 근원적이고 형이상학적으로 선재한다. 그렇기에 양심의 판단은 당연히 어떤 다른 사회적인 이유보다 우선으로 고려되어야 한다. 따라서 이러한 차원에서 양심은 도덕 형이상학의 기초가 될 수 있다.

인간의 본성이 천사적 본성과 접하는 만큼, 인간의 본성은 사변적 영역에서와 마찬가지로 실천적인 영역에서도 추구의 마지막에 나타나는 앎이 아닌 진리에 대한

---

186 가브리엘 마르셀, 『존재의 신비 I』, 이문호, 이명곤 옮김, 누멘, 2010, p. 235.

187 "어린이가 홀로 잠들어 있는 것은 정답고 흐뭇하고 마음에 평화를 자져다주는 정경이다. 그러나 그것을 건덕적인 광경이라고는 할 수 없다. 그럼에도 불구하고 그대가 그 관경을 건덕적이라고 부르고 싶다면, 그것은 그대가 사랑이 거기에 감돌고 있는 것을 보기 때문이고 그대가 하느님의 사랑이 그 어린이를 감싸고 있음을 보고 있기 때문이다." 키르케고르, 『사랑의 役事』, 하, 임춘갑 옮김, 종로서적, 1982, p. 12.

188 "Unde patet quod lex naturalis nihil aliud est quam participatio legis aeternae in rationali creatura." *ST*, II-I, q. 91, a. 2, c.

앎(즉 선천적이고 직관적인 앎)을 가져야만 한다. 이 앎은 이후의 모든 사변적이고 실천적인 앎들이 확실성과 불변성을 동반하는 원리가 된다.[189]

물론 이러한 양심의 선천적이고 직관적인 앎을 구체적으로 나열하기는 쉬운 일이 아니다. 어쩌면 이러한 구체적인 앎을 열거하는 것 자체가 불가능할지도 모른다. 왜냐하면 구체적인 것이라는 그 자체가 이미 보편적인 것에 대립하기 때문이다. 비록 인간이 양심의 직관적인 앎을 가진다고 할지라도 이러한 직관적인 앎은 모든 구체적인 상황을 넘어서 있는 절대적 차원의 앎이다. 가령 '거짓말을 해서는 안 된다' 혹은 '사람을 죽이는 것은 피해야 한다' 등 양심의 앎은 그것이 구체적인 상황에 적용하는 순간 이미 양심의 능력을 넘어서는 도덕적 의식(conscientia)의 능력이다. 다만 양심은 도덕적 의식의 종합적 판단에 판단의 근거가 되는 근본적인 앎들 즉 자연적인 권리들에 앎을 제공하는 주체가 된다.

반면 사회적인 권리는 인간이 보다 나은 사회적인 삶(공동체적인 삶)을 영위하기 위해서 규정해 놓은 인정법(人定法)에 근거한 것으로 관습법이나 실정법 등이 이에 해당한다. 인정법이 지향하는 것은 사회의 공동선이며, 인정법은 모든 사회적인 권리가 발생하는 근거가 된다.

인정법(lex humana)은 공동선을 향한 방향 설정을 통해서만 충만한 의미를 가지기 때문에, 하나의 구체적인 행위를 염두에 둔 모든 계율들은 공동의 선을 향한 방향

---

189 *QDV*, q. 16, *De synderesis*, a. 1, c. 토미즘에 있어서 양심이 선천적으로 주어진 도덕 판단의 원리이며, 직관적으로 최초의 도덕적인 앎들을 지니고 있기에 '양심'이 도덕형이상학의 지반이 될 수 있다. 하지만 칸트의 경우 이러한 양심의 직관적인 인식 능력을 인정하고 있지 않기에 도덕형이상학이 사실상 형성 불가능한 것으로 나타나는 것이다. "칸트는 그대의 의지의 준칙이 항상 동시에 보편적 입법 원리로서 타당할 수 있도록 행위를 하라는 것을 순수한 실천이성의 근본법칙으로 명명한 뒤, 다음처럼 말한다. 이 근본법칙의 의식을 우리는 이성의 사실이라고 부를 수 있다. (…) 이 근본법칙은 순수한 직관이든 경험적 직관이든 그 어떠한 직관에도 기초하지 않은 선천적인 종합명제로서 우리에게 강제적으로 다가오기 때문이다." 문성학, 「칸트 윤리학에서 '실천이성의 사실'」, 『철학연구』(대한철학회 논문집, 제90집), 2004. 5., pp. 110~111쪽. 토미즘에 있어서 이러한 선천적 종합명제를 산출하는 것은 도덕적 의식(conscientia)이다.

설정 아래에서만 법적인 가치를 지닐 수 있다. 바로 이러한 이유로 모든 법은 하나의 공동선을 통해서 질서를 갖게 되는 것이다.[190]

가령 누군가가 S대학의 도서관을 이용하거나 K아파트의 주차장을 이용할 권리는 그가 S대학의 학생이나 K아파트의 주민이라는 특정한 사회적 직위나 신분으로부터 주어지는 사회적인 권리들이다. 따라서 이러한 권리들을 판단하는 것은 양심이 아니다. 이러한 사회적인 권리를 판단하는 것은 곧 도덕적인 의식이다. 토마스 아퀴나스에게 있어서 도덕적 행위의 제일 원리가 양심이라면, 이 양심에 의해 척도가 매겨진 원리들이 의식(conscientia)이다. 그래서 토마스 아퀴나스는 의식을 '척도된 척도(regula regulata)'[191]라고 부르면서, 양심이 의식에 적용되지 못할 때 오류가 발생한다고 보고 있다. 토마스 아퀴나스가 말하는 도덕적 의식(conscientia)은 종합적 판단이라는 말에 가장 적합한 행위를 하는 인간의 정신활동이다. 왜냐하면 도덕적 의식이 가지는 앎은 항상 동시적인 어떤 앎이기 때문이다.[192] 연구자들에 따라서 conscientia를 '양심'으로 번역하는 경우가 있는데, conscientia를 양심이 아닌 의식으로 번역해야만 하는 결정적인 이유는 conscientia의 앎이 후천적이고 경험적인 모든 지식들이 동원된 최종적인 종합적 판단을 의미하기 때문이다. conscientia의 최종적인 종합적 판단에는 이성의 작용적 습성·synderesis의 습성·지혜의 습성 그리고 학문의 습성 등이 모두 사용되므로 만일 conscientia가 양심으로 번역될 경우 대다수의 사람들은 양심적인 판단을 가지는 것 자체가 불가능하다는 모순에 빠지게 된다.[193]

---

190 *ST*, I-II, q. 90, a. 2, ad *Resp*.

191 Cf. *QDV*, q. XVII, *De Contientia*, a. 2, ad 7.

192 "이 conscientia라는 이름은 어떤 것에 있어서의 앎이라는 것에 적용되는 행위(actus)를 지칭한다. 이는 마치 conscire가 동시적인 앎(simul scire, 복합적인 앎)의 행위를 지칭하는 것과 같은 것이다. 그런데 어떤 종류의 앎이든 어떤 것(aliquid)에 적용될 수 있듯이, conscientia라는 용어에는 어떠한 개별적인 습성이나 능력도 지칭할 수 없으며, 다만 모든 습성에 적용되는 행위 혹은 규정된 어떤 행위에 적용된 어떤 앎을 지칭하는 것이다." *Ibid*., a. 1, ad resp.

193 "우리가 해야 할 것이나 혹은 이미 수행된 행위에 대해서 비판하기 위해서 우리가 숙고를 할 때 우

어쨌든 최종적인 종합적 도덕 판단을 내리는 도덕적 의식은 사회적 권리들에 대한 앎을 제공하며, 인간은 이러한 최종적인 판단을 통해 도덕적인 인간으로 살아갈 수 있다. 그리고 도덕적 의식의 판단이 도덕적이라는 이유에서 판단의 올바름 혹은 확실성을 보증하는 데 가장 중요한 것은 양심의 판단에 기초하는 것이다. 양심이 그 힘을 상실할 때 도덕적 의식은 오류에 빠질 가능성이 매우 크다. 다시 말해서 도덕적 생명력은 한 개인의 사회적 삶을 건강하게 유지할 수 있는 힘이다. 여기서 우리는 양심은 도덕적 생명력의 근원이요 지반이라고 말할 수 있다. 양심(synderesis)은 생명 혹은 생명력이라는 개념과 호환될 수 있는데, 그 이유는 양심이란 일종의 습성(habitus)이기 때문이다. 토마스 아퀴나스는 『진리론』의 「양심」편에서 "사람들은 마치 습성과 능력이 동일한 것처럼 '양심은 능력이며 습성'이라고 말하지 않는다. 양심이라는 유일한 이름은 '습성을 갖춘 능력'이다."[194]라고 말하고 있다. 양심이 능력이면서 동시에 습성이 아니라, 습성을 갖춘 능력이라는 것은 어떤 의미인가? 이는 습성과 능력에 대한 아리스토텔레스적 관점이다. 즉 양심은 애초에는 원리에 불과하기에 능력이 될 수 없고 습성에 불과하다. 하지만 이러한 습성이 계속 반복되면서 일종의 제2의 천성 혹은 제2의 본성이 되었을 때, 우리는 이를 능력이라고 부를 수 있다. 색을 구별하는 능력을 경험과 무관하게 주어진 능력이라고 할 수 있는 것처럼, 제2의 본성처럼 된 양심도 경험과 무관하게 선을 지향하는 확고한 능력이 되었기 때문이다. 따라서 양심이 능력으로 불릴 수 있는 경우는 습성을 완전하게 갖춘, 즉 제2의 본성처럼 된 경우이다. 양심이 습성을 통해서 보다 완전한 능력이 될 수 있다는 사실은 가장 생명의 개념에 적합하다. 왜냐하면 생명이

리가 행위에 적용하는 것은 이성의 작용적 습성(habitus rationis operativi), 즉 상위이성의 완성을 의미하는 신데레시스의 습성(habitus synderesis)과 지혜의 습성(habitus sapientiae) 그리고 하위이성의 완성을 의미하는 학문의 습성(habitus scientiae)이다. 이러한 습성들은 모두 함께 적용될 수도 있고 따로 적용될 수도 있다. 사실상 우리가 이미 행위된 우리의 행위들을 검토하는 것은 이러한 습성들의 빛을 통해서이며, 해야 할 것을 숙고하는 것도 이들과의 적합성을 통해서이다." *Ibid.*, a. 1, ad resp.

194 *QDV*, q. 16, *De Syndersi*, a. 1, ad 4.

란 본질적으로 어떤 능력을 실현하는 운동 혹은 과정으로 나타나기 때문이다. 도덕적 생명의 지반으로서의 양심은 도덕적 의식이라는 열매를 산출한다.

그렇다면 이러한 양심이 어떠한 방식으로 건강한 도덕적 의식을 산출하는가? 그것은 위에서 말한 바 있듯이 자연적인 존재들의 자연적인 권리를 인지하면서부터이다. 물론 자연적인 권리들을 알 수 있는 것은 양심의 생득적인 능력만을 통해서가 아니다. 여기에는 인간의 지성이 어떤 주어진 것들의 본질을 알 수 있다는 점이 전제된다. 자연적인 질서 속의 존재들은 주어진 본질에 따라서 적합한 것을 선택하고 적합한 행위를 한다. 민물고기는 민물에서 살고 바닷고기는 바닷물에서 사는 것, 혹은 양은 양과 짝을 짓고 소는 소와 짝을 짓는 것을 통찰하는 일은 이성이 하는 일이다. 하지만 이러한 것이 정당한 권리이며 그렇게 되어야 하는 것이 선한 것이라는 것을 판단하는 것은 양심이 하는 일이다. 만일 이를 어길 경우 양심은 이것이 오류 혹은 악이라고 질책한다. 따라서 양심이 질책하는 것은 일차적으로는 자연적인 권리에 대한 것이지 사회적인 권리에 대한 것이 아니다. 가령 양심적 병역 거부나 양심선언의 경우 이는 특정한 사회적인 법이나 규범에 대한 비판이 아니라, 인간으로서 가져야 할 당연한 권리에 대한 이해를 통한 인간다운 삶에 대한 자기주장이다. 그렇기에 양심적 행위란 모든 인간적인 행위에 적용된다. 물론 양심적 행위라고 해서 무조건 수용되고 긍정되어야만 하는 선한 행위는 아니다. 왜냐하면 자연적인 권리가 반드시 사회적인 권리나 의무에 선행하거나 보다 중요한 것은 아니기 때문이다. 그리고 이 둘은 대개의 경우 상충될 수 있다. 따라서 '양심적 행위가 긍정할 만한 것인가?'라는 질문의 답을 얻기 위해서는 매 순간 상황에 대한 엄밀한 검토를 통해, 이러한 행위가 유발할 사회적 의무와 그에 대한 거부 간의 선악의 경중을 판단할 필요가 있다. 어쨌든 양심적 행위가 자연적 본질로서의 권리를 주장하고 있다는 차원에서 양심적인 행위는 인간의 도덕적인 생명력의 징표이며, 건강한 도덕적인 생명을 위해서 반드시 필요한 것이다. 한 사회가 개인들이 요구하는 양심적 행위를 무시하고 거부한다는 것은 그 사회가 도덕적 생명을 그만큼 상실하고 있다는 의미이다. 그런 사회는 궁극적인 목적을 지향하는 인간적 삶에 결코 긍정적인 것이 될 수 없다. 인류의 역사 속에 존재하였다 사라졌던 수많은 문명들이 몰락한 근본적인 원인이 도덕적인 타락에 있었다는 것은 이러한 사실을 경험적으로 증명해 준다.

한 사회가 한 개인의 양심적인 행위에 대한 요구를 결코 무시할 수 없는 이유는 양심 그 자체에는 결코 오류가 있을 수 없다는 양심의 무오성 때문이다.

> 어쨌든 우리는 어떠한 관점에 있어서 의식이 결코 실수를 범하지 않음을 알 수 있다. 즉 양심에 있는 보편적인 한 판단에 적용되어지는 개별적인 행위의 경우 의식 자체가 양심에 속한다는 것이다. (…) '나는 신을 사랑하지 말아야 한다' 혹은 '나쁜 행위를 하여야 한다'는 등의 판단들에 대해서는 어떠한 (인간의) 의식도 과오를 범하지(즉 동의하지) 않는다.[195]

물론 이러한 양심의 무오성이 모든 윤리도덕적인 문제에 있어서 옳음이나 정의로움을 보장해 주는 것은 아니다. 왜냐하면 양심은 자연적으로 주어진 권리들만 판단할 수 있을 뿐, 사회적으로 주어진 권리들을 판단할 수는 없기 때문이다. 여기서 우리는 양심이 판단할 수 있는 자연적인 권리들이란 구체적으로 어떠한 것인지 생각해 볼 수 있다. 사실상 자연적인 권리와 사회적인 권리를 구체적으로 분명하게 구분하기는 어려우며, 이 둘이 상충할 때 어느 것이 우선하는지 구분하는 것도 항상 분명하지는 않을 것이다. 가령 가난 때문에 전기세나 수도세를 내지 못하는 사람들의 자연적인 권리를 고려하면 계속 전기나 수도를 공급해 주어야 하지만, 사회적인 권리를 생각한다면 실정법에 의하여 단전이나 단수는 당연히 이루어져야 한다. 마찬가지로 자연적인 권리를 강조한다면 가난한 이들에게 무상급식이나 의무교육 및 무상의료 등이 당연히 이루어져야 하지만, 이러한 혜택을 받는 사

---

195 *QDV*, q. XVII, *De Contientia*, a. 2, ad resp. "따라서 인간에게는 항상 선을 종용하는 어떤 것이 있어야 한다. 우리는 양심 이외에 이를 볼 수 없다. 따라서 양심은 결코 죄를 범하지 않는다." *Ibid.*, *De synderesis*, a. 2, sed contra.

람들의 범주나 조건을 정확하게 구분하는 것은 어려운 일이다. 이러한 문제에 대한 구분은 구체적인 상황에 대한 모든 고려를 통해서 신중하게 이루어져야 하며, 그 역할을 하는 것은 도덕적 의식(conscientia)이다.

토마스 아퀴나스는 의식을 행위(actus)로 규정하는데, 행위란 다른 의미로 현실성을 의미한다. 습성으로서의 양심은 판단행위가 실행되고 있지 않은 한 일종의 가능성(potentia) 중에 있다. 하지만 의식은 무엇을 의식하고 있다는 차원에서 항상 현실적인 것 혹은 진행 중에 있는 무엇이다. 그렇기 때문에 토마스 아퀴나스는 의식을 마치 동시적인 앎 혹은 복합적인 앎처럼 고려하고 있다.

> 의식에 있어서도 이와 마찬가지인 듯하다. 이 의식이라는 이름은 어떤 것에 있어서의 앎에 적용되는 행위를 지칭한다. 이는 마치 의식하는 행위(conscire)가 동시적인 앎(simul scire, 복합적인 앎)의 행위를 지칭하는 것과 같다. 그런데 어떤 종류의 앎이든 어떤 것(aliquid)에 적용될 수 있듯이, 의식이라는 용어는 어떠한 개별적인 습성이나 능력도 지칭할 수 없으며, 다만 모든 습성에 적용되는 행위 혹은 규정된 어떤 행위에 적용된 어떤 앎을 지칭하는 것이다.[196]

위 토마스 아퀴나스의 진술에서 우리가 이해할 수 있는 것은 의식이란 어떤 것에 대한 전체적인 앎을 말하며, 특수한 능력에 한정해 사용하지는 않는다는 것이다. 가령 '나는 그를 의식하고 있다.'라고 할 때, 의식한다는 것은 '그는 남자이고 학생이며, 키가 크고 현명하며, 가난하지만 정직하다. 그리고 그는 정부의 비상식적인 처사를 못마땅하게 생각하고 있다.' 등 그에 대한 복합적인 앎을 의미하는 것이다. 구체적이고 개별적인 하나의 특성, 예컨대 '그는 키가 크다' 등을 따로 떼어 인식하는 행위를 지칭하지 않는다. 이러한 토마스 아퀴나스의 사유는 인간의 인식이 본질적으로 오감과 이성, 지성, 나아가 윤리적인 판단 등을 동반하는 동시적인

196 *QDV*, q. XVII, *De Contientia*, a. 1, c.

인식임을 말해 준다. 그리고 이러한 사유의 근거는 인간의 영혼을 식물적·동물적·이성적인 하나의 실체로 보기 때문이다. 따라서 토마스 아퀴나스가 사용하는 의식(conscientia)의 개념에는 도덕적 특성이 포함되어 있다. 인간의 이러한 도덕적 의식에 가장 적합한 인간 행위를 지칭하는 것은 '사랑'이다. 왜냐하면 사랑이란 모든 정념들의 뿌리이며, 인간의 모든 실존적인 지평들을 포괄하기 때문이다.

> 사랑은 두려움·기쁨·욕망 그리고 슬픔이라고도 불린다. 이러한 정염들과 동일하기 때문이 아니라, 사랑이 이러한 정염들의 원인이기 때문이다.[197]: 감각적 지평.
>
> 사랑은 욕구(appetitus)에 대해서 상관관계를 가지고 있다. 왜냐하면 이 둘의 공통대상은 선(善)이기 때문이다. 이로부터 사랑은 욕구처럼 다양해진다.[198]: 욕망(의지)의 지평.
>
> 사실 진정한 사랑은 선(善, bien) 안에서 만족하는 것이다. 순수하고 단순한 사랑은 선 안에서 만족하는 것이다.[199]: 윤리·도덕적 지평.
>
> 비록 종교적 사랑(caritas)이 하나의 사랑이지만, 모든 사랑(amor)이 종교적 사랑은 아니다.[200]: 종교적 지평.

도덕적 의식이 하나의 종합적인 판단 행위라고 한다면, 진정한 사랑은 이러한 종합적 지평에서 이루어지는 가장 탁월한 행위라고 할 수 있다. 그렇기에 인간의 윤리·도덕적인 삶은 사랑이라는 삶의 형식에서 완성된다. 따라서 토미즘에 있어서 사랑은 한 개인의 도덕적 생명의 증언자와 같다. 그가 무엇을 진정으로 사랑하고 있다면 그의 도덕적 생명이 충만한 것이다. 도덕적 생명이 충만한 사람은 사랑 없

---

197 *ST*, I-II, q. 26, a. 1, ad 2. "모든 정념들의 원리 혹은 뿌리는, 이미 앞서 말했듯이, 사랑이다." *Ibid*., q. 26, a. 2, ad 3.
198 *Ibid*.
199 *SCG*, I, ch. 26.
200 *ST*, I-II, q. 62, a. 2, ad 3.

이는 살아갈 수 없다.[201] 왜냐하면 사랑은 도덕적 생명의 양식이기 때문이다.

4) 사랑의 도덕적 특성

토마스 아퀴나스에 의하면 인간의 의식(contientia)은 행위(actus)이다. 이 말은 (항상 가능성이 아닌) '현실성으로' 혹은 '행위 중에' 있는 것과 같다는 뜻이다. 비록 잠들어 있는 순간이라도 인간의 의식은 없어지지 않는다. 인간의 의식이 항상 현실성으로 있다는 토미즘의 사유는 의식이 '생명현상'이라는 관점과 일치한다. 생명이란 항상 현실적이고 항상 활동 중이기 때문이다. 우리는 앞서 토미즘의 의식에 대한 사유에서 인간의 생명현상이 어떻게 윤리·도덕적인 지평으로 나아가는지를 의식의 제일 원리로서의 양심(synderesi)에 관한 사유를 통해서 충분히 이해하였다. 양심은 도덕적 판단의 제일원리 혹은 선악 판단의 선천적인 원리로 작용하며, 이를 통해 인간의 의식이 형성된다. 이는 말하자면 근원적으로 인간의 의식이 형성되는 조건 자체에 양심이 작용한다는 것이며, 따라서 인간의 의식은 본질적으로 도덕적이다. 바로 이러한 이유로 토미즘에서는 도덕적인 사태에 대한 중립성이 있을 수 없다. 양심이라는, 인간의 특수한 도덕적 판단원리는 생명형상을 풍요롭게 해명하는 데 결정적인 영향을 미친다. 양심이 건강하거나 병든 정도에 따라서 인간은 풍부하고 생명력 있는 도덕적인 삶을 영위할 수도 있고 그렇지 않을 수도 있다. 토미즘에 있어서 윤리·도덕적인 생명력은 비유가 아닌 실재이다. 그리고 이러한 도덕적 생명력의 한가운데에 위치하는 인간의 현상이 곧 사랑이다.

사랑은 사실상 한 존재에게 생명을 야기하는 그 무엇이다. 즉 도덕적 생명을 상실하고 무의미하게 연명하는 한 개인에게 진정한 도덕적 생명을 야기하는 것은 곧 사랑이다. 즉 누군가가 그를 사랑하는 것이다. 이에 대해 현대의 토미스트인 에릭

201 토미즘에 있어서 '사랑'의 개념은 미학적 실존의 원리요, 또한 영성적인 삶의 원리이기도 하다. 따라서 사랑에 관한 담론은 본 저술의 전반에 걸쳐 반복적으로 야기될 것이다.

퓌쉬는 다음과 같이 말하고 있다.

> 사랑받는다는 것은 내가 표현하는 것이나, 내가 행한 것 때문이 아니라 나인 것(ce qu'on est) 때문에 인정받는다는 것이다. 사랑한다는 것은 타인을 그의 진리(진실), 즉 익명성으로부터 그를 솟아나게 하고 한 인격체로서 존재하게 할 그의 이름 안에서 '성립케' 한다는 것이다. 만일 아무도 우리에게 우리의 이름을 부여하지 않는다면, 우리는 존재하지 않는 것이다.[202]

그 누구를 사랑한다는 것이 단지 그의 행위나 결과물들 때문이 아니라 바로 그 자체 때문이라는 것, 이것이 사랑의 가장 본질적인 국면이다. 토마스 아퀴나스에게 있어서 사랑하는 행위는 사랑하는 대상의 선을 추구하는 것이라고 말한 바 있다. 그런데 한 개별자에게 있어서 최고의 선은 엄밀히 말해 자기 자신보다는 그의 존재이다. 그리고 이 대상이 인간일 때 인격이라는 중요한 개념이 등장한다. 인격이란 무엇인가? 그것은 이성적 본성을 가진 존재가 한 개별자가 되게 하는 최초의 근원적인 무엇이다.

> 다양한 실체들 사이에서 이성적인 본성을 가진 개별자들은 인격(persona)이라는 특별한 이름을 가지고 있다. 바로 이 때문에 위의 정의(인격의 정의)에서 우리는 개별적인 실체라고 한 것이다. 왜냐하면 인격이라는 것은 실체의 장르에서 개별자를 의미하기 때문이다. 그리고 여기에 이성적인 본성을 첨가하는 까닭은 이 개별자가 이성적인 실체들 안에서의 개별자를 의미하기 때문이다.[203]

여기서 우리는 '이성적인 실체들 안에서의 개별자'가 무엇을 의미하는지 질문할

---

202 Eric Fuchs, *Introduction à Ethique*, Genève, Labor et Fides, 1995, p. 29.
203 *ST*, I, q. 29, a. 1, ad 5.

수 있다. 이성적인 실체란 모든 인간에게 해당되며, 모든 인간에게 공히 동일하다고 할 수 있다. 반면 이들 안에서의 개별자는 모두에게 다르고 유일한 그 무엇이다. 논리적·범주적으로 개별자는 결코 이성적 실체의 한 부분이 될 수 없으며, 오히려 개별자 안에 포함된 것이 이성적인 것이다. 따라서 '이성적인 실체들 안에서'라는 표현에서 '안'은 '~의 근거' 혹은 '~의 지반'이라는 깊이 혹은 심오함을 의미한다. 토마스 아퀴나스는 인간의 지성(이성)이 개별자로서의 인간으로부터 분리되어 있다고 주장하는 일군의 사상가들에 대해서, 만일 그렇다면 우리에게서 존재하는 것이 우리에게서 제거되면서 도덕적 제 원리들이 파괴되고 만다고 주장한다.[204] 안쏘니 케니는 '정신적인 상들이 나의 육체의 산물'이라는 근거를 들어 토마스 아퀴나스의 사유를 지지한다.[205] 즉 인간에게 있어서 최종적인 지반이자 최종적인 실체는 개별자이며, 내가 나임을 가장 근원적으로 규정하는 것이 곧 개별자로서의 인격이다.

사실이 이러하다면 왜 인격은 사랑받음으로써만 솟아날까? 그리고 이름을 지워 주는 것과 인격체로서 존재하는 것 사이에는 어떠한 관계가 있을까? 인격이 사랑받음으로써 나타난다는 것은, 인격이 본질적으로 어떤 관계성 속에서만 존재 의미를 가짐을 말해 준다. 인격은 만지거나 볼 수 있는 것이 아니다. 인격은 정신적이고 영적인 어떤 것이다. 그렇기에 인격은 다른 존재와의 관계성 속에서, 그것도 다른 존재의 인격과의 관계를 통해서만 진정으로 그 의미를 가진다. 인격 대 인격으로 만난다는 것은 가장 깊고 본질적인 것과의 만남이다. 이러한 관계가 바로 사랑

---

204 "다른 한편 아베로이스트들의 관점(인간의 지성이 각자 개인에게 속하는 것이 아닌 분리된 보편적 지성이라는 관점)에 따르면 도덕철학의 제 원리들이 파괴된다. 사실 우리에게 있던 것이 우리에게서 제거되는 것이다." Thomas d'Aquin, *L'unité de l'intellect contre les Averroïstes*, trad. Alain de Libera, 3, § 78, Paris, GF-Flammarion, 1994, p. 153.

205 "아퀴나스는 아베로에스주의자들에 반대하여, 그러한 사고가 전 세계적인 영혼, 또는 초 개별적인 능동지성의 사고가 아니라 나의 사고임을 주장한다. 그것들을 나의 사고이게 하는 물음에 대한 그의 유일한 대답은 사고가 구체화되어지는 정신적인 상과 사고의 지적인 내용 사이의 관계를 지적하는 것이다. 지적인 사고가 나의 사고인 것은 이러한 정신적인 상들이 나의 육체의 산물들이기 때문이다." 안쏘니 케니, 『토마스 아퀴나스』, 강영계·김익현 옮김, 서광사, 1986, p. 134.

의 관계이다. 이러한 관계성 속에서는 피상적인 것, 가령 그의 육체적인 아름다움이나 성격이나 사회적 지위, 그리고 여타 명성이나 경제적인 부 등 그 어떤 외적인 것도 진정한 의미를 갖지 못한다. 오직 그인 것(ce qu'on est), 그에게 있어서 선이 되는 것만이 문제이다. 오직 그인 것이란 per-se-una, 즉 그 자신을 통하여 하나인 것을 말하며 이것이 곧 persona의 라틴어 어원이다.[206] 누군가를 사랑한다는 것은 바로 이러한 가장 깊은 그, 즉 그의 모든 속성들의 형이상학적인 근거가 되는 그를 사랑한다는 것이다. 그렇기에 오직 이러한 사랑의 관계성 안에서 그의 인격이 나타나며, 그의 존재가 인격의 차원에서 의미를 가지는 것이다. 이러한 사랑의 관계 안에서만 엄밀한 의미에서 그의 이름이 빛을 발한다. 왜냐하면 이 이름이 지칭하는 것은 세상에 하나밖에 없는 유일한 그의 존재 즉 인격이기 때문이다. 따라서 이러한 관계는 철저하게 실존적이다. 왜냐하면 이러한 인격 대 인격의 관계성 안에서는 그 어떤 위선이나 가식도 있을 없으며, 오직 참된 것과 선한 것만이 문제가 되기 때문이다. 그래서 실존주의의 선구자였던 키르케고르는 실존적으로 노력하지 않는 모든 것은 죄라고 말한다.

> 그리스도교적으로 생각해 볼 때, 모든 시인의 실존은 죄다. 존재하는 대신에 시를 짓고, 상상에 의하여 선과 참에 관계할 뿐, 선과 참이 되려고 하지 않는, 그러기 위하여 실존적으로 노력하지 않는 죄이다.[207]

사실상 사랑의 관점에서 보면 죄란 사랑이 있어야 할 곳에 사랑이 부족함을 의미한다. 정의의 관점에서 죄란 정의가 있어야 할 곳에 정의가 없음을 말하는 것과 같다. 사랑이 없음이 죄인 까닭은 사랑이 그의 생명을 야기하기 때문이다. 그의 생명을 살리는 것이 곧 선이요 그의 생명을 외면하는 것이 곧 죄라고 한다면, 사랑이

---

206 "하나(unum)라는 것은 (나뉠 수 없는) 개별적 존재자(ens indivisum) 외 다른 것이 아니다." *ST*, I, q. 11, a. 1, c.

207 키르케고르, 『들의 백합 공중의 새』, 표재명 옮김, 종로서적, 1980, p. 107.

있어야 할 곳에 사랑이 없다는 것은 그의 생명을 외면한 소극적 악이라고 할 수 있다. 사랑이 야기하는 생명은 물론 육체적인 목숨이라는 차원의 생명이 아니다. 이 생명은 그의 인격이 개화하고 완성되게 하는 도덕적인 생명이다.

사랑이 그의 인격을 솟아나게 하고 인격을 완성시켜 주는 무엇이라는 차원에서, 사랑은 최상의 윤리·도덕적 행위처럼 나타난다. 왜냐하면 토미즘의 윤리도덕에 대한 언명은 '너 자신인 것이 되라!'이기 때문이다. 그리고 자신이 되고자 하는 근심에는 또한 인간성으로서의 완성을 이끌고자 하는 노력이 필연적으로 내포된다.

> 인간이 그 일부인 원리(우주의, 혹은 존재의 원리)의 필연적인 결과로부터 그의 삶을 행복한 종국에로 이끌고자 하는 근심이 그의 최상의 완성, 인간에게 고유한 인간성의 완성으로 이끌고자 하는 근심과 일치함을 보게 될 것이다.[208]

자신의 인격의 완성이 인간으로서의 완성과 분리될 수 없다는 사유는, 결국 한 개인을 절대적으로 사랑한다는 것은 전 인류를 사랑하는 것과 (범주적으로가 아니라) 질적으로 동일하다. 바로 여기에서 사랑의 윤리적 특성이 가장 강하게 부각된다. 즉 사랑하는 것은 본질적으로 한 개인의 인격적인 완성을 지향하면서 또한 인간성의 완성 즉 모든 인류의 완성을 지향하는 것과 같다.

2. 인간생명의 특수성으로서의 창조성 – 미학적 지평

토미즘에 있어서 생명의 원리로서의 영혼의 실존은 단지 생명이 존재한다는 사실만으로도 드러나겠지만, 창조적 행위를 통해서 가장 분명하게 드러난다. 프랑스의 토미스트 프랑수와 제니트는 "영혼의 실존은 육체 안에서 존재하는 상태에 연

208 Étienne Gilson, *Saint Thomas moraliste*, *op. cit.*, p. 23.

결된 것이 아니다. 왜냐하면 영혼의 실존은 그의 창조성(créativité)으로부터 드러나는 것이기 때문이다."[209]라고 진술하고 있는데, 이때 이 창조성은 미학적인 지평 즉 예술적 삶과 관련되어 있다. 물론 이러한 창조성은 비단 예술적인 지평에서만 아니라, 자기세계의 창조라는 지성적인 차원에서도 드러나겠지만 가장 일차적으로는 심미적 혹은 미학적 차원에서 드러나는 것이다. 토마스 아퀴나스는 창조에 대해서 말하면서 "창조는 새로움 또는 시작의 개념과 함께 창조주에 대한 피조물의 관계를 함축하고 있다."[210]라고 말하고 있다. 따라서 창조적이라는 것은 이전의 것과는 완전히 다른 새로운 것 혹은 이제까지 존재하지 않았던 것의 시작을 의미한다. 따라서 엄밀히 말해 식물이나 동물의 삶에 있어서는 창조적인 것은 없다고 할 수 있다. 왜냐하면 그들은 항상 이미 주어진 것을 반복하고 되풀이할 뿐이기 때문이다. 하지만 인간의 삶은 다르다. 인간은 본질적으로 동일한 것의 반복을 원치 않는다. 인간은 기존의 것과는 다른 새로운 무언가를 갈망하고 변화를 원하는 존재이다. 실존주의자의 말을 빌면 '인간은 권태를 느낄 수 있는 존재'이기 때문이다. 어떤 의미에서 인간의 모든 삶의 이면에는 이러한 권태를 극복하고자 하는 근원적인 갈망이 도사리고 있다. 그리고 이러한 노력이 가장 명료하게 드러나는 곳이 바로 심미적 실존의 지평이다.

1) 아름다움을 추구하는 감각적 실존과 감성행위의 예술적 지향

인간의 창조적 행위는 아름다움의 창조라는 예술적 행위를 의미한다. 토마스 아퀴나스에게 있어서 아름다움을 창조하는 인간의 행위는 선(bonum)의 확산으로써 보다 잘 살고자 하는 도덕적인 행위의 연속이다. 토마스 아퀴나스는 『신학대전』 I-II권(문26)에서 사랑을 인간의 모든 욕망과 운동의 동인처럼 고려하면서, 사

---

209 F. M. Genuyt, *Vérité de l'être et Affirmation de Dieu*, Paris, J. Vrin, 1974, p. 111.
210 *ST*, I, q. 45, a. 3, ad 3.

랑의 동기가 되는 갈망(appetitus)을 자연적인 발생의 질서에 따라서 자연적 갈망·감성적 갈망·지성적 갈망·영성적 갈망 네 가지로 분류한다. 그리고 각각의 갈망을 생존의 원리인 자연적인 사랑, 아름다움의 원리인 감각적 혹은 감성적 사랑, 선(善)의 원리인 지성적 사랑(amoro), 그리고 영적인 사랑 혹은 종교적 사랑(caritas)등으로 명명하고 있다.[211] 각 단계는 시간적인 순서로 발생하고 성장하며, 하위적인 갈망은 보다 상위적인 갈망의 원인 혹은 조건으로 이해된다.

<table>
<tr><th></th><th>제 국면들</th><th>그 정의들</th><th>사랑의 형식</th></tr>
<tr><td rowspan="4">발생의
질서
↓
사랑은
인간실존의
모든 수준에
있어서
운동의
원리이다.</td><td>자연적
욕구</td><td>창조주에 의해서 각각의 피조물들의 본성에 주입된 욕구들
: ex. 목마름 · 배고픔 등.
이들은 주체의 인식을 수반하지 않는 본능적인 욕구들이다.</td><td>생존의
원리이며
자연적인 사랑</td></tr>
<tr><td>감각적
욕구</td><td>감각적인 통찰들을 통해서 깨어난 욕구들.
이들은 동물들에게 있어서 자유로운 판단을 동반하지 않는 필연적인 것이다. 반면 인간에게 있어서는 이성의 참여가 동반된다.</td><td>아름다움의
원리인 감각적
혹은
감성적 사랑</td></tr>
<tr><td>지성적
욕구</td><td>자유로운 판단으로부터 발생하는 욕구들이다. 아리스토텔레스의 용어로 '반성된 욕구'이다.
이러한 욕구는 앎을 전제하며, 일반적으로 사람들은 이성적 혹은 지성적 욕구란 의미로 '의지'라고 부른다.</td><td>선의 원리인
지성적 사랑
(amoro)</td></tr>
<tr><td>영성적
욕구</td><td>신성한 것에 대한 사랑에 의해서 깨어난 욕구들. 이들은 인간의 자연적인 속성들처럼 주어진 것은 아니다. 특정한 정서적 능력(affectus)—영적인 아름다움 혹은 선에 대한 명상—에 의해서 산출된 현상이다. 즉 신성한 것과의 공동본성처럼 간주된다.
caritas는 모든 다른 사랑들의 형상으로서 다른 모든 사랑의 어머니요 뿌리가 된다.</td><td>영적인 사랑
혹은
종교적 사랑
(caritas)</td></tr>
</table>

신학대전 I-II(q. 26)에서 분류되는 욕구들(appetitus)과 사랑[212]

211 "각각의 갈망들(자연적, 감각적, 지성적)을 사랑받게 된 목적으로 향하는 운동의 원리로서 사랑이라고 부른다." *ST*, I-II, q. 26 a.1, ad resp.

212 이명곤, 「토마스 아퀴나스 / 완전한 사랑은 가능한가?」, 『신학과 철학』, 제13호, 서강대학교 신학연구소, 2008, p. 263에서 인용.

위 도표에서 볼 수 있듯이 감각적인 지평에서 인간의 욕구는 이성의 참여를 동반하며 또한 자유의지의 판단에 따라 이루어진다. 따라서 인간적인 행위가 처음으로 이루어지는 곳은 감각적인 실존의 지평이다. 그리고 이 감각적인 실존의 지평은 다른 모든 삶의 지평들의 기초 혹은 지반이 된다. 왜냐하면 자연적인 본능의 지평을 제외한 나머지 모든 차원의 지평에서 이 감각적인 삶의 지평이 계기로 작용하기 때문이다.[213] 토마스 아퀴나스는 "아름다움은 선과 함께 사랑의 대상이며 동기"[214] 라고 말하는데, 여기서 감성적인 사랑의 대상이자 동기는 곧 아름다움이다. 모든 생명은 생명인 한 동일하겠지만 그럼에도 불구하고 인간의 생명과 다른 여타의 생명체들의 생명은 그 자체로 질적으로 구분된다고 볼 수 있다. 동물들도 감각적인 행위를 지니고 있지만 그럼에도 인간의 감각적 행위는 아름다움을 갈망하는 동기에 있어서 동물의 그것과 질적으로 구분된다. 따라서 인간의 생명은 이미 감각적인 지평에서부터 다른 모든 생명체와 다른 어떤 특수성을 지니고 있다. 그렇다면 아름다운 것이란 어떤 것인가? 그리고 왜 아름다운 것이 감성적인 사랑의 동기가 되는가? 나아가 이러한 아름다운 것의 산출이 왜 창조적인 행위일 수 있는가? 이러한 질문에 답하는 것은 곧 토미즘의 미학에 대해서 논하는 것이다.

일반적으로 사람들은 토마스 아퀴나스 미학에서 아름다움의 정의가 희랍철학이 말하는 것과 거의 동일함을 인정하고 있다. 그 정의는 '보아서 즐거운 것'이며, 그 요소들은 비례·조화·균형 등이다. 그리고 여기서 특별하게 추가되는 것은 밝음 혹은 빛의 개념이다. 하지만 엄밀하게 보자면 이러한 사유는 정확하지 않다. 왜냐하면 토마스 아퀴나스의 아름다움의 개념에는 '무엇보다 먼저 선함, 아니면 최소한 선함의 개념과 호환될 수 있는 무엇이 포함되어 있기 때문이다.'

아름다움과 선은 사실 동일한 것이다. 이 둘의 유일한 차이는 이성의 관점에 있다.

---

213 "모든 영혼의 정염들—성냄, 두려움, 신뢰, 자비 등—은 언제나 육체적인 기질들과 함께 실행된다." *Opera Omnia*, tom XLV, *Sentencia Libri de Anima*, Cap. II, 403 a 16, J. Vrin, 1984.

214 "*Bonitas autem, cum sit ratio et obiectum amoris.*" *ST*, I, q. 39, a. 8, c.

선은 그것이 선하다는 이유로 추구되지만, 아름다움은 아름답기 때문에 보려고 하고 알려고 하는 욕구에서 추구된다.[215]

아름다움과 선이 동일하지만 이성의 관점에서 차이가 있다는 것은 무엇을 말하는 것인가? 이는 곧 존재의 관점에서 있어서는 동일하지만 이성의 특정한 개념에 다르게 적용된다는 의미이다. 가령 아름다운 장미꽃이나 아름다운 얼굴 혹은 아름다운 음악은 그 자체로 좋은 것(bonitas)이다. 그 자체로 좋다는 것은 어떠한 도구로서 유용한 것이 아니라, 다만 보아서 즐겁고 들어서 기쁘다는 것이다. 즉 존재의 속성이 아름답기에 선하다고 할 수가 있다. 따라서 여기서 선하다는 것은 윤리·도덕적인 선함의 의미보다는 좋음의 의미이다. 사람들이 아름다운 옷이나 아름다운 풍경을 원하는 것은 다만 보아서 즐겁고 기쁨을 주기 때문이다. 모든 아름다운 것은 그 자체로 선한 혹은 좋은 그 무엇이다. 여기서 아름다움(pulcher)과 선함(bonum)은 동일하다. 아름답기 때문에 좋은 것이며, 좋은 것이기에 바랄 만한 것이다. 그렇기 때문에 정상적인 인간이라면 아름다운 것을 원하고 추구할 수밖에 없다.

반면 어떤 관점에서는 선이 동반되지 않는 아름다움이 있을 수 있다. 그것은 비록 아름답기는 하지만 바랄 만한 것은 아니다.[216] 가령 우리는 독버섯이 아름다움을 알고 있지만 아무도 독버섯을 원하지는 않는다. 마찬가지로 사람들을 유혹하는 모든 것들은 유혹이라는 말 자체에 이미 아름다운 무엇을 가지고 있지만—아름답지 않은 것은 유혹을 할 수 없다—그것이 유혹임을 알고 있다면 원하지 않을 것이다. 아름답지만 원하지 않는 이유는 아름다움에 선함 혹은 좋음이 결여되어 있기 때문이다. 그래서 어떤 아름다운 것이 진정한 아름다움이라면 그것에는 유혹하는 것이 아니라 순수하게 원할 만한 것이 있어야 한다. 바로 여기서 아름다움의 윤리적인 특성이 추가되는 것이다. 즉 진정 아름다운 것은 선한 것이며, 이 둘은 다

---

215 *ST*, 1-II, q. 27, a. 1, ad 3.

216 "만일 아름다운 것이 선하다는 국면을 함께 지니고 있지 않다면, 이 아름다움은 원할 만한 것의 국면을 가지지 못할 것이다." Sent. I, distinction 31, q. 2, a. 1, ad 4.

만 어떠한 관점에서 보는가에 따라서 달라진다. 즉 미학적으로는 아름다움이 되고 도덕적으로는 선함이 되는 것이다.

이러한 맥락 하에서 밝음이 아름다움의 요소로 간주되는 것은 당연한 이치이다. 여기서 밝음이란 참되다는 것과 호환되는 개념이다. 토마스 아퀴나스는 "참된 것은 원할 만한 것인데, 아름답다는 것은 이 참된 것의 고유한 국면에 따라서 밝음을 소유하고 있다."[217]라고 말하고 있다. 참된 것의 고유한 국면이 어떻게 밝음을 소유하고 있는가? 그것은 존재의 참된 국면이 자기완성을 지향하고, 유비적으로는 존재 자체인 신(神)을 지향한다는 존재의 지향성 때문이다. 콩나물이 굴광성을 지니고 있듯이 모든 존재하는 것은 존재하기를 갈망한다는 그 사실로부터 존재 자체를 갈망하며 이는 또한 빛을 갈망하는 것과 같다. 이러한 사유는 진리와 오류 혹은 선과 악을 빛과 어둠으로 이해하는 중세 정신의 전형적인 모습이기도 하다. 사실상 참이 오류보다 아름답다는 것은 하나의 작은 예만으로도 충분히 이해할 수 있다. 가령 한 아기가 태어났을 때 사지가 완전한 아기를 참된 아기라고 한다면, 어떤 이유에서 기형으로 태어난 아기는 오류의 아기라고 할 수 있다. 그리고 사람들이 기형의 아기보다는 정상적인 아기를 보다 아름답다고 하는 것은 당연하다. 그런데 아름다움을 밝음으로 이해하는 데는 이러한 진리의 상징적인 의미만 내포되어 있는 것이 아니다. 토마스 아퀴나스는 "밝음에 있어서, 제 사물들이 아름다운 색깔을 지니고 있다는 이유로 이들은 아름답다고 말해진다."[218]라고 하는데, 이는 명료성을 의미한다. 색이 밝다는 것은 색이 명료하다는 것이다. 그리고 토마스 아퀴나스는 또한 인간 육체의 아름다움에 대해서도 전체적으로 잘 조화된 명료성이 곧 아름다운 육체라고 말하고 있다.[219] 따라서 명료성으로서의 밝음은 비례·조

---

217 *Opera Omnia*, op. cit., *Sent*. I, distinction 31, q. 2, a. 1, ad 4. cf. "선한 것과 아름다운 것은 존재에 있어서는 서로 동일한 것이지만, 다만 이성에 있어서(이해함에 있어서) 다른 것이다." *ST*, I, q. 16, a. 4, c.

218 *ST*, I, q. 38, a. 8, c.

219 "아름다움에 대한 정의에 밝음이라는 적절한 어울림이 추가된다. 그 결과 육체의 아름다움은 다음과 같이 성립한다. 인간은 잘 조화된 그의 육체의 제 부분들을 가지고 있으며, 이 육체들의 색깔

화·균형이라는 기하학적 차원의 요소들과 관련이 있다.[220]

여기서 우리는 이러한 아름다움이 가지는 효과에 대해서 질문할 수 있다. 토마스는 아름다움은 그 자체로 기분 좋게 하며, 또한 타인에게 알려 주고자 하는 욕구를 가지게 한다고 말하면서 이를 선에 어떤 앎의 능력을 추가하는 것이라고 말하고 있다.[221] 말하자면 아름다움은 심미적으로 기쁨을 주는 동시에 대상에 대한 특정한 앎을 유발한다는 것이다. 이는 구체적으로 무엇을 의미하는 것일까? 이를 이해함으로써 토마스 아퀴나스의 감성론, 즉 감각적 인식에 대한 이론을 이해하게 될 것이다. 토마스 아퀴나스의 감각인식 과정은 다음과 같다.

① 감각기관이 감각대상을 인지하면서 감각 주체인 영혼은 감각대상으로부터 감각상(species sensibilium)을 수용한다.[222]

② 수용된 감각상은 영혼 안에 가능한 능력(potientia)으로서 보존된다.[223]

③ 새로운 감각이 이루어질 때는 수용된 감각상(species sensibilis)을 떠올려 이를 통해서 감각이 이루어진다.[224]

④ 감각상(species sensibilis)이란 감각된 무엇(id quod)이 아니라 그것을 통해서(id quo) 감각이 감각하는 것이다.[225]

에 잘 조화된 분명한 밝음을 지니고 있기에 아름다운 것이다." *ST*, II-II, q. 145, a. 2, ad resp.

220 "우리는 비례적인 지체(균형 잡힌 몸매)를 가진 사람을 아름답다고 부른다." 『주해서』, 1권, 32장, 2절.

221 "아름다움은 선에 어떤 앎의 능력을 추가하는 것이다. 사람들은 선에 대해서는 단순하고 순수한 욕구를 지니고 있지만, 아름다움에 대해서는 기분 좋고 알려 주려는 욕구를 지니는 것이다." *ST*, II-II, q. 145, a. 2, ad resp.

222 "감각기관(sensus)은 감각대상으로부터 감각상(species sensibilium)을 수용한다." *QDA*, q. 13, c.

223 "일단 감각기관이 감각상을 수용한 이후에는 보존되어야 한다." *Ibid*.

224 "우리의 영혼은 이미지(심상)에 대한 '가능적 능력'을 가지고 있는데, 이 이미지들은 규정된 모든 사물들에 대한 재현 가능한 것으로 발견되며…" *Ibid*, q. 5, c.

225 *ST*, I, q. 85, a. 2, sed contra.

이상의 과정에서 알 수 있는 사실은, 인간은 애초에 자신의 감각인식을 위한 내적인 형상(감각상, 감각이미지)을 스스로 감각행위를 통해 형성하며[226] 이러한 감각적인 형상은 감각행위가 늘어감에 따라서 보다 완전해진다는 점이다. 감각이 이루어지는 내적인 감각형상이 생득적인 것이 아니라 경험을 통해서 형성한 것이라는 사실을 과학적인 사실을 통해서도 쉽게 알 수 있다. 가령 장님들은 눈을 떠서 직접 색을 보기 이전에는 붉은 색이나 초록색 등 색에 대한 이미지를 전혀 가지지 못한다. 또한 내적인 감각상은 스스로 형성하는 것이라는 차원에서 우리는 사람에 따라서 형성한 감각상은 다르다는 점을 인정할 수 있다. 가령 고양이나 개에 대한 감각상은 사람들마다 다를 수 있다. 어떤 사람은 고양이를 감각하면서 매우 귀여운 동물로 기억하겠지만, 어떤 사람은 요사스러운 동물로 기억할 수도 있다. 이러한 측면에서 "우리가 보는 것은 우리가 주의 깊게 바라보는 것뿐이다."[227] 라고 말한 메를로-퐁티의 말은 과장이 아니다. 이처럼 사람마다 형성한 감각상이 상이할 수 있다는 것은 또한 미적 체험의 주관성을 말해 주는 것이기도 하다. 하지만 그렇다고 해서 아름다움이 완전히 주관적인 것만은 아니고, 어떤 공통된 지반이 있다는 것은 상식적이다. 가령 다리가 하나 없는 고양이를 보다 귀여운 고양이로 인지하는 사람은 없을 것이며, 털이 아주 희고 보송보송하게 빛나는 고양이를 보다 추한 고양이로 인지하는 사람은 없을 것이다. 여기서 우리는 비례·조화·균형 그리고 명료성이라는 아름다움의 요소들은 미를 형성하는 보편적인 지반이며, 한 개인이 최종적으로 지니고 있는 아름다운 감각상은 개별적이라고 할 수 있다. 즉 감각인식의 차원에서 모든 사람들이 공통적으로 인지하는 보편적인 미추가 있음은 당연하며, 다른 것을 인지하기 위해서 기억하고 있는 최종적인 감각적 이미지는 사람마다 다르고 주관적일 수 있다. 바로 이러한 미적 체험의 보편성과 주관성은

---

226 "이 지상의 삶에서 지성은 '이미지(phantasmat)' 없이는 아무것도 알 수 없을 것이다. 이미지란 그것을 통해서 지성(가능 지성)이 여러 사물들을 알게 되는 것이다." *SCG*, ch. 51. Cf. "영혼론에 의하면 이미지란 그 기원이 감각에 있는 하나의 운동이다." *ST*., I, q. 84, a. 6, ad 2.

227 『눈과 마음』, 앞의 책, p. 36.

아름다움이 왜 기쁨을 유발하는 것인지 알 수 있게 한다.

어떤 아름다운 여인을 보았을 때 왜 기쁨을 유발하는가? 그것은 그 여인의 모습이, 자신이 내적으로 지니고 있는 아름다운 여성에 대한 감각상과 일치하기 때문이다. 자신의 내면에 있는 어떤 이미지(감각상, 가지상)와 외부 대상이 일치하는 것은 사실상 진정한 의미의 교감과 소통이 이루어질 수 있는 토양이다. 인간이 본성적으로 사회적인 존재라는 것은 탄생과 더불어 누군가와 교감을 가지고 소통을 원한다는 말이다. 이는 미학적 차원에서의 아름다움에 대한 추구는 다른 의미에서 진정한 소통을 갈망한다는 것과 같은 말이다. 그렇기에 사람들은 자신이 이상적으로 생각하는 어떤 아름다운 것을 보았을 때 기쁨을 체험한다. 이러한 기쁨은 삶에 생기를 부여하고 존재를 빛나게 한다는 차원에서 심미적 혹은 미학적 생명력이라고 부를 수 있다. 그래서 토마스 아퀴나스는 "기쁨이 행동을 완성하듯이, 아름다움은 젊음을 완성한다."[228]라고 말하고 있다. 젊다는 것은 생명이 충만하다는 것이며, 아름다움은 곧 미학적 생명력을 충만하게 하는 무엇이기 때문이다. 사람들은 아름다운 구름이나 아름다운 꽃을 보았을 때, 그것을 사진에 담아서 다른 사람들에게 알려 주고자 한다. 자신이 발견한 아름다운 것을 타인에게 알려 줌으로써 자신이 아름다움을 발견하였을 때의 기쁨을 전달하고자 하는 것이다. 자신의 내적인 기쁨을 전달하고자 하는 것은 곧 소통하고자 하는 것이며, 타인과 교감하고자 하는 것이다. 이렇게 아름다움이란 단지 심미적 차원의 기쁨을 유발할 뿐만 아니라, 교감과 공감 혹은 소통을 위한 매개체가 되는 것이다.

그런데 우리는 알려 주고자 하는 의지에서 어떤 새로움의 의미를 발견할 수 있다. 누구도 이미 알고 있는 사실을 다시 알려 주고자 하지 않는다. 타인에게 알려 주고자 하는 것은 아직 타인이 알지 못하는 것을 알려 주고자 하는 것이다. 마찬가지로 아름다운 장미꽃이나 아름다운 바다의 모습을 타인에게 알려 주고자 할 때, 여기에는 이미 타인이 알고 있는 장미꽃이나 바다의 모습과는 다른 그 무언가

---

228 *SCG*, III, c. 26.

가 있다. 전달하고자 하는 사람이 통찰한, 지금까지 보아온 것과는 색다른 무엇이 거기에 있기 때문에 알려 주고자 하는 것이다. 이 색다른 무엇이 바로 아름다움이 가지는 새로운 것의 의미이다.

이러한 새로움은 지성적인 것이 아니다. 지성적인 차원에서 보자면 여전히 기존에 알고 있는 장미꽃이나 바다의 모습일 뿐이다. 따라서 여기서 새롭게 통찰한 아름다운 무엇은 순수하게 감각적인 혹은 감성적인 무엇이다. 물론 이러한 새로운 감성적인 무엇을 최대한 이성적으로 기술하거나 설명할 수 있겠지만, 이는 결코 이성적으로 설명하거나 이해할 수 없으며 감성적인 체험으로만 포착되는 유일한 그 무엇이다. 영혼 안에 지니고 있는 감각적인 이미지를 통해서 포착된 새로운 감각적 이미지이다. 이는 순수하게 감각성에 의해서 통찰되는 어떤 미학적인 앎이라고 할 수 있다. 토마스 아퀴나스가 말하는 '감성을 통해 유발된 특정한 앎'은 이성적으로 완전하게 설명하거나 언어적 개념으로 완전하게 묘사할 수 없는 대상의 아름다움에 대한 미학적인 앎이다. 이러한 미학적인 앎을 유발하는 그 무엇을 우리는 오직 미학적 실재(美學的 實在)라는 말로 지칭할 수 있다. 여기서 우리가 발견할 수 있는 것은 변증법적인 감성의 출현이다. 항상 정신과의 조화나 정신의 조력자로서만 그 의미를 획득할 수 있었던 감성이 드디어 자신만의 고유한 독자성을 획득한 것이다. 만일 이러한 미학적 실재에 이성이 개입한다면 그것은 어디까지나 감성적 실재에 대한 조력자의 역할로서만 가능하다. 물론 이러한 감성의 독립성은 근대적 정신에서 나타나는 완전한 독립성은 아니지만, 그렇다 할지라도 우리는 이미 토마스 아퀴나스의 사유에서 감성의 독립성 혹은 자율성의 가능성을 발견하고 있다. 사실 이러한 중세적 감성의 독립성은 이미 키르케고르가 잘 인지하고 있었다. 그는 『직접적이며 에로틱한 단계들 또는 음악적이고 에로틱한 것』이라는 책에서 "그리스도교가 감성을 이 세상에 초래하였다고 하는 주장은 대담하고 과감한 주장 같다."[229]라고 말하는가 하면, "감성은 정신의 한 규정으로서 그리스도교에 의

229 키르케고르, 『직접적이며 에로틱한 단계들 또는 음악적이고 에로틱한 것』, 임규정 옮김, 지식을만드

해서 정립되었다."[230]라고 말하고 있다. 이는 정확하게 중세의 변증법적 감성의 출현을 말하는 것이다. 즉 아직 자신의 고유한 정체성을 확보하지 못하고 이성의 조력자처럼 고려된 그리스적 감성이,[231] 정신에 대한 대립 혹은 배제라는 중세적 사유에 의해서 오히려 독자적인 영역과 권리를 확보하고 정체성을 형성하고 있다는 변증법이다.[232] 이러한 사유는 우리로 하여금 감성의 독자성을 통해서 미학(美學)을 철학의 독립된 한 분야로 확립한 바움가르텐의, '감성의 인식에 관한 학문'[233]이라는 미학(Aesthetica)의 정의를 이해하는 데 중요한 관점을 제공해 준다.

우리는 가장 일반적인 의미에서 미학적 실재가 지닌 아름다움을 알려 주고 싶고 전달하고 싶은 마음에서 예술이 출발한다고 할 수 있다. 그리고 이 전달하고자 하는 것은 새로운 무엇이라는 차원에서 토마스 아퀴나스의 창조 개념과 일치한다. 즉 예술이란 본질적으로 창조적인 행위를 말한다. 예술이 새로움의 창조라는 생각은 베르그송이 예술가의 영혼에 대해 말할 때 잘 드러난다. 그는 "만일 영혼이 기존의 이해들로부터 행위를 하는 것에 더 이상 집착하지 않는다면, 이 영혼은 아직 세상에서 한 번도 본 적이 없는 그러한 '예술가의 영혼'이 될 것이다."[234]라고 주장한다. 사실상 이는 근대 이후의 모든 예술가들, 특히 인상주의 화가들의 예술 활동에서 볼 수 있다. 마네나 세잔 그리고 고흐나 고갱 같은 예술가들이 보여 준 위

는지식, 2011, p. 97.

230 위의 책, p. 98.

231 "심적으로 규정된 감성은 대립과 배제가 아니라 조화이고 일치이다. (…) 그리스적인 의식에서는 감성은 아름다운 개성 속에서 통제를 받고 있었다. (…) 왜냐하면 감성은 굴복되어야만 하는 것도 아니었고, 또 감시를 받고 있어야만 하는 위험한 역적도 아니었기 때문이다. 감성은 아름다운 개성 속에서 참과 즐거움을 만끽하고 있었다. 따라서 감성은 원리로서 정립되어 있지 않았다." 위의 책, p. 99.

232 "일반적으로 감성적인 것은 부정되어야만 하는 것이므로, 반대되는 적극적인 원리를 정립함으로써 그것을 배제하는 행동을 거치는 사이에 비로소 정립된다는 사실은 지극히 분명한 것이다. 원리로서, 힘으로서, 하나의 독립된 체계로서의 감성은 그리스도교 안에서 비로소 정립된 것이고, 그런 의미에서 그리스도교가 감성을 세계 속으로 초래하였다고 하는 사실은 진실이다." 위의 책, p. 97.

233 "바움가르텐에게 있어서 미학이란 감각적 앎에 대한 학문 혹은 하위적 인식형이상학을 말한다." J. Russ, *Dictionnaire de philosophie*, Paris, Bordas, 1991, p. 95.

234 H. Bergson, *Le Rire*, Oeuvre, Paris, PUF, 1963, p. 461.

대한 점은 기존에 볼 수 없었던 고유한 자신들 만의 예술 행위를 통해 유일한 작품들을 남겼다는 데 있기 때문이다. 제임스 루빈은『인상주의』에서 마네는 자신의 능력이나 품위를 총동원하여 자연의 새로운 얼굴(모습)[235]을 제시하고 있으며, 세잔은 인상주의가 '자신의 감각을 형상화할 수 있는 기법'을 제공하는 것[236]이라 말했다고 기술하고 있다. 또한 고갱은 미술(인상주의)이란 '자연에서 끌어낸 추상'[237]이라 하고 있다고 한다. 자연의 새로운 얼굴을 제시하는 것과 자신의 감각을 형상화하는 것, 그리고 자연에서 끌어낸 추상이라는 표현들에서 일맥상통하는 것은 결국 예술가의 내면에 존재하는 이미지 즉 미학적 실재이다. 따라서 이러한 미학적인 실재는 토미즘에서 감성을 통해 유발된 특정한 앎으로서의 영혼의 앎이라고 할 수 있다. 헤겔에게 있어 미학적인 실재는 특히 회화에서 잘 드러난다. 왜냐하면 영혼의 감각적인 능력이 집중되는 곳은 눈이며, 영혼이 보이는 것도 눈을 통해서이기 때문이다.[238] 반면 키르케고르에게서 미학적인 실재로서의 감각적인 영혼의 앎이 가장 고유하게 드러나는 곳은 음악이다. 왜냐하면 키르케고르에게 있어서 음악은 가장 정신(영혼)에 가까운 것이기 때문이다.[239]

---

235 "졸라는 마네에 대한 글에서 화가가 자신의 기질을 표현하는 것을 현대성보다 더 강력하게 지지했다. 1867년에 그는 이렇게 주장했다. 한 인간으로서 내 관심을 끄는 것은 인간성이고 나를 감동시키는 것은 인간으로서 자신이 지니고 있는 능력이나 품위를 총동원하여 새로운 얼굴의 자연을 나에게 보여 주는 화가를 (미술작품 속에서) 발견하는 것이다." 제임스 H. 루빈,『인상주의』, 김석희 옮김, 한길아트, 1998, p. 371.

236 "세잔이 말했듯이 인상주의는 '자신의 감각을 형상화 할 수 있는', 즉 관찰에서 끌어낸 경험을 곧바로 구체적인 색채 등가물로 바꿀 수 있는 기법을 제공했다." 위의 책, p. 376.

237 "실제로 고갱이 친구인 에밀 슈페네크에게 '미술은 자연에서 끌어낸 추상'이라고 말했을 때, 그는 세잔의 작품에서 발견한 사상을 말로 표현하고 있었는지도 모른다." 위의 책, p. 379.

238 "그런데 만일 우리가 어떠한 구체적인 기관 안에서 영혼으로서의 영혼 전체가 나타나는 것인가라고 묻는다면, 우리는 즉시 눈(oeil)을 지목할 것이다. 왜냐하면 영혼이 집중하는 것은 눈 안에서이며, 눈을 통해서 영혼이 볼 뿐 아니라, 눈을 통해서 영혼이 보여 지는 것이다. (…) 예술은 도처에서 눈에 있어서 변모되어야 한다. 왜냐하면 눈 안에서 자유로운 영혼이 그의 내적인 무한성을 알려주기 때문이다." Hegel, *Cours d'esthétique*, I, trad. J. P. Lefebre et V. von Schenk, Aubier, 1995, pp. 206~207.

239 "조각과 건축과 회화에 있어서는 이념이 매개와 함께 묶여 있다. 그러나 이 이념이 매개를 단순한 도구의 수준에 묶어놓고 있지도 않고, 또 그것을 항상 부정하고 있지도 않다는 사실은, 이를테면 이 매개는 말을 할 수가 없다는 사실의 표현이다."『이것이냐 저것이냐』, 앞의 책, p. 108. "음악은 연주될 경우에만 오로지 본래적으로 실재한다. 작품들이 감성 안에서 실재하기 때문에 실재를 존

그렇다면 이러한 개별적이고 내적인 미학적 실재의 형상화가 지니는 의의는 무엇일까? 그것은 예술가의 자유와 존재의 풍요이다. 다시 말해 미학적 생명력의 실현이다. 제임스 루빈은 이러한 미학적 생명력의 실현을 "존재를 끊임없이 되살리는 느낌"[240]이라고 표현했고, 국내의 미학자 변종하는 "대상 속에 존재한 화가(Peintre qui demeure dans l'objet)"[241]라는 말로 표현했다. 이러한 관점에서 화가들이란 본질적으로 대상 속에 가능성으로 존재하는 그 어떤 미학적 실재를 체험하고자 하는 사람들이며, 이를 통해 기존의 누구도 감행하지 않았던 자신만의 고유한 방식으로 미학적 실재를 표현하고자 하는 사람들이다. 그런데 사실상 토마스 아퀴나스가 말하고 있는 감성론에서 이러한 예술가들의 실존은 예술가들만의 것이 아니라 모든 사람들이 지닌 감성적 실존의 본질적인 모습이다. 다시 말해 미학적 실재에 대한 통찰은, 정도의 차이는 있겠지만 감성적 혹은 미학적 생명이 개화하는 보편적인 모습인 것이다. 따라서 모든 인간은 그의 감각적인 생명의 법칙 자체에 의해서 예술적인 것을 지향하며, 예술을 지향하는 인간(Homo Artes)인 것이다.

2) 초자연적 질서와 피안을 위한 예술

미학적 지평은 단지 감성적인 차원의 미를 산출하는 것이 아니라, 보다 탁월하게 창조적인 행위를 산출하는 것으로서 사실상 모든 지평의 생명현상과 가장 밀접하게 연관되어 있다. 다만 이러한 창조성은 예술적 삶을 통해서 가장 분명하게

속하고 있는 다른 예술작품에 비해서 음악은 이런 점 때문에 불완전한 것으로 보일지도 모른다. 그러나 사실은 그렇지가 않다. 그것은 오히려 음악이 다른 예술에 비해서 보다 차원이 높고, 보다 정신적인 예술이라는 사실의 한 증명이다." 위의 책, p. 110.

240 "화가는 그가 없으면 각자의 의식 속에 따로따로 갇혀 있을 것, 즉 사물의 요람인 현상의 진동을 다시 포착하여, 눈에 보이는 대상으로 바꾸어 놓는다. 이 화가에게는 하나의 감정—낯설다는 느낌—과 하나의 서정성—존재를 끊임없이 되살리는 느낌—만이 가능하다." 위의 책, p. 387.

241 "세잔은 자연 속에, 그리고 모든 대상 속에 존재한 유례없는 화가였다. 이와 같은 세잔의 위대성은 필자가 파리에 체류하면서 피부로 느낀 감각이며, 그의 작품을 대할 때마다 새로워지는 어쩔 수 없는 신앙이기도 하다." 변종하, 『세잔』, 도서출판 지소림, 1987, p. 112.

드러난다. 그리고 예술적인 행위가 보다 탁월한 미학적 실재를 산출하고자 한다는 의미에서 예술은 완성을 지향한다. 따라서 토미즘에 있어 예술작품의 산출은 성장하는 자아가 잠정적인 완성을 맛보는 것으로서, 피안(彼岸)의 의미를 지닌다. 따라서 토미즘의 미학에서 예술의 가장 탁월한 정의는 '피안을 위한 예술'일 것이다.

고전적 관점의 예술이론 중 하나인 피안을 위한 예술이란 무엇을 말하는가? 피안이란 말 그대로 언덕의 저편 혹은 감옥의 저편을 말하는 것으로, 종교적인 의미로는 고통과 근심이 가득한 현세를 넘어 영적인 휴식을 취하는 곳을 의미한다. 불교에서는 사바세계(娑婆世界)의 저쪽에 있다는 정토(淨土)를 이르는 말이다. 따라서 피안을 위한 예술이란 일상과 사회적 삶에 지친 사람들이 근심과 걱정을 잠시 잊게 하고 진정한 영혼의 휴식을 제공하는 예술을 말한다. 케빈 월은 고전예술에서 전형적으로 나타나는 피안은 삶의 불안을 잊게 하는 (잠정적인) 자기완결성으로부터 주어진다고 진술하고 있다.

> 명상이 자아-소유로 가는 도상에서 가지는 특성은 통찰인데 이것은 아직도 통과해야 할 거리가 무한하다는 인식을 내용으로 하는 통찰이다. 이것은 그 통찰을 불안하게 한다. 윤리성도 역시 불안하다. 왜냐하면 최종적인 선을 소유하는 휴식에 아직 도달하지 못했기 때문이다. 심미적인 체험만이 소유하는 안정감과 만족감 그리고 종점에 도달했다는 느낌을 갖는다.[242]

예술이 삶의 불안을 해소하고 잠정적으로나마 진정한 휴식을 맛보게 한다는 관점은 실존주의자들에게서 잘 드러나는 것이다. 실존주의의 관점에서 인간이란 항상 진행형의 존재로, 현세에서는 결코 완결이 주어지지 않는 존재이다. 하이데거는 인간이란 "항상 '의미'와 '무의미'의 반복을 되풀이하는 존재"[243]라고 하였다. 그

---

242 케빈 월, 『예술철학 - 고전적 원리의 관점에서 본 예술의 본질』, 박갑성 옮김, 민음사, 1992, p. 22.
243 서동은, 『하이데거와 가다머의 예술이해』, 누멘, 2009, p. 91.

리고 키르케고르는 인간의 심미적 실존이 가지는 비극은 결코 심미적 권태(무료함)를 완전하게 극복할 수 없는 데 있다고 보았다. 따라서 인간의 현재 모습은 언제나 불안으로 나타나며, 자기완결성을 통한 안정은 어디에도 없다. 심미적 실존의 단계에서 살아가는 이들에게 있어서 삶이란—진리의 입장에서 보자면—비극적이고 불행한 것이다. 그런데 이러한 비극적인 지평에서의 심미적인 삶도 하나의 위로를 지니고 있다. 그것은 예술이라는 형식으로 드러나는 미학적 실존이다. 키르케고르는 이러한 미학적 실존이 가지는 그 무엇(미학적 실재)을 특정 종류의 영원성이라고 표현하면서 진정한 예술이라면 예외 없이 그것을 소유하고 있다고 말한다.

> 특정 종류의 영원성은 기꺼이 그것들에게 귀속될 수 있을 것이며, 이것이 그들의 장점이다. 그러나 이런 영원성은 사실 진짜 예술 작품이라면 모두 소유하고 있는 영원한 순간일 뿐이며…[244]

예술작품이 지니고 있는 특정 종류의 영원성은, 비록 순간적이고 잠정적이기는 하지만 윤리적 실존의 단계나 종교적 실존의 단계로 나아가지 않고도 영원성을 맛보는 즉 허무 혹은 공허를 채워 주는 절대적인 기쁨을 체험하는 순간이다. 이는 모든 인간을 위한 하나의 선물이다.[245] 예술가의 예술행위는 마치 대나무의 마디처럼 자신의 작품이 완성되는 순간 일종의 심미적 자기종결을 체험한다. 이것이 종결인 이유는 심미적 실존의 최상의 양태 즉 특정 종류의 영원성을 맞이하기 때문이다.[246] 물론 키르케고르가 말하고 있는 이 영원성은 현실을 초월하는 신비주의자

---

244 『이것이냐 저것이냐』, 앞의 책, p. 39.

245 "만일 여러분이 절대적으로 기뻐할 수 없다면, 그 잘못은 여러분에게 있다는 것입니다." 키르케고르, 『들의 백합 공중의 새』, 앞의 책, p. 169.

246 키르케고르의 영원성 개념과 고전적인 미학이 말하고 있는 피안의 개념의 차이는, 고전적인 미학개념에서의 자기완결성이 잠정적인 자아의 완결이지만 키르케고르에게 있어서는 자아의 완결이 아니라 심미적 실존의 완결을 의미한다는 점일 것이다. 심미적 실존의 완결이란 오직 심미적 실존의

들이 맞이하는 영원성이 아니라, 시간의 한가운데 존재하는 영원성 즉 예술가들의 실존이 자연과 세계와의 교감 안에서 맞이하는 어떤 영원성을 의미한다. 키르케고르는 「돈 조반니」를 설명하면서 "시간 속에 입회하고 있는 영원성"[247]이라고 표현하고 있다. 모든 진정한 예술이 지니고 있는 특정 종류의 영원성이나 시간 속에 입회하고 있는 영원성을 스콜라 철학의 언어로 말하자면 '세계 내에 현존하는 신의 현존'이라고 할 수 있다. 물론 키르케고르가 말하는 '시간성 안에 입회하는 영원성'과 스콜라 철학자들의 '세계 내의 신의 현존'이 동일한 의미는 아니겠지만, 순수하게 인간적인 것을 넘어서는 저편(au-delà)과 맞닿아 있다는 점에서 공통적인 지반을 지니고 있다고 할 수 있다.

스콜라 철학의 관점에서 보자면 존재하는 모든 것에는 이미 자연적인 것을 무한히 넘어서는 무엇이 있다. 하지만 이를 감지하고 파악하는 것은 오직 인간의 지성이다. 이에 관해 중세철학자들의 '실존하다(존재하다)'라는 말의 의미를 설명해주는 질송의 말을 들어 보자.

> 그들(스콜라 철학자들)에게 있어서 existere는 고유하게 ex alio sistere(다른 것을 통해서 있는)를 의미하였다. existantia가 essentiam cum ordine originis(근원의 질서에 따른 본질)을 상기하는 것과 마찬가지로 existere는 그들의 언어 안에서 우선적으로 한 주체가 그의 기원 덕분에 그것을 통해서 '존재'에 진입하는 행위(acte)를 의미한다.[248]

위의 진술을 통해서 우리가 이해할 수 있는 것은, 스콜라 철학자들에게 있어서

차원 혹은 미학적 실존이 가지는 절대적인 의미를 말하기에 이성이나 지성에 의해서 가지게 되는 의미가 아니다.

247 "「돈 조반니」와 더불어, 그는 시간의 바깥이 아니라 그 한가운데 있는 저 영원에 입회하거니와, 이 영원은 그 어떤 장막에 의해서도 사람의 눈으로부터 가려져 있지 않으며, 불멸의 존재들은 단번에 이 영원 속으로 받아들여지는 것이 아니라 지속적으로 받아들여지고 있는데…" 키르케고르, 『이것이냐 저것이냐』, 임춘갑 옮김, 도서출판 치우, 2012, p. 91.

248 Étienne Gilson, *L'Être et L'Essence*, *op. cit*. p. 16.

모든 존재하는 것은 신의 존재에 의존하여 존재한다는 사실이다. 존재 자체가 아닌 모든 것은 자신의 존재하는 행위 자체의 원인이 될 수는 없기 때문이다. 여기서 존재 자체란 모든 존재자의 존재(esse)의 근원이 되는 신의 존재를 말한다. 보다 쉽게 설명하자면 모든 존재하는 것은 신의 존재에 참여함으로써만 자신의 존재를 유지할 수 있다는 것이다. 통상 분유론(participatio)으로 불리는 이러한 중세철학자들의 사유는 매우 신비적이고 형이상학적이지만, 세계의 진실을 가장 심오하게 이해하는 한 관점이다. 즉 절대자와 유한자의 실제적 관계를 설명하는 가장 이상적인 한 방식이다. 사실상 세계 내에 현존하는 신에 대해 토마스 아퀴나스만큼 분명하게 진술하고 있는 철학자도 없을 것이다. 그는 다음과 같이 진술하고 있다.

> 신은 모든 것 안에 존재한다. 그러나 이 존재하는 방식은 이들의 본질의 부분이나 우연적 속성들처럼 존재하는 것이 아니라, 그것을 통해서 그들이 행위를 하는 동인처럼 존재하는 것이다.[249]

신이 모든 것 안에 존재하고 이 모든 것들이 행위를 하는 동인처럼 존재한다는 것은, 세계 내의 신의 현존에 대한 가장 실제적인 진술이다. 오늘 내가 아름다운 석양을 감상하고자 하는 행위의 동인(動因)이 어떻게 나에게 현존하는 신의 존재라고 할 수 있다는 말인가? 그것은 아름다운 석양을 감상하고자 하는 것이 궁극적으로는 존재의 갈망이기 때문이다. 실존주의자인 키르케고르는 "사랑에는 많은 신비가 있다. 속된 사랑도 그리워하는 처음 단계의 기분은 역시 신비인 것이다."[250]라고 진술하고 있다. 그리워하는 최초의 기분이 왜 신비적인가? 토미즘의 사유에서 답하자면 그것은 이 그리움이 존재의 근원에 대한 그리움이기 때문이다. 모든 존재하는 것의 근원이 곧 신적 현존이기에 이 그리움 역시—비록 무의식적이라 할지

---

249 *ST*, I, q. 8, a. 1, c.
250 키르케고르, 『유혹자의 일기』, 임춘갑 옮김, 종로서적, 1980, p. 69.

라도—그 궁극적인 대상은 모든 것의 존재에 내재한 신적 현존이다. 키르케고르가 "백합과 새는 절대적으로 기뻐하고 있다."[251]라고 단언하는 이면에는 바로 이러한 신적 존재의 현존에 대한 통찰이 있다. 기쁨의 존재론적인 국면, 그것은 그들이 신적 현존과 완전히 일치하고 있다는 것에서 주어지는 존재의 충만감이다. 따라서 유한한 세계의 존재와 무한한 신적 존재 사이의 관계성은 단지 중세의 형이상학적인 사유의 전유물이 아니라, 현대에도 여전히 적용 가능한 하나의 실제적 사태라고 해야 할 것이다. 가브리엘 마르셀은 베르그송의 사유를 분석하면서 이러한 신의 현존을 역사 속의 초역사적인 깊이(la profondeur trans-histoire)라고 부르고 있다.[252] 사실이 이러하다면 우리는 다음과 같은 결론을 내릴 수 있다. 자연적인 질서에 완전히 충실한 한 인간은 자연 안에서 자연을 무한히 넘어서는 무엇을 발견하게 된다. 어떤 의미에서 피안을 추구한다는 것은 바로 이러한 자연 속에 존재하는 자연을 무한히 넘어서는 그 무엇을 발견하고자 하는 일이다.

사실상 중세철학의 관점에서 피안의 가장 원래적인 의미는 바로 이러한 신적 현존과의 일치이다. 아우구스티누스가 '내 영혼이 하느님에게서 휴식하기 전에는 진정한 휴식이 있을 수 없다'고 할 때, 이 진정한 휴식이 곧 피안을 의미한다. 그렇기 때문에 '피안을 위한 예술'에서 피안이 구체적으로 무엇을 말하는지 묻는다면, 인간의 언어로 답변하기는 불가능할지도 모른다. 왜냐하면 이는 본질적으로 언어를 넘어서 있기 때문이다. 하지만 굳이 설명하고자 한다면, 스콜라 철학의 용어를 빌어서 존재자들의 존재에 내재하는 보편 존재(Ipsum Esse) 혹은 세계 속에 나타나는 신의 이미지(imago Die)라고 말할 수 있다.[253] 보다 현대적인 용어로는 레비나스

---

251 『들의 백합 공중의 새』, 앞의 책, p. 165.

252 "우리는 베르그송을 통하여 이 대상세계에 대한 규정들과 범주들은 시간의 재현에 적용될 뿐 아니라 내가 나의 삶 혹은 나의 역사라고 부르는 것에 적용된다는 것을 보았다. 이를 통하여 역사의 '초역사적인 깊이(la profondeur trans-histoire)'라고 부를 수 있는 것을 인정할 수 있게 되었다. 여기엔 의심의 여지 없이 영원(l'éternel)을 향해 방향을 잡을 수 있는 최상의 함축적인 것이 있다." 『존재의 신비 I』, 앞의 책, p. 237.

253 실존주의자인 키르케고르는 이러한 세계 속의 신의 현존을 '비의' 혹은 '오의'라고 말하고 있다. "자비하심에 나타나는 하느님의 크심의 표지는 오직 믿는 자에게만 존재합니다. 이 표지는 실로

의 말을 빌려 존재와의 근접성(la proximité de l'être)이라고 말할 수도 있을 것이다.

만일 누군가 이러한 세계 속의 신의 현존을 어떤 식으로든지 체험할 수 있다면 어떤 상황이 발생할까? 그가 신의 현존을 의식하든 그렇지 않든, 자연 속에서 혹은 세계 안에서 절대적인 지평과의 접촉이나 교감을 지니고 있다면 그가 느끼고 이해하는 삶은 어떤 것일까? 그것은 곧 진정한 존재, 진정한 삶을 맞이하고 있다는 느낌일 것이다. 우리는 이러한 삶을 구체적인 역사적 사실 안에서 발견할 수 있다. 바로 고흐를 통해서이다. 그는 동생 테오에게 보낸 편지에 "색채와 명암은 얼마나 멋진 것이냐. 그것 앞에서 아무 느낌도 받지 못하는 사람들은 진정한 삶에서 동떨어진 채 지닐 것이다."[254]라고 썼다. 고흐가 자연 속에서 발견한 것은 진정한 삶의 모습이다. 다시 말해서 이는, 최소한 고흐가 체험한 범위에서는 일반인들의 일상적인 삶의 모습이 진정한 삶의 모습과는 동떨어져 있었다는 말이다. 우리는 여기서 고흐가 발견한 자연 속의 색채와 명암이, 사실은 고흐의 미학적인 실존이 교감을 갖게 된 존재와의 교감 혹은 존재와의 근접성이라고 할 수 있다. 그리고 토마스 아퀴나스의 언어로는 자연 속에 현존하는 존재 자체(Ipsum Esse)로서의 신적 현존이라고 할 수 있다. 고흐의 시선에 색채와 명암을 통해서 나타나는 그 아름다움은 존재의 아름다움이다. 이 존재의 아름다움 앞에서 고흐는 잠정적으로나마 진정한 영혼의 휴식 즉 자유·평화·충만함을 느꼈을 것이다. 그것은 어떤 의미에서 구원의 느낌이다. 그리고 고흐가 산출한 작품들에는 그가 체험한 이 순간의 진실 즉 피안에 대한 체험이 담겨 있을 것이다.

비록 최종적인 완성이나 구원은 아니겠지만, 예술가는 창작 행위를 통해서 잠정적으로 어떤 완성과 휴식을 체험한다는 차원에서 심미적 실존의 사도라고 할 수 있다. 예술 작품은 성사를 통해서 영혼에게 양식과 휴식을 제공하는 사제들처럼,

---

비의(秘義)입니다. 자연에 있어서 하느님의 크심은 드러나 있습니다. 그러나 자비하심에서 보여 주시는 하느님의 크심은 하나의 오의(奧義)이며, 이것은 믿어야 하는 것입니다." 『들의 백합 공중의 새』, 앞의 책, p. 77.

254 『빈센트 반 고흐』, 앞의 책, p. 37.

심미적 실존에 있어서 진정한 양식이며 휴식인 미학적 영원성을 맛보게 한다. 이 피안에서 본질적인 것은, 오직 심미적인 실존에서 체험되고 파악되는 참으로 아름다운 것과 참으로 의미 있는 것이 구현되어 있다는 것이다. 이러한 의미에서 예술가들은 창작 행위라는 형식을 통해서 거의 종교적인 차원까지 도약할 수 있다는 것이 피안을 위한 예술의 의미이다. 그리고 토마스 아퀴나스는 이러한 인간성의 도약이 특수한 예술가들의 전유물이 아니라 인간성 그 자체의 진실이라고 하면서, "모든 피조물들은 어떤 의미에 있어서 제일 첫 동인의 이미지이다. 이 제일 첫 동인은 신이다. 왜냐하면 동인은 자신과 유사한 존재를 산출하기 때문이다."[255]라고 말하고 있다. 토마스 아퀴나스가 자주 인용하는 Denys의 『신성한 이름에 관하여』에서는 다음과 같이 말하고 있다.

> 신이 그의 본성을 통하여 모든 존재하는 것들에게 그들의 존재의 성향에 따라 제공하는 아름다움 때문에, 신의 아름다움을 '초실체적인 아름다움(Supersubstantiale pulchrum)'으로 정당하게 명명하고 있다. 그리고 신이 모든 존재자들의 조화와 발산되는 빛의 근원이라는 이유로 (…) 그리고 모든 존재하는 것들을 자신에게 데려오고, 그의 전체에 제 사물들의 총체를 하나로 모은다는 이유로 신은 아름다움이라 불리는 것이다.[256]

인간이 아름다운 것을 추구하는 이유는 피조물로서의 인간이 창조주로서의 신의 아름다움과 유사한 것을 지니고 있기 때문이라는 것이 토미즘의 관점이다. 그리고 이는 사실상 대다수의 중세철학자들이 견지해 온 관점인데, 교부철학의 아버지인 아우구스티누스 역시 마찬가지였다. 그는 "아름다운 것은 예술가의 혼으로부터 나와 그의 손으로 만들어진 것이지만, 실은 아름다움(pulchritudo) 그 자체에서

255 *SCG*, III, ch. 19, n. 2.

256 Denys, *De Divinis Nominibus*, ch. IV, lectio V, 135, recité par *Dictionnaire du Moyen Âge littérature et philosophie*, Paris, Albin Michel, 1999, p. 308.

나온 것이다. 이 아름다움은 인간의 혼 위에 있는 것이다."[257]라고 하고 있다. 이는 다시 말해서 "사람은 아름다움을 통하여 신에게 접근할 수 있다."[258]는 중세미학의 일반적인 명제를 말해 준다. 이러한 관점은 단지 중세철학자들만의 관점도 아니요, 또한 철학자들만의 관점도 아니다. 근대의 가장 유명한 화가 중 하나인 고흐 역시 이러한 관점을 분명하게 견지하고 있다.

> 위대한 화가들, 진정한 대가들이 걸작(chef-d'oeuvre)에서 끝까지 굽히지 않았던 바를 이해하려고 애써야 한다. 그 안에 하느님이 계신다. 그렇게 한 권의 책을 통해, 한 점의 그림을 통해 그분은 쓰고 말씀하신다.[259]

신이 예술가들의 걸작을 통해서 말한다는 것은 예술가들이 자연 속에서 체험하고 파악한 신의 현존을 긍정하지 않고서는 불가능한 진술이다. 우리는 여기서 미학적 실존의 지평에서 예술가들이 가지는 놀라운 생명력을 감지할 수 있다. 어쩌면 이 미학적 실존이 가지는 생명력은 그 어떤 지평의 생명력보다도 더 생동감 있고 역동적이라 해야 할 것이다. 왜냐하면 아름다움이란 사랑을 유발하는 원인이며, 사랑이야말로 인간의 생명을 가장 강하게 자극하는 원인이기 때문이다.

토마스 아퀴나스는 "신은 삼라만상의 조화와 광채의 원인으로서 아름답다고 말해진다."[260]라고 말하는데, 신의 아름다움에 가장 집중하는 것이 미학적 실존의 특성이다. 그리고 여기서 인간의 생명은 영성적인 지평으로 개화한다. 토마스 아퀴나스는 "영성적인 갈망은 신성한 것에 대한 사랑에 의해서 깨어난 욕구들, 어떤 특정한 정서적 능력(affectus)—영적인 아름다움 혹은 선에 대한 명상—에 의해서 산

---

257 아우구스티누스, 『고백록』, 10권, 34, 최민순 옮김, 성바오로출판사, 1965, p. 295.

258 Etienne Souriau, *Clef pour l'esthétique*, Ed. Seghers, Paris, 1970, p. 20.

259 *Van Gogh Vincent*, *op. cit.*, p. 41.

260 *ST*, II-II, q. 145, a. 2, c.

출된 것이다."[261]라고 말하고 있는데, 이는 생명의 역동성을 잘 말해 준다. 미학적 지평이 깊어질수록 인간의 실존은 보다 상승하는데 어느 순간 인간적인 것 이상의 지평과 접촉하면 신성한 것에 대한 감각이 생기게 된다. 바로 이 지점이 영성적인 지점이다. 즉 토미즘에서 미학적 지평이 영성적인 지평과 갖는 관계는 꽃과 열매의 관계와 같다. 미학적 지평의 생명력은 인간의 생명력 중 가장 화려하고 역동적이다.

3. 인간생명의 특수성과 영성 – 종교적 지평

토마스 아퀴나스의 영성에 관하여 다루기 이전에 먼저 존재의 단일성 혹은 통일성에 대해서 다시 한 번 분명히 밝히는 일은 유익할 것이다. 왜냐하면 영성 혹은 영적인 삶이란 육체적인 삶과 윤리·도덕적인 삶 그리고 진리를 추구하는 지성적인 삶 등과 결코 분리할 수 없는 현실적인 삶의 한가운데에서 이루어지기 때문이다. 토마스 아퀴나스에게 있어서 인간 생명의 전 지평을 주관하는 생명의 원리로서의 영혼은 하나이며, 그렇기에 생명도 하나이다.[262] 그리고 이 하나의 유일한 실체성의 근원은 곧 존재는 하나라는 것이다.[263] 그렇기에 토마스 아퀴나스에게 있어서 한 개인을 존재로 고려하는 것은 그의 총체로서의 개별자를 고려하는 것이며, 그렇기에 그의 삶이란 항상 총체적이고 전체적인 하나의 삶으로 나타난다.[264] 따라서 영

---

261 "영성적인 아름다움이나 선함에 대한 명상은 영성적 사랑의 원리이다 – *contemplatio spiritualis pluchritudinis vel bonitatis, est principium amoris spiritualis.*" *Ibid.*, q. 27, a. 2, ad resp.

262 "동시에 그리고 동일한 하나의 원리 덕분에 생명체이고, 동물이며, 인간이 되는 원리가 존재하는 것이다." *SCG*, II, c. 58. "식물적, 동물적, 그리고 지성적인 영혼은 인간 안에서 하나의 유일하고 동일한 영혼을 형성할 뿐이다." *ST*, I, q. 76, a. 3, ad resp.

263 "존재(esse) 그 자체는 스스로 다양화될 수 없는 것이다." *Ibid.*, c. 54.

264 "하나(unum)라는 것은 (나뉠 수 없는) 개별적 존재자(ens indivisum) 외에 다른 것이 아니다." *QDV*, I, *De vertate*, q. 11. a. 1, ad 2.

성적인 지평에서의 삶이라는 것도 다른 다양한 삶의 지평들과 결코 무관하거나 분리될 수 없다.

1) 무한자와 유한자의 실제적인 관계성으로서의 존재

존재(esse)로 고려된 한 인간은 '그가 무엇인 것'으로 규정될 수 있는 본질로서의 그보다도 훨씬 많은 것을 지니고 있다. 왜냐하면 이 존재의 개념에는 무엇보다 먼저 창조주로서의 신의 실존과의 관계성이 함의되어 있기 때문이다. 토마스 아퀴나스는 비례에 대해 말하면서 "신에 대한 피조물의 비례가 있을 수 있다. 왜냐하면 피조물과 신의 관계는 원인에 대한 결과 혹은 현실성(actus)에 대한 가능성(potentia)의 관계가 있기 때문이다."(『신학대전』, 1권, 문 12)라고 말하고 있다. 신이 원인이라면 인간은 결과이고, 신이 현실성이라면 인간은 가능성이라는 말이다. 원인과 결과의 관계는 창조주와 피조물의 관계로 쉽게 이해 가능하겠지만 현실성과 가능성의 관계는 어떻게 이해할 수 있을까? 여기서 다시 한 번 토마스 아퀴나스의 분유론(participatio)을 상기하는 것이 도움이 된다. 세계의 존재가 지속적으로 존재를 가질 수 있는 것은 세계의 본질이나 본성 때문이 아니라, 세계가 지속적으로 신의 존재(Ipsum Esse)에 참여하기 때문이다. 왜냐하면 신은 그 자체로 존재하는 자이며, 피조물로서의 세계는 스스로 존재를 가질 수 없는 존재이기 때문이다. 우리는 이러한 분유론(참여론)을 통해, 신은 그 자체로 현실성(actus)이며—왜냐하면 신은 존재 자체이기 때문에—세계는 가능성(potentia)이라고—왜냐하면 세계는 스스로 존재를 산출할 수 없기 때문에—할 수 있다. 즉 존재의 차원에서 세계는 신에게 의존함으로써만 존재를 지속할 수 있고, 따라서 무한자로서의 신과 유한자로서의 세계는 존재의 지평에서 불가분의 관계를 가진다. 그리고 이 존재는 하나이고 유일하다. 따라서 만일 영성적인 삶이 무한자로서의 신과 유한자로서의 영혼의 관계성을 암시한다면, 존재의 차원에서는 여전히 영성적인 삶이 인간 존재의 전 지평에 걸쳐서 실행된다.

그럼에도 불구하고 만일 영성적인 삶이라는 것이 특수한 종교적인 삶의 지평을 염두에 두고 있다면, 그 이유는 영성적인 삶이 의식을 가진 인간의 특수한 삶에서만 그 진정한 의미를 가질 수 있기 때문이다.[265] 어떠한 관점에서 보자면 식물이나 동물의 삶 역시도—그들의 존재가 신의 존재에 참여하고 있다는 차원에서—신성한 삶이며, 영적인 어떤 것을 지니고 있다고 할 수 있다. 하지만 엄밀한 의미에서 영적인 삶(la vie spirituelle) 혹은 영성(le spirituel)을 지닐 수 있는 것은 오직 의식을 가진 인간뿐이다. 그것은 의식만이 영적인 지평의 삶을 실현할 수 있기 때문이다. 다시 말해서 절대적 존재로서의 신적 존재의 삶에 참여할 수 있기 때문이다. 이러한 관점을 보다 잘 이해하기 위해서 현대 유신론적 실존주의자인 루이 라벨의 참여론(le participationnisme)을 참조하는 것은 퍽 유용하다. 그는 전통적인 중세의 분유론을 고유한 관점에서 다시 해명하고 있는데, 『행위에 관하여』에서 "참여의 고유함은 결코 멈추지 않는 하나의 체험을 통해서 절대적인 존재와 특수한 자아와의 연계성을 우리에게 밝혀준다는 것이다."[266]라고 진술하고 있다. 여기서 특수한 자아란 한 개별자의 개별적인 자아를 말한다. 이는 단순히 형이상학적인 논리에 의해 발견한 절대자와 개별자 사이의 관계성이 아니라, 실제로 구체적인 삶 안에서 체험된 관계성이다. 그런데 이러한 체험이 어떻게 가능한가? 그는 이에 대해서 『존재에 관하여』에서 다음과 같이 진술하고 있다.

---

265 우리는 본 저술에서 '영성'이라는 의미를 종교적 삶에 있어서 영적인 삶 혹은 신과 인간 영혼의 관계성에 있어서의 내적인 삶이라는 의미에서 사용하고 있다. "'영성적(spirituel)'이라는 형용사는 라틴어의 교회용어인 '스피리뚜알리스(spiritualis)'로부터 파생되어 8 세기 프랑스의 언어에 등장하였다. 이 용어가 나타난 것은, 질료를 넘어서는 정신적인 질서 안에 있는 어떤 것을 지칭하기 위해서였다. '영성(spiritualité)'이란 용어는 16세기에 나타났다. 이 용어는 거의 전적으로 가톨릭교회의 역사적인 배경에 관련되어 있다. 인간은 영혼과 육체로 형성되었다. 육체는 일종의 질료적 원리로서 만질 수 있으며, 공간의 법칙들 아래 놓여 있는 반면, 영혼은 정신적 원리이며, (질료를 초월하는) 그의 고유한 법칙들을 지니고 있다. 종교적인 삶에 있어서 본질적인 측면은—비록 육체가 여기에 자기 나름의 방식대로 참여한다고 할지라도—영혼 안에서 발생한다." 하이몽 다리꼬 & 베르나르 뻬이루스, 『영성의 파노라마』, 이명곤 옮김, 성요셉출판사, 2008, p. 6.

266 "Le propre de la participation, c'est de nous révéler, par une expérience qui ne cesse jamais, la liaison de l'être absolu et du moi particulier." Louis Lavelle, *De l'Acte*, Paris, Aubier, 1992, p. 165.

존재와 행위의 '동일시하기'는 우리로 하여금 자유를 통해서 우리들의 고유한 존재를 규정하도록 허락한다. 우리들은 마치 신이 세계를 창조하듯이 우리들의 정신적(영적)인 인격(개별성, personne spirituelle)을 창조하는 것이다.[267]

우리는 앞서 미학적 실존에서 인간 실존의 특수성이 창조성이라고 말한 바 있다. 그리고 그 창조성의 결실이 마치 예술작품인 것처럼 고려하였다. 하지만 그것이 아무리 훌륭한 작품이더라도 살아 있거나 존재의 일부인 것은 아니다. 그것은 다만 우리들의 내면에 창조된 그 무엇의 징표요 결과물일 뿐이다. 엄밀한 의미에서 우리가 창조할 수 있는 것은 오직 내적인 혹은 정신적인 것, 즉 영적인 인격(personne spirituelle)뿐이다. 다시 말해 신의 창조처럼 자율적이고 삶을 가진 존재를 창조할 수 있는 것은 오직 영적인 인격으로서의 우리 자신을 창조하는 일뿐이다. 라벨의 이러한 관점은 매우 토마스적이며, 종교적 인간으로서의 인간의 생명의 특수성을 잘 드러내고 있다. 이에 대해 보다 구체적으로 살펴보자. 우선 토마스적이다. 왜냐하면 존재의 양태(modus esse)[268]라는 차원에서, 토마스 아퀴나스에게 있어 인간은 탄생과 더불어 정신적인 존재가 아니라 정신이 될 수 있는 존재이기 때문이다. 토마스 아퀴나스에게 있어서 그것이 무엇이건 정신적인 것은 그 기원이 감각적인 것에 있다. 왜냐하면 "지성적인 인식(앎)이 감각적인 이미지에 의존하는 한, 지성적 행위는 감각에 의해서 유발된 것"[269]이기 때문이다. 애초에 인간은 가능태(potentia)로서의 정신을 지니고 있지만, 정신이 활동하면서 정신은 현실태(actus)가 된다. 인간의 영혼은 정신활동을 통해서 육체적 실존을 넘어서 고양된다. 인간이 물질적인 것을 넘어서 정신적인 것이 되는 것은 마치 식물이 꽃을 맺고 열매를 맺는 것처럼

---

267 "L'identification de l'être et de l'acte nous permettra de définir notre être propre par la liberté. Nous créons notre personne spirituelle comme Dieu crée le monde." Louis Lavelle, *De l'être*, Paris, Broché, 1947. pp. 9~10.

268 *SCG*, II, c. 58.

269 *ST*, I, q. 84, a. 6, c.

삶의 결과이지 애초에 주어진 것이 아니다. 토마스 아퀴나스는 정신이 육체를 초월하여 고양된다는 표현을 자주 사용한다. 그는 "영혼이 물질적 사물들(materialia)을 초월하는 작용을 소유하는 한, 그 자신의 존재는 육체에 의존하지 않을 뿐 아니라, 육체보다 상위의 것으로 고양될 것"[270]이라고 말하며, "형상은 추할수록 질료의 방해를 받아 빛을 적게 소유하게 되며, 아름다울수록 질료 위로 고양되므로 빛을 더 많이 소유하게 된다."[271]라고 말하고 있다. 결국 식물의 생명이 꽃을 피우고 열매를 맺는 것을 목적으로 하듯, 인간의 생명이란 육체적이고 감각적인 생명활동으로부터 정신적인 것으로 고양되고 나아가 영적인 것으로 열매를 맺는 특수성을 가지고 있음을 말해 주는 것이다. 결국 이러한 인간의 생명활동은 "인간이란 본질적으로 종교적인 인간(Homo Riligius)이다."라는 정의를 정당화한다. 즉 모든 인간은 실체적 생명의 원리로서의 영혼을 지니고 있다는 이유만으로 영성적인 존재를 가능성(potentia)으로 지니고 있는 존재이다. 엄밀한 의미에서 종교적인 인간이라는 정의도 사유하는 인간과 마찬가지로 애초에 주어진 것으로서의 인간의 속성은 아니며, 어디까지나 잠정적인(potentia) 인간의 속성이다. 사유하는 존재가 사유하는 행위를 통해서 현실태(actus)가 되듯이 종교적인 인간 역시도 종교적인 행위를 통해서 현실성을 가지게 된다. 이러한 사유는 유신론적인 실존주의자들에게서 분명하게 드러나는데, 루이 라벨은 "엄밀한 의미에서 나의 실존은, 전혀 존재(Être)에 무엇을 첨가하지는 않으면서, 존재(être)가 될 수 있는 하나의 순수한 가능성이다."[272]라고 말하고 있다. 말하자면 인간의 사유는 사유하는 행위를 통해서 존재(être)가 될 수 있는 무엇이며, 그럼에도 존재(Être)[273]에 아무것도 첨가할 수 없다는 것은 결국

---

270 *SCG*, II, c. 58.

271 Ulrich of Strasbourg, *Summa de summo Bono*, II, 3, 5. Quoted in LB. 재인용: 움베르트 에코, 『중세의 미와 예술』, 손효주 옮김, 열린책들, 1998, p. 166.

272 "L'existence du moi qui n'est qu'une partie de ce tout, mais qui l'embrasse pourtant d'une manière virtuelle. Ainsi il faut dire au sens strict que l'existence, loin d'ajouter quelque chose à l'Être, est un pur pouvoir-être." Louis Lavelle, *Introduction à l'ontologie*, PUF, 1947, p. 28.

273 루이 라벨이 사용하는 불어 용어에서 '존재'를 표기할 때 대문자로 시작하는 'Être'와 소문자로 시작하는 'être'가 있다. 전자는 무한한 존재, 총체적인 존재로서 모든 존재하는 것들의 존재 근원이

인간이 다만 사유를 통해서 존재(Être)에 참여할 뿐이라는 의미이다. 그는 또한 "사유는 우리가 실행하는 것에 달려 있는 이 행위성 안에 거하고 있다. 이 사유는 명확하게 그의 실존을 근거지우는 실행 그 자체를 통해서만 존재할 뿐이다."[274]라고 진술하고 있다. 사유가 존재(être)가 되는 것은 사유하는 행위를 통해서일 뿐이라는 의미이다. 라벨의 이러한 사유는 토마스 아퀴나스의 그것보다 훨씬 더 역동적인 측면이 있다. 왜냐하면 사유를 통해서 존재가 된다는 것은 매 순간 사유를 통해서 존재(Être)에 참여한다는 말이며, 이 참여하는 존재는 보편존재로서의 신적 존재(Ipsum Esse)와 같기 때문이다.

인간이 매 순간 사유의 힘을 통해서 신적 존재에 참여한다는 라벨의 해명은 중세적인 관점에서 보자면 지나친 데가 있지만, 그럼에도 불구하고 여기에는 강한 토마스적 사유가 스며 있다. 토마스 아퀴나스는 "피조물들의 완전함(완성)에서 무언가를 제거한다는 것은, 신성한 완전함(perfectioni divinae)에서 무언가를 제거하는 것이다."[275]라고 말한 바 있다. 이 말에 의미가 있기 위해서는 피조물의 완전함과 신성한 완전함 사이에 실제적인 관계성이 주어져야 한다. 그런데 이러한 실제적인 관계성은 결국 존재의 차원에서 가능하다. 왜냐하면 유한자와 무한자 사이의 실제적인 관계성은 오직 존재(Esse)에 참여함으로써 존재(esse)를 가진다는 것뿐이기 때문이다. 그렇다면 여기서 피조물들의 완전함이란 결국 존재(esse)의 완전함을 의미하는 것이다. 그런데 피조물들에 있어서 존재의 완전함이란 무엇을 말하는가? 한 개별자를 존재로서 고려하는 것은 한 개별자를 총체적으로 고려하는 것이다. 생물학적·감성적·지성적 나아가 영적인 차원에 이르기까지 있는 그대로의 총

되는 신의 존재를 지칭하고 후자는 이 신의 절대적인 존재에 참여하면서 존재를 가지게 되는 유한한 존재, 즉 피조물들의 존재를 의미한다. 라벨에게 있어서 사유는 'Être'에 참여하면서 순수한 사유로서의 존재를 가지게 된다. 이러한 관점은 중세의 분유론(participato)의 현대적 해명이라고 할 수 있다.

274 "la pensée réside dans cette activité qu'il dépend de nous d'exercer ; elle n'est rien que par son exercice même qui fonde précisément son existence." *Ibid.*, p. 28.

275 "Detrahere ergo perfectioni creaturam est detrahere perfectioni divinae." *SCG*, III, c. 69.

체적인 분석을 통해서 부분으로 나뉘기 이전의 유기적인 존재로 고려한다는 것이다.[276] 따라서 우리가 존재의 차원에서 신성한 존재와의 실제적인 관계성을 긍정한다는 것은, 유비적으로 말해 한 개인의 지극히 개별적인 존재와 삶이 그 자체로 신성함과의 관계성을 지니고 있음을 말하는 것이다. 왜냐하면 라벨이 말하는 것처럼 만일 인간이 사유 행위를 통해서 매 순간 신적 존재에 참여한다면, 토마스에게 있어서 이 사유 행위는 곧 개별자의 개별적인 사유 행위를 의미하기 때문이다. 이에 대해 안쏘니 케니는 다음과 같이 말하고 있다.

> 아퀴나스는 아베로에스주의자들에 반대하여, 그러한 사고가 전 세계적인 영혼 또는 초개별적인 능동지성의 사고가 아니라 나의 사고임을 주장한다. 그것들을 나의 사고이게 하는 물음에 대한 그의 유일한 대답은 사고가 구체화되는 정신적인 상과 사고의 지적인 내용 사이의 관계를 지적하는 것이다. 지적인 사고가 나의 사고인 것은 이러한 정신적인 상들이 나의 육체의 산물들이기 때문이다.[277]

인간은 '나의 피와 나의 뼈', '나의 육체'로 형성되어 있으며 그렇기에 감정도 '나의 감정'으로 형성된다. 그리고 '나'만의 고유한 감성을 통해서 형성되는 정신적인 것 역시도 '나의 사유', '나의 정신'인 것이다. 이러한 지극히 개별적인 것들이 또한 '나'의 영적인 인격(personne spirituelle)을 형성한다. 그런데 이러한 개별적인 인격은 사유 행위를 통해 창조된 무엇으로서, 새로운 존재가 산출된 것이다. 그럼에도 영혼이 창조한 것은 아니라고 한다면, 이 새롭게 산출된 존재는 결국 신적인 존재 즉 존재 자체(Ipsum Esse)로부터 산출된 것이다. 하지만 신의 입장에서 산출이라는 표현은 정확하지 않다. 왜냐하면 이미 무한한 존재로서의 존재 자체이며 그 자체로서 현실성(actus)인 존재 자체는 더 이상 존재를 산출할 이유도 그럴 필요도 없기

---

276 "제 사물들의 존재자체를 형성하는 것에 대한 분석은 우리로 하여금 사물들의 피상적인 속성들에 대한 추상일 수가 있고, 이는 고유한 존재를 왜곡하는 것이다." *Le Thomisme, op. cit.*, p. 45.

277 안쏘니 케니, 『토마스 아퀴나스』, 강영계·김익현 옮김, 서광사, 1986, p. 134.

때문이다. 여기서 우리는 결국 또 다시 분유론으로 회귀할 수밖에 없다. 새롭게 산출된 나의 영적인 인격이 지닌 존재는 곧 신적 존재에의 참여이다. 이는 말하자면 존재 자체(Ipsum Esse)의 관점에서는 아무것도 새롭게 추가되지 않지만 유한한 나의 인격의 입장에서는 완전히 새로운 존재가 주어진다는 것이다. 이렇게 이해할 때 우리는 토마스 아퀴나스의 다음과 같은 의미심장한 말을 충분히 이해할 수 있다.

> 신을 통해서 피조물들이 (신과) 어떠한 관계를 가진다는 것은 분명하나, 반면 신에게 있어서 피조물을 통해서 가지게 되는 관계는 실제적인 것이 아니다.[278]

영적인 인격의 차원에서 우리가 새로운 존재를 가지게 되는 것은 존재의 차원에서 가지게 되는 신과의 실제적인 관계성 덕분이다. 반면 이러한 관계성을 신적 존재의 입장에서 보면 새롭게 첨가하는 존재가 아무것도 없다. 그럼에도 불구하고 토마스 아퀴나스가 이러한 피조물들의 완전함에서 무엇인가를 제거하는 것은 곧 신성한 완전함에서 무언가를 제거하는 것과 같다고 하는 이유는 무엇인가? 이에 대한 답변은 결국 신을 통해서 가지게 되는 피조물들과 신의 관계의 의미 혹은 의의를 밝히는 것이다. 이러한 관계의 의미를 밝힌다는 것은 토미즘의 영성(la spiritualité)의 의미를 철학적으로 밝히는 핵심이 될 것이며, 인간 생명의 특수성과 존엄성을 최종적으로 해명하는 일이 될 것이다.

우선 우리는 '신성한 완전함'이 무엇을 의미하는지 질문할 수 있다. 여기서 신성한 무엇이란 지상의 피조물을 초월한 무엇 혹은 지상의 피조물들이 변모된 상태로 고려할 수 있다. 하지만 사실은 이 둘이 동일하다고 볼 수도 있다. 즉 피조물이 완전하게 되는 것은 곧 신성한 무엇이 되는 것이다. '세계가 완전하게 되었을 때, 세계는 신성한 무엇이 된다'는 등식은 사실 토미즘에서 그리 새로울 것이 못 된다.

---

278 "Manifestum est quod creaturae realiter referentur ad Deum, sed in Deo non est aliqua relatio ejus ad creaturae." *ST*, I, q. 13, a. 7.

왜냐하면 "신은 존재하는 모든 것의 첫 모델"[279]이며, 그렇기에 "신성한 본질 안에는 근원적으로, 그리고 탁월하게 마치 제일 원인처럼 모든 존재(자)들이 창조된 존재(자)들에 앞서 존재하기(praeexistit)"[280] 때문이다. 다시 말해서 한 존재가 완전해지는 것은 곧 신의 지성 속에 있는 그의 모델과 동일해지는 것을 말한다. 이러한 측면에서 토미즘에서 종교적 삶의 궁극적인 목적은 완성 혹은 완덕이다.

토미즘에서 피조물이 보다 완전해지는 것은 신적인 존재와 보다 밀접한 연관성을 맺게 됨을 의미한다. 그렇기에 완성을 지향하는 것은 피조물과 신의 어떤 관계성을 말해 준다. 즉 인간의 영혼이 보다 완전해질수록 인간의 영혼은 신과 더욱 깊은 관계성을 가지게 된다는 의미이다. 그리고 토마스 아퀴나스에게 있어서 한 영혼이 신에 대해서 가지는 관계는 인간사이의 우정의 관계처럼 상호적이다.

> 종교적 사랑은 오직 신의(신에 대한) 사랑만을 의미하지 않는다. 이는 신과 맺는 어떤 우정을 말한다. 아리스토텔레스가 『니코마코스 윤리학』 8권에서 설명했듯이 이 우정은 어떤 복합적인 일치를 통해서 사랑 안에 '상호성'을 가지는 것을 뜻한다.[281]

다른 모든 영성에 관한 사유도 마찬가지겠지만, 특히 토미즘에서 영성을 가지는 것은 바로 신과 한 영혼이 가지는 이러한 관계성을 가지는 것이며, 모든 인간은—최소한 신앙인에게 있어서는—정도의 차이를 가지고 이러한 영성을 지니고 있다. 비신앙인들이라고 하여도 그가 인간의 영혼을 지니고 있는 한 영성을 잠재성 중에(in potentia) 지니고 있다. 그렇기에 그리스도 교인에게 있어서 탄생의 목적이란 곧 성인이 되는 것이라고 한 어느 벨기에 추기경의 말은 과장된 것이 아니다.

---

279 *ST*, I, q. 44, a. 3, c.
280 *ST*, I, q. 79, a. 2, c.
281 *ST*, I-II, q. 65, a. 5, c.

2) 인간생명의 절대적 존엄성으로서의 신성과의 관계성

영성이란 신과 인간 영혼 사이의 관계성을 가지는 것이므로, 관계성에 대한 분석은 영성을 이해하는 데 매우 유용하다. 관계라는 것은 본질적으로 다양한 현상에 주어지는 표현이다. 예를 들어 하나의 존재 안에서의 관계, 즉 잎과 뿌리의 관계나 눈과 귀의 관계 등이 있을 수 있고, 하나의 존재와 다른 존재와의 관계, 가령 사람과 집의 관계가 있을 수 있고, 또 인간과 인간 사이의 관계인 인간관계가 있을 수 있다. 인간관계도 상인과 고객의 관계, 스승과 제자의 관계, 친구 사이의 관계, 연인 사이의 관계 등 다양하다. 인간은 본성적으로 사회적 존재라고 정의되는데, 인간적인 삶은 사실상 관계성의 연속이라고 해도 과언이 아니다. 이러한 관계성 중에서 가장 탁월한 관계 혹은 눈에 보이지 않지만 가장 내밀한 관계가 있다면 그것은 사랑의 관계일 것이다. 관계가 깊다는 것은 두 존재가 보다 밀접하게 일치하는 것이며, 두 존재를 가장 일치하게 하는 것이 곧 사랑이기 때문이다. "사랑은 사랑받는 실재로 하여금 사랑하는 이와 일체가 되게 한다. 이처럼 사랑은 앎보다 더 일치하게 하는 어떤 것이다."[282] 만일 영성이 신과 인간 사이의 관계를 의미한다면 이는 곧 사랑의 관계여야 할 것이다.

토마스 아퀴나스가 언급하고 있는 관계성 중에서 영성을 이해하는 데 중요한 몇 가지를 말하자면 피조물인 세계와 창조주인 신의 관계, 영혼과 육체의 관계, 그리고 인간의 영혼과 신 사이의 특수한 관계를 들 수 있다. 신과 세계의 관계성은 신의 존재(Esse)가 피조물에게 존재를 증여한다는 분유론(participatio)이라는 창조 개념을 통해서 논리적으로 입증할 수 있다.[283] 물론 앞서 언급하였듯이 이러한 관계성은 신의 입장에서가 아닌 피조물의 입장에서만 실제적인 관계를 가진다. 따라서 이러한 관계는 절대적인 관계라기보다는 상대적인 관계라고 해야 할 것이다. 즉 피

---

282 *Ibid.*, q. 28, a. 1, ad 3.

283 참조: *ST*, I, q. 45, a. 2, ad 2. "신의 실존을 증명하기 위해서는 경험적으로 주어진 어떤 대상의 실존에 대한 충분하고 완전한 이유를 불러오는 것으로 충분하다." *Le Thomisme*, op. cit, p. 114.

조물의 입장에서는 이러한 관계가 존재를 유지하는 데 절대적으로 필요하지만, 신의 입장에서는 자신의 존재에 첨가하는 것이 전혀 없는 비실제적인 관계이다. 이러한 의미에서 이 관계를 '존재에 있어서의 관계'라고 할 수 있다.

그런데 이러한 신과 피조물과의 관계에서 이 관계성이 의미하는 다른 하나는 유사함(similitudo)이다. 사실상 토마스 아퀴나스의 사유에서 관계(relatio)라는 개념과 관련하여 가장 먼저 떠오르는 것은 유사함이다. 두 존재가 어떤 관계성을 지니고 있다는 것은 어떤 의미로든 두 존재가 유사함을 지니고 있다는 의미이다. 따라서 신과 세계가 어떤 관계를 지니고 있다면 이 둘 사이에는 어떤 유사함이 있을 것이다. 이 유사함은 '결과는 원인과 유사함을 지닌다'는 형이상학적인 원리에 의한 것이다. 존재와의 관계성 역시, '신과 인간의 관계'와 '신과 세계의 관계'는 다른 질적인 특성을 지니고 있다. 그것은 관계성을 통해서 드러나는 유사함의 질적인 차이이다. 토마스 아퀴나스는 신과 세계의 관계성에서 나타나는 유사함을 흔적(vestigium)이라고, 신과 인간 사이에 보이는 유사함을 이미지(imago)라고 지칭한다.[284] 즉 인간과 신의 관계성은 신의 이미지(imago dei)처럼 나타나고 있다. 신과 인간 사이에 나타나는 이미지로서의 유사함에 대해서 한 신비가는 다음과 같이 말하고 있다.

> 인간은 신과 너무나 유사하여, 인간을 보지 않고서는 신의 모습을 볼 수가 없고, 마찬가지로 신의 모습을 보지 않고서는 인간의 참모습을 볼 수 없다.[285]

사실이 이러하다면 인간의 무엇이 그토록 신을 닮았다는 것일까? 이러한 질문에 답하기 위해서 토마스 아퀴나스가 든 '동전 속의 왕'의 비유를 묵상해 보는 것이 도움이 될 것이다. 토마스 아퀴나스는 신의 아들로서의 그리스도와 신의 관계, 그리고 신과 인간의 관계를 구분하기 위해서 이러한 비유를 들고 있다.

---

284 *ST*, I, q. 93, a. 6, c.

285 Marie-Madeleine de Pazzi, *OEuvres*, t. I, trad. par le Père Anselme Bruniaux, Ed. Victor Plamé, 1873, p. 74.

어떤 이의 이미지는 서로 다른 두 가지 방식에서 발견된다. 하나는 그의 아들에게서 발견되는 왕의 이미지처럼 동일한 본성의 특수성을 가진 존재 안에서 발견되는 방식이고, 다른 하나는 동전에서 보이는 왕의 이미지처럼 다른 본성의 존재 안에서 발견되는 방식이다. 그의 아들(그리스도)이 아버지(하느님)의 이미지인 것은 바로 첫 번째 방식의 것이고, 인간이 하느님의 이미지인 것은 바로 이 둘째 방식에서이다.[286]

아버지와 아들 사이의 유사함은 동일한 본성에 기인하며, 아버지와 동전 속 아버지의 모습은 동일한 본성이 아닌 외형적 닮음의 유사성이다. 물론 이러한 외형적인 닮음은 분명 하나의 비유일 것이다. 다른 철학적인 용어를 빌어 말하자면 그리스도는 본질적으로 유사함을 가지며, 인간은 속성적으로 유사함을 가진다고 할 수 있다. 즉 사유하고 의지하고 창조하며 사랑하고자 하는 인간의 속성들이 곧 신적 존재의 그것과 유사하다는 것이다. 하지만 어원이 말해 주듯이 '신성하다'는 것은 인간이 인간의 본성으로부터 가질 수 있는 것이 아니라 신의 본질에 해당한다. 따라서 오직 본성적으로 신성한 자는 신의 아들로서의 그리스도뿐이다. 여기서 우리는 인간이 가지는 신과의 유사성이란 세계가 가지는 흔적보다는 낫고, 신의 아들로서의 그리스도가 가지는 본성적 동일성보다는 못한 이미지라고 할 수 있다. 따라서 우리는 인간은 영적인 것과 육적인 것 모두를 포함한 인간성 그 자체를 통해서 자신이 지닌 신의 이미지를 보여 준다고 할 수 있다. 이에 대해서 프랑스의 현대 신학자 올리비체 끌레망(Olivier Clement)은 다음과 같이 기술하고 있다.

역사의 시작부터 마지막에 이르기까지 모든 인간의 본성이 존재하는 그자(신)의 유일한 이미지를 이룬다. (…) 다른 한편 신의 이미지는 영혼과 육체의 인간전체를 말하는 것이다. 육체 그 자체도 살아 있는 숨결을 받아들이면서 인격을 표현하도

---

286 *ST*, I, q. 35, a. 2, ad 3.

> 록 부름 받았다. 육체는 (영혼의) 가리개가 아니라, (영혼의) 얼굴이다. 성서와 함께 교부들은 육체와 영혼이 결합된 통일체로서만 인간을 구성한다고 말했다. 인간의 보이는 것은, 만일 이 보이는 것이 보이지 않는 것의 보이는 것이 아니었더라면 존재하지 않았을 것이다.[287]

이러한 관점에서 인간이 다른 어떤 탁월한 능력이나 숭고한 행위를 가정하지 않더라도 순수하게 정상적인 인간으로 살아가는 한 인간적인 삶 자체가 신의 모습을 반영한다고 할 수 있다. 우리가 일상적인 삶이라고 부르는 모든 것들, 먹고 마시고일하며 자연을 보고 감탄하고 우정을 나누며, 선을 추구하고 학문을 통해 진리를 추구하고 기도하는 등 모든 일들이 하나같이 신성하고 소중함을 알 수 있다. 즉 인간은 인간이라는 이유만으로 신적 존재를 반사해 주는 존재이며 그렇기에 존재 그 자체가 숭고하다고 할 수 있다. 인간이 인간이라는 이유만으로 절대적으로 존중받아야 한다는 사실은 바로 이러한 인간이 지닌 신의 이미지에 의해서 긍정될 수 있다. 인간으로 태어난 것, 인간의 생명을 지니고 있다는 것은 곧 신의 이미지를 (잠정적으로) 지니고 있다는 의미이다. 인간생명의 절대적인 존엄성은 어떤 유용성이나 사회적 신분, 유전적 탁월성을 통해서가 아니라 신의 이미지를 잠재적으로 지니고 있다는 사실로 인해 긍정되어야 한다.

인간의 생명이 지닌 신의 이미지로서의 특수성은 다른 생명들에게서는 볼 수 없는 윤리적인 특성을 야기한다. 인간은 도달하여야만 하는 최종 목적을 향하도록 질서가 부여되어 있다는 것이다.

> 자연법을 통하여 인간은 그의 본성적인 능력에 따라 영원법에 참여한다. 그러나 인간은 다른 하나의 보다 상위적인 형식(초본성적인 형식)을 통해서 그의 마지막 목적인 초자연적인 목적으로 인도되어야 한다. 바로 이러한 이유로 영원법이 상위

---

287 *Ibid.*, p. 76.

적인 형식으로 (이 세계에) 참여하고 있는 것이다.[288]

인간이 최종 목적인 초자연적인 목적으로 나아간다는 것은 선택의 문제가 아니라 본성적인 능력에 의해서이다. 자신에게 주어진 본성에 적합하게 살아야 한다는 것은 곧 의무를 말하며, 이는 윤리적인 문제이다. 사실상 토미즘에 있어서 모든 인간사의 크고 작은 윤리·도덕적인 문제들은 바로 이러한 근본적인 윤리적인 목적에 수렴한다. 왜냐하면 아리스토텔레스가 말하는 선의 목적 계열은 토미즘에 있어서 그대로 유효하며, 다만 그 최종 목적이 초자연적인 것(신 그 자체)이라는 점이 다르기 때문이다. 그리고 최종 목적인 신을 향해서 질서가 부여되어 있다는 사실은 또한 인간의 생명이 절대적인 존엄성을 가지고 있다는 근거가 된다. 이러한 지향성은 어떤 사회적인 이유로 파기하거나 철회할 수 없는 절대적인 가치이기 때문이다.

사실상 인간적인 삶의 절대적인 존엄성은 그 자체로서 선물임과 동시에 물릴 수 없는 하나의 의무를 부과해 주고 있다. 보다 엄밀히 말하자면 신을 향한 지향성은 의무인 동시에 권리라고 해야 타당할 것이다. 예를 들어서 사형을 언도받은 죄인이 인간적으로 충분히 사형을 받을 만하다고 할지라도, 그가 삶을 주장할 수 있는 유일한 이유가 있다면 그것은 곧 자신이 지켜야만 하는 마지막 의무 즉 신에게로 나아가야 한다는 인간으로서의 사명이다. 인간적인 죄들에도 불구하고 이러한 사명을 수행할 권리를 여전히 요청할 수 있는 것이다. 에머리히 코레트는 "이러한 최고의 가치(윤리에 있어서 절대적 특성의 가치)는 오로지 인간의 절대적인 최종 목표(하느님)인 절대 최고 가치에 대한 윤리적인 관계로부터 파생한다."[289]라고 말하고 있다. 인간이 신에 대해 가지는 절대적인 관계성은 인간의 자유의지로 철회

---

288 "dicendum quod, per legem naturalem participatur lex aeterna secundum proportionem capacitatis humanae. Sed oportet ut altiori modo dirigatur homo in ultimum finem supernaturalem. Et ideo superadditur lex divinitus data, per quam lex aeterna participatur altiori modo." *ST*, I-II, q. 91, a. 3, ad 2.

289 에머리히 코레트, 『인간이란 무엇인가?-철학적 인간학의 기본개요』, 안명옥 옮김, 성바오로출판사, 1994, p. 187.

될 수 없다. 왜냐하면 이러한 관계는 지성이나 의지의 차원을 넘어선 존재의 차원에 있기 때문이다. 이에 대해서 현대 프랑스 토미스트인 에메 포레스트(A. Forest)는 "사유는 존재를 통하여서만 절대에로 날아오를 수 있다."[290]라고 말하고 있다. 이는 다시 말해서 초자연적인 질서로 도약하는 정신의 역동성(le dynamique de l'esprit)이 그 자신의 고유한 특성에 의해서가 아니라, 보다 근원적으로 인간 존재가 지닌 무한과의 관계성 즉 자신을 초월하는 존재의 역동성(le synamique de l'être)에 의해서 가능함을 말하는 것이다. 이는 앞서 말한 바 있듯이 신과 인간의 관계가 다른 유한한 존재들이 가지는 신과의 관계와 다름을 의미한다. 즉 다른 피조물이 창조주로서의 신과 가지는 관계가 단순히 원인과 결과 혹은 존재하기 위한 의존성의 관계라면, 인간의 존재는 그것을 통해서 끊임없이 신에게로 상승하고자 하는 역동성을 가지는 특수한 관계성이라는 것이다. 물론 이러한 존재의 역동성이 구체적으로 나타나는 양태는 사람에 따라서 형식이나 질적인 면에서 천차만별일 것이다. 하지만 그럼에도 불구하고 인간이라면 그가 인간적인 삶을 갈망한다는 한에서 누구나가 지니고 있는 삶의 양태이다. 토미스트 요셉 라삼은 『토마스 아퀴나스』에서 다음과 같이 표현하고 있다.

> 그의 궁극적인 목적에 대해서 상대적인 첫 충동적 정감은, 비록 인간이 이 마지막 목적을 의도적으로 생각하고 있지 않더라도, 각 개인의 개별적인 욕망들 안에서 끊임없이 존재하고 있다. 도상 중에 있는 여행자는 그가 내딛는 매 발자국마다 여행의 최종 목적지를 생각하지는 않는다.[291]

우리가 토미즘 특유의 실재론을 통해 영성적인 삶에 대해서 말하고자 한다면, 최종적인 목적(즉 하느님)을 의식적으로 갈망하는 사람은 누구나—자신이 의식하

---

290 A. Forest, *Du consentement à l'être*, Paris, Montaigne, 1935, p. 157.
291 Joseph Rassam, *Thomas d'Aquin*, PUF, 1969, p. 115.

든 않든—영성적인 삶을 살고자 하는 사람이라고 할 수 있다. 하지만 모든 것이 선이라거나 모든 것이 행복이라는 표현이 그 어느 것도 선이라고 할 필요도 행복이라고 할 필요도 없다는 것과 같다고 하는 일반론에 대한 비판을 피하기 위해서는 특정한 정의가 필요하다. 그것은 종교적 삶에 요청되는 특정한 종류의 사랑인 '카리타스(caritas)'이다. 토마스 아퀴나스는 카리타스에 대해 다음과 같이 말하고 있다.

> 도덕적 덕들이 인간의 자연적인 능력을 넘어서지 않는 하나의 목적과의 조화에 있어서 완성을 실현하는 것이라는 한에서 이들은 인간적인 업적들을 통해서 획득될 수 있다. 이처럼 획득된 덕들은 카리타스 없이도 존재할 수 있다. (…) 그러나 카리타스는 인간적인 덕이 야기하는 것 이상을 즉 초자연적인 질서에 있는 궁극적인 목적을 획득할 수 있는 덕들(신학적 덕들)을 유발한다. 이들이 초자연적인 궁극적 목적으로서의 선을 실현하는 덕이라는 측면에서 인간적 행위를 통해서는 획득될 수 없고, 신에 의해서 수용된 것이다.[292]

카리타스는 자연적인 도덕적 힘만으로는 이룰 수 없는 초자연적 질서에 있는 선을 실현하기 위한 것이며, 그렇기 때문에 순수하게 인간적인 노력에 의해서 주어질 수 없고 신의 은총으로만 주어질 수 있는 특정한 사랑의 한 형태이다.

토미즘의 사유에서는 유한자와 무한자, 상대적 지평과 절대적 지평 혹은 자연적인 것과 초자연적인 것 사이의 이러한 관계가 실제적으로 가능함을 다양한 차원에서 긍정한다. 토마스 아퀴나스는 "하나의 하위적인 본성은 그 자신이 가진 가장 상승된 것(고차원적인 것)을 통해, 보다 상위적인 본성의 가장 하급적인 부분과의 접촉에 들어간다(attingit)."[293]라고 진술하고 있다. 이는 서로 다른 지평의 존재들이 사실은 단절되지 않고,—존재의 차원에서뿐 아니라—본성적인 차원에서도 서로

---

292 *ST*, I-II, q. 65, a. 2, c.
293 *QDV*, q. 10, *De Mente*, a. 1, ad. 5.

맞닿아 있으며 따라서 소통 가능함을 말하는 것이다. 그리고 특히 예술이나 학문적인 행위를 통해서 창조적인 행위를 산출하는 인간의 삶에서, 이러한 초월적인 지평과 자연적인 지평의 소통과 교류는 실제적인 관계성이 있음을 말해 주고 있다.

> 창조가 실재에 있어서 관계성을 의미할 때 피조물은 주체이며, 창조는 주체에서 속성이 발생하듯이 실존 안에 발생하는 것이다.[294]

진정한 예술가들의 창조 행위가 사실은 초월적인 세계로부터 오는 영감에 의해서 가능하다는 이러한 사유는 단지 중세적 사유의 산물만은 아니다. 현대 유신론적 실존주의자인 가브리엘 마르셀 역시 이러한 사유를 분명히 견지하는데 그는 『인간의 존엄성』에서 다음과 같이 말하고 있다.

> 모든 창조적 작업을 하는 사람들(예술가들)의 삶에서 결정적인 역할을 하는 만남들은, 어떤 내재적이고 초월적인 논리에 의해서 재해석되지 않고서는 진정으로 이해될 수 없다는 사실에 대해서 나는 큰 신념을 가지고 있다. 이러한 내재적이고 초월적인 논리 없이는 창조라는 말에 어울리는 모든 창조 행위는 진정으로 이해될 수 없다.[295]

인간이 창조적인 행위를 할 수 있다는 사실은 새로운 것, 이전과는 완전히 다른 어떤 것을 산출할 수 있음을 말한다. 그리고 그 근거를 초월적인 지평에 둔다는

---

294 *ST*, I, q. 45, a. 3, ad 3.

295 G. Marcel, *La Dignité humaine*, Paris, Aubier, 1964, p. 15. 마르셀의 이러한 사유는 예술가의 창조 행위와 장인의 공작(工作) 행위를 근본적으로 구분해 주는 기준을 제공하고 있다. 그것은 영감을 가진 창조적 행위인가 아닌가 하는 것이다. 칸트에게 있어서 이 둘 사이의 구별은 자유를 전제하는가 아닌가이겠지만, 마르셀의 경우 예술가의 창조 행위란 하나의 기술에 대한 완성도를 추구하는 공작 행위와는 달리 초월적인 논리가 개입하는 창조적인 작업인 것이다. 이러한 초월적인 논리에 근거한 창조 행위는 단순히 자유로운 행위와도 다른 것이다.

것은 인간이 근원적으로 초월적인 지평과—최소한 잠재적인 것에 있어서—어떤 보이지 않는 관계성을 가지고 있음을 함의한다. 그리고 토마스 아퀴나스에게 있어서 초월적 지평과의 관계성을 통한 창조 행위는 예술이나 학문을 하는 특수한 사람들만이 아니라 인간의 영혼을 가진 모든 존재에게 해당된다. 왜냐하면 인간에게 있어서 개별자가 되는 것은 곧 세계에 하나밖에 없는 자아를 형성하는 것이며, 그렇기에 창조적인 행위라고 할 수 있기 때문이다. 영혼의 개별화는 자연적인 것 이상을 의미한다. 그래서 토마스 아퀴나스는 "영혼의 개별화 역시 육체와 어떤 관계를 가지고 있음에도 불구하고 육체의 소멸로 인해 소멸되지 않는다."[296]라고 주장한다. 즉 불멸하는 것은 인간의 영혼이 아니라 개별자로서의 나의 영혼이다. 인간의 생명이 다른 모든 생명과 구분되는 특수성은 개별적인 생명이라는 데 있다. 인간이 육체적인 생명을 지니고 있는 한 모든 생명체들이 가지는 생명의 조건과 한계에 동일하게 지배를 받겠지만, 육체적인 죽음은 생명의 한계를 극복하게 한다. 육체적 생명이 소멸되고 보다 개별화된 영적인 생명은 나만의 고유한 개별적인 생명이며, 여기서 인간의 생명은 더 이상 '인간의 생명'이 아닌, 나만의 개별적인 생명을 지니게 된다. 인간의 생명이 특별하고 존엄한 이유는 바로 비교 불가능한 하나의 개별적인 생명이 될 수 있다는 사실에 있다.

다시 카리타스로 돌아가 보자. 카리타스가 신의 은총을 통해서만 주어질 수 있다는 사실은, 진정으로 영성적인 삶을 영위하는 사람들이 그들의 존재 자체를 통해서 신과 인간 사이의 실제적인 관계를 증거하고 있음을 의미한다. 서병창 박사는 토마스 아퀴나스가 말하는 카리타스를 다음과 같이 설명하고 있다.

> 토마스 아퀴나스의 카리타스에 따르면 인간은 성령의 은총을 받아야 신을 사랑할 수 있고 이에 따라 모든 다른 자연적 덕들도 불완전성을 들 수 있다는 것이다.[297]

---

296 *QDA*, q. 1, ad, 5.

297 서병창, 「카리타스에 의한 에로스와 아가페의 종합」, 『중세철학』(한국중세철학회 논문집, 제10호),

오직 성령을 받아야만 신을 사랑할 수 있다는 위의 진술은 카리타스가 오직 성령에 의해서만 주어질 수 있다고 말하는 것이며, 바꿔 말하면 진정으로 신을 사랑하는 사람은 누구나 성령을 통해서 이 사랑(카리타스)을 가지게 된다는 말이다. 이것이 사실이라면 진정으로 신을 사랑하는 사람은 누구나—비록 자신은 의식하고 있지 못할지라도—성령과 소통하는 사람들이라고 할 수 있다. 토마스 아퀴나스는 "비록 종교적 사랑(caritas)이 하나의 사랑이지만, 모든 사랑(amor)이 종교적 사랑은 아니다."[298]라고 말하고 있다. 여기서 우리는 유비를 통해 영성적인 삶도 하나의 삶이지만 모든 삶이 영성적인 삶이 아니라고 말할 수 있으며, 영적인 생명도 하나의 생명이지만 모든 생명이 영적인 생명은 아니라고 말할 수 있다. 나아가 이를 통해 우리는 종교적 사랑과 사랑, 영성적인 삶과 삶 그리고 영적인 생명과 생명의 관계를 등가적으로 이해할 수 있다. 그리고 이러한 구분은 곧 종교적인 것과 일반적인(보편적인) 것의 구분으로 환원될 수 있다. 우리는 이러한 구분을 통해서 토마스 아퀴나스가 말하는 종교적인 것 혹은 종교적 지평이 무엇을 의미하는지 유추해 볼 수 있으며, 나아가 종교적 지평에서 생명의 의미 및 그 본질과 의의에 대해서도 생각해 볼 수 있을 것이다.

종교적인 사랑이 곧 카리타스이며 카리타스가 사랑의 하나이지만 모든 사랑이 카리타스는 아니라는 것은, 너무나 일반적인 사실을 말하는 것 같기도 하다. 왜냐하면 단적으로 사랑이라고 할 때는 모든 종류의 사랑을 말하며, 어떠한 사랑도 결국 사랑의 일종이기 때문이다. 우리는 범주의 문제를 말하고 있는 것이다. 즉 사랑이라는 일반명사는 모든 사랑을 포괄하는 추상적인 개념이며, 모든 종류의 사랑은 이 추상적인 범주의 사랑 안에 포함된다. 하지만 카리타스는 사랑의 하나이지만 어떤 사랑도 카리타스가 아니라는 진술에는 이러한 일반적인 범주의 문제와는 다른 하나의 심오한 의미가 내포되어 있다. 그것은 카리타스의 형이상학적인 의미

분도출판사, 2004, p. 153.

298 *Ibid.*, q. 62, a. 2, ad 3.

이다. 카리타스는 단순히 사랑의 한 특수한 유형이 아니라, 모든 다른 사랑의 형이상학적인 근원이요 원리(형상)이기도 하다.

> 이처럼 카리타스가 모든 덕들에 있어서 그들의 형상이 된다는 의미에서 카리타스는 모든 덕들의 어머니요 뿌리이다.[299]

인간의 자연발생적인 성장이라는 차원에서 종교적 지평은 감성적·윤리적 지평의 실존이 형성된 이후에 형성될 수 있다. 이러한 측면에서 종교적 사랑을 의미하는 카리타스는 다른 모든 사랑들이 형성된 이후에나 형성될 수 있는 것이다. 그런데 어떻게 카리타스가 다른 모든 사랑의 근원이요 뿌리가가 될 수 있을까? 그것은 곧 형이상학적 의미와 목적으로서의 형상을 말하는 것이기에 가능하다. 형이상학적 차원에서 원인은 곧 목적이다. 가령 운동의 원인은 건강이며, 운동의 목적 혹은 결과도 건강이다. 사람과 사람 사이의 사귐의 원인은 우정이요, 사귐의 결과도 우정이다. 인간은 자신에게 전혀 없는 것은 추구하지 않는다. 무엇을 갈망하거나 추구한다는 것은 그 무엇이 이미 자신의 내면에 잠재적으로(in potentia) 내재되어 있기 때문에 가능하다. 이와 마찬가지로 사랑을 갈망하는 인간의 최종 목적이 카리타스 획득이라면, 카리타스는 형이상학적 지평에서는 모든 다른 사랑의 원인이자 목적인 것이다. 토마스 아퀴나스는 복음삼덕(믿음·소망·사랑)에 대해서 말하면서 이를 분명히 밝히고 있다.

> 발생의 질서에 있어서는 질료가 형상에 앞서고, 불완전한 것이 완전한 것을 앞선다. (…) 이처럼 믿음은 희망에 앞서고 희망은 사랑에 앞선다. (…) 그러나 완성의 질서에 있어서 카리타스(종교적 사랑)는 믿음과 희망을 앞선다. 이는 믿음과 희망이

---

299 *ST*, I-II, q. 62, a. 4, ad resp.

사랑을 통해서 형성되기 때문이다.[300]

발생의 순서로는 믿음과 희망이 카리타스를 앞서지만, 그럼에도 불구하고 믿음과 희망이 카리타스를 통해서 형성되는 것은 카리타스가 이들의 형이상학적인 뿌리요 근원이기 때문이다. 내가 신을 사랑하고자 희망하는 것은 이것이 가능하다는 믿음이 있기 때문이요, 또한 이러한 믿음은 내 안에 이미 신에 대한 사랑이 최소한으로 혹은 잠재적으로 내재해 있기에 가능한 것이다. 그렇기 때문에 진정한 종교적인 삶 혹은 영성적인 삶 안에서 첫 출발점 혹은 원인이 되는 것은 카리타스이다. 즉 누군가에게 종교적인 삶을 갈망하게 한 최조의 원인자는 곧 신의 사랑이다. 발생의 순서에 있어서는 내가 자유의지를 유발하였기에 무엇이 이루어졌지만, 형이상학적인 질서로는 카리타스가 먼저 나의 내면에서 나를 부추겼기에 나의 자유의지가 유발된 것이다. 그래서 모든 종류의 영성적 삶에 있어서, 그것이 진정한 영성적인 삶인 한 삶의 첫 원인은 카리타스에 있다. 그렇기에 또한 그 주체는 나의 자아가 아닌 신의 섭리 혹은 은총이라고 말할 수 있다.

이처럼 인간의 모든 진정한 사랑이 그 뿌리로서 카리타스를 가지고 있다는 것은, 결국 모든 인간은 근원적으로 신의 사랑을 뿌리로 가지고 있으며 모든 인간은 신의 사랑을 향해 부름을 받은 존재들이라는 뜻이다. 바로 여기에 인간 생명의 최고의 가치, 최고의 의미가 있다. 모든 인간은 탄생과 더불어 이미 신을 사랑하고자 하는 근원적인 목적(카리타스의 실현)을 지니고 있으며, 그가 무엇을 사랑하고 갈망하고자 하는 이면에는 눈에 보이지 않는 형이상학적인 원리인 카리타스가 내재하는 것이다. 한 (인간의) 생명의 탄생은 발생의 질서상으로는 두 사람의 개별적 사랑의 결실이겠지만, 보다 근원적으로는 신을 사랑하고자 하는 인간 영혼들의 결실이다. 즉 신의 사랑의 결실이기도 한 것이다. 이러한 의미에서 인간 생명은 그 무엇과도 비교할 수 없는 하나의 절대적인 가치를 지니고 있다. 그 어떤 인간의

---

300 *ST*, I–II, q. 62, a. 4, ad resp.

생명도 신의 사랑을 전제하지 않고서는 탄생할 수 없기 때문이다. 따라서 모든 인간은 사랑받기 위해서 태어났다고 하는 통속적인 말은 토미즘의 입장에서 보자면 부정확하다. 모든 인간은 신의 사랑으로 탄생하였고, 신을 사랑하기 위해서 탄생한 것이다. 그리고 이러한 생명의 탄생은 다양한 사랑의 과정을 거쳐서 마침내 보다 완전한 사랑을 지향하게 되고, 이보다 완전한 사랑에 대한 갈망이 구체적으로 '영성적인 삶'이라는 보다 특수한 삶을 창조해 낸 것이다. 이러한 영적인 삶에 전적으로 헌신하는 것이 완덕을 지향하는 수도자들의 삶이다. 사람들은 이러한 삶이 가장 고유하고 순수하게 보전되고 있는 수도적 삶을 '관상수도자의 삶'이라고 한다. 엠마누엘 흐노는 성녀 아빌라의 데레사(Ste. Thérèse d'Avila)가 지향했던 관상수도자의 삶의 근본목적에 대해 다음과 말한다.

> 결론적으로 원초적인 규칙들에 대한 준수를 통해서 성녀가 지향했던 것은 모든 수도회가 지향하는 근본적인 목적이다. 가장 높은 덕의 완성으로 나아가는 것, 즉 카리타스의 완성으로 나아가는 것이다.[301]

하지만 토미즘에서 카리타스의 완성은 오직 관상수도자들의 특수한 삶의 목적이 아니라, 모든 이들이—최소한 종교적인 삶을 지향하는 모든 이들이—지향하는 목적이기도 하다. 왜냐하면 모든 인간적인 사랑들의 근원이자 궁극목적이 곧 카리타스이며, 궁극목적이라는 원리에 따라 카리타스는 완성을 지향하기 때문이다. 사실 형이상학적인 차원에서 원인(근원)이 곧 목적(완성)이라는 사유는 헤겔 철학에서도 잘 나타난다. 헤겔에게 있어서 모든 세계현상의 근원은 절대정신이고 세계역사의 과정은 곧 절대정신이 자신을 실현하는 과정이며, 세계의 완성은 곧 절대정신의 완전한 자기실현으로 나타나기 때문이다. 세계시작의 근원에 절대정신이 있고, 세계역사의 궁극목적이 곧 절대정신의 실현인 것이다. 결국 이러한 형이상학적인

---

301 Emmanuel Renault, *St. Thérèse d'Avila et l'expérience mystique*, Paris, Seuil, 1981, p. 121.

관점에서 토미즘의 생명현상을 요약하면 생명의 시초에 생명의 근원으로서의 카리타스가 있고 생명현상은 이러한 카리타스가 완성되어 가는 과정이며, 그 궁극적인 목적은 카리타스의 완성에 있다. 그렇기에 인간의 생명은 영성적인 삶을 목적으로 주어진 것이다.

따라서 인간생명의 진정한 가치나 의미는 결코 생물학적인 차원에서나 유전공학적 차원에서는 주어지지 않는다. X-선이나 유전자 분석은 결코 인간생명의 형이상학적 차원을 밝힐 수 없을 것이다. 인간생명의 근원이자 목적인 카리타스, 그리고 카리타스가 실제적인 삶의 형식으로 자리 잡게 되는 성령과의 교류는 결코 과학이나 학문적 방법으로 밝혀내거나 포착할 수 없다. 자유로운 사람이 자유를 외치지 않듯이 성령이 충만한 사람은 성령을 외치지 않을 것이다. 진정으로 선한 사람은 자신이 선하다는 사실을 잘 의식하지 못하듯, 성령에 의해 살아가는 사람도 자신이 성령의 감화를 받고 있음을 잘 의식하지 못할지도 모른다. 다만 우리는 그가 진정 신을 사랑하는지 아닌지를 보고 그가 성령과 함께하는지 않는지를 알게 되며, 그의 사랑이 얼마나 인간적인 사랑의 지평을 넘어서 있는가를 보고 그에게 실현되는 카리타스의 실재를 이해할 수 있다. 그렇기에 생명의 최고의 단계는 과학이나 학문의 영역이 아니라 종교적 체험과 믿음의 영역이다. 인간의 생명이 다양한 의미로 사용되고 있지만, 종교적 지평에서의 인간생명의 의미는 다른 모든 의미와 다른 하나의 초자연적인 의미를 가진다. '인간은 인간을 무한히 넘어서는 존재'라고 한 파스칼의 말이나, '인간이란 보다 더 큰 세계로 열린 X'라는 막스 셸러의 말은 모두 이러한 인간생명의 초자연적인 의미를 말해 주는 것이다.

제6장

생명의 지향성과 지성 그리고 영성적 삶

토마스 아퀴나스는 지성의 대상은 참된 것이며 의지의 대상은 선한 것이라고 하였는데, 사실은 의지가 지성의 한 능력 — 정확히는 지성혼의 한 능력 — 이므로 올바르게 사유하는 사람은 누구나 올바른 도덕적 삶을 추구하며, 올바른 도덕적인 삶은 올바른 지성적인 앎을 전제로 한다. 이것이 토미즘을 지성주의라고 부르는 근본적인 이유이다.

제6장 생명의 지향성과 지성 그리고 영성적 삶

인간의 생명이 탄생과 더불어 가지는 신성한 존재(신의 존재)와의 필연적인 관계성은, 인간의 생명은 신성한 실재(카리타스의 완성)가 되기 위한 것임을 말해 준다. 양지식물이 필연적으로 태양빛을 향하는 굴광성을 가지고 있듯 인간의 생명은 신성함을 향하는 지향성을 가지고 있음이 분명하다. 하지만 식물의 경우에는 굴광성이 매우 분명한 방식으로 나타나서 눈으로 확인할 수 있어도, 인간의 생명은 그렇지 않다. 역사 속의 경험적인 증거들을 보면 이러한 '신성으로의 지향성'은 선택받은 특수한 영혼들 외에는 거의 볼 수 없는 것 같기도 하다. 오히려 리처드 도킨스의 『이기적 유전자』에서 볼 수 있듯이 인간의 생명은 본질적으로 신성함이나 빛보다는 세속적인 것 혹은 어둠으로의 지향성을 가지고 있는 듯도 하다. 하지만 인간의 생명현상이 의식의 탄생과 더불어 매우 내면적이고 정신적인 차원에서 이루어지고 있음을 감안한다면 이러한 외형적이고 표면적인 인간현상은 본질적인 것이 아닐 수 있으며, 생물학적으로 이기적인 듯 보이는 인간존재의 현상 이면에는 여전히 신성함을 향한 생명의 고통과 몸부림이 내포되어 있을 수 있다. 즉 생명현상, 특히 인간의 생명현상에 있어서는 눈에 보이는 것이 다가 아님은 분명하다. 따라서 인간생명의 제 현상들에 나타나는 보이지 않는 진실을 밝히고 그 진정한 의미를 해명하는 것은 인간이 가야 할 길을 비춰 주기 위한 하나의 도덕적인 의무이다.

1. 생명의 지향성과 실존의 다양성

토미즘에서 생명의 지향성은 실존적 지평의 다양성처럼 나타난다. 토마스 아퀴나스에게 있어서 인간의 영혼은 식물혼·동물혼·지성혼으로 다양하게 분화된 것이 아니라 하나의 영혼이 가지는 다양한 기능처럼 고려된다. 애초에 영혼이 육체에게 부여하는 생명은 식물적인 것도 동물적인 것도 그렇다고 지성적인 것도 아니며, 이 모든 것을 잠재적으로 포괄하지만 그 어느 것도 아니다. 그래서 토마스 아퀴나스는 영혼이 육체에게 부여하는 생명은 '가능성 중의 생명(est potentia vitam)'[302]이라고 말하는 것이다. 가능성 중의 생명은 육체적 영양작용과 더불어 식물혼의 형상으로 나타나고 감각작용과 더불어 동물혼(감성혼)의 형상으로 나타나며, 마침내 의식의 활동과 더불어 지성혼의 형상으로 나타난다. 이러한 발생 과정은 순차적으로 나타나며, 그렇기에 생명의 발생은 역동적이고 상승적이라 할 수 있다. 생명의 상승작용에서 상승이란 위로 향한다는 뜻이며, 여기서 위란 최종 목적으로서 형이상학적인 최고선인 신적 존재로 향한다는 의미이다.[303] 따라서 만일 이러한 생명의 상승작용을 감안한다면 모든 인간의 생명은 자연적인 상승운동에 의해 신성함을 획득하여야 하고, 마침내 신적 존재와의 관계성을 획득하고 최종 목적에 이르러야만 한다. 하지만 키르케고르가 잘 간파하고 있듯이[304] 신적 존재와의 진정한 관계성을 형성하고 있거나 상승작용을 잘 이루어 가고 있는 영혼들은 극히 드물다. 그 이유는 어디에 있을까? 아마도 토마스 아퀴나스는 인간만이 자유의지(libro arbtro)

302 "영혼은 (질료에게) 하나의 육체를 부여하며, 동시에 유기체가 되게 하며, 또한 능력으로서의 생명을 부여한다." *ST*, I, q. 76, a. 4, ad 1.

303 최고선에 대한 지향은 선의 목적계열을 주장하는 아리스토텔레스의 목적론적 윤리관의 전형적인 세계관이다. 토마스 아퀴나스 역시 이러한 아리스토텔레스의 목적론을 그대로 수용하고 있다. "만약 행위 될 수 있는 것들의 목적에 있어서, 우리가 이것은 그 자체 때문에 바라고, 다른 것들은 이것 때문에 바라는 것이라면, 또 우리가 모든 것을 다른 것 때문에 선택하는 것은 아니라고 한다면, 이것은 좋음이며 최상의 좋음(ariston, 최고선)일 것이라는 사실은 명백하다." 아리스토텔레스, 『니코마코스 윤리학』, 1094b, 이창우·김재홍·강상진 옮김, 이제이북스, 2006, p. 14.

304 "허다한 사람들이 자신들을 그리스도인이라고 부르고 또 그리스도인으로 간주하고 있는 엄청난 착각이 존재하고 있다." 키르케고르, 『관점』, 임춘갑 옮김, 도서출판 치우, 2011, p. 44.

를 가졌기 때문이라고 할 것이다. 왜냐하면 자유의지란 선악에 대한 판단을 초월하여 자신이 무엇이든 선택할 수 있는 능력을 말하기 때문이다.[305]

토마스 아퀴나스에게 있어서 자유에 관한 주제는 인간 실존의 다양성을 해명하는 열쇠이다. 토마스 아퀴나스에게 있어서 자유의지란 내가 바라고 원하는 것을 의지할 수 있는 능력이다. 그것을 선택하여야만 하는 필연적인 이유를 전제하지 않고도 단순히 내가 바라고 원하는 것을 추구하는 능력이다. 사실 이러한 자유의지는 인간이라면 누구나 체험한다. 철학자들은 그 사실을 경험적으로 증명할 수 있고 경험을 통해 인간에게 자유의지가 있음을 긍정할 수 있다. 그러나 토마스 아퀴나스의 자유의지에 대한 사유는 인간의 실존의 특수성을 해명하는 다른 하나의 심오한 의미를 지니고 있다. 그것은 도덕적 존재로서의 자율성과 창조적 존재로서의 인간 존엄성과 깊이 연관되어 있다. 우선 그는 의지(voluntas)가 인간이 소유한 하나의 고유한 능력이라고 하면서 다음과 같이 정의하고 있다.

> 의지는 선(bonum)이라는 이유가 아니라면 어떠한 대상에게도 기울지 않는다.[306]
>
> 지성에 의해서 알려진 선이 의지를 움직이게 한다.[307]

위의 두 진술로 미루어 볼 때, 의지란 지성을 가진 인간이 지성적인 사유를 통해서 이해한 '좋음(bonum)'을 추구하는 자연적인 능력이라고 규정할 수 있다. 이러한 의지는 본성이 본능적으로 무엇을 추구하는 것과는 구분된다. 의지는 사유를 통해서 밝혀진 어떤 좋은 것 혹은 선한 것을 추구하기 때문이다. 따라서 인간의 의지란 이성적이고 합리적인 차원에서 무엇을 추구하는 것을 말한다. 즉 어떤 것을 추

---

305 "자유의지는 선과 악의 선택에 있어서 무관심하다. (…) 따라서 자유의지는 하나의 능력이라는 것이 분명하다." *ST*, q. 83,. a. 2, ad resp.

306 "voluntas in nihil potest tendere nisi sub ratione boni." *ST*, q. 82, a. 2, ad. 1.

307 "bonum enim intellectum movet voluntatem." *ST*, q. 82, a. 3, ad 2.

구하는 데 있어서 '왜?'라는 질문에 대한 분명한 답을 가지고 있으며, 그렇기에 어떤 구속이나 강제에 의해서가 아닌 나의 자발적인 행위를 의지의 행위라고 할 수 있다.[308] 그리고 만일 누군가 이러한 좋음 혹은 선이 무엇을 위한 것이냐고 묻는다면, 그 답은 '행복'일 것이다.[309] 즉 의지는 행복하고자 하는 인간의 근원적인 동기에 의해 나에게 행복을 가져다 줄 수 있는 매개체인 좋은 것 혹은 선한 것을 원하는 능력이라고 할 수 있다. 그런데 이러한 의지에 대한 정의는 왜 앞서 말한 자유의지에 대한 정의와 상반되는 것처럼 보이는가? 그것은 의지 앞에 붙는 자유라는 단어의 기능 때문이다.

자유란 무엇인가? 자유란 필연적인 것 혹은 강제적인 것과는 상반되는 의미를 포함하고 있다. 가장 일반적인 의미에서 자유란, 그것이 무엇이건 오직 나의 자유로운 선택에 의한 행위에만 해당되는 것이다. 반드시 그렇게 해야 한다거나, 그것이 최상의 것이라거나 하는 어떤 이유도 없이 순수하게 내가 원하는 바를 행할 때 자유로운 것이다. 따라서 의지가 본질적으로 선을 지향한다면, 자유의지는 나의 내적인 기호나 자유로운 선택에 달려 있다. 그렇다면 이러한 자유의지를 유발하는 어떤 원칙이나 원리는 없으며, 단지 우연한 선택에 불과한가? 그렇지는 않다. 토마스 아퀴나스는 이러한 '자유의지'의 원동력 혹은 동인을 '지성적인 미각(appetitus intellectivus)'이라고 말하고 있다.

> 구체적인 하나의 선은 미각(appetitus)의 대상이며, 선택은 그의 원리에 있어서 미각적 능력의 행위이다. 이처럼 자유의지라는 것은 미각의 한 능력이다.[310]

---

308 "자연적인 것이 본성의 자연적인 성향에 적합한 것을 말하듯, 의지적이란 의지의 자연적인 성향에 적합한 것을 말한다. 그런데 하나의 행위가 자연적이면서 동시에 폭력적이라는 것은 불가능하듯이 하나의 행위가 절대적으로 구속적이거나 폭력적인 것이면서 동시에 의지적이라는 것은 불가능하다." *ST*, q. 82, a. 1, c.

309 "지성이 제일원리들에 천착하듯이 의지는 필연적으로 최종 목적에 천착한다. 그런데 이 최종 목적은 행복이다." *ST*, q. 82, a. 1, c.

310 *ST*, I, q. 83, a. 3, c.

> 감각은 이성처럼 다양한 대상을 통한 종합이라는 방식으로 작용하지 않으며, 하나의 절대적인 방식으로 하나를 파악한다. 그 결과 감각은 이 유일한 대상에게 자신의 감각적 미각(appetitum sesitivum)을 결정론적 방식으로 느끼게 된다. 그러나 이성은 다양한 대상을 비교할 수 있으며, 그런 이유로 지성적인 미각은 유일한 하나의 대상을 통해서가 아니라. 다양한 대상들을 통해서 관심을 가지게 된다.[311]

자유의지가 미각의 한 능력이라고 하는 것은 결국 그것이 나의 내적인 기호에 달려 있기 때문이다. 가령 보다 많은 사람들을 구원하기 위해서 수도자나 봉사자가 되는 것이 보다 바람직하고 선한 일임을 알고 있다고 하더라도, 나는 수도자도 봉사자도 선택하지 않고 예술가나 평범한 회사원의 삶을 선택할 수 있다. 마찬가지로 나의 재능이나 모든 상황을 고려할 때 의사나 연구자가 되는 것이 최선의 길임을 알고 있더라도 시인이 되고자 결심할 수 있다. 물론 이와 정반대의 경우도 가정해 볼 수 있을 것이다. 위대한 과학자나 위대한 예술가가 될 소질이 다분하지만, 평범한 수도자의 길을 선택할 수도 있다. 이 경우 선택의 기준은 윤리·도덕적인 선 혹은 올바름이 아니라 '나는 어떠한 삶을 보다 선호하는가?' 혹은 '나에게는 어떠한 삶이 더욱 자연스러운가?' 하는 나의 지극히 주관적인 기호이다. 기호는 단순히 감각적인 것이나 심미적인 것이 아니라 전체적으로 다양한 대상을 비교·분석하고 선택했다는 차원에서 지성적인 것이며, 지성적인 차원에서 보다 선호하는 것을 곧 지성적인 미각이라고 이름한다. 효용성이나 실용성의 차원을 초월하고 윤리·도덕적인 차원도 초월하여, 오직 내가 나의 내적인 이유로서 어떤 것을 자유롭게 선택할 수 있는 능력이 자유의지의 능력이다. 이러한 자유의지의 실행 앞에서는 신도 멈추어 선다는 것이 토미즘의 일반적인 사유이다. 여기서 우리는 하나의 의미 있는 질문을 던질 수 있다. 그렇다면 신은 애초에 왜 인간에게 이러한 자유의지를 허락하였을까? 이 질문에 답하는 것은 곧 인격(persona)의 심오함을 밝히는 일이 될 것이다.

---

311 *ST*, I, q. 82, a. 2, ad 3.

만일 인간이 신을 닮았다고 한다면, 그것은 신이 가진 페르소나(Persona)와 유사한 페르소나를 가지고 있다는 것을 말한다. 신을 지칭하는 이 라틴어 용어가 부각시키는 페르소나의 신적 특성은 '자유로운 자', '자립하는 자' 등의 의미를 가지고 있다. Persona라는 용어의 어원을 분석해 보면 per-se-una, 즉 '그 스스로를 통해서 하나인 자'라는 의미이다. 존재론적으로는 존재함에 있어서 그 어떤 것에도 의존하지 않고 자립하는 자라는 의미가 부각되고, 행위함에 있어서는 결코 다른 어떤 것의 간섭이나 규제를 받지 않고 오직 스스로의 내적인 동기에 의해서 행위를 하는 자유의 의미가 부각된다. 현대 프랑스의 토미스트인 프랑수아 제니트는 신의 자유를 이해하기 위해서는 인간의 자유를 유비적으로 고려하는 길밖에 없음을 다음과 같이 진술하고 있다.

> 신에게 있어서 이러한 사태가 아닌 저러한 사태를 산출하도록 규정하거나 특히 어떤 사태가 일어나기보다 일어나지 않도록 규정할 수 있는 것은 아무것도 없으며, 이러한 것은 오직 신의 자유의 선택에 달린 것이다. 어떠한 구체적인 하나의 사태를 유발하도록 규정하는 것이 전혀 없는 이러한 행동을 지칭하기 위해서 '자유(liberté)'라는 말 외에 다른 용어는 없을 것이다. 이러한 신의 행위의 특징을 이해할 수 있도록 하는 유일한 하나의 유비는 바로 인간의 자유이다. 자유롭게 행위 한다는 것은 모든 순간에 있어서 그의 행동의 사태(결과, effet)를 지배한다는 것이다. 그런데 이러한 경우 한계가 설정되어 있고, 규정된 하나의 사태에 대해서 행위성(현실성, actualité)이 무한한 동인(Agent)의 경우이다. 따라서 신은 자유롭게 행위하며, 이는 신에게 존재하는 무한한 의지의 징표인 것이다.[312]

'자유롭다'라는 사태가 그의 행동의 사태(결과)를 지배한다는 것은 무엇을 말하는가? 이는 필연적이거나 논리적인 혹은 자연적인 법칙에서 벗어나 있다는 의미

312 F. M. Genuyt O.P., *Le Mystère de Dieu*, paris, Desclée, 1963, p. 103.

이다. 가령 한 시간의 노동을 하였을 때, 논리적이거나 자연적인 법칙에 의하면 1시간에 해당하는 임금을 지급하여야 한다. 하지만 그럼에도 불구하고 만일 주인이 하루 동안의 임금을 지급해 준다면 이는 순전히 주인의 자유에 해당한다. 이러한 차원에서 모든 기적은 그것이 진정한 기적인 한 신의 자유에 속하는 사건이다. 우리는 신에게 무엇을 요청할 수 있지만, 신이 무엇을 해 주어야 한다고 요구할 수는 없다. 왜냐하면 그것은 신의 자유에 위배되기 때문이다. 세상 그 누구도 신의 자유 앞에서 이의를 제기할 수는 없다. 왜냐하면 '세계를 창조할 것인가 말 것인가' 자체가 신의 자유에 속한 것이기 때문이다. 이와 유사하게 인간에게도 자유의지가 있다. 하지만 인간의 자유의지는 모든 순간에 행동의 사태(결과)를 지배할 수 있는 것이 아니며, 한계가 있는 자유의지이다. 인간의 자유의지가 유한함을 보여 주는 가장 분명한 증거는 인생의 궁극적인 목적 혹은 최종적인 목적에 대해 인간의 자유의지가 전혀 개입할 수 없다는 사실이다.

> 우리가 이것 혹은 저것을 선택할 수 있는 한 우리는 우리들의 행위의 주인이다. 그런데 선택은 최종적인 목적(la fin ultime)에 관계하는 것이 아니라, 다만 (최종 목적에 도달하는) 방법들과 관련이 있다. 따라서 최종적인 목적을 갈망하는 것은 우리들이 주인인 우리들의 행위(즉 의지)에 속하는 것이 아니다.[313]

우리는 이러한 사실로부터, 신적 존재로 향하는 인간생명의 지향성은 자유의지를 통해서도 철회할 수 없음을 알 수 있다. 엄밀히 말하면 인간의 자유의지는 선택의 자유를 말하지만, 그 선택의 대상은 매우 제한적이다. 인간은 자신의 미래를 선택할 수 있지만 타인의 미래를 선택해 줄 수 없고, 늙지 않음을 선택할 수도 없으며, 남성이 여성이 되고자 선택할 수도 없다. 이러한 선택은 최소한의 합리적이고 이성적인 어떤 사유를 통해서 실행될 수밖에 없을 것이다. 사실 토마스 아퀴나스

---

313 *ST*, I, q. 82 a. 1, ad 3.

는 "인간이 자유의지를 가지고 있다는 것은 인간이 이성을 가지고 있다는 그 사태로부터 필연적인 것"[314]이라고 말한다. 왜냐하면 무엇인가를 곰곰이 생각하고 전후 맥락을 고려한 후 가장 이상적인 것을 선택할 때 자유로운 선택이라고 하지, 주사위를 던져 결정한 우연적인 선택을 자유로운 선택이라고 하지는 않기 때문이다. 즉 인간의 자유의지는 어떤 특정한 판단에 뒤따르는 자유로운 결정을 말하는 것이다.

> 판단은 말하자면 그것에 있어서 표결이 결정되는 결론이다. (…) 선택은 그 자체로서 특정한 판단처럼 보이며, 사람들은 이러한 판단을 자유의지라고 부르는 것이다.[315]

그렇기에 인간의 자유의지 행사는, 그것이 진정한 자유의지라면 결코 불합리하거나 우연하거나 부조리하지 않다. 그것이 자유의지에 의한 행위라면—최소한 의지를 실행하는 주체에게 있어서는—이성적이고 합리적이며 납득할 만한 행위이다. '불합리한 자유의지'의 행위란 '뜨거운 찬물'처럼 모순된 것이다. 하지만 그렇다고 해서 선택의 자유를 의미하는 자유의지의 행사가 반드시 그럴 수밖에 없는 '필연적인 선택'일 수는 없다. 그 어떤 결정론적인 의미의 필연적인 것도 자유의지의 행위라고 할 수는 없기 때문이다. 결론적으로 우리는 인간에게 있어서 자유의지란, 어떤 궁극적인 목적을 향해 나아가는 과정에서 발생하는 방법론적인 선택에 있어 자유로운 의지라고 규정할 수 있다. 실존의 다양성은 바로 이러한 방법의 선택에 있어서 절대적으로 자유로울 수 있다는 사실로부터 주어진다.

인간의 실존이 다양할 수 있다는 사실은 인간의 생명이 다른 식물이나 동물들의 생명과 근본적으로 다름을 말해 준다. 왜냐하면 식물이나 동물의 생명현상은 오직 동일하고 획일적인 것을 끊임없이 재산출하는 것을 의미하기 때문이다. 인간

---

314 *ST*, I, q. 83, a. 1, ad resp.
315 *ST*, I, q. 83., a. 3, ad. 2.

에게 있어서 생명현상이란 끊임없이 다른 사태, 새로운 사태를 산출하는 데 있다. 그것은 곧 인간이 본성적으로 자유의지를 소유하고 있기 때문이다. 베르그송과 같은 철학자는 곤충들에게조차도 최소한의 자유의지가 있다고 생각하지만,[316] 그렇다고 하더라도 곤충들에게서 보이는 자유의지는 실존의 다양성을 야기하지는 않는다는 차원에서 인간의 그것과 다르다. 그렇다면 인간에게 있어서 실존의 다양성은 무엇을 의미하며, 어떻게 발생하는가? 단적으로 말하자면 실존의 다양성이란, 인간인 모든 개별자들은 각자가 하나의 소우주로서 자신만의 고유한 실존을 소유하고 있다는 것이다. 자신만의 고유한 실존은 그 자신이 자유의지를 가진 존재이기 때문에 가능하다. 그렇다면 왜 인간은 다른 모든 인간들과 구분되는 자신만의 고유한 실존을 지니며 그 의미는 어디에 있는가?

인간이 유일한 실존을 소유한 이유는 생명의 원리로서의 영혼이 유일한 것이기 때문이며, 또한 자유의지는 본질적으로 한 개인의 고유한 지성적 미각에 의한 것이기에 예측할 수 없기 때문이다. 탄생 시 인간의 영혼에는 미리 타고난 생득적인 관념이나 앎 혹은 기억 등이 전혀 없음에도 유일한 개별적 영혼이라고 하는 것은 이 영혼이 지니고 있는 어떤 기질이나 기호 등 질적인 특성이 다름을 의미한다. 이러한 다른 기질이나 특성이 동일한 대상에 대한 다른 느낌과 인상, 앎을 유발하고 그리하여 유일한 하나의 자아를 형성하는 것이다. 나아가 이러한 유일한 자아가 유일한 행위를 유발하게 한다. 이러한 인간의 조건이 자유의지(선택의 자유)란 어떤 예측 불가능한 것임을 말해 준다. 왜냐하면 개별적인 자아의 내적 분위기나 상황에 대해서 알 수 있는 자는 행위의 주체인 자기 자신뿐이기 때문이다. 이러한 이유로 인간의 자유의지의 행위는 일반적인 지성적 이해를 넘어설 수밖에 없다. 가령

316 베르그송은 곤충들에게도 지성을 통한 선택의 다양성이 나타난다고 말하는데, 이는 곤충들에게도 최소한의 자유의지가 있음을 말하는 것과 같다. "가장 완벽한 본능을 가진 곤충에게 있어서도 어렴풋하게 지성을 동반하고 있음을 알 수 있는데, 장소의 선택, 보금자리의 건축에 있어서 때와 재료들의 선택이 그러한 것이다. 예를 들어 꿀벌들이 공중에 그들의 집을 꾸밀 때, 이들은 새로운 조건에 적응하기 위해서 진정한 지성적인 새로운 기질을 고안하고 있다." *L'évolution créatrice, op. cit.*, pp. 154~155.

만일 우리가 한 인간에 대해서 그의 모든 기질들이나 그를 부추기는 동기, 그의 내적인 감정과 그를 둘러싼 모든 상황 심지어 그를 이끄는 신의 은총까지 알고 있다고 가정해 보자. 그럼에도 이 개인이 깊은 숙고와 반성 뒤 그의 자유의지로 실행할 행동을 확실하게 예견하기는 불가능할 것이다. 왜냐하면 자유의지에 의한 선택은 결코 어떤 원인으로 인해 필연적으로 이루어지는 것이 아니며, 행위 주체가 자신의 내적인 지성적 미각을 통해서 자유롭게 선택한 그만의 자유이자 그만의 비밀이기 때문이다. 따라서 만일 우리가 인간에게 자유가 있다고 할 경우, 이 자유는 자유의지의 비규정성과 선택의 자율성으로부터 주어져야 한다. 즉 어떤 주어진 조건들에 대해서 기계적으로 혹은 수동적으로 작용하는 것이 아니라 능동적으로 혹은 적극적으로 이 조건들을 넘어설 수 있다는 것이며(기계론에 대한 초월), 나아가 판단에 대해서 의지의 주인이 된다는 의미이다(합리성에 대한 초월). 이를 우리는 자율성으로서의 자유 혹은 독립성으로서의 자유라 할 수 있다.

여기서 우리는 한 가지 심오한 질문을 던질 수 있다. 왜 인간은 이러한 자유의 의지를 능력으로 타고 났는가? 즉 그 의미는 무엇인가? 사실 인간의 자유의지가 반드시 좋은 것은 아니다. 신학자들은 애초에 인간이 원죄를 범한 것도 자유의지 때문이라고 하며, 역사상 가장 비극적인 전쟁들이나 오늘날 매일같이 발생하는 끔찍한 범죄행위도 모두 인간의 자유의지 때문이다. 물론 이와 정반대로 가장 위대한 예술가의 예술 작품이나, 가장 숭고한 희생 또는 사랑도 모두 자유의지의 올바른 행사에 의한 것이다. 즉 인간에게 있어서 자유의지란 마치 양날의 칼과 같고, 신이 인간에게 자유의지를 부여한 것은 하나의 위험한 모험과 같다. 인간이 소유한 자유의지의 능력은 세계를 완성시키는 도구가 될 수 있으나 또한 세계를 파멸시키는 도구도 될 수 있는 것이다. 그렇다면 왜 신은 이러한 위험천만한 모험을 했을까? 인간을 충분히 신뢰하기 때문일까? 아마도 신이 인간을 신뢰하기 때문이 아니라, 인간을 사랑하기 때문에 자유의지를 부여했다고 하는 것이 가장 적절한 답이 될 것이다.

앞서 우리는 '인간의 자유의지 앞에서는 신도 멈추어 선다'고 언급한 바 있다.

이는 사실이다. 하지만 그렇다고 신이 인간의 자유의지의 행위와 무관하지는 않다. 우선 토마스 아퀴나스는 인간이 자유의지를 통해서 스스로 행위를 하지만, 그럼에도 그 제일 원인은 신일 수 있다고 말하고 있다.

> 인간은 자유의지에 의해서 자신의 행동을 스스로 취한다. 그러나 그가 자유롭다고 해서 그의 (자유로움의) 제일 원인이 자신이라는 것은 필연적인 것이 아니다. (…) 신은 각각의 존재 안에서 그들의 고유한 본성에 따라 행위를 한다.[317]

인간의 자유의지의 실행 원인이 자신의 지성적인 미각에 있다는 것은 사실이지만, 반드시 그러한 것도 예외가 전혀 없는 것도 아니다. 즉 지성적인 미각에 영향을 미칠 수 있는 존재가 곧 신이요, 경우에 따라서는 각자의 고유한 본성에 따라서 신이 지성적인 미각을 유발할 수도 있는 것이다. 사실상 이러한 진술은 성령의 감화를 받아서 회개한 대부분의 성인들에게서 볼 수 있는 사실이다. 가령 사도 바울은 그가 박해하던 그리스도교를 위해 전향한 사실이 신의 섭리와 도우심에 의한 것이라고 말한다.[318] 사도 바울이 회개하고 그리스도교를 위해 헌신하기로 결심한 것은 자신의 자유의지였겠지만, 그럼에도 여기에 신의 도움을 가정하지 않을 수 없다. 그래서 토마스 아퀴나스 역시 "우리들의 선택은 항상 우리들 자신에게 속하지만, 여기에는 항상 신의 도움이 있음을 가정할 수 있는 것"[319]이라고 말한다. 도움을 주되 자유의지를 절대적으로 존중하는 것은 사랑의 가장 고유한 특성이다. 누군가를 사랑하는 것은 사랑하는 대상의 선을 추구하는 것이며, 여기서 가장 큰 선은 완전한 자유의지의 실행을 의미하기 때문이다. 사실 신을 닮았다는 말에는

---

317 *ST*, I, q. 83, a. 1, ad 3.

318 "나는 하느님의 교회를 몹시 박해하며 아예 없애 버리려고 하였습니다. (…) 그러나 어머니 배 속에 있을 때부터 나를 따로 뽑으시어 당신의 은총으로 부르신 하느님께서 기꺼이 마음을 정하시어, 내가 당신의 아드님을 다른 민족들에게 전할 수 있도록…" 『신약성경』, 갈라, 1, 13~16.

319 *ST*, I, q. 83 a. 1, ad 2.

신이 완전한 자유의지를 지니고 있듯이 완전한 자유의지를 가졌다는 의미가 포함된다. 신약성경에서는 "하늘의 너희 아버지께서 완전하신 것처럼 너희도 완전한 사람이 되어야 한다."[320]라고 한다. 여기서 완전함의 의미가 다양하게 해석될 수 있겠지만, 우선 완전한 자유의지를 가지는 것으로 해석할 수 있다. 사실상 영성적인 삶을 시작하는 것은 완전한 자유의지를 가지고자 출발하는 것이다.

여기서 우리는 완전한 자유의지를 가지는 것의 의미를 숙고해 볼 수 있다. 무엇이 완전한 자유의지이며, 완전한 자유의지를 가지는 것과 영성적인 삶은 어떤 관계가 있는가? 인간은 페르소나[321]를 가지고 있다. 이것이 신과 닮은 점이다. 하지만 인간의 페르소나와 신의 페르소나는 무한한 차이가 있다. 신이 완전한 페르소나를 가지고 있다면 인간은 매우 불완전한 페르소나를 가지고 있다. 왜냐하면 신의 페르소나가 나타나는 방식은 오직 자기 스스로의 원인에 의해서 자기 완결적이고 자기 충족적이지만, 인간의 페르소나는 매우 의존적이고 성장의 과정 중에 있으며 무엇인가 부족한 상태로 나타나기 때문이다. 인간은 앎이 부족하고 의지에 제약이 있으며 따라서 행위도 그 자신이 만든 것이 아닌 제 법(관습법·실증법 등)의 제약을 받으면서 실행된다. 이것이 인간의 페르소나가 가진 첫 번째 결함이다. 나아가 인간의 페르소나는 육체의 요구와 이기심 및 본능의 충동 등 질료적 본성의 온갖 나약함과 비참함에 저당 잡혀 있다. 이는 인간의 페르소나가 가진 두 번째 결함이라고 할 수 있다. 그런데 인간은 육체적인 본성만을 가진 것이 아니라, 정신적인 본성을 동시에 가지고 있다. 인간이 불완전함과 부족함에 만족하지 못하고 스스로 자립적인 존재가 되고자 갈망하는 것 또한 인간의 페르소나가 그 뿌리를 신의 페르소나에 두고 있다는 증거이다. 이러한 사유는 인간의 모든 사랑이 그 뿌리를 신적 사랑인 카리타스에 두고 있다는 것과 같은 이치이다. 그렇기에 인간이 자

---

320 『신약성경』, 마태, 4, 48.

321 라틴어의 페르소나(persona)는 개성·인격·자아·근원적 자아·자기 실체·자기 동일성 등의 다양한 의미를 함의하는 용어이다. 여기서는 이들 중 특정한 하나에 해당한다고 단정하기 어렵기에 '페르소나'라는 용어를 그대로 사용한다.

신에게 주어진 페르소나의 완성과 자유를 진정으로 획득하기 위해서는 스스로에 대한 점진적인 앎과 육체적 욕망에 대한 정복의 과정을 거쳐야 하며, 이는 매우 힘겨운 자기 자신과의 싸움을 요하는 엄청난 일이다. 즉 인간은 지성적인 앎과 도덕적인 덕 그리고 사랑을 통해서 자신에게 (잠재적으로) 거주하고 있는 진정한 페르소나의 얼굴을 제시할 때에만 진정으로 자유를 가진다고 말할 수 있다. 이러한 '진정한 페르소나를 획득한' 사람에게서 우리는 비로소 완전한 자유의지를 발견할 수 있으며, 이것이 곧 영성적인 삶이 지향하는 이상적인 상태이다.

이러한 의미에서 어떤 사람은 참된 페르소나와 진정한 자유의지를 소유하고 있지만 어떤 사람은 그렇지 못하다고 할 수 있다. 그렇기 때문에 '인간이 되다' 혹은 '한 인격체가 되다'라는 명제는 토미즘에서 이중적인 의미를 가진다. 인간은 누구나 태어나면서부터 동일한 보편적 인간성을 소유하기에 이미 인간이요 인격체이지만—누구도 더 인간이거나 덜 인간일 수 없이 동일하게 인간이다—, 이러한 생득적 인간성이나 인격성은 소크라테스를 소크라테스이게 하거나 나를 나이게 하는 개별적 인격성을 의미하는 것은 아니다. 나를 나이게 하는 나의 개별적 인격성은 내가 살아가면서 실현해야만 하는 것이요, 나의 자유의지의 실행과 더불어 완성되어 가는 것이다. 토마스 아퀴나스가 '자립하는 지성적인 형상을 가진 인간은 자신의 행위의 주인'이라고 한 것은, 인간적인 행위란 본질적으로 자유의지를 통해 이루어진다는 의미이다. 즉 인간의 행위는 본질적으로 자유의지의 행위이며, '인간이 되다' 혹은 '한 인격체가 되다'라는 것은 자유의지를 충분히 실행하는 존재가 되는 것을 의미한다. 자신의 자유의지를 충분히 실행하는 한 인간은 단순히 자립하는 형상을 가진 존재가 아니라 자유로운 존재가 되는 것이다. 만일 자유의지가 단순한 선택의 자유라면, 이를 통해 획득하는 자립적 존재는 자율성으로서의 자유를 가진 존재라고 할 수 있다. 자율성으로서의 자유는 선택의 자유로서의 자유 개념과 근본적으로 다른 지평을 가지고 있다. 선택의 자유는 단순히 나의 내적인 이유로 나의 행복을 위한 나의 선을 추구하는 것이겠지만, 자율성이란 보다 큰 선(공동의 선)을 위해 스스로 규범을 형성하고 이를 실현한다는 의미를 담고 있다. 가령 가난한 이를 위해 전 생애를 바치고 새로운 수도회를 창설한 마더 데레사의 자유는 자율성으로서의 자유(liberté en tant que spontaneité)이다.

바로 여기서 우리는 자유의 역동성을 발견할 수 있다. 즉 인간의 본질적인 행위인 자유의지의 행위는 근본적으로 자유의 실현을 향해 실행되며, 자유의지의 습관적인 실행이 바로 자유로운 존재를 실현하는 것이다. 즉 인간이 가진 자유의지는 그 자체가 목적이 아니라, 자율성으로서의 자유의 실현을 목적으로 한다. 이 자율성으로서의 자유는 어떠한 필연적인 이유나 의무를 전제하지 않는다는 측면에서 순수하게 자기 증여의 행위이고 그런 한 순수한 사랑의 결실이며, 이는 신의 사랑과 동일한 것이다. 신이 세계를 창조한 이유가 바로 이러한 순수한 증여, 순수한 사랑이기 때문이다. 어떤 것이 완전하다는 것은 그 자체로서 완결되어 다른 어떤 것도 필요로 하지 않음을 의미한다. 마찬가지로 인간의 행위가 완전하다는 것은 그 행위의 동기나 이유로 그 어떤 다른 것도 필요하지 않고, 그 자체로 충분하며 자기 충족적인 행위를 말한다. 이는 곧 가장 순수한 사랑의 행위이다. 인간의 자유의지의 실행은 자율성으로서의 자유를 지향하는 역동적인 것이며, 이는 또한 신의 완전함을 닮고자 하는 무의식적인 행위로 이해해야 한다. 바로 이러한 자율성으로서의 자유에서 우리는 인간의 무한한 가능성을 발견하는 것이다. 자유의지를 가지며, 자율성으로서의 자유의 가능성을 가진 한 인간의 미래는 누구도 예측할 수 없다. 인간에게는 모든 것이 가능하다. 신을 닮고자 자신의 자유의지를 실행하는 인간에게 내일이란 새로운 창조의 순간이며, 그의 내일은 지금까지 한 번도 볼 수 없었던 완전히 새로운 실존을 가지게 될 것이다. 이는 신이 세계를 창조하듯 자신의 실존을, 자신의 세계를 창조하는 일이 될 것이다. 이러한 관점에서 보자면 '창조의 기적은 자기 자신을 창조하는 존재를 창조하는 데 있다'는 레비나스의 말은 과장된 것이 아니다.

이제 실존의 다양성을 다른 차원에서 고찰해 보자. 토마스 아퀴나스는 의지의 자연적인 대상은 선이라고 말하지만, 또한 선에는 의지가 필연적으로 관계하는 선과 그렇지 않은 선이 있다고 구분하고 있다.

> 행복에 필연적으로 관계하지 않는 다양한 개별적인 선들이 있다. 왜냐하면 우리들은 이러한 것들 없이도 행복할 수 있기 때문이다. 이러한 선들에는 의지가 필연적으로 관계하지 않는다. 하지만 의지가 필연적으로 관계하는 다른 선들이 있는데, 그것은 이 관계를 통해서 인간이 신에게로 나아갈 수 있는 그러한 선이다. 왜냐하면 신에게서만이 유일하게 진정한 행복을 발견할 수 있기 때문이다.[322]

위의 진술은 일견 사회적 지평의 선과 종교적인 지평의 선을 구분하는 것처럼 보인다. 즉 진정한 행복을 추구함에 있어서 전자는 의지가 필연적으로 관계하지 않는 우연적인 선으로 보이는 반면, 후자는 의지가 필연적으로 관계하는 필수불가결한 선으로 보이는 것이다. 그리고 이러한 구분은 토미즘의 목적론적 윤리학의 도식 안에서 충분히 납득할 수 있는 것이다. 왜냐하면 신이 아닌 지상의 그 어떤 좋은 것들도 우리들의 진정한 행복을 보장해 주지 못하기 때문이다. 하지만 이러한 두 가지 선에 관한 구분에서는 역설적으로 의지의 자유라는 또 하나의 중요한 개념이 부각된다. 인간의 의지가 본성적으로 그리고 필연적으로 절대적인 선(至福)을 향하도록 질서를 부여 받았다면, 그 외의 (지상의) 다른 모든 선과 행복은 필연적인 것이 아닌 자유로운 것이다. 왜냐하면 이 지상에서 우리의 의지가 원하는 어떠한 것도 절대적인 선과 행복을 가져다주지는 못하기 때문이다. 다시 말하면 이 지상에서 우리가 원하고 바랄 수 있는 그 어떠한 선이라 할지라도, 그것이 비록 신성한 것과 관련된 것이라 할지라도 최종적인 선(至福)이 아니라면 인간 의지의 자유로운 선택의 대상일 수밖에 없다. 따라서 절대적인 선, 즉 지복 외에는 지상의 그 어떤 선이나 행복도 우리들의 의지를 필연적으로 결정하지 못한다. 즉 이 지상의 삶에서 그 어떤 대상에 있어서든 인간의 선택의 의지는 자유로울 수 있는 것이다. 지복이 아닌 한 그 어떤 것에 대해서도 인간의 선택이 자유롭다는 것은 곧 인간실존의 다양성을 말해 준다. 인류 역사에 존재했던 그토록 많은 문화적 다양성,

---

322 *ST*, I, q. 82 a. 2, c.

예술과 기술의 다양성, 수많은 천재와 영웅 그리고 성인 등 모든 것이 의지의 자유를 지닌 인간생명의 특수성에 의해 설명된다. 만일 인간에게 애초에 신 혹은 지복을 향한 지향성이 없었다면, 식물이나 동물처럼 동일한 사태를 끊임없이 재산출하고 말았을 것이다. 또한 이러한 지향성의 과정에서 최종적인 선 이외에 무엇이든 선택할 수 있는 의지의 자유가 없었다면, 그토록 많은 문화적 다양성은 존재하지 않았을 것이다. 인간생명의 풍요는 바로 절대적 선에 대한 지향성과 그 과정에서 주어지는 절대적인 의지의 자유라는 두 가지 원리에 의해서 가능하였던 것이다.

여기서 우리는 인간의 생명에 관한 하나의 보편적인 법칙을 이끌어낼 수 있다. 인간의 생명은 최종적인 목적(신성한 선, 至福)으로의 지향성을 가지고 있지만, 그 과정에서 절대적으로 자유로운 다양한 실존을 야기한다. 인간의 생명이 실존의 다양성을 유발한다는 차원에서, 인간의 생명은 기계론이나 결정론적인 조건 속에 있는 다른 모든 생명체들과는 본질적으로 구분된다. 인간 생명의 자유는 모든 자연과학적 기계론과 생물학적 결정론을 넘어서는 데 있지만, 또한 스스로 자유롭게 자신의 실존을 선택함으로써 보다 고차적인 자유를 실현한다. 고차적인 자유를 지닌 인간의 생명은 이성이 규정한 제 조건들을 넘어서는 갈망까지도 유발할 수 있다는 데서 성립하고, 여기에는 자유로운 선택의 행위 즉 선택의 자유가 존재한다. 인간의 생명이 스스로 자신의 실존을 선택하는 모습을 보는 것은 신이 세계를 창조하는 모습을 보는 것만큼이나 경이롭다. 왜냐하면 여기에는 섭리(providentia)라고 불리는 신의 계획이 내재해 있고, 그런 한 창조의 지속이라고 할 수 있기 때문이다.[323] 사실상 토미즘의 관점에서는 모든 천재와 모든 성인의 삶에 신의 섭리를 통한 자유의지의 선택이 내재해 있다. 하나의 예로, 우리는 예술가들의 예술가적 사명을 '신의 부르심'이라고 생각하는 피아니스트이자 음악 교육자인 모니크 드쇼세

---

323 "창조가 실재 안에서 관계성을 의미할 때에 피조물은 주체이며, 창조는 주체에서 속성이 발생하듯이 실존 안에 발생하는 것이다. (…) 창조는 '새로움' 또는 '시작'의 개념과 함께 창조주에 대한 피조물의 관계를 함축하고 있다." -신학대전 1권, 문 45. "보존과 창조는 사태 그 자체로 구별되는 것이 아니라 우리들의 사유로 구별되는 것이다." *SCG*, IV, ch. 13

(Monique Deschaussées)의 말을 숙고해 볼 수 있다.

> 그 어원에 있어서 사명(vocation)이란 하나의 부름(appel)이다. 이 부름은 선택의 여지가 없는 부름이다. 선택이란 단지 예술적인 표현 방식의 선택에만 해당되는 것이다. 나는 매우 강한 어떤 부름에 사람들이 저항할 수 있다고 믿지 않는다. 왜냐하면 이 부름에 답변 없이 남아 있다면, 그는 자신의 영혼을 죽음으로 몰고 갈 수 있기 때문이다.[324]

한 예술학도가 예술가가 되기로 결심하는 것을 왜 부르심에 대한 응답이라고 할 수 있을까? 그것은 그가 타고난 개별적인 성향 및 개별적인 영혼의 능력의 기원에 있어 신적 존재를 상정해야 하기 때문이다. 따라서 토마스 아퀴나스에게 있어서 자신의 진정한 개별성에 대한 자각을 통해서 자신의 삶을 선택하는 모든 행위는 결국 소명이며, 진정한 예술가들은 모두 부르심에 응답한 자들이라고 할 수 있다. 우리는 여기서 다시 "너인 것이 되라! 이것이 최상의 법이다."[325]라는 토미즘의 인생관을 확인할 수 있다. 자신의 개별적인 속성에 대한 강한 자각과 이를 거부할 수 없다는 판단은 결코 인간의 자유 개념을 약화시키지 않는다. 그것이 무엇이건 부르심을 느끼는 것은 결국 그것을 통해서 진정한 행복으로 나아갈 수 있는 관문과도 같고, 이는 자각에 의한 자율적인 선택이며 보다 큰 자유라고 할 수 있다. 최종적인 선을 추구하는 것은 필연적이나 그 추구하는 방법이 절대적으로 자유롭다면, 마찬가지로 최종적인 선으로 안내하는 개별적인 부르심에 대한 의지의 관계는 거의 필연적이나 부르심에 응답하는 방법은 거의 절대적으로 자유롭다고 해야 할 것이다. 즉 어떤 방법 혹은 형식을 통해서 예술가가 될 것인가 하는 문제에 있어서는 거의 절대적인 자유가 보장되는 것이다. 물론 인간은 예술가가 되거나 수도

---

324 Monique Deschaussées, *Musique et spiritualité*, Paris, Dervy, 1990, p. 45.
325 *Le Thomisme*, *op. cit.*, p. 384.

자가 되어야 한다는 강한 부르심을 느낀다 할지라도 이를 선택하지 않을 수 있다. 왜냐하면 예술가나 수도자가 되는 것이 곧 최종적인 목적은 아니기 때문이다. 하지만 이를 거부하는 것이 자유임과 마찬가지로 이를 선택하는 것도 자유이다. 하지만 거부하는 자유의 결과는 선택하는 자유보다 자유롭지 못하다. '나의 내적인 갈망이 보다 클 때 보다 자유롭다고 할 수 있다.' 왜냐하면 자유롭다는 것은 내가 원하는 바를 추구할 수 있음을 의미하기 때문이다. 보다 강한 갈망을 느끼는 것을 선택할 수 있다면 그만큼 보다 자유로운 것이다. 오랫동안 감옥 생활을 한 사람이 석방되었을 때, 그는 단순히 감옥생활이 아닌 평범한 일상생활을 한다는 사실로부터 무한한 자유로움을 느낀다. 일상인들은 동일한 일상에서 자유로움을 느끼지 못하는데, 그는 왜 자유로움을 느낄까? 그것은 그가 평범한 일상을 강렬하게 갈망하였기 때문이다. 이처럼 내적 열망이 클수록 그것을 선택하였을 때 느끼는 자유의 감정이 크며, 그것을 거부하였을 때 느끼는 자유의 감정은 작다. 우리는 전자를 적극적인 자유, 후자를 소극적인 자유라고 할 수 있다. 따라서 그것이 무엇이건 거부할 수 없을 만큼 큰 갈망을 느끼는 것, 마치 신의 부르심이라고 생각될 만큼 강렬한 내적 갈망을 느끼는 것은 그가 그만큼 더 큰 자유로움을 획득할 수 있는 조건에 처해 있다는 뜻이다. 그렇기에 인생 전체를 좌우할 만큼 큰 선택을 의미하는 성소(聖所)를 선택하는 것은 다른 어떤 것보다 더 고차적인 자유의 행위를 의미한다.

영성적인 삶도 생명현상의 하나라고 한다면, 영성적인 삶과 관련해서도 생명의 풍요와 생명력의 강함과 약함을 말할 수 있을 것이다. 보다 풍요롭고 강렬한 생명력을 가진 영성적인 삶이란 보다 큰 자유를 가진 삶이다. 그것이 어떠한 삶이든 부르심에 대한 응답이 있는 곳에는 최소한의 영성적인 삶이 있을 수 있으며, 이러한 적극적인 자유는 일회적인 것이 아니라 생명의 '신성으로의 지향성'이라는 법칙에 의해서 끊임없이 되풀이된다. 즉 자신의 삶을 근원적으로 변모시킬 크고 작은 새로운 부르심은 되풀이되며, 영성적인 삶의 주체는 매번 이를 선택하거나 거부할 자유를 가진다. 하지만 이러한 부르심을 느끼는 것 자체가 그의 영성적 삶의 풍요와 강렬한 영적 생명의 징표이며, 선택할 수 있다는 것은 곧 그의 적극적인 영적 자유를 증거한다. 그렇기 때문에 영적인 삶을 영위하는 사람들은 외관상 매우 평온하고 단조로운 삶을 영위하는 것 같지만, 그 누구도 상상할 수 없을 만큼 매우 풍요로운 내적인 삶을 영위한다. 이들은 치열하고 흥미진진한 영적인 여행을 하고 있다. 모든 생명현상 중에서 가장 흥미롭고 감탄할 만한 생명현상을 보여 주는 것은 바로 영성적인 삶을 영위하는 영혼들이다. 생명현상이 단순한 우연의 산물이 아니라 기적임을 증명하는 이들이 바로 영성적인 삶을 살아가는 이들이다.

2. 의식의 지향성과 영성적 삶의 요청

'의식'에 관한 토마스 아퀴나스의 사유를 논하기 이전에, 인간의식에 관한 현대 철학자들의 사유를 먼저 살펴보는 것도 퍽 도움이 될 것이다. 특히 인간의 생명현상과 의식과의 상관관계에 대한 현대적 사유가 토미즘의 의식에 대한 사유를 보다 잘 이해하는 데 도움을 줄 것이다. 의식과 생명에 관한 현대철학의 사유 중 토미즘과 가장 잘 조화될 수 있는 것으로 베르그송과 떼이야르 드 샤르뎅의 사유를 들 수 있다. 인간의 의식에 대한 베르그송의 사유가 토미즘과 유사한 측면은, 의식이란 비질료적이며 그렇기에 생물학적인 뇌의 행위를 넘어선다는 데 있다. 베르그송은 교향곡과 지휘자의 비유를 통해 이를 설명한다.

> 정신적 행위(activité mentale)에 대한 뇌의 행위(activité cérévrale)란 교향곡에 대한 지휘자의 지휘봉과 같은 관계에 있다. 교향곡은 자신에게 박자를 맞추어 움직이는 (지휘봉의) 운동들을 여러 측면에서 넘어서고 있다. 마찬가지로 정신(의식)의 삶은 뇌의 삶을 여러모로 넘어서고 있다.[326]

326 *Matière et mémoire*, *op. cit*, p. 47.

인간의 의식이 모든 생물학적인 삶을 넘어서는 정신적인 어떤 것이라는 측면에서, 그것이 과학의 영역이 아니라 철학적 혹은 형이상학적 영역에 있다는 점은 대다수의 관념론적 사유와 노선을 같이 한다. 하지만 그럼에도 베르그송의 생명 개념은 정신 혹은 의식의 범주를 포함하고 있다는 차원에서[327] 매우 토마스적이라고 할 수 있다. 왜냐하면 토마스 아퀴나스에게 있어서 생명의 원리로서의 영혼은 정신과 의식을 포괄하며, 생명은 실체적으로 나타나기 때문이다. 베르그송의 사유는, 의식이 생명의 연장선상에 있지만 순수하게 생물학적인 지평을 넘어서는 그 무엇임을 말해 주는 것이다.

반면 떼이야르 드 샤르뎅의 사유에서는 생명과 의식의 관계가 보다 분명하게 드러난다. 그는 생명의 진화과정을, 보다 정확히는 인간의 정신을 탄생시킨 진화의 과정을 우연이나 외부적 환경의 산물로 보지 않는다. 그는 이를 애초에 진화의 전 과정에 걸쳐 영향을 미치는 숨겨진 의식에 의한 것이라고 보고 있다.

> 기계적 에너지 자체는 그것을 기르는 무엇인가의 내부 메커니즘이 없다면 대체 무엇인가? 의식이라는 커다란 압력에 의하여 나타나는 지구의 원동력은 운동에 내재한 원리에 의해서만 최종의 원천을 구할 수 있으며 고도의 정신적 비가역적 진보의 설명도 찾을 수 있다.[328]

> 실제로 생물계는 살과 뼈로 가리어진 의식에 의하여 구성되어 있다. 따라서 생물권에서 종까지의 모든 것은 형태를 통해서 스스로를 탐구하는 정신 기능의 광대한 분진에 지나지 않는다.[329]

---

327 “생명은 인간의 정신세계에까지 들어와 있다. 의식과 생명 사이에는 이질적인 장벽이 존재하지 않는다.” 김형효, 『베르그송의 철학』, 앞의 책, p. 19.
328 떼이야르 드 샤르뎅, 『인간현상 이해』, 떼이야르 드 샤르뎅 연구회 옮김, 대건인쇄출판사, 2009, p. 106.
329 위의 책, pp. 106~107.

지구상의 모든 진화의 원동력을 그 이면에 숨겨진 '의식'의 압력에 의한 것으로 보는 이러한 가설은 자연과학적 사유에서뿐 아니라, 순수하게 철학적인 사유로서도 쉽게 긍정할 수 있는 것은 아니다. 하지만 만일 정신을 탄생시킨 진화의 원동력이 단순한 우연이나 외부적 환경의 산물이 아니라 애초에 진화의 과정을 관장하는 내적인 메커니즘의 결과라고 한다면, 이 내적인 메커니즘을 의식이라고 이름하는 것은 가능하다. 따라서 우리는 이러한 샤르뎅의 의식에 관한 사유를 다음과 같이 요약해 볼 수 있다.

> 의식탄생의 이전의 모든 진화의 과정은 단지 현상적으로 나타나는 겉옷에 불과하며, 이 현상의 이면에는 '의식(정신)의 자기 탄생'을 위한 내적인 법칙이 내재하며, 모든 것은 의식탄생을 위한 노력의 흔적들에 지나지 않는다는 것이다. (…) 즉 샤르뎅에 의하면 '화석'이나 '유전자'에서 볼 수 있는 모든 진화의 흔적들은 의식(정신)의 자기탄생을 위한 노력의 흔적에 불과한 것이다.[330]

이상의 베르그송과 떼이야르 드 샤르뎅의 사유를 종합해 보면 애초에 생명이란 것은 어떤 방향을 향하여 진화해 가도록 되어 있으며, 이러한 진화의 방향이 어느 순간 정신 혹은 의식을 탄생시킨 것이다. 그리고 이 진화의 전 과정을 관장하는 하나의 숨은 원동력은 곧 의식이며, 그렇기에 의식은 순수하게 물질적인 것·생물학적인 것·정신적인 것을 아우르는 혹은 이 모든 것과 동질성을 지닌 복합적인 무엇이라고 할 수 있다. 따라서 인간현상 혹은 인간의 생명현상을 전체적으로 고찰하는 데 있어서 인간의 의식에 집중하는 것은 매우 중요하다.

중세철학자인 토마스 아퀴나스의 의식에 관한 사유는 자연과학적인 진화현상에 대해서까지 이르지는 않는다. 하지만 우리는 토마스 아퀴나스의 사유에서 현대

---

330 이명곤, 「진화론의 3가지 유형과 진화현상에 대한 형이상학적 해석」, 『철학논총』, 제70집, 제4권, 새한철학회, 2012, p. 370.

철학자들의 사유와 매우 유사한 점을 발견할 수 있다. 그는 인간의 생명현상을 전체적으로 관장하는 원리가 인간의 영혼이고[331] 영혼의 가장 본질적인 능력이 의식의 작용이라고 생각한다. 왜냐하면 영혼의 본질적인 작용의 원리는 이해하기로서의 앎이며,[332] 앎이란 곧 의식(contientia)의 첫 번째 이름이기 때문이다. "사실 의식(conscientia)은 cum alio scientia(다른 것에 대한 앎)를 의미한다."[333] 그런데 이 앎은 결국 동식물의 영혼이 가진 모든 특성들을 넘어서는 비질료적(정신적) 양태를 가지는 것을 말한다.[334] 의식이 비질료적이라는, 어쩌면 너무나 당연한 이 사실에 대해서 많은 철학자들은 생각보다 훨씬 큰 의미를 부여하거나 경탄하기까지 한다. 루이라벨은 인간의 의식이란 세계 전체가 자신을 드러내는 곳이라고 진술하고 있다.

> 의식이 탄생할 때, 존재는 질료의 연속으로부터 해방된다.(…) 의식이 성장하는 한 의식은 보다 수용적이 되며, 세계 전체가 이 의식에 계시된다. 의식은 세계 전체와 소통하고 자신의 주위에서 건네는 수많은 손들을 발견하는 기쁨으로 가득 찬다.[335]

의식에 세계 전체가 계시되고 세계 전체와 소통한다는 표현은 어느 정도 과장된 면이 있겠지만, 의식이란 본질적으로 전체적인 앎을 의미한다. 토마스 아퀴나스는 의식을 conscire하는 앎의 행위(actus)라고 하면서 이를 동시적인 혹은 복합적인 앎(simul scire)이라고 말하고 있다.[336] 그런데 행위(actus)란 무엇인가? 행위란 가능성

---

331 "영혼의 본성에 대해서 탐구하기 위해서는 영혼이 삶의 제일원리라는 것을 받아들이는 것으로 시작하지 않으면 안된다." *ST*, I, a. 75, q. 1, c.

332 "만약 영혼을 그것으로부터 작용이 생겨나오는 원리(principium)로 고려한다면, 영혼의 고유한(propria) 작용은 이해하기(intelligere)다." *ST*, I, q. 1, ad. 11.

333 *ST*, I, q. 79, a. 13, c.

334 "그러므로 인간 영혼의 작용으로부터 이렇게 그것의 존재양태(modus esse)가 알려질 수 있다. 영혼이 물질적 사물들(materialia)을 초월하는 작용을 소유하는 한, 그 자신의 존재는 육체에 의존하지 않을 뿐 아니라, 육체보다 상위의 것으로 고양될 것이다." *ST*, I, q. 79, a. 13, *sed contra*.

335 Louis, Lavelle, *La conscience de soi*, Ed. Bernard Grasset, 1933, p. 20.

336 "'conscientia'라는 이름은 어떤 것에 있어서의 앎이라는 것에 적용되는 행위(actus)를 지칭한다. 이

(potentia)에 대립하는 개념으로, 어떤 것이 가능성 중에 있지 않은 현실성 혹은 현재 진행중인 현실성을 의미한다. 그런데 conscire하는 것은 어떤 것을 동시적으로 인지하는 것이다. 그런데 '동시에' 혹은 '복합적으로'라는 뜻의 simul은 '하나의 대상이 가진 모든 상황을 혹은 다양한 대상이 가진 모든 관계를 한꺼번에'라는 의미를 담고 있다. 즉 어떤 것을 의식하는 것은 특수한 어떤 상황이나 부분만을 따로 때어서 이해하는 것이 아니라, 어떤 것을 전체적으로 혹은 총체적으로 이해하는 것을 말한다. 가령 어떤 사람이 '내가 교사라는 것을 의식하고 있다'고 하였을 때, 이 말은 교사와 관련된 자신의 모든 상황에 대해서 한꺼번에 혹은 동시에 인지하고 있다는 의미이다. 즉 내가 교사로서 너무 자극적이고 천박한 옷을 입지 말아야 함을, 교사로서 학생들에게 심한 말을 할 수 없음을 알고 있다는 말이다. 나아가 내가 구체적으로 어떤 학생들의 교사이며 또한 교사로서 이 학생들에 대해 어떠한 도덕적인 책임이 있는지 등 모든 것을 동시적으로 혹은 전체적으로 인지하고 있다는 말이다. 토마스 아퀴나스에게 있어 의식이란 오감과 이성 및 지성 나아가 윤리적인 판단 등을 동반하는 동시적인 인식이다. 인간의 의식이 종합적이고 전체적인 앎이라는 이유로 의식은 몇 가지 고유한 법칙을 가지는데, 하나는 반성하는 습성을 가지는 것이고 다른 하나는 자기의식을 가지고자 하는 것이다.

> 충고할 방법을 검토하는 것은 우리로 하여금 제 원리로부터 결론을 찾아내게 하는 방법에 해당한다. 그리고 한 번 이루어진 것들을 검토하는 방법과 이들이 정확한지 확인하는 방법은 원리에 있어서 결론의 해소를 통한 판단의 방법을 상기하게 한다. 이러한 두 가지 방식의 적용 안에서 우리는 의식(conscientia)이라는 이름을 사용하고 있다.[337]

는 마치 'conscire'가 '동시적인 앎(simul scire, 복합적인 앎)'의 행위를 지칭하는 것과 같은 것이다." *QDV*, *De conscientia*, a. 1, c.

337 토마스 아퀴나스, 『진리론』, 이명곤 옮김, 책세상, 2012, p. 65.

어떤 것을 종합적으로 사유하는 것과 반성의 행위는 서로 다른 의미를 지니지만 매우 밀접한 관계가 있다. 종합적이라는 말에는 이미 어떤 반성작용이 포함되고, 반성의 행위가 이루어지기 위해서는 종합적으로 사유해야 한다. 현재 발생한 어떤 문제에 대해서 무엇이 문제가 되었는지 알기 위해서 과거의 어느 시점부터 다시 생각해 보는 것은 분명히 반성의 행위이지만, 또한 문제를 잘 이해하기 위해서 다양한 단편적인 사실들의 인과관계나 상호관계를 생각하는 것은 종합적인 사유이다. 그리고 바로 이러한 반성적이고 종합적인 사유로부터 인간은 자기 자신에 대한 의식, 즉 자아의식을 가지게 되는 것이다. '자신에 대한 앎'이 앎의 주체가 자기 자신을 앎의 대상으로 가지는 것이라면, '자기 자신에 대한 의식'은 자기 자신을 앎의 대상으로 하여 전체적이고 종합적으로 이해하는 것이다. 이는 나아가 자신의 내면세계와 외부세계와의 관계성을 이해하는 것을 의미한다. 앙드레 마르끄는 토미즘의 자기의식에 대한 사유를 다음과 같이 말한다.

> (자신의) 재현에 있어서 의식은 완전히 본질적인 것을 형성한다. 의식은 여기서 중심부이다. 의식은 자신을 전체적으로 포함하며, 그의 고유한 형상을 새롭게 취하면서 하나의 새로운 방식으로 자신을 표현한다. 왜냐하면 이러한 자신의 재현은 의식 덕분에 주체(sujet)와 객체(objet)의 일치 즉 그인 모든 것(tout ce qui est)을 의미하기 때문이다. (자신의) 재현은 나의 실재 자체(ma réalité même)이다.[338]

토미즘에서 인간의 의식이 가지는 최상의 국면이 바로 이것이다. 유일하고 고독한 나의 내면적인 세계와 항상 새로운 국면을 제시하는 외부세계의 일치를 지향하면서, 이 일치를 통해 나의 자아의식(내면세계)이 새롭게 성장하는 것이다. 의식의 덕분에 항상 새롭게 되는 나의 내면세계는 단순한 세계에 대한 믿음의 그물이 아

338 André Marc, *Dialectique de l'affirmation*, Paris, Desclée de Brouwer, 1952, p. 598.

니라, 실재(réalité) 즉 정신적 실재이다.[339] 의식은 그 자체의 법칙에 의해서 항상 새롭게 되고자 하고, 항상 보다 많은 의식이고자 한다. 이러한 토미즘의 의식의 지향성은 초현실주의자인 페르디낭 알끼에의 사유에서 잘 부각되는데, 그는 "초현실주의자가 바라는 바는 언제나 좀 더 의식을(toujours plus de conscience)이다."[340]라고 말한다. 토미즘의 의식은 전체적인 사유라는 점에서 이상적인 것을 추구하는 성향을 가지게 된다.

> 우리가 해야 할 것이나 혹은 이미 수행된 행위를 비판하기 위해서 숙고할 때 우리가 행위에 적용하는 것은 이성의 작용적 습성(habitus rationis operativi), 즉 상위이성의 완성을 의미하는 양심의 습성(habitus synderesis)과 지혜의 습성(habitus sapientiae) 그리고 하위이성의 완성을 의미하는 학문의 습성(habitus scientiae)이다. 이러한 습성들은 모두 함께 적용될 수도 있고 따로 적용될 수도 있다. 사실상 우리가 이미 수행된 우리의 행위들을 검토하는 것은 이러한 습성들의 빛을 통해서이며, 해야 할 것을 숙고하는 것도 이들과의 적합성을 통해서이다.[341]

어떤 것을 숙고할 때 이성의 작용·양심의 작용·지혜의 작용 나아가 학문의 성과를 모두 고려하는 것은 인간이 가진 모든 능력을 총 동원하는 것이며, 이는 최대한 보다 참되고 보다 나은 것을 지향함을 의미한다. 이러한 의식의 행위는 사실상 모리스 블롱델의 행동의 개념에 맞닿아 있다. 왜냐하면 모리스 블롱델은 인간의 행동(action)의 특성을 "행동하는 것, 그것은 자신의 소망과 일치하는 하나의 세계를 체계화하는 것"[342]이라고 보고 있기 때문이다. 그런데 본질적으로 자신의 내

---

339 "자신에게 고유하게 속하는 것(즉 의식, 개별의식)을 통해서 우리가 획득하는 앎은 구체적인 개별자에 있어서 영혼이 존재를 가지는 것(즉 개별자로서의 영혼)으로서의 영혼의 앎이다." *QDV*, q. X, *De Mente*, a. 8, c.

340 『현대 프랑스 사상의 파노라마』, 앞의 책, p. 73.

341 *QDV*, q. XVII, *De conscientia*,, a. 1, c.

342 장 라크르와 & 모리스 블롱델, 『모리스 블롱델의 행동과 자유의 철학』, 홍승식 옮김, 수원가톨릭

면세계와 외부세계의 일치를 지향하는 인간의 의식은 이러한 과정에서 하나의 넘을 수 없는 근원적인 부조리에 봉착하게 된다. 왜냐하면 현실의 세계는 인간의 의식이 소망하는 세계와 결코 일치할 수 없으며 참되고 선한 세계를 갈망하는 인간의 의식은 주어진 현실의 세계를 진정한 세계, 자신의 요구에 부합하는 세계로 파악할 수 없기 때문이다. 특히 근본적으로 선악 판단의 자연적인 법칙인 양심(synderesis)에 근거하는 인간의 의식은[343] 본질적으로 도덕적이며, 의식적인 행위에 있어서 도덕적으로 중립적인 것은 없기 때문이다. 사실상 인간의 의식이 세계와의 대면에서 가장 먼저 발견하는 것은 악의 현존이라고 해도 과언이 아니다. 왜냐하면 전통적인 원죄의 교의를 부정하고 이를 달리 해석하고자 하는 가장 과학적인 신학자 떼이야르 드 샤르뎅에게조차 '세계 내의 악'의 현존은 우주적인 조건이요 인류의 상황 그 자체를 의미하기 때문이다.[344]

이상적인 것을 지향하는 인간의 의식과 결코 이러한 소망에 충분히 응답할 수 없는 현실의 세계는, 인간의 의식으로 하여금 이 지상의 세계를 초월하는 그 무엇을 지향하게 한다. 그래서 토마스 아퀴나스는 "앎을 행위에 적용하는 의식이 신성한 계명의 힘(vi praecepti divini)에 연관되어 있다고 말하는 것은 분명한 사실이다."[345] 라고 말한다. 사실 '갈망 안에는 이미 결과로 주어질 무엇이 최소한 존재하고 있다'는 형이상학적 원리에 따르면, 이상적인 것을 지향하는 의식 안에는 이미 이상적인 것이 어느 정도 내포되어 있다고 하는 것이 옳다. 즉 외부세계의 모습과 내면세계가 일치하지 않으며 그 때문에 강한 비만족감을 느끼는 사태 자체가 인간의 의식 안에 어떤 초현실적인 것 즉 신성한 것이 내포되어 있음을 암시한다. 이를 단순

대학교출판부, 1990, p. 39.

343 이 책 제5장 1~3절 참조.

344 "수렴점을 향해서 진화하는 우주 안에서 악(물리악과 더불어 윤리악)은 우리가 이미 고찰한 것처럼 통계적인 필연성이다. 그리고 원죄는 우주에 필연적으로 악이 존재함을, 즉 악이 우주적인 조건임을 뜻하는 말이다. (…) 떼이야르의 견해에 따르면 원죄는 하나의 단독적인 행위가 아니라는 것이다. 그것은 바로 인류의 상황인 동시에 전우주의 상황이다." 로버트 패리시, 『떼이야르 드 샤르뎅의 신학 사상』, 이홍근 옮김, 분도출판사, 2001, pp. 164~165.

345 *QDV*, q. XVII, *De Contientia*, a. 3, c.

화 하면 "욕망은 무한하나, 의지와 현실은 유한하다."라는 토미즘의 명제가 될 것이다. 이러한 사태 앞에서 블롱델과 같은 철학자는 철학의 역할과 종교(신학)의 역할을 구분한다. 즉 "철학의 역할은 하나의 선택으로 인도하는 것, 즉 해결하는 것이 아닌 선택으로 인도하는 것"[346]에 있다는 것이다.

하지만 토미즘의 고유한 장점은 종교와 철학, 혹은 철학과 신학을 범주적으로 분명하게 구분하지 않는다는 데 있다. 토마스 아퀴나스에게 있어서 철학은 곧 신학의 내부에 있으며, 이 둘의 구분은 범주적인 문제가 아니라 방법론적인 문제이다. 신학의 문제를 이성적이고 합리적인 방식으로 해명하는 것이 곧 철학이기 때문이다. 다시 말해서 유한과 무한, 절대와 상대, 이상과 현실의 괴리를 해결하는 것 역시 인간의 의식이다. 이 때문에 그는 지혜와 학문을 완성하는 것이 곧 의식이라고 말한다.

> (도덕적) 의식(conscientia)의 행위가 지혜와 학문으로부터 야기되기 때문에, 이러한 의식의 행위는 지혜와 학문과는 다른 한 습성을 야기하는 것이 아니라, 이러한 지혜와 학문을 완성하는 것이다.[347]

여기서 지혜와 학문을 완성한다는 것은 무엇을 말하는가? 완성에는 두 가지 의미가 있다. 소극적인 완성과 적극적인 완성이 그것이다. 전자는 현 상태에서 부족함이 없는 것을, 후자는 진보의 과정에서 마지막 종극에 달한 것을 말한다. 가령 어린이로서 부족한 것이 전혀 없는 어린이는 완전한 어린이이다. 하지만 어린이는 어른에 비해 여러 가지로 불완전한 인간이다. 이러한 측면에서 아직 진보 중인 모든 것은 적극적인 완성에 대해서는 불완전한 것이다. 따라서 의식이 지혜와 학문을 완성한다는 것은, 현실적으로 불완전한 것을 우리의 의식 안에서 즉 내면세계에서

---

346 쟝 라크르와 & 모리스 블롱델, 앞의 책, p. 41.
347 *QDV*, *De conscientia*, a. 1, 2° ad 4.

완전하게 한다는 의미이다. 적극적인 의미의 완성은 사실상 오직 우리의 의식 안에서만 가능하다. 완전한 것은 오직 의식 속에서만 존재한다는 사유는 희랍의 미학적 정신에 잘 드러난다.

> 어느 분야에서나 지극히 아름다운 것은 존재치 않고 정신이나 사색으로만 인식할 수 있다. 실제로 페이디아스가 제우스 신상과 아테나 신상을 제작하였을 때, 그는 그의 정신 안에 있는 숭고한 미의 관념을 생각하며 그것을 본으로 삼아 작업한 것이다.[348]

하지만 희랍의 예술가들이 지니고 있는 완전함의 개념과, 토미즘에서 인간의 의식이 완성하는 완전함은 다르다. 토마스 아퀴나스는 "완전한 앎을 위해서는 사랑이 필요하다."[349]라고 말한다. 사랑의 특성은 사랑하는 대상과의 일치를 지향하는 것이다. 그렇기 때문에 신을 알고 사랑하는 사람에게 있어 신은 그의 존재의 내면에 거하고 있다. "이성적인 피조물이 현실성으로서 혹은 습관으로서 신을 알고 사랑할 때, 신은 특별하게 이성적인 피조물 안에 존재하는 것이다. (…) 바로 이러한 방식으로 신은 은총을 통해 성인들 안에(in sanctis) 존재한다고 하는 것이다."[350] 신의 은총을 통해서 성인들 안에 존재하는 신의 현존은 존재행위(esse)를 통해서 모든 사물들 안에 존재하는 신의 존재와는 근본적으로 다른 것이다. 이 후자가 존재하는 조건으로서의 근원적인 힘이라고 한다면 전자는 인격적인 차원, 상호적인 교통이 가능한 인격 대 인격(Persona ad persona)의 관계로서의 현존(présence)이다. 그래서 현대의 대표적인 토미스트인 쟈크 마리텡은 신과 인간의 교류를 가족적인 교류, 우정이라는 말로 표현하고 있다.

---

348 Erwin Panofsky, *Idea*, Press University of South Carolina, Columbia, 1968, p. 12.
349 *ST*, I-II, q. 27, a. 2, ad 2.
350 *ST*, I, q. 8, a. 3, c.

> 만일 어떤 사람이 그 스스로 (자신이 사랑하는 사람과의) 삶의 공동체나 가족적인 교류에 대한 믿음과 희망을 가지지 못한다면 결코 우정을 가질 수 없듯이, 신과의 공동체적 삶이나 가족적인 교류를 믿거나 희망하지 못한다면 결코 신과의 우정(즉 카리타스)을 가질 수 없을 것이다. 따라서 믿음과 희망이 없다면 사랑(카리타스)은 결코 있을 수 없을 것이다. Deus caritas est.[351]

따라서 만일 희랍의 철학자들이 말하는 최상의 것이 관념(idée)으로서의 완전함이라고 한다면, 토미즘의 말하는 완전함은 실재(réalité)로서의 완전함이다. 전자가 이념이라면 후자는 실체이다. 전자가 사유라면 후자는 삶이다. 바로 이러한 의미에서 영성은 본질적으로 삶으로서 주어지는 것이지 단순한 사상이 아니다. 영성은 실천적인 것으로서 영성적인 삶으로 나타나지, 영성사상으로 나타나지는 않는다. 영성사상이란 다만 영성적인 삶이 먼저 주어지고 이를 보다 잘 이해하기 위해 사유를 통해 체계화한 2차적인 것일 뿐이다. 완전한 것, 절대적인 것, 최상의 선을 추구하는 토미즘은 이러한 것을 관념으로서가 아니라 실재로서 요청한다. 그리고 초자연적인 것(le sur-réel)이 실재로 주어지기 위해서 반드시 전제되는 것이 신의 은총이다. 그렇다면 이러한 은총은 어떻게 주어지는가? "은총은 신의 자유에 속하는 것이다." 혹은 "신의 자유는 신비이다."라고 단순하게 말해 버리는 것은 올바른 답변이 될 수 없다. 왜냐하면 인간의 자유의지가 단순히 우연이거나 부조리한 것이 아니듯이 신의 자유의지 역시 우연이거나 부조리한 것은 아니기 때문이다. 인간의 자유의지가 신의 자유의지를 닮은 것이지 그 반대가 아니다. 따라서 영성적인 삶의 국면들을 보다 잘 이해하기 위해서 은총이 주어지는 조건이나 그 방식을 추구하는 것은 필수적이다.

---

351 Jacques Maritain, *Les degrés de savoir*, Paris, Desclée, 1932, pp. 465~466.

3. 정신적인 삶과 영성적인 삶

생명의 존재(esse)자체가 무상의 선물이라고 하는 한, 토미즘에서 그것이 어떤 형식을 띄고 있든지 삶 그 자체가 이미 은총이다. 사실 가브리엘 마르셀과 같은 현대 가톨릭의 철학자들에게 있어서 이러한 토미즘의 사유는 여전히 유효하다.[352] 하지만 삶이 곧 은총이라는 사유는, 가브리엘 마르셀에게 있어서는 매우 의미심장한 또 하나의 사유를 내포하고 있다. 그것은 각자가 하나의 고유한 삶의 역사를 약속받는 다는 것이며, 이를 각 개인에게서 드러나는 신의 계시로 이해하는 관점이다.

> 그러나 이러한 것이 천부적인 능력(음악적 재능, 수학적 재능 등)이나, 이보다 훨씬 더 중요한 심오한 선물 즉 구체적인 모든 환경들을 고려한 세상으로의 탄생인 '삶의 선물'이 문제가 될 때 어떠한 의미를 지닐 수 있겠는가? 나는 막대한 인간적인 사건들 안에 삽입되지 않고는 이 세상에 존재할 수 없다. 이러한 삶의 선물을 보장할 어떠한 약속을 상상하는 것에 무슨 의미가 있는가? 이러한 질문에 대해서는 일견 보기에 당혹스러운 단 하나의 대답이 가능할 것 같다: 이 약속은 오직 하나의 계시일 수밖에 없다. (…) 따라서 오직 내가 어떠한 방식으로든 삶을 이해하도록 인도되고 나의 고유한 삶을 선물(don)처럼 이해하기 때문에 나는 이 계시를 환대하는 것이다.[353]

사실상 내가 태어나는 것은 어떤 특수한 인간적 삶의 역사에 기입되는 것이며, 이는 세계사적 사건들·민족적 사건들·가족적 사건들의 한가운데에서 삶을 시작

---

352 존재하는 자체의 근원 즉 존재행위(esse)가 신의 선물이라는 스콜라 철학의 관점은 마르셀의 사유에서도 여전히 긍정되고 있다. "불행히도 만일 내가 '나의 존재'를 상실할 시점에서 은총이 나를 도와주러 오지 않는다면 나는 이러한 선물(나 자신의 존재를 선언할 수 있는 능력)을 나에게 부여할 능력이 없을 것이다." Gabriel Marcel, *Le mystère de l'être*, I, Paris, Aubier, 1964, p. 34.

353 Gbriel Marcel, *Le Mystère de l'Être*, II, Paris, Jean Grou-Radenez, 1964, pp. 122~123.

하게 됨을 의미한다. 그렇기에 나의 탄생은, 일종의 인류의 드라마 속의 한 주인공으로서 삶을 시작하게 됨을 의미한다. 왜 하필 내가 한국인으로 탄생하였을까? 왜 하필 내가 예술가의 아들로 태어났는가? 왜 하필 내가 이렇게 가난한 집의 자손으로 태어났다는 말인가? 왜 하필 내가 전쟁의 한가운데에 태어났다는 말인가? 이러한 질문들에 대한 답변을 단지 우연이라고 일축할 수 없고 그리하여 어떤 의미가 있다고 믿게 된다면, 그 의미를 추구하는 유일한 방법은 자신의 생명을 부여한 창조주로서의 신에게 답변을 구하는 것밖에 없을 것이다. 그리고 이러한 한 개인의 내밀하고 비밀스러운 질문에 답하는 신의 음성은 곧 계시이다. 물론 어떤 사람에게 있어서 이러한 역사적 사실로의 삽입이 결코 선물이나 은총으로 와 닿지 않고 오히려 비극적 사건으로 보일 수 있을 것이다. 하지만 삶을 비극으로 간주하고 그리하여 모든 생명의 존엄성을 허상으로 고려하는 정신에게 있어서 하나의 모순은 그가 여전히 삶을 영위하고 있다는 그 사실이다. 즉 삶을 부정적인 것으로 단죄할 수 있는 유일한 방식은 자신의 삶을 포기하는 것 즉 죽음 밖에는 없는데, 그가 삶을 영위하고 있는 그 자체가 그가 삶을 긍정하고 있음을 의미한다. 이는 그가 삶은 그래도 영위할 만한 가치가 있다고 주장하는 것과 같다. 즉 "모든 존재는 존재하는 만큼 선하다(Nihil est bonum nisi ens)."라고 하는 토미즘의 논리에 의해 그는 여전히 삶이 선함을 증명하고 있는 것이다. 하지만 직접 비극적인 삶을 살고 있는 사람은 이러한 논리를 결코 긍정하지 못할 수 있다. 이들은 "자신이 겪는 있는 이러한 비극적 삶을 직접 겪어 본다면, 결코 이러한 논리를 펼칠 수 없을 것"이라 충고할 수 있을 것이다. 하지만 이러한 반론에는 또한 다른 반론을 펼칠 수도 있다. 그것은 "당신보다 더 큰 비극적 삶 속에서도 삶을 긍정하고 신에게 감사하며 살았던 사람들, 살고 있는 사람들도 많이 있다."라는 반론이다. 사실이 그렇다. 이 세상에는 상상하기 힘든 비극적인 삶을 살면서도 입가에 미소를 잃지 않는 사람, 감사해하고 행복해 하는 사람들도 무수히 많다. "얻어먹을 힘만 있어도 은총입니다."라고 말했던 어느 시인의 삶이나 대다수의 순교자들의 삶이 이를 증명한다. 동일하게 비극적인 삶을 살고 있지만 자신의 비극적인 삶에 대해서 완전히 다른 생각과 관점을 지니고 있는 것은 곧 그들의 정신적인 삶이 다름을 의미한다.

1) 정신적인 삶과 내면적인 삶

정신적인 삶을 산다는 것은 바로 이런 것이다. 정신이란 이해의 원리이며, 내적인 삶의 원리이다. 정신(精神)이라는 말은 이성(理性)·오성(悟性)·지성(知性) 등 다양한 다른 개념을 포함하는데, 토미즘에서 정신은 무엇보다 먼저 지성을 의미하며 이는 어떤 것을 이해(compretio)하는 것이다. 이성(ratio)이 합리적인 추론작용이라면, 지성(intellectus)은 추론과 종합을 통한 전체적인 이해를 의미하며 또한 "내면을 읽는 것(intus legere)"을 의미한다. '어떤 것의 내면을 읽는다'라는 것은 매우 흥미로운 관점이며 토미즘의 지성적 활동의 특징을 잘 말해 준다. 감각인식은 외적인 것 즉 외모에 초점을 두지만, 외적인 것에 멈추지 않고 더 나아갈 때 즉 내면적인 것에로 나아갈 때 우리는 지성적이라고 한다. 따라서 어떤 사람의 지성적인 탁월성은 내면적 삶의 깊이와 탁월성을 반영한다. 이러한 지성적인 삶은 학문적 삶을 사는 이들에게 보다 강하게 나타나는 경향이 있겠지만, 정상적인 정신을 가진 누구에게나 가능하며 정신을 가진 사람은 누구나 내면적인 삶을 살아간다. 프랑스의 종교철학자 앙리 뒤메리는 "아무리 미천한 인간일지라도 정신을 가지고 있는 한 자기세계(le monde du soi)를 가지고 있다."라고 하였다. 자기세계란 무엇인가? 우리는 자기세계를 통해서 행위를 결정하고 타인의 행위를 판단하며 삶의 의미를 얻는다. 또한 그것을 통해서 중립적인 것 같은 제 사물들 혹은 사람의 가치를 판단한다. 이러한 자기세계는 타인의 눈에 결코 보이지 않는다는 점에서 내적인 것이며, 어떠한 기계장치로도 감지할 수 없다는 점에서 비물질적인 즉 정신적인 것이다. 이러한 내적이고 정신적인 자기세계에 관하여, 현대 토미스트인 쟈크 마리텡은 다음과 같이 표현한다.

> 어쨌든 정신은 단지 하나의 구조가 아니다. 이는 밝게 비춰야 할 정신의 운동이고

도약이다. 감각적인 체험들로부터 수용된 확실성의 안전함에 안주하지 않고, 더 나아가 이 놀라운 법칙 덕분에 정신은 증폭되고 고양되고 자신의 고유한 삶으로 한 단계 한 단계 변모된다. 상이하나 굳게 결속된 앎들의 세계로 진입하면서, 그리고 하나의 비질료적인 삶은 완성을 지향함을 확인하면서 무한하게 증폭하게 된다. 다시 말해 결국 어떤 의미에서는 마침내 소유하게 될 하나의 대상, 하나의 무한한 실재(réalité infinie)를 지향하는 것이다.[354]

정신적인 삶이 각자가 자신의 내부에 자신만의 세계를 지니게 되는 것을 의미한다면, 정신적인 삶이란 곧 내적인 삶과 유의어가 된다. 내적인 삶이란 내면성(intériorité)이라는 정의 자체에 의해 개별적이다. 인간이 가진 내면성은 일종의 체험된 세계의 정신화를 의미하므로 체험의 개별성을 그대로 간직하고 있다. 체험이란 감각적 지각과 이성적 추론 그리고 이를 종합하는 지성적 이해를 모두 포함하며 나아가 인식하는 주체가 처한 구체적인 상황과 구체적인 실존적 상황을 모두 함의한다. 따라서 그것이 어떠한 것이든 체험된 것은 유일하고 개별적이다. 그래서 토마스 아퀴나스 역시 "고유하게 그 자신에게 속하는 것을 통해서 획득된 앎은, 구체적인 한 개인에게 있어서 존재를 소유하는 것으로서의 획득한 영혼의 앎이다."[355]라고 말하는가 하면, "지성은 개별자에 대한 어떤 지성적인 앎을 가지는 것이다."[356]라고 말하기도 한다. 이러한 진술들은 결국 내적인 삶으로서의 정신적인 삶이란 개별적임을 말해 준다. 만일 어떤 가치 있는 것이 보다 희소할수록 보다 가치가 높다고 한다면, 통일된 인간의 내적인 삶이란 절대적인 하나의 가치를 지닌다. 왜냐하면 개별적인 것은 다른 말로 유일한 것을 말하는데, 세계에 단 하나밖에 없는 유일한 것은 비교할 수도 가치를 매길 수도 없기 때문이다. 그것은 절대적인 하나의 가치를 지니고 있다. 인간은 그의 모든 삶의 분야를 통해서 그의 존엄함을 드러내지

354 Jacques Maritain, *Les degrés du savoir*, *op. cit*., 1932, Préface, p. IX.
355 *QDV*, q. X, *De Mente*, a. 8, c.
356 *Ibid*.

만, 특히 유일한 내면적인 세계를 형성하는 정신활동을 통해서 존엄함을 드러낸다.

우리는 여기서 내면적인 삶과 정신적인 삶이 어떤 측면에서는 유사하지만 동일하지는 않다는 사실을 이해할 필요가 있다. 왜냐하면 정신적인 것이란 정신이 가지고 있는 용어 자체를 통해서 어떤 보편적인 성격을 강하게 드러내지만, 내면적인 것은 내면성이라는 용어 자체를 통해서 개별적인 특성을 강하게 드러내기 때문이다. 정신적인 활동은 논리적인 활동을 이행하는 이성(ratio) 및 종합적 사유를 의미하는 지성(intellectus)의 활동을 의미한다. 이 두 활동에는 필연적으로 보편성이 동반된다. 논리적인 추론의 원리인 이성의 활동과 추상을 통해서 개념(conceptio)을 형성하는 지성은 보편적인 것이다. 만일 이러한 보편성이 없다면 학문이란 존재하지 않을 것이다. 현대 토미스트인 쟝 피에르 토렐(J. P. Torrell)은 학문의 출발점이 되는 원리들에 대해서 다음과 같이 말한다.

> 학문은 그 자체에 있어서 분명한 원리들—즉, 기초가 되는 진리·명제 혹은 공리—로부터 출발한다. 이 공리들은 증명을 필요로 하지 않으며, 증명을 요청하지도 않는다. 왜냐하면 이들은 직관의 빛에 의해 즉시 파악 가능하기 때문이다.[357]

모든 인간은 정도의 차이를 달리하여 이러한 보편적인 원리들에 대한 직관을 가지고 있다. 그리고 이러한 원리들을 통해서 파악된(창출된) 개념(지성적인 유(類))을 지적인 기억의 형식으로 지니게 된다.[358] 사실 일군의 사람들이 공유하는 동일한 세계관이란 바로 이러한 지성적인 유들의 유기적인 총체이다. 보편적인 원리들을 통한 학문의 필연성은 그 자체로 선하며, 세상을 타락으로부터 보호해 주는

---

357 Jean-Pierre Torrell O.P, *Saint Thomas d'Aquin, maître spirituel*, Paris, Cerf, 1996, p. 10.

358 "지성은 하나의 보다 안정되고 단순한 형식 아래서 지성적인 유(類, species)들—그것이 감각적인 것에서 기인하든, 보다 상위적인 지성 자신으로부터 산출된 것이든—받아들일 것이다. 따라서 만일 기억을 지성적인 유를 보존하는 능력으로 고려한다면 우리는 이 기억이 지성 안에 있음을 받아들여야 한다." *ST*, I, q. 79, a. 6, c.

파수꾼 역할을 한다. 왜냐하면 토마스 아퀴나스가 모든 죄는 곧 이러한 학문의 필연성을 파괴한다고 말하기 때문이다.

> 어리석음과 무지는 지혜와 학문에 반대되는 것이다. 그러나 또한 간접적인 방식을 통해 죄가 지혜와 학문의 필연성을 부패로 인도한다는 측면에서 모든 죄는 지혜와 학문에 반대되는 것이다. 바로 이러한 이유에서 모든 나쁜(악한) 사람들은 무지하다고 하는 것이다.[359]

학문의 필연성에 대한 파괴가 곧 죄를 의미하고, 모든 죄가 곧 지혜와 학문에 반대된다는 진술은 지성주의로서의 토미즘의 정신을 부각시킨다. 왜냐하면 이러한 관점에서 보자면 선한 삶이란 곧 지성의 인도에 따르는 삶이라는 말이 되기 때문이다. 하지만 이는 현대인의 관점에서 분명 극단적인 측면이 있을 것이다. 왜냐하면 누구도 지성적이 되기만 한다면 선한 삶을 살 수 있을 것이라는 명제에 동의하지 않을 것이기 때문이다. 그리고 주의주의를 주장하는 사람들은, 인간이 선행을 할 수 있는 것은 지성에 의해서가 아니라 선을 행하고자 하는 의지에 의해서라고 말할 것이다. 그럼에도 불구하고 토마스 아퀴나스의 견해는 어떠한 측면에서 매우 의미 있다. 사실상 우리가 알고 있는 대부분의 범죄행위나 악행들은 우선 그들의 행위가 정상인의 상식적인 사고와 어긋남을 발견할 수 있다. 여기서 정상인의 상식적인 사고란 지성의 필연성(la nécessité de l'intelligence)을 의미한다. 당연히 그렇게 하여야 함에도 그렇게 하지 않는 것을 비상식적인 행위라고 하며, 여기서 당연한 것이란 곧 필연성을 말한다. 가령 부당한 세금을 징수하거나 납득할 수 없는 판결을 내릴 때 이의제기를 할 수 있다. 그리고 이러한 이의제기에 당연히 답변을 해 주어야 함에도 침묵하면서 부당한 판결을 계속 명령한다면 이러한 명령은 상식적으로 납득할 수 없는 행위이며, 곧 정상인의 지성적 활동인 필연성을 파괴하는 행위

---

359 *QDV*, q. XV, *De ratione superiori et inferiori*, a. 3, ad 2.

이다. 사실상 우리가 죄라고 하는 모든 행위에는 예외 없이 이러한 납득할 수 없는 비상식적인 행위가 내포되어 있다. 그래서 토마스 아퀴나스는 "하나의 확신으로부터 발생하지 않는 행동은 모두 죄이다."[360]라는 사도 바오로의 말을 인용하는 것이다. 물론 부당한 명령을 내리는 사람들이 이러한 필연성을 이해하지 못하고 있을 수도 있겠지만, 알고 있으면서도 어떤 다른 이유로 부당한 일을 계속 주장할 수도 있다. 여기서 알 수 있는 사실은, 죄란 필연적으로 지성의 보편적인 법칙을 거스르는 것이지만 필연성을 알고 있다고 해서 죄를 짓지 않는 것은 아니라는 사실이다. 즉 지성적인 이해가 반드시 죄를 짓지 않게 하는 것은 아니겠지만 그럼에도 불구하고 지성적인 이해가 전혀 없다면 결코 죄를 피할 수 없다. 다시 말하면 진리에 대한 지성적인 앎은 선을 행하거나 죄를 피할 수 있는 필요조건이지 충분조건은 아닌 것이다.

여기서 우리는 정신적인 삶이란 도덕적 삶의 조건이라고 말할 수 있다. 깊이 생각한다고 해서 반드시 선한 삶을 살지는 않겠지만, 만일 전혀 생각 없이 산다면 결코 선한 삶 즉 도덕적인 삶을 영위할 수 없다. 바로 여기서 우리는 정신적인 삶이란 내적인 삶의 조건이라고 말할 수 있다. 또 지성적인 삶이 내면적인 삶의 조건이라는 관점을 보여 주는 토마스 아퀴나스의 다른 진술을 발견할 수 있는데, 이는 마치 파스칼의 말을 미리 듣고 있는 것 같다.

> 우주는 지성을 타고난 피조물보다 더욱 완전하다. 그러나 이는 연장에 있어서(extensive) 그리고 확장에 있어서(diffusive)이다. 반면 밀도에 있어서(intensive) 그리고 집중에 있어서(collective) 신성의 완전함에 대한 유사함은 최상의 선을 받아들일 수 있는 지성적인 피조물들에게서 보다 우선적으로 발견된다.[361]

---

360 *QDV*, q. XVII, *De Contientia*, q. 4, sed contra.
361 ST, I, q. 93, a. 2. ad. 3.

크기나 넓이에 있어서 우주에 비하면 인간이란 한 점의 먼지에 불과하지만, 인간은 사유를 통해서 우주를 포괄한다고 파스칼이 말하였다. 먼지 같은 작은 곳에 광대한 우주를 넣을 수 있다는 것, 이를 토마스는 놀라운 지성의 '밀도'라고 표현하고 있다. 물론 이 밀도라는 표현은 물리학에서 말하는 그것과는 다르다. 지성이 우주를 포함하는 것은 본질적으로 비질료적인 특성 즉 정신적인 것에 의해서이지, 실제로 우주를 넣을 수 있는 것은 결코 아니다. 그리고 여기서 집중(collective)이라는 말을 음미해 보자. 무엇에 집중한다는 말에는 다양한 요소들을 하나의 지점에 모은다는 의미와 시간의 흐름에도 불구하고 하나의 관심에 정신을 고정한다는 의미가 있다. 이러한 인간의 정신적 특성은 역사의식에서 특히 잘 드러난다. 역사란 무엇인가? 과거의 혼란하고 다양한 사건들에서 의미 있는 것들을 골라내고 그 단편적인 사건들을 연결하여 하나의 스토리로 만들어 놓은 것이다. 하나의 단편적인 사건은 그 사건이 삽입될 전체적인 맥락에 따라 의미나 가치가 변하게 된다. 따라서 역사의식이란 객관적인 사실이라기보다는 일종의 만들어진 혹은 창조된 것이다. 이 역사의식이 만일 한 개인의 개별적인 역사라고 한다면, 어린 시절부터 현재까지 그의 일생에 있었던 다양한 사건들이 하나의 스토리를 이루면서 하나의 지점으로 수렴한다. 다양한 사건과 수많은 시간들이 단 하나의 지점으로 수렴하는 것은 바로 정신의 집중 덕분이다. 정확히는 의식(conscientia) 덕분이다. 앞서 말한 바 있듯이 의식은 나와 나를 둘러싸고 있는 다른 모든 것의 관계를 이해하고 정립하는 역할을 한다. 나와 전혀 무관한 어떤 사물이나 사건들이 내가 염려하고 소중하게 여기는 그 무엇으로 변하게 되는 것은, 나의 의식이 그것을 나의 역사에 의미 있는 것으로 삽입하기 때문에 가능하다. 루이 라벨은 의식에 세계 전체가 계시된다고 말한다.

> 의식이 성장하는 한 의식은 보다 수용적이며, 세계 전체가 이 의식에 계시된다. 의식은 세계 전체와 소통하고 자신의 주위에서 건네는 수많은 손들을 발견하는 기

뿜으로 가득 찬다.[362]

인간의 의식이 타인 및 세계와 다양한 관계를 맺으면서 그들을 자신에게 의미 있는 그 무엇으로 고려하는 한, 타인과 세계는 더 이상 낯선 것이 아니다. 그것은 일종의 나의 영혼의 일부가 된다. 토마스는 이를 영혼이 존재를 가지게 되는 것이라고 말한다.

> 자신에게 고유하게 속하는 것(개별의식)을 통해서 우리가 획득하는 앎은 구체적인 개별자에 있어서 영혼이 존재를 가지는 것으로서의 영혼의 앎이다.[363]

내 영혼의 존재란 곧 나의 의식의 내용을 말하는 것이다. 탄생 시 인간의 영혼에는 생득관념이나 기억이 전혀 없으므로, 영혼이 소유한 자아의식은 모두 형성된 것이다. 따라서 그것이 무엇이든 나의 의식 속에 있는 내용은 곧 내가 형성한 것이다. 나의 개별적인 영혼이 지닌 나의 개별적인 자아는 나의 전 인생이 집약된 하나의 개별적인 역사이며, 내가 형성한 나의 실재(ma réalité)이다. 나의 실재가 어떠한 내용과 모습을 지니는지는 전적으로 나에게 달려 있다. 아무도 나를 대신하여 이러한 내용을 형성해 줄 수 없으며, 어떤 것이라도 그 의미나 가치는 나의 자유의지에 달려 있다. '얻어먹을 힘만 있어도 은총'이라고 생각하는 어느 시인의 말이나 '인간을 보지 않고는 결코 신을 볼 수 없다'라고 하는 어느 성인의 말 모두 자신의 자유의지를 통해서 형성한 자신의 자아의 결과물이다. 세계를 신의 영광의 표현이라고 생각하는 사람이나 세계를 근원적인 부조리라고 생각하는 사람의 내적인 모습도 결국은 스스로 형성한 자신의 자아의 반영이다. 토미즘은 이러한 내적인 자아의 모습이 단순하게 의식의 구조나 허상이라고는 결코 생각하지 않는다. 이는 엄연히

---

362 L. Lavelle, *La conscience de soi*, *op. cit.*, p. 20.
363 *QDV*, q. X, De Mente, a. 8, c.

정신적인 실재이며, 실재 자체이다. 앞서 본 바 있듯이 프랑스 토미스트인 앙드레 마르끄는 내적인 나의 자아가 "실재 자체(réalité même)"[364]라고 강하게 주장한다.

'내가 누구인가?' 하는 질문에서 본질적인 것은 (나의) 의식이다. 이 말은 나의 소유물·사회적 지위·업적 및 그 밖의 어떤 것도 나의 의식이 나를 규정하는 것만큼 나를 규정해 주지 못한다는 것이다. 사실이 그렇다. 이 세상 그 무엇이 죽음을 앞두고 있는 사람의 그 자신을 규정해 줄 수 있겠는가! 오직 그의 의식 속에 있는 그만이 여전히 그가 누구인가를 규정해 줄 뿐이다. 의식 안에는 자신이 전체적으로 포함되어 있다. 어린 시절부터 죽음에 임박한 현재까지 거의 모든 것이 담겨 있는 것이 의식이다. 단순히 다양하고 단편적인 내용만이 어지럽게 남아 있는 것이 아니라, 다양한 사건들이 하나의 이야기를 가지고 서로 유기적인 관계를 맺고 통일된 하나의 형상(forme)을 이룬 것이다. 한마디로 '그인 모든 것'이 하나의 아름다운 집처럼 잘 형성되어 있는 것이다. 이는 곧 자신의 실재 자체이다. 이렇게 의식 덕분에 인간은 스스로 자신을 형성해 가는 존재요, 자신의 실재를 창조하는 자신의 내면세계의 창조주이다. 자신의 내면세계를 자유롭게 창조하는 것보다 더 인간이 창조주로서의 신을 닮은 점은 없을 것이다. 인간의 의식 활동은 정신적인 삶에서 내면적인 삶으로 이행하는 것이다. 정신활동이 보편적이고 필연적인 앎을 형성한다면, 의식은 내밀하고 유일한 내면의 세계 즉 오직 자기 자신에게만 속하는 자아의 세계를 형성한다.

우주의 생명현상에서 의식의 탄생만큼이나 놀라운 현상은 없을 것이다. 의식의 탄생은 단순히 인간의 출현 이상을 의미한다. 떼이야르 드 샤르뎅은 다른 동물에 대한 인간의 수위성은 단연 의식 활동(반성 활동)이라고 말한다.

> 수백만 년이 지난 후 이 뇌는 엄밀하게 분리된 한 지점에서 하나의 불꽃을 솟아오르게 하였다. 사유(pensée)가 여기 탄생한 것이다. (…) 만일 우리가 다른 동물들에

---

364 André Marc, *Dialectique de l'affirmation, op. cit.*, p. 598.

대한 인간의 수위성(supériorité)이 무엇이냐는 질문에 답하고자 한다면, 나는 한 가지밖에 볼 수 없다. 그것은 인간을 자신의 모든 행동양식들, 모든 이차적이고 다의적인 현상들의 그물망에서 결정적으로 분리시켜 반성(réflexion)의 현상 앞에 위치시키는 것이다.[365]

인간의 탄생이 뇌의 성장과 사유의 탄생에 있다고 한다면, 반성 행위는 단순한 사유가 아니라 발생한 사건들에 의미와 가치를 부여하고 이들을 하나의 스토리로 만들어 새로운 정신적 형상을 부여하는 창조적인 행위이다. 신의 창조행위를 모방하여 자기 자신의 내면세계를 창조하는 것은 오직 인류뿐이다. 의식의 탄생은 내면세계의 탄생을 의미하는 것이다.

2) 내면적인 삶과 도덕적인 삶

반성행위로서의 인간의 의식행위에서 가장 부각되는 점은 도덕적 존재이다. 도덕적(moral)이라는 표현은 다양한 의미를 함의하고 있지만, 단적으로 말해 보다 가치 있는 것을 지향하는 정신적인 자세를 의미한다. 현대 토미스트인 에메 포레스트(Aimé Forest)는 다음과 같이 설명한다.

우리들의 시선이 충분히 겸손해지고 우리들이 존재에 동의할 수 있을 때, 가치(la valeur)는 도처에 나타난다. 세계는 단지 그의 형이상학적 견고함만을 획득할 뿐만 아니라, 본질 자체에 추가된 완성 즉 그의 가치를 동시에 획득하는 것이다.[366]

인간은 누구나 보다 가치 있는 것을 추구한다. 가치 있다는 것은 바랄 만한 것

---

365 P. T. de Chardin, *Le Phénomène humain*, Paris, éd Seul, 1955, pp. 174~175 & p. 181.
366 Aimé Forest, *Consentement et création*, Paris, Aubier, 1943, p. 161.

을 의미하기 때문이다. 위 진술에서 포레스트는 이러한 가치를 본질 자체에 추가된 완성이라고 표현한다. 어떻게 가치를 본질에 추가된 완성이라고 하는가? 이는 일종의 목적론적 완성을 의미한다. 예를 들어 한 예술가가 '참회하는 사람'이라는 놀라운 조각을 완성하였다고 가정해 보자. 참회하는 사람의 깊은 회의와 진리에 대한 갈망 등이 이 작품에서는 놀라운 예술적 표현을 통해 드러날 것이다. 이러한 예술성 자체가 이 작품의 본질(essentia) 즉 '그것이 무엇인 것'이다. 하지만 만일 이 작품이 골방 깊숙이 버려져 있고 아무도 보지 않는다면, 이 작품은 아무런 가치도 유발하지 못한다. 이 작품이 가치를 유발하는 것은 누군가 이 작품을 보았을 때이다. 피카소는 "작품은 이를 보고 있는 관람객의 시선을 통해서만 생명을 가진다."라고 하였다. 이때 작품의 생명력이란 관람객에게 무엇인가 영향을 주고 있는 그 무엇, 다시 말해 관람객에게 무엇인가 가치 있는 것을 유발하는 그 무엇이다. 작품의 목적이 관람객에게 무엇인가 영향을 미친다는 것, 사색에 잠기게 하거나 감탄하게 하거나 혹은 반성하게 하거나 하는 것은 곧 작품의 최종적인 목적을 달성하였음을 즉 완성을 의미한다. 왜냐하면 그것을 위해서 작품이 창조되었기 때문이다. 마찬가지로 신이 창조한 모든 것은 어떤 본질(essentia, quid) 자체이다. 본질이 목적을 이루기 위해서는 이를 보고 어떤 식으로든지 영향을 받는 인간의 반향이 있어야 할 것이다. 포레스트는 "존재에 동의할 때 가치가 도처에 나타난다."라고 한다. 존재에 동의한다는 것은 무엇을 말하는가? 동의를 의미하는 불어는 conscentement이다. 이는 '함께(con) 느끼다(sentir)'라는 의미이다. 성경에서는 신이 이 세상을 창조할 때 매 단계마다 신이 보기에 좋았다고 한다. 따라서 존재에 대한 동의란 존재하는 모든 것에 대해서 신이 느꼈던 감정을 함께 느끼는 것을 말한다. 즉 '보기에 좋다!'라는 감탄을 함께하는 것이다. 즉 존재하는 모든 것이 좋은 것, 바랄 만한 것이란 뜻이다. 하지만 이러한 존재에 대한 동의가 진정으로 이루어지기 위해서는 어떤 지성적인 반성이 요청되고, 최소한의 내적인 삶이 전제되어야 한다. 사실 모든 감탄은 내면 깊숙이에서 우러나온다. 전혀 내적인 것이 아닌 것은 감탄이 아니라 단지 고함일 뿐이다. 감탄(感歎)이란 느낀 이후에 탄성을 지르는 것을 말한다. 탄성 이전에 느끼는 것은 단순히 감각적인 행위가 아니다. 이에는 대상의 본질에 대한 깊은 인식이 동반된다. 깊은 인식은 내적인 것이다. 대상에 대한 내적인 동의란 어떤 의미에서 인간이 욕구하고 갈망하는 그 무엇이 이 대상에 구현되어 있음을 고백하는 것이다. 그래서 에메 포레스트는 "동의(conscentement)의 첫 관념은 오직 정신만이 이를 계시할 수 있는 그것, 즉 대상이 지니고 있는 보다 내적인 것(ce qu'il a de plus intérieur)에 대한 동의이다."[367]라고 말한다.

어떤 대상에 대해서 그것이 정신의 갈망에 응답하는 좋은 것(bonum)이라는 깊은 내적 동의, 바로 여기에서 모든 도덕적인 삶이 출발한다. 왜냐하면 도덕이 보다 나은 것을 추구한다면 우선 추구하는 것이 참임이 전제되어야 하기 때문이다. 누구도 거짓된 것이나 허상을 추구하지는 않을 것이며, 어떤 것이 바랄 만한 것이기 위해서는 참되거나 선해야만 한다. 그리고 여기서 참된 것의 첫 번째 의미는 본질에 대한 지성의 인식이다. "'그것이 무엇인 것'에 대한 지성의 적합성을 의미하는 '지성의 진리'에 따라 그 자신에게 고유한 방식을 역시 참되다고 한다."[368] 그렇기에 참된 것은 그 자체로 좋은 것이며, 유비적으로 말해서 선한 것이다. 왜냐하면 참된 것을 보존하고자 하는 정신은 선한 것이기 때문이다. 자연보호라는 개념이 선한 것이 되기 위해서는 자연 질서에 대한 깊은 내적 인식, 즉 그것이 참된 것이며 그렇기에 보존되어야 한다는 깊은 내적 인식이 있어야 한다. 그리고 자연이 참된 존재라는 것은 그것이 인간정신의 깊은 갈망에 응답할 수 있는 무엇임을 말한다. 만일 어떤 사람에게 내적인 인식이 전혀 없다면, 그는 도덕적으로 무관심하다. 무관심은 어떤 의미에서는 도덕적으로 중립적이라고 할 수 있겠지만, 상황에 따라서 비도덕적이라고 할 수 있다. 무관심이—의도적이든 비의도적이든—도덕적인 것 이하로 추락할 경우가 그에 해당한다.

---

367 *Ibid.*, p. 127.
368 *ST*, I, q. 16, a. 7, ad 3.

> 비록 무관심한 행동에 관계된 것이 선과 악의 중간에 위치하고 있다 하더라도, 이러한 행위가 도덕적 규범 아래로 추락한다고(도덕적 규범을 어긴다고) 생각하는 이는, 자신이 행위에 대해서 지니고 있는 사유로부터 이러한 행위를 더 이상 무관심한 행동이라고 고려하지 않는다.[369]

따라서 어떤 것에 대해서 깊이 사유하지 않는 것 자체가 비도덕적인 행위는 아니겠지만, 주어진 상황에 따라서 비도덕적인 행위로 전락할 가능성이 다분하다. 반면 모든 것을 깊이 사유하는 내면적인 사람은 결코 도덕적으로 중립적일 수 없다. 왜냐하면 그의 내적인 삶의 원리인 의식(conscientia)이 이미 양심(synderesis)에 기초하고 있기 때문이다. 비록 그것이 사회적으로 정해 놓은 규범과 무관하다 할지라도 이미 참된 것을 지향하는가 그렇지 않은가 하는 차원에서 개별적인 삶의 도덕적인 특성을 가진다.

토마스 아퀴나스가 "인간이 그의 본성에 의해서 사회적 혹은 정치적 동물이기에(suam naturam est animal politicum)"[370]라고 정의하였을 때, 이는 인간은 본성적으로 윤리·도덕적인 존재라는 것이다. 하지만 보다 근원적으로 인간은 본성적으로 참되고 선한 것을 갈망한다는 사실은, 인간이 사회적인 삶 이전에 이미 개별적인 삶에서 조차 윤리·도덕적인 존재임을 말해 준다. 왜냐하면 비록 인간과 인간 사이에서 발생하는 약속 규범이 존재하지 않는 무인도에서의 삶이라고 할지라도 자신을 둘러싸고 있는 자연환경과의 관계 그리고 자기 자신과의 관계를 생각할 수 있기 때문이다. 예를 들어 환경을 파괴하거나 혹은 자학하거나 자살하는 행위는 타인에게 아무런 해를 끼치지 않는다 하더라도 참되지 못한 행위, 바람직하지 않은 행위이기 때문에 비도덕적인 행위라 할 수 있다. 왜냐하면 이는 모든 행위판단의 제일 법

---

369 *QDV*, q. XVII, De Contientia, q. 4, ad 7.

370 *ST*, I-II, q. 61, a. 5, c. "인간은 본성적(천성적)으로 사회적이고 정치적이기 때문에, 인간 안에는 세 번째 질서가 존재해야만 한다. 바로 이 세 번째 질서를 통해서 인간은 그가 함께 살아야 할 타인들과의 관계 속에 놓이게 되는 것이다." St. Thomas D'Aquin, *Petite Somme Politique*, op. cit., p. 129.

칙인 양심의 명령에 위배되기 때문이다. 인간의 의식이—사회적 삶을 고려하지 않고서도—근본적으로 도덕적 특성을 가지는 이유는 그것이 기초하고 있는 뿌리가 양심(synderesis)이기 때문이며, 양심의 판단에 기초한 의식적인 삶은 곧 내면적인 삶이다. 따라서 진정으로 내면적인 삶을 살고 있는 사람은 도덕적인 삶을 살지 않을 수 없다. 지성적인 것과 내면적인 것 그리고 도덕적인 것은 매우 밀접한 상관관계를 가지고 있으며, 또한 서로 불가분한 관계를 가지고 있다. 그리고 이는 영성적인 삶으로 나아가기 위한 전제조건이다. 지성·내면·도덕의 상관관계는 비단 토미즘에서뿐만 아니라 대다수의 영성을 추구하는 정신에서 일반적으로 수용되는 관점이다. 『영성의 파노라마』에서는 다음과 같이 말한다.

> 일반적으로 정신은 지성(intelligence)을 의미하지만, 이는 또한 삶의 내적인 원리 그리고 자신에 대한 다스림의 원리를 의미하기도 한다. 이 경우 우리는 도덕(moral)이라는 의미에 매우 접근해 있다. 따라서 정신적인 삶이라고 할 때는, 한편으로는 사유의 삶을 또 한편으로는 도덕적인 삶을 말하는 것이다.[371]

토미즘에서 내면적인 삶이 곧 도덕적인 특성을 가지는 이유는 내면적인 삶이 반성의 행위(réflection)를 의미하기 때문이다. 반성이란 과거의 지나간 사건들에 대에서 반추하고 평가하는 것을 의미한다. 토마스 아퀴나스는 반성의 기능을 하는 의식(도덕적 의식)의 역할이 수행할 것과 하지 말아야 할 것을 판단하고 잘 수행했는지 아닌지 판단하고 평가하는 것이라고 말하는데, 후자는 곧 반성행위에 해당한다.[372] 반성행위란 이미 존재하지 않는 과거의 사실들 즉 오직 나의 내면에만 존재

371 하이몽 다리꼬 & 베이나르 뻬이루스, 『영성의 파노라마』, 앞의 책, p. 8.

372 "우리가 어떤 행위를 수행했거나 그러하지 못한 것을 인정할 때, (…) 이러한 의미에서 우리는 의식(conscientia)—도덕적 의식, 즉 양심—이 이를 인정한다고 말한다. 이러한 적용은 우리가 의식을 통하여 어떤 행위를 수행해야하는가 말아야 하는가를 판단할 때 또한 적용된다. 따라서 의식은 우리의 행위를 부추기고 의무를 부여하는 것이다. 반면 우리가 이미 일어난 일에 대해서 잘 수행했는지 그렇지 않은지를 판단할 때, 우리는 의식이 우리를 고발하고 질책한다고 말하는 것이다." *ST*,

하는 실재들에 대한 사유요, 이에 대한 가치판단과 의미부여를 말하는 것이다. 그리고 이러한 반성행위를 통해서 비로소 한 인간은 자신의 내면세계라는 것을 가질 수 있다. 그리고 오직 이러한 내면세계에서만이 생명의 진정한 의미와 가치가 드러나게 된다. 우주 혹은 세계란 하나의 전체성과 통일성을 의미한다. 혼돈과 같은 외부세계를 하나의 정묘한 질서를 가진 세계로 파악하는 것은 인간의 정신활동이다. 이 세계 안에서 세계를 구성하는 모든 요소들은 각자 자신만의 위치와 의미를 가지고 전체와 유기적인 관계를 맺는다. 따라서 질료와 감각, 감각과 느낌, 느낌과 정신은 서로가 서로에게 어떤 의미연관을 가지고 있어야 하며, 이들이 모두 조화롭게 전체적인 하나의 심오한 의미와 가치를 가지게 되는 것이다. 따라서 어떤 의미에서 세계 혹은 우주라는 말은 그 자체가 이미 인간의 지성적이고 내적인 행위를 전제하는 것이며, 인간의 내면세계를 지칭하는 용어이다. 이러한 측면에서 "전혀 내면적이지 않는 삶에는 전혀 세계가 존재하지 않는다."라고 정당하게 말할 수 있다. 사실 어떤 형태로든 자기세계(내면세계)가 없는 사람에게는 외부세계도 없다. 동일한 신앙이나 정치이념을 가진 사람들은 최소한 공통되는 세계관을 지니고 있다. 이러한 공통의 세계관은 결국 이들이 정도의 차이를 달리하여 내면의 세계를 지니고 있음을 의미하며, 이러한 내면의 세계를 통해서 도덕관 가치관의 공유가 가능한 것이다. 마찬가지로 생명의 참된 가치가 드러나는 것은 바로 세계관의 조화 속에서이다. 토미스트인 쟈크 마리텡은 『앎의 등급』[373]에서 원자나 세포 등과 같은 물리적인 실존(existence physique)만을 실재라고 생각하고 있는 물리학자들의 믿음이나, 실재를 오직 신비적인 것 또는 수수께끼로만 바라보고자 하는 일군의 관념론자들의 믿음은 진정한 실재의 모습을 보려 하지 않는다는 차원에서 별반 다를 것이 없다고 비판한다. 이들에게는 세계관은 있어도 생명의 진정한 가치가 드러날 수 있는 참된 내면세계는 부재(不在)하며, 이로 인하여 생명의 도덕적 가치가 올바르게

I, q. 79, a. 13, ad 2

373 *Les degrés du savoir*, op. cit., p. 325.

긍정되지 못한다는 것이다. 여기서 참된 내면세계의 참됨의 기준은 위에서 말한 바 있는 실재 혹은 존재에 대한 지성의 동의이다. 생명의 도덕적 가치는, 생명이 전적으로 무상의 선물이지만 그럼에도 책임이 따르는 것임을 긍정하는 데 있다.[374] 토미즘에 있어서 생명에 따르는 책임은 결국 생명이 가진 가능성을 최대한 실현하는 것이다.

3) 토미즘 영성의 특성과 영성적인 삶

영성(spirituality, spiritualité)을 생명이라는 관점에서 바라보고자 한다면, 생명이 곧 영성을 실현해야 할 장이요 생명의 운동을 통해서 영성이 이루어지며 생명의 가능성을 최대한으로 개화(開花)시키는 것이 영성을 가지는 것이라고 할 수 있다. 그리고 이러한 생명의 개화 과정에서 영성의 단계에 이르기 위해서 요청되는 것이 곧 정신적인 삶이요 내면적인 삶이다. 보다 엄밀히 말하자면 영성적인 삶이란 이러한 삶을 넘어서는 것이라기보다는 정신적이고 내면적인 삶을 통해서 이루어지는 것이다. 물론 관점에 따라서 영성적인 삶이 반드시 충분한 정신적인 삶이나 심오한 내적인 삶을 전제하지는 않을 것이며, 시간적으로 반드시 앞서지도 않을 것이다. 하지만 정신적인 삶이나 내면적인 삶이 전혀 없는 영성적인 삶이란 있을 수 없다. 왜냐하면 그것이 어떠한 형태이든 영성적인(spirituelle) 삶이란 감각적인 것에 대비된다는 의미에서 정신(esprit)적인 것을 의미하기 때문이다. 영성적인 삶이란 인생의 궁극적인 목적이나 의미 등에 대해 답을 주는 삶을 의미하기에 이러한 해답 자체가 정신적인 삶을 말해 준다. 따라서 우리는 토미즘에서 정신적인 삶과 영성적인 삶의 차이점이 무엇인지 묻지 않을 수 없다. 비단 토미즘에서뿐만 아니라, 최소한 그리스도교의 전통에서는, 정신적인 삶 혹은 내적인 삶이 모두 영성적인 삶은 아니다. 우

374 이러한 사유는 특히 가르멜 영성의 대표자인 리지외의 성녀 데레사의 사유에서 잘 드러난다. "그녀는 생명을 하느님의 선물이지만, 또한 책임이 따르는 것으로도 보았다." 콘라드 드 메스떼르, 『빈손-리지외의 성녀 데레사의 메시지』, 대전 가르멜 수녀원 옮김, 가톨릭출판사, 1986, p. 166.

리는 두 가지 삶을 구분하는, 영성에 관한 불어권의 한 텍스트를 발견할 수 있다.

> 정신적인 삶이라고 할 때는, 한편으로는 사유의 삶을 또 한편으로는 도덕적인 삶을 말하는 것이다. 그러나 우리가 이 책에서 사용하는 '영성'의 의미는 이러한 넓은 의미의 도덕적 의미를 포함한 정신적인 삶의 의미로는 사용치 않음을 밝힌다.[375]

위의 텍스트에서 강조하는 것은 정신적인 삶이란 도덕(moral)적인 것과 관련된 내적인 삶을 의미하지만, 영성적인 삶이란 이러한 일반적인 의미의 정신적인 삶으로 사용하지 않는다는 것이다. 물론 영성적인 삶이 정신적인 삶을 포함하기는 하겠지만, 영성적인 삶은 차원이 다르다. 그렇다면 토마스 아퀴나스에게 있어서 이러한 두 가지 삶은 어떻게 구분되는 것일까? 우리는 이를 다양한 차원에서 구분해 볼 수 있다.

우선 토마스 아퀴나스는 어떤 하나의 삶을 특징짓는 것을 사랑(amor)이라고 본다. 그는 "지성적인 사랑이 지성적 욕구 안에 있는 것처럼, 감각적인 사랑은 감각적 욕구 안에 있다."[376]라고 말한다. 말하자면 감각적인 사랑을 통해 감각적인 욕구를 주로 지니고 사는 사람은 감각적인 삶을 살고 있으며, 지성적인 사랑을 통해 지성적인 욕구를 주로 지니고 사는 사람은 지성적인 삶을 산다고 할 수 있다. 마찬가지로 그는 "영성적인 아름다움이나 선함에 대한 명상(정관)은 영성적 사랑의 원리이다."[377]라고 말한다. 즉 영성적인 삶을 영위하는 사람이란 영성적인 것에 대한 욕구를 통해 영성적인 것에 대한 사랑을 지닌 사람의 삶을 말하는 것이다. 결국

---

375 하이몽 다리꼬 & 베이나르 뻬이루스, 『영성의 파노라마』, 앞의 책, p. 8.

376 "Amor igitur sensitivus est in appetitu sensitivo, sicut amor intellectivus in appetitu intellectivo." *ST*, I-II, q. 26. a. 2, c.

377 "contemplatio spiritualis pluchritudinis vel bonitatis, est principium amoris spiritualis." *ST*, I-II, q. 27, a. 2, c.

우리는 정신적인 삶과 영성적인 삶을 구분하기 위해 순수하게 정신적인 것과 구분되는 영성적인 것이란 무엇을 말하는가 하는 질문을 던져야 한다. 토마스 아퀴나스에게 있어 영성적인 것이 무엇인가를 단적으로 정의하기는 매우 어렵다. 왜냐하면 사실상 영성이라는 용어 자체가 근대 이후에 생겼으며, 그것도 영성을 다루는 사람마다 다분히 차이가 있기 때문이다. 하지만 우리는 가장 보편적이고 일반적인 의미에서의 영성 개념을 통해 토마스 아퀴나스의 사상에서 영성이 무엇을 의미하는지 규정해 볼 수 있다.

가톨릭 용어사전을 살펴보면 영성의 의미가 매우 불분명하게 정의되어 있다. 가령 한 가톨릭 용어사전에서는 "일반적으로 신령한 품성이나 성질, 또는 천부의 총명을 말한다. 그리스도교에서는 순수한 비물질성 즉 물질에 의존하지 않은 정신적인 것의 속성을 일컫는다."라고 규정되어 있는데, 앞서 말한 정신적인 것과 영성적인 것의 구분이 거의 드러나 있지 않다. 반면 영성을 전문적으로 다루는 다른 책에서는 인간의 내면 깊숙이에서 도달하는 초월적이고 신비적인 어떤 것이 추가된다고 한다.[378] 그리고 길희성 교수는 마이스터 엑카르트의 영성을 소개하는 글에서 영성은 인간의 가장 깊은 정신적 욕구를 충족시키는 것이라고 표현한다.[379] 다른 한편 보다 그리스도교적인 관점에서 십자가의 성 요한의 영성에 관해 다룬 책에서는 영성을 신의 구원론적 현존에 대한 체험이나 인간의 신적 자녀성에 대한 발견처럼 고려한다.[380] 그리고 이러한 영성이 아빌라의 성녀 데레사에게서는 완덕으로

---

378 "오늘날에는 이 영성이라는 의미에 중요한 한 의미가 추가되어진다. 사람들은 흔히 모든 종교에는 일종의 '초월적인 신비(un au-delà mystique)'가 있음을 인정하고 있다. 이 종교들은 이러한 믿음의 요소들로 구성되어 있다. 만일 한 성실한 종교인이 진지하게 이 믿음을 살고 있다면, 어떤 특수한 경우에 도달하여서는 진정한 '영성적인 삶'에 이를 것이며, 그가 제시하는 것들은 그 내면 깊숙한 곳에 있어서는 다른 종교에서 제시하는 것과 동일한 점일 것이다." 하이몽 다리꼬 & 베이나르 뻬이루스, 『영성의 파노라마』, 앞의 책, p. 12.

379 "초월을 포기하고 '형이상학의 극복'을 무슨 전리품인 양 자랑하는 서양 근현대 철학은 '인간의 가장 깊은 정신적 욕구'를 충족시키지 못한다고 나는 생각한다." 『마이스터 엑카르트의 영성 사상』, 앞의 책, p. 6.

380 "교회의 임무란 삶과 역사의 한가운데서 그리스도 안에서의 하느님의 구원론적 현존을 체험하는 것이다. 그리고 인간 존엄성의 지고함을 의미하는 하느님과의 통교의 성소와 인간의 신적 자녀성

의 길 즉 인간의 완성을 지향하는 것처럼 나타난다.[381] 이러한 영성에 대한 개념들을 종합해보면 ①영성이란 정신적인 것으로서 ②내면 깊숙이에서 발견되는 ③초월적이고 신비적인 것인데, 이는 인간의 가장 깊은 정신적인 욕구에 응답하는 것이다. 이러한 것이 그리스도교적 사유에서는 보다 구체적으로 ④신의 구원론적 현존에 대한 체험을 의미하며, 이는 ⑤완덕 혹은 인간성의 완성을 의미하는 것이다.

여기서 앞서 말한 순수한 정신적인 삶 혹은 단순히 내면적인 삶과 크리스천 정신이 추구하는 영성적인 삶의 가장 근본적인 차이는 내면적인 삶이 가지는 특성에 있다. 크리스천 영성이 추구하는 내면적인 삶은 바로 여기서 신적인 현존으로서의 초자연적인 신비가 이루어지는 것이다. 이는 아우구스티누스의 사상에서, 그리고 파스칼의 정신에서 강하게 부각된다.

> 참되고 유일한 오직 하나의 덕은 자신을 미워하고(탐욕적인 인간성은 미워할 만하니까) 진정으로 사랑할 만한 존재를 찾고, 이 존재를 사랑하는 것이다. 그런데 우리는 우리의 바깥에 있는 것을 사랑할 수 없다. 따라서 우리 자신이 아니면서 우리 자신에게 존재하는 이 사랑스런 존재를 사랑해야 한다. 모든 인간들 각자에게 이러한 존재가 내재하고 있는 것은 사실이다. 신의 왕국은 우리 자신에게 존재한다.[382]

사실 우리 자신에게 있는 신의 왕국을 추구하는 것은 일반적으로 수덕적(修德

및 인간조건을 발견하는 것이다." 가르멜 수도회, 『십자가의 성 요한의 영성입문』, 크리스찬출판사, 1991, p. 13.

381 "성녀여, 이러한 인간 와성의 기도를 우리에게 가르쳐주신 것이 얼마나 다행한 일입니까?" 예수의 성데레사, 완덕의 길, 최민순 옮김, 바오로딸, 2008, 39쪽. "기도의 문으로 '영혼의 성' 깊숙이 들어가 거기서 님과 함께 단 둘이서 이야기 하는 사람, 정답게 사귀는 사람, 이미 나 자신 안에 삼위일체의 하느님이 사시는 것을 믿고 느끼는 사람은 태산의 무게를 지닌 사람이며, 완전한 인간입니다. 그가 세상에 그럽고 두려울 것이 무에 있겠습니까? (…) 기도하는 인간이 완전한 인간임을 몸소 보이시고 가르쳐주셨습니다." 위의 책, p. 45.

382 Pascal, *Pensées*, op. cit., pp. 185~186.

的)인 삶을 지향하는 모든 수도자들의 삶이 추구하는 것이다. 물론 내면의 천국을 추구하는 것이 성서적인 진리이며, 평신도 영성이라는 말이 보편적으로 사용되고 있는 현대에 이러한 영성적인 삶은 그리스도교 신앙인이라면 누구나 지향하는 삶이기는 하다. 하지만 그럼에도 불구하고 예술적 삶이 우선 예술가들의 삶을 지칭하는 것과 동일한 의미에서 영성적인 삶도 우선 수덕적인 삶을 영위하는 수도자들에게 해당된다고 할 수 있다. 즉 결혼의 삶을 포기하고 독신을 지키며 수덕적인 삶을 영위하는 모든 수도자들은 본질적으로 영성적인 삶을 추구하는 사람들이다. 물론 관상수도회와 활동수도회의 의미가 분명하게 구분되는 오늘날 수덕적인 삶이 반드시 완덕의 삶으로 대변되지는 않겠지만, 그 본질에 있어서 수덕적인 삶은 완덕의 삶을 지향하며 인간의 완성을 지향한다. 물론 인간의 완성이라는 의미는 개별자의 개별적 인격의 완성을 의미하는 것이지,[383] 니체 사상에서처럼 인간성의 모델로서의 초인과 같은 존재를 의미하는 것이 아니다.

이러한 일반론적인 관점에서 토미즘에 있어 영성적인 것이란 무엇인지 고찰하자면, 사실상 이상의 일반론적인 관점과 거의 다를 것이 없다. 물론 토마스 아퀴나스가 위에서 언급한 사상가나 영성가들보다 시대적으로 앞선 인물이므로 이들의 사유가 토마스 아퀴나스의 사유를 계승하고 있다고 하는 것이 보다 적절할 것이다. 토미즘에 있어서 영성의 의미는 첫째, 지성적 삶의 정상에서 주어지는 어떤 것이라고 할 수 있다. 지성주의라는 타이틀이 말해 주듯이 토마스 아퀴나스는 정신적인 삶에 대한 중요성을 누구보다도 강조한다. 그는 진리라고 일컬어지는 모든 것은 첫 번째 지성의 형상으로 파악된다고 보는데,[384] 이는 인간의 지성이 신의 지성에

383 이러한 사유는 프랑스 성녀 리지외의 데레사의 사유에서 잘 드러나고 있다. "성성(聖性)이란 한 인간 안에서 행해지는 사랑의 온갖 가능성의 완전한 개화(開花)이다." 콘라드 드 메스떼르, 앞의 책, p. 78. "완덕이란, 하느님이 우리에게 바라는 대로 되는데 있는 것이다." 『십자가의 성 요한의 영성입문』, 앞의 책, p. 89.

384 "우리들의 지성은 모든 것을 아무 진리에 따라서 판단하지 않으며, 마치 거울 안에서처럼 이들에게서 비쳐지는 것으로서의 첫 번째의 지성적인 형상으로서의 첫 번째 진리에 따라서 판단한다." *ST*, I, q. 16, a. 6, ad 1.

참여하고 있다고 보기 때문이다.[385] 뿐만 아니라 그는 지성이 존재를 파악할 수 있고,[386] 지성의 가장 탁월한 부분(상위이성)을 통해서 천사들처럼 신적 빛을 수용하며 진리를 파악한다고 말한다.[387] 그리고 영혼의 최고의 완성이 지성의 진리에 대한 앎들을 통해 이루어진다고도 한다.[388] 나아가 도덕적인 올바름을 판단하는 제일원리로서의 양심(synderesis)이나 양심에 기초한 종합적 판단을 내리는 도덕적인 의식(conscientia) 역시도 지성의 기능 혹은 지성의 부분처럼 고려하며, 선택의 원리로서의 자유의지 역시 지성적인 능력이라고 말한다.[389] 나아가 그는 모든 죄의 근원은 이성이 오류를 범하기 때문이라고 말한다.[390] 이처럼 토미즘에서 지성적인 삶을 전제하지 않고서는 성숙한 인간적인 삶이나 올바른 도덕적 삶이 불가능할 뿐 아니라, 이로 인해 영성적인 삶으로 나아가는 것도 불가능하다. 만일 영성적인 삶이 생명의 가능성을 최대한 개화하는 것이라면, 정신적인 삶은 곧 생명의 자연적인 능력의 최고의 실현이라고 말할 수 있다. 즉 정신적인 삶은 영성적인 삶을 준비하는 과정이며, 그 정상은 영성이 시작되는 지점이다. 따라서 모든 정신적인 삶이 영성적인 삶을 지향하거나 소유하지는 않겠지만, 모든 영성적인 삶은 최소한의 지성적인 삶을 전제하는 것이다.

둘째, 영성적인 삶이 본질적으로 내면적인 삶이라는 차원에서 내면성을 추구하는 것 역시 토미즘에서의 영성의 본질적인 특성이다. 인간이 지성행위를 통해서 자기세계라고 할 수 있는 세계관을 가지는 것은 본질적으로 내면세계를 가지는 것이며, 만일 인간이 종교적 삶을 통하여 어느 날 신적 현존을 맞이한다면 그것은 자신의 내면적인 세계를 통해서 혹은 최소한 이러한 내면세계와의 관계성 속에서 이

---

385 참조: *ST*, I, q. 91, a. 1.

386 참조: *ST*, I, q. 79, a. 1.

387 참조: *QDA*, q. 5.

388 참조: *QDV*, *De Mente*, q. 1.

389 참조: *ST*, I, q. 82, a 2.

390 "이성이 오류를 범하지 않는다면 의지는 죄를 범하지 않을 것이다. 왜냐하면 사람들은 진정한 선이나 (자신에게) 선한 것처럼 보이는 것 외에는 원치 않을 것이기 때문이다." *SCG*, IV, ch. 92.

루어지는 것이다. 내면성에 관한 토마스 아퀴나스의 사유는 특히 관계성에서 두드러지게 나타난다. 그는 "동일한 것을 사랑하는 사람들 안에서는 유사함이 발견된다."[391]라고 말하는데, 이는 곧 내면성의 유사함을 말하며 특히 이러한 내적인 유사성은 사랑하는 두 사람에게 내적인 일치(동일성)를 유발한다. 그렇기에 사랑하는 사람은 사랑하는 대상이 그의 내면에 존재한다는 말이 진실이 되는 것이다.[392] 따라서 만일 영성적인 삶이 영성적인 것에 대한 미각을 통해서 신적인 것을 사랑하는 것이라면, 이는 본질적으로 사랑하는 주체의 내면성에서 발생하는 사건이다. 토마스 아퀴나스는 자신의 내면으로 향하는 이러한 사랑의 특성을 법열(extase)을 유발하는 특성으로 규정한다. "사랑은 일종의 법열을 유발한다. 어떤 것에 대한 깊이 있는 명상은 다른 모든 것을 잊게 하는 것처럼, 사랑하는 이에 대한 주의집중은 다른 모든 것으로부터 이탈하게 하기 때문이다."[393] 토마스 아퀴나스는 내면성에 관한 아우구스티누스의 사유를 긍정하면서 내면성을 소유할 수 있는 영혼의 능력은 외적 감각에서 물러나 자기 자신에게로, 즉 내면으로 물러난다고 본다.[394] 즉 생명의 원리로서 영혼의 고유한 본질은 내적인 것으로서의 특성이다.

영혼의 내면성이 보다 구체적이고 분명한 방식으로 나타날 때 즉 신의 현존을 맞이하고 사랑할 때, 우리는 분명하게 영성적인 삶의 실재와 마주하게 된다. 사실 영성적인 삶에 대한 이러한 관점은 그리스도교 전통에서 가장 일반적인 견해라고 볼 수 있다. 가톨릭 영성의 전 과정을 『정관(靜觀)의 경로(經路)』라는 제목으로 소개하고 있는 책에서는 다음과 같이 설명한다.

> 하느님을 발견함으로써 사람은 하느님의 힘으로 자신이 이러한 단계에 이르렀다

---

391 *ST*, I-II, q. 27, a. 3, ad 2.

392 "사랑은 사랑하는 두 사람 사이의 일치를 가져온다. 우리는 지금 나에게 현존하지 않는 것에 대해서 갈망하지만, 사랑은 현존하지 않을 때나 현존할 때나 나 자신 안에 있기 때문이다." *ST*, I-II, q. 28, a. 1, ad 1.

393 *ST*, I-II, q. 28, a. 3, c.

394 *ST*, I-II, q. 28, a. 2.

> 는 것을 이해하게 됩니다. 관상가가 자기 영혼의 깊숙한 곳을 바라볼 때, 자기 마음속 가장 깊은 곳에서 일어나는 감회를 느끼며, 그 원인은 심리학적으로 설명될 수 있을 것입니다. 이러한 감회는 다른 감정들이 그렇듯이, 우리 무의식의 깊은 심층으로부터 솟아오르는 것입니다. (…) 관상이 절정에 이르렀을 때, 사람은 자기 안에 있는 참된 깊이를 깨닫게 되고, 또한 이 깊이는 하느님과의 어떤 관계에 놓여 있는 까닭에 그 자체도 신적인 것이 됩니다.[395]

인간이 신적 현존을 체험하고 마주하는 곳이 인간의 내면 깊은 곳이며, 바로 이 곳에서 신과의 어떤 관계성을 발견하고 나아가 이 자체가 신적인 것이 된다는 것은 곧 영성적인 삶은 본질적으로 내면성의 사건이라는 것이다. 즉 인간의 영성적인 삶은 자신의 내면세계에서 발생하고 이루어지는 삶이다. 토마스 아퀴나스 역시 신적인 현존이 문제가 될 때 이는 내면적인 것임을 분명하게 명시한다.

> 이는 알려진 대상이 앎의 주체 안에 존재하며, 갈망의 대상이 갈망의 주체 안에 이미 존재하는 인간의 영혼의 고유한 행위 방식이다. 이 두 번째 방식으로, 이성적인 피조물이 현실성으로서 또는 습관으로서 신을 알고 사랑할 때, 신은 특별하게 이성적인 피조물 안에 존재하는 것이다. (…) 바로 이러한 방식으로 신은 은총을 통해 성인들 안에(in sanctis) 존재한다고 하는 것이다.[396]

인간의 내면에 현존하는 신에 대한 이상의 두 진술에서 우리는 공통되는 관점을 발견할 수가 있는데, 그것은 이러한 영혼과 신적 현존과의 직접적인 관계성 혹은 내면에서의 신의 현존은 신의 힘 혹은 신의 은총으로 가능하다는 점이다. 토미즘에 있어서 영성적인 삶으로서의 내면적인 삶이 다른 자연종교에서 말하고 있는 영

---

395 이브라겡, 『靜觀의 經路』, 이영직 옮김, 분도출판사, 1976, pp. 65~66.
396 *ST*, I, q. 8, a. 3, c.

성적인 삶과 다른 점이 있다면, 바로 이러한 은총 즉 초자연적인 힘의 개입일 것이다. 바로 여기에 영성의 일반적인 특성인 초월적이고 신비적인 특성이 있는 것이다.

모든 진정한 영성가들이 말하는 이 초월적이고 신비적인 특성은 토미즘에서 단순히 은유적이거나 유비적으로 표현되지 않고, 진정한 실재(la vraie réalité)로서 말해지고 있다. 토미스트인 쟈크 마리텡은 토미즘의 이러한 은총에 대한 실재성을 누구보다도 강조하며, 은총(la grâce)에 대해서 다음과 같이 말한다.

> 하나의 신의 씨앗(semence de Dieu): *semen Dei*, 이는 결코 은유적이 아니며, 단순히 도덕적인 것도 아니다. 신학자들이 물리적인 실재(réalité physique), 즉 존재론적인 실재(réalité ontologique)라고 말하듯이, 여기에는 실재들의 가장 적극적이고 효과적이며 가장 확고한 것이 있다.[397]

토마스 아퀴나스에게 있어서 은총의 목적은 인간적인 덕들의 완성을 지향하는데 있다. "은총이 없이는 완성된 인간적인 성공은 어디에도 없다는 확신을 통해서 그는(아퀴나스는) 각각의 인간적인 덕은 수여 받은 도덕적인 덕(vertu morale infuse, 즉 은총)을 통해서 새롭게 되어야 함을 말하고자 하는 것이다. 이 수여 받은 덕의 역할은 인간의 모든 내면적인 움직임들을 지상에서 이룰 수 있는 최상의 완전한 덕들로 이끌고자 하는 것이다."[398] 물론 앞서 말한 바 있듯이 토미즘에서 이러한 완성은 개인의 인격 완성을 의미한다. 토마스 아퀴나스는 인격의 개념을 "모든 본성 안에 있는 가장 완전한 것"[399]이라고 한 바 있는데, 쟈크 마리텡은 인간의 궁극적인 목적은 신의 은총을 통하여 개인의 인격을 완성하는 것이라고 이해한다.

> 인간은 마치 그의 자유처럼 그의 인격(personalité)을 획득하여야 한다. 인간은 이를

---

397 *Les degrés du savoir*, *op. cit*., p. 506.

398 Jean-Pierre Torrell, *Saint Thomas d'Aquin, maître spirituel*, *op. cit*., p. 359.

399 *ST*, I, q. 27, a. 3. c.

획득하기 위해서 매우 비싼 대가를 지불해야 한다. 그는 오직 그의 행위(son agir)의 질서 안에서만 인격이며, 이성적이고 도덕적인 에너지들과 사랑의 에너지를 그의 영혼의 손과 신의 손을 통하여 그의 영혼 안에 모아들일 때에만 그 자신의 원인(cause sui)이 될 수 있다.[400]

인간이 이룰 수 있는 최상의 덕들을 완성시킨다는 개념과 한 개인의 인격을 완성하는 일은 모순되는 것 같기도 하다. 왜냐하면 이상적인 정의 혹은 정의의 이데아에서 볼 수 있듯이 덕의 완성에는 보편성이 내재하며, 인격이란 하나의 개별성을 의미하기 때문이다. 하지만 이러한 모순은 인격을 오직 개별성이라는 차원에서만 고찰할 때 발생한다. 인격의 개념은 단순히 다른 모든 것과 구별되는 것으로서의 개별성과는 다른 의미를 지니고 있다. 쟈크 마리텡은 현대인들이 인격의 개념과 개별자의 개념을 혼동하는 이유가 인격의 개념에 포함된 자유의 개념을 망각하고 있기 때문이라고 생각하는데,[401] 이 자유는 자신이 자기 존재의 원인이라는 의미에서의 자유이다. 자신이 누구인 것을 형성하고 자신의 내면적인 존재를 완성해 가는 개별적인 삶의 역사에서 인격은 하나의 매듭(un noeud), 다양한 것들에 대한 종합(une synthèse du divers)[402]으로 나타난다. 통일된 자기세계를 형성하고자 하는 노력이 전혀 없다면 영성적인 삶이라는 것도 다분히 관념적이고, 실재라고 할 만한 근거를 마련하지 못할 것이다. 토미즘에 있어서 한 개인 앞에 나타나는 신의 현존 혹은 신의 부르심이란 결코 개인을 둘러싼 역사적 문화적 맥락과 무관하지 않다. 이 부르심은 그의 개별성과 실존의 총체성 안에서 부르는 것이다. 왜냐하면 "은총은 본성을 전제하고 있기 때문"[403]이다. 사실상 완덕이 인격의 완성처럼 고려되는 것은 토미즘에서뿐만은 아니다. 가르멜 영성을 대표하는 한 사람인 리지외의 데레사

400 *Les degrés du savoir, op. cit.*, p. 460.
401 *Ibid.*
402 *Ibid.*
403 *ST*, I, q. 2, a. 2, ad 1.

성녀 역시 "완덕이란, 하느님이 우리에게 바라시는 대로 되는 데 있다."[404]라고 말한다. 물론 토미즘에서의 인격이 지닌 자유의 개념과 신의 뜻에 따르는 순명의 개념은 분명 차이가 있지만 그럼에도 완덕이 인격을 완성하는 것이라는 차원에서 공통된다.

토마스 아퀴나스에게 있어 인격의 완성과정에서 가장 본질적인 것은 사랑의 완성이다. 물론 이사랑은 종교적 사랑 혹은 신적인 사랑인 카리타스(caritas)를 의미한다. 우리는 앞서 수도자들의 수덕적인 삶이 곧 영성적인 삶을 추구하는 것이라고 말한바 있는데, 토마스 아퀴나스에게 있어서 수도자들의 수덕적인 삶의 궁극적인 목적은 카리타스의 완성에 있다(Ipsa perfectio caritatis est finis status religionis).[405] 따라서 활동이든 관상이든, 모든 구체적인 수도생활의 형식은 사랑을 완성하는 방법론적인 것이라 할 수 있다. 그리고 이러한 사랑이 신적인 사랑(신에 대한 사랑)이라는 점에서 토마스 아퀴나스에게 있어 영성적인 삶은 신과의 일치 혹은 신적 현존에 대한 일치를 지향하는 삶이라고 할 수 있다. 왜냐하면 "사랑은 사랑받는 실재로 하여금 사랑하는 이와 일체가 되게 하기 때문"[406]이다. 그리고 또한 이러한 사랑은 본질적으로 내면적인 것이기에, 영성적 삶에 있어서 내면적인 관상은 외적인 활동에 우선한다. 보다 정확히 말해 관상적인 삶은 외적인 활동의 원인이 된다.

> 우리는 활동적 삶(activa vita)이 정관적인 삶(명상적인 삶, contemplativa vita)으로부터 나타난다는 것을 이해해야 한다. (…) 활동적인 삶이 정관적인 삶을 뒤따른다는 것은 필연적이다.[407]

이러한 진술은 토마스 아퀴나스의 놀라운 학문적 활동들이 사실은 그의 정관

404 『빈손-리지외의 성녀 데레사의 메시지』, 앞의 책, p. 89.
405 *ST*, II-II, q. 186, a. 2. c.
406 *ST*, I-II, q. 28, a. 1, ad 3.
407 *QDV*, q. XI, *De Masistro*, a. 4, c.

적인 삶의 결실 혹은 외적인 표현이었음을 말해 주는 것이다.[408] 종교적인 삶이 진리에 대한 통찰과 이웃에 대한 사랑이라는 형식으로 나타난다면, 이 두 가지 형식은 카리타스가 구체적인 모습으로 나타나는 것이다. 토마스 아퀴나스는 정관적 삶의 목적은 진리(창조되지 않은 진리, veritatis icreatea)에 대한 관조이며, 활동적인 삶의 목적은 이웃에 대한 봉사에 있다고 하는데,[409] 이는 하나의 사랑이 나타나는 두 가지 형식이다. 그렇기에 토마스 아퀴나스에게 있어 영성적인 삶에서 중요한 것은 사랑(카리타스)을 보다 완성시켜 나가는 것이다. 이것이 잘 이루어진다면 나머지 모든 것은 이와 더불어 주어질 것이다.

> 인간으로 하여금 마지막 목적에로 질서지우는 사랑으로서의 카리타스(caritas)는 이 마지막 목적에 부합하는 모든 선한 업적들의 원리임이 분명하다. 이처럼 카리타스와 더불어 모든 종류의 선한 업적을 수행하게 하는 모든 도덕적 덕이 주입되어야만 하지 않겠는가![410]

사실상 영성적인 삶에서 가장 중요한 핵심 사안이 신의 현존을 맞이하는 영혼의 삶이라고 한다면, 토미즘에서 신의 현존은 우선 사랑 안에 머무는 것이라고 할 수 있다. 쟈크 마리텡은 '하느님은 사랑이시다'라는 성서적 진리를 통해서 신성의 특성을 다음과 같이 진술한다.

> 다른 한편 우리는 신이 어떻게 자신의 피조물을 자신의 기쁨 속으로 들어가게 하는가 하는 관점에서 신의 사랑을 고찰할 수 있다. 자신 스스로 가지고 있는 불변하는 사랑, 불변하는 기쁨 안으로 초대한다는 것은 신성의 매우 심오한 흔적인데 이를 위

---

408 "무엇보다 먼저, (성 토마스의) 신학은 믿음과 희망과 사랑의 덕들이 충만한 수덕적(修德的) 삶의 한 표현이었다." *Saint Thomas d'Aquin, Maitre spirituel, op. cit.*, 5.

409 *ST*, I-II, q. 28, a. 1, ad 2.

410 *ST*, I-II, q. 65, a. 3, c.

해서 신의 고유한 이름을 우리에게 계시할 필요가 있었던 것이다: Deus caritas est.[411]

신의 현존을 맞이함으로써 신이 은총의 형식으로 부여한 카리타스를 완성으로 이끌어 가는 영성적인 삶은 절대적인 지평에서 모든 인간의 영혼이 걸어야만 하는 피할 수 없는 운명과도 같다. 그럼에도 인간적인 삶의 지평에서 운명적이거나 의무인 것은 아니다. 이는 어디까지나 신성한 존재의 초대에 지나지 않는다. 초대인 한 누구라도 이 초대에 응할 수도, 응하지 않을 수도 있다. 이것이 곧 인간의 자유를 의미한다. 하지만 오직 기쁨과 행복을 위한 무상의 초대를 거부한다는 것 또한 인간의 자유의지의 남용이라고 말할 수 있을 것이다.

영성적인 삶이란 신적 현존을 맞이하고 신적 현존 안에서 혹은 신적 현존과 더불어 카리타스를 완성해 가는 삶이라고 아주 손쉽게 규정할 수 있겠지만, 그럼에도 신적 현존 혹은 신의 현존이 무엇인지를 한마디로 규정하기는 매우 어렵다. 왜냐하면 인간의 지성을 무한히 넘어서는 초월적이고 신비적인 신적 존재가 이 세계에 현존하는 방식은 다양할 수 있기 때문이다. 사실상 신의 현존 방식이 다양하기보다는 인간의 지성이 이를 파악하는 방식이나 형식 자체가 이를 다양하게 통찰할 수밖에 없는 것이다.[412] 따라서 토미즘에서 영성적인 삶을 규정하는 방식은 신적 현존이 나타나는 방식에 따라서 다양하게 규정될 수 있고, 이는 또한 인간의 실존과 지성이 어떠한 지평과 상황에 놓여 있는가에 따라서 다양화될 수 있다. 가령 자연 질서와 세계 안에 존재하는 신의 현존, 인류의 역사 혹은 한 개인의 개인적인 역사 안에 섭리의 형식으로 현존하는 신의 현존, 한 영혼의 내밀한 삶 안에 현

---

411 *Les degrés de savoir*, op. cit., pp. 465~466.

412 장욱 교수는 존재하는 방식 혹은 존재가 나타나는 방식에 있어서 다양함을 구분하고 있는데, 이러한 존재의 존재방식은 신적 현존에도 그대로 적용된다고 볼 수 있다. "절대지평(in se)과 우리에게(quoad nos)의 지평, 존재의 질서(ordo essendi) 또는 실재의 질서(ordo realis)와 지식의 질서(ordo cognoscendi) 혹은 정신의 질서(ordo rationis, secundae intentionis), 그리고 실존의 질서(ordo existentiae)를 구분할 수 있었기 때문이다." 장욱, 「희랍의 본질의 형이상학과 토마스 아퀴나스의 존재의 형이상학」, 『중세철학』 제2호, 한국 중세철학연구소 편, 1996, p. 70.

존하는 신의 현존 그리고 우주의 궁극적인 목적으로서 우주의 모든 생명의 근원이 되면서 생명을 완성시키는 신의 현존 등 모든 지평에서 신의 현존을 통찰할 수 있다. 그렇기 때문에 영성적인 삶은 하나의 다양성으로 나타난다. 그리고 각각의 지평에서 영성적인 삶이 신의 현존에 대한 체험과 카리타스의 완성을 지향하는 진정한 영성적인 삶이 되기 위해서는 그에 적합한 인간실존의 조건 혹은 영적 상태에 대한 조건이 전제되는 것 또한 당연하다. 우리는 이러한 조건들에 대한 요청 혹은 이러한 조건들이 잘 갖추어지기 위해서 필요한 환경에 대한 요청을 영적인 요청(exigence spirituelle) 혹은 영성적인 요청이라고 명명할 수 있다. 앞서 우리는 영성적인 삶이란 생명의 가능성을 최대한 개화하는 것이라고 말한 바 있다. 인간존재의 다양한 지평 혹은 인간실존의 다양한 지평에 대한 분석과 이에 따른 영성적인 요청을 분석하는 것은, 생명이 개화하는 과정과 생명의 변모에 대한 개념 그리고 완전히 다른 차원의 생명의 개념과 가치에 대해 이해할 수 있는 계기가 될 것이다. 이제 우리는 다양한 인간의 실존적 상황에 따른 영성적인 요청은 어떠한 것들인지 묻지 않을 수 없다.

제 7 장

토미즘의 영성과 초자연적인 실재론

"빛이 세상에 왔으나, 세상은 그 빛을 알아보지 못했다!"라고 말하는 성경의 말씀처럼 오늘날 여전히 세상은 영성가들의 놀라운 삶들에 대해서 점점 더 무관심해지는 것 같다. 하지만 토미즘은 항상 희망적이고 낙관적이다. 세상에 드리우는 어두움이 깊어질수록 영성의 빛은 보다 밝게 빛날 것이며, 지혜의 여신인 미네르바(부엉이)가 어둠이 드리울 때, 비로소 그의 비상의 날개를 펼치듯 언젠가 다시금 영성의 빛이 빛나는 때가 올 것이라는 믿음을 토미즘은 버리지 않는다.

제7장 토미즘의 영성과 초자연적인 실재론

1. 영성적 삶의 제 조건들과 초자연적 실재

한 생명의 탄생을 다만 우연한 사건으로 볼 수 없듯이, 영성적인 삶 역시도 우연적 혹은 자연발생적이라고 볼 수는 없을 것이다. 이러한 삶이 시작되고 성장하고 열매를 맺기 위해서 요구되는 다양한 조건들이 있다. 첫째, 영성적인 삶은 영혼의 자연적인 진보를 통해서 이루어지는 것이 아니며, 영성적인 삶에는 초자연적인 힘의 개입 즉 신의 부르심이 전제된다. 즉 모든 형태의 영성적인 삶을 가능하도록 하는 것은 영혼의 자발적인 갈망이 아니라, 이러한 갈망을 가능하게 한 신적 현존(부르심)이라는 것이다. 둘째, 영성적인 삶이 지속적으로 영위되고 올바른 방향으로 진보하기 위해 인간의 영혼에게 끊임없이 영적 생명과 빛을 제공하는 신적 현존과의 관계성이 지속되어야 한다. 관계성의 지속은 지상의 특정한 가치들에 대한 포기를 요청한다. 셋째, 영성적인 삶은 내적인 삶이기에, 인간의 윤리·도덕적인 의식의 정화와 진보를 요청한다. 왜냐하면 토미즘에 있어서 내면적인 삶의 근본 원리가 곧 양심과 도덕적 의식이기 때문이다. 넷째, 영성적인 삶이 개별적인 인격의 완성을 지향하기에 최소한의 지성적인 노력, 자기세계 혹은 영적인 자아를 형성하고자 하는 지성적인 노력이 요청된다. 물론 이러한 조건들이 잘 이루어지기만 한다면 영성적인 삶이 누구에게나 주어질 수 있고 완성될 수 있는가, 아니면 어떤 특정한 기질의 영혼들을 위한 것인가 하는 질문에는 분명하게 답할 수 없다. 하지만 토미즘의 일반적인 사유에서는 인간의 영혼은 자신의 고유한 본질로 귀한 하는 능력을 본성처럼 지니고 있는 만큼, 영성적인 삶은 그 정도를 달리하여 추구하는 사람에게는 누구에게나 주어질 수 있다.

1) 생명으로서의 신적 현존과 부르심의 형이상학적 의미

영성적인 삶이 생명이 가진 가능성을 최대한 실현하기에, 영성적인 삶의 제 현상들을 생명이라는 관점에서 바라볼 수 있다. 생명이라는 개념도 실상 매우 다의적인 개념이다. 생명이라는 말을 떠올리면 우선 살아 숨 쉬는 모든 생명체의 생물학적인 생명을 생각할 수 있겠지만, 또한 윤리·도덕적인 생명이나 정치적 생명이나 예술가로서의 생명 나아가 종교적 차원의 구원을 의미하는 생명 등 다양한 개념을 떠올릴 수 있다. 그리고 만일 그리스도교인으로서 생명의 최초의 근원을 생각하게 된다면 신(神)을 떠올릴 것이다. 사실상 그리스도교에서 신을 지칭하는 용어는 창조주·존재 자체·사랑 등 다양하지만 그중 하나가 생명이다. '하느님은 사랑이시다', '하느님은 창조주시다', '하느님은 생명이시다' 등은 사실상 동일한 사태의 다양한 표현들이라고 할 수 있다. 즉 동일한 신적 존재가 인간에게 나타나는 다양한 관점에 불과할 것이다. 크리스천 영성에 관해 다룬 한 텍스트에서는 신은 곧 생명이며 그렇기에 크리스천의 종교는 곧 생명의 종교라고 진술하고 있다.

> 성서는 말씀과 생명을 우리에게 계시해 줍니다. 생명은 존재하는 모든 것, 전우주의 온갖 생물, 그리고 모든 영혼들을 생동케 하는 이루 말할 수 없는 신비스러운 힘입니다. 이 생명을 계시하기 위하여, 그리고 이 생명으로 나아가기 위하여, 말씀이신 성자가 계십니다. (…) 생명은 그 자체 스스로 존재하고 있으며, 그리고 이를 표현하기 위하여 생명이라는 말 외에 다른 용어를 찾아볼 수 없습니다. (…) 우리

종교는 인식의 종교이기에 앞서, 생명의 종교입니다.[413]

신이 생명 그 자체라는 것은, 모든 생명은 생명의 근원인 신으로부터 기인했다는 말이다. 이러한 관점은 토마스 아퀴나스의 사유와 정확하게 일치한다. 그는 생명의 본질적인 속성을 스스로 움직이는 자율적인 운동이라고 규정하면서, 자율적인 운동이 가장 완전한 존재가 곧 신이요 그렇기에 신은 가장 완전한 생명이라고 규정한다.[414] 그리고 신은 생명 그 자체이기에 생명의 원리는 가지지 않는다고 한다.[415] 그것 자체이며 원리를 가지지 않는 것은 지성적으로 이해하기 매우 어렵다. 왜냐하면 인간의 지성은 결코 절대적인 지평에서 사유할 수 없으며 항상 어떤 제한되고 구체적인 지평에서 사유하기 때문이다. 사실 존재하는 모든 것은 어떤 원리를 가지고 있으며, 특히 변화와 운동을 가지고 있는 것은 보다 분명하게 어떤 원리를 가지고 있다. 어떤 것이 원리를 가진다는 것은 몇 가지 의미를 함의한다. 하나는 한계를 가진다는 의미이고 다른 하나는 질서를 가진다는 의미이다. 그리고 어떤 지향성을 가지게 됨을 의미하기도 한다. 가령 동일하게 찬바람을 산출하는 선풍기와 에어컨은 서로 다른 원리를 가진다. 이들이 바람을 야기하는 방식은 이들이 가진 원리에 제한되기에 어떤 한계를 가진다. 이들은 각자의 한계를 넘어서 활동할 수 없다. 마찬가지로 생명체들은 각기 자신들에게 고유한 생명의 원리인 영혼을 가지고 있다. 콩은 콩의 생명의 원리에 의해서 성장하고 꽃을 피우고 더 많은 콩을 산출한다. 그리고 결코 이러한 원리를 초월할 수 없다. 반면 지성혼을 생명의 원리로 하는 인간은 식물이나 동물이 지닌 원리를 모두 포함하면서 또

---

413 『정관의 경로』, 앞의 책, pp. 33~34.

414 "생명이 신에게 있다는 것은 용어의 가장 형식적인 의미에서이다. 이를 이해하기 위해서는 생명이라는 것이 다른 존재들이 의해서가 아니라 그 스스로 움직이는 존재들에게 부여되는 속성이라는 것을 고찰하여야만 한다. 이러한 자율적인 움직임이 보다 완전할수록 그에게는 보다 완전하게 생명이 발견된다." *ST*, I, 18, 3, c.

415 "신이 그의 실존이요 그의 지성인 것과 마찬가지로 그는 곧 그의 생명이 아니겠는가? 이러한 이유로 신은 생명을 영위하지만 그러나 신에게 생명의 원리는 없다." *ST*, I, 18, 3, ad 2.

한 진리에 대한 앎과 윤리·도덕적인 질서를 창조하고 자아를 창조하는 다른 특수한 활동을 유발한다. 하지만 인간도 인간의 영혼이 가진 원리를 넘어설 수는 없다. 가령 분리된 실체들(천사들)처럼 생득관념이나 직관을 통해서 진리를 파악할 수는 없다. 생명의 원리는 어떤 것을 산출하고 발전하고 진보하므로, 어떤 목적을 향해 나아가는 것임은 분명하다. 모든 원리는 그 원리가 목적으로 하는 어떤 목적을 향해 나아가며, 식물이 태양빛을 향해 나아가는 굴광성을 가지듯 모든 생명은 하나의 지향성을 가지고 있다. 그렇다면 인간에게 있어서 생명의 지향성은 무엇인가? 그것은 곧 생명의 근원이요 생명 그 자체인 신이다. 인간이 영성적인 삶을 개화하고 영위할 수 있는 근거도 바로 인간의 생명의 원리로서의 인간영혼이 신성과 어떤 특수한 관계에 있기 때문이다. 『정관의 경로』에서는 이러한 관계가 인간의 마음 깊숙이에서만 발견될 수 있다고 한다.[416] 토마스 아퀴나스에게 있어서 이러한 신과의 관계성은 단지 인간의 영혼에 국한되지 않는다. 그는 본질적으로 존재하는 모든 것은 신과의 어떤 필연적인 관계성 속에 있다고 본다.

> 피조물들이 신에게 있다는 것은 두 가지 의미이다. 먼저 마치 내용처럼 그리고 신성한 능력에 의해서 보존된다는 의미이다. (…) 왜냐하면 우리에게 있어서 사는 것과 존재하는 것 그리고 우리 자신을 움직이는 것은 신에 의해서 기인된 것이기 때문이다. (…) 그리고 신성한 본질이 운동이 아니라 생명이기에, 이러한 방식에 있어서 사람들과 제 사물은 신에게 있어서 운동이 아니라 생명이라고 말하는 것이다.[417]

신과 피조물과의 관계에 대해서 피조물들이 내용처럼 신에게 있으며, 또한 신에 의해서 (존재가) 보존된다는 것은 형이상학적인 차원에서 세계와 신의 관계를 해명

---

416 "마음이란 영성생활의 내부요 터전입니다. 그러므로 사람이 자기 마음 안에 내려가면, 자기의 참 본성을 발견할 것이고 그 본성 안에서 하늘, 즉 하느님과의 관계를 발견할 것입니다. 필요한 것은 자기 자신의 가장 깊은 곳까지 내려가는 것입니다." 『정관의 경로』, 앞의 책, p. 16.

417 *ST*, I, q. 18, a. 4, ad 1.

하는 것이다. 내용처럼 있다는 것은 모든 존재가 신의 지성 속에서 마치 예술가의 정신 안에 작품의 형상이 존재하듯 창조적 본질(essendi creationis)로서 존재한다는 것이며, 그들의 존재가 신에 의해서 보존된다는 것은 그들의 존재하는 행위(esse)가 그들의 본질로부터 파생될 수 없기에 존재 자체(Ipsum Esse)로서의 신의 존재에 의존한다는 의미이다. 토마스 아퀴나스는 이를 시간을 초월한 존재의 증여라고 말한다. "신에 의한 사물들의 보존은 신의 새로운 행위를 가정하지 않는다. 다만, 신이 운동과 시간을 초월하여 행위하는 존재의 증여(창조 행위)를 지속하는 것일 뿐이다."[418] 세계의 모든 에너지가 신에 의해서 지속적으로 주어지고 있다는 것이다. 그래서 그 누구도 신의 존재로부터 벗어나 존재를 유지할 수는 없다. 특히 운동을 가지지 않는 생명 자체라고 표현된, 신의 정신 안에 있는 창조적 본질은 마치 플라톤의 이데아처럼 완성된 형상이다.[419] 즉 모든 생명의 운동은 본질적으로 신의 지성 속에 있는 그들의 참 생명(창조적 본질)을 지향하는 것이다. 이렇게 존재하는 모든 것은 형이상학적인 차원에서 마치 예술가의 정신 속에 있는 작품의 이데아와 구체적인 작품의 관계처럼 신과의 필연적인 관계성 속에 있다. 그렇기에 모든 존재들은 잠재적으로 신성한 존재이며, 신성한 존재로서의 가능태(potentia)를 가지고 있다. 그래서 토마스 아퀴나스에게 있어 생명은 신성한 존재와 동일한 의미를 가진다.[420] 아마도 생명이라는 개념을 토마스 아퀴나스보다도 더 강하게, 최상의 의미로 말하는 사상가는 없을 것이다. 그는 "신에게 있어서 모든 것은 '신성한 생명(vita divinae)' 그 자체라고 말해야 한다."[421]라고 한다. 이는 어떤 의미에서 모든 존재하는 것들은 신의 정신 속에서 가장 최상의 방식으로 존재하며, 이러한 최상의 완성된 모습

418 *ST*, I, q. 104, a. 1, ad 4.

419 "사람들은 단순하게 그리고 순수하게 이 존재들은 그들 스스로에 있어서보다 신성한 정신 안에서 더 참된 존재를 가지고 있다고 해야만 한다. 왜냐하면 신에게 있는 그들의 존재는 창조되지 않는 것이며, 그들 스스로에게 있어서의 존재는 창조된 것이기 때문이다." *ST*, I, q. 18, a. 4, ad 3.

420 "이처럼 그 스스로에 있어서 삶을 영위하지 않는 제 사물들의 형상적인 원인들이 신성한 정신 안에서 생명이다. 왜냐하면 신성한 정신 안에서 이들은 신성한 존재를 가지고 있기 때문이다." *ST*, I, q. 18, a. 4, ad 2.

421 *ST*, I, q. 18, a. 4, c.

을 곧 생명이라고 명명해야 함을 의미한다. 결국 모든 변화하고 진보하는 것들의 궁극적인 목적은 단적으로 신성한 생명이 되는 데 있다는 것이 토마스 아퀴나스의 형이상학적인 사유요,[422] 그렇기에 영성적인 삶이라는 것도 사실은 신성한 생명이 되기 위한 것이다.

따라서 토미즘에서 형이상학적인 시각으로 세계를 바라볼 때, 이러한 정신은 이미 영성적인 삶의 경계선에 서 있다고 할 수 있다. 왜냐하면 이미 그는 모든 곳에 현존하는 신의 현존을 정신적으로 바라보고 있기 때문이다. 만물 안에 존재하는 신의 현존은 결코 은유나 비유가 아닌 실재이다. 토마스 아퀴나스는 이를 가장 구체적인 방식으로 진술한다.

> 신은 단지 하늘과 땅 그리고 천사와 인간만을 보살피는 것이 아니다. 가장 작은 것들—가장 자잘한 벌레들, 새들의 깃털, 들판의 아주 소박한 꽃들, 나뭇잎들—의 가장 내밀한 구조들도 보살핀다. 신은 이들 부분들의 조화와 일치를 보증한다.[423]

단순히 물질과 감각적 작용처럼 보이는 사물들과 생명체들이 사실은 끊임없이 신적 생명의 위대한 힘에 의해서 지탱되고 수액처럼 생명을 공급받는 이 신비를 이해하는 것은, 단순한 이해가 아니라 이미 신적 생명과의 정신적인 교감을 의미한다. 인간의 정신이 신의 현존을 감지하고 통찰할 수 있는 것은 논리적인 추론에 의해서가 아니다. 이는 인간의 영혼에 현존하는 신적 현존의 효과로 주어지는 공동-본성(co-natualité) 혹은 공동-실존(co-existence)에 의한 직관적인 파악이며, 구체적이고 정신적인 체험인 것이다. 사실상 공동실존 덕분에 자연적 대상들은 '인간의 정

---

422 형이상학적 차원에서 모든 운동에 공통되는 하나의 법칙은 원인이 곧 결과라는 것이며, 이는 곧 출발점과 목적점은 동일하다는 의미이다. 즉 운동의 원인은 건강이요, 운동의 결과도 건강인 것처럼, 생명의 출발점과 생명의 목적점은 동일하다는 것이다.

423 *ST*, I, q. 103, a. 5, *sed contra*.

신과 차단된 채 침묵하는 존재들이 아니며' 토미스트인 에메 포레스트의 표현을 빌리자면 "하나의 열린 특성을 가지고, 지속적으로 새롭게 될 수 있는 가능성을 가지고, 그들 자신의 저편으로 나아갈 수 있는 가능성을 지닌 것"[424]이다. 신적 현존을 통한 공동실존의 소유는 인간의 영혼과 자연의 실제적인 교감을 가능하게 한다. 이를 통해 인간의 영혼이 사물의 숨겨진 모습을 발견한다는 것은 참으로 실제적인 사건이며, 영혼의 측면에서 보자면 다른 어떤 감각적인 인식보다도 더 '리얼'한 것이다. 이러한 정신은 가장 낮은 단계이지만, 가장 근원적이고 유형적인 신의 현존을 마주하는 하나의 형이상학적 체험인 것이다. 따라서 모든 것에 존재하는 신의 현존, 인간의 자연적인 감각적 인식이나 자연적인 이성의 사유를 초월하지만 부정할 수 없는 신적 현존은 초자연적 실재(the reality supernatural, la réalité sur-maturelle)라고 할 수밖에 없다. 토미즘에 있어 초자연적 실재의 첫 번째 의미는 바로 이러한 모든 자연과 인간의 영혼에 현존하는 신적 존재를 지칭하는 개념이다.

신적 현존에 대한 체험은 베르그송이 말하는, 직관을 통한 실재 자체(사물 자체)를 파악하는 형이상학적 체험과 같다. 우리는 이러한 영혼의 체험을 매우 잘 묘사한 구절을 발견할 수 있다.

> 이 현존으로 말미암아 정신은 모든 사물의 가장 은밀한 곳에 스며듭니다. 단 한 번 바라봄으로써, 영혼은 존재하는 모든 것을 보고, 신적 현존이 모든 것 안에 있고, 모든 것이 이 현존 안에 있는 것을 봅니다. 단 한 번의 시선으로, 영혼은 존재의 두 깊이, 즉 구체적인 존재의 깊이와 하느님의 존재의 깊이에서 모든 사물을 봅니다.[425]

사실 인간의 영혼이 본성적으로 신성화하기 능력을 지닌 것, 혹은 인간 영혼의 깊숙이에 신적 현존이 존재하는 것 등은—계시가 이를 알려주기 이전에는—세계

---

424 *L'avènement de l'âme, op. cit.*, p. 83.
425 『정관의 경로』, 앞의 책, p. 84.

의 모든 곳에 존재하는 신적 현존에 대한 통찰을 통해서만 알려질 수 있다. 인간의 의식이 본질적으로 자기 자신에 대한 의식이 아니라 다른 것에 대한 의식(cum alio scientia)이라는 토미즘의 명제는, 인간이 자신을 의식하기 위해서는 우선 자신을 둘러싸고 있는 외계 대상을 인식해야 함을 말해 준다. 외계 대상을 통해 그들의 본성을 넘어선 신적인 생명을 통찰하는 것은 곧 이를 통찰하는 영혼의 신성한 특성을 계시해 준다. 우리는 앞 장에서 영성적인 삶을 가지기 위해 요청되는 조건들인 영성적인 요청(exigence spirituelle)에 대해 말한 적이 있다. 모든 것에 현존하는 신성한 신의 현존을 통찰하기 위해서 인간의 정신이 기존의 모든 학문적·사회적 차원의 습득된 특수한 인식의 방식을 정화하고 순수한 형이상학적 시각을 회복하는 것은 바로 영성적인 요청의 제일 첫 번째 항목이라고 할 수 있다. 우리는 베르그송이 이러한 형이상학적 사유에 대해 말한 것을 발견할 수 있다.

> 만일 영혼이 기존의 이해들로부터 행위 하는 것에 더 이상 집착하지 않는다면, 이 영혼은 아직 세상에서 한 번도 본 적이 없는 예술가의 영혼(l'âme de l'artiste)이 될 것이다.[426]

물론 우리는 베르그송이 말하는, 새로운 이해를 가지는 놀라운 예술가의 영혼이 구체적으로 무엇을 말하는지는 알 수 없다. 하지만 이 영혼이 사물들의 실재 자체(사물 자체)를 통찰하는 영혼이라는 차원에서 자연과 세계에 현존하는 신적 현존을 통찰하는 영혼을 말한다고 볼 수 있다. 즉 베르그송이 말하는 예술가의 영혼은 토미즘에서 말하는 신비가의 영혼(l'âme du mystique)과 같은 것이다. 예술가의 영혼 혹은 신비가의 영혼이 가지는 이 놀라운 체험을 우리는 형이상학적인 법열(extase métaphysique)이라고 부를 수 있다. 법열의 원래 의미는 영혼이 순간적으로 육체와 분리하여 신과 합일하는 사건을 이르는 것으로 이를 종교적 법열이라고

---

426 Bergson, *Le Rire*, *op. cit.*, p. 461.

할 수 있다. 그리고 이와 달리 기존의 모든 사유방식으로부터 분리되어 전혀 새로운 방식으로 세계를 바라보는 것은 일종의 정신의 법열로서 형이상학적 법열이라고 할 수 있다. 이러한 형이상학적 법열은 일종의 정신의 주의집중을 요청한다. 왜냐하면 모든 다른 관점들로부터 벗어나 오직 하나의 절대적인 관점에 정신의 시선을 고정시켜야하기 때문이다. 그리고 이러한 형이상학적 법열을 체험하는 영혼들에게 야기되는 것은 사물들 그리고 세상에 대한 그들의 놀라운 사랑이다. 왜냐하면 법열이란 곧 사랑의 특성이기 때문이다. "사랑은 일종의 법열을 유발한다. 어떤 것에 대한 깊이 있는 명상은 다른 모든 것을 잊게 하는 것처럼, 사랑하는 이에 대한 주의 집중은 다른 모든 것으로부터 이탈하게 하기 때문이다."(신학대전, 1-2권, 문 28) 아시시의 성 프란치스코가 보여 준 자연에 대한 사랑은 바로 이러한 사랑의 특성을 보여 주는 대표적인 예이다.

하지만 어떠한 방식을 통해 기존의 모든 이해의 방식들로부터 벗어날 것인가? 우리는 이러한 요청에 응답하는 하나의 구체적인 방법이 묵상(méditation)의 참된 의미라고 말할 수 있다.[427] 묵상이란 계시된 진리들의 신비에 대해서 신앙적 자원에서 이해하고 영혼의 양식을 취하면서 신적 현존과 친밀감을 가지는 것을 의미한다. 영혼이 자기 자신의 진정한 모습 혹은 진정한 본성을 자각하게 되는 것은 바로 이러한 묵상을 통해서 자연 속 그리고 세계 안에 존재하는 신적 현존을 통찰하면서부터이며, 또한 이러한 신적 현존이 자기 자신에게 현존하는 신적인 현존과 다르지 않음을 체험하면서부터이다. 그렇기에 토미즘은 결코 영성적 삶의 출발점에서 감각적인 세계에 대해 눈을 감거나 등을 돌리면서 자기 자신의 내면으로 나아가라고 충고하지 않는다. 오히려 감각적이고 자연적인 모든 것들 안에 현존하는 신적 현존의 체험을 통해 영혼은 표현하기 어려운 기쁨을 발견하는 것이다. 사실 닫혀 있고 하찮은 자연적인 사물들에게 신성한 존재의 현존이라는 그들의 진정한 얼

---

427 "이미 영신으로 파악된 신적 생명, 이것이야말로 묵상에 참의미를 가져오는 것입니다."『정관의 경로』, 앞의 책, p. 43.

굴을 찾아 주는 것은 바로 인간의 영혼이다. 그리고 이러한 영혼들의 영적인 시선(regard spirituel)[428]에 자연은 기꺼이 자신들의 참모습을 보여 준다. 그래서 에메 포레스트는 "영혼은 그의 기질들을 자연 안에 있는 가장 근원적인(primordiale) 것들을 질서지우면서 발견한다."[429]라고 말하는 것이다.

그런데 인간의 영혼은 이보다 더 멀리 나아가고자 한다. 인간의 영혼은 단지 세계 안에 존재하는 신적 현존과의 친밀성만으로 만족할 수 없는 존재이기 때문이다. 사실상 세계 속에 존재하는 신적 현존의 발견은 인간의 영적인 갈증을 야기하는 동기나 계기에 지나지 않는다. 진정한 영적인 갈증은 곧 신적 현존에 대한 직접적인 교통, 즉 인격 대 인격(Persona ad persona)의 관계처럼 체험하기를 원하는 것이다. 이는 보다 실제적이고 현실적이 의미의 신적 현존에 대한 체험을 말한다. 그리고 여기서 우리는 형이상학적 의미의 신의 부르심(appel de Dieu)에 대한 개념을 생각해 볼 수 있다. 직접 신의 현존을 맞이하고 체험하고자 하는 영혼의 신적 현존에 대한 갈망은 결코 인간의 노력에 의해 주어지는 것은 아니다. 그렇다고 이러한 갈망이 단지 우연인 것도 아니다. 우리는 이를 분명히 말해 주는 부분을 『정관의 경로』에서 발견할 수 있다.

> 그분을 찾아 나서고 싶다는 그대의 갈망은, 그분으로부터 온 것입니다. 이 갈망은 그분의 부르심입니다. 아직 그분은 그대가 이 사실을 아는 것을 원하시지 않으시지만, 이 갈망은 분명히 그분으로부터 온 것입니다.[430]

> 그들은 자기네의 노력으로써 그분을 뵈올 수 있었던 것은 아니지만, 그래도 노력이 없었더라면 뵈옵지 못했을 것입니다.[431]

---

428 *L'avènement de l'âme, op. cit.*, p. 86.
429 *Ibid.*, p. 86.
430 『정관의 경로』, 앞의 책, p. 19.
431 위의 책, p. 20.

신의 현존을 마치 인격 대 인격처럼 직접 체험하고자 하는 갈망이 신에게서부터 온다는 표현은, 갈망 자체가 이미 신의 부르심임을 전제하고 있다. 그럼에도 불구하고 만일 인간의 노력이 없었다면 이러한 부르심이 인간에게 도달하지 못하였을 것이다. 신이 인간에게 자신의 인격으로서 인간의 영혼에게 나타나는 이유는 어디에 있을까? 그리고 이러한 신의 부르심을 잘 수용하기 위해서 인간의 편에서는 무엇을 해야 할까? 사실상 이러한 질문에 철학적으로나 형이상학적으로 답할 수는 없을 것이다. 왜냐하면 인간의 지성은—계시의 방식으로 신이 알려 주지 않는 한—결코 신의 의도를 알 수 없을 것이기 때문이다. 토마스 아퀴나스는 이러한 신의 부르심은 전적으로 신의 자유에 달려 있다고 말한다. 반면 신의 부르심을 알고 수용하기 위해서 인간이 무엇을 할 것인가를 유비적으로 추론할 수 있을 것이다. 그것은 인간 사이의 우정의 관계를 가정해 보는 것이다. 왜냐하면 신은 무엇보다 먼저 인격(Persona)으로 나타나기 때문이다. 이에 대한 쟈크 마리텡의 진술은 이를 보다 더 잘 묘사할 수 없으리만치 분명하고 힘이 있다.

> 신은 탁월하게 인격적(personel)이기 때문에, (…) 신은 우리를 그의 신성 자체에 그리고 그의 인격적인(개별적인) 삶에 참여하도록 나아가 우리로 하여금 그의 벗이 되게 하도록 인도하는 것이다.[432]

탁월한 개별자 혹은 탁월한 인격자가 무엇을 의미하는지 생각하는 것은 나중으로 미루고 우선 벗을 추구하는 개인에 대해서 생각해 볼 수 있다. 인간에게 있어서 누군가의 벗이 되는 것은 무엇을 말하는가? 벗이 되는 것은 단순히 그를 알게 되는 것 또는 그와 어떤 관계성을 가지는 것을 의미하지 않는다. 벗이 되는 것은 인격 대 인격의 관계를 가지는 것이다. 여기서 인격이란 곧 나인 그것 혹은 있는 그

432 "Parce que Dieu est souverainement personel, (…) il peut nous introduire à une pqrticipation de sa déité même et de sa vie personnelle, et faire de nous ses amis." *Les degrés de savoir*, *op. cit.*, p. 467.

대로의 나, 나아가 숨김이 없는 진실된 나를 의미한다. 그렇기에 벗이 되는 것은 상호성과 평등성을 전제하며 또한 거짓 없음을 전제한다. 따라서 누구든지 우정을 가지고자 하는 자는 자기 자신을 지니고 있어야 하며, 거짓 없는 자기 자신을 상대에게 증여하여야 한다. 사실 이러한 상호성은 신과의 관계성에 있어서도 마찬가지다. 그래서 쟈크 마리텡은 "신의 초월성을 생각하기 위해서 감각적인 이미지들로부터 떠나자마자 이 초월성이 절대적으로 그리고 필연적으로 (우리의) 인격(개별성, personnalité)을 요청한다."[433]라고 말하는 것이다. 한 인간의 벗이 되기 위해서는 진정한 자기 자신을 제시하여야 하듯이, 신의 벗이 되기 위해서도 자기 자신을 제시하여야 한다. 여기에 영성적인 삶에 있어서 여전히 토미즘 특유의 실재론적 특성이 드러난다. 나 자신을 가져야 한다고 할 때의 나는 결국 다른 모든 사람들과 구별되는 근원적인 나(le moi originel), 그리고 거대한 민족적 세계사적 역사의 물결 속에 삽입된 구체적이고 개별적인 나를 의미한다. 다시 말해서 신의 현존이 나에게 인격적으로 나타날 때, 이는 플라토니즘이 말하듯이 모든 감각적인 것이 소멸되는 영적인 것에 대한 갈증이 아니라 나의 존재 자체에 대한 갈증이며, 진정한 나 즉 신의 정신 속에 생명으로 존재하는 나에 대한 갈증이다. 즉 인격적으로 다가오는 신의 현존은 신성한 정신 속에 존재하는 생명을 실현시키고자 하는 것이다. 다시 말해 현실적인 나의 생명을 신의 정신 속에 존재하는 생명과 일치시키고자 하는 것이다. 토미즘의 이러한 사유는 『정관의 경로』에서도 매우 유사하게 시적으로 표현되고 있다.

> 이 생명은 하느님으로부터 나온 큰 물줄기처럼 인간의 모든 행위를 지탱해 주고, 갈증을 풀어 줍니다. 이 생명은 영혼 구조의 모든 세포를 적셔 주지만 (…) 그리스도인의 생활의 위대한 신비는, 그를 생활케 하는 이 신적 생명입니다.[434]

---

433 *Ibid.*, p. 463.
434 『정관의 경로』, 앞의 책, p. 34.

따라서 신의 현존을 맞이하기 위한 인간의 노력은 오직 하나, 진정한 나를 추구하고자 하는 원의이다. 우리가 버려야 할 것은 참된 내가 아닌, 세속적인 삶이 우리에게 부여한 온갖 허상들이다. 그리고 우리는 진정한 나의 모습에 우리들의 최상의 행복이 있음을 감지할 수 있다. 이러한 의미에서 사실 인간 사이의 우정 관계와 신과 인간 영혼 사이의 우정 관계는 동일한 것이 아니다. 왜냐하면 인간의 편에서 상호적인 벗의 관계는 신의 측면에서 보자면 현실적이지 않기 때문이다. "신은 그 자체로 행복한 자이며, 말하자면 신은 다른 어떤 선을 얻거나 어떤 선에 참여함으로써가 아니라 그 스스로 (즉, 자신의 본질을 통해서) 행복한 자"[435]이기 때문이다. 결국 인격 대 인격의 관계로 나타나는 신의 현존은 하나의 은총이며 순수한 선물이다. 이 선물의 의미는 애초에 신이 창조적 본질로서 사유하였던 신성한 정신 안에 있는 생명을 완성하고자 하는 신의 자비이며, 창조 행위를 앞당겨 완성하고자 하는 신의 사랑의 결실이다. 그렇기 때문에 누군가 신적 현존을 인격 대 인격으로 마주하게 된다면, 이후 이러한 영성적인 삶을 추구하지 않는 것은 불가능하다. 희랍의 마지막 철학자였던 플로티노스 역시 시적인 방식으로 이를 진술한다. 그는 "우리의 영혼이 한 번쯤 신에게 붙들린다면, 그 흔적은 영구히 남는다. 그 흔적은 영혼으로 하여금 그에게 되돌아가도록 도와줄 것이다."[436] 여기서 우리는 부르심의 형이상학적인 의미를 이해할 수 있다. 부르심이란 애초에 생명의 창조와 더불어 신이 생각하였던 완성을 앞당겨 실현하기 위한 신의 선물이라는 것이다. '원인은 결과와 동일하다' 혹은 '시작은 끝과 동일하다'라는 형이상학적인 원리가 바로 영성적 삶의 부르심에 동일하게 적용되는 것이다. 천국을 앞당겨 산다거나 하느님의 나라가 우리 마음속에서 시작되고 있다는 등, 수덕적인 삶에 대한 표현들은 바로 이러한 부르심의 형이상학적 의미를 문학적으로 제시한다. 자연의 모든 곳에 그리고 세계 안에 존재하는 신의 현존을 발견하고 감탄하는 영혼의 형이상학적 법열

---

435 *ST*, *I-II*, q. 3, a. 1.
436 화이트비, 『플로티노스의 철학』, 앞의 책, p. 124.

은 인격 대 인격으로 영혼 깊숙이 다가오는 보다 깊은 신의 현존에 대한 서막이자 징표인 것이다.

2) 사랑의 역사로서의 섭리와 영성가의 시선

앞장에서 우리는 영성적 삶에서 부르심의 형식은 시작과 끝이 동일하다는 형이상학적인 원리를 이해하고자 하였다. 본 장에서는 이러한 보편적인 진리가 한 개인의 개별적인 삶에 이루어지는 전말을 이해하고자 한다. 신의 현존을 인격 대 인격처럼 맞이하는 영성적인 삶은 매우 개별적이고 내밀한 삶이다. 따라서 그 국면들은 체험을 통해서만 충분히 이해될 수 있으며 학문적 개념을 통한 일반성이나 보편성의 차원에서 다루기는 매우 어렵다. 따라서 우리는 이와 관련하여 토마스 아퀴나스가 진술하고 있는 철학적 명제들을 통해서 가급적 이러한 영성적인 삶의 국면들에 접근해 갈 것이다. 특히 이러한 신적 현존을 맞이하기 위해서 요청되는 제 조건들을 다루고자 한다. 이러한 질문들은 결국 인간적인 생명이 초자연적인 생명으로 도약하는 변모의 신비를 어느 정도 밝혀 줄 것이다.

영성적인 삶이 마치 벗과 벗이 서로 교통하듯이 신과 인간의 인격적인 교통에 있는 것이라면, 여기에는 적지 않은 질문들이 주어질 수 있다. 우선 가장 먼저 떠오르는 질문은 ①어떠한 이유로 신은 한 개인의 삶에 개입하는가? 하는 질문이다. 그리고 두 번째는 ②왜 모든 사람에게 이러한 신적 현존의 개입이 주어지지 않는가? 하는 질문이다. 마지막으로 떠오르는 질문은 ③이러한 신적 현존의 개입은 인간의 자유의지와 무관한가? 하는 질문이다.

우선 첫 번째 질문에 답하기 위해서 섭리(providentia)에 관한 토마스 아퀴나스의 사유를 고찰할 필요가 있다. 왜냐하면 신의 계획 속에 있는 모든 것은 곧 섭리라는 이름으로 주어지며, 형이상학적 혹은 신학적인 관점에서 섭리를 벗어나 있는 존재는 어디에도 없기 때문이다. 토마스 아퀴나스는 아리스토텔레스의 정의를 따라서 섭리란 피조물들을 그들의 궁극적인 목적에 질서지우는 것이며, 이에 필요한 제

반 덕을 파생시키는 것이라고 말한다.[437] 즉 모든 자연법칙은 세계가 완벽하게 조화를 이루기 위해서 신의 계획, 즉 섭리에 의해 주어진 것이다. 새가 하늘을 날 수 있도록 날개를 가지게 된 것도, 꽃이 벌이나 나비를 유혹할 수 있도록 아름답게 장식하게 된 것도 신의 섭리에 의해서라는 말이다. 순수하게 자연과학적 사유를 가진 사람에게 있어서 이러한 사고는 신화에 불과한 것처럼 보이겠지만, 형이상학적인 사유를 가진 사람에게는 이렇게 생각할 수밖에 없는 필연적인 것이다. 토마스 아퀴나스는 "모든 존재자들은 그들이 존재에 참여하고 있는 만큼 이러한 척도 하에서 신성한 섭리 아래 놓여 있다는 것은 필연적이다."[438]라고 말한다. 사실상 그들의 존재 자체가 신에 의해서 지탱되고 있기에 그들의 모든 행위가 어떤 식으로든지 신의 섭리 하에 있다는 사유는, 영성적 삶을 영위하며 영적인 시각을 가진 사람에게만 진정한 실재가 될 수 있다. 그런데 여기서 중요한 사실은 이러한 신의 섭리가 단지 보편적인 자연법칙이나 인간존재의 법칙뿐 아니라 한 개인의 개별성에까지 적용된다는 사실이다.

> 우리는 필연적으로 모든 것은 그들의 본성의 보편성 안에서뿐 아니라, 그들의 개별성 안에서 섭리 아래 놓여 있다고 말해야 한다. (…) 그런데 제일 첫 동인으로서의 신의 원인성은 그들의 특수한 요소들에 뿐만 아니라, 그들의 개별적인 특성에까지 모든 존재자들에게 미친다.[439]

이러한 토마스 아퀴나스의 관점은 확실히 하나의 절대적인 지평에 있는 형이상학자 혹은 신학자의 사유이다. 한 인간의 개별성까지지도 신의 섭리 하에 놓여 있다

---

437 "아리스토텔레스에 의하면 가장 고유한 의미에 있어서 '섭리(providentia)'란 행위들을 규정하는 역할을 말하는데, 이 행위들을 규정하는 데서 행위에 필요한 보조의 덕과 행위를 보다 잘 판단하기 위한 분별력이 파생된다. 이처럼 만일 우리가 섭리란 제 사물들로 하여금 그들의 궁극목적에로 질서지우는 것으로 규정한다면, 무엇이 파생되든지 신에게 적합한 것이다." *ST*. I, q. 22, a. 1, ad 1.

438 *ST*. I, q. 22, a. 2, c.

439 *ST*. I, q. 22, a. 2, c.

는 것은 타고난 나의 기질이나 특성, 그의 가족·민족의 역사적 상황 등 그의 개별성을 규정하는 모든 것이 이미 탄생 이전에 어떤 특수한 목적을 위해서 신이 계획한 것이라는 의미이다. 이러한 사유는 참으로 놀랍다. 모든 인간에게는 저마다의 개별성, 저마다의 소질, 저마다의 능력, 저마다의 고유한 상황이 있다. 이 모든 것이 애초에 신의 계획 하에 이루어졌다면 우리는 세상의 모든 사람, 모든 개개인이 신의 특별한 계획에 의해서 탄생했다고 말할 수 있을 것이다. 그리고 이는 결국 모든 인간들은 각기 고유한—의식하든 않든 간에—신과의 특별한 관계성을 지니고 있음을 말하는 것이다. 이러한 사유는 모든 인간에게 하나의 절대적인 존엄성을 부여한다. 이는 확실히 신비주의적인 시선, 영성가의 시선이다. 토마스 아퀴나스는 이러한 사실을 예술가와 예술작품 사이의 관계에 비유한다.

> 자신의 작품에 대해서 모두 알고 있는 예술가에게 있어서 그의 작품이 예술가의 이해력 아래 놓여 있듯이, 모든 피조물은 신의 섭리 아래 놓여 있다.[440]

한 화가는 그의 그림을 그리면서 그림 속의 모든 요소들을 의식한다. 하나의 요소는 다음의 요소를 결정하고, 또 하나의 요소는 다른 요소를 결정하게 하면서 전체적으로 모든 요소들이 그림의 완성에 기여한다. 작곡가가 작곡을 할 때도 마찬가지다. 한 악보 안에 있는 무수한 기호들은 각자 고유한 역할이 있으며, 하나의 음표나 쉼표는 그 다음의 기호들을 결정하는 중요한 역할을 한다. 교향곡 안에 있는 수천 개의 음표들 중 우연한 것이나 없어도 그만인 것은 없다. 이처럼 세계를 완성으로 나아가게 하는 신의 섭리에는, 최소한 개별성에 있어서 우연한 것은 없다. 이러한 시선에 따르면 세계의 역사 속에 등장한 천재나 위인들 그리고 수많은 개인들의 존재에 있어서 우연한 것은 어디에도 없다. 물론 여기서 우리는 개별성(persona, personnalité)을 우유성(accidentia, accidence)과 혼동해서는 안 된다. 개별성은

---

440 *ST*. I, q. 22, a. 2, c.

나의 인격이라는 개념에 포함되는 모든 것을 의미하지만, 우유성은 일종의 우연과 같은 것으로 피부가 검다거나 장기능이 약하다거나 하는 나의 개별성과는 무관한 것들을 말한다. 물론 우리는 한 개인의 신체적인 조건이나 타고난 성격 및 능력 그리고 역사적 조건이나 사회·환경적인 조건 등에서, 어디까지가 나의 개별성을 규정할 수 있는 것인지 구분하기가 매우 어려움을 알고 있다. 그리고 타고난 성격이나 능력, 역사적 조건, 사회·환경적인 조건 등 나의 개별성을 규정해 줄 모든 조건들이 신의 섭리에 의한 것이라는 생각을 선뜻 수용하기도 쉽지 않다. 사람에 따라서는 이것이 사실이라면 자신은 오히려 신을 경멸하게 될 것이라고 말하는 사람도 있을 것이다. 하지만 이러한 사람들의 반응에 대한 다른 하나의 대답은 자신보다 못한 환경의 사람도 자신의 존재를 준 신에게 감사할 수 있고, 살아 있다는 자체가 은총이라고 생각하는 사람도 분명히 있을 것이라고 말하는 것이다. 이는 인간에게 자신의 모든 상황, 모든 순간에서 자신의 처지에 대해 긍정적으로도 부정적으로도 받아들일 수 있는 자유의지가 있음을 말한다.

세계에 대한 신의 섭리라는 사유를 부정하는 사람들의 가장 일반적인 논박은 '신이 섭리하는 세계라면 왜 악이 존재하는가?'라는 질문일 것이다. 이에 대한 토마스 아퀴나스의 일종의 변신론적인 답변은 두 가지이다. 하나는 세계에 존재하는 악의 현존이 오히려 신의 전능함을 드러내기 위함이라는 것이고, 다른 하나는 신의 자유와 인간의 자유의지 때문이라는 것이다. 그는 "만일 신이 악 그 자체로부터 선을 산출할 수 있을 만큼 충분히 전능하고 충분히 선하지 않았다면, 전능하신 신은 그의 작품 속에 어떠한 방식으로든 하나의 악도 허락하지 않았을 것이다."[441]라고 말하는데, 여기서 중요한 점은 세계 내의 악의 존재는 신의 계획이라기보다는 신의 허락에 의한 것이라는 점이다. 악의 허용은 곧 자유의지의 허용이다. 왜냐하면 죄란 선행과 마찬가지로 인간의 자유의지에 의해서 발생하기 때문이다. 만일 이러한 허락의 개념이 존재하지 않는다면 이 세계에는 선도 악도 존재하지 않고 인

---

441 *ST*. I, q. 22, a. 2, ad 2.

간의 자유의지 행사도 불가능할 것이며, 따라서 세계는 거대한 기계처럼 되어 버릴 것이다. 세계 그 자체가 하나의 유기적인 몸처럼 기쁨과 슬픔, 고통과 환희, 고뇌와 희망, 선과 악 등이 교차하는 가운데 궁극적인 목적을 향해 끊임없이 성장하면서 신이 생각한 그 세계, 신의 신성한 지성 속에 있는 그 세계로 다가가는 것이다.

사실 인류의 보편적인 역사가 신의 섭리 아래에 놓여 있다는 사유는 구체적인 역사적 사실들을 그 자체로서만 고찰한다면 받아들이기 힘들 수도 있다. 수많은 폭력과 전쟁 그리고 기아와 인간성의 비극들이 섭리의 결과라고는 도저히 받아들일 수 없기 때문이다. 하지만 그럼에도 불구하고 세계 역사가 하나의 연속된 이야기라고 한다면 엄연히 세계는 보다 나은 세상, 보다 완전한 세상으로 진보하고 있다고 말할 수 있다. 그리고 언젠가는 이러한 비극적인 사태들이 사라지고 이상적인 세계, 신이 계획했던 그 세계에 도달할 수 있을 것이라는 생각도 가능하다. 사실 인류의 보편적인 역사가 신의 섭리 아래에 놓여 있다는 생각이 오직 크리스천의 교의인 것만은 아니다. 철학자 헤겔도, 신이라는 이름에 의미가 있다면 신은 인류의 보편적이 역사를 섭리로 이끌고 가는 신일 수밖에 없다고 말하고 있다.

> 나는 차라리 다음과 같이 말하고 싶다. 참된 인간성은 모든 것에 있어서 신을 알고 경외하는 것에서 성립한다고 (…) 그리고 첫 번째에 있어서 역사 안에서. (…) 만일 섭리가 그의 대상들(즉 종교적 대상들)과 그의 방식들 안에서 계시된다고 인정한다면, 왜 이러한 계시가 (인간의) 보편적인 역사 안에서는 계시되지 않겠는가? (…) 그러나 (인간의) 보편적인 역사의 대상이 '섭리'에 적용하기에는 너무나 광대하다고 믿는 것은 잘못된 생각이다. 신성한 지혜는 큰 것들 안에서나 작은 것들 안에서나 마찬가지이다. (…) 만일 신이라는 말이 하나의 의미 없는 말이 아니라면, 이 신은 선한 신이고 또 우리들과 소통하는 신이라고 인정해야만 할 것이다. (…) 섭리에 대한 하나의 앎과 그의 계획에 대한 앎이 우리에게 주어졌다. 크리스천이즘의 중심 되는 교의(敎義) 중 하나는 '섭리가 (신에 의해) 이행되고 또 이 섭리가 세계를 이끌고 가며, 세계 속에서 발생하는 것은 이 신성한 다스림 안에 그의 고유한

자리가 있으며, 이는 이 섭리의 계획에 적합하다'는 것이다.[442]

인류의 보편적인 역사가 신의 섭리 아래에 놓여 있다는 비전은 토마스 아퀴나스로 하여금 신의 사랑의 불평등성을 이성적으로 해명하게 한다. 사람들은 왜 어떤 사람에게는 감당할 수 없을 정도의 은총을 허락하고 어떤 사람에게는 허락하지 않느냐고 물을 수 있다. 그리스도교의 역사에는 어린 나이에 성인이 된 사람이 있는가 하면, 평생을 수덕생활에 매진하지만 성성을 전혀 맛보지 못한 사람도 있다. 성덕이 신의 사랑 즉 은총을 전제하는 것이라면, 이는 분명 신의 사랑의 불평등함을 말해 준다. 심지어는 신에게 버림받은 것 같은 사람도 있다. 이에 대해 토마스 아퀴나스는 다음과 같이 답한다.

> 신은 모든 사람들과 그의 모든 피조물들에게 선을 원한다는 의미에서 모든 사람들과 그의 모든 피조물들을 사랑한다. 그러나 신은 모든 선을 모두에게 원하지는 않는다. 따라서 신이 영원한 삶으로서의 선을 어떤 사람에게는 바라지 않는다는 의미에서 사람들은 신이 이들을 배척하였다고 말하는 것이다.[443]

모든 사람에게 모든 선을 원하지 않는 것은 세계의 다양성 혹은 존재의 다양성을 위해서 필연적이다. 세계가 전체적으로 하나의 통일체를 이루고 있다는 것은 각각의 부분들이 자기 몫을 하고 있다는 말이다. 만일 소설을 쓰는 사람이 소설 속의 모든 인물들을 의인이나 성인으로 상정한다면 소설은 이루어지지 않을 것이다. 세계도 서로 다양한 것들이 모여 전체적으로 아름다운 하나의 작품을 이루고 있는 것이다. 그래서 토마스 아퀴나스는 "우주의 완전한 선이 제약받지 않기 위해

---

442 Hegel, *Introduction à la Philosophie de l'Histoire*, trad. par K. Papaioannou, Paris, éd. Bibliothèques 10/18 1965, pp. 61~66.

443 *ST*. I, q. 23, a. 3, ad 1.

서 구체적인 개별자들에 있어서 어떤 특정한 결함을 허락한다."[444]라고 말한다. 이는 후일 "세계를 부분적으로 보면 비참함 투성이겠지만, 전체적으로 본다면 아름다운 그림과 같다."라고 한 라이프니츠의 변신론의 전신이다. 그리고 누군가는 신의 사랑의 불평등성이 필연적인 것이라고 수용하더라도 왜 하필 저 사람이 아니고 이 사람인가, 혹은 왜 하필 내가 아니고 그인가 질문할 수도 있다. 이에 대한 토마스 아퀴나스의 대답은 '신의 자유'이다. 그는 "왜 신은 어떤 사람들을 영광을 위해서 선택하고 어떤 사람들은 그렇지 못한가?"라고 스스로 묻고 "여기에는 신의 의지(divinam voluntatem)라는 것 외에 다른 이유가 있을 수 없다."[445]라고 답한다. 사실상 신의 창조가 신의 사랑의 결과라는 하나의 진술 안에 이미 이러한 모든 논의들이 집약되어 있다. 진정한 사랑의 조건은 자유의지이다. 그 어떤 사랑도 자유의지가 박탈되었다면 이미 사랑이 아니다. 세계의 역사를 신의 사랑의 섭리로 보는 것은 '신은 사랑이시다(Deus charitas est)'라는 신의 이름으로부터 필연적인 것이다. 여기서 우리는 앞서 던졌던 두 번째 질문, "왜 모든 사람에게 이러한 신적 현존의 개입이 주어지지 않는가?"에 먼저 답변할 수 있다. 세계의 완전한 선은 다양성을 전제하며, 또한 인격(Persona)으로서의 신의 행위의 원리는 필연성이 아니라 신의 자유(Liberté de Dieu)이기 때문이다.

토마스 아퀴나스의 섭리에 대한 사유에서 중요한 다른 하나는 중개자 개념이다. 희랍인들은 신들이 천재들을 통해서 자신들의 뜻을 인간들에게 알려 준다고 생각하였는데, 아우구스티누스도 그렇게 생각하였다. 토마스 아퀴나스는 『신학대전』에서 이를 언급하면서[446] 천재와 예언자들은 곧 신과 인간 사이의 중개자 역할을 한다고 본다. 인류의 역사에서 나타난 천재들, 예언자들 그리고 성인들이 신의

---

444 *ST*. I, q. 22, a. 2, ad 2.

445 *ST*. I, q. 23, a. 5, ad 3.

446 "세 번째 의미의 섭리는 인간적인 일들에 관여하는데, 아우구스티누스가 이를 이야기 하고 있듯이, 플라톤은 이러한 섭리를 천재들에게 부여하였는데, 그의 학파(의 천재들)가 신들과 우리들 사이에 중개자가 된다고 생각하였다." *ST*. I, q. 22, a. 3, c.

뜻을 인간에게 전달하기 위해 계획된 신의 섭리라는 생각은 매우 고전적이지만 영성적인 시선에서는 매우 당연한 것이다. 왜냐하면 신의 섭리 안에 이미 의도·계획이라는 의미가 포함되며, 모든 일상적인 것을 벗어난 어떤 특별한 사건들—인류의 진보를 이룬 업적들, 예술적 창조, 획기적인 과학의 발전이나 문화적 도약 등—에는 크든 작든 신의 의도가 숨어 있다고 볼 수밖에 없기 때문이다. 비단 영성가뿐만 아니라 이러한 사유를 가진 문호나 예술가들을 만날 수 있는데, 인상주의의 대가였던 고흐에게서 이를 발견할 수 있다. 고흐는 1880년 7월에 동생 테오에게 보낸 편지에 다음과 같이 썼다.

> 위대한 화가들, 진정한 대가들이 걸작(chef-d'oeuvre)에서 끝까지 굽히지 않았던 바를 이해하려고 애써야 한다. 그 안에 하느님이 계신다. 그렇게 한 권의 책을 통해, 한 점의 그림을 통해 그분은 쓰고 말씀하신다.[447]

천재들의 위대한 걸작들을 통해서 신이 말씀하신다는 고흐의 확신은 어쩌면 고흐 자신의 작품들을 염두에 둔 것인지도 모른다. 어쨌든 이러한 생각은, 인간 역사에 특별한 사건을 의미하는 천재들의 등장은 곧 신의 특별한 배려를 의미한다는 것이다. 천재를 의미하는 라틴어의 제누스(genus)는 어원적으로 "탄생부터 그를 보살피며 그의 운명에 참여하는 모든 인간에게 존재하는 개별적인 신"[448]이라는 의미이며, 이러한 언어적 의미를 그대로 이해한다면 모든 인간들은 탄생과 더불어 정도의 차이를 달리하여 나름의 어떤 천재성을 지니고 있다는 것이 된다. 사실상 칸트 역시도 천재에 대해 말하면서 "천재의 첫 번째 특성은 그의 고유성(독창성, originalité)에 있다."[449]라고 하였다. 에디슨이 '천재란 1%의 영감과 99%의 노력'이라고 말했을 때

---

447 Van Gogh Vincent, *Lettres à son frère Théo*, Paris, Grasset, 1973, p. 41.

448 "Lat. genius, génie, dieu particulier à chaque homme, qui veillait sur lui dès sa naissance, et partageait toute sa destinée." J. Russ, *Dictionnaire de philosophie*, paris, Bordas, 1991, p. 116.

449 Kant, *Critique du Jugement*, § 46, Paris, J. Vrin, 1982, p. 128.

이는 분명 인간의 노력을 강조하는 것이겠지만, 그럼에도 불구하고 우리는 여기서 이 1%가 무엇을 의미하며 어디서 온 것인지 물을 수 있다. 만일 그 1%가 부모에게서 왔거나 단지 우연적인 사건이 아니라고 한다면 그것은 곧 탄생과 더불어 신이 부여한 신적인 무엇이다. 그리고 이 신적인 무엇이란 곧 탄생 이전에 이미 신의 지성 속에 있었던 그의 생명, 그만의 고유한 인격이다. 위대한 예술가들이 끝까지 추구한 것도 사실 바로 그 자신만의 무엇이었고, 현대 예술의 가장 위대한 화가 중의 한 사람이었던 고흐가 추구한 것도 바로 이것이었다.

> 결국 무엇이든 간에 나는 어떤 대가를 치르고서라도 전진하고 싶다. 나 자신이고 싶다. 나 스스로 고집스러움을 느끼고, 사람들이 나나 내 작품에 대해 뭐라고 말하든 전혀 연연하지 않기 때문이다.[450]

고흐는 날 때부터 천재는 아니었다. 그는 그 자신만의 무엇을 실현하기 위해서 예술에 평생을 헌신하였다. 다시 말해 모든 개인에게 주어진 천재성은 이를 실현하고자 하는 각자의 자유의지와 노력 없이는 전혀 천재성으로 나타나지 않을 수 있다는 것이다. 이는 34살의 나이에 성공한 금융가로서의 삶을 청산하고 화가의 길로 나선 고갱의 예에서도 잘 볼 수 있다. 만일 고갱이 스스로의 자유의지로 자신의 천재성을 실현하고자 선택하지 않았다면 그의 천재성은 세상에 드러나지 않았을 것이다. 즉 이러한 천재성을 실현하는가 않는가에 따라서 천재로 각인될 수도 있고 아닐 수도 있다. 고흐나 고갱의 천재성이 그들 자신의 고유한 그 무엇이라고 한다면, 사실 모든 인간은 정도의 차이를 가지고 어떤 천재성을 가지고 탄생하였다고 할 수 있다. 왜냐하면 모든 인간은 탄생 때부터 모든 다른 이들과 구별되는 개별적인 영혼을 가지고 탄생하기 때문이다. 그리고 누구나 지니고 있는 이 개별성은 세계의 완성에 기여할 수 있는 그 무엇, 신의 창조사업에 동참하여 기여할 수

450 나탈리 에니히, 『반 고흐 효과』, 이세진 옮김, 아트북스, 2006, p. 108.

있는 그 무엇이다. 사실상 천재성이란 그만의 고유한 인격성(personalité)의 실현이므로, 어떤 의미에서는 천재성이란 가능성 중의 성성(聖性)과 동일하다고 볼 수 있다. 다만 이 인격성이 실현되는 방법이나 범주가 무엇인가에 따라서 천재성으로 드러날 수도 있고, 성성으로 드러날 수도 있는 것이다. 그래서 루이 라벨은 "우리는 우리 이웃과 우리 자신 안에 있는 성인을 알아볼 수 있어야 한다. 성인은 나 자신 안에서, 또 내 이웃 안에서 태어나고자 한다. 하지만 유감스럽게도 우리는 이를 거부한다."[451]라고 한 것이다.

영성가의 시선에서 모든 인간은 신이 부여한 천재성을 통하여 세계의 완성이라는 창조사업에 어떤 원인(causa)의 역할을 한다.[452] 토마스 아퀴나스는 '원인'이 된다는 것에 매우 중요한 의미를 부여한다.

> 신은 하위의 존재들을 상위의 존재들의 중개를 통해서 다스린다. 이는 그의 섭리가 결함을 가지고 있기 때문이 아니라, 원인의 존엄함을 피조물들에게 나누어 주기 위해서, 선량함의 풍요를 위해서이다.[453]

어떤 것의 원인이 된다는 것이 왜 존엄할까? 원인이란 어떤 결과를 유발하는 첫 동인을 말한다. 아리스토텔레스와 마찬가지로 토마스 아퀴나스에게도 우주의 제일 원인은 신이다. 그리고 창조된 이 우주를 완성으로 이끌어가는 것도 신이다. 즉 세계완성의 원인도 신이다. 하지만 창조와 완성 사이의 과정에는 다양한 2차적인 원인들이 중개자로 참여한다. 어떤 것의 완성에 기여하는 것은 선한 것이다. 따라서 세계의 완성에 기여하는 것은 선한 것이며, 나아가 신의 신성한 창조사업에 기

451 루이 라벨, 『성인들의 세계』, 최창성 옮김, 가톨릭출판사, 1977, p. 24.

452 "신성한 섭리가 직접적으로 모든 것에 관여한다는 이러한 사실로부터 그것을 통해서 신의 계획이 실현되는 중개자들의 이차적인 원인들이 제외된다는 결론은 결코 도출되지 않는다." *ST*. I, q. 22, a. 3, ad 2.

453 *ST*. I, q. 22, a. 3, c.

여하는 보다 큰 선이다. 그렇기에 세계의 완성이라는 신의 창조사업에 기여하는 모든 의로운 업적들은 신성한 것에 참여하는 것으로서 존엄하다. 피조물로 하여금 이렇게 창조사업의 제2원인자로 참여하게 하는 것은 곧 피조물에 대한 신의 사랑을 보여 준다. 왜냐하면 사랑이란 사랑하는 이의 선(bonum)을 바라는 것이기 때문이다. 이미 완성된 세계는 그 자체로 선이겠지만, 여기에서는 보다 큰 선은 산출되지 않는다. 반면 아직 미완성인 세계에서는 더 많은 선이 요청된다. 인간이 보다 더 많은 사랑을 실현하고 보다 큰 존엄을 실현할 수 있는 이유도 사실은 세계가 미완성이라는 사실에 있다. 이러한 의미에서 신성한 학문의 전당이라거나 신성한 법정, 나아가 결혼의 신성함이라는 말들은 단지 비유적인 표현이 아니다. 여기에는 세계의 완성에 기여한다는 제2의 원인으로서의 존엄함과 신성함이 내재해 있기 때문이다. 이와 반대로 만일 이러한 신성한 업적들을 타락시키거나 파괴하는 그 어떤 것도 악으로 규정될 수 있다.

이러한 의미에서 영성가의 눈에는 자기 자신이 된다는 것이 매우 중요하다. 왜냐하면 신성한 신의 섭리에 기여할 수 있는 유일한 방법이 바로 자기 자신이 되는 데 있기 때문이다. 그래서 루이 라벨은 성인의 특성을 말하면서 "성인의 특성은 항상 자기 자신의 절대까지 이르는 데 있다."[454]라고 말한다. 자기 자신이 되는 것은 신 앞에 홀로 서는 것을 말한다. 왜냐하면 고유한 나만의 것이 가장 순수하게 발견될 수 있는 곳이 곧 신성한 신의 지성이기 때문이다. 그렇기에 한 영성적인 서적에서는 "만일 한 그리스도인이 하느님 앞에 홀로 살아갈 수 없다면, 교회는 한 거대한 집단에 지나지 않을 것이며 그것은 그리스도교의 교회가 아닐 것입니다."[455]라고 말하며, 또한 "하느님의 현시는 천 가지나 될 것입니다. 왜냐하면 각 영혼에게 하느님은 그 영혼만의 하느님이 되어주시기 때문입니다."[456]라고 말한다. 사실상 신이 모든 영혼에게 그만의 신이 된다는 표현은 영혼과 신의 인격 대 인격의 관

---

454 『성인들의 세계』, 앞의 책, p. 18.
455 『정관의 경로』, 앞의 책, p. 32.
456 위의 책, p. 96.

계를 말한다. 여기서 우리는 초자연적 실재(超自然的 實在)라는 토미즘의 개념이 매우 부각됨을 알 수 있다. 신의 창조 사업에 기여하는 개별성이 탄생과 더불어 주어졌다고 해도 이러한 개별성은 가능성(potentia)으로만 주어져 있을 뿐이다. 가능성이 자연적인 삶의 법칙과 더불어 조금씩 실현되고 어느 순간 개별성이 실제로 신의 창조사업에 기여하는 2차적인 원인으로 작용할 것이다. 하지만 창조사업의 완성에 기여하는 2차적인 원인으로서의 개별성은 결코 자연적인 삶의 진보로만 가능하지 않다. 여기에는 어떤 식으로든지 의식적이든 무의식적이든 최소한의 영성적인 삶의 의미가 주어져야 한다. 그리고 바로 이 영성적인 삶이라는, 자연적 삶을 초월하는 하나의 삶을 통해서 분명한 실재가 될 수 있는 것이다. 그렇기에 누군가 자신의 개별적인 삶이 신의 창조사업에 동참하는 제2의 원인으로서 기여한다고 여기는 것은 바로 이러한 초자연적인 실재를 지니고 있음을 의미한다. 이러한 의미에서 영성가들이 일반인들의 삶에서 주시하는 것은 가능성 중에 있는 개별성이 제2의 원인으로서 실재가 되기를 바라는 것뿐이다. 이러한 영성가의 시선을 아가페적 사랑의 시선이라고 할 수 있다. 키르케고르가 "가난한 사람에게 자애의 실천에 관해서 설득을 하는 일에는 형언할 수 없이 화재적인 무엇이 감돈다!"[457]라고 하였을 때 이 자애의 실천은 곧 아가페적 사랑이다. 자신의 이익을 구하지 않고 오직 타인을 사랑하고자 할 때, 이 타인으로 하여금 하느님의 창조적 사업의 제2원인이 되도록 하는 것보다 더 큰 사랑은 없을 것이기 때문이다.

이제 우리는 앞서 던졌던 첫 번째 질문, 즉 "어떠한 이유로 신은 한 개인의 삶에 개입하는가?" 하는 물음의 답을 충분히 알 수 있다. 그것은 곧 세계의 완성이라는 창조사업에 동참하는 제2원인이 되라는 것이며, 이는 단순한 피조물이 아닌 창조주의 창조사업에 관여하는 창조적 인간으로서 존엄해지도록 하는 신의 사랑의 결과이다. 신의 현존이 한 개인의 삶 안에 등장하는 것은 곧 자신이 가능성으로서(in potentia) 지니고 있는 그만의 고유성과 천재성 그리고 성성을 신적 생명에 참여

---

457 키르케고르, 『사랑의 役事』, 앞의 책, p. 179.

함으로써 최대한 실현하라는 것이다. 한 개인의 삶에 개입하고 한 개인의 영혼 안에 현존하는 신의 현존은 이중적 의미를 지니고 있다. 한편으로는 개인의 인격을 완성한다는 의미가, 다른 한편으로는 세계의 완성에 기여한다는 의미가 있다. 그래서 영성가는 "성인은 현세를 회피하라고 설교하는 자가 아니며, 현세는 자기완성을 위하여 성인을 필요로 하고 있다."[458]라고 말하는 것이다. 여기서 진정한 영성가와 일상인들의 차이점이라면 전자는 이를 의식하고 있지만—왜냐하면 그는 신의 현존을 맞이하고, 신적 현존 안에서 혹은 신적 현존과 함께 하고 있기에—, 일상인들은 다만 이를 믿고 있을 뿐이라는 것이다.[459] 여기서 의식한다는 말은 다른 의미로 신의 부르심(appel de Dieu)을 인지하고 있음을 말한다. 그렇기 때문에 영성적인 삶을 영위하는 사람들의 삶은 매우 확신에 차 있고 실천적이다. 왜냐하면 이들은 자신들이 되어야 할 존재가 어떠해야 하는지, 또한 이를 위해 무엇을 해야 할 것인지 알고 있으며 이를 위한 모든 것이 신으로부터 올 것임을 의식하고 있기 때문이다. "가장 작은 것들에조차, 그리고 그가 다양한 결과를 위해 수여한 원인들에 있어서, 이 결과들을 산출하기 위한 덕을 수여하는 자는 신"[460]임을 의식하고 있는 것이다.

이러한 신의 섭리에 있어, 유일하게 인간의 편에서 요청되는 것은 곧 자유의지이다. 신의 사랑(caritas)은 인간적으로 요청되는 모든 덕을 함께 동반하지만, 그러나 인간은 이 신의 사랑을 거부할 자유도, 이 사랑을 상실할 자유도 있다. 신은 인간의 자유의지 앞에서만은 멈추어 선다. 왜냐하면 사랑의 고유한 특성은 곧 자유의지에 있기 때문이다. 만일 신이 사랑이 아니었다면 신은 그의 계획한 모든 것을 한 치의 오차도 없이 이루어 갈 것이며, 인류의 역사는 마치 거대한 기계처럼 혹은 잘 프로그램된 컴퓨터처럼 정확하게 흘러갈 것이다. 하지만 사랑의 신은 인간에게 자

---

458 위의 책, p. 108.

459 "대부분의 신자는 자기들이 신적 생명에 참여한다고 단순히 알고 있을 뿐이지만, 성인은 그것을 의식합니다." 위의 책, p. 110.

460 *ST*. I, q. 22, a. 3, c.

유의지를 부여하였다. 이는 또한 인간의 편에서 신의 사랑을 거부할 수 있는 자유를 함께 부여하였다는 말이다. 또 신의 사랑을 받아들이는 것도 인간의 자유의지를 통해서이다. 그렇기 때문에 신의 사랑을 수용하고 섭리의 역사에 동참했던 많은 사람들이 어느 순간 신의 사랑을 상실하고 죄인의 길로 나아가는 것도 항상 가능하다. 그래서 토마스 아퀴나스는 다음과 같이 진술한다.

> 신은 죄인에게 사랑(caritas)을 줄 수 있다. 하지만 신은 그로 하여금 죄를 짓지 않게 하거나, 사랑을 상실하지 않도록 할 수는 없다.[461]

신의 은총에는 조건이 없다. 의인이건 죄인이건 신의 은총은 모두에게 열려 있다. 그래서 리지외의 데레사 성녀도 "은총을 받을 자격은 은총을 조금도 거역하지 않는 것"[462]이라고 말한다. 하지만 은총이 결실을 맺기 위해서는 인간의 자유의지가 요청된다. 은총이 사랑의 업적을 이루기 위한 모든 덕들을 동반한다고 하더라도 인간은 어느 순간 이를 거부할 자유의지가 있다. 사실 가톨릭에서 살아 있는 사람에게 결코 성인(聖人)이라는 칭호를 부여하지 않는 이유는 바로 인간의 자유의지 때문일 것이다. 인간의 자유의지는 양날의 칼과 같다. 이를 통해 신의 사랑을 수용하여 세계사에 획을 긋는 위대한 업적을 산출할 수도 있고, 이를 통해서 엄청난 비극을 산출하는 종교적인 또는 사회적인 죄를 지을 수도 있다. 하지만 영성가의 시선에서 보면 신이 인간에게 자유의지를 부여한 것은 참으로 의미심장한 사건이다. 이는 신과 인간 사이에 인격 대 인격의 관계를 가능하게 한 사건이며, 이를 통해서 인류의 역사가 인간과 신의 심오하고 드라마틱한 실존의 역사로 변모하기 때문이다. 또 영성적인 삶이라는 것이 진정 한 개인의 내밀한 삶과 신적 현존의 관계가 되는 것도 바로 이 자유의지 덕분이다. 영성적인 삶을 갈망하는 영혼들에게

---

461 *ST*. I, q. 25, a. 4, ad 3.
462 『빈손』, 앞의 책, p. 89.

가장 중요한 영성적인 요청(exigence spirituelle), 그것은 곧 신의 은총을 수용하고자 하는 자유의지와 수용된 은총이 현세적 삶 안에서 열매를 맺도록 부단히 노력하는 자유의지이다.

인간은 자연적인 존재이지만, 자연을 무한히 초월할 수 있는 존재이기도 하다. 레비나스 같은 철학자는 인간이 도덕적인 존재가 될 수 있다는 것에서 가장 분명한 초자연적 특성을 발견하겠지만, 토미즘에서 인간의 초자연적 특성은 도덕적인 것에서 발견하는 것이 아니다. 토미즘에 의하면 인간이 영혼을 지녔고 이 영혼은 완성을 갈망하며, 이러한 영적인 존재로서의 가능성을 최대한 실현하는 과정에서 주어지는 어떤 새로운 실재가 인간이 자연적인 존재를 넘어섰음을 증명한다. 이 새로운 실재는 모든 존재하는 것에 현존하는 신적 현존을 발견하는 형이상학적 존재로서의 정신이며, 나아가 자신이 신의 섭리의 제2원인이 되고 있음을 발견하는 사건에서 나타나는 새로운 실재이다. 이러한 사람을 우리는 영성적인 사람이라고 부르며, 이러한 것을 전생의 과업으로 삼은 사람들을 영성가라고 부르는 것이다.

이제 우리는 신적 현존과의 개별적이고 내밀한 삶이라는 영성적인 삶이 인간실존에 유발하는 다양한 양태들과 그 성장 과정, 그리고 성장 과정에서 변모하는 인간 자아의 제 국면들에 대해 묻지 않을 수 없다. 그리고 이러한 보다 심오한 고찰의 과정 속에서 토미즘 특유의 '실재론적 영성-초자연적 실재'의 면모가 보다 잘 드러나게 될 것이다.

2. 심미적·윤리적 삶과 영성적 삶

토마스 아퀴나스에게 있어서 인간적인 삶은 신적 현존을 맞이하도록 질서가 설정되어 있다. 이는 인간의 영혼이 궁극적인 목적을 지향하도록 되어 있으며, 이 궁극적인 목적이 곧 신이기 때문이다.

인간이 원하고 갈망하는 모든 것이 궁극적인 목적을 위한 것임은 필연적이다.[463]

인간과 다른 이성적인 피조물들은 신에 대한 앎과 사랑을 통하여 그들의 궁극적인 목적에 도달한다.[464]

만일 인간의 궁극적인 목적이 신에 대한 앎과 사랑임을 일단 긍정하고 나면 다음과 같은 명제는 필연적인 진리가 된다. 모든 인간적인 삶은 그가 의식하고 있든 아니든 궁극적인 목적을 위해서 실행된다. 여기서 인간적이라는 의미는 단순히 그의 모든 행위가 아닌, 인간으로서의 인간적인 행위 즉 의미를 가지고 의지적으로 행하는 일체의 것이라고 할 수가 있다. 이는 최종 목적지가 일단 정해지고 나면 그 이후의 모든 여정이 어떤 식으로든지 이 최종 목적지와 연관되어 있고 또 이 최종 목적지에 잘 도착하기 위한 방편임을 인정하여야만 하는 것과 같다. 그렇기 때문에 인간의 실존적 지평의 단계들에서 가장 먼저 나타나는 심미적인 지평이나, 이후에 나타나는 윤리적인 지평은 모두 그 궁극적인 목적으로 영성적인 삶을 가지기 위한 것임이 자명하다. 왜냐하면 영성적인 삶이란 곧 신을 알고 사랑하는 삶을 의미하기 때문이다. 따라서 우리가 여기서 질문해 보아야 할 것은 크게 3가지이다. 첫째, 왜 인간은 궁극적인 목적을 지향하며, 인간의 궁극적인 목적은 왜 신인가 하는 점이다. 둘째는 심미적인 지평의 삶과 윤리적 지평의 삶이 어떻게 영성적인 삶과 필연적으로 관계되며, 여기서 왜 두 지평이 영성적인 삶의 계기처럼 작용하는가이다. 그리고 세 번째는 이러한 관계성들 안에서 나타나는 본질적인 국면들은 어떠한가이다.

---

463 "dicendum quod necesse est quod omnia quae homo appetait, appetat propter ultimum finem." *ST*, I-II, q. 1, a. 6, c.

464 *ST*, I-II, q. 1, a. 8, c.

1) 인간영혼의 특수성과 궁극적인 목적

인간의 영혼이 특수한 이유는 영혼을 원리로 하는 인간의 생명이 다른 모든 생명체 보다 탁월하다는 데 있다. 인간의 생명이 다른 생명체들의 생명보다 더 탁월한 것은 곧 인간의 영혼이 다른 모든 생명체들의 영혼보다 탁월하다는 것을 말한다. 토마스 아퀴나스는 "생명체들은 단순히 존재하는 것들 보다 더 탁월하고, 지성적인 존재들은 단순한 생명체들 보다 더욱 탁월하다."[465]라고 말하는데, 이는 존재의 위계에 따라서 생명체의 위계도 다름을 말하는 것이다. 존재는 모든 존재하는 것들이 가진 것이며, 생명활동은 생명을 가진 존재들만이 가진 것이며, 나아가 사유는 정신을 가진 생명체들만이 가진 것이다. 정신을 가지고 사유하는 생명체의 생명이 보다 탁월한 이유는 다양하겠지만 무엇보다 먼저 사유에 의해서 이성적인 존재가 도덕적인 존재 혹은 자율적인 존재가 될 수 있기 때문이다. 이에 대해 토마스 아퀴나스는 다음과 같이 진술한다.

> 이성적인 본성을 가진 존재에게 있어서 자율적인 동인처럼(quasi se agens) 하나의 목적을 지향하다는 것 혹은 그 스스로 이 목적으로 나아간다는 것은 그들의 본성에 고유한 것이다. 반면 이성이 없는 존재들에게 있어서는 다른 존재에 의해서(ab alio) 움직이고 하나의 목적으로 인도된다.[466]

목적론적인 세계관을 가진 아리스토텔레스나 토마스 아퀴나스에게 있어서 모든 행위는 하나의 목적을 전제한다. 그리고 이 목적으로 나아가는 방식은 두 가지이다. 하나는 자율적인 방식이고 다른 하나는 타율적인 방식이다. 인간은 이성을 가지고 있기에 자율적이다. 왜냐하면 이성의 능력은 식별하고 판단하는 능력인

---

465 "quod viventia sunt meliora existentibus, et intelligentia viventivus." *ST*, I-II, q. 1, a. 5, ad 2.
466 *ST*, I-II, q. 1, a. 2, c.

데 이는 '선택'을 감행하는 자유의지를 가지고 있기 때문이다. 우리가 어떤 것을 선택을 할 때, 이 선택이 우리의 자유의지의 행위이기 위해서 즉 자율적이기 위해서는 스스로 그 가치를 판단하고 스스로 올바른 선택이라는 확신 혹은 정당성을 가져야만 한다. 그렇지 않다면 그 행위는 타율적일 수밖에 없다. 그렇기 때문에 이성이 없는 모든 생명체들은 어떤 의미에서는 다른 것에 의해서(ab alio) 움직이는 것이다. 여기서 이 다른 것이란 사실 그들에게 내재하고 있는 생명의 원리들 본성 혹은 본능이겠지만, 토미즘의 유비론(analogia)에 의하면 곧 신적 의지(voluntate divina)이다. 왜냐하면 모든 자연적인 질서나 원리들을 창조한 것이 곧 보편적인 선(bonum universale)을 포괄하는 신적 의지이기 때문이다.[467]

그런데 이성을 가진 인간이 자율적으로 궁극적인 목적을 선택하는 것은 궁극적인 목적 그 자체를 자유롭게 규정하거나 선택할 수 있다는 말이 아니다. 모든 존재들에게 있어서 궁극적인 목적은 그들의 존재의 법칙에 의해 주어졌기에 부정하거나 파기할 수는 없다. 다만 인간은 자유의지가 있기 때문에 자율적으로 이를 추구할 수도 있고 추구하지 않을 수도 있다. 즉 어떤 것이 자율적이기 위해서는 이를 선택하지 않을 가능성이나 자유가 있다는 전제하에서만 자율적일 수 있는 것이다. 그런데 모든 존재가 자신들에게 존재의 법칙처럼 주어진 궁극적인 목적을 추구할 수밖에 없는 이유는 무엇이며, 이를 어떻게 설명할 수 있을까? 여기서 우리는 다시 한 번 '원인과 결과는 동일하다'라는 토마스 아퀴나스의 형이상학적인 법칙에 도움을 청할 수 있다.

> 궁극적인 목적은 존재의 제일 원인이다(ulimus finis est primum principium essendi). 바로 이 존재의 제일 원인을 통해서 모든 존재들이 각자 그들의 완성의 등급에 따

---

467 "바로 이 때문에 이성이 없는 존재들은 보편적인 선(bonum universale)을 포괄하고 있는 이성적인 의지(voluntate rationali)에 의해서 그들의 개별적인 목적으로 움직이는 것은 필연적인 것이다. 보편적인 선(bonum universale)을 포괄하는 이 의지는 신적 의지(voluntate divina)이다." *ST*, I-II, 1, a. 2, ad 3.

라서 (궁극적인 목적과) 유사함을 추구하고 있다. 어떤 존재들은 단순히 실존을 가지고 있다는 차원에서 또 어떤 존재들은 그들이 생명을 지니고 있다는 차원에서 그리고 다른 존재들은 지성적인 생명을 혹은 지복적인 생명을 가진 생명체로서 유사함을 추구하고 있다.[468]

운동의 원인이 건강에 있고 운동의 결과 역시 건강을 획득하는 것과 마찬가지로 모든 존재는 자신들의 존재의 원인인 존재의 제일 원인을 목적으로 추구하게 되어 있다. 다시 말해서 모든 존재들은 존재 자체인 절대자 즉 신과 유사해지고자 하면서 자신들의 존재의 완성을 추구하는 것이다. 즉 토미즘에서 존재를 추구한다는 말과 궁극적인 목적을 추구한다는 말의 의미는 다르지만 동일한 사태를 지칭한다. 각각의 생명체는 그들의 존재의 법칙에 의해서 자신들의 생명의 등급에 적합하게 그들의 궁극적인 목적인 신과의 유사함을 추구하고 있다. 토마스 아퀴나스의 목적론적인 사유는 인간 존재 내부에서도 동일하게 적용되는데, 그는 "모든 육체의 선들은 영혼의 선을 그 목적으로 하고 있다."[469]라고 말하고, 또한 "육체는 마치 그의 목적처럼 영혼에 질서 지워져 있다"[470]라고 말한다. 그렇기 때문에 원칙적으로 인간에게 있어서는 외적인 선들(경제적·물리적 소유물들)보다는 육체적인 선(건강·아름다움)이 보다 중요하며, 육체적인 선보다는 영혼의 선(도덕적·지성적인 것)이 보다 중요할 수밖에 없다.[471] 그렇기 때문에 정상적인 인간의 성장은 자연히 영적인 선들을 추구하는 방향으로 수렴될 것이다. 다시 말해서 영성적인 삶을 추구하는 것은 인간의 자연적인 성장의 결실처럼 주어지는 것이다. 물론 이러한 자

---

468 "in quo est omnis essendi perfectio: cuius similitudinem appetunt." *ST*, I-II, q. 1, a. 5, ad 3.

469 "Unde omnia bona corporis ordinatur ad bona animae, sicut ad finem." *ST*, I-II, q. 2, a. 5, c.

470 "corpus ordinatur ad animam sicut ad finem." *ST*, I-II, q. 2, a. 5, ad 1.

471 "육체가 마치 그의 목적처럼 영혼에 질서 지워져 있는 것과 마찬가지로 외부적인 선들은 육체의 선에 그의 목적처럼 질서 지워져 있다. 바로 이 때문에 육체의 선을 돈으로 상징되는 외부적인 선들보다 더 선호하다는 것은 이성적인 것이다. 마찬가지로 영혼의 선을 모든 육체적인 선들보다 더 선호한다는 것은 이성적인 것이다." *ST*, I-II, q. 2, a. 5, ad 1.

연적인 성장이 곧 영성적인 삶을 보장하는 것은 아니지만 최소한 이러한 것을 갈망할 수밖에 없는 것이 인간존재의 법칙이다. 이것은 곧 인간이 지성적인 영혼을 가지고 있기 때문이다. 그런데 외적인 선이나 육체적인 선 나아가 영혼(정신)의 선이란 하나의 동일한 영혼, 동일한 사랑의 발로이며 이 모든 선들이 각기 독립되어 있거나 서로 배타적이거나 하지는 않다. 오히려 궁극적인 목적 안에서는 이 모든 선들이 탁월한 방식으로 수렴한다고 할 수 있다.

> 따라서 만일 우리가 인간의 궁극적인 목적에 대해서 말하고자 한다면, 그의 목적인 실재 그 자체(ipsam rem quae est finis)에 있어서는 다른 모든 존재들도 이 동일한 궁극적인 목적 안에서 다시 모이게 될 것이다. 왜냐하면 인간의 궁극적인 목적인 신은 다른 모든 존재들에게 있어서도 궁극적인 목적이기 때문이다.[472]

궁극적인 목적인 신의 존재 안에서 다시 모이게 될 다른 모든 존재들의 모습이 어떠한지, 어떻게 물질적인 선들이 비질료적인 방식으로 수렴되는지 추론하거나 상상하는 것은 불가능하다. 하지만 우리는 토마스 아퀴나스의 다른 하나의 사유로부터 영성적인 삶에 대한 사유를 전개해 볼 수 있을 것이다. 그는 다음과 같이 진술한다.

> 만일 우리가 인간이 획득하는 이 궁극적인 목적(ad consecutionem finis)에 대해서 말하고자 한다면, 이성이 없는 존재들은 이러한 인간의 궁극적인 목적에는 참여하지 못한다.[473]

---

472 "si ergo loquamur de ultimo fine hominis quantum ad ipsam rem quae est finis, sic in ultimo fine hominis omnia alia conveniunt: quia Deus est ultimus finis hominis et omnium aliarum rerum." *ST*, I-II, q. 1, a. 8, c.

473 *ST*, I-II, q. 1, a. 8, c.

위에서 이성이 없는 존재들도 궁극적인 목적에 다시 모이게 될 것이라고 진술하지만, 그럼에도 인간이 참여하는 궁극적인 목적에는 참여하지 못한다는 것은 무엇을 의미할까? 이는 인간이 가지는 궁극적인 목적 즉 지복의 성격을 말해 주는 것이다. 즉 지복적인 것은 지상의 그 어떤 좋은 선들보다 차원이 다른 탁월한 어떤 것임을 말해 주고 있다. 따라서 만일 이 지상에서의 영성적인 삶이 지복을 앞당겨 사는 것, 지복과 유사한 어떤 것이라고 한다면 영성적인 삶은 지상의 그 어떤 선들이 줄 수 있는 것과는 비교할 수 없는 행복감을 가져다준다는 의미이다. 따라서 지상에서 영성적인 삶을 추구하는 이유나 동기가 있다면, 그것은 행복을 추구하는 인간의 갈망이 만족스럽게 채워질 수 있는 것은 오직 영성적인 삶에서만 가능하며 그 외의 어떤 다른 선들에서는 불가능하다. 따라서 인간이 영성적인 것을 추구한다는 사실 자체로부터 인간은 세상의 그 어떤 것과도 비교할 수 없는 특수한 영혼을 지니고 있음을 증명하는 것이다. 그리고 영성적인 삶을 영위하고 있는 사람들, 가령 신비가들의 실존 그 자체가 인간의 특수성과 존엄함을 증거해 준다고 할 수 있다. 레비나스는 "창조의 기적은 도덕적인 존재를 창조한 데 있다."[474]라고 말한 바 있는데, 사실 창조의 기적이 보다 분명하게 드러나는 것은 도덕적인 존재로서가 아닌 영성적인 존재로서의 인간에게서이다. 왜냐하면 도덕적인 존재가 단순히 자연적인 법칙을 초월하고 있다면, 영성적인 실존은 지상적인 모든 것을 초월하여 신적인 현존과 직접적인 교류를 증거하기 때문이다.

2) 영성적인 지평의 계기로서의 심미적 지평

심미적인 삶이란 무엇을 말하며 심미적인 삶의 본질은 무엇일까? '심미적(審美的)'에서 심(審)이란 살피다·주의하여 보다·환히 알다·추구하다 등의 의미를 가지고 있다. 따라서 심미적인 삶이란 아름다움을 이해하고 아름다움에 대해 관심을

---

474 E. Lévinas, *Totalité et Infini, Essai sur le penser-à-l'autre*, Paris, éd. Grasset, 1991, p. 61.

기울이며, 이를 추구하는 삶이라고 할 수 있다. 따라서 심미적인 삶에 있어 본질적인 것은 당연히 아름다움이다. 이러한 의미에서 심미적인 삶은 단순한 감각적인 삶과는 다른 것이다. 토마스 아퀴나스는 오감 중에서 아름다움의 특성에 해당하는 것을 시각과 청각에만 적용하고 있다.

> 사람들은 아름다운 광경과 아름다운 음악에 대해서 말하지만, 다른 감각들에 대해서는 아름다움을 말하지 않는다. 곧, 아름다운 맛이나 아름다운 냄새라는 말은 하지 않는다.[475]

아름다움이 모든 감각에 해당하는 속성이 아니라 시각과 청각에만 해당하는 것은, 아름답다는 것이 단순히 감각하는 것이 아니라 지성적인 참여를 동반하는 감각이기 때문이다.

> 인간 안의 감각혼은 비이성혼이 아니라, 오히려 감각혼이면서 동시에 이성혼이다. 그런데 감각혼의 어떤 능력들은 그 자체만으로는 실제로 비이성적이되, 이성에 순종하는 한에서 이성에 참여한다는 것이 사실이다.[476]

위 진술에서 말하는 이성에 참여하는 어떤 감각들이란 곧 시각과 청각이다. 물론 우리는 왜 시각과 청각만이 지성에 참여하고 다른 감각들은 그러하지 않는 것인지 과학적으로 논하기는 어렵다. 다만 존재의 위계 그 자체에 의해서 인간이 가진 다양한 능력들은 보다 질료적인 것에서 보다 정신적인 것으로 질서가 세워져 있으며, 그중 가장 정신에 가까운 것이 시각과 청각이다. 감각의 질서에 대한 사유

---

475 *ST*, I-II, q. 27, a. 1, ad 3.

476 "quod animae sensibilis in homine non est anima irrationalis, sed est anima sensibilis et rationalis simul. Sed verum est quod potentiae animae sensitivae, quaedam quidem sunt irrationales secundum se, sed participant rationem secundum quod obediunt rationi." *QDA*, a. 11, ad 15.

는 실존주의자인 키르케고르의 사유에서도 잘 드러나는데, 그는 청각이 가장 정신에 가까운 능력이라고 말한다.[477] 이러한 관점들은 다시 한 번 생명의 유기체성을 확인할 수 있게 해 준다. 토미즘에서 인간의 생명은 성장과 더불어 보다 풍요로워지고 보다 완전해진다. 순수하게 생물학적인 작용들은 감각적인 작용으로, 그리고 감각적인 작용들은 다시 정신적인 작용으로 나타나게 된다. 생명의 원리로서의 인간의 영혼은 가장 단순한 물리적인 현상에서 질료를 무한히 초월하는 정신적이고 영적인 현상으로 확대된다. 우리는 이를 단순히 생명의 성장과 풍요라고 말할 수 있을 것이다. 이러한 생명의 법칙에서 하위 단계는 상위 단계의 실현에 하나의 계기 혹은 원인으로서 작용한다. 그래서 그는 "시각과 청각이 이성에 봉사하듯이, 아름다움에 대해 감각들이 깨어난 사람들은 보다 많은 앎을 얻는다."[478]라고 말하고 있다. 바로 이러한 이유로 그는 아름다움이 가장 정신에 가까운 속성이기에 아름다움을 추구하는 것을 이성적인 행위처럼 고려하고 있다. "아름다움과 선은 사실 동일한 것이다. 이 둘의 유일한 차이는 이성의 관점에 있다."[479] 즉 하나의 동일한 아름다운 어떤 것이 존재론적인 관점에서 보자면 선한 것(bonum)이 되겠지만, 심미적 관점에서 보자면 아름다운 것이 된다.

그런데 사람들은 왜 아름다운 것을 추구할까? 즉 아름다움을 추구하는 인간의 행위는 그 목적이 어디에 있을까? 토마스 아퀴나스가 사용하는 목적(finis)이라는 라틴어는 두 가지의 의미를 지니고 있다. 하나는 행위가 유발하는 결과를 말하며, 다른 하나는 이러한 행위가 궁극적으로 지향하는 보다 상위적인 무엇을 유발하는 것을 말한다. 후자의 경우는 지향성으로서의 intentio에 보다 가까운 개념이다. 그런데 아름다움이 가지는 첫 번째 의미의 목적은 환희이며, 두 번째 의미의 목

---

477 "언어는 귀에 말을 건다. 다른 어떤 매체도 이렇게 하지 않는다. 그렇다면 귀는 가장 정신적으로 조건 지어진 감각기관이다."『직접적이며 에로틱한 단계들 또는 음악적이고 에로틱한 것』, 앞의 책, p. 69.

478 *ST*, I-II, q. 27, a. 1, ad 3.

479 *ST*, I-II, q. 27, a. 1, ad 3.

적은 지성 혹은 정신이다. 그는 "사람들은 선에 대해서는 단순하고 순수한 욕구를 지니고 있지만, 아름다움에 대해서는 기분이 좋고 알려주려고 하는 욕구를 지니게 된다."[480]라고 말하는데, 여기서 기분 좋은 것(delectatio)이란 환희를 말한다. 일반인에게 '왜 아름다운 것을 추구하는가?' 하고 질문한다면 대다수는 아름답기 때문에 혹은 기분 좋은 것이기 때문에 그렇게 한다고 할 것이다. 하지만 형이상학적 시선 혹은 목적론적인 관점에서 보자면 단지 기분 좋은 것 때문만은 아니다. 이 기분 좋은 것, 즉 환희는 하나의 선을 동반하고 있다. "각각의 환희는 하나의 특정한 선을 동반한다(unaquaeque delectatio consequatur aliquod bonum)."[481] 그런데 보다 중요한 것은 환희보다는 이 환희가 동반하는 선(bonum)이다. "사람들이 환희를 추구하는 것은 선을 추구하기 때문이지 그 반대가 아니다(delectationem appetunt ratione boni, et non e converso)."[482] 이는 일상의 작은 예로도 충분히 납득할 수 있다. 가령 맛있는 음식이 유발하는 기쁨도 일종의 환희라고 말할 수 있다면, 맛이 유발하는 작은 환희가 있을 수 있다. 하지만 음식이라는 차원에서 맛보다 더 중요한 것은 이 맛이 동반하고 있는 특정한 선 즉 양식 혹은 영양가로서의 선이다. 아무리 맛있는 음식도 그것이 우리의 건강을 해친다면 좋은 것이 못 된다. 만일 환희 그 자체가 여기에 동반되는 선보다 더 중요하다고 한다면 세상에서 가장 좋은 음식은 마약이 되고 말 것이다. 그런데 토마스 아퀴나스는 "어떤 특정한 환희는 선들 중 가장 큰 선을 동반한다(aliqua delectatio consequatur id quod est per se et maximum bonum)."[483]라고 말한다. 가장 큰 선은 물론 지복이다. 이러한 진술은 지복을 추구하는 영성적인 삶 역시도 환희를 동반하며, 따라서 영성적인 삶이 모든 감각적인 삶의 소멸이나 감각적인 삶에 대한 거부를 의미하지 않음을 말해 준다. 영성적인 삶에서도 아름다움을 추구하는 것은 자연스러우며, 오히려 영성적인 삶에서도 아름다움은 중요

---

480 *ST*, I-II, q. 27. a. 1, ad 3.
481 *ST*, I-II, q. 2, a. 6, ad 3.
482 *ST*, I-II, q. 2, a. 6, ad 3.
483 *ST*, I-II, q. 2, a. 6, ad 3.

한 하나의 계기가 된다. "영성적인 아름다움이나 선함에 대한 명상은 영성적 사랑의 원리이다(contemplatio spiritualis pluchritudinis vel bonitatis, est principium amoris spiritualis)."[484] 다만 우리는 심미적 지평에서 느끼는 아름다움과 영성적인 삶에서 느끼는 아름다움의 의미는 질적으로 다르다고 말해야 할 것이다. 이는 대중가요에서 느끼는 아름다움과 종교음악에서 느끼는 아름다움의 질적 특성이나 의미가 서로 다른 것과 동일한 이치이다. 어쨌든 아름다움을 추구하는 인간의 심미적인 속성이 영성적 삶에서 여전히 유효하며 중요한 삶의 계기가 된다는 토마스 아퀴나스의 영성관은, 모든 감각적인 것을 멀리하면서 금욕적인 삶을 추구하였던 중세 수도자들의 영적인 추구와는 그 분위기나 성격이 매우 다르다. 우리는 토마스 아퀴나스의 영성관을 실재론적인 영성(la spiritualité réaliste)이라고 명명할 수 있다. 왜냐하면 영성적인 삶의 추구에 있어서 감각적·지성적·영적이라는 실재의 전체적인 국면을 항상 염두에 두고 있기 때문이다. 이러한 의미에서 "감정은 거절할 수 없는 선물(don)이고 떼어 놓을 수 없는 것의 본질"[485]이라는 미셸 앙리(Michel Henry)의 사유가 토미즘의 영성이론에 매우 적절한 사유라고 할 수 있을 것이다. 하지만 위에서 말한 바 있듯이 영성적 삶에서 가지는 아름다움의 특성은 심미적인 삶에서 가지는 아름다움의 특성과는 질적으로 다른 것이다. 토마스 아퀴나스는 "영적인 환희는 감성적인 환희를 초월하는 강력한 습성이다."[486]라고 말하는데, 이는 토마스 아퀴나스의 삶 자체에서 드러나는 것이다. 이에 대해 한 전기는 다음과 같이 말한다.

> 당시의 분위기 안에서 사람들은 (육체적인 것들에 대해) 소홀히 하는 경향이 있었던 반면, 토마스에게 있어서는 돌연히 (이 감각적인 것들이) 천상적인 것들을 향해 솟아올랐던 것이다. 이는 마치 그가 육체가 발견되는 곳에 있었던 것이 아니라, 그

---

484 *ST*, I-II, q. 27, a. 2, c.
485 『현대프랑스 사상의 파노라마』, 앞의 책, p. 171.
486 "delectatio spiritualis portior est quam carnalis, ut supra habitum est." *ST*, II-II, q. 180, a. 7, c.

의 영혼이 거주하기를 원했던 곳에 있었던 것처럼 보였던 것이다.[487]

감각적인 것들이 천상적인 것을 향해 솟아올랐다는 표현이나 영혼이 거주하기를 원했던 곳이라는 표현들은 어떤 실재를 묘사하는 비유적인 혹은 상징적인 표현일 것이다. 이 실재는 진정으로 영성적인 삶을 영위하는 토마스 아퀴나스의 실존 그 자체의 특성을 부각시키기 위한 것이다. 즉 토마스 아퀴나스는 다른 일반인들과는 다른 실존의 분위기, 훨씬 고양되고 초월적인 실존을 지니고 있었기에 세상과 존재들에게서 그가 통찰하고 느꼈던 환희가 일반인들의 그것과는 완전히 달랐다. 우리는 토마스 아퀴나스가 가졌던 남다른 실존의 분위기를 영성적인 분위기(ambience spirituelle)라고 말할 수 있다. 아마도 토마스 아퀴나스 자신의 용어로는 영성적인 아름다움(pulchritudo spiritualis)[488]이라고 해야 할 것이다. 영성적인 분위기라고 하든 영성적인 아름다움이라고 하든 이러한 아름다움은 육체적인 아름다움과는 차원이 다른 것이며, 자연적인 방식으로 설명이 불가능한 영적인 직관을 통해서만 감지되고 파악될 수 있는 것이다. 우리는 이러한 실재를 영적인 실재 혹은 초자연적 실재(la éalité sur-naturelle)라고 부를 수 있다.

이러한 초감각적 혹은 초자연적인 실재는 일회적인 것이거나 잠정적인 것이 아니며, 그의 존재 자체에 귀속되는 속성과 같기에 그의 삶 전반에서 느껴지고 그의 일상 전체에서 빛을 발하는 것이다. 그렇기 때문에 토마스 아퀴나스에게 있어서 종교적인 삶과 일상적인 삶은 구분되지 않는다. 그의 전체적인 삶 자체가 일종의 명상이요 기도였기 때문이다. 이러한 영성적인 분위기에 대해 설명하는 현대의 한 영성서적은 다음과 같이 기술한다.

---

487 Guillaume de Tocco, *Saint Thomas d'Aquin, sa vie*, trad. par R. P. Pègues et M. Maquart, Paris, 1925, p. 104.

488 "인간에게 있어서 영성적인 아름다움은 이성의 영적인 빛남에 따라 잘 정돈된 지향성과 행위들을 가지는 것에 있다." *ST*, II-II, q. 145, a. 2, c.

> 하느님은 우리가 설명할 수 있는 분이 아니십니다. 우리가 호흡하는 분, 우리에게서 나오는 분위기로 전해지는 분이십니다. (…) 종교적인 행위란 없습니다. 생활전체가 종교적이지요. 생활전체가 종교적이든가 전혀 종교적인 것이 아니던가.[489]

결론적으로 말해서 영성적인 삶이라는 것도 가장 자연스러운 자연적인 생명의 개화 혹은 성장을 통해서 시작될 수 있다. 왜냐하면 아름다움을 추구하는 것은 지극히 자연스러운 인간의 삶의 현상이고 이러한 아름다움은 끊임없이 보다 차원 높은 아름다움, 보다 완전한 아름다움을 추구할 것이며 그 정상에는 영성적인 아름다움 혹은 신성한 아름다움이 있을 것이기 때문이다. 그래서 토마스 아퀴나스는 "정관(contemplatio)은 매력의 능력(vim appetitivam)으로부터 발생한다."[490]라고 하는가 하면, "매력(appetitiva)은 단지 외적인 행위를 위해서 사지를 움직이게 할 뿐만 아니라, 지성으로 하여금 정관적인 행위(operationem contemplationis)를 하도록 한다."[491]라고 말하는 것이다. 마찬가지로 신적 사랑(caritas)을 "신성한 아름다움(eius pulchritudinem)을 정관하기 위한 갈망"[492]으로 표현하고 또한 정관적인 삶의 목적도 환희(delectatio)라고 말한다. 그래서 현대의 영성가들 중에는 성스러운 삶이 곧 아름다운 삶이라고 표현하는 사람이 있는 것이다.

> 바로 그렇기 때문에 성스럽게 된 삶이 아름다운 것입니다. (…) 성스러운 삶은 너무도 아름답기에 우리가 우리 자신을 바칠 수 있는 삶은 그 삶밖에는 없습니다.[493]

따라서 영성가들이 추구하는 아름다움은 초자연적인 실재로서의 탁월한 아름

---

489 모리스 젱델, 『나날의 삶을 하느님과 함께』, 부산 가르멜 수녀원 옮김, 성바오로출판사, 1997, p. 153.
490 *ST*, II-II, q. 180, a. 1, ad 1.
491 *ST*, II-II, q. 180, a. 1, ad 3.
492 *ST*, II-II, q. 180, a. 1, c.
493 모리스 젱델, 『나날의 삶을 하느님과 함께』, 앞의 책, pp. 155~156.

다움이라고 해야 할 것이다. 마찬가지로 아름다운 것을 추구하는 심미적인 삶은 영성적인 삶의 추구를 방해하는 장애물이 아니다. 오히려 아름다움을 추구하되 자연적인 진보의 과정을 통해서 지속적이고 끊임없이 추구한다면 바로 거기서 영성적인 아름다움과 마주하게 될 것이다. 이 영성적인 아름다움 즉 성스러운 아름다움이 주는 매력으로 인해 세상의 그 어떤 것보다 영성적인 삶을 더 갈망하게 된다. 그래서 아름다움을 추구하되 지속적이고 절대적으로 추구한다면, 아름다움을 추구하는 심미적인 삶도 신에 이르는 길이 될 수 있다고 하는 것이 실재론적인 영성의 한 관점이 된다. 왜냐하면 모든 아름다움의 근원은 곧 모든 존재의 근원인 신의 존재이기 때문이다. 그래서 토마스 아퀴나스는 영성적 삶의 고유한 형식인 정관적인 삶에 있어서 아름다움이 가장 직접적이고 본질적인 방식으로 발견된다고 말한다.

> 아름다움(pulchitudo)은 어떤 빛남과 비례의 조화의 조화 안에 거하고 있다. (…) 바로 이 때문에 아름다움은 이성의 행위에 의해(in actu rationis) 이루어지는 정관적인 삶 안에 직접적으로(per se) 그리고 본질적으로(essentialiter) 발견된다.[494]

이제 우리는 왜 토미즘에 있어서 심미적 삶의 지평이 영성적 삶의 지평의 매개체가 되는 것인지 충분히 이해하였다고 할 수 있다. 물론 진정한 의미의 영성적인 삶은 결코 심미적인 삶으로만 형성할 수 없는 것이 분명하지만, 그럼에도 심미적인 것이 제거된 영성적인 삶은 완전한 영성적인 삶이 아닐 것이다. 모든 영성적인 삶은 어떠한 형식으로든 건전한 심미적인 차원의 삶이 그 배경을 이루고 있음이 분명하다. 앞서 우리는 아름다움이 젊음을 완성한다고 한 토마스 아퀴나스의 말을 언급한 적이 있다. 아름다움이 젊음의 본질은 아니지만 젊음은 항상 아름다움을 포함하고 있으며 아름다움이 젊음을 완성하듯이, 영성적인 삶의 본질이 아름다움은 아니겠지만 진정한 영성적인 삶에는 항상 아름다움이 내포되어 있으며 아름다움이

---

494 *ST*, II-II, q. 180, a. 2, ad 3.

영성적인 삶을 완전하게 해 주는 요소임은 부정할 수 없다. 중세의 관상수도자들 그리고 오늘날 여전히 적지 않은 관상수도원들이 감각적인 것을 멀리하는 금욕적인 삶을 여전히 이어가는 것은, 그들의 삶에 있어서 심미적인 지평이 한 차원 높은 심미적인 것이기 때문이지 심미적 삶 혹은 아름다움 그 자체를 거부하거나 멀리하는 것 때문은 아니다. 그들은 일반인들이 통찰할 수 없고 볼 수 없으며 느낄 수 없는 어떤 신성한 아름다움을 향유하는 사람들이다.

3) 윤리·도덕적 삶과 영성적인 삶의 관계들

만일 우리가 여기서 좀 더 사유를 깊이 한다면 다음과 같은 질문이 이어질 수 있다. 만일 아름다운 것을 추구하는 목적이 환희를 얻는 것에 있다면, 환희를 얻는 것이 무엇에 좋은가? 혹은 환희는 그 자체가 목적인가, 아니면 다른 목적이 있는가? 사실 이러한 질문에 대한 해답이나 모범답안은 없을 것이다. 답은 답변하는 주체의 인생관이나 세계관에 달려 있기 때문이다. 그런데 목적론적인 사유와 인생의 궁극적인 목적을 긍정하는 아퀴나스에게 있어 이러한 질문에 대한 답변은 매우 분명하다. 그것은 환희가 곧 선에 있어서의 휴식을 의미한다는 것이다.

> 사람들이 선(bonum)을 갈망하는 것과 환희(delectatio)를 갈망하는 것은 동일한 이유에서인데, 이는 선에서의 갈망의 휴식(quietatio appetitus in bono) 외에 다른 것이 아니다.[495]

만일 우리가 위의 진술에서 선과 환희를 윤리·도덕적인 선과 심미적인 좋음으로 대변할 수 있다면, 일반적인 인간이 추구하는 모든 것은 결국 선에서의 휴식을 위한 것이라는 말이다. 그런데 선에서 혹은 선에 있어서의 휴식이란 무엇인가? 이

---

495 *ST*, I-II, q. 2, a. 6, ad 1.

는 단적으로 존재의 충만함을 의미한다. 일상 언어에서 휴식이란 일을 멈추고 육체적으로 자유로운 상태를 회복하는 것 혹은 새로운 행위를 위한 재충전의 시간을 의미하겠지만, 토마스 아퀴나스가 말하는 선에서의 휴식이란 내가 갈망하는 것들이 충만하게 채워진 상태 그리하여 비록 잠정적이더라도 갈망이 멈춘 상태를 말한다. 따라서 토마스 아퀴나스에게 있어서 휴식에 반대되는 개념은 행위가 아니라, 갈망하는 것을 채우지 못하고 방황하는 사태가 된다. 이는 일상의 다양한 예를 통해서도 충분히 납득할 수 있다. 가령 친한 벗으로부터 오해를 받고 있을 때 혹은 직장의 동료와 서로 심각한 갈등 상황에 있을 때, 사람들은 이러한 문제가 해결되지 않는 한 마음의 평화를 가질 수 없고 정신적으로 문제의 해결을 갈망하게 된다. 이러한 불안한 사태는 비록 육체적으로 휴식을 취하고 있다고 하더라도 정신적으로 참으로 힘겨운 노동의 상태를 지속하게 한다. 그래서 복잡한 현대사회를 살아가는 대다수의 사람들은 육체적으로 휴식의 상태에 있으면서도 정신적으로는 휴식을 취하지 못하고 방황하는 경우가 많은데, 이러한 정신적 휴식의 부재가 끊임없는 정신의 혹사로 나타나고 이러한 것이 스트레스의 원인으로 작용한다. 토마스 아퀴나스보다 훨씬 전에, 아우구스티누스는 이미 인간은 신을 향유하기 전에는 진정한 휴식을 가질 수 없다고 말하였다.

> 당신을 찬미하면서 당신을 향유하도록(즐거움을 가지도록) 우리를 내미는 이는 당신입니다. 왜냐하면 당신은 우리들을 당신에게 향하도록(당신을 위하여) 창조하였고, 우리들의 마음은 당신에게서 휴식할 때까지 불안하기 때문입니다.[496]

만일 신을 향유하는 것이 진정한 휴식이라면, 유비적으로 인간이 이 세상에서 무엇을 진정으로 향유하는 것은 결국 잠정적이기는 하나 휴식을 가지기 위해서

---

496 "Tu excitas, ut laudare te delectet, quia fecisti nos ad te et inquietum est cor nostrum, donec requiescat in te." Augustini, *Confessionum*, Lib. I, ch. 1, Paris, Garnier Frères, 1950.

라고 해야 한다. 심미적인 지평에서 아름다움을 통해서 환희를 추구하는 것도 어떤 관점에서 보자면 마음의 휴식을 취하고자 하는 것이다. 예를 들어 사람들은 감동을 할 때 마음의 휴식을 체험하게 된다. 감동을 주는 영화를 보면서 눈물을 흘리는 사람은 비록 잠정적이기는 하지만 그 영화를 통해서 깊은 마음의 휴식을 맛보게 된다. 왜냐하면 그가 애타게 갈망하고 있었지만 현실 안에서는 발견할 수 없었던 어떤 진실 혹은 어떤 이상적인 삶의 모습을 그 영화 속에서 발견하였기 때문이며, 이는 곧 그의 마음에 양식을 제공하는 것과 같기 때문이다. 갈망이 채워지는 순간 우리는 만족감을 느끼고, 이 만족감은 존재의 충만을 야기하면서 우리는 우리들의 정신적인 방황이 멈추는 것을 체험한다. 바로 이것이 선에 있어서의 휴식을 의미한다. 눈부시게 아름다운 어떤 풍경들, 너무나 놀라운 예술작품들, 그리고 우리의 심금을 울리는 명언들 앞에서 사람들은 발걸음을 멈추고 숨소리마저 죽인 채 감상하고 묵상하게 된다. 바로 이러한 것이 진정한 영혼의 휴식을 말하는 것이다. 하지만 최소한 일상의 경험에 의하면 이러한 휴식은 매우 드물게 주어지고, 결코 지속적으로 주어지지 않는다. 우리들의 마음의 휴식은 그야말로 잠정적일 뿐 인간사 자체가 끊임없이 불안과 공허를 야기한다. 프랑스의 토미스트인 에메 포레스트는 이러한 인간의 진실을 다음과 같이 말해 준다.

> 인간의 형이상학적 진실은 그의 불안함의 진실이라고 말할 수 있을 것이다. 형이상학적 반성이란 위협받고 불확실하며, 결코 완전한 안정을 발견할 수 없으며, 나아가 지속적으로 실존을 실현할 수 없는 인간의 존재를 발견하는 것이다. 이러한 긍정은 주어진 사태에 대한 긍정이 아니라, 그것을 통해 우리가 내적인 출현(내면성의 출현, avènement intérieur)을 실현하는 인간적 지향성의 법칙에 대한 긍정이다.[497]

497 "On pourrait dire alors que la vérité métaphysique de l'homme est celle de son inquiétude. La réflexion est la découverte de notre être mennacé, incertin, incapable de se saisir dans aucune

우리가 살아가고 있는 현실이 지속적인 불안처럼 느껴지고 그래서 결코 안정을 발견할 수 없다는 것, 이러한 세상에 대한 진단은 비관론을 의미하지 않는다. 그렇다고 이러한 것이 인간성의 진리를 의미하지도 않는다. 다만 현재 주어진 사태들에 대한 진술함이라고 해야 할 것이다. 그런데 이러한 비극적인 현 사태에 대한 진단은 긍정적인 측면을 가지고 있는데 그것은 이러한 세상에 대한 비극적인 측면이 인간으로 하여금 자기 자신의 진실을 바로 보게 한다는 것이다. 즉 인간은 결코 자연이나 사회 안에서 자연적인 존재나 사회적인 존재로서는 만족할 수 없는 문제적인 인간(homme problèmatique)이라는 것이다. 그렇다면 문제의 해결은 어디에 있는가? 그것은 내면성을 가지는 것에 있다. 내면성이란 다양한 의미를 함의하고 있는 용어겠지만 가장 일차적인 의미로는 내면세계를 의미한다. 왜냐하면 이곳에서 사람들은 진정한 마음의 휴식을 발견하기 때문이다.

마음의 휴식은 육체의 휴식과는 다르다. 육체의 휴식은 아무것도 하지 않는 것을 의미하지만 마음의 휴식은 안식처에 거한다는 의미를 지니고 있다. 안식처란 무엇인가? 안식처란 안정과 의미를 가지고 정착할 수 있는 곳이라는 의미이며, 이는 또한 방황을 멈춘다는 말이다. 의미와 기쁨을 주는 거주지를 찾지 못하여 떠돌아다니는 것을 방황이라고 한다면 마음의 방황이란 마음의 안식처를 찾지 못하여 떠도는 것을 말한다. 자기세계를 가지지 못한 사람들의 마음에는 한곳에 정착할 수 있는 무엇이 없다. 그래서 모든 사람들은 어느 정도 마음의 방황을 경험한다. 특히 마음의 고향을 상실해 버린 것 같은 현대인들에게 이러한 마음의 방황, 정신적인 방황은 매우 심하다. 하지만 이러한 마음의 방황은 진정 자신이 감동할 수 있는 무엇이 주어질 때 멈추고, 사람들은 휴식을 취할 수 있다. 감동한다는 것은 무의식중에나마 우리가 애타게 바라는 그 무엇을 발견하였음을 의미하기 때문이다. 그래서 어떤 작품이 우리에게 감동을 주고 우리의 마음에 안식처를 제공한다

---

stablité, dans une existence assuré d'être, réalisée dans la consistance. Cette affirmation n'est pas seulement celle d'une donnée de fait mais d'une loi de nos vies par laquelle se réalise l'avènement intérieur." *L'Avènement de l'Ame*, *op. cit.*, p. 62.

면 그것은 이미 훌륭한 예술작품이다. 그래서 키르케고르는 모든 진정한 예술작품에는 어떤 특정한 종류의 영원성이 내포되어 있다고 말하는 것이다.

> 특정 종류의 영원성은 기꺼이 그것들에게 귀속될 수 있으며, 이것이 그들의 장점이다. 그러나 이런 영원성은 사실 진짜 예술 작품이라면 모두 소유하고 있는 영원한 순간일 뿐이며…[498]

구태여 시간의 상대성 원리를 언급하지 않아도, 정신이나 마음 혹은 영혼은 물리적인 시간의 지배를 받는 것이 아니라 자신들의 내면적이고 정신적인 세계의 지배를 받는다는 것을 부정할 수 없다. 자신의 내면세계를 가진 예술가의 영혼은 언제나 휴식을 취할 수 있는 자기 세계를 가지고 있다. 그렇기 때문에 심미적인 차원의 삶을 추구하는 사람들도 진정으로 내면적인 세계를 추구하고 있다면 특정 종류의 영성적인 삶을 발견할 수 있을 것이다. 하지만 심미적 실존의 지평에서 발견되는 이러한 영성적인 삶은 지극히 불완전한 것이다. 토마스 아퀴나스는 사람들이 진정한 휴식을 발견하기 위해서 손쉽게 심미적인 것에 관심을 기울이는 이유는, 심미적인 것에서는 선에 있어서의 휴식이라는 동기가 가장 분명하게 드러나기 때문이라고 말한다.

> 감각적인 환희의 과도한 추구는 감각적인 작용들과 우리들의 앎의 출발점에 있어서 (선 안에서의 휴식이라는) 이러한 동기가 보다 분명하게 지각되기 때문이다.[499]

사실이 그러하다. 수필을 쓰거나 논문을 작성하거나 내가 원하는 어떤 목적을

---

498 『직접적이며 에로틱한 단계들 또는 음악적이고 에로틱한 것』, 앞의 책, p. 39.
499 *ST*, I-II, q. 2, a. 6, ad 2.

달성하고 거기서 내적인 휴식을 맛보는 데는 매우 긴 인내의 시간이 필요하다. 반면 음악을 듣거나 영화를 보는 것은 훨씬 손쉽다. 하지만 빨리 끓는 물이 빨리 식어 버리듯이 손쉽게 획득한 것의 여운은 빨리 사라진다. 심미적인 추구가 우리들의 내적인 휴식을 보장하는 데 매우 취약한 이유는 여기에 있다. 앞서 말한 바 있듯이 환희를 추구하는 것은 선 안에서 휴식하고자 하기 때문이지 환희 그 자체가 목적은 아니다. 인간이 추구하는 선은 육체적인 좋음, 윤리·도덕적인 올바름, 자아의 형성, 신성한 존재와의 교감 등 일체의 것이므로 결코 심미적인 좋음만으로 충족될 수 없다.[500] 심미적인 선의 충족이 결코 인간에게 지속적이고 진정한 휴식을 제공할 수 없다면, 이보다 차원 높은 것으로 인간의 관심사가 옮겨가야만 하는 것이 당연하다. 그것은 곧 위에서 말한 내면성이다. 하지만 심미적 차원의 내면성이 아닌 보다 심오한 의미의 내면성인데, 그것은 곧 세계관 혹은 인생관·가치관 등을 총체적으로 포함하고 있는 자아(contientia sui)로서의 내면성이다.[501] 현대인의 특징 중 하나가 불안인 것은 현대인의 삶 자체가 자아를 가지기에 매우 어렵다는 의미이다. 모든 분야가 세분화되고 전문화된다는 것은 각 분야가 인간에 대한 통일

---

500 "육체에 관여된 하나의 선, 감각에 의해서 파악된 하나의 선은 완전한 인간적인 선이 될 수가 없다. 왜냐하면 이성적인 영혼은 그 풍요로움에 있어서 육체적인 질료를 초월(excedat)하기 때문이다." *ST*, I-II, q. 2, a. 6, c.

501 통일된 자아를 가지는 것은, 인식된 결과들을 전체적으로 질서지우는 반성의 원리인 영혼과 이러한 내용을 보존하는 지성을 전제할 때 가능한 것이다. 따라서 이러한 사유의 원리이자 지적 내용을 보존하는 형이상학적인 원리를 긍정하지 않는 순수한 경험론적인 사유에서는 자아가 긍정되지 않는다. 우리는 이러한 순수 경험론적인 사유를 흄의 사상에서 볼 수 있다. "그런데 어떠한 방식으로 이러한 '인식들(perceptions)'이 '나(moi)'에게 속하고 어떻게 '내'가 이러한 인식들을 연결시키는가? 나에게 있어서는 우리가 '나-자신(moi-même)'이라고 부르는 이것에 보다 내밀하게 침투할수록 나는 항상 하나의 개별적인 인식들—가령 춥거나 덥거나 빛이거나 그림자이거나 사랑이거나 증오이거나 고통이거나 기쁨이거나—로 전락하고 만다. 그 어떤 경우에라도 나는 이러한 개별적인 인식들이 아닌 '나 자신'을 파악하는 순간에 이를 수는 없다. 나는 이러한 인식들 이외에 그 어떤 것도 관찰할 수가 없다." Hume, *Traité de la nature humaine*, I, IV, trad. P. Baranger et P. Saltel, Paris, GF-Flammarion, 1995, p. 343. 마찬가지로 흄의 경험론에 영향을 받은 칸트에게 있어서도 영혼이나 자아는 긍정되지 않는다. "영혼에 관하여, 가능한 앎이 있을 수 있는가? 결론적으로 말해 아니다! 우리 자신에 대해서 우리가 경험하는 것은 언제나 우리들의 경험적 자아일 뿐이기 때문이다. '나'라는 것은 오직 나 자신에게 나타나는 것뿐이며, 나에게 나타나는 것에서—흄이 이미 정립하였던 것처럼—단순하고, 나눌 수 없고, 비질료적인 실체와 같은 것은 어디에서도 발견할 수가 없다." Kant, *Critique de la raison pure*, trad. J. Barni, Paris, GF-Flammarion, 1987, p. 680.

된 사유를 가지게 된다는 말이며, 이는 생물학적 자아·심리학적 자아·역사적 자아·사회적 자아·종교적 자아 등 다양한 자아들을 가질 수 있게 되었다는 말이다. 하지만 이 모든 자아들이 사실은 유일한 나의 자아의 부분들이다. 만일 이러한 자아들이 전혀 통일성을 이루지 못한다면, 베르그송이 지적하듯이 현대사회는 자아분열증에 걸린 사회일 것이다. 자아분열증에 걸린 사람은 결코 안정을 취할 수 없다. 항상 여러 개의 자아 사이를 오가며 진정한 자신을 가질 수가 없어 불안한 것이다. 이러한 맥락에서 인간의 의식이란 모든 것을 종합적으로 인식하는 것이라 생각하는 토마스 아퀴나스의 사유는 참으로 의미 있다.

> 의식(contientia)이라는 이름은 어떤 것에 있어서의 앎이라는 것에 적용되는 행위를 지칭한다. 이는 마치 의식하는 행위(conscire)가 동시적인 앎(simul scire, 복합적인 앎)의 행위를 지칭하는 것과 같은 것이다.[502]

인간은 통일된 자기의식 없이는 결코 정신의 안정이나 휴식을 취할 수 없다. 자기세계 혹은 자아는 철학이나 여타 학문을 한 사람만이 가지는 것이 아니다. 인간이 정신을 가지고 있다는 이유만으로 누구나 형성할 수 있으며, 진리 추구의 과정이라는 차원에서 사유하는 정신의 목적이 여기에 있다. 그리고 이러한 자기의식 혹은 자아를 형성하는 데 있어서 가장 중요한 것 중 하나가 윤리·도덕적인 것이다. 왜냐하면 정신의 사유가 궁극적으로 진리에 대한 앎에 있고 이를 통해서 영성적인 삶으로 나아간다면, 영성적인 삶으로의 도약에 절대적으로 요청되는 것이 곧 윤리·도덕적인 것이기 때문이다. 토마스 아퀴나스는 인간의 정신이 정관(contemplatio)으로 나아가는 과정에서 윤리·도덕적 행위의 제일 원리인 양심(synderesi)을 가장 중요한 요인으로 고려하는데, 이는 크게 두 가지 이유에서이다. 첫째는 양심이 인간의 지성에게 진리로 나아갈 수 있도록 보증하는 원리이기 때문이며, 둘째는 정신적인

---

502 토마스 아퀴나스, 『진리론』, 앞의 책, p. 64.

것으로 나아가는 데 있어서 방해하는 정념들을 제거하는 역할을 하기 때문이다.

> 인간의 본성이 천사적 본성과 접하는 만큼, 인간의 본성은 사변적 영역에서와 마찬가지로 실천적인 영역에서도 추구의 마지막에 나타나는 앎이 아닌 진리에 대한 앎(즉 선천적이고 직관적인 앎)을 가져야만 한다. 이 앎은 이후의 모든 사변적이고 실천적인 앎들에 대해서 확실성과 불변성을 동반하는 원리가 된다.[503]

> 이 불변하는 이성들(ratio et synderesi)은 실천적인 원리들이며, 이 이성들에게 있어서 결코 실수가 없다. 사람들은 이성(ratio)은 마치 능력(potentia)처럼 고려하고, 양심(synderesi)은 습관(habitus)처럼 고려하고 있다.[504]

> 현실적인 앎(actus cognitionis)은 양심의 능력 혹은 습관을 위해서 미리 요청되지 않으며, 양심의 행위를 위해서만 요청된다. 따라서 양심의 능력이 선천적임을 부정할 수 있는 것은 없다.[505]

위의 진술들에서 토마스 아퀴나스가 말하고자 하는 것은, 인간이 확실하고 불변하는 앎의 선천적인 원리들을 가지고 있고 그것은 곧 이성의 능력과 양심의 능력이라는 것이다. 그리고 마지막 진술은 특히 양심의 능력이란 사변적이고 실천적인 앎을 가지는 데 있어서 현실적인 앎에 우선하는 확실성을 보장하는 가장 기초적인 원리라는 것이다. 다시 말해서 양심은 모든 구체적이고 복잡한 현실적인 상황을 앞서서 혹은 넘어서 가장 일반적이고 보편적인 지평에서 인간에게 선한 것과 악한 것 혹은 의로운 것과 불의한 것을 알려주는 원리이다. 따라서 사변적이고 실천적인 앎들의 진리성을 보장하는 기본 원리가 양심이며, 양심에 비추어 획득된 모

---

503 *QDV*, q. XVI, *De synderesis*, a. 1, c.
504 *ST*, I, q. 79, a. 12, ad 3.
505 *ST*, I, q. 79, ad 14.

든 앎들은 참된 것이다. 달리 말해 인간이 진정 올바르게 사유한다면 진리로 나아갈 수 있다. 올바르게 사유하는 것은 가장 먼저 양심에 비추어 보는 것이다. 이미 제5장에서 본 바 있듯이 양심은 사람들로 하여금 항상 선을 지향하고 악을 멀리하게 하는 원리[506]이기에, 양심에 따른 행위는 목적론적인 삶에 의해 필연적으로 최고의 선 혹은 궁극적인 선을 향하게 한다. 그렇기 때문에 특정한 은총을 가정하지 않더라도, 인간은 양심에 따른 삶을 지속하기만 한다면 영성적인 지평에 이를 수 있다는 말이다. 물론 영성적인 지평에 도달하는 것과 영성적인 삶을 영위하는 것은 다른 문제이다. 영성적인 삶 자체가 신적 현존에 대한 관계성을 의미한다면 영성적인 삶을 영위한다는 것 자체가 이미 어떤 특정한 덕 즉 신학적 덕들을 전제하는 것이며, 이는 곧 은총을 전제하는 것이다. 따라서 양심은 영성적인 삶에 이르게 하는 것, 영성적인 삶을 준비시키는 것이라고 할 수 있다. 하지만 영성적인 삶이 진리로 나아가는 삶이라는 차원에서 영성적인 삶을 영위하고 있는 사람에게 있어 양심의 역할은 여전히 매우 중요하다. 왜냐하면 누구도 건강한 양심을 보존하지 않고서는 건강한 영성적인 삶을 영위할 수 없기 때문이다. 어떤 의미에서 양심은 궁극적인 목적에 이르기 전까지 항상 인간의 이성을 올바른 길로 인도하는 안내자 역할을 한다. 토마스 아퀴나스는 "우리는 양심을 단순히 이성적인 능력으로 이해하는 것이 아니라, 매우 확실한 하나의 습성에 의한 완전한 능력으로(potentiam perfectum) 이해하는 것이다."[507]라고 말한다. 어떻게 양심을 완전한 능력이라고 할 수 있는가? 아리스토텔레스는 습관이 지속되어 본성처럼 된 것을 제2의 천성이라고 불렀다. 건강한 양심이란 양심의 작용을 습관화하여 사변이성과 실천이성의 모든 행위에 대해서 습관적으로 적용하며 오류가 없도록 하는 양심을 말한다. 이렇게 마치 제2의 천성처럼 된 양심을 가진 사람은 결코 오류를 범하지 않으므로, 양심을 완전한 능력이라고 할 수 있는 것이다. 양심을 가진 사람에게는 올바른 영성적인 삶

506 "양심은 항상 선을 부추기지 악을 부추기지 않는다." *QDV*, q. XVI, *De synderesi*, a. 1, sed contra 1.
507 토마스 아퀴나스, 『진리론』, 앞의 책, p. 46.

을 추구할 수 있는 확실한 토대가 마련된 것과 같다.

사실 영성적인 삶을 올바르게 영위하는 데 요청되는 것은 양심뿐만이 아니다. 모든 다른 윤리·도덕적인 덕목들이 지속적이고 올바른 정관적인 삶을 위해서 요청된다. 토마스 아퀴나스는 그 이유를 두 가지 차원에서 설명한다.

> 도덕적인 덕들은 선결되는 성향(dipositive)으로서 정관적인 삶에 관여하고 있다. 사실 정관적인 삶의 본질을 형성하는 정관의 행위는 이중의 장애물을 가지고 있다. 하나는 영혼의 관심을 지성적인 것에서 감각적인 것으로 되돌리는 것이며 다른 하나는 외부적인 갈등에로 이끌어 가는 정념들의 도발성(vehementiam passionum)이다. 그런데 도덕적인 덕은 정념들의 폭력을 제어하고 외적인 일들로부터 주어지는 갈등을 없애 준다. 바로 이 때문에 도덕적인 덕들은 성향이라는 이름으로 정관적인 삶에 관여하고 있는 것이다.[508]

영성적인 삶이 본질적으로 정신적이고 내적인 삶을 의미한다는 점에서 정서적인 안정의 확보는 매우 중요하다. 왜냐하면 정서적으로 불안정하다는 것은 정신으로 하여금 감정적인 것 혹은 감각적인 것에 집착하게 함으로써 자신의 내면으로 향하는 정신의 운동을 처음부터 차단하는 역할을 하기 때문이다. 위에서 토마스 아퀴나스가 말하는 정념들의 도발성이란 이성적이고 합리적인 기준에서 납득되지 않는, 즉 상식에 어긋나는 일체의 감정적이고 돌출적인 행위들을 말한다. 이러한 행위들은 상대방과 자신으로 하여금 감정적이 되게 하고 인간관계에서 갈등상황을 유발한다. 윤리·도덕적인 덕들, 가령 절제·용기·온유함·인내·현명·사려 등은 이러한 정서적 불안정과 감정적 돌출행위를 없애 줌으로써 정서적인 안정과 내적인 평화를 가져온다. 그리고 이러한 안정과 평화는 자신의 관심을 자신의 내면으로 향하게 하는 존재론적인 토대를 형성하게 되는 것이다. 사실상 이러한 사실들은 현실 안

---

508 *ST*, II-II, q. 180, a. 1, c.

에서 자주 체험할 수 있는 진실들이다. 가령 누군가를 향하여 강한 불만이나 분노의 감정을 느낄 때 사람들은 기도의 행위나 명상의 행위가 불가능하다는 것, 즉 나의 정신이 나의 내면으로 깊이 침잠하기가 불가능한 것을 느낄 수 있기 때문이다.

토마스 아퀴나스는 성인들로 하여금 성인이게 하는 성성(聖性, sanctimonia)의 원인들을 고찰하면서 그중 하나가 이러한 윤리·도덕적인 덕에 있다고 말한다.

> 순수성의 의미에서 성성(sanctimonia)은 이성의 순수성을 억압하는 정념들을 제어하는 덕들에 의해서 산출된다. (…) 이처럼 도덕적 덕들은 평화와 순수성을 창조하면서 정관적인 삶을 준비하는 것이다.[509]

물론 성성이 오직 윤리·도덕적인 삶만으로 가능하다고 말하는 것은 아닐 것이다. 즉 여기에는 은총이 동반하는 다른 덕들 즉 신학적인 덕들이 요청된다. 즉 다시 말해서 윤리·도덕적인 삶은 성성의 충분조건이 아니라 필요조건이라고 해야 할 것이다. 윤리·도덕적인 덕만으로 성성에 이를 수는 없겠지만, 윤리·도덕적인 덕들을 전혀 전제하지 않고서는 결코 성성에 이를 수 없다. 이와 마찬가지로 영성적인 삶을 지향하는 사람들에게 반드시 전제되는 필요조건들은 곧 윤리·도덕적인 덕목들이다. '선량한 영성적인 사람, 온유한 영성적인 사람, 정의로운 영성적인 사람' 등은 당연한 말들이지만 '이기적인 영성적인 사람, 폭력적인 영성적인 사람, 불의한 영성적인 사람' 등은 그 자체로 모순 즉 언어도단이다. 영성적인 삶의 목적이 궁극적으로 우리들의 영혼의 완성에 있다면, 완성은 영혼의 아름다움과 선함을 통해 이루어지기 때문이다. 달리 말해서 영혼의 완성이란 심미적인 지평과 윤리·도덕적인 지평이 유기적으로 어울려 완전한 나의 자아를 형성하고 있는 것을 의미한다. 그래서 토마스 아퀴나스는 정관적인 혹은 영성적인 사람의 완전함에 대해 "일종의 똑같음(uniforme)으로, 통일성 혹은 유사성에로 변화되고, 그의 모든 능력들이 통일되

509 *ST*, II-II, q. 180, a. 2, ad 2.

며, 영혼은 아름다움과 선함(pulchrum et bonum)에 있어서 완성된 것이다."[510]라고 요약한다.

여기서 우리는 가장 분명하게 토미즘의 초자연적인 실재 개념을 발견할 수 있다. 비록 완성에 이르지는 않았다고 하더라도, 영성적인 삶을 통해서 조금씩 영혼의 완성을 실현하는 사람에게 있어서 자신의 영성적인 실존(existence spirituelle) 혹은 보다 강하게 말해서 영적인 존재(être spirituel)는 결코 자연적인 것이 아니다. 이는 항상 선을 실현하고 악을 멀리하고자 하는 윤리·도덕적인 노력을 통해 형성한 제2의 천성으로서의 새로운 실재[511]와 영성적인 삶으로 나아가기를 방해하는 정념들을 잠재울 수 있는 윤리·도덕적인 덕들 그리고 모든 것을 신의 섭리라는 차원에서 전체적으로 고찰하고자 하는 도덕적 의식을 갖춘 통일되고 안정된 자아를 형성한 자의 영적인 존재를 의미하기 때문이다. 이러한 자아를 가진 자들에게서 우리는 영혼의 아름다움과 선함을 소유한 보다 완성된 영혼을 말할 수 있으며, 이러한 영혼의 아름다움과 선함은 자연적인 감각에 포착되는 것도 이성적 사유로 완전하게 이해되는 것도 아니지만, 그렇다고 전혀 감지할 수 없는 것도 전혀 이해 불가능한 것도 아니다. 토마스 아퀴나스 그 자신의 실존에서 볼 수 있었던 것과 같이 한 차원 높아진 실존, 카리스마라고 불릴 수 있는 어떤 신적인 힘과 빛이 방산되는 그러한 실존, 존재하는 그 자체로부터 신적 현존을 증거하는 그러한 실존이다. 아마도 우리는 이러한 영성적인 실존을 가브리엘 마르셀이 말하는 존재의 신비라는 말에 적용할 수 있을 것이며, 신비적인 존재에 어울리는 개념으로 초자연적인 실재(超自然的 實在, the reality supernatural, la réalité sur-naturelle)보다 더 적절한 표현을 찾을 수 없을 것이다.

---

510 *ST*, II-II, q. 180, a. 6, ad 2.

511 토마스 아퀴나스는 양심이란 단순히 도덕적 기본원리들을 아는 것이 아니라, 실천과 더불어 새로운 실재를 산출한다고 말하고 있다. 이 새로운 실재란 곧 제2의 천성처럼 변모한 내적인 기질 혹은 힘을 말하는 것으로서 자연적인 본성을 넘어선 새로운 실재를 말하며, 우리는 이를 정당하게 초자연적인 실재라고 말할 수 있을 것이다. "실천 이성(즉 양심)은 아는 데에 그치는 것이 아니라, 새로운 실재를 산출하는 것이다." *ST*, II-II, q. 83, a. 1, ad resp.

이제 우리는 이러한 초자연적인 실재가 영성적인 삶 안에서 보다 구체적으로 나타나는 제 국면들을 살펴보지 않을 수 없다. 신학적인 덕들(virtutes theologicae), 즉 믿음·희망·사랑이라는 덕의 삶 안에서 한 영성가의 자아가 어떻게 형성되고 어떻게 보다 초월적인 것으로 변모하는지 고찰해야 하는 것이다.

3. 영성적 삶에 있어서 신학적인 덕과 초자연적 실재로서의 'Caritas'

1) 영성적인 삶과 개별자의 이데아

영성적인 삶에 요청되는 신학적인 덕에 관하여 논하기 이전에 인간존재가 궁극적인 목적을 지향한다는 사실을 다시 한 번 상기할 필요가 있다. 특히 이러한 궁극적인 목적을 지향하는 주체가 인격이라는 점에 주목할 필요가 있다. 토미스트인 쟈크 마리탱은 다음과 같이 말한다.

> 인격체는 절대를 향하도록 질서 지어졌고 시간보다 상위적인 것을 향해 질서 지어졌기 때문에, 다시 말해 한 개인의 가장 상위적인 요청들에 의해서 초월적인 총체에 비추어 본 정신적 총체로서의 한 인격은 모든 시간적인 사회들을 초월하며 이들보다 상위적인 존재이다.[512]

쟈크 마리탱은 인간이 절대를 향해 질서 지어졌다는 것은 인간이 궁극적인 목적을 향한다는 것이며, 이는 단순히 인간성의 차원이 아니라 인격의 차원임을 강조한다. 그런데 단순히 인간이라는 것과 인격 혹은 인격체라고 말한다는 것은 무엇이 다른가? 여기서 부각되는 것은 통일되고 유기적인 한 개별자 그 자체이다. 인간

512 Jacques Maritain, *La personne et Le bien commun*, Paris, Desclée de Brouwer, 1974, p. 54.

(homo)이 유적(類的)인 실체 혹은 장르적 실체를 지칭하는 용어라면, 인격(persona)은 추상되거나 분리될 수 없는 한 개별자의 총체를 의미한다. 그렇기 때문에 영성적인 삶에서 추구하는 궁극적인 목적 혹은 영혼의 완성을 향해 나아가는 방식이나 과정 혹은 그 과정 속의 제 현상은 결코 모든 인간에게 동일한 방식 또는 동일한 형식으로 나타나지 않는다. 즉 우리는 토마스 아퀴나스가 말하는 신학적 덕과 사랑의 제 논의를, 마치 추상된 이론이나 모든 이들에게 공통적으로 적용되는 도그마처럼 생각해서는 안 될 것이다. 영성적인 삶에 관한 제 논의나 제 이론은 어디까지나 영성적인 삶의 주체인 개별자들의 길잡이 역할을 하는 안내서에 불과하며, 실재는 언제나 한 개인의 개별적인 삶의 총체이다. 키르케고르는 "인간으로 존재한다는 것은 신성과 연결되어 있다는 뜻이다."[513]라고 말하는데, 여기서 신성과 연결된 것이 인간이 아니라 인간으로 존재하는 그것이라는 점은 매우 의미심장하다. 단순히 인간인 것과, 인간으로 존재하는 것은 완전히 다른 개념이다. 인간으로 존재하는 것은 인간다운 존재를 말하기 때문이다. 이는 단순히 교사인 것과 교사다운 교사가 다른 것과 같다. 따라서 키르케고르에 의하면 어떤 사람이 인간다운 사람이라면 이러한 사람이 바로 신성한 것과 연관되어 있다. 또한 신성과 연관된 사람이 진정 인간다운 사람이다. 사실 인간다움의 의미를 신성과 연관시키는 사유는 헤겔의 사상에서도 발견된다. 그는 "나는 진정한 인간성은 모든 것에 있어서 특히 역사 안에서 신을 알고자 원하고 경외하는 것으로부터 주어진다고 말하고자 한다. (…) 만일 신의 섭리가 섭리의 대상들로부터 주어진다면, 왜 보편적인 역사 안에서 계시되지 않겠는가?"[514]라고 말한다. 모든 인간은 자연 상태에서는 인간다운 인간일 수 없으며, 그래서 인간다운 인간이 되기 위해서 문화를 창출하고 철학을 고안하고 종교를 형성한 것이다. 그런데 여기서 '인간으로서 존재하다' 혹은 '인간답게 존재하다'라는 것은 곧 개별자로서 고유한 자신의 것을 보존한다는 뜻을 함의한다.

---

513 키르케고르, 『관점』, 앞의 책, p. 176.
514 Hegel, *La Raison dans l'histoire*, *op. cit.*, p. 61.

그래서 프랑스의 토미스트 앙드레 마르끄는 이러한 인격적인 존재로서의 인간을 그인 모든 것(tout ce qui est), 즉 개별자가 지닌 통일된 전체라고 말한다.

> (자신의) 재현에 있어서 의식은 완전히 본질적인 것을 형성한다. 의식은 여기서 중심부이다. 의식은 자신을 전체적으로 포함하며, 그의 고유한 형상을 새롭게 취하면서 하나의 새로운 방식으로 자신을 표현한다. 왜냐하면 이러한 자신의 재현은 의식의 덕분에 주체(sujet)와 객체(objet)의 일치 즉 그인 모든 것(tout ce qui est)을 의미하기 때문이다. (자신의) 재현은 실재 자체(réalité même)이다.[515]

한 개인이 절대적인 지평으로 나아가는 것 혹은 궁극적인 목적으로 나아가는 것은 어떤 관점에서 모순되기도 한다. 왜냐하면 절대적이라는 말이나 궁극적인 목적이라는 말은 개별적인 것을 초월하기 때문이다. 모든 개별자들이 동일한 하나의 지평에 수렴되는 것은, 논리적인 시각에서 보면 모든 개별성이 소멸하는 것이다. 그럼에도 오히려 영혼이 완성된다고 하는 것은 보다 구체적으로 개별자가 되는 것, 즉 인격이 완성된다는 의미이다. 이는 보다 개별적이면서 동시에 보다 보편적이 되는 것으로, 이율배반이다. 그러나 이러한 이율배반은 불가능한 것만은 아니다. 그것은 완성이라는 말이 가지는 의미 때문이다. 사실 현대철학의 선구자인 키르케고르는 누구보다도 이러한 완성의 의미를 잘 알고 있었다. 그는 "개체는 개체 자신인

---

515 André Marc, *Dialectique de l'affirmation*, *op. cit.*, p. 598. 비록 토미스트라고 말하기는 어렵지만 토마스 아퀴나스의 사상에 많은 영향을 받은 현대 프랑스 철학자이자 인격주의자인 엠마누엘 무니에 역시도 이러한 인격의 유일하고 절대적 성격을 근간으로 자신의 사상을 전개한다. 그는 한 인격체는 우주에서 유일한 존재이기에 한 개인의 탄생을 그 자체 일종의 신의 부르심 즉 소명이라고 고려한다. "바로 이 때문에 소명(사명, vocation)이라는 용어는 다른 어떤 것보다 '인격(personne)'이라는 말에 적합한 것이다. 이 소명은 한 인격(Personne)을 포괄하는 '부르심'을 믿는 한 크리스천에게 그 의미가 충만하게 가지게 되는 것이다. 그런데 한 인격주의자의 사상적인 위치를 규정하기 위해서는 모든 인격체가 인격자들의 우주 안에서 그가 차지하고 있는 그 자리를 대신할 수 있는 것은 아무것도 없다는 그러한 의미를 가지고 있다고 생각하는 것만으로 충분하다. (…) 인격이 가지는 이러한 소명은 자주 기질과 환경에 의해서 결정되는 '직업적인 거짓 소명들(les pseudo vocations professionnelles)'과는 무관하다는 것은 분명하다." Emmanuel Mounier, *Le personnalisme*, Paris, PUF, 1949, p. 54.

동시에 곧 인류이기도 하다는 사실은 어떠한 순간에도 지당하다. 이것을 상태라는 관점에서 볼 때, 이것은 곧 인간성의 완전성이다."[516]라고 말한 바 있다. 인간성의 완성에 있어서 개체, 즉 개별자가 동시에 인류라는 논리는 완성이라는 것이 무엇을 의미하는지에 따라서 긍정할 수도 있고 부정할 수도 있다. 만일 완성이 모든 개별적인 다양성이 소멸된 이데아적인 것을 의미한다면 이러한 논리는 불가능할 것이다. 즉 유일한 하나의 이데아가 모든 개별자들을 포괄한다면 개별자의 완성이란 개별성의 소멸을 의미하므로 이러한 말은 언어도단이 될 것이다. 하지만 만일 하나의 개별자가 완성에 이르러 개별자의 이데아를 형성하게 된다면, 인간의 이데아 즉 인류의 이데아는 바로 이 개별자의 이데아 내부에서 발견되기에 가능한 것이다. 그래서 키르케고르는 "아담은 그 자신인 동시에 인류다. 그러므로 아담을 해명하는 일은 동시에 인류를 해명하는 일이고, 또 거꾸로 인류의 해명은 곧 아담의 해명이다."[517]라고 부언한다. 개별자로서의 아담은 다른 모든 인간과 구별되는 개인이다. 하지만 완성된 아담은 그가 완전하다는 이유로 인하여 그의 내부에 존재하는 완전한 인간성을 지니고 있다. 따라서 아담에게서 발견되는 완전성으로서의 인간성(인류의 이데아)은 다른 모든 인간에게서 발견되는 것과 동일하다.

결국 여기서 문제는, 인간의 궁극적인 목적을 가정할 때 이 궁극적인 목적에 있어서 인류의 이데아에 모든 개인이 수렴하는가 혹은 개인의 이데아가 인류로서의 이데아를 포괄하는가이다. 전자라면 궁극적인 목적에서 개별적인 인격의 보존이 불가능하겠지만, 후자라면 오히려 여기서 개별적인 인격이 가장 완전하게 실현될 것이다. 토마스 아퀴나스는 그 누구보다도 분명하게 후자를 지지하는 철학자이다. 그는 이에 대해 다음과 같이 말한다.

원형적 형상(forma exemplaris) 혹은 이데아(idea)는 어떤 의미에 있어서 최종 목적

---

516 키르케고르, 『불안의 개념』, 임춘갑 옮김, 도서출판 치우, 2011, p. 50.
517 위의 책, p. 52.

(finis)이다. (…) 이러한 이유로 우리는 이데아들이 신의 바깥에 있다고 말할 수 없으며, 오직 신성한 정신 안(in mente divina)에 있다고 해야 한다.[518]

바로 이 때문에 신에 대해서 각각의 존재자들의 고유한 이유(singulorum proprias rationes)라고 부르는 것은 필연적이며, 따라서 신에게 다양한 이데아(plures ideas)들이 있다는 것을 인정한다는 것은 당연하다.[519]

마치 도공이 도자기를 빚기 이전에 다양한 도자기들을 머릿속에 그리듯이 신은 세계의 모든 존재들에 대한 원형으로서의 이데아를 신성한 지성 안에 지니고 있다는 것이다. 이러한 사유는 모든 이데아의 원인으로서의 최고의 이데아인 선(善)의 이데아를 가정한 플라톤의 사유와 형식적으로 유사하다. 하지만 토마스 아퀴나스의 사유는 플라톤적인 사유와는 근본적으로 다르다. 왜냐하면 신의 지성 속에 있는 이 이데아들은 모든 개별자의 원인으로서의 보편적인 이데아가 아니라 각각의 개별자들의 원형으로서의 개별적인 이데아이며, 이러한 개별적인 이데아는 형상뿐 아니라 질료의 원인도 되기 때문이다. "서로 다른 다양한 각각의 존재자들은 그들만의 고유한 방식으로 다양하게 (신성한 지성 안의 이데아를) 모방하고 있다. 왜냐하면 각자는 다른 것과 구별되는 하나의 존재를 가지고 있기 때문이다. 바로 이러한 이유로 신성한 본질 그 자체는, 자신에 대한 다양한 실재들과의 관계성을 포함하여, 각각의 실재들의 이데아인 것이다(ideo ipsa divina essentia, cointellectis

---

518 *QDV*, q. III, *De Ideis*, a. 1, c. 신의 지성 속에 존재하는 이러한 이데아들에 대한 사유는 근대철학자인 버클리의 사유에서도 잘 드러나고 있는 관점이다. 버클리는 관념의 기원은 정신이기에 인간이 관념을 가지는 것은 보다 더 큰 정신 즉 신적 지성에 의해서라고 말한다. "이러한 원인을 물체적인 사물 안에서 찾는 것은 버클리에게는 유물론으로 생각되었다. 왜냐하면 관념에 작용을 할 수 있는 것은 관념뿐이기 때문이다. 그래서 이 관념들은 하나의 정신에게 생겨날 수밖에 없다. 왜냐하면 생각하는 정신만이 관념들을 가질 수 있기 때문이다. 그리고 인간들은 관념들을 서로 마음대로 연결 지을 수가 없기 때문에, 이 관념들을 낳는 보다 더 높은 정신이 있어야만 한다. (…) 그 근거는 하느님이다. 우리들이 생각을 할 때엔 하느님이 작용을 한다." 힐쉬베르거, 『서양철학사(하)』, 강성위 옮김, 이문출판사, 1988, p. 335.

519 *QDV*, q. III, *De Ideis* a. 2, c

diversis proportionibus rerum ad eam, est uniuscuiusque rei)."[520] 그렇기 때문에 만일 우리가 신의 지성 속에 있는 우리 자신의 이데아를 타인이 이데아와 비교한다면 동물과 인간이 다른 만큼 다를 것이며, 우리는 말 그대로 세계에서 유일한 하나 뿐인 개체인 것이다.

> 우리는 신이 형상과 질료에 있어서 개별자들의 원인임을 긍정하며, 모든 개별자들은 신성한 섭리에 의해서 미리 규정되었음을 또한 긍정한다.[521]

> 만일 우리가 고유한 의미에서의 이데아를 말한다면, 즉 이 이데아가 실존하는 것(in esse)에 연관된 것이라는 의미에서 말한다면 하나의 유일한 이데아가 유일한 개별자에게, 즉 개별화된 유와 종으로서의 개별자 그 자체에게 일치한다고 해야 한다. 왜냐하면 소크라테스, 인간, 동물 등은 실존(존재, esse)의 관점에서는 구별되지 않기 때문이다.[522]

위의 두 진술에는 개별자와 보편자 그리고 이데아 등에 관한 토미즘의 사상적 노선을 가장 극명하게 드러난다. 신이 한 개별자의 형상의 원인이요 동시에 질료의 원인이라는 것은 신의 지성 속에 있는 한 개별자의 이데아가 구체적으로 존재하는 한 개별자를 총체적으로 규정한다는 말이다. 그리고 이러한 규정이 곧 신성한 섭리에 의한 것이라는 말은 이러한 유일한 개별자가 신의 창조적 사업에 기여하고 있다는 의미이다. 왜냐하면 섭리(providentia)는 전체적인 완성에 기여할 수 있도록 미리 질서 짓는다는 의미이기 때문이다. 한 개인의 본질뿐 아니라 그의 육체적인 특성들까지도 섭리에 의해서 규정되어 있다는 관점에는 분명히 매우 신비적인 측면이

---

520 *QDV*, q. III, *De Ideis* a. 2, c.

521 "eum causam esse singularis ad quantum ad formam quantum ad materiam. Ponimus etiam, quod per divinam providentiam definiuntur omnia singularia." *QDV*, q. III, *De Ideis*, a. 8, c.

522 *QDV*, q. III, *De Ideis*, a. 8, c. 2.

있다. 하지만 두 번째 진술에서, 형이상학적인 관점에서는 분명히 이해될 수 있다. 한 인간이 그의 총체성에 있어서 하나임을 규정하는 것은 그의 존재하는 행위(esse)이다. 이 존재하는 행위의 측면에서 개인을 바라본다면 인간의 모든 부분들, 육체·기질·정신·영혼 등 모든 것이 분리될 수 없는 유기적인 하나이다. 그렇기 때문에 인간의 존재행위(esse)가 신의 존재행위(Esse Ipsum)에서 기인하고 참여한다는 것은 그의 모든 것이 신의 섭리에 의해서 규정되고 주어진다고 하는 것과 같다. 그래서 토미즘의 윤리학의 특성을 "너인 그것이 되라, 이것이 전부다(devient ce que tu est, c'est tout)."라고 요약한 질송의 말은 참으로 타당하다. 신의 지성 안에 모든 개별자의 개별적인 이데아가 있다는 사유는 다양한 의미를 지니고 있다. 이는 인간학적 차원에서 모든 인간은 자신만의 고유한 존재 이유를 가지고 있으며, 또한 자신만의 고유한 지향점이 있음을 말해 준다. 한 인간의 삶의 의미가 현세의 모든 가치와 모든 의미를 초월하여, 신이 자신이 존재하는 이유가 될 수 있다. 또한 누구나가 어떤 특정한 유형의 삶의 형식을 강요받지 않고 자신만의 자아를 형성할 수 있는 근거를 유일한 자신의 이데아로부터 찾을 수 있다. 이러한 차원에서 개별적인 이데아에 대한 긍정은 보다 차원 높은 형이상학적인 자유에 대한 개념을 가져다준다. 인간은 누구나 자기인 것이 될 자유가 있으며, 이러한 자기 자신의 실현에 있어서 거의 무한하다. 왜냐하면 지상의 삶에서 내가 나의 가능성을 아무리 완전하게 실현하더라도 이러한 실현과 신의 지성 속에 있는 나의 이데아 사이에는 여전히 무한한 거리가 있을 것이기 때문이다.[523]

영성적인 삶이 어떠한 삶인가에 대해서는 다양하게 규정할 수 있겠지만, 궁극적인 목적을 지향한다는 차원에서 영성적인 삶은 바로 신의 지성 속에 존재하는 자신의 개별적인 이데아를 향해서 무한히 접근해 가는 삶이라고 말할 수 있다. 이는 다른 관점에서 보자면 자신의 내면에 지니고 있는 자기 자신의 가능성을 최대한

---

523 "비록 신에게 속하는 것이 어떤 의미에 있어서 피조물들에게 도달한다고 하더라도 피조물이 신이 가진 것처럼 그렇게 어떤 것을 지닌다고는 결코 말할 수가 없다." *QDV*, q. III, *De Ideis*, a. 1, ad 9.

실현하고자 함을 의미하기도 한다. 왜냐하면 내가 나 자신의 내면에 있는 나의 가능성을 보다 완전하게 실현할수록 나는 나의 이데아에 보다 근접하는 것이기 때문이다. 가능성의 실현이라는 측면에서 영성적인 삶은 단지 육체를 초월하는 정신의 영역에만 국한된 것이 아니다. 이는 자신의 전 존재의 총체적인 지평에서 이루어지는 것이다. 따라서 우리가 한 개인의 삶을 전체적으로 고찰할 때, 만일 이 개인이 정상적으로 자신의 완성을 추구하고 있기만 하다면 이 개인은 무의식중에라도 영성적인 삶을 지향하고 있는 것이다. 왜냐하면 "어떤 것의 시작은 항상 그의 완성을 지향하기(quia semper inchoatio alicuius ordinatur ad consummationem ipsius)"[524] 때문이며, "모든 완성의 시작은 그의 궁극적인 목적을 통해서 실현된 완성을 지향하기(omnis inchoatio perpectionis ordinatur in perfectionem consummatam, quae est per ultimum finem)"[525] 때문이다. 따라서 우리는 이러한 토미즘의 형이상학적 논리를 통해서 모든 인간은 탄생과 더불어 이미 영성적인 삶을 지향하도록 부름 받았다고 말할 수 있다. 그리고 한 개인이 자기 자신의 완성을 추구하는 과정이란 어떤 의미에서 끊임없이 존재의 상승을 지향하는 것이다. 왜냐하면 새로운 완성을 이룰수록 존재는 보다 상위적인 존재가 되기 때문이다.

> 존재라는 말이 절대적으로 취해질 때, 즉 마치 모든 실존의 완성을 포함하는 것처럼 취해질 때 존재는 삶에 대해서 그리고 이 삶에 이어질 모든 것에 대해서 상위적인 것이다. 그러나 개별적인 실재들에 있어서 존재라고 말할 때, (…) 이 존재에게 새로운 완성이 추가된다면 이 존재는 보다 상위적인 존재가 되는 것이다(sic manifestum est quod ipsum esse cum perfectione superaddita est eminentius).[526]

인간의 모든 갈망은 어떤 의미에서 존재에 대한 갈망이다. 왜냐하면 절대적인

---

524 *ST*, I-II, q. 1, a. 6, c.
525 *ST*, I-II, q. 1, a. 6, c.
526 *ST*, I-II, q. 1, a. 5, ad 2.

의미에서 취하는 존재란 나의 모든 완성을 포함하는 존재를 의미하기 때문이다. 달리 말하면 내가 어떠한 새로운 자아를 완성하든지 이는 여전히 나의 존재에 속하는 것이다. 그리고 이러한 나의 존재가 최상으로 실현된 상태가 신의 지성 속에 있는 나의 이데아의 상태이며, 곧 지복의 상태라고 할 수 있다. 하지만 구체적으로 존재하는 나의 존재에 대해서 말할 때, 이 존재는 신의 지성 속에 있는 나의 존재와는 무한한 거리를 가지고 있다. 그래서 유비적인 의미로 내가 나의 존재를 추구하는 것은 끊임없이 존재의 상승을 꾀하는 것이고 어떤 하나의 완성이 이루어진다는 것은 그만큼 나의 존재가 상승한다는 말이며, 이는 또한 보다 상위적인 존재가 된다는 의미이다. 이러한 의미에서 토마스 아퀴나스에게 존재의 위계란 단지 질료적·생명적·감성적·지성적 혹은 신성함 등 주어진 세계의 다양한 지평의 차원에서만 이해될 수 있는 것이 아니다. 한 인간의 개별적인 삶 안에서 여전히 존재의 위계를 말할 수 있다. 그리고 내가 보다 나의 완성에 접근했다는 것은 보다 존재의 위계에서 한 단계 상승하였다는 말이다. 이러한 의미에서 모든 인간에게 공통된 하나의 존재 법칙이 있다면 이는 존재의 상승에 대한 갈망 혹은 상위적인 존재(esse eminentius)가 되고자 하는 갈망이라고 할 수 있다. 우리는 이러한 인간의 존재론적 진리인 존재의 상승에 대한 갈망과 유사한 사유를 현대의 과학자이자 신학자인 떼이야르 드 샤르뎅의 사유에서도 발견할 수 있는데, 그는 '보다 더 존재하기'라는 말로 이를 표현한다.

> 인간이 지금 이 순간에 그리고 제 사물들 안에서 더 이상 발견하지 못하여서 죽을 지경일 때, 그가 추구하는 것은 그에게 '보다 더 존재하기(plus-être)'에 대한 열정을 채워 줄 하나의 완전한 양식(aliment complet)이다.[527]

527 "Ce que l'Homme attend en ce moment, et ce qu'il mourrait de ne pas trouver dans les choses c'est un aliment complet pour nourrir en lui la passion du plus-être." Pierre Teilhard de Chardin, *L'activation de l'énergie*, éd. Le Seuil, 1951, p. 290.

보다 더 존재하기 혹은 더 많이 존재하기란 사실 시적(詩的)인 표현이다. 이는 소유양식을 통해서는 결코 채워질 수 없는 인간의 근원적인 갈망을 말한다. 아마도 실존주의자들의 말을 빌자면 실존의 충만 혹은 의미 있는 삶에 대한 추구라고 할 수 있을 것이다. 보다 더 존재하기, 존재의 충만, 존재의 상승이라는 표현들은 사실 그 의미가 조금씩 다를 뿐 동일한 사태에 대한 다른 관점의 표현이다. 이러한 존재에 대한 갈망을 진정으로 지속적으로 추구한다면 인간은 어느 순간 영성적인 삶을 추구하고 있는 자신을 발견하게 될 것이다. 왜냐하면 이러한 존재의 추구에서 그 갈망을 채워 줄 수 있는 양식은 존재의 상승에 적합한 것이어야 하기 때문이다. 더 이상 지상의 그 어떤 것도 존재의 갈망에 대한 양식이 될 수 없을 때, 우리가 추구해야 할 것은 바로 신성한 어떤 것 즉 신적 현존 그 자체이다. 토미스트인 토렐(J. P. Torrell)은 이를 "인간의 초자연적인 것에 대한 자연적인 욕망"[528]이라고 명명한다. 그리고 이는 가장 일반적인 언어로서 영성에 대한 갈망이라고 말할 수 있을 것이다.

사실 키르케고르가 믿음을 가지기 위해서 이 세상의 것에 대한 무한한 체념이 주어져야 한다고 말할 때, 믿음을 갖는 행위는 토미즘에서의 신적 현존을 맞이하는 일 즉 영성적인 삶을 가지는 것과 같다.

> 무한한 체념은 믿음에 앞선 마지막 단계다. 따라서 이 운동을 수행하지 못한 자는 모두 믿음도 가지고 있지 않다. 왜냐하면 무한한 체념 안에서만 비로소 나는 나 자신의 영원한 가치를 자각하기 때문이다. 그때라야 비로소 믿음을 통하여 이 세상을 파악하는 것이 문제로 등장할 수 있기 때문이다.[529]

자신이 가진 영원한 가치를 자각하는 것은 자신 안에 신성한 그 무엇이 내재하

528 Jean-Pierre Torrell, *Saint Thomas maître spirituel*, *op. cit.*, p. 459.
529 키르케고르, 『공포의 전율』, 임춘갑 옮김, 도서출판 치우, 2011, p. 92.

고 있음을 발견하는 것이요, 혹은 자신의 존재의미나 삶의 가치를 비로소 신의 섭리라는 차원에서 발견하기 시작하였음을 의미한다. 이러한 사람이 바로 보다 상승된 존재 혹은 보다 상위적인 존재(esse eminentius)가 된 사람이다. 이러한 사람에게 있어서 세계란 더 이상 이전의 자신이 바라보고 이해하였던 세상이 아니다. 어쩌면 이러한 사람에게 있어서 세계란 신적 현존이 가득한 세계로 비칠 것이다. 그는 아주 작은 생명체들 안에서도 신성한 신의 현존이 감돌고 있음을 발견할 수 있으며, 자신의 모든 삶에서 신의 섭리를 통찰할 수 있다. 자신의 존재가 보다 상위적이 되면서 비로소 자신의 상승된 존재에 적합한 세계의 실존을 감지하고 통찰하는 것이다. 상승된 존재는 분명 자연적인 존재는 아닐 것이며, 중세의 신비가들이 가졌던 실존, 혹은 들꽃 하나에서 신적 현존을 발견한 아시시의 성 프란치스코의 실존과 같은 존재이다. 어떤 의미에서 이들은 매 순간 잠들어 있는 이 세계의 신비로움을 일깨워 주는 존재이다. 우리는 이러한 존재를 초현실적인 존재 혹은 초자연적인 존재라고 말할 수 있다. 그리고 상승된 존재가 감지하는, 일반인의 오감이나 이성을 넘어서거나 일반인에게는 숨겨져 있는 세계의 실존을 초자연적인 실재라고 정당하게 말할 수 있다. 그래서 우리는 인간을 영성적인 존재라는 차원에서 바라보고 있는 토미즘의 사유를 정당하게 초자연적 실재론(超自然的 實在論, the realism supernatural, le réalisme sur-naturel)이라고 명명할 수 있는 것이다.

2) 궁극적인 목적으로서의 영원성과 생명의 영원성

영성적인 삶에 있어서 한층 상승된 존재 혹은 실존을 지니고 있다는 것은 어떤 의미에서 이전과는 전혀 차원이 다른 삶을 영위하고 있다는 것이다. 이는 또한 이전과는 다른 생명을 지니고 있다고 말할 수 있다. 토마스 아퀴나스에게 있어서 생명(vita)이란 두 가지 의미를 가진다. 하나는 현재 생명작용을 실행하고 있는 나의 실존(exstentia) 그 자체이고, 다른 하나는 생명의 원리가 어떤 구체적인 것으로 실현되는 행위성(operatio) 자체이다.

> 생명(vita)이라는 말은 두 가지 의미를 취한다. 첫째는 생명체의 실존 그 자체를 의미한다. (…) 다른 하나의 의미에서 생명이라는 용어는 그것을 통해서 생명체 안에 있는 생명의 원리가 현실성(actus)으로 나아가는 생명적 행위성(operatio viventis)을 지칭한다. 이러한 의미에서 우리는 생동하는 생명, 정관적인 생명, 관능적인 생명이라는 말을 사용하는 것이다. 이러한 의미에서 궁극적인 목적이 영원한 생명이라고 불리는 것이다(hoc modo vita aeterna dicitur ultimus finis).[530]

영혼이 생명의 원리이며 이 생명의 원리로부터 발생하는 모든 생명 작용을 곧 생명이라고 한다면, 토마스 아퀴나스가 말하고 있듯이 생물학적인 생명·감성적인 생명·지성적인 생명 나아가 예술가로서의 생명·정치가로서의 생명·시인으로서의 생명 등 다양한 차원의 생명에 대해서 말할 수 있을 것이다. 이러한 다양한 생명에 대한 고려는 토마스 아퀴나스에게 있어서 단순한 비유가 아니라 실재이다. 왜냐하면 앞서 고찰한 바 있듯이 존재의 상승은 다른 차원의 생명작용을 의미하며, 이는 또한 다른 차원의 생명을 의미하기 때문이다. 생명의 다의적인 의미를 실재(實在)로서 고찰하는 것에는 매우 유용한 측면이 있다. 가령 플라톤에게 있어서 진리 혹은 참된 것을 추구한다는 것은 감각적인 것을 떠나 보다 지성적인 된다는 의미이다.[531] 그에게 있어서는 모든 감각이 배제된 지성적인 대화를 통해서만 도달할 수 있는 것이 궁극적인 목적인 최고선이며, 여기서 모든 감각성이 소멸하므로 정적이고 절대적 평정을 느낄 수 있다.[532] 진리 혹은 지혜가 감각적인 것을 초월하는 정적인 지평에서 가능하다는 플라톤의 사유는 아리스토텔레스에 의해 이어진다. 그는 인간

---

530 *ST*, I-II, q. 3, a. 2, ad 1.

531 "영혼이 육체로부터 떠나 가능한 한 육체와 관계하지 않고 혼자 있을 때, 다시 말해 영혼이 아무런 육체적 감각이나 욕망을 가지고 있지 않고 오직 참된 것만을 추구할 때, 가장 잘 활동하는 것이 아니겠느냐?" 플라톤, 『파이돈』, 박영덕 옮김, 육문사, 1994, p. 239.

532 "이처럼 한 인간이 외적감각의 도움 없이 오직 이성의 방법으로부터의 변증법(대화)을 통하여 각 개별자의 본질에 도달하려고 노력할 때, 그리고 오직 지성을 통해서 선의 본질에 도달할 때까지 멈추지 않을 때, 그는 지성의 정상에 도달한다." Platon, *La République*, op. cit., p. 291.

의 궁극적인 목적이 진리에 대한 관조에 있으며 영혼의 관조적 활동에는 관조하는 것 외 그 어떤 것도 발생하지 않는다고 생각하는데,[533] 이러한 지평에서는 마치 모든 운동이 멈추고 오직 고요하고 정적인 것만이 남아 있는 듯 보인다. 이러한 고대인들의 전통이 중세 초기 대다수의 영성가들에게 이어졌는데, 우리는 금욕적인 삶을 추구하였던 초기 수도자들의 원칙에서 이를 볼 수 있다. 하지만 토마스 아퀴나스는 생명이라는 새로운 개념을 통해서 이러한 전통적인 분위기를 역전시키고 있다.

> 진정으로 영원한 것은 단지 존재(ens)만이 아니다. 이는 역시 생명적인 것이다. 산다는 것 그 자체는 어떤 관점에서 '존재'에는 적용되지 않는 작용(행위성, operatio)에 적용된다(quod illud quod est vere aeternum, non solum est ens, sed vivens: et ipsum vivere se extendit quadam modo ad operationem, non autem esse).[534]

영원한 것이 존재만이 아니라, 생명적인 것이라는 표현은 인간이 궁극적으로 도달하여야 할 목적인 지복의 상태가 역시 생명적인 것이라는 의미이다. 이는 위에서 말한 영원한 생명의 의미이다. 어떤 것이 생명이라는 것은 생명활동을 한다는 말이며, 이는 역동적이고 충만하며 기쁨을 유발하는 그 무엇이다. 자크 마리탱은 영성에 관한 토미즘의 사유를 신의 사랑(caritas)을 향유하는 것처럼 고려하면서 이를 신의 기쁨 속으로 초대하는 것으로 고려한다. "자신 스스로 가지고 있는 불변하는 사랑, 불변하는 기쁨 안으로 초대하는 것은 신성의 매우 심오한 흔적인데, 이를 위해서 신의 고유한 이름을 우리에게 계시할 필요가 있었던 것이다: Deus caritas est."[535] 사랑 혹은 기쁨이라는 말은 인간이 가질 수 있는 가장 충만한 것이다. 여기에는 인

---

533 "행복이 탁월성에 따르는 활동이라면, 그것은 당연히 최고의 탁월성을 따라야 할 것이다. (…) 이 활동이 관조적인 것임은 이미 말한바 있다. (…) 이 관조적인 활동만이 그 자체 때문에 사랑 받는 것 같다. 관조적 활동으로부터는 관조한다는 것 외에 아무것도 생겨나지 않는 반면…" 아리스토텔레스, 『니코마코스 윤리학』, 앞의 책, pp. 370~371.

534 *ST*, I, q. 10, a. 1, ad 2.

535 Jacques Maritain, *Les degrés de savoir*, op. cit., pp. 465~466.

간이 지니는 모든 가치들이 집약되며, 인간이 지닌 모든 기능과 능력들이 수렴한다. 그래서 토마스 아퀴나스는 인간이 신과의 우정(caritas)을 가지는 것은 마치 가족이나 벗들과의 교류나 관계를 가지는 것과 본질적으로 다르지 않다고 파악한다.

> 만일 어떤 사람이 그 스스로 삶의 공동체나 가족적인 교류에 대한 믿음과 희망을 가지지 못한다면 결코 우정을 가질 수 없듯이, 신과의 공동체적 삶이나 가족적인 교류를 믿거나 희망하지 못한다면 결코 신과의 우정(즉 카리타스)을 가질 수 없을 것이다. 따라서 믿음과 희망이 없다면 사랑(카리타스)은 결코 있을 수 없을 것이다.[536]

존재가 상승할수록 보다 충만한 존재를 지니며, 상위적인 존재는 그 생명도 보다 충만하고 상위적일 수밖에 없다. 따라서 영성적인 삶이 본질적으로 궁극적인 목적에 다가가는 삶이라면 영성적인 삶을 영위하는 사람들은 보다 탁월한 생명 혹은 보다 충만한 생명을 가진 사람이라고 해야 할 것이다. 왜냐하면 하나의 보다 상위적인 형상은 다른 하위적인 형상들이 가진 모든 완전함을 잠정적으로 내포하고 있기 때문이다. 우리는 별 거부감 없이 이러한 탁월한 생명을 신적 생명이라고 말할 수 있을 것이다. 토마스 아퀴나스는 "기쁨이 행동을 완성하듯이, 아름다움은 젊음을 완성한다."[537]라고 말한 바 있는데, 우리는 기쁨과 환희가 영성적인 삶을 완성한다고 말할 수 있다. 비록 영성적인 삶의 본질 자체가 기쁨과 환희에 있는 것은 아니라고 할지라도 그것이 진정한 영성적인 삶이라면 필연적으로 기쁨과 환희를 동반해야 한다. 왜냐하면 이 두 가지 특성은 생명작용이 가지는 가장 본질적인 특성이기 때문이다. 영성적인 삶이 단순히 진리를 관조하는 부동의 정적인 삶이 아니라 생명적이고 약동적이라는 사유는 분명 영성적인 삶을 있는 그대로 이해하고

---

536 *ST*, I-II, q. 62, a. 4, c.
537 *SCG*, III, ch. 26.

자 하는 실재론적 사유이다.

지복의 상태가 영원한 생명의 상태임을 이해하기 위해서 영원성(aeternitas)에 대한 토마스 아퀴나스의 사유를 고찰해 보는 것은 매우 도움이 될 것이다. 이는 또한 영성적 삶을 영위하는 영성가들의 실존 혹은 자아를 이해하는 데 매우 유용하다. 토마스 아퀴나스는 유한한 인간이 영원성에 대해서 사유하는 것은 오직 시간 개념으로부터 가능하다고 말하는데, 그는 시간을 아리스토텔레스의 정의에 따라 "이전과 이후라는 질서에 따른 운동의 숫자(numerus motus secundum prius et posterius)"[538]라고 규정한다. 따라서 시간의 두 가지 특성은 첫째, 본질적으로 운동과 운동을 연속적으로 연계하고 시작과 끝을 전제하는 것이다. 둘째, 시간은 순간적으로 나타나며 결코 모든 시간이 동시에 존재할 수 없다. 반면 영원성이란 시작도 끝도 없는 것을 말하며 또한 모든 것이 동시에 존재하는 것(tota simul existens)의 의미를 지닌다.[539] "영원성은 모든 것이 동시에 존재하는 것이라 말해진다. 이는 영원성이 부분들이 있다는 것이 아니라 부족한 것이 하나도 없다는 점에서 그러하다(aeternitas dicitur tota, non quia habet patrtes, sed inquantum nihil ei deest)."[540] 따라서 시간성과 영원성은 서로 대립하기에 공존할 수 없는 개념이다. 토마스 아퀴나스는 시간의 특성을 연속성과 순간성이라고 말하며, 영원성의 특성을 동시성과 완전성이라고 말한다. 따라서 모든 것이 동시에 존재하는 것으로서의 영원성은 연속성으로서의 시간성을 제거하며, 완전한 것으로서의 영원성은 순간적이고 불완전함으로서의 시간성을 제거하고 있다는 것이다.

이러한 영원성에 대한 개념은 우리에게서 영원성에 대한 몇 가지 오해를 해소해 준다. 우선 영원성을 무한한 시간의 연속성으로 보는 오해이다. 영원성은 충만함과 동시성을 말하는 것이지 지속성을 말하는 것이 아니다. 그것이 아무리 오래 지속된다고 하더라도 지속성은 여전히 시간의 연장일 뿐이다. 그리고 다른 하나는

---

538 *ST*, I, q. 10, a. 1, c.
539 참조: *ST*, I, q. 10, a. 1, c.
540 *ST*, I, q. 10, a. 1, ad 3.

영원성을 영원한 현재라는 개념으로 보는 오해이다. 토마스 아퀴나스는 인간이 영원성에 대한 개념을 가질 수 있는 것은 부동(不動)의 순간을 이해할 때라고 말하면서, 이러한 영원성에 대한 개념은 진정한 영원성의 개념은 아니라고 생각한다. 그는 영원한 현재가 진정한 영원성인 경우는 오직 신의 현존이 어떤 특정한 사람에게 신의 영원성으로써 소통할 때뿐이며, 이러한 영원성은 영원성 자체라기보다는 "참여된 영원성(aeternitate participata)"[541]이라고 말한다. 이러한 사유는 영원성이란 본질적으로 신에게 속하므로 피조된 어떠한 존재도 영원성일 수 없음을 말해 준다. 이는 궁극적인 목적에도 동일하게 적용되는데, 토마스 아퀴나스는 인간이 비록 궁극적인 목적에 이르러 지복을 누리고 있다고 하더라도 이는 인간존재 자체가 지복이라는 것을 의미하는 것이 아니라고 한다. "그것이 어떠한 것이든 한 인간의 실존은 그의 지복이 될 수가 없기 때문이다. (…) 왜냐하면 오직 신만이 그의 실존이 그의 지복(solius enim Dei beatitudo est suum esse)"[542]이기 때문이다. 실존이 지복 그 자체인 존재가 오직 신밖에 없다는 것은 '그의 본질(essentia)이 곧 존재(esse)인 자는 신밖에 없다'라는 형이상학적 원리와 맥을 같이 한다. 신 외에 다른 모든 존재자에게 있어서 그의 본질과 존재가 일치하지 않는 이유는 피조물들이 지닌 존재가 신으로부터 분유된 존재 혹은 신의 존재에 참여하는 존재이기 때문이며, 그런 한 제약된 그의 본질은 항상 무제약적인 존재에 대해 무한히 작게 나타나기 때문이다. 이러한 토마스 아퀴나스의 사유는 신 존재의 절대적인 초월성을 말해 준다. 신은 비록 모든 존재들을 포괄하고 모든 존재들 속에 내재하지만 그럼에도 세계와 사물들 안에 내재하는 신적 현존은 신의 본질 그 자체는 아니다. 신의 본질은 모든 존재하는 것들을 무한히 초월하는 절대자이기 때문이다.

결국 이러한 논의들은 영성적인 삶에 있어서 영성가의 실존에 대한 이해를 돕고 있다. 비록 영성가들이 저편 세계에서 지복을 누리고 있다고 하더라도 이는 어디까

541 *ST*, I, q. 10, a. 2, ad 1.
542 *ST*, I-II, q. 3, a. 2, ad 1.

지나 참여된 지복(beatitudo participata)이며, 영성가들의 실존 그 자체가 지복은 아니다. 마찬가지로 영성가들이 이미 이 지상에서부터 지복(beatitudo)에 참여하고 있다면 이는 어디까지나 신적 현존이 신적 지복(Beatitudo Dei)을 통하여 영성가의 존재와 소통하고 있음을 의미하지, 영성가의 실존이 지복적인 것으로 변하였음을 의미하지는 않는다. 즉 영성적인 삶을 통해 형성한 자신의 실존이 아무리 새로운 실재이며 신성한 실재라고 하더라도 인간의 존재는 여전히 인간의 존재이며, 인간이 지닌 신성한 것 즉 지복적인 것은 오직 참여된 존재로서 가지는 신성함이요 지복적인 것이다. 따라서 엄밀히 말해서 영성적인 삶이 인간존재 자체를 신적인 존재로 변모하게 하는 것은 토미즘에서는 긍정되지 않는다. 가령 우리는 엑카르트의 신비주의에서 "모든 것이 하느님이 되어 버렸다."[543]는 표현을 발견할 수 있는데, 토미즘에서 이러한 표현은 결코 정확한 것이 될 수 없다. 모든 것에 있어서 신을 발견한다고 해도, 이는 어디까지나 신적인 현존 즉 신의 존재에 참여하고 있는 제 존재자의 실존을 통한 신적 존재의 발견을 의미하는 것이지 결코 신의 존재 그 자체는 아니다. 인간의 영혼이 위대한 것은 바로 신적 존재에 탁월한 방식으로 참여하기 때문이지 인간의 영혼이 신적인 존재가 될 수 있기 때문은 아니다. 그렇기 때문에 어떠한 경우에도 신적인 도움을 전제하지 않은 인간 영혼의 자연적인 능력으로는 영성적인 삶으로 올바르게 나아갈 수가 없다.

물론 이러한 사유가 인간의 영혼은 아무것도 아니며, 일체의 것이 신으로부터 온다는 어떤 교의적인 도그마를 말하는 것은 아니다. 인간의 영혼은 그 내면에 어

---

543 길희성, 『마이스터 엑카르트의 영성 사상』, 앞의 책, p. 114. 이러한 엑카르트의 사유는 사실상 신비주의의 유비적인 표현 혹은 시적인 표현으로 이해한다면 충분히 이해할 수도 있을 것이다. 아마도 엑카르트가 스스로 신이 되었다고 진술하는 것은 자신의 신비적인 삶 안에서 발견한 자신 안의 신의 아들의 탄생 때문이었을 것이다. 자신 속에 탄생한 신의 아들이 완전히 자신과 일체를 이루고 있다고 한다면, 이는 곧 자신이 신이 되어 버린 사건을 의미하기 때문이다. "나는 이미 자주 이를 말하였다. 영혼 안에 하나의 능력(puissance)이 있는데, 이 능력은 시간을 통해서도 육체를 통해서도 산출되는 것이 아니며, 정신(l'esprit)으로부터 분출되는 것인데, 이는 정신 안에서 절대적으로 정신적인 것으로 남아 있다. (…) 왜냐하면 영원한 아버지(Père éternel)가 이 능력 안에서 멈춤 없이 그의 영원한 아들(son Fils éternel)을 낳기 때문이다." Maître Eckhart, *Traités et sermons*, trad. Alin de Libera, Paris, GF-Flammarion, 1993, p. 233.

떤 무한한 것을 가능성으로 지니고 있으며, 또한 신성한 무엇을 씨앗처럼 품고 있다. 이는 사실이다. 지복은 분명 영혼의 어떤 것(aliquid animae)이며 또한 영혼에 내재하는 선(bonum inhaerens)이다. 하지만 이를 실현 가능하게 하는 것은 영혼 자신이 아니라 자신을 넘어서는 존재 즉 신이다.

> 지복은 영혼의 어떤 것(aliquid animae)이지만, 이를 형성하는 것은 영혼을 넘어서는 어떤 것이다.[544]

> 지복 그 자체는 영혼의 완성이면서, 영혼에게 내재하는 선(bonum inhaerens)이다. 그러나 그것을 통해서 지복이 형성되는 즉 지복자로 만드는 그것은 영혼을 넘어서는 어떤 것(aliquid extra animam)이다.[545]

인간의 영혼에 지복이 가능성으로 존재하지만 이를 현실화하는 것은 영혼의 힘으로 불가능하다는 사유는, 원인은 항상 결과보다 크다는 형이상학적인 원리에 의해서도 지지된다. 영혼이 자신의 내면에 내재하는 선으로서 신성한 무엇을 지니고 있음에도 스스로 이를 현실화할 수 없는 것은 그 신성함의 원인이 신 존재 자체이기 때문이다. 즉 영혼은 자신의 내면에 자신보다 더 큰 무엇을 가능성으로 지니고 있다는 말이다. 이러한 생각은 인간은 인간을 무한히 초월하는 존재라고 한 파스칼의 인간관을 잘 설명해 준다.[546]

여기서 다시 생명의 주제와 연관시켜 보자. 영혼이 그 스스로 신성함을 현실화

---

544 "beatitudo est aliquid animae ; sed id in quo consistudo, est aliquid extra animam." *ST*, I-II, q. 2, a. 7, c.

545 "quod beatitudo ipsa, cum sit perfectio animae, est quoddam animae bonum inhaerens: sed id in quo beatitudo consistit, quod scilicet beatum facit, est aliquid extra animam." *ST*, I-II, q. 2, a. 7, ad 3.

546 인간이 자신을 초월할 수 있는 존재라는 것은 플로티노스의 사유에서도 매우 분명하게 나타나는데, 그에 의하면 인간의 영혼은 마치 저편세계의 존재들과 유사한 것이다. "플로티노스는 '영혼'이 모든 사물들의 '존재이유'요, 현상적인 세계의 최고 이성이자 저 너머 정신세계의 가장 낮은 이성이라고 일컫는다." 화이트비, 『플로티노스의 철학』, 앞의 책, p. 65.

할 수 없다는 것은, 비록 영혼이 생명의 원리라고 해도 인간의 영혼은 신성한 생명의 원리는 될 수 없다는 말이다. 인간의 영혼이 현실화할 수 없는 어떤 것을 인간이 지니고 있다는 것은 바로 인간이 인간을 넘어서는 존재라는 의미이며, 이 때문에 우리는 정당하게 "한 인격체는 이 세계보다 더 소중한 존재이다."라고 말할 수 있는 것이다. 그런데 영혼에게 가능성 중에(in potentia)에 있는 이 신적인 생명을 현실화하는 생명의 원리는 곧 신의 존재 자체이다. 그래서 만일 영성적인 삶이 신적 생명을 가진다고 할 수 있다면, 신적 생명을 현실화하는 것은 오직 신 자체로부터 와야 한다. 보다 시적인 표현으로 말하자면 신은 인간의 영혼 깊숙이 신적 생명을 수용할 수 있는 존재의 터전을 마련해 놓았다는 표현이 적절할 것이다. 바로 이러한 신비로운 터전이 있기에 인간의 영혼은 자신의 행위를 거의 무한으로 확대할 수 있다.

> 육체적인 기관에 의존하지 않는 영혼의 측면은 육체에 비해서 그리고 육체와 연관된 영혼의 부분들에 비해서 일종의 무한성(infinitatem)을 가지고 있다. 이처럼 질료적인 실재들의 관점에서는 비질료적인 실재들(immmaterialia, 보이지 않는 실재들)이 거의 무한한 것이다(sicut immmaterialia sunt quodammodo infinita respectu materialium).[547]

하지만 인간의 영혼이 무한히 확대할 수 있는 능력을 가졌다고 하더라도 인간의 영혼 자체가 무한자는 아니다. 인간의 영혼은 어떤 의미에서 "육체적인 존재들과 비 육체적인 존재들을 분리시키는 지평이자 한계이다."[548] 비록 영혼이 육체적인 부분을 완전히 초월하는 부분을 가지고 있다고 할지라도 유한자로서의 인간의 현상을 본질로 하며, 죽음 이후의 육체와 분리된 영혼일지라도 육체의 형상으로서의 본질은 여전히 변하지 않는다. 나아가 비록 지복의 상태에 있는 영혼일지라도 그가 육체적인 형상이라는 본질은 변하지 않는다. 다시 말해서 인간이 지복

---

547 *ST*, I-II, q. 2, a. 6, c.
548 *SCG*, II, ch. 68.

에 참여하는 것은 인간존재의 인격적인 차원, 즉 한 개별자가 지닌 총체적인 국면에서이지 영혼의 어느 특정한 고상한 부분이 아니라는 의미이다. 다만 지복에 참여하는 인간존재의 모든 것은 보다 탁월하고 변모된 개별적인 이데아의 모습을 지니게 될 것이다. 사실 성경에도 "하느님이 완전한 것 같이 너희도 완전한 사람이 되어라."(마태복음, 5장 48)라고 말하고 있다. 여기서 완전하다는 것은 신적 존재를 의미하는 것이 아니라, 완전한 인간 즉 신적 지성 안에 있는 개별적 이데아로서의 완전한 인간을 말하는 것이다. 그렇기 때문에 토미즘에서 영성적인 삶을 영위하는 사람에게는 근본적으로 신 중심의 사유나 인간중심의 사유라는 구분이 무의미해진다. 왜냐하면 모든 것이 결국은 신과 인간의 상호작용에 의해서 이루어지기 때문이다. 지복에 참여하는 영혼의 지복은 바로 개별자로서의 영혼의 지복(영혼에 내재하는 선)이라는 차원에서 참으로 인간중심적인 것처럼 보이지만, 이러한 지복이 현실화되는 것은 오직 신적 지복에 참여함으로써만 가능하다. 즉 신적 존재가 인간의 영혼에게 어떤 식으로든지 모습을 드러내지 않는다면 진정한 영성적인 삶의 시작은 불가능할 것이며, 신적 현존이 아무리 분명하고 클지라도 인간의 영혼이 자유의지로써 그것을 수용하지 않는다면 영성적인 삶은 이루어지지 않을 것이다. 결국 토미즘에 있어서 인간의 영성적인 삶에서 가장 부각되는 점은 신적 현존과 인간영혼의 관계성이다. 신은 모든 영혼들을 내밀하게 보살피며 그들이 자신처럼 완전해지기를 바라는 것이다. 왜냐하면 바로 여기서 영혼들의 가장 큰 행복 즉 지복이 실현되기 때문이다. 이러한 의미에서 우리는 현대 유신론적 실존주의자인 루이 라벨의 사유가 이러한 토마스적 사유를 잘 반영하고 있음을 발견할 수 있다.

> 인간성 안에는 무한한 가능성이 있다. 현실화할 수 있는 모든 능력들이 신과의 관계성을 증언해야 하며, 자신들을 신성하게 할 방법을 강구해야만 한다. 이렇게 하여 성인들이 탄생하는 것이다.[549]

---

549 Louis Lavelle, *Quatre saints*, op. cit., pp. 32~34.

3) 수용된 덕 혹은 신학적인 덕과 신적 사랑

모든 인간은 지성적인 영혼을 가지고 있다는 이유만으로—최소한 정상적인 성장을 가정 한다면—어느 순간 영성적인 삶을 갈망하지 않을 수 없다. 이것은 부정할 수 없는 토미즘의 관점이다. 하지만 인간은 결코 스스로의 힘만으로는 이러한 영성적인 삶을 제대로 영위할 수 없으며 어떤 의미에서는 시작조차 할 수 없을 것이다. 왜냐하면 영혼 안에 내재한 신적인 생명을 현실화할 수 있는 생명의 원리는 곧 신적 현존이기 때문이다. 인간의 지성혼은 추상적 작용을 통해 보편적 진리를 발견하는 데 있어서 거의 무한한 능력을 지니고 있지만, 그럼에도 근본적으로 신성한 어떤 것에 대해서는 매우 무기력하다. 이것이 인간이 지닌 근원적인 한계이다.

> 창조된 실체들의 형식으로 환원된 모든 앎들은 신성한 본질을 직관하는 데에는 무능하다. 왜냐하면 신성한 본질은 모든 창조된 실체들을 무한히 초월하기 때문이다. 따라서 인간도 그 어떤 피조물도 그의 자연적인 능력들로서는 최고의 지복을 획득할 수가 없다(Unde nec homo, nec aliqua creatura, potest consequi beatitudinem ultimam per sua naturalia).[550]

인간이 그의 자연적인 능력으로는 지복에 도달할 수 없는 제약된 존재라는 사실은 "모든 영성적인 삶에는 신의 부르심이 먼저 있었다."라는 명제를 가능하게 한다. 왜냐하면 그것이 어떠한 형식을 취하든 모든 영성적인 삶은 정도의 차이를 달리하며 신의 지복에 참여하는 삶으로 나타나기 때문이다. 토미즘에서 이러한 신의 부르심은 단지 시적이거나 유비적인 표현이 아니라 진정한 실재, 즉 초자연적인 실재이다. 이러한 실재는 영성적인 삶을 가능케 하는 신의 도움과 같은 말이다. 토마스 아퀴나스는 이를 수용된 덕 혹은 신학적 덕이라고 부르면서 이를 신의 선물 혹

---

550 *ST*, I-II, q. 5, a. 5, c.

은 신의 자비로 이해한다.

> 신은 인간에게, 신성한 도움을 배제하지 않는 본성적인 원리들을 통해서, 그의 마지막 목적(지복)에 도달할 수 있는 원리들을 부여하지 않는가! 이 원리들은 '신학적 덕들(virtutes theologicae)'이라고 불린다.[551]

> 수용된 덕(virtue infusa)은 우리들의 행위 없이 신에 의해서 우리에게 야기되지만, 우리들의 동의를 배재하지는 않는다(virtus infusa causatur in nobis a Deo sine nobis agentibus, non tamen sine nobis consentientibus).[552]

토마스 아퀴나스가 말하는 신학적인 덕 혹은 수용된 덕이란 구체적으로 말하면 믿음·소망·사랑이다. 이러한 덕을 수용된 덕이라고 표현하는 이유는 물론 이러한 덕은 결코 인간 스스로 산출할 수 없고 신으로부터 영혼에게 수용(주입)되어야만 하기 때문이며, 신학적인 덕이라고 표현하는 이유는 윤리·도덕적인 덕을 넘어서는 종교적인 삶 혹은 영성적인 삶에서 요청되는 특별한 덕이기 때문이다. 보다 구체적으로는 이러한 덕들의 본질적인 대상이 신 그 자체이기 때문이다.[553] 하지만 현대적 언어 사용에서 신학적인 덕이라는 표기는 적절하지 않은 듯 보인다. 왜냐하면 이러한 덕들은 영혼으로 하여금 신적 현존을 맞이하고 신적 생명을 현실화하게 하는 생명의 원리와도 같은 것이어서 본질적으로 실천적인 덕이기 때문이다. 신학적 덕 혹은 신학적인 덕이라는 표현은 신학을 잘하기 위해 요청되는 덕목 혹은 신학을 함으로써 가지게 되는 덕이라는 의미를 가지기 때문에 자칫 언어적 오류를 범할 수도 있다. 누구도 신학을 공부하기 위해서 수용된 덕들이 미리 요청된다고 말

---

551 *ST*, I-II, q. 62, a. 1, c.

552 *ST*, I-II, q. 55, a. 4, ad 6.

553 "하나의 덕이 신을 자신의 목적으로 가지고 신을 지향할 때, 신학적인 덕이라고 불린다-virtus aliqua dicitur thologica ex hoc quod habet Deum pro obiecto cui inhaeret." *ST*, II-II, q. 17, a. 6, c.

할 수 없을 것이며—물론 이러한 덕이 미리 갖추어져 있다면 신학 공부에 도움이 되겠지만—또한 신학을 열심히 공부한다고 해서 이러한 덕이 생겨나지는 않기 때문이다—물론 신학 공부로 덕을 수용할 수 있는 마음의 터전을 마련할 수는 있겠지만. 따라서 이 책에서는 신학적인 덕이라는 용어 대신 수용된 덕[554] 혹은 영성적인 덕이라는 용어를 사용할 것이다.

이제 진정으로 영성적인 삶의 핵심 내용이 될 영성적인 덕들의 제 국면에 대한 고찰에 진입할 시간이 되었다. 우선 토마스 아퀴나스에게 있어서 모든 수용된 덕들의 뿌리는 신적 사랑(caritas)이다.

> 도덕적 덕들이 인간의 자연적인 능력을 넘어서지 않는 하나의 목적과의 조화에 있어서 완성을 실현하는 한 이들은 인간적인 업적들을 통해서 획득될 수 있다. 이처럼 획득된 덕들은 카리타스 없이도 존재할 수 있다. (…) 그러나 카리타스는 인간적인 덕이 야기하는 것 이상을 즉 초자연적인 질서에 있는 궁극적인 목적을 획득할 수 있는 덕들(신학적 덕들, virtutes theologicae)을 유발한다. 이들이 초자연적인 궁극적 목적으로서의 선을 실현하는 것으로서의 덕이라는 측면에서 인간적 행위를 통해서는 획득될 수 없고, 신에 의해서 수용된 것이다.[555]

카리타스가 없다고 해도 인간은 그의 자연적인 능력들을 통해서 특정한 인간적인 완성에 이를 수 있다. 이 인간적인 완성을 가져다주는 것이 도덕적인 덕들이다. 하지만 앞서 말하였다시피 인간적으로 존재하는 것이 신성과의 관계성 안에서 존재한다고 할 때, 일반인이 인간적이라는 말은 영성가의 입장에서 보자면 충분히 인간적인 것은 아니며 어느 정도 인간적인 것이다. 인간이 완전한 인간이라고 말할 수

554 학자에 따라서는 virtutes infusas를 주입된 덕이라고 번역하기도 한다. 하지만 주입이라는 표현보다는 수용이라는 표현이 보다 적절하다. 이 덕들은 결코 인간의 자유의지를 무시하지 않으며, 인간의 동의를 필요로 하기 때문이다.

555 *ST*, I-II, q. 65, a. 2, c.

있다면, 즉 완성된 인격이라는 말을 사용할 수 있다면 여기에는 반드시 초자연적인 실재를 의미하는 영성적인 덕이 가정되어야 한다. 그리고 이 영성적인 덕들은 모두 신적 사랑으로부터 발생한다. 믿음·희망·사랑이라는 영성적인 덕들과의 상호관계를 이해하기 위해서 우선 이들에 대한 개념 정의를 시도하는 것이 도움이 될 것이다.

(1) 지성과 양심을 완성하는 내적 실재로서의 믿음(fides)

믿음에 대한 토마스 아퀴나스의 정의는 간단하지 않다. 그는 믿음이라는 말의 의미를 다양한 차원에서 설명하고 다양한 방식으로 규정한다. 믿음의 정의에 해당하는 토마스 아퀴나스의 진술은 크게 3가지이다.

① 믿음은 보이지 않는 실재들에 대한 확실성이다(fides de invisibilibus certitudo).[556]

② 믿음은 희망하는 제 실재들의 실체이다(Fides est substantia rerum sperandarum).[557]

③ 믿음은 그것을 통해서 영원한 삶이 우리 자신에게서 시작되는 정신의 한 습성이다(fides est habitus mentis, qua inchoatur vita aeterna in nobis).[558]

위 진술에서 ①은 믿음과 앎의 관계를, ②는 믿음과 희망의 관계를 그리고 ③은 믿음과 사랑(신적 사랑)의 관계를 말해 준다. 우선 진술 ①은 믿음의 앎의 특성 혹은 진리와의 관계에 관한 것이다. 보이지 않는 실재들이란 무엇이며 어떻게 보이지 않는 것들에 대해 분명한 확실성을 가질 수가 있는가? 사실상 대다수 인간의 학문은 보이지 않는 실재들에 대한 확실성을 가지기 위한 것이다. 가령 중력의 법칙에 대해서 탐구하는 과학자들의 연구는 눈에 보이지 않지만 지구 중심에는 모든 것을 끌어당기는 중력이라는 것이 있음을 밝히고자 하는 것이다. 또 원자나 분자

556 *ST*, II-II, q. 4, a. 5, ad 4.
557 *ST*, II-II, q. 4, a. 1, c.
558 *ST*, II-II, q. 2, a. 1, ad 1.

를 탐구하는 사람들도 그것들이 인간의 눈에는 보이지 않지만 분명하게 존재한다는 확신을 준다. 이와 유사하게 심리학에서 말하는 집단 무의식이라든가 트라우마 같은 것들은 전혀 눈에 보이지 않지만, 우리는 이러한 것들이 우리의 정신을 지배하는 실재들이라고 확신하고 있다. 사실이 이러하다면 보이지 않는 것을 대상으로 하는 것은 믿음뿐만 아니라 일반 학문들도 마찬가지이다. 그렇다면 그 차이는 어디에 있을까? 보이지 않는 것의 의미를 경험이 불가능한 것이라는 말로 바꾼다면 보다 분명하게 그 차이를 이해할 수 있다. 믿음의 대상은 본질적으로 초자연적인 것 혹은 초자연적인 것과 밀접하게 연관된 것이다. 그렇기 때문에 믿음의 대상은 본질적으로 인간의 경험을 넘어서는 것이며, 믿음의 내용 역시 경험적으로 혹은 이성적으로 증명 불가능하다.

> 믿음의 내부에는 우리가 믿고 있는 그것을 증명하기 위한 자연적 이성의 탐구가 개입할 여지가 전혀 없다. 하지만 사람들로 하여금 믿음에 이르도록 하기 위한 것에 대한 탐구는 있을 수 있다.[559]

우리가 믿고 있는 내용을 이성적으로 탐구하고 증명할 방법이 없다는 것은 이성의 한계 때문이지, 믿음의 내용들이 허상이거나 환상이기 때문이 아니다. 토마스 아퀴나스에게 있어서 이성의 대상은 두 가지이다. 하나는 이성이 관여하는 실질적인 대상(materiale obiectum)이며 다른 하나는 그것을 통해서 대상을 알게 되는 형상적인 이성(formalis ratio)이다.[560] 가령 구체적인 한 개인에 대한 우정은 이성의 실질적인 대상이며, 이 우정을 우정으로 통찰하는 지성 안의 이성의 형상 혹은 이성의 이데아는 형상적인 이성이다. 마찬가지로 믿음의 대상 역시 형상적인 대상만을 고려

---

559 *ST*, II-II, q. 4, a. 1, ad 1.

560 "모든 이성적 습성의 대상은 두 가지 것을 지니고 있다. 그것은 마치 '물리적인 대상(materiale obiectum)'처럼 대상적으로(질료적으로) 알려진 것과 그것을 통해서 대상이 알려지는 것 즉 '형식적인 이성(formalis ratio)'이다." *ST*, II-II, q. 1, a. 1, c.

하면 신에 의해 계시된 제일 진리이다. 하지만 실질적인 믿음의 대상으로는 이와 관련된 다른 많은 것이 있다.[561] 예를 들어 '신은 사랑이시다'라는 진리는 일종의 형상적인 믿음(formalis fidei)이며, 이로부터 파생된 다른 많은 믿음들 가령 '신의 섭리는 결코 한 개인을 불행하게 하지는 않는다', '신은 모든 피조물들을 한결같이 사랑한다', '신은 죄인의 처벌보다는 속죄를 원한다', '신은 인류의 행복과 완성을 원한다', '신은 모든 믿는 이들의 삶을 구체적으로 인도한다' 등 일체의 믿음들은 실질적인 믿음의 대상(materiale obiectum fidei)이다. 마찬가지로 한 개별자가 자신에게 주어진 어떤 어려움이 사실은 신의 사랑의 섭리에 의한 것이라고 굳게 믿는 것도 믿음의 실질적인 대상이라고 할 수 있다. 하지만 그것이 어떠한 것이든 믿음이라고 말하기 위해서는 궁극적인 목적 즉 신성에 대한 향유(divinam fruitionem)를 지향해야 한다.[562] 그렇기 때문에 믿음을 가지는 것의 가장 고유한 의미는 자신의 인생을 전체적으로 궁극적인 목적으로 이끄시는 신이 섭리로써 바라보고 그것을 확신하고 있음을 말하는 것이다. 따라서 진정한 믿음을 가진 자라면 최소한의 영성적인 삶을 영위하고 있는 사람이라고 해야 할 것이다.

형식적인 믿음이든 실질적인 믿음의 대상이든, 믿음의 대상은 보이지 않고 만질 수 없으며 본질적으로 한 개인의 내밀하고 비밀스러운 것으로 나타난다. 그리고 믿음으로서 살아가는 사람은 항상 보이지 않는 신의 섭리에 섬세하게 관심을 가지는 사람일 수밖에 없을 것이다. 그래서 토마스 아퀴나스는 "믿음이란 지성으로 하여금 우리가 볼 수 없는 것에 천착하게 만드는 것(fides faciens intellectum assentire non apparentibus)"[563]이라고 말한다. 믿음에 대한 이러한 관점은 야스퍼스의 철학적 신앙의 개념과 매우 유사한 측면이 있다. 야스퍼스는 "신앙이란 나에게 주어질 수

---

561 "만일 우리가 대상적인 차원에서 믿음이 동의를 주고 있는 것을 고려하자면, 그것은 더 이상 신 그 자체만이 아니며, 다른 많은 것을 포함하고 있다." *ST*, II-II, q. 1, a. 1, c.

562 "그럼에도 이 믿음의 대상들은 어떤 방식으로든 신에게로 질서 지워져 있다는 차원에서만 믿음의 동의를 얻는데, 즉 말하자면 인간으로 하여금 신성에 대한 향유(divinam fruitionem)에로 이끄는 것을 도와주는 신성의 효과들(divinitatis effectus)로서이다." *ST*, II-II, q. 1, a. 1, c.

563 *ST*, II-II, q. 2, a. 1, ad 1.

도 있고 없기도 한 포괄자의 체험"[564]이라고 하면서 또한 "초월자가 존재한다면 이 세계의 존재는 초월자를 지시하는 암호가 될 수 있다."[565]라고 말한다. 크리스천의 관점에서 보자면 포괄자나 초월자란 분명 신을 지칭하는 다른 용어들이다. 따라서 철학적 신앙이란 신적 체험 그 자체를 말하며, 이러한 체험은 구체적인 세계의 보이지 않는 모습(암호의 양태)으로 나타나는 신적 현존에 대한 체험이다. 이러한 차원에서 믿음이란 형식적인 공리나 철학적 명제처럼 끝나 버리는 것이 아니라 우리들을 진정한 실재로 인도하는 혹은 우리에게 진정한 실재를 유발하는 그것이다.[566] 토마스 아퀴나스는 믿음이 다만 공허한 언어적 진술에 그친다는 것을 매우 강하게 부정하며, 프랑스의 한 토미스트는 토미즘의 믿음의 실재성을 다음과 같이 요약한다.

> 다음과 같은 딜레마, 즉 믿음은 눈에 보이지도 않는 진리에 도달하거나 혹은 믿음의 진술(언표)들에 도달한다는 딜레마를 거절해야 한다. 이는 사실이 아니기 때문이다. 믿음은 진술들을 통해서 실재에 도달한다. 신앙인의 행위는 형식들을 넘어 보이지 않는 실재로 나아간다. 다른 한편 이는 모든 인간적인 앎들에 있어서도 마찬가지이다. 인간적인 앎들은 단어들에서 멈추지 않고 진술된 대상으로 나아간다. 믿음에 있어서 보편성은 신비로운 대상(l'objet mystèrieu) 안에 있는 것이지 오직 진술들 안에만 있는 것이 아니다.[567]

종교적 믿음의 실재성을 부정하는 사람들의 생각은 다음과 같다. 믿음이 실재에 도달한다면 이는 보이지 않는 것이며, 만일 믿음이 보이는 것에 도달한다면 그

---

564 카알 야스퍼스, 『철학적 신앙』, 신옥희 옮김, 이화여자대학교출판부, 1995, p. 20.

565 위의 책, p. 23.

566 "신앙인들의 행위는 하나의 진술에서 멈추지 않으며, 실재에서 멈춘다. 왜냐하면 우리가 진술들(명제들)을 형성할 때, 오직 이들을 통해서 실재들에 대한 앎을 가지기 위해서만 진술들을 형성한다. 이는 학문에 있어서와 마찬가지로 믿음에 있어서도 동일하다." *ST*, II-II, q. 1, a. 2, ad 2.

567 *ST*, II-II, q. 1, a. 1, c., Paris, Cerf, p. 19, note 3.

것은 언어적 표현에 불과하다. 따라서 믿음이 도달하는 것은 어떤 경우에도 공허하다. 하지만 이러한 딜레마는 보이지 않는 실재 혹은 내면적인 실재를 부정할 때에만 가능한 것이다. 많은 사람들이 믿음을 가지고 있고 또 믿음을 생활화하고 있지만 이러한 믿음이 모두에게 동일한 형식이나 동일한 크기로 나타나지 않는다. 그럼에도 믿음은 모든 믿는 이들 사이에 하나의 보편적인 공통된 지반을 가지고 있는데, 그것은 곧 신비로운 대상(l'objet mystèrieu)이다. 그런데 무엇이 이 신비로운 대상인가? 앞서 말한 바 있듯이 신비롭다는 것은 어느 정도 분명하나, 어느 정도 알 수 없는 것을 이르는 말이다. 토마스 아퀴나스에게 있어서 이 신비로운 대상은 곧 신적 사랑(caritas)이다. 그는 이를 믿음의 형상(forma fidei)이라고 부른다. 왜냐하면 형상이란 어떤 것(실체) 안에서 이 어떤 것을 형성하고 완성하는 원리이기 때문이다.

> 신적 사랑은 믿음의 형상이라 말해진다. 그런 만큼 신적 사랑을 통해서 믿음이 진정으로 구성(formatur)되고 완성(perficitur)된다고 하는 것이다(caritas dicitur forma fidei, inquantum per caritatem actus fidei perficitur et formatur).[568]

신적 사랑이 믿음을 구성한다는 말은 참으로 의미심장하다. 어떤 것이 구성된다는 말은 다양한 의미를 지니겠지만 가장 일반적으로는 모양을 갖춘다는 의미이다. 가령 단순한 벽돌과 나무들이 목수의 계획에 따라서 구체적인 집의 모양을 갖출 때 구성된다고 한다. 마찬가지로 예술작품에 있어서도 알아볼 수 있는 분명하고도 구체적인 형태나 모양을 가진 것을 구성이라고 하고, 그 반대의 것을 비구성 혹은 추상이라고 한다. 이와 마찬가지로 어떤 것을 믿는 것은 본질적으로 구체적인 모양이나 내용을 가진다. 이러한 모양이 보다 완전하게 갖춰져 가는 것이 믿음이 구성되는 것이다. 믿음을 야기하는 신의 사랑은 모두에게 동일하지만 이를 통

568 *ST*, II-II, q. 4, a. 3, c.

해 형성되고 구성되는 믿음의 실질적인 내용은 사람에 따라서 매우 다르다. 예를 들어 어떤 사람을 믿는 것은 그의 말이 진실함을 믿는 것일 수 있고, 그가 훌륭한 교사임을 믿는 것일 수 있으며, 비록 지금은 문제아이겠지만 그에게 선량한 본성이 있음을 믿는 것일 수 있다. 혹은 그의 능력은 보잘것없지만 인격은 훌륭함을 믿는 것일 수 있으며, 경우에 따라서는 그의 모든 것을 전적으로 혹은 총체적으로 믿을 수도 있다. 그리고 최소한 일상적인 경험에 있어서는 이러한 믿음들은 단김에 주어지거나 한꺼번에 주어지는 것이 아니라 오랫동안의 관계성을 통해서 조금씩 우리들의 마음속에 형성되는 것이다. 마찬가지로 신에 대한 믿음도 사람에 따라서는 다양한 의미와 크기 또는 깊이를 가지면서 신앙인들의 마음 속에 형성되는 것이다. 이렇게 믿음이 보다 구체적인 내용을 가진 내적인 실재로서 형성되는 것이 곧 믿음이 구성되는 것이다. 비록 아무도 이를 통찰할 수 없고 증명할 방법이 없다고 해도, 구성된 믿음은 한 개인의 내면에서 한 개인의 삶의 형식에 결정적인 영향을 미치는 초자연적 실재 혹은 비질료적인 실재이다. 이러한 실재를 증명하는 유일한 것이 있다면 그것은 그의 삶 자체, 정확히는 삶의 형식과 내용이다. 마치 예술가의 예술성이 예술가의 삶과 그의 작품을 통해서 드러나듯이 구성된 믿음도 그의 삶의 형식과 결과로서만 드러나는 것이다.

이러한 믿음을 가능하게 하는 것은 곧 caritas 즉 신적 사랑이다. 그래서 그것이 어떠한 믿음의 형태를 지니고 있든지, 만일 누군가 진정으로 신에 대한 믿음을 지니고 있다고 한다면 이는 이보다 앞서 그에게 신적 사랑이 있었다는 것이다. 그렇기 때문에 모든 진정한 믿음은 곧 신으로부터 온다는 말이 성립한다. 토마스 아퀴나스는 믿음을 가짐에 있어서 신의 우선성 혹은 선재성(先在性)을 강하게 주장하는데, 그는 믿음의 시작은 인간에게 달려 있고 완성만이 신에게 달려 있다는 사람들에게 다음과 같이 반박한다.

> 이러한 생각은 잘못된 것이다. 왜냐하면 인간이 믿음의 진리에 천착할 때, 인간은 자기 본성을 초월하는 지평으로 올려진 것(elevetur supra naturam suam)이다. 따라서

여기에는 그를 내면으로부터 움직이게 하는 초자연적인 원리(supernatuali principo) 가 있어야 한다. 이것이 바로 신이다.[569]

믿음의 행위는 분명 신앙인들의 의지 안에 있겠지만, 의지가 자연(본성)을 넘어서는 것(quae sunt supra naturam)들로 상승하기 위해서는 스스로의 의지만으로는 불가능하다. 즉 인간의 의지를 자연적인 질서를 초월하는 것으로 향하게 하는 신의 은총 즉 카리타스가 먼저 있어야 하는 것이다. 생명과 생명작용을 야기하는 것이 영혼이듯이, 믿음과 믿음의 실질적인 대상들을 야기하는 것이 곧 카리타스이다. 그렇기 때문에 카리타스가 믿음의 형상이라고 정당하게 말할 수 있는 것이다.

카리타스가 믿음의 형상이라는 이유로, 모든 믿음은 최소한의 카리타스를 가정한다. 즉 신을 믿는 자는 누구나 최소한의 신적인 사랑을 지니고 있다. 하지만 어떤 사람은 믿음이 있지만 신적 사랑이 거의 없을 수도 있다. 왜냐하면 완전하게 구성되어 가는 것이라는 믿음의 속성은 동시에 이미 구성된 것 역시도 소멸할 수 있음을 함의하기 때문이다. 그렇기 때문에 믿음은 있지만 그 내용이 거의 없는 형식적인 믿음이 있을 수 있다. 이 형식적인 믿음은 곧 신적 사랑이 함께하지 않는 믿음을 말한다.[570] 하지만 어떠한 경우에도 믿음과 카리타스는 완전히 분리되거나 완전히 별개의 것이 될 수는 없다. 토마스 아퀴나스는 "믿음에 있어서 형상의 부재는 믿음의 본질에 속하는 것이 아니다. 이는 우연적(우유적)으로 그에게 도달한 것이다. 마찬가지로 구성되지 않은 믿음 그 자체가 구성된 믿음으로 되는 것이다(ipsamet fides informis fit formata)."[571]라고 말하는데, 형상의 부재(不在)가 믿음의 본질에 속하는 것이 아니라는 말은 바꾸어 말해서 믿음의 본질은 형상(카리타스)과 함께

---

569 *ST*, II-II, q. 6, a. 1, c.

570 "구성된 믿음이 구성되지 않은 믿음으로 변할 때, 변한 것은 믿음 그 자체가 아니라, 믿음의 주체인 영혼이 변한 것이다. 영혼은 어떤 때에는 신적 사랑과 함께 믿음을 지니며 어떤 때에는 신적 사랑 없이 믿음을 지니고 있는 것이다." *ST*, II-II, q. 4, a. 4, ad 4.

571 *ST*, II-II, q. 4, a. 4, ad 1.

하는 것이라는 말이다. 그리고 구성되지 않은 믿음에서 구성된 믿음이 된다는 말은 형상적인 믿음 자체가 믿음의 실질적인 내용이 된다는 것이지, 형상적인 믿음과 믿음의 실질적인 내용들이 분리될 수는 없다는 말이다. 결국 토마스 아퀴나스에게 있어서 믿음과 카리타스는 불가분의 관계에 있는 하나이며, 형상적인 믿음과 믿음의 실질적인 내용 역시 이분화될 수 없다. 카리타스가 전혀 없는 믿음도, 믿음이 전혀 없는 카리타스도 성립하지 않는다. 이는 마치 영혼이 없는 생명이나, 생명이 없는 영혼이 있을 수 없는 것과 같다. 카리타스를 통해서 실질적인 내용을 가진 구성된 믿음이란 단지 공허한 언어적 진술이 아니라 한 개별자의 내면성을 이루는 실재이다. 이 실재는 나의 내면세계나 삶의 형식이나 내용들이 신적 사랑에 의해서 어떤 궁극적인 목적으로 나아가고 있다는 강한 내적인 확신이며, 이를 중심으로 자신의 삶의 모든 것이 규정되고 선택되고 지향된다. 이러한 내적인 세계와 내적인 확신들은 분명 인간의 본성적인 것을 넘어서며, 자연적인 질서를 초월하는 자아의 내용이라고 할 수 있다. 바로 이러한 측면에서 토미즘의 믿음은 어떤 초자연적인 실재를 의미한다.

믿음이 구성되는 것이며, 구체적인 내용을 가진다는 차원에서 믿음은 앎과 밀접한 관계를 가지고 있다. 토미즘에 있어서 앎이란 다양하게 규정되지만 첫 번째 규정은 앎의 주체 안에 존재하는 앎의 대상이다. 마찬가지로 믿음의 실질적인 내용들을 가지고 있다는 것은 믿음의 주체가 이들에 대한 앎을 지니고 있음을 의미한다. 예를 들어 '신이 사랑이시다!'라는 믿음을 굳게 가지고 있는 사람은 어떤 식으로든지 사랑에 대한 보다 깊은 앎을 가지게 될 것이며, '신은 의로우신 분이다!'라는 믿음을 굳게 가진 이는 의로움 혹은 정의에 대해 보다 많은 앎을 가지게 된다. 그리고 이러한 앎은 자신의 구체적인 삶의 체험을 통해서 체득된 앎으로서 실천적인 앎이며 특수한 개별적인 삶의 현실에 내밀하게 일치된 매우 개별적인 앎이다. 그리고 믿음을 가지지 않는 사람들이 세계를 이해하고 인생을 이해하는 것과는 매우 다른 차원에서 가지는 세계와 인생에 대한 앎이며, 보다 깊고 신비로운 존재에 대한 앎이라고 할 수 있다. 토마스 아퀴나스는 이러한 앎을 이성의 추론적인 앎과는 다른 직관적인 앎으로 생각하며, 이를 가능하게 하는 것을 믿음의 빛(lumen fidei) 이라고 말한다.[572] 그렇기 때문에 믿음의 대상에 관한 앎이란 학문적인 앎과 다르다.[573] 믿음은 과학적이고 학문적인 앎이 결코 알려 주지 못하는 세계와 인생에 대한 앎을 가지도록 하기에, "믿음은 지성을 완성한다(fides perficiat intellectum)."[574]라고 정당하게 말할 수 있는 것이다.

믿음의 고유한 목적은 한 개인을 궁극적인 목적으로 이끌어 가는 것이겠지만 그렇다고 믿음의 사건이 오직 개별적인 삶에 국한되는 것은 아니다. 믿음이 사람들의 현실적인 삶 혹은 사회적 삶 안에서 유발하는 효력은 믿음을 가진 자로 하여금 항상 선을 실천하게 한다는 데 있다. 믿음은 지성으로 하여금 오류를 피하고 보다 더 진리(verum)로 접근할 수 있도록 도울 뿐 아니라, 의지로 하여금 악을 피하고 보다 더 선한 것(bonum)을 갈망하도록 한다. 왜냐하면 신적 사랑이 그 뿌리이자 지반인 믿음은 본질적으로 영혼에게 선한 목적(bonum finem)으로 나아가고자 하는 지향성을 유발하기 때문이다. 그래서 토마스 아퀴나스는, 구성된 믿음은 그 자체로 하나의 덕(virtus)이라고 말한다.[575] 믿음이 항상 선한 것을 지향하도록 하는 일종의 덕(德)이라는 차원에서 믿음은 인간의 양심을 완성하는 것(fides perficiat syderesim)이라고 정당하게 말할 수 있다. 따라서 믿음을 가지는 것은 한 개인의 개별적인 사건이겠지만 믿음이 유발하는 결과는 세상에 의로운 사람들을 낳는 것이고 이는 한 사회의 윤리·도덕적 삶에 지대한 영향을 미친다. 가령 우리는 자신

---

572 "진실한 신앙인들은 이 점에 관하여 매우 분명한 앎을 가지고 있는데, 증명할 수 있는 방식으로가 아니라 이러한 것들이 믿을 만한 것이라는 것을 믿음의 빛(lumen fidei)을 통해서 보고 있다는 방식으로서이다." *ST*, II-II, q. 1, a. 5, ad 1.

573 "모든 사람에게 공통적으로 믿음의 대상으로서 주어진 것은 모든 사람에게 공통적으로 앎의 대상으로 주어진 것은 아니다. 바로 여기에 믿음의 대상이 가지는 절대적인 관점이다. 바로 이 때문에 믿음과 학문은 동일한 분야가 아닌 것이다(fides et scientia non sunt de eodem)." *ST*, II-II, q. 1, a. 5, c.

574 *ST*, II-II, q. 1, a. 3, ad 1.

575 "믿음 그 자체에 있어서 지성이 항상 참된 것(verum)에로 향하는 것은 본질적인 것이다. 왜냐하면 이 믿음은 오류(falsum)를 지니고 있을 수가 없기 때문이다. 다른 한편 믿음을 구성하는 신적 사랑을 통하여 영혼은 그의 의지를 선한 목적(bonum finem)으로 확고하게 방향지우는 것이다. 바로 이 때문에 구성된 믿음은 하나의 덕(virtus)이다." *ST*, II-II, q. 4, a. 5, c.

의 양심을 지키기 위해서 대법관이라는 직위도 버리고 목숨마저 버린 『유토피아』의 저자 토마스 모어의 경우를 생각해 볼 수 있다. 자신의 양심을 잠시 외면하는 것은 일상인에게서 흔히 있을 수 있는 일이다. 특히 자신과 가족의 생존이 걸린 상황에서 양심이나 신념을 지키는 사람은 매우 드물다. 그만큼 인간의 양심이라는 것이 항상 선을 지향하기는 하지만 실제로 양심이 명하는 것을 선택하는 데 있어서는 매우 나약하다는 의미이다. 따라서 만일 한 개인이 자신의 목숨을 담보로 양심이 명하는 것을 선택한다면 여기에는 양심을 보다 완전하게 하는 다른 하나의 초월적이고 내적인 힘이 필요하다. 바로 이것이 믿음이다. 크리스천의 관점에서 보자면 믿음이 사회적 삶을 보다 잘 영위하려는 목적을 가진 것은 아니겠지만, 진정한 믿음 즉 확고하게 구성된 믿음을 가지는 것은 사회적 삶을 보다 정의롭고 살 만하고 행복한 사회로 이끌어 줄 가장 효력 있는 힘을 가지는 것이다.

그렇기 때문에 우리는 진실하고 구성된 믿음을 가진 자에게는 눈에 보이지 않지만 인간의 본성을 넘어서는 어떤 초자연적인 힘이 항상 함께한다고 정당하게 말할 수 있다. 토마스 아퀴나스는 이 초자연적인 힘을 은총(gratia)이라고 말한다. "은총은 믿음을 야기하는데(gratia facit fidem) 다만 믿음이 새롭게 존재하기 시작할 때뿐만 아니라 믿음이 지속하는 모든 시간에 그러하다."[576] 은총이 믿음을 야기하고 믿음이 지속되는 한 계속하여 믿음을 야기한다는 표현은 토마스 아퀴나스 특유의 유비적인 관점이다. 존재 행위(esse)의 관점에서 보자면 이는 마치 내가 존재함이 나의 본질 때문에 아니라 모든 존재행위를 가능하게 하는 신의 존재(Ipsum Esse)에 의한 것이기에 곧 신의 은총이라고 하는 것과 같다. 그렇기 때문에 어떤 사람이 믿음을 가지게 된 것도 은총이요 그가 믿음을 지속적으로 지닐 수 있는 것도 은총 때문이라는 말이 가능하다. 물론 이러한 관점에는 순교를 각오한 토마스 모어의 신앙도 은총 덕분이요 그리스도를 배신한 유다의 행위도 결국 자신의 결단에 의해서라기보다 신의 은총의 유무에 있다는, 그리하여 결코 인간의 선행을 칭찬하거나

---

576 *ST*, II-II, q. 4, a. 4, ad 3.

첫값을 물을 수 없는 모순된 상황을 야기한다는 비판이 따를 수 있다. 하지만 토마스 아퀴나스는, 은총이 모두에게 동일하지만 그 결과가 다른 것은 은총을 수용하는 주체의 조건 때문이라고 말한다.

> 은총이 신실하지 못한 사람에게 주어질 때, 신실한 사람에게 주어질 때보다 작은 은총(gratia minus)이 주어지는 것이 아니다. (…) 만일 은총이 은총을 부여받은 사람에게 있어서 믿음을 야기하지 못한다면 이는 은총을 수용하는 주체의 기질(dispositionem subiecti) 때문이다.[577]

이러한 토마스 아퀴나스의 사유는 신의 보편적인 사랑과 인간의 자유의지를 동시에 긍정하는 가장 이상적인 해결책인 듯 보인다. 하지만 그럼에도 신의 은총이 모든 이에게 동일하게 주어진다는 표현은, 마치 신의 자유를 허용하지 않거나 혹은 신은 은총을 보편적으로 산출하는 자동기계처럼 간주하는 것 같기도 하다. 만일 우리가 위의 진술을 이렇게 해석한다면 이 진술은 매우 비토마스적이게 된다. 하지만 우리는 위의 진술을 토마스 아퀴나스의 신비주의적 사고로 이해해야 할 것이다. 그가 다른 곳에서 신은 가장 미소한 미물들, 작은 풀잎 하나도 돌보시며 그들의 완성을 보장한다고 말한 바 있고, 또 다른 곳에서는 피조물의 완성에서 무엇을 제거하는 것은 신성한 완성에서 무엇을 제거하는 것이라고도 진술한 바 있다. 이는 존재하는 모든 것이 무한한 신의 자비에 의한 것이라는 신비주의적인 관점이다. 이러한 신비주의적 세계관에서 인간의 이성적 사유에 의한 크고 작은 것은 사실 무의미하다. 신비주의의 관점에서 있어서 가장 우선적으로 부각되는 것은 항상 신비 그 자체, 즉 신적 현존의 신비이다. 영성가들에게 있어서 그들의 모든 삶에서 우선적으로 신의 신비와 은총을 부각시키는 것은 신 중심의 사유를 의미하지 않는다. 그것은 자신을 드러내고자 하지 않는 사랑의 특성 때문이다. 이는 키르케고

---

577 *ST*, II-II, q. 4, a. 4, ad 3.

르의 사랑의 개념에서도 가장 부각되는 특성이다.

> 사랑하는 사람은 자신을 숨긴다. 그는 방해가 되지 않도록 하기 위해서, 이를테면 자신을 드러내지 않고 그 자리에 현존한다. 그 대신 거기에 드러나게 현존하는 것은 숭고한 선과 진리의 위엄이다.[578]

인간은 사회적 삶에 있어 모든 행위의 주인인 주체적이고 자율적인 존재이다. 하지만 만일 사회적인 삶도 믿음을 가진 신앙인의 삶이라면 이는 실질적인 믿음의 대상들(materiale obiectum fidei)이 되어야 하고, 사회적 삶의 제 양태는 곧 구성된 믿음의 형식으로 변모되어야 한다. 하지만 구성된 믿음의 형식으로 변모시키는 것은 인간적인 책임의식이나 자유의지의 결단만으로는 결코 불가능하다. 인간적인 책임의식이나 자유의지의 결단이 반드시 필요하겠지만 그것들은 필요조건이지 충분조건이 될 수가 없다. 여기에는 다른 하나의 조건, 보다 우선적인 조건으로서 신의 은총을 의미하는 카리타스가 요청된다. 그래서 토마스 아퀴나스는 "믿음을 생동하고 구성된 믿음으로 만드는 것은 믿음의 본질에 속하는 것은 아니다."[579]라고 말한다. 현실적인 삶 안에서 생동하고 구성된 믿음이란 곧 살아 있는 믿음, 삶과 믿음이 하나 된 믿음이다. 또한 모든 개인적이고 사회적인 삶이 곧 신의 은총에 의해 이루어지는 사랑의 실천 장소, 신의 현존이 드러나고 신의 섭리가 이루어지는 장소가 되게 하는 믿음이다. 그리고 믿음이 이루어지는 것은 개인의 믿음이 아니라 곧 신적 사랑에 의한 것이다. 사실 키르케고르 역시 "나로서는 믿음의 운동을 묘사할 수는 있지만 그 운동을 일으킬 수는 없다."[580]라고 말하는데, 이는 토미즘의 사유와 같다.

이제 우리는 믿음이 희망하는 제 실재의 실체라고 한 토마스 아퀴나스의 명제

---

578 키르케고르, 『사랑의 役事』, 앞의 책, p. 207.
579 *ST*, II-II, q. 4, a. 4, ad 2.
580 키르케고르, 『공포와 전율』, 앞의 책, p. 73.

를 충분히 이해할 수 있을 것이다. 희망하는 것은 원하는 것과 다르다. 무엇을 희망하는 것은 자신의 힘만으로 이룰 수 없는 것을 갈망하는 것이다. 우리가 희망하는 제 실재, 그것이 무엇이건 우리가 갈망하지만 결코 우리 자신의 힘만으로는 이룰 수 없다. 이러한 실재의 뿌리이자 몸체를 이루고 있는 것이 곧 생동하고 구성된 믿음인 것이다.

(2) 믿음에 뒤따르는 실재로서의 희망(spes)

토마스 아퀴나스에게 있어서 인간은 본성적으로 무엇을 희망하는 존재이다. '희망하다(hope)'는 '원하다(want)'와는 다르다. 사람들은 자신의 능력으로 이룰 수 있는 것에 대해서는 '나는 ~을 원한다'라고 하지만, 자신의 능력만으로는 이루기 어려운 것에 대해서는 '나는 ~을 희망한다'라고 말한다. 그래서 토마스 아퀴나스는 희망에 대해서 "희망의 열정이 가지는 대상은 미래의 좋은 것(선)이며, 성취하기 어려우나 우리가 성취할 수 있는 것이다."[581]라고 규정한다. 그런데 사람들이 희망하는 미래의 좋은 것 즉 선은 어떠한가? 희망의 대상으로서 미래의 선은 명백하게 우리 자신의 힘만으로는 도달할 수 없는 일체의 선이다. 따라서 이 희망이 궁극적으로 지향하는 대상은 최고 선 즉 지복(beatitudo)이다. 따라서 논리적으로 보자면 모든 인간은 언젠가는 지복을 희망할 수밖에 없다. 토마스 아퀴나스에게 있어서 희망의 고유한 대상이 지복인 다른 이유는, 어떤 것의 결과는 원인과 상응하여야 한다는 형이상학적인 법칙에 근거한다. 인간이 신과의 어떤 관계성을 지니고 있다면 이 신으로부터 인간이 희망할 수 있는 것, 아니 희망할 수밖에 없는 것은 곧 신의 존재에 적합한 신적인 것 즉 지복일 수밖에 없다. 사람들은 우선적으로 세상의 선

581 *ST*, II-II, q. 17, a. 2, c. 여기서 우리는 희망에 대한 두 가지 개념 혹은 두 종류의 개념을 분류할 수 있다. 하나는 세상의 좋은 것을 희망하는 것인데, 이는 영혼이 가진 자연적인 덕 혹은 능력이라고 할 수 있다. 다른 하나는 신학적인 덕으로서 믿음에 뒤이어 파생되는 새로운 덕으로서 이는 오직 신적인 것을 희망하는 신학적 덕이다. 여기서 이 두 종류의 희망에 대한 언어적 구분이 필요할 경우 전자를 자연적 희망, 후자를 영성적 희망이라고 부를 것이다.

들을 위해서 무엇인가를 희망할 수 있다. 그런데 사람들이 세상의 선들을 희망할 때 이 희망하는 대상이 자신들의 힘만으로는 성취하기 어렵기에 신의 도움을 청할 수밖에 없다. 그리고 이러한 신의 도움은 필연적으로 신과 인간의 어떤 관계성을 전제하는 것이다. 이러한 신과의 관계성은 또한 인간으로 하여금 신적인 것 즉 지복을 희망하게 하는 것이다.

> 우리가 지닌 희망은 우리가 희망한 선에 이르기 위해 신의 도움에 의존하면서 신에 이를 수 있다. 그런데 한 사태(결과)는 그 원인에 상응하여야 한다. 바로 이러한 이유로 신으로부터 우리가 희망해야 할 고유하고 본질적인 의미에서의 선(bonum)은 무한한 선(bonum infinitum)이어야 한다. 그런데 이 무한한 선은 신 그 자체를 향유하는 것에서 주어지는 영원한 삶(vita aeterna)이다. (…) 바로 이 때문에 희망의 고유하고 본질적인 대상은 영원한 지복(beatitudo aeterna)이다.[582]

우리는 여기서 여전히 토미즘 특유의 목적론적인 사유를 발견할 수 있다. 만일 아름다움을 추구하는 인간의 갈망이 중단되지 않고 절대적으로 추구된다면 언젠가는 신의 존재와 대면할 수밖에 없듯이, 희망하는 인간의 행위가 결코 중단되지 않고 절대적으로 나아간다면 신적인 것 즉 지복을 그 대상으로 희망할 수밖에 없다. 만일 희망이 다른 인간적인 행위들과 다른 점이 있다면, 그것은 희망은 본질적으로 영원한 지복을 고유한 목적으로 한다는 점이다. 예를 들어 미적 추구의 고유한 목적은 아름다움이지 신적 현존은 아니며, 양심의 고유한 목적은 선이지 신적 현존이 아니다. 만일 이들의 행위가 신적 현존에 이르게 된다면 그것은 이들의 행위가 인간 존재의 유기적이고 전체적인 행위 안에서 동인으로 작용하는 한에서만 가능하다.[583] 어떤 의미에서 미적 추구나 양심의 추구에서 만나게 되는 신적 현존

582 *ST*, II-II, q. 17, a. 2, c.
583 "지복이 아닌 어떤 특정한 선을 궁극적인 목적으로 희망할 수는 없다. 다만 지복인 목적에 질서 지

은 그들의 고유한 목적을 넘어서는 우유적인 것(quod accidentiae) 혹은 덤으로 주어진 것으로서의 선이다. 반면 희망은 본질적으로 신적 현존을 지향하게 하는 인간의 영성적인 덕(virtus theologica)이다. 그렇기 때문에 신적인 어떤 것이 아닌 어떤 세상의 좋은 것은 영성적인 덕으로서의 희망에 대해 우유적인 선 혹은 덤으로 주어지는 선이라고 해야 할 것이다. 만일 우리가 시적인 표현을 빌려 희망을 규정해 본다면, 희망이란 신이 인간의 영혼들을 자신에게로 향하도록 하기 위해서 부여한 미래지향적인 덕이라고 할 수 있다.

인간은 자연적인 희망을 가지고 있다는 이유만으로 신에게 도움을 청하며, 신과의 관계성은 또한 지복을 희망하게 한다. 그럼에도 현실적으로 지복 혹은 신적 현존을 희망하고 있는 사람들이 매우 드문 이유는 무엇인가? 그것은 무엇을 희망하기 위해서는 이 희망하는 대상이 가능한 것으로 여겨져야만 하기 때문이다. 즉 희망하는 행위의 조건은 희망하는 것의 가능성에 대한 확신이다. 이 확신이 곧 믿음이다. 그래서 토마스 아퀴나스는 "단적으로 말해서 믿음은 희망에 앞서는 것이다. (…) 어떤 사람이 무엇을 희망하기 위해서는 그가 희망하는 대상이 그에게 있어서 가능한 것으로 여겨져야 한다."[584]라고 말한다. 희망의 대상이 우리 자신의 능력만으로는 이룰 수 없다는 측면에서 희망의 대상은 본질적으로 세속적인 선 이상을 지향할 수밖에 없다. 세상의 어떤 선들은 비록 정도의 차이는 있겠지만 모두 인간적인 노력과 의지의 능력으로 획득할 수 있기 때문이다. 따라서 고유한 의미에서의 희망의 대상은 영성적인 삶에 있어서의 실재들 즉 지복(beatitudo)과, 이를 가능하게 하는 신의 도움 즉 은총(gratia)이다.[585] 엄밀하게 말해 우리가 세상의 좋은 것에

워진 수단으로서 희망할 수 있을 뿐이다. (…) 마찬가지로 한 인간이나 다른 어떤 피조물에게 마치 지복으로 인도하는 제일 원인처럼 그렇게 희망을 둘 수는 없다. 그러나 다만 지복으로 질서 지워진 모든 선들을 추구하는 데 있어서 도움을 주는 이차적인 동인 혹은 도구(agente secundario et instrumentali)로서만 희망할 수 있을 뿐이다." *ST*, II-II, q. 17, a. 4, c.

584 *ST*, II-II, q. 17, a. 7, c.

585 "희망의 대상은 한편으로는 영원한 지복이며, 다른 한편으로는 신성한 도움이다." *ST*, II-II, q. 17, a. 7, c.

대해서 희망이라는 말을 사용한다면, 이는 고유한 의미에서가 아니라 언어적 변용이나 유비적인 의미에서 사용하는 것이다.

여기서 우리는 하나의 질문을 던져 볼 수 있다. 만일 희망이 일종의 덕(virtus, 德)이라면, 다른 모든 덕에 있어서와 마찬가지로 중용을 취하는 것이 바람직하고, 절대적인 것(지복)을 추구하는 극단적인 행위는 오히려 덕의 고유함을 상실하는 것이 아닌가? 하는 질문이다. 이러한 질문에 대해서 토마스 아퀴나스는 도덕적인 덕과 신학적인 덕의 본질적인 차이점을 들어 답한다.

> 도덕적인 덕이 자신의 고유한 대상으로 지향하는 것은 이성의 규범 아래에 놓여 있는 주제이다. 바로 이 때문에 도덕적인 덕이 그의 고유한 선에 관하여서 중용(medium)을 취하고자 하는 것은 본질적으로 적절하다. 그런데 신학적인 덕(virtus theologica)이 그의 고유한 대상으로서 지향하는 것은 다른 척도에 의해서 척도된 것이 아닌(non regulatam alia regula), 제일 원리 그 자체(ipsam regulam primam)에 의해서이다. 바로 이 때문에 본질적으로 그리고 그의 고유한 대상에 의하여 신학적인 덕이 중용의 덕 안에 놓이게 되는 것은 적합하지 않다.[586]

이성의 규범들과 관련된 문제들을 대상으로 하는 도덕적인 덕은 본질적으로 중용을 취하는 것이 타당하다. 왜냐하면 이성의 규범이란 항상 일반적인 법칙을 말하는 것인데, 현실 안에서 발생하는 제 문제는 이러한 일반적인 규범을 바로 적용하기에는 항상 보다 복잡하게 등장하기 때문이다. 하지만 신학적인 덕으로서의 희망이 지향하는 것은 이성의 규범에 관련된 주제가 아니라 본질적으로 제일 원리 그 자체와 관련된 문제이며, 따라서 중용은 적합한 태도가 아니다. 다시 말해서 절대자의 현존 그 자체와 관련되기 때문에 절대적인 태도가 적합한 것이다. 사실 이는 믿음에 관하여서도 마찬가지이다. "믿음(fides) 안에서 중용(medium)이 자리할 수는

---

586 *ST*, II-II, q. 17, a. 5, ad 2.

없다."[587] 신의 계시에 관하여 적당하게 믿는 것은 이미 믿는 것이 아니듯, 신적 현존을 희망하면서 적당하게 희망하는 것은 희망하지 않는 것과 같다. 그렇기 때문에 영성적인 덕으로서의 희망을 가진 자라면 누구나 신적 현존을 절대적으로 희망할 수밖에 없다. 사실 키르케고르가 "우리 시대의 불행이 바로 '적당히'라는 모토에 있고 모든 일을 적당히 처리하는 데에 있고, 또 바로 그것이야말로 고침을 받아야 할 병이라고 한다면…"[588]이라고 말할 때, 엄밀히 말해 병처럼 고려되는 이 적당함이란 바로 신적인 문제와 관련된 종교적 실존에서의 적당함을 말한다. 적당한 거짓말이 이미 완전한 거짓말과 같듯이 신의 현존 앞에 선 한 개인에게 있어서 일체의 적당히는 이미 비진리이다. 그렇기 때문에 영성적인 삶을 영위하는 사람에게 있어서 가장 큰 특징은 진지함이며, 자신이 추구하는 것에 대해서 절대적으로 희망하는 확고한 믿음이다. 루이 라벨 역시 성인(聖人)에 대해 말하면서 "성인이란 항상 자신의 절대에 까지 이르게 하는 사람"[589]이라고 규정한 바 있는데, 이는 지극히 논리적이다. 자신의 삶에서 신적 현존을 추구하고 신의 섭리에 자신의 모든 것을 증여한 성인에게 있어서 적당히란 있을 수 없다. 그는 언제나 절대적으로 신적 현존에 증여한 자신의 실존을 지니고 있으며, 이러한 신의 섭리와 현존보다 더 가치 있거나 소중한 것은 어디에도 없기 때문이다. 비록 성인이 아니라 할지라도 영성적인 삶을 추구하는 누구라도 그것이 진정한 영성적인 삶이라면 중용이란 있을 수 없다. 이러한 갈망을 자신의 삶에 있어서 가장 소중한 무엇, 가장 의미 있는 무엇, 그리고 가장 최상의 가치로서 추구할 때 비로소 영성적인 삶을 영위하고 있다고 할 수 있는 것이다.

이제 우리는 믿음과 희망의 관계를 이해할 수 있다. 믿음은 희망이 발생하기 위한 조건과도 같다. 그리고 희망이란 믿음에 뒤따르는 어떤 것이다. 누구도 어떤 것이 가능하리라는 믿음이 없다면 어떤 것을 희망하지는 않을 것이며, 어떤 것이 가능하리라는 믿음이 있다면 이것을 희망할 수밖에 없다. 그래서 토마스 아퀴나스는

587 *ST*, II-II, q. 17, a. 5, ad 2.
588 키르케고르, 『순간』, 앞의 책, p. 13.
589 루이 라벨, 『성인들의 세계』, 앞의 책, p. 18.

희망을 "믿음에 뒤따라오는 실재(quod consequitur ad fidem)"[590]라고 규정한다. 이러한 실재는 한 개인의 내면적인 실재로서 그의 삶을 진지하게 만들며, 그의 삶의 형식과 내용에 지대한 영향을 미치는 것으로서의 자아의 일부인 정신적인 실재라고 할 수 있다. 왜냐하면 무엇을 희망하는 사람에게 있어서 그의 삶은 우선 희망하는 것을 중심으로 질서 지어지기 때문이다. 현대적 언어로 말하자면 희망은 그의 실존의 분위기를 전체적으로 특징짓는 실존의 일부라고 할 수 있는 실재이다. 한 개인의 내밀한 실존의 일부로서의 희망은 본질적으로 개별적이며, 자기 자신의 고유한 선을 지향한다. "희망은 희망하는 주체의 고유한 선을 지향하는 것이지 타인에게 고유한 선을 희망하지 않는다(spes directe respicit proprium bonum, non autem id quod ad alium pertinet)."[591] 희망이 본질적으로 개별자의 개별적인 지복을 희망하기에 타인의 고유한 선에는 관여하지 않는다는 점은 구원의 특성과 일치한다. 사실 신이 아닌 한 타인의 구원을 대신 책임져 줄 수 있는 사람은 누구도 없다. 불교에서도 '천상천하 유아독존(天上天下 唯我獨尊)'이라는 말로 자신의 구원은 오직 자신에게 달렸음을 말하며, 키르케고르 역시 단독자의 개념을 통해서 구원이란 오직 한 개별자가 개별적으로 신 앞에 나서는 것임을 말한다. 하지만 토마스 아퀴나스는 다른 관점을 제시하는데, 그것은 믿음과 희망을 아우르면서 이 둘의 뿌리가 되는 사랑(carita)의 이론이다. 만일 희망하는 자가 누군가를 사랑한다면 이 사랑이 사랑하는 자의 지복 즉 사랑하는 이의 구원을 희망할 수 있는 것이다.

> 하지만 만일 희망하는 자가 타인에 대한 사랑을 전제한다면, 자신에게 고유한 것을 희망하면서 이 타인을 자기 자신처럼 고려하기에 역시 타인에게 고유한 것을 희망할 수 있다. 이처럼 사랑을 전제할 때 우리는 타인의 지복 역시 희망할 수 있다.[592]

---

590 *ST*, II-II, q. 17, a. 7, ad 2.
591 *ST*, II-II, q. 17, a. 2, c.
592 *ST*, II-II, q. 17, a. 3, c.

타인을 자기처럼 여기는 사랑은 신적 사랑이다. 사실 토마스 아퀴나스에게 있어서 인간적인 사랑(amor)과 신적 사랑(caritas)은 에로스적 사랑과 아가페적 사랑으로 구분되지는 않는다. 아마도 가장 일반적으로는, 인간적인 사랑은 신적 사랑을 닮아 있지만 배타적인 사랑이고 신적 사랑은 일체의 배타성이 배제된 사랑이라고 구분할 수 있을 것이다. 그렇기 때문에 신적 사랑을 지반으로 하고 신적 사랑이 전 삶을 특징짓는 영성적인 삶에서는 희망이 가장 큰 삶의 분위기, 실존의 분위기를 형성하게 된다. 왜냐하면 본질적으로 타인의 구원에는 관여할 수 없는 것이 구원의 특징이지만, 그럼에도 자신의 구원을 희망하는 것과 동일한 희망으로 타인의 구원을 희망할 수 있기 때문이다. 사랑의 범주에서 그 어떤 사람도 배제하지 않는 한, 영성가는 신적 사랑을 희망하는 혹은 지복을 희망하는 그의 희망에 있어서 역시 자신이 사랑하는 모든 사람들의 지복을 희망할 수밖에 없다.[593] 희망이 한 개인의 내밀한 내적이고 정신적인 실재라고 할 때, 한 영성가의 내적인 실재는 그 어떤 사람들보다도 크고 확장적이다. 다가오는 모든 것을 신적 사랑으로 맞이하는 영성가의 희망은 모든 존재들의 구원을 희망하는 것으로 인하여 무한히 확장된다. 마치 영혼의 양식과 같이 고려된 떼이야르 드 샤르뎅의 더 존재하기(plus-être)가 현실적이 되는 것은 바로 이 영성가의 희망에 있어서이다.

(3) 모든 덕의 형상으로서의 신적 사랑(caritas)

토미즘의 특징은 전체적으로 모든 것이 유기적인 통일을 이루고 있다는 점이다. 그리고 여기에는 항상 나머지를 전체적으로 질서 짓는 형이상학적 제일 원리가 있다. 가령 모든 존재하는 것은 자신들의 존재론적인 제일 원리이자 통일성의 원리인 존재(esse)를 가지고 있으며, 모든 생명체는 자신들의 생명작용의 제일 원리이자

593 "이처럼 우리로 하여금 신을 사랑하게 하고, 우리자신을 사랑하게하고 또한 동시에 이웃을 사랑하게 하는 유일한 덕목은 신적 사랑(caritas) 뿐이다. 이처럼 유일한 하나의 희망을 통해서 사람들은 자기 자신을 위하여 그리고 타인을 위하여 희망할 수 있다." *ST*, II-II, q. 17, a. 3, c.

통일성의 원리인 영혼(anima)을 가지고 있다. 마찬가지로 영성적인 덕들에 있어서도 제일 원리는 사랑(caritas)이다. 생명현상이 그 근원으로서 그리고 작용의 원리로서 생명의 원리라는 영혼을 가정하듯이, 믿음이나 희망도 일종의 덕(virtus)이라고 하는 한 이들의 근원이자 이들을 질서 짓고 완성해 가는 원리를 가정하게 된다. 이것이 곧 신적 사랑으로서의 카리타스이다. 이러한 차원에서 토마스 아퀴나스는 카리타스가 모든 덕들의 어머니요 뿌리라고 말한다.

> 이처럼 카리타스가 모든 덕들에 있어서 그들의 형상(forma)이 된다는 의미에서 카리타스는 모든 덕들의 어머니요 뿌리이다.[594]

물론 여기서 모든 덕들이란 윤리·도덕적인 덕들, 가령 용기·절제·온유 등 모든 것이 포함된다. 하지만 그렇다고 해서 모든 사람들이 지니고 있는 윤리·도덕적인 덕들이 곧 카리타스에 의해서 발생하였다고 말하는 것은 아니다. 카리타스를 전혀 가정하지 않고도 인간적인 노력에 의해서 이러한 덕들을 제2의 천성처럼 지닐 수 있다는 사실에는 의심의 여지가 없다. 다만 영성적인 삶을 영위하는 사람들이 카리타스를 수용할 때는 카리타스가 덕의 형상이라는 이유만으로 다른 모든 덕들이 카리타스로부터 파생되어 나오는 것이 당연하다. 그래서 토마스 아퀴나스는 카리타스와 함께 다른 도덕적인 덕이 수용되어야 한다고 진술한다.

> 인간이 마지막 목적을 향하도록 질서 짓는 사랑으로서의 카리타스는 이 마지막 목적에 부합하는 모든 선한 업적들의 원리임이 분명하다. 이처럼 카리타스와 더불어 모든 종류의 선한 업적을 수행하게 하는 모든 도덕적 덕이 수용되어야만 하지 않겠는가![595]

---

594 *ST*, I-II, q. 62, a. 4, c.
595 *ST*, I-II, q. 65, a. 3, c.

하지만 언어적 측면에서 엄밀하게 볼 때 카리타스와 더불어 다른 도덕적인 덕들이 함께 수용된다는 표현은 정확하지 않은 듯하다. 이는 자연법칙이 신에 의해서 주어졌기에 봄이 오는 것을 신이 준 선물처럼 이해하는 것과 동일한 의미의 유비적인 표현일 것이다. 왜냐하면 형상에 뒤따르는 제 속성이나 능력은 형상과 함께 주입되기보다는 형상으로부터 파생 혹은 형성되기 때문이다. 예를 들어 형상으로서의 하나의 지성혼이 주어지게 되면, 감각혼이나 식물혼은 지성혼 안에 잠정적으로 내포되어 있는 것이지 지성혼과 함께 주어지는 것이 아니다. 이와 마찬가지로 카리타스가 주어지게 되면 다른 모든 덕이 카리타스 안에 잠정적으로 내포되어 있다고 하는 것이 적합한 표현이다. 만일 그렇지 않다면 카리타스가 다른 모든 덕들의 뿌리가 된다고 하는 위의 진술과 모순될 것이다. 즉 비록 경험적으로는 믿음과 희망 그리고 다른 윤리적인 덕들이 우리들의 인식에 먼저 포착된다고 하더라도, 이들의 이면에 눈에 보이지 않는 신적 사랑인 카리타스가 이들을 유발한 형상으로서 먼저 있었다는 것이다.[596] 신적 사랑인 카리타스가 주어지면 다른 모든 덕들이 여기에서 파생되어 나온다는 표현은 경험적으로도 충분히 긍정할 수 있다. 자식을 진정으로 사랑하는 한 어머니는 자식에 대한 사랑으로 인하여 용감해지고 자식을 위해서 인내할 수 있으며, 자식을 위해서 절제하고 자식을 위해서 신중해질 것이다. 즉 진정한 사랑은 사랑이 이루어지기 위해서 필요한 모든 덕을 산출하게 된다. 그렇기 때문에 사랑이 덕의 형상이라는 진술은 충분히 긍정할 수 있는 것이다.

따라서 우리는 논리상 카리타스에 의해 발생한 도덕적인 덕과 인간적인 노력을 통해 형성한 도덕적인 덕을 구분할 수 있을 것이다. 외형상 그리고 그 내용이 동일하다고 할지라도 이 두 가지의 도덕적인 덕은 그 궁극적인 목적을 달리 할 것이다. 전자가 카리타스의 완성을 목적으로 한다면, 후자는 인간적 삶의 완성을 목적

---

596 "발생의 질서에 있어서는 질료가 형상에 앞서고, 불완전한 것이 완전한 것을 앞선다. (…) 이처럼 믿음은 희망에 앞서고 희망은 사랑에 앞선다. (…) 그러나 완성의 질서에 있어서 카리타스(종교적 사랑)는 믿음과 희망을 앞선다. 이는 믿음과 희망이 사랑(caritas)을 통해서 형성되기 때문이다." *ST*, I-II, q. 62, a. 4, c.

으로 한다. 그래서 토마스 아퀴나스는 "종교적(수도적) 삶의 궁극적 목적은 사랑(caritas)을 완성하는 것이다(Ipsa perfectio caritatis est finis status religionis)."[597]라고 말한다. 여기서 우리는 신적 사랑을 의미하는 카리타스와 인간적인 사랑을 의미하는 아모르를 구분해 볼 수 있다. 사랑이라는 차원에서 이 두 가지 사랑은 모두 사랑하는 대상의 선을 추구한다. 하지만 인간적인 사랑이 인간적인 선을 추구한다면 신적 사랑은 신성한 선을 추구한다. 그렇기 때문에 카리타스를 통해서 한 인간을 사랑하는 것과 아모르를 통해서 한 인간을 사랑하는 것은 근본적으로 다르다. 바로 이러한 이유로 토마스 아퀴나스는 "비록 신적 사랑(caritas)이 하나의 사랑이지만, 모든 사랑(amor)이 신적 사랑은 아니다."[598]라고 말한다. 모든 사랑이 신적 사랑은 아니라는 것은 어떤 인간적 사랑은 신적 사랑일 수도 있다는 말이다. 이러한 논의는 신적 사랑과 인간적인 사랑 사이의 범주적 관계를 말해 준다.

신적 사랑이 모든 덕의 형상으로서 다른 모든 사랑을 잠정적으로 포함한다는 것은 만일 어떤 인간적인 사랑일지라도 그것이 카리타스에 의한 것이라면 신적 사랑과 본질적으로 같은 것임을 말한다. 즉 이는 신적 사랑이 인간적 사랑의 형식을 통해서 드러나는 것에 불과하다. 하지만 인간은 신적 사랑 없이도 인간적인 사랑을 가질 수가 있다. 이 경우 비록 그 형식과 내용이 유사하다고 하더라도 이는 순수한 인간적인 사랑이지 신적 사랑의 표현은 아니다. 여기서 우리는 신적 사랑에 의한 삶과 인간적인 윤리·도덕적인 덕에 의한 삶이 근본적으로 그 지평을 달리함을 알 수 있다. 영성가의 삶과 일반인의 삶의 차이는 여기에 있다. 영성가는 본질적으로 신적 사랑을 삶의 제일 원리로 하기 때문에 그가 지닌 모든 사랑과 덕은 카리타스를 근원으로 하고 카리타스의 완성을 지향하게 된다. 반면 일반인의 사랑과 덕은 그 기원이 순수한 인간적인 도덕적인 선의지(善意志)이며, 궁극적인 목적도 인간적인 삶의 완성이다. 그렇기 때문에 동일하게 이웃을 사랑하고 자연을 사랑하

---

597 *ST*, II-II, q. 186, a. 2. c.
598 *ST*, I-II, q. 62, a. 2, ad 3.

는 행위라고 할지라도 영성가의 행위와 일반인의 행위는 그 의미나 목적이 완전히 다른 것이다.[599]

토마스 아퀴나스는 "신성한 사랑(caritas)은 신 때문에 이웃을 사랑한다. 이처럼 신성한 사랑의 고유한 대상은 신 그 자체이다."[600]라고 말하는데, 이는 얼핏 보기에 마치 모든 것이 신 중심의 사고로 이루어지는 일종의 이데올로기처럼 보이기도 한다. 하지만 여기서 '~때문에'라는 말의 의미에 주목해 볼 필요가 있다. 만일 '~때문에'라는 말이 '~을 위하여'라는 의미로 사용된다면 매우 일방적인 행위를 의미하겠지만, 이 말이 '~에 원인이 되어'라는 의미로 사용된다면 자신의 이익을 구하지 않는 신적인 사랑에 의해서라는 의미가 될 것이며 이는 순수한 아가페적 사랑이라는 말이 될 것이다. 따라서 신적인 사랑을 그 삶의 제일 원리로 하는 영성가의 삶이란 오직 카리타스에 의해서 세상과 인간을 사랑하고 또한 이 신적 사랑을 완성하기 위해서 끊임없이 사랑을 실천하는 것이다. 즉 그의 사랑의 행위의 동기와 목적이 모두 신적 사랑에 있는 삶이 곧 진정한 영성가의 삶이며, 신이 세상을 사랑한 것처럼 세상을 사랑하기 위하여 살아가는 삶이 곧 영성가의 삶이다. 이러한 사랑은 자신의 이익을 전혀 구하지 않는다는 점에서 무소유의 정신이라고 할 수 있다. 따라서 진정 영성적인 삶을 살고자 하는 사람에게 있어서 유일한 하나의 덕은 곧 카리타스를 가지는 것, 이 카리타스를 완성해 가는 것뿐이다. 그것을 통해서 그의 모든 삶의 형식이 결정되고 모든 행위의 의미가 주어진다. 오직 카리타스를 완성하는 것을 목적으로 세상과 이웃을 사랑하는 것은, 영성가에게 있어서 가장 분명한 실재이며 자신의 존재의 지반이요 자아를 구성하는 가장 본질적인 요소이다. 비록 세

---

599 우리는 이러한 신적 사랑과 인간적인 사랑에 대한 구별을 아우구스티누스의 고백록에서 잘 볼 수 있는데, 그는 그의 벗의 죽음을 맞이하여 완전히 절망에 빠지게 된다. 그리고 이러한 절망이 사실은 인간을 마치 신처럼 사랑한 그의 오류였음을 고백한다. "나도 내 영혼, 그의 영혼을 두 몸 안에 있는 하나로 여겼었고, 그렇기에 목숨이 두려워졌습니다. 반쪽으로 살기가 싫었고, 따라서 내가 매우 사랑하던 그가 온으로 죽을까 두려, 아마도 나 죽기가 무서웠는지 모를 일입니다. 아으, 사람을 사람답게 사랑할 줄 모르는 미치광이여, 덧없는 인간사에 안달하는 바보여!" 아우구스티누스, 『고백록』, 최민순 옮김, 바오로딸, 2004, p. 99.

600 *ST*, II-II, q. 1, a. 1, ad 3.

상 사람들의 감각적 인식이나 이성적 추론에 의해서는 전혀 포착될 수 없다고 할지라도 영성가 자신에게 있어서 그것은 가장 분명한 실재, 가장 참된 실재이다. 우리는 이러한 실재를 '초자연적인 실재'라고 정당하게 말할 수 있다. 우리 내면에 순수하게 인간적인 것을 초월하는 이러한 실재가 존재하는 것은 단지 중세적인 사유에서만 발견되는 것이 아니다. 사실 파스칼 역시 인간 속에 존재하는 이러한 초자연적인 실재에 대해서 누구보다도 잘 파악하고 있다. 그는 『팡세』에서 다음과 같이 말한다.

> 참되고 유일한 오직 하나의 덕은 자신을 미워하고(탐욕적인 인간성은 미워할 만하니까) 진정으로 사랑할 만한 존재를 찾고, 이 존재를 사랑하는 것이다. 그런데 우리는 우리의 바깥에 있는 것을 사랑할 수 없다. 따라서 우리 자신이 아니면서 우리 자신에게 존재하는 이 사랑스러운 존재를 사랑해야한다. 모든 인간들 각자에게 이러한 존재가 내재하고 있다는 것은 사실이다. 신의 왕국은 우리 자신에게 존재하고 있다.[601]

파스칼이 말하는, 우리의 내면에 있는 우리 자신이 아닌 사랑스러운 존재가 정확히 무엇을 지칭하는가 하는 질문은 사실 무의미하다. 왜냐하면 이러한 존재는 이미 인간의 언어로 지칭할 수 없는 초자연적인 것이기 때문이다. 하지만 이러한 존재를 신의 왕국이라는 상징적인 언어로 말할 수 있는 까닭은 이것이 신적 사랑의 실재 즉 카리타스라고 하는 것이 가장 적합하기 때문이다. 카리타스를 인간의 행위에서 가장 탁월한 것 혹은 가장 완전한 것으로 생각하는 것은 가톨릭의 영성가들에게서 일반적으로 볼 수 있는데, 성녀 아빌라의 데레사 역시 수도생활의 근본적인 목적을 카리타스의 완성에 두었다. 엠마누엘 흐노는 그녀의 정신에 대해서 "결론적으로 원초적인 규칙들에 대한 준수를 통해서 성녀가 지향했던 것은 모든

---

601 Pascal, *Pensées*, frag. 485, op. cit, p. 185-186.

수도회가 지향하는 근본적인 목적이다. 가장 높은 덕의 완성으로 나아가는 것, 즉 카리타스의 완성으로 나아가는 것이다."[602]라고 말한다.

우리는 여기서 하나의 근본적인 질문을 해 볼 수 있다. 만일 카리타스가 인간적인 사랑이나 덕과 달리 신적 은총을 전제하는 것이라면, 카리타스는 종교적 삶을 영위하는 신앙인들의 삶에서 어느 특정한 시점에 주어질 수밖에 없다. 그럼에도 카리타스가 모든 덕들의 뿌리라든가 혹은 모든 인간의 내면에 존재하는 것이라는 말은 모순이 아닌가? 이러한 질문은 현상을 현상 그 자체로 고찰할 때 반드시 주어질 수 있는 것이며, 이성의 논리로 납득하기 어려운 점이기에 당연히 주어질 수 있다. 이러한 질문에 대한 답변은 사실상 형이상학적인 지평에서 주어질 수밖에 없다. 토마스 아퀴나스는 형상의 이론을 통해 이에 답한다. 즉 보다 완전한 형상은 모든 하위적인 형상들의 완성을 잠정적으로 지닌다는 그의 이론을 통해서이다. 그는 다음과 같이 말한다.

> 발생의 순서에 있어서는 희망이 신성한 사랑(caritas)에 앞선다. (…) 하지만 완성(perfectio, 완전함)의 질서에 있어서는 신성한 사랑이 본성적으로 제일 첫 번째이다.[603]

완전함에 있어서 카리타스가 모든 것에 앞선다는 것은 무엇을 의미할까? 하나의 개체에서 가장 완전한 것은 사실 개체 그 자체이다. 예를 들어 인간의 영혼은 발생학적으로 보자면 식물혼이 가장 먼저 나타나고 그 다음이 동물혼, 그 다음이 이성혼이다. 하지만 완전함에 있어서는 보다 뒤에 나타난 것이 보다 완전하다. 이렇게 가장 완전한 영혼이란 한 개별자의 실체적인 영혼 그 자체이다. 비록 시간상 한 개별자의 영혼은 가장 늦게 나타나지만 형이상학적인 차원에서 보자면 가자 먼저 존재하였던 것이 개별자의 영혼이며, 이 개별자의 영혼으로 말미암아 다른

---

602 Emmanuel Renault, St. *Thérèse d'Avila et l'expérience mystique*, op. cit., p. 121.
603 *ST*, II-II, q. 17, a. 6, c.

모든 영혼들이 존재하는 것과 같다. 왜냐하면 엄밀한 의미에서 다른 모든 영혼들은 이 개별자의 실체적인 영혼의 부분 혹은 기능에 지나지 않기 때문이다. 이와 마찬가지로 다른 모든 덕에 비해서 가장 완전한 덕으로서의 카리타스는 다른 모든 덕이 존재하게 되는 실체적인 형상과 같다. 즉 형이상학적인 차원에서 보자면 카리타스는 개별자의 영혼과 마찬가지로 가능성(potentia)의 양태로서 다른 모든 덕들에 앞서 존재하였다는 의미이다. 그래서 은총을 통해서 주어진 카리타스란, 은총을 통해서 가능성 중의 카리타스가 현실화 혹은 실재화된 것이라고 표현하는 편이 정확하다.[604]

<table>
<tr><th></th><th>다양한
국면들</th><th>그 정의들</th><th>사랑의 형식</th></tr>
<tr><td rowspan="4">발생의
질서

↓

사랑은
인간실존의
모든 수준에
있어서
운동의
원리이다.</td><td>자연적
욕구</td><td>창조주에 의해서 각각의 피조물들의 본성 안에 주입된 욕구들: ex. 목마름 배고픔 등.
이들은 주체의 인식을 수반하지 않는 본능적인 욕구들이다.</td><td>생존의
원리이며
자연적인 사랑</td></tr>
<tr><td>감각적
욕구</td><td>감각적인 통찰들을 통해서 깨어난 욕구들.
이들은 동물들에게 있어서 자유로운 판단을 동반하지 않는 필연적인 것이다. 반면 인간에게 있어서는 이성의 참여가 동반된다.</td><td>아름다움의
원리인 감각적
혹은
감성적 사랑</td></tr>
<tr><td>지성적
욕구</td><td>자유로운 판단으로부터 발생하는 욕구들이다. 아리스토텔레스의 용어로 '반성된 욕구'이다.
이러한 욕구는 앎을 전제하며, 일반적으로 사람들은 이성적 혹은 지성적 욕구란 의미로 '의지'라고 부른다.</td><td>선의 원리인
지성적 사랑
(amor)</td></tr>
<tr><td>영성적
욕구</td><td>신성한 것에 대한 사랑에 의해서 깨어난 욕구들. 이들은 인간의 자연적인 속성들처럼 주어진 것은 아니다. 특정한 정서적 능력(affectus)—영적인 아름다움 혹은 선에 대한 명상—에 의해서 산출된 현상이다. 즉 신성한 것과의 공동본성처럼 간주된다.
caritas는 모든 다른 사랑들의 형상으로서 다른 모든 사랑의 어머니요 뿌리가 된다.</td><td>영적인 사랑
혹은
종교적 사랑
(caritas)</td></tr>
</table>

신학대전 I-II(q. 26)에서 분류되는 욕구들(appetitus)과 사랑

604 이 도표는 다음의 논문에서 인용한 것임. 이명곤, 「토마스 아퀴나스 / 완전한 사랑은 가능한가?」, 『신학과 철학』, 서강대학교 신학연구소, 제13호, 2008, p. 263.

이러한 신적 사랑의 잠재적인 선재성은 토미즘에서 일관되게 나타난다. 왜냐하면 신은 모든 존재하는 것에 현존하는 무제약적인 존재이며,[605] 이러한 존재자들 안에 현존하는 신은 또한 그 본질이 카리타스인(Deus caritas est) 신과 동일한 신이기 때문이다. 그렇기 때문에 비록 전혀 신을 믿지 않거나 신적 현존을 느낄 수 없는 사람이라고 하더라도 그의 존재 깊은 곳에는 신적 현존이 함께 하며, 그렇기에 신의 은총(caritas)은 마치 태양이 모든 이를 동일하게 비추듯이 모든 이에게 동일하게 주어진다고 말할 수 있다. 우리는 이러한 토미즘의 영성관(靈性觀)을 잘 대변해 주는 현대의 한 영성서적을 발견할 수 있는데, 사제인 모리스 젱델은 "사람이 하느님 앞에 없었지, 하느님께서 안 계신적은 없었습니다."[606]라고 말한다. 의미는 다소 다를 수 있지만 현대 철학의 선구자인 키르케고르 역시 이와 유사한 말을 하는데, 그는 "하느님께서는 실로 죽으시는 일이 없기 때문에 두 사람의 애인이 서로 가까이 있는 것보다 더 여러분에게 가까이, 무한히 가까이 계십니다."[607]라고 말한다.

카리타스는 인간이 의식할 수 없고 전혀 감지할 수 없지만 인간의 존재 가장 깊은 곳에 존재하며, 어떤 의미에서 한 영혼이 탄생하였다는 사실 자체가 이미 신적 사랑이 거기에 있었다는 뜻이다. 왜냐하면 신의 현존은 예외 없이 모든 인간의 영혼의 깊은 곳에 존재하기 때문이다. 사실 이러한 종교적 인간관은 이미 아우구스티누스가 깊이 통찰하고 있었던 것이다. 그는 『고백록』에서 "신은 인간의 마음(cor) 깊은 곳에 있으나, 인간의 마음은 신으로부터 멀어져 있다."[608]라고 한 바 있는데, 여기서 인간의 마음 깊은 곳에 존재하는 신의 현존은 곧 신적 사랑을 말한다. 인

605 "신은 모든 존재자들 안에 그의 본질을 통해서, 능력을 통해서 그리고 현존을 통해서 존재하고 있다. 신은 마치 원인의 선함에 참여함하고 있는 결과들 안에 원인이 존재하는 것과 같은 방식으로 존재하는 것이다–Deus est in omnibus rebus per essentiam, potentiam et praesentiam sicut causa in effectibus participantibus bonitatem ipsius." *ST*, I, q. 43, a. 3, c.

606 모리스 젱델, 『나날의 삶을 하느님과 함께』, 앞의 책, p. 160.

607 키르케고르, 『들의 백합 공중의 새』, 앞의 책, p. 135.

608 "Intimus cordi est, sed cor erravit ab eo." S. Augustini, *Confessionum*, Lib. 4, *op. cit*., p. 140.

간의 마음 깊은 곳에 존재하는 신이란 사실 시적인 표현이다. 왜냐하면 나의 내면에 존재하는 신적 현존은 다른 모든 사람들 안에 존재하는 신적 현존이나 혹은 나무나 바위 안에 존재하는 신적 현존과 동일하기 때문이다. 아우구스티누스는 또한 『영적찬가(*Cantique spirituel*)』에서 "나는 나의 바깥 모든 곳에서 신을 찾았으나 신을 찾지 못하였네. 그러니 신은 내 영혼 안에 숨어 있음이 틀림이 없으리. 바로 여기서 나는 참된 명상을 통해서 신을 찾아야만 하리."[609]라고 고백한다. 사실 이러한 표현은 토미즘의 언어로 '신적 사랑이 가능성(potentia)의 양태로 나의 존재의 지반을 이루고 있으며, 진정한 명상을 통하여 이러한 신적 사랑을 자각하게 되고 이러한 신적 사랑이 진정 실재가 되도록 하여야 한다.'라는 말이 될 것이다. 모든 인간에게 신적 사랑이 가능성의 양태로 이미 주어져 있다는 것은 인간으로 존재하는 것 자체가 무상의 선물이라는 은총(gratia)을 의미하며, 이러한 은총을 자각하고 이를 삶 안에서 완성하도록 하는 신의 도움들 또한 은총이라고 할 수 있다. 우리는 전자를 근원적인 은총(la grâce primitive) 혹은 형상적인 은총(la grâce formelle)으로, 후자를 현실적인 은총(la grâce actuelle)으로 명명할 수 있을 것이다. 한 개인이 전혀 그 사실을 알아차릴 수 없다고 할지라도, 인간으로 존재하는 한 그의 내면 깊숙이에서는 신적 사랑이 그의 존재의 지반을 이루고 있다는 사유는 그 어떤 사유보다 인간의 존엄성을 부각시킨다. 우리는 이러한 사유를 심오한 휴머니즘(l'humnisme profond)이라고 부를 수 있다. 심오한 휴머니즘에서는 한 개인이 어떠한 모습을 취하고 있든 그가 인간으로 존재하는 한 그의 존재의 심오한 곳에서 그를 지지하는 존재의 최후의 지반은 여전히 신적 은총이다. 그리고 초자연적인 실재 혹은 형이상학적인 실재를 통찰하거나 긍정하는 사람에게 있어서 모든 사람들은 예외 없이 마치 신에 있어서 그러한 것처럼 그의 사랑의 대상이 되는 것이다. 영성가의 삶의 가장 심오한 특징은 모든 것, 예외 없이 모든 것을 사랑할 수 있는 아가페적 사랑을 삶의 원리로 지니고 있다는 것이다.

---

609 S. Augustini, *Cantique spirituel*, str. I, tra. Dom Chevalier O. S. B., éd. Desclée, 1930, pp. 21~22.

4. 영성적 삶과 자아의 운명

영성적인 삶이 카리타스를 삶의 원리로 하는 사랑의 삶이라고 규정할 수 있고 이러한 삶의 가능성이 예외 없이 모든 인간에게 가능성으로서 주어져 있다면, 이제 우리는 다른 하나의 질문을 던질 수 있다. 만일 모든 사람에게 동일하게 신적 사랑이 이미 주어져 있다면, 왜 어떤 이에게 있어서는 이러한 사랑이 분명한 실재로서 그의 자아의 본질적인 요소처럼 형성되고 어떤 이에게는 전혀 알아차릴 수조차 없이 실재가 아닌 것으로 남아 있는가? 그리고 종교적인 사람들의 다양한 삶의 결실들이 사실은 유일하고 동일한 신적 사랑을 그의 형상으로 한다면 왜 영성적인 삶의 결실들이 그토록 다른 방식으로 나타나는가? 이러한 질문에 대해서는 다양한 방식으로 답변이 가능하겠지만 크게는 두 가지 방식으로 답변할 수 있다. 하나는 보다 간단하고 쉬운 답변으로서 신의 자유에 호소하는 방식이며, 다른 하나는 보다 심오한 지평에서 개별자의 인격의 개념을 통해 답변하는 방식이다.

1) 신의 현존 방식과 개별자로서의 인격

이미 앞서 말한 바 있듯이 그리스도교의 신은 무엇보다 먼저 인격으로 이해되며, 한 영성가의 삶에 개입하는 신의 섭리는 마치 인간 사이의 우정처럼 나타난다. 어째서 신이 어떤 영혼들에게는 보다 분명하고 확실한 방법으로 자신의 현존을 드러내어 성인·성녀의 삶을 가능하게 하고, 어떤 영혼들에게는 평생 동안 이러한 신적 현존을 거의 느낄 수조차 없도록 할까? 그 이유는 신은 은총을 분배하는 자동기계가 아니라 자유를 가진 인격적인 존재이기 때문이다. 신이 모든 인류의 구원을 바랄지라도 누구를 통하여 이러한 구원의 역사를 이끌어 갈 것인가는 오직 신의 자유에 달린 문제이다. 우리는 한 개인에게 벗이 될 것을 강요할 수 없듯이 신에게 나의 벗이 되어 달라고 강요할 수 없으며, 더 나아가 나만의 특별한 벗이 되어 줄 것을 요구할 수 없다. 신의 은총이 어떤 이들에게는 감당할 수 없으리만치 크고 어떤 이들에게는 거의 느낄 수 없을 정도라고 해도 인간은 이를 질책할 수 없다. 이는 신의 자유에 의한 것이기 때문이다. 영성적 삶에 있어서의 다양성에 대한 문제를 신의 자유를 통해서 해명하는 것은 매우 손쉬운 방법이다. 하지만 이러한 해명은 신과 인간의 관계성에 상호주관적 특성이 있다는 점 때문에 설득력 있는 해명으로 보기 어렵다. 즉 영성적인 삶에 있어서 인간의 자유가 가지는 중요성이 전혀 부각되지 않은 것이다. 따라서 우리는 다른 방식으로 이를 해명해야만 한다. 곧 인격의 차원에서의 해명이다.

토마스 아퀴나스에게 있어서 신이 한 개별자와 관계하는 방식은 두 가지이다. 하나는 능동원인(causae agentis)의 방식이며 다른 하나는 작용의 대상(obiectum operationis)이라는 방식이다.

> 신이 어떤 것 안에 있다고 할 때 두 가지 의미가 있다. 첫째는 능동원인(causae agentis)으로서인데, 이 경우 신이 창조한 모든 것 안에 존재한다. 두 번째는 작용의 대상은 작용하는 자 안에 존재(obiectum operationis est in operante)하는 방식인데, 이는 알려진 대상이 앎의 주체 안에 존재하는 영혼의 작용에 고유한 방식이다. 바로 이 두 번째 방식이 이성적인 존재들이 신을 알거나 사랑하게 될 때 특별하게 신이 그들 안에 존재하는 방식이다. (…) 바로 이러한 방식으로 은총을 통해서 신은 성인들 안에 존재한다고 하는 것이다.[610]

신이 창조한 모든 것 안에 신이 존재한다는 것은 모든 것이 존재하는 근원적인 원인이 곧 신이라는 의미이다. 즉 매 순간 나를 지속적으로 존재하게 하는 원인이 신의 존재(Ipsum Esse)에 참여하기 때문인 것이다. 이 경우 신이 존재하는 것의 원인인 것은 신의 측면에서 매우 능동적인 것이다. 왜냐하면 이러한 존재함은 전적으로 신적 존재가 존재자들의 존재를 지지하는—존재를 나누어 주는—것이며, 존재자

---

610 *ST*, I, q. 8, a, 3, c. Cf. *ST*, q. 18, a. 4, ad 1.

들의 편에서는 아무런 원인의 역할을 할 수 없기 때문이다. 반면 작용의 대상으로 신이 존재자들 안에 존재한다고 하면 작용하는 주체가 원인의 역할을 하게 된다. 지성이 앎의 대상을 자신 안에 정신적인 실재로서 소유하듯이 사랑의 특성은 사랑하는 대상을 자신의 실존의 일부로서 자신 안에 있게 한다. 이처럼 성인들이나 신비가들 혹은 영성가들 안에 신이 존재하는 것은 그들이 신을 사랑하는 것을 통해서이다. 이러한 방식의 신의 현존은 단순히 존재함의 원인으로서의 존재와는 차원이 다른 것이다. 성인들 안에 존재하는 신의 현존은 신을 사랑하는 성인들의 사랑, 즉 성인들의 능동적인 행위에 무게가 실리게 된다. 왜냐하면 사랑의 첫 번째 특성은 자유의지이기 때문이다. 앞서 우리가 도표를 통하여 본 것처럼 인간의 모든 갈망 혹은 욕망은 사랑의 발로이다. 인간이 어떤 것을 추구하든지 그 이유는 그가 추구하는 대상을 사랑하는 하나의 동기에서 비롯된다. 이러한 사랑의 원칙은 자연적인 사랑이나 지성적인 사랑 그리고 신을 사랑하는 영적인 사랑에서도 동일하게 적용된다. 하지만 자연적인 사랑과 감성적인 사랑 그리고 정신적인 사랑이 가지는 근본적인 차이는 스스로의 선택이 가지는 무게에 있다. 자연적인 사랑은 자연적인 법칙을 적용받는 것으로 사랑하는 주체의 자유의지가 개입할 여지가 없으며, 감성적인 사랑은 감성적인 끌어당김에 의한 것으로 자유의지가 개입할 여지가 매우 미흡하다. 반면 정신적인 사랑은 자유의지에 의한 선택이 거의 절대적이다. 따라서 그것이 어떠한 종류의 사랑이든지 인간적인 삶에 있어서 진정으로 사랑이라고 불릴 만한 것은 스스로의 갈망에 의한 스스로의 선택 즉 자유의지에 의해서 이루어지는 것이다. 그렇기 때문에 영성가들이나 성인들이 신을 사랑함에 있어서는 인간의 사랑에 있어서와 마찬가지로 상호성이 전제된다.

> 종교적 사랑이 단지 신에 대한 사랑만을 의미하지 않는다. 이는 신과의 어떤 우정을 말한다. 아리스토텔레스가 『니코마코스 윤리학』 8권에서 설명했듯이 이 우정은

어떤 복합적인 일치를 통해서 사랑 안에 상호성을 가지는 것을 말한다.[611]

사랑이 상호성을 전제한다는 말은 관계성 안에서 상대방의 존재를 절대적으로 존중한다는 의미를 담고 있다. 만일 영성적인 삶에서 한 영성가가 신적 현존과의 관계를 가질 때 일종의 무(無)를 체험한다면, 이러한 무는 자아의 소멸 혹은 개별성의 소멸 더 나아가 자유의지의 소멸을 의미하는 것이 아니라 이기주의의 소멸 혹은 헛된 욕망의 소멸을 의미할 뿐이다. 비록 나약한 인간의 의지가 은총을 통해 도움을 받을 수는 있겠지만 신은 어떠한 경우에도 인간의 자유의지를 무시하지는 않는다. 그래서 신은 모든 것을 초월하지만 인간의 자유의지 앞에서는 멈추어 선다고 한 어느 신비가의 말이 진정 진리인 것이다. 모든 사랑의 관계가 그러하듯이 신적 현존과의 진정한 관계성은 자기 자신의 고유함을 더욱 분명하게 알게 하고 이를 보다 분명하고 확실한 방법으로 드러내 주게 된다. 왜냐하면 이러한 신성과의 관계성은 영성가로 하여금 궁극적인 목적에서 실현될 수 있는 개별자의 이데아, 우리가 본 장의 시작에서 다루었던 각각의 존재자들의 고유한 이유(singulorum proprias rationes)이기도 한 개별자의 이데아들(singulorum ideas)과 마주하게 될 것이기 때문이다. 그렇기에 그리스도교의 관점에서 하느님을 만나는 것은 무엇보다도 자기 자신의 존재에 대한, 즉 자신의 존재이유나 자신의 존엄함 및 자신의 가치에 대한 강렬한 체험이 된다. 이러한 사유는 특히 신비가들의 신비체험에서 가장 분명하게 드러나는데, 요셉 베오드(Joseph Beaude) 『신비가(*La Mystique*)』에서 다음과 같이 말한다.

> 신비적인 일치는 하나의 개별적인 은총, 보다 정확히는 유일한 은총입니다. 이는 마치 마들렌드(Madeleine)에 대해서 베룰르(Bérulle)가 말하였다시피, 오직 한 사람에게만 그리고 오직 한 사람을 위해서만 허락되는 하나의 특권입니다.[612]

---

611 *ST*, I-II, q. 65, a. 5, c.

612 Joseph Beaude, *La Mystique*, Paris, Cerf, 1990. p. 61.

신과 인간의 관계성이 인격 대 인격(Persona ad persona)의 관계로 이루어진다는 사실은 이 관계가 개별자와 개별자로서의 관계임을 말한다. 그런데 개별자란 무엇을 말하는가? 토마스 아퀴나스는 "인격이란 나뉠 수 없으며, 다른 모든 이들과 구별되는 것을 말한다. 따라서 어떤 본성(즉 인간본성)에 있어서 개별적인 인격이란 이 본성과 구별되는 것을 의미한다."[613]라고 말한다. 한 개인을 인격으로서 대하는 것은 본질적으로 개별자로서의 그의 총체를 고려함을 말한다. 나뉠 수 없다는 것은 한 개인을 있는 그대로 총체적이고 실체적인 하나로 고찰하는 것이다. 나를 지칭하는 그 어떤 개념도, 가령 사람·과묵한 경상도 남자·교사·그리스도인·철학자·진지한 사람·한국인·평화주의자·가난한 시인·인정 많은 사람·누구의 아버지 등의 그 어떤 것도 개별자로서의 나에게서 분리될 수 없다는 것이다. 이 모든 것을 하나의 유기적인 단일체로 고려할 때 비로소 한 개인의 인격일 수 있으며, 단적으로 개별자일 수 있다. 그렇기 때문에 나의 인간성과 개별자로서의 나는 분명 다르며, 이 세계에는 결코 동일한 두 개별자가 있을 수 없다. 따라서 만일 한 개인이 신적 현존과의 관계성을 가지고 있다면 그것은 유일한 개별자로서의 관계이며, 이 관계성 안에서 무시될 수 있는 것은 그 무엇도 없다. 이 관계성은 유일무이한 관계성이 되는 것이다. 그래서 요셉 베오드는 신비가들에게서 발견되는 신과의 관계를 예외적인 관계또는 중개가 있을 수 없는 직접적인 관계라고 말한다.

> 모든 신비가들은 마치 신이 다른 어떤 사람에게도 관심이 없다는 듯이 그 자신에게만 건네는 이 선물을 수용하기 위해서 선택된 것에 대해서 놀라워하면서 동시에 두려워하였다. 유일한 존재가 유일한 존재를 위해서 선택하였다. 일치는 예외적이며 영혼과 신 사이에 어떠한 것도 개입할 수 없다. 이러한 일치는 오직 직접적이고 즉시적인 것, 즉 어떠한 종류의 매개체도 없는 것이다. 깡펠드의 베느와(Benoît de Canfeld)는 『완덕의 규칙(Règle de perfection)』에서 이러한 일치를 중간이 없는 일치

---

613 *ST*, I, q. 29 a. 4, c.

(union sans moyens)라고 표현하였다.[614]

신과 인간의 관계가 본질적으로 개별적이라는 것은 신과 인간의 관계성에 대한 무수한 비전이 가능함을 의미한다. 다시 말해서 인간이 영성적인 단계에 이르러 가지게 되는 삶의 형식은 헤아릴 수 없을 만큼 다양하다는 말이며, 이는 우리로 하여금 영성적인 삶의 형식에 대한 매우 열린 시각을 가질 수 있게 한다. 따라서 토미즘에서 영성적인 삶의 유형적인 모델을 제시하는 것은 교화를 위한 실천적인 차원에서는 가능할지라도 실재 그 자체에 있어서는 불가능하다. 이러한 사유는 종교적 체험에 대한 다원주의의 비전을 제시하기도 한다. 토미스트인 쟈크 마리텡은 "종교적 체험의 세계는 다원주의의 다양한 우주 안에서 그의 자리를 가지고 있으며, 각자가 선택할 여지 역시도 있어야 하기 때문이었다. 이처럼 초인에 대한 계시가 있는 만큼 각자의 종교적 체험이 존재한 것이다."[615]라고 말하는데, 이는 토미즘 영성의 개별성에 기초한 종교적 다원주의에 대한 비전이다. 다시 말해서 성스러움으로 가는 길 혹은 신적 현존에 이르는 길은 다양하게 제시될 수 있다는 말이다. 사실 영성적인 삶이 궁극적인 목적을 지향한다는 차원에서, 개별자의 이데아를 긍정하는 토미즘의 사유에는 이미 다양한 성성으로의 가능성이 열려 있는 셈이다. 그래서 토미즘의 영성은 본질적으로 실재론적이다. 한 개별자가 가진 신의 현존은 자신의 가장 개별적인 인격과 관계하는 개별적인 신적 현존에 기초하기 때문에 매우 구체적이며, 삶의 현실에 밀착될 수밖에 없다.[616] 이러한 실재론적 영성의 입장에서 영성적인 삶을 가지는 것은 결코 개인의 자아를 무화(無化)시키면서 보편적인 사상이

---

614 Joseph Beaude, *La Mystique*, *op. cit.*, p. 61.

615 Jacques Maritain, *De Bergson à Thomas D'Aquin*, Paris, Paul Hartmann, 1944, p. 110.

616 우리는 이러한 영성을 대변할 수 있는 개념을 '수많은 부르심'이라 표현하는 영성가의 저서에서 발견할 수 있다. "우리는 결국 우리 안의 가장 깊은 곳에 계시는 하느님의 현존에서 출발해야 합니다. (…) 그가 하느님을 찾았다면 그의 모든 열정은 하느님의 사랑 안에 닻을 내립니다. 그 열정들은 하나의 형체를 취하게 되고 성스러움으로 가는 '수많은 부르심'이 됩니다." 『나날의 삶을 하느님과 함께』, 앞의 책, pp. 134~135.

나 이념을 취하는 것이 아니다. 자아가 한 개별자의 의식의 총체적인 내용을 의미한다면, 개별자가 신적 현존과의 관계성을 가지는 것은 바로 이 자아를 통해서이기 때문이다.

모리스 프라딘느(Maurice Pradines)가 "아무리 비천한 정신일지라도, 그것이 정신인 이상 세계를 창조할 수 있다."[617]라고 말한 바 있듯이 이 자아가 곧 자기세계를 말하는 것이라면, 토미즘 역시 모든 영성적인 삶을 추구하는 사람들은 신의 섭리에 기초한 자기세계를 지니고 있다고 해야 할 것이다. 바로 이 신의 섭리에 기초한 자기세계야말로 신을 닮은 그 무엇이라고 할 수 있다. 라이프니츠 역시도 자기세계를 가지는 것을 곧 신을 모방하는 것[618]이라고 말한다. 그런데 토미즘이 말하는 영성적인 삶이 단순한 자기 세계를 가지는 것과 다른 점이 있다면, 그것은 영성적인 삶이란 자기 세계를 가지는 행위에서 신의 섭리 혹은 신적 현존이 기초와 원리가 된다는 점이다. 따라서 진정 영성적인 삶을 영위하는 사람이라면, 그는 영성적인 삶을 추구하기 시작한 그 어느 시점에서부터 일종의 자기세계의 변혁을 체험할 수밖에 없다. 왜냐하면 무의미하고 우연한 것 같았던 과거의 모든 사건이 마치 신의 섭리에 의해서 인도된 것처럼 보이며, 마치 나비효과처럼 하나의 다른 의미는 이후 발생한 다양한 삶의 사건들로부터 또 다른 의미와 가치들을 발견해 내기 때문이다. 아우구스티누스가 『고백록』을 저술한 사건은 이러한 자기세계의 변혁의 가장 상징적인 행위일 것이다. 왜냐하면 그는 진정으로 신앙인으로서의 삶을 시작하면서 『고백록』을 통해서 자신의 전 과거를 하나의 새로운 관점, 새로운 세계관을 통해 재정립하였기 때문이다. 무한자와의 관계성을 통해 자신의 전 인생을 하나의 새로운 관점 및 새로운 가치를 통해서 재정립하는 것은 비록 외적으로는 아무것도

---

617 『프랑스 사상의 파노라마』, 앞의 책, p. 99.

618 "우리들의 영혼은 의지적인 행위들 안에서 여전히 건축적이다. 신이 그것을 통해 제 사물들을 규정한 학문(무게·차원·수 등)을 발견하면서 영혼은 자신의 방 안에 자신의 작은 세계 안에 신이 위대한 것(우주) 안에서 행했던 것을 모방하는 것이다." G. W. Leibniz, *Principe de la nature et de la grâce fondés en raison*, Paris, PUF, 2001, p. 57.

달라지지 않았고 세상 모든 사람에게 감춰진 사건이라고 하더라도 내적으로 혹은 정신적으로 완전히 변모된 자신을 가지는 것이며, 세계관의 변혁 혹은 자아의 변혁을 의미한다. 이러한 변모된 자기세계는 모든 사람들의 시선으로부터 숨겨졌고 신적 현존이 개입되었다는 차원에서 자연적인 실재는 아닐 것이며, 정신적인 실재 혹은 초자연적인 실재(超自然的 實在, the reality supernatural, la réalité sur-naturelle)라고 할 수 있다. 이러한 변모된 자기세계는 진정 실재라고 할 수 있다. 왜냐하면 이는 이후 자신의 삶의 형식과 자아의 내용에 가장 결정적인 영향을 미치게 될, 부정할 수 없는 자아의 지반이자 기초이기 때문이다. 이러한 실재를 단순히 정신적인 실재라고 하지 않고 '초자연적'이라고 부를 수 있는 이유는 실재가 신적 현존과의 관계성을 전제하기 때문이며, 보다 구체적으로는 영성적인 삶에서 이러한 새로운 실재 즉 변모된 자아를 가지는 것은 오직 신의 현존에 대한 영적인 사랑 혹은 단순히 신적 사랑에 의해서 가능하기 때문이다. 자신의 전 인생을 하나의 원리·하나의 질서를 통해서 유기적 통일체로 재정립하는 것은 이러한 행위를 감행하는 주체가 일종의 절대적인 지평에 있음을 의미한다. 본질적으로 상대적인 지평을 살아가는 인간에게 있어서 절대적인 지평은—최소한 유신론자에게 있어서는—신적 사랑을 통해서만 가능한 일이다. 왜냐하면 토마스 아퀴나스에게 있어서 사랑이란 "사랑하는 자와 사랑받는 자 사이에 존재하는 하나의 특정한 일치를 전제(amor importat quandam unionem amantis ad amatum)"[619]하기 때문이다. 신적 사랑을 통한 절대적 존재와의 일치는 영성가의 정신을 하나의 절대적인 지평으로 인도한다. 토마스 아퀴나스에게 있어서 이러한 절대적인 지평에 이르는 것은 어떠한 종류의 앎이든 단순한 앎을 통해서만은 불가능하다. 왜냐하면 "사랑은 앎보다 더 일치하게 하는 어떤 것"[620]이기 때문이다. 따라서 우리는 신적 사랑을 통해서 영성적인 삶을 영위하는 사람들은 비록 외향적으로는 다른 모든 이들과 유사한 삶을 살지만 완전히 다

---

619 *ST*, II-II, q. 17, a. 2, c.
620 *ST*, II-II, q. 28, a. 1, ad 3.

른 하나의 내적인 세계를 가지고 있고, 차원 높은 실존적인 지평에 위치하고 있다고 할 수 있다. 토마스 아퀴나스는 성 바울의 예를 들면서 이러한 차원 높은 다른 상태를 중간적인 상태(medio modo)라고 부른다.

> 이러한 방식으로 성 바울이 법열 중에 있을 때(II, 고린, 12, 2), 이 지상의 삶 안에서 정관의 최상의 등급에 이른 것이다. 그는 현재의 삶과 미래의 삶의 중간에 위치한(inter statum praesentis vitae et futurae) 중간적인(중개적인) 상태(medio modo) 안에서 발견된 것이다.[621]

토마스 아퀴나스가 말하는 현세의 삶과 미래의 삶 사이에 있는 중간적인 상태가 정확히 무엇을 의미하는지는 분명치 않다. 다만 이러한 상태가 지상에서의 정관의 최고 등급이라는 차원에서 우리는 현세와 사후세계의 중간에 있는 영성적인 삶의 상태 혹은 보다 평범한 말로 천국을 앞당겨 사는 삶의 상태로 이해할 수 있다. 어쨌건 이러한 상태는 지상의 모든 문화적 관습이나 사상적인 개념을 초월하는 일종의 절대적인 지평이라고 말할 수 있으며, 여기서 부각되는 것은 한 개인의 종교적인 실존과 절대자와의 유일한 관계성이다. 이러한 개별자의 유일한 실존은 결코 학문적인 보편적인 언어를 통해서는 다룰 수 없으며, 오직 이를 직접 체험하고 있는 체험의 주체만이 충분히 이해할 수 있다. 다시 말해서 이러한 초월적인 상태에서 가장 부각되는 것이 곧 개별자의 인격 개념이다. 이러한 인격의 기원이 어디에 있는가 하는 질문은 결국 한 개인의 개별적인 영혼의 기원을 묻는 것이며, 토미즘에서 이는 신으로부터 오는 것일 수밖에 없다.[622] 토미즘의 영성은 개별자로서의

---

621 *ST*, II-II, q. 180, a. 5, c.

622 개인의 개별적인 영혼의 기원에 대한 질문은 사실 순수하게 철학적인 지평을 넘어서는 질문이다. 이를 논한다는 것은 이미 신학적 지평 혹은 신비주의적 지평일 것이다. 그리고 신비주의적 관점에서 보자면 이러한 유일한 사건은 모두 신의 계획에서 이루어지고 있는 것이라 할 수 있다. 독일의 신비가인 빙겐의 힐데가르트는 모든 것이 신의 지성에 기인한다고 말한다. "신은 당신의 선학문(pre-science) 안에 모든 것을 알고 있었다. 피조물들이 그들의 형상을 취하기 이전에 신은 이 형상들을 예

한 개인의 삶에 있어서 가장 자유로운 행위를 약속하는 사상이라고 할 수 있다. 왜냐하면 영성적인 삶을 통해서 자신의 인격을 완성하는 것은 곧 신의 신성한 섭리를 완성하는 것이며, 여기에는 신비로운 신의 섭리와 개인의 자유로운 행위 외에 그 누구도 개입하거나 간섭할 수 없기 때문이다. 만일 개인의 성화(聖化)가 교회나 세계의 공동체를 위한 것이라 할지라도 이는 결과론적으로 그렇다는 것이지, 교회나 사회를 위해서 개인의 성화를 기획하거나 의도할 수는 없다. 이는 개인의 인격적 완성이 결과론적으로 국가를 위해서 도움이 될 뿐, 국가를 위해서 개인의 인격적 완성을 꾀하는 것은 아님과 마찬가지이다.

2) 개별자의 완성과 정관적(靜觀的)인 삶

(1) 정관적 삶의 의미

목적론적 세계관에 기초한 토미즘에서 모든 생명체들은 자신에게 주어진 가능성(potentia)이 현실성(actus) 즉 실재가 되도록 노력한다. 이것이 곧 '삶'의 의미이다. 자신에게 주어진 가능성을 완전하게 실현하고자 하는 것이 모든 살아 있는 존재들의 법칙임은 자연적인 법칙들을 보아도 분명하다. 소나무의 씨앗은 완전한 소나무가 되고자 하고, 어린 송아지는 완전한 암소나 황소가 되고자 한다. 형이상학적으로 보자면 모든 존재가 자신들이 지향하는 궁극적인 목적을 가지고 있을 것인데, 라틴어의 목적(fnis)이라는 용어는 최종적인 완성(perfectio)을 의미하는 것이기도 하다. 그런데 인간의 경우 이 완전하다는 것에는 다양한 의미가 있다. 토마스 아퀴나스는 완성 혹은 완전함의 의미를 크게 다섯 가지 차원에서 말한다.

① 하나의 보다 상위적인 형상은 보다 하위적인 형상들이 가지는 모든 완전함을

견하고 있었고, 시작부터 세계의 마지막까지 어떠한 사건들도 신에게 숨겨져 있는 것이 없었다." Hildegarde de Bingen, *Livre des oeuvre divines*, Bernard Gorceix, Paris, Albin Nichel, 1982, p. 143.

잠정적으로 지니고 있다. 인간이 하나의 존재이고 하나의 육체이며, 한 생명체이고 한 동물이며, 한 인간인 것은 동일한 하나의 형상을 통해서이다.[623]

② 기쁨이 행동을 완성하듯이, 아름다움은 젊음을 완성한다.[624]

③ 완전한 앎을 위해서는 사랑이 필요하다.[625]

④ 아름다움은 선과 함께 사랑의 대상이며 동기이다.[626]

⑤ 만일 하나의 선이 완전하다면 지복과 일치할 수 있다. 만일 불완전하다면 이는 하나의 참여(paticipatio) 혹은 근접하는 것 혹은 멀리 있는 것 혹은 최소한 외적으로 유사한 것이다.[627]

⑥ 신의 이미지가 어떤 것에서 나타나기 위해서는, 이 어떤 것이 완성의 최고 극치(ultimum genus perfectionis)에 도달해야 한다. 이러한 완성에서 피조물은 휴식을 취하는 것이다.[628]

⑦ 우리는 위에서 정관이 이루어지는 지성의 행위는, 아리스토텔레스의 정의에 따라서 완전한 행위(actus perfecti)라고 규정하였다.[629]

위의 진술 ①은 한 실체의 내부에서 존재론적인 완성의 의미이다. 모든 존재하는 것들은 그들이 단적으로 한 개별자로 고려될 때, 그리고 이 개별자가 가져야 할 모든 것이 갖추어져 있을 때 완전하다고 할 수 있다. 가령 한 아기가 태어났을

---

623 *ST*, I, q. 76, a. 1, c.
624 *SCG*, III, ch. 26.
625 *ST*, I-II, q. 27, a. 2, ad 2.
626 "*Bonitas autem, cum sit ratio et obiectum amoris.*" *ST*, I, q. 39, a. 8, c.
627 *ST*, I-II, q. 2, a. 6, c.
628 *QDV*, q. X, *De Mente*, a. 1, ad 5.
629 *ST*, II-II, q. 180, a. 6, c.

때, 아기를 구성하고 있는 육체나 정신 혹은 인간성이나 자아 등 그 어떤 것도 실체로서의 이 개별자로서의 아기보다 더 완전한 것은 아니다. 왜냐하면 이 모든 것을 포함한 것이 개별적 실체로서의 아기이기 때문이다. 하지만 실체로서의 아기는 아직 자신 속에 실현해야만 할 가능성을 지니고 있고, 이 실현해야 할 것에 대해서는 여전히 불완전하다. 그래서 아기가 어른이 되는 것은 보다 완전해지는 것이라고 말할 수 있다. 진술 ②는 이러한 실현의 과정에서 주어지는 행위론적인 완성이다. 가령 정의를 실천하는 한 개인의 행위는 정의를 외면하는 사람의 행위보다 완전하겠지만, 만일 이러한 정의의 실천에 기쁨이 없다면 기쁨을 가지고 실천하는 사람의 행위보다는 덜 완전하다. 이는 맛있게 밥을 먹는 사람의 행위가 배고픔을 면하기 위해서 마지못해 밥을 먹는 사람의 행위보다 더 완전한 것과 같다. 진술 ③은 인간의 특수한 행위인 지성적인 행위에 있어서의 완전함에 관한 것이다. 어떤 것에 대해서 아는 것이 반드시 어떤 것을 사랑함을 의미하지 않는다. 가령 어떤 곤충학자는 곤충들을 사랑하지 않고서도 곤충들에 대한 해박한 지식을 가질 수가 있다. 하지만 곤충들에 대한 사랑을 지니면서 곤충들에 대한 앎을 가지는 것과 그렇지 않은 것은 분명 다르다. 그리고 이러한 앎이 만일 한 개인에 대한 앎이라면 그 다름의 정도는 매우 클 것이다. 어느 학생을 전혀 사랑하지 않는 상담가가 알고 있는 학생에 대한 앎은 그를 사랑하는 상담가가 알고 있는 앎과는 근본적으로 다르기 때문이다. 마찬가지로 신을 전혀 사랑하지 않는 신학자의 신에 대한 앎과 신을 내밀하게 사랑하는 신학자의 신에 대한 앎은 질적으로 다를 것이다. 그래서 완전한 앎을 위해서 사랑이 필요하다는 토마스 아퀴나스의 말은 참으로 진리이다. 그래서 완전함의 의미에 아름다움과 선이 포함되는 것은 논리적으로 당위적이다. 왜냐하면 이 두 요소가 바로 사랑을 유발하는 동기들이기 때문이다.

완전함의 의미에 선하다는 것이 반드시 포함된다면, 그리고 우리가 완전한 인간이라고 말할 수 있다면 여기에는 최소한의 영성적인 삶이 전제된다. 왜냐하면 선의 궁극적인 목적이 지복이고 지복을 앞당겨 사는 삶이 곧 영성적인 삶을 의미하기 때문이다. 그래서 진술 ⑤에서 토마스 아퀴나스는 완전한 선이란 지복(beatitudo)

과 일치하며, 불완전한 선은 지복에 참여하는 것 혹은 지복과 유사한 것이라고 표현하고 있다. 불완전한 선이 지복에 참여하는 혹은 지복과 유사한 것이라는 표현은 참으로 실재론적이다. 현세적 삶에서 사람들이 추구하는 정의·평화·우정 나아가 아름다움 등은 사실상 불완전한 선들이다. 이는 현실적인 삶에서 추구된다는 이유만으로도 이상적인 것에 대해서는 불완전할 수밖에 없다. 그래서 플라톤 같은 철학자들은 지상에서의 이러한 선들은 진정한 실재의 그림자 혹은 허상에 지나지 않는다고 보았고, 이데아의 세계에만 참된 실재가 존재하는 것으로 보았다. 구약성경에서 '헛되고 헛되다'고 한탄하는 예언자의 말도 사실은 이러한 플라톤적인 이원론에 입각한 진술이다. 하지만 토마스 아퀴나스는 지상의 삶에서 마주하게 될 다양한 선들에 대해서 허상·그림자·헛됨 등의 표현을 사용하지 않고 참여·유사함 등의 표현을 사용한다. 다시 말해서 전자가 진정한 실재와 지상의 실재들을 이분화한 디지털적인 사유라고 한다면, 후자는 이 둘 사이의 지속성을 인정하는 아날로그적 사유라고 할 수 있다. 그렇기 때문에 토마스 아퀴나스의 사유는 지상에서 인간들이 추구하는 다양한 선들에 대해서 매우 긍정적인 하나의 관점을 제시한다. 즉 비록 불완전하지만 그것이 선이라면 이는 지복에 참여하거나 혹은 지복과 유사한 것이며, 마침내 소멸될 무상한 지상의 삶에 천상적인 가치를 부여해 준다는 것이다. 즉 구원으로 가는 길이 곧 구원된 삶이며, 천국으로 가는 길이 곧 천국이라는 사유이다.

사실이 이러하다면 인간은 궁극적인 목적을 추구하기 위해서 현세의 다양한 선을 포기하는 삶을 추구하는 것이 아니라, 반대로 자신이 가능성 중에(in potentia) 지니고 있는 최고의 완성을 실현하고자 해야 한다. 그래서 진술 ⑥에서 말하는 최고의 유적 완성(ultimum genus perfectionis)에 도달하는 것이 곧 지복에 가장 근접하는 것이다. 이러한 완성의 과정에서 그것이 무엇이든 어떤 것이 그 자체로 선한 것이라면 이는 지복에 참여하는 것이라고 할 수 있으며, 마지막 완성에 도달한 것이라면 그것은 곧 지복과 일치한다고 해야 할 것이다. 현대의 토미스트인 질송은 인간의 존재는 선으로 고려될 수 있으나, 인간의 행위는 선으로 고려될 수 없는 것'이라고 생각하는데, 그는 *Le Thomisme*에서 이러한 인간의 행위는 크게 4단계를 거쳐 비로소 선과 일치할 수 있다고 논한다. 그 단계는 "①존재의 위치에서의 내적인 선함 - ②자신의 류적 본질에 적합한 대상을 취할 때의 선함 - ③복합적이고 다양한 상황에 적절한 행위 - ④자신의 고유한 목적(sa propre fin)에 적합한 행위"[630]이다. 자신의 고유한 목적이라는 말은 앞서 말한 개별자의 이데아를 염두에 둔 것이다. 다시 말해서 모든 인간은 그가 탄생한 이유에 이미 자신만의 고유한 목적(sa propre fin)을 가지고 있다는 것이다. 이러한 사유는 한 개인으로서 존재하는 이유에 절대적인 가치를 부여하게 해 준다. 모든 인간은 그가 지닌 사회적 역할이나 그가 지닌 재능의 유무 혹은 생산성의 능력 등을 떠나서 그 자체로 절대적으로 존중받아야 할 존엄성을 지니고 있기 때문이다. 그리고 인간이 창조한 모든 문화적이고 관습적인 것은 이러한 개인의 자아 완성에 도움을 주는 것이며, 한 개인은 어떠한 이유로도 특정한 사회적 요청에 희생되어서는 안 된다.

물론 한 개별자를 최후의 가치로 이해하는 이러한 사유는 사랑의 보편적인 특성을 개인의 관심사로 한정하는 이기적인 발로라는 비판을 야기할 수도 있다. 하지만 이러한 비판은 개별자의 완성이 곧 선의 완성이라는 존재론적인 특성에 대한 이해가 없을 때 발생하는 것이다. 현대 토미스트인 루이 게이제(Louis-B. Geiger)는 『토미즘에 있어서 사랑의 문제』라는 저서에서 이를 다음과 같이 요약한다.

> 우리가 여기서 말하는 것은 일종의 자신의 관심사(이익)에 의한 사랑(amour intéressé)임을 알 수 있다. 따라서 이러한 사랑은 단순하고 순수한 사랑은 아니다. 따라서 이러한 사랑은 그가 사랑한다고 말하는 대상을 진정으로 위한 사랑은 아니다. (…) 자신의 관심사에 의한 사랑(amour intéressé)과 자신의 이익을 구하지 않는 사랑(amour désintéressé)의 문제에 있어서 그 근원에 존재하는 문제는 사실상 진정한(순수한) 사랑의 가능성에 대한 문제이다. 이는 앞서 우리가 다룬 문제로서 선

630 E. Gilson, *Le Thomisme*, *op. cit.*, p. 356.

에 대한 요청들에 의한 사랑의 문제에서 발생하는 것이다. (…) 만일 우리가 자신의 이익을 구하지 않는 사랑(amour désintéressé)의 긍정적인 실재를 다루게 된다면, 이는 선에 대한 정신적 사랑(l'amour spirituel du bien)과 일치할 것이다. 즉 선이라는 그의 절대적인 가치로 인해서 그 자체로서 사랑받을 가치가 있는 것에 대한 사랑과 일치하는 것이다.[631]

한 개인이 자신의 완성을 지향하는 것은 선을 지향하는 것이며, 만일 이러한 선이 보편적인 선을 포함하는 것이 아니라면 순수한 사랑이라고 할 수 없다. 나의 선을 추구하는 것이 사랑이라면 그것은 다른 모든 이들의 선을 동시에 추구하는 것일 수밖에 없다. 다시 말해서 내가 진정 나의 선을 추구하는 것은 나의 것이기 때문이 아니라 선이기 때문이며, 이는 다른 모든 선 역시 그것이 선이기 때문에 추구할 수밖에 없다는 의미이다. 그렇기 때문에 토미즘에서 자신을 사랑할 수 없는 사람은 타인도 사랑할 수 없을 것이며, 진정 자신을 사랑하는 사람은 타인도 사랑하는 것이다. 이는 성인들의 삶에서 분명하게 드러나는데, 루이 라벨은 성인들의 삶이란 "항상 자기 자신의 절대까지 이르는 데 있다."[632]라고 하면서 또한 "성인은 자신을 모범으로 내세우지 않고 각자로 하여금 자신 안에 지니고 있는, 본받아야 할 모범을 찾아 얻도록 종용한다. (…) 이 때문에 성인만이 이 세상에서 이루어지는 모든 일에 언제나 현존할 수 있고, 이 세상을 채우고 있는 모든 사건에 현존할 수 있다."라고 말한다. 이러한 성인들의 특성은 결국 모든 행위의 유일한 동기가 그것이 자신의 것이든, 타인의 것이든 선을 위한 추구 즉 선에 대한 정신적인 사랑(l'amour spirituel du bien)에 있는 것이다. 바로 이러한 선에 대한 순수한 추구를 토미즘에서는 단적으로 사랑이라고 한다. 자신의 완성을 추구하는 것도 사랑의 발로이며, 타인의 완성을 염원하는 것도 사랑의 발로이다. 그리고 이러한 사랑이 순수

631 Louis-B. Geiger, *Le problème de l'amour chez saint Thomas d'Aquin*, *op. cit.*, pp. 69~75.
632 루이 라벨, 『성인들의 세계』, 앞의 책, p. 18.

하다면 이러한 사랑은 영성적인 것을 추구하게 된다. 왜냐하면 인간의 완성이란 영성적인 삶을 통해서만 가능하기 때문이다. 따라서 인간이라면 예외 없이 완성에 이르기 위해서 요청되는 것이 곧 영성적인 삶이며, 이러한 영성적인 삶을 구체적으로 실현하는 가장 일반적인 방법이 곧 정관(contemplatio)이다.

인간에게 있어서 가장 탁월한 행위가 정관이라는 것은 그것이 인간의 행위들 중에 가장 지복에 근접하기 때문이다. 정관에 대한 토마스 아퀴나스의 정의는 아래 3가지 진술에서 드러난다.

> ① 정관은 제 사물들을 바라보는 정신(영혼)의 투시적이고 자유로운 시선이다(quod contemplatio est perspicax et liber animi contuitus in res perspiciendas). 명상(meditatio)은 이성의 진리를 탐구하는 정신의 시선이다. 사색(cogitatio)은 제 사물들을 조사하는 과정이나, 아직은 아무것도 규정된 것이 없는 것을 말한다.[633]
>
> ② 정관적인 삶은 그 안에서 결국 모든 행위가 완수되는 진리에 대한 정관이라는 하나의 유일한 행위에서 실현된다. 이러한 최종적인 행위로부터 정관의 행위는 자신의 통일성(unitatem)을 획득한다.[634]
>
> ③ 우리들의 첫 원리인 신에 대한 사랑은 우리로 하여금 신에 대한 비전(ipsam visionem)을 추구하게 한다. 바로 이 때문에 성 그레고리우스는 '정관적인 삶은 모든 다른 걱정들을 경멸하면서 그의 창조주의 얼굴(faciem sui Creatoris)을 보고자 하는 갈망에 불을 지핀다'라고 한 것이다.[635]

진술 ①에서 토마스 아퀴나스는 정관을 사색과 명상의 개념에 대비하여 개념적

---

633 *ST*, II-II, q. 180, a. 3, ad 1.
634 *ST*, II-II, q. 180, a. 3, c.
635 *ST*, II-II, q. 180, a. 1, c.

으로 규정한다. 사색(사유)이 사물들을 조사하는 과정 즉 전후 맥락을 파악하여 있는 그대로의 사태 혹은 객관적인 사태를 분별하는 것이라면, 명상은 이성의 진리를 탐구하는 정신의 시선 즉 일종의 직관이라고 할 수 있다. 여기서 이성의 진리란 무엇을 말하는가? 이성의 역할은 추론과 사색을 통해서 파악한 사태의 원인과 결과 혹은 그 의미를 도출하는 것이다. 이러한 이성적 진리의 결과를 추론의 과정 없이 직관하는 것을 명상이라고 한다. 물론 국어에서 사색이나 명상이 의미하는 바와 토미즘의 언어적 개념 규정이 정확히 일치하는지는 논의의 여지가 있겠지만, 이는 토미즘의 사유의 틀 안에서 규정되는 것이다. 그리고 정관은 이성적 진리가 파악하지 못하는 사물들의 진리를 통찰하는 행위이다. 명상이 사물들의 본질을 직관하는 것이라면, 정관은 사물들의 본질의 근원 혹은 기원에까지 나아가는 행위를 말한다. 다시 말해서 이러한 사물들의 이면에서 사물들을 지속적으로 존재하게 하고 사물들이 세계 전체의 과정 속에서 자신들의 위치나 역할을 본존하게 하는 신성한 실재를 통찰하는 것이다. 그래서 진술 ②에서 규정하는 정관의 행위는 사색과 명상을 통해서 도출된 제 사실이나 진리를 토대로 하나의 사물이나 사건에 대해 최종적으로 결집하여 하나의 통일성을 이루는 단계이다.[636] 바로 이러한 이유로 인간의 행위가 완전하게 되는 순간은 정관적인 행위에서라고 하는 것이다.[637] 어떤 것이 통일성을 가지는 것은 그 구성요소가 모두 서로 연결되고 모순 없이 하나의 전체적인 체계를 가지는 것이다. "정관의 삶은 그 자체로 통일적인 것이다. 복잡성은 인간 존재에게서 발견되는 불완전함의 특성이다."[638] 복잡하다는 것은 통일성의 부족을 말하며, 이러한 복잡성은 아직 충분히 진리가 파악되지 않았음을 의미한다. 그리고 정관의 행위를 통해서 모든 것이 하나의 통일성 안에서 수렴할 때, 이러

---

636 "이는 말하자면 추론들이 목적에 도달하였고, 정신의 시선은 정관 안에서 단적으로 진리에 고정되어 있다. 이러한 지성의 작용 안에서 오류의 가능성은 전혀 없다." *ST*, II-II, q. 180, a. 6, ad 2.

637 "우리는 위에서 정관이 이루어지는 지성의 행위는, 아리스토텔레스의 정의에 따라서, 완전한 행위(actus perfecti)라고 규정하였다." *ST*, II-II, q. 180, a. 6, c.

638 *ST*, I, Cerf, 주), 3. p. 1021.

한 복잡성이 없어지고 단순해지는 것이다. 단순하다는 것은 구성 요소들 간의 모순 없이 하나의 체계 안에서 모든 것이 연결됨을 의미한다. 그렇기 때문에 정관의 삶이 본질적으로 단순한 삶을 지향하는 것은 통일성을 지향하는 것이며 섬세하지 않은 비지성적 단순성을 의미하지는 않는다. 정관적인 삶은 가장 지성적인 삶이며 또한 순수하게 지성적인 것을 넘어서는 것이다. 왜냐하면 정관적인 행위가 산출하는 통일성에는 순수하게 인간적인 것을 넘어서는 것이 포함되기 때문이다. 아니, 정관적인 삶은 본질적으로 인간적인 것을 넘어서는 것과 관련된 인간성의 진리 즉 신성한 진리를 통찰하고자 하는 것이다.[639] 그래서 진술 ③에서 토마스 아퀴나스는 정관적인 삶을 "신에 대한 비전(ipsam visionem)을 추구하게 하는 삶"이라고 규정하는 것이다.

토마스 아퀴나스는 정관적인 삶을 두 가지의 요소로 나누는데, 하나는 비본질적인 요소로 도덕적인 덕의 요소이며 다른 하나는 진리에 대한 관조이다.[640] 정관적인 삶에서 윤리·도덕적인 덕이 본질적인 요소가 아니라는 것은 정관의 궁극적인 목적이 여기에 있는 것이 아니라는 말이다. 다만 진정한 정관적인 삶을 영위하는 사람이라면 윤리·도덕적인 덕을 파생적으로 혹은 부수적으로 가지게 된다. 반면 진리에 대한 관조는 본질적이며, 진리에 대한 관조는 곧 신에 대한 관조라고 할 수 있다. 정관적인 삶이 신성한 본질에 대한 비전을 갈망하기 때문이다.[641] 그렇기

---

639 정관에 대한 이러한 토마스 아퀴나스의 사유는 매우 실재론적이다. 왜냐하면 이러한 사유는 세계를 '지나가는 무상한 것'이며, 정관이란 이러한 무상한 세계를 초월하고자 하는 전통적인 사유와는 달리 '세계와 자연 속에 현존하는 신적 현존'에 주목하기 때문이다. 가령 우리는 오리게네스의 사유에서 세상의 무상함을 통찰하는 정관적인 행위를 발견할 수 있다. "오리게네스에 있어서 자연에 대한 관상이란 하느님께서 창조하신 만물을 바라보며 놀라워하는 것이 아니라, 세상의 무상함을 깨닫고 세상을 초월하려는 소망을 의미한다." 『서양 신비사상의 기원』, 앞의 책, p. 100.

640 "정관적인 삶에 속하는 두 가지 방식이 있다. 하나는 본질적인 요소로서, 다른 하나는 성향(기질)으로서이다. 도덕적인 덕들은 정관적인 삶의 본질에 속하지 않는다. 그 이유는 정관적인 삶의 목적은 진리에 대한 관조이기 때문이다." *ST*, II-II, q. 180, a. 2, c. .

641 "인간은 이 현세의 삶에서 두 가지 방식으로 신의 비전에 대한 정관이 가능하다는 것을 이해해야 한다. 첫째, 현실적인 방식으로 육체적인 감각기관의 사용을 통해서 제 사물을 인지하는 방식으로는 결코 신성한 본질의 비전(visio)에 도달할 수가 없다. 둘째, 현실적이 아닌 단순히 잠정적으로, 즉 소멸할 육체의 형상처럼 육체와 결합된 영혼이 어느 순간 육체적 감각기관이나 이미지 등을 전

때문에 정관적인 삶은 곧 신에 대한 사랑을 추구하는 삶이다. 토마스 아퀴나스는 성 그레고리우스의 말을 빌려 정관적인 삶(vitam contemplativam)은 신에 대한 사랑(caritate Dei) 안에서 발견되는 것이라 말한다.

> 성 그레고리우스는 정관적인 삶을 신에 대한 사랑 안에 위치시킨다. 이 사랑은 신성한 아름다움을(eius pulchritudinem) 정관하기 위한 갈망으로부터 우리를 감싸 안는 사랑이다. 각자는 그가 좋아하는 것을 소유하면서 즐거워하기 때문에, 정관적인 삶의 목적도 기쁨(환희, delectationem)이다. 그런데 이 기쁨은 애정 안에서(in affectu) 발견되며, 보다 밀도 있는 사랑을 야기한다.[642]

어떤 것을 관조하는 것과 어떤 것을 사랑하는 것은 사실 다르다. 왜냐하면 사랑하는 것은 사랑하는 대상의 선을 추구하는 것이기 때문이다. 하지만 예외적으로 관조와 사랑에 공통점이 있다면 그것은 곧 정관의 행위 즉 신성함에 대한 관조일 것이다. 왜냐하면 모든 선, 완전한 선을 지닌 존재에 대해서 우리가 기원할 수 있는 선은 더 이상 없고 오직 신성한 곳에서 관상하는 자에게로 선이 흘러드는 한 가지 행위만이 있을 것이기 때문이다. 그래서 신의 사랑은 본질적으로 아가페적이다. 정관적인 행위는 인간에게 있어서 가장 탁월한 행위이다. 왜냐하면 여기에는 자신의 전 삶의 요소들이 통일성을 이루면서 우리 자신을 넘어서는 신적 현존과의 관계성까지도 포함되어 있기 때문이다. 사실 인간의 내면에 있는 인간을 넘어서는 어떤 것, 가능성의 중에(in potentia) 있는 신성한 것은 관상적인 삶 안에서 비로소 실재가 되고 현실적인 것이 된다. 그래서 토마스 아퀴나스는 정관적인 삶이란 우리 자신에게 있는 신성한 것과 관련된 삶이라고 말한다.

혀 사용하지 않고 법열의 상태에서 발견되는 경우이다. 이 경우 이 지상에서의 정관(contemplatio)은 신성한 본질의 비전에 도달할 수 있다." *ST*, II-II, q. 180, a. 5, ad resp.

642 *ST*, II-II, q. 180, a. 1, c.

아리스토텔레스가 말하고 있듯이(『니코마코스 윤리학』, X, VII 8 (1177 b 28)) 만일 정관적인 삶이 인간적인 조건을 넘어서는 것이라고 한다면, 이때 정관적인 삶은 우리 자신에게 있는 신성한 것(aliquid divinum est in nobis)에 관계하기 때문이다.[643]

우리 자신에게 있는 신성한 것이라는 용어에 주목해 보자. 대다수의 크리스천 영성가들은 신은 인간의 영혼 속에 내재한다고 말한다. 아우구스티누스가 그렇게 생각하였고, 아빌라의 데레사가 그렇게 생각하였다. 그런데 우리 자신 안에 신이 존재한다는 표현과 우리 자신에게 신성한 것이 있다는 표현은 사실상 동일한 사태에 대한 다른 표현이다. 전자가 보다 시적인 표현이라면 후자는 보다 이성적인 표현이다. 아마도 토미즘의 용어로 정관적인 삶에 대한 가장 실제적인 표현은 "정관이란 인간으로 하여금 인간 안에 가능성으로 존재하는 신성한 실재를 구체적인 실재 혹은 현실적인 실재로 변모하게 하는 가장 완전한 행위"라고 할 수 있을 것이다.

(2) 정관적 삶의 제 국면

영성적인 삶이 곧 정관적인 삶은 아니다. 다시 말해 모든 정관적인 삶은 일종의 영성적인 삶이겠지만, 모든 영성적인 삶이 다 정관적인 삶은 아닌 것이다. 가령 평신도의 영성이라고 할 때, 이러한 영성이 정관적인 삶을 전제하는 것이 아니다. 즉 영성적인 삶에 정관적인 삶이 포함되는 것이지, 정관적인 삶에 영성적인 삶이 포함되는 것은 아니다. 따라서 우리는 영성적인 삶 중에서 가장 탁월하고 가장 내적인 삶이 정관적인 삶이라고 규정할 수 있다. 정관적인 삶이 영성적인 삶에서 가장 탁월한 이유는 정관적인 행위가 지복의 삶과 가장 유사하기에 인간의 행위 중에서 가장 탁월한 것이며, 가장 내적인 삶인 이유는 정관적인 삶이 본질적으로 인간의 가장 심오한 곳에 존재하는 신성한 것에 관계하기 때문이다.

---

643 "dicendum quod Philosophus dicit vitam contemplativam esse supra hominem, quia competit nobis secundum hoc quod aliquid divinum est in nobis." *ST*, II-II, q. 180, a. 8, ad. 3.

가장 탁월한 행위로서의 정관의 행위에 대해 이해하고자 할 때, 가장 손쉬운 방식은 인간보다 탁월한 어떤 존재를 가정하고 이와 비교해 보는 것이다. 토마스 아퀴나스는 정관의 행위가 천사의 행위와 유사하다고 말한다.

> 이는 말하자면 추론들이 목적에 도달하였고, 정신의 시선은 정관 안에서 단적으로 진리에 고정되어 있다. 이러한 지성의 작용 안에서 오류의 가능성은 전혀 없다. 이는 우리가 단순한 시각으로 바라보면서 아는 것처럼 지성이 제일 첫 원리들로부터 바라볼 때 전혀 오류가 없는 것이다. 이렇게 충만하게 실행된 두 작용은 마침내 천사들의 그것과 유사하게 나타난다. 이는 모든 것이 분리되고 오직 영혼이 신에 대한 정관에만 고정될 때, 나타나는 이 한결같음(변함없음)인 것이다.[644]

현대의 과학자들은 반론 가능성이 있는 것이 오히려 과학적이며, 절대적인 진리란 사실 존재하지 않거나 이미 학문적인 진리는 아니라고 생각하는 경향이 있다. 하지만 형이상학자의 입장에서는 분명하고 확실하지 않은 것을 진리라고 할 수 없다. 그것이 어떤 종류의 것이든 절대적으로 확실한 것에 이르기까지 진리를 추구하기를 멈추지 않는 것이 형이상학의 특성이다. 정관의 행위는 신적 현존에 일치하여 모든 것을 일종의 절대적 지평에서 영원한 방식으로 세계와 인간을 고찰하는 정신의 시선이다. 토마스 아퀴나스는 이것이 천사들의 이해 방식이라고 생각한다. 정관적인 삶을 영위하는 사람들은 항상 신의 시선에서 이 세계와 인간 사회를 바라보고자 하는 사람들이라고 할 수 있다. 정관적인 사람의 '한결같은' 특성을 우리는 당시 신비가였던 빙겐의 힐데가르트의 사유에서도 볼 수가 있다.

> 참으로 천사는 신의 얼굴 앞에서 영속적이나 인간은 불안정하다. 마찬가지로 인간의 업적은 자주 타락하지 않는가. 천사들의 축복은 결코 이러하지 않다. 하늘

---

644 *ST*, II-II, q. 180, a. 6, ad 2.

과 땅은 그들을 만드신 하느님의 마음을 움직인다. 이들은 신의 영광을 노래한다. 인간은 죽을 존재이기에 예언자들과 천사들에 의해 계시된 신성한 계시를 어둡게 한다. 이것이 어둠의 그림자이다. 그러나 만일 인간이 더 이상 변하지 않도록 불안정함을 떠나게 되면 그는 하느님의 분명함을 보게 될 것이다.[645]

정관적인 삶이 진리에 대해 한결같음을 유지하고 하느님의 분명함 즉 섭리의 분명함을 통찰하는 삶이라는 차원에서 진정한 정관적인 삶은 이미 구원을 확약 받아 일종의 종교적 피안을 체험하는 단계이다. 존재와 비존재, 시간과 영원, 유한과 무한 사이에서 갈등하는 인간의 갈등이 진정한 휴식을 가지는 단계가 참된 정관의 단계인 것이다. 오직 이러한 사람만이 복잡하고 모호한 현실 속에서도 흔들리지 않고 진리와 정의를 분명하게 통찰하고 순수하게 간직할 수 있다면, 세상에 정관자가 존재하는 것 자체가 이미 가장 순수하고 고귀한 선이라고 할 수 있을 것이다.

정관적인 삶은 심오함 혹은 깊이의 특성을 가진 삶이다. 왜냐하면 정관적인 삶은 본질적으로 내적이며, 그것도 가장 내면적인 삶이기 때문이다. 토마스 아퀴나스는 성 그레고리우스(St. Gregorius)의 말을 빌려 "의지와 지성을 통해서 신을 알게 될 때, 모든 육체적인 쾌감들이 무미건조해진다."[646]라고 말하며, 또한 정관을 통해 신적 사랑에 집중하는 사람들에 대해 "사랑은 일종의 법열을 유발한다. 어떤 것에 대한 깊이 있는 명상은 다른 모든 것을 잊게 하는 것처럼, 사랑하는 자에 대한 주의

---

645 Hildegarde de Bingen, *Livre des oeuvre divines*, *op. cit.*, p. 163.

646 *ST*, II-II, q. 180, a. 7, ad 2. 신적 현존을 체험하는 정관의 단계에서 '육체적 쾌락들이 무미건조하게 된다'는 표현은 참으로 긍정적인 표현이다. 흔히 초기 기독교의 수행자들이 금욕적인 삶을 근본으로 한다고 생각하는데, 사실 이는 잘못된 표현이다. 신비사상의 기원에 대해 말하는 한 저서에서는 "오리게네스는 정욕과의 투쟁이란 인간의 내면적 성장에 있어서 하나의 예비 과정으로서 빨리 거쳐 가 버려야 할 단계라고 여겼던 낙천주의자였다."(『서양신비사상의 기원』, 앞의 책, p. 100)라고 말하는데, 사실 토미즘의 사유를 빌리자면 정관적인 삶에 진입하기 위해서 금욕 즉 정욕과의 싸움이 필요한 것이 아니라, 정관적인 삶의 결과로 정욕에 대한 무미건조함을 느끼게 되는 것이다. 즉 금욕은 정관적 삶의 결과이지 정관적인 삶을 위한 필요조건이 아니다. 보다 상위적인 가치들에 대해서 의미를 가지게 될 때, 보다 하위적인 가치들에 대해서 의미를 상실하는 것은 자연적인 현상이다.

집중은 다른 모든 것으로부터 이탈하게 하기 때문이다."[647]라고 말한다. 육체적인 쾌감에 무미건조함을 느끼는 사람이나 신적 사랑 이외 다른 모든 것에 관심이 없는 사람들이 가지는 한 가지 의미는 곧 자신의 내면에 있어서의 절대적인 의미이다. 혹자는 이러한 상태가 인간다움이 가지는 감성적이고 미학적인 실존을 배제하는 매우 무미건조한 삶이라 비판할 수 있겠지만, 그러한 생각은 잘못된 것이다. 토마스 아퀴나스는 육체적이고 감각적인 지평을 넘어선 정관자들이 가지는 아름다움에 대한 감각과 이로 인해 느끼는 환희 및 기쁨은 육체적이고 감각적인 지평을 넘어서서 훨씬 밀도 있고 탁월하다고 말한다.

> 아름다움(pulchitudo)은 어떤 빛남과 비례의 조화의 조화 안에 거하고 있다. (…) 바로 이 때문에 아름다움은 이성의 행위에 의해(in actu rationis) 이루어지는 정관적인 삶 안에 직접적으로(per se) 그리고 본질적으로(essentialiter) 발견된다.[648]

> 정관(contemplatio)은 이중의 환희(delectabilis dupliciter)를 동반한다. 우선 행위 그 자체에 의해서인데, 사실상 모든 행위는 이 행위를 실행하는 본성 혹은 기질과 일치하기만 한다면 기쁨의 원천이 된다. 그런데 진리에 대한 정관은 이성적 존재인 인간의 본성에 일치한다. (…) 둘째로는 사람들이 자신이 사랑하는 것을 정관한다는 의미에서 대상으로부터 오는 환희가 있다. 앞서 본 것처럼 정관적인 삶이 원리적으로 신을 정관하는 것에 있으므로 정관적인 삶 안에서는 정관 그 자체에 때문만이 아니라 신성한 사랑에 대한 이유로 환희가 있는 것이다. 이 두 지평에 있어서의 환희는 다른 모든 인간적인 환희를 초월한다. 왜냐하면 정념 편에서 이미 다룬 바 있듯이, 영성적인 환희는 감성적인 환희보다 훨씬 더 강력하기 때문이다. 그리고 이렇게 하여 신을 향한 종교적 사랑이 다른 모든 사랑을 초월하는 것이다.[649]

---

647 *ST*, I-II, q. 28, a. 3, c.
648 *ST*, II-II, q. 180, a. 1, ad 3.
649 *ST*, II-II, q. 180, a. 7, c.

아름다움은 오직 감각적인 것에만 있지 않다. 사람들은 아름다운 꽃이나 아름다운 풍경에 대해서 말하지만 또한 아름다운 꿈, 아름다운 이념, 아름다운 인생이라는 말을 한다. 이는 아름다움에도 일종의 차원이 있으며, 감각적인 아름다움보다 차원 높은 아름다움이 있음을 말해 준다. 그리고 영성적인 사람들이 영적인 삶에서 가지는 아름다움은 감각적인 인식에서 발견되는 아름다움과는 다른 차원 높은 아름다움이다. 토마스 아퀴나스는 정관적인 삶에서 발견되는 아름다움은 보다 직접적이며 본질적이라고 말한다. 이러한 사유는 일종의 플라톤식 사유인데, 플라톤은 모든 아름다움은 아름다움 자체 즉 아름다움의 이데아에 참여함으로써 아름다운 속성을 가지는 것이라고 보았다. 따라서 감각적인 인식에 드러나는 아름다움은 정신적인 삶에서 드러나는 아름다움보다 덜 직접적이다. 왜냐하면 보다 지성적인 것이 보다 이데아에 가까우며, 더 직접적으로 이데아에 참여하기 때문이다. 토마스 아퀴나스 역시 정관적인 삶을 영위하는 사람은 모든 가치들의 근원인 신적 지성에 보다 더 직접적으로 그리고 더 깊이 참여하는 사람들이라고 보기에 이들이 발견하는 아름다움은 보다 직접적이고 보다 본질적이라고 본다. 마찬가지로 아름다움에 대한 통찰이 기쁨이나 환희를 동반한다면, 영성적인 삶에서 발견하는 아름다움(영적인 아름다움)은 육체적인 삶에서 발견하는 아름다움보다 차원이 다른 기쁨과 환희를 동반할 수밖에 없다. 그래서 영성가들이 느끼는 기쁨과 환희는 일상인들이 느끼는 기쁨과 환희보다 더욱 강하고 밀도 있다. 마찬가지로 아름다움을 동기로 가지게 되는 사랑의 경우에도 영성가들이 신적 현존에 대해서 가지는 사랑은 일상인들이 일상적인 삶에 대해서 가지는 사랑보다 더욱 강하고 밀도 있다. 그래서 정관의 행위를 일상적인 삶으로 살아가는 사람들에게는 정관의 행위가 다른 모든 세속적인 기쁨이나 환희보다도 차원이 높고 더 큰 기쁨과 더 큰 환희를 주는 것이다.[650] 그런데 정관의 행위에서 가장 예외적이고 탁월한 행위라고 할

650 영성적인 삶이 본질적으로 기쁨에 가득 찬 삶이라는 것은 크리스천의 전통적인 사유이며, 이는 초기 교부들의 사상에서도 두드러지는 것이다. 서양 신비사상을 다루고 있는 한 저서에서는 오리게

수 있는 법열(raptus)[651]의 경우 이는 단순히 차원이 높은 것이 아니라, 인간의 본성에 대해 반대되는 것(contra naturam)이라고 토마스 아퀴나스는 말한다.

정관적인 삶에서 가지게 되는 신적 현존에 대한 사랑과 이를 통해서 느끼게 되는 기쁨과 환희는, 평범한 사람들의 삶에서 가지는 그것과는 차원이 다르고 밀도도 다르기 때문에 이를 있는 그대로 표현하기는 불가능할 것이다. 더욱이 법열의 경우 아예 인간의 본성적인 것과는 반대되기에 이러한 상태를 상상하거나 묘사하기가 불가능하다. 기쁨과 환희를 알고자 하는 사람은 직접 정관적인 삶을 살아갈 수밖에 없을 것이다. 만일 누군가 이러한 정관적인 삶에서 발견하는 아름다움과 환희의 감정을 가장 잘 대변하는 용어가 있다면 그것은 경외(敬畏)이며, 경외가 유발하는 아름다움의 특성을 현대적 언어로 말한다면 그것은 숭고미(崇高美)일 것이다.

> 경외(admiratio)는 우리들의 능력을 넘어서는 것에 대한 포착에 뒤따르는 일종의 두려움(species timoris)이다. 따라서 경외는 숭고한 진리(sublimis veritatis)에 대한 정관에 뒤따르는 행위이다.[652]

인간적인 실존을 초월한 신적 현존을 마주하는 영성가는 인간적인 감정을 넘

네스의 영성적 삶의 세 번째 특성을 다음과 같이 요약하고 있다. "크리스천 생활의 어떠한 단계에서나 영혼은 항상 노래를 부른다. 영혼은 기쁨으로 가득 차 있다. 이는 오리게네스 영성의 두드러진 특성이다." 『서양 신비사상의 기원』, 앞의 책, p. 97.

651 'raptus'는 통상 약탈·강탈·납치의 의미로 번역되는데, 이 용어가 종교적인 의미를 가질 때는 탈혼 또는 탈혼의 상태에서 가지게 되는 법열을 의미한다. 탈혼은 엑스타즈라고도 하는데, 영혼이 자신의 지반인 육체를 이탈하여 신적 현존과 일치하는 현상을 말한다. 이러한 탈혼의 상태에서 인간은 인간의 본성과는 완전히 다른 방식으로 세계와 인간의 진리를 통찰하곤 한다. "법열은 본성에 반대되는 하나의 상승이다(raptus est elevatio contra naturam)." *QDV*, q. 13, a. 1, c. "위에서 마치 하나의 운동처럼 말한 법열은 '상승(elevatio)'의 극단에 도달한 것을 말하며, 하나의 상위적인 본성을 통해서라고 말할 때, 이 유발 원인은 운동의 양 극단에 위치하는 것을 말한다. 즉 본성에 적합한 것에서 출발하여 본성에 반대되는 것에 도달하는 이 운동의 끝에 존재하는 것을 말하는 것이다." *QDV*, q. 13, a. 1, c.

652 "quod ademiratio est species timoris consequens apprehensionem alicuius rei excedentis nostram facultatem. Unde ademiratio est actus consequens contemplationem sublimis veritatis." *ST*, II-II, q. 180, a. 3, ad 3.

어서는 무엇을 느낄 수밖에 없다. 그래서 이러한 느낌은 신비함·떨림·두려움 등을 동반하는 일종의 전율로 나타날 것이며, 토마스 아퀴나스는 이를 경외라고 부른다. 그리고 이러한 경외가 숭고한 진리를 통찰하는 것에서 주어지기에 이러한 감정을 숭고미에 대한 감정이라고 말할 수 있다.[653] 정관의 삶에서 한 정관자가 느끼는 가장 고유한 감정이 숭고한 느낌이라는 것은 그가 자신보다 위대한 존재와 대면하고 있으며 나아가 자신 또한 자신보다 더 큰 존재가 된 것 같은 존재감정 때문이다. 이러한 정관자의 존재감정이 유발하는 존재론적 상황에 대해 이브라겡은 다음과 같이 설명한다.

> 관상 중에서, 영혼은 자기가 자기 자신 이상이라는 것을 파악합니다. 영혼이 자기 존재이유를 깨달을 때, 자기 기원과 자기를 생활케 하는 능력과 자기의 목적에 있어서 이 존재가 참으로 자기 자신을 능가함을 발견합니다. 왜냐하면 하느님은 어디서나 계시기 때문입니다. (…) 자기 존재의 근원을 접촉하면서, 영혼은 하느님이 거기에 계신다는 것을 발견합니다. (…) 이것이 사람이 자기 자신 안에 있는 것보다 더 위대하게 하는 것입니다. 그는 단순히 자기 자신이 아닙니다.[654]

정관자가 느끼는 외경과 숭고미는 분명 일상인들이 일상의 삶에서는 가질 수 없는 것이다. 정관적인 삶을 사는 사람들은 일반인들이 보지 못하는 것을 보고 일반인들이 느끼지 못하는 것을 느끼며, 어떤 의미로는 세계 안에서 또 다른 세계를

---

653 숭고미에 대해 다루고 있는 국내의 한 논문에서는 칸트가 말하고 있는 숭고미의 기원을 롱기누스에게서 발견하면서, 숭고미의 효시를 신적인 것 혹은 무한한 것을 마주하는 인간의 내적 감정으로 본다. "숭고란 무릇 신적인 무한성의 표상에 관계하는 것이라 할 수 있다. 바로 이런 의미에서 숭고론의 효시라 할 수 있는 『숭고에 관하여』에서 롱기누스는 숭고를 문체의 높이나 크기를 의미하는 것으로 설명하면서, 높은 문체로서의 숭고란 바로 신적인 것, 무한한 것, 완전한 것에 관계하는 것임을 보여 준다. 왜냐하면 롱기누스에게 치솟은 높이나 압도적인 크기란 바로 신전인 것, 무한한 것 혹은 완전한 것에 대한 감각적 표상을 의미하기 때문이다." 최소인, 「숭고와 부정성」, 『철학논총』, 제58집, 제4권, 새한철학회, 2009, p. 402.

654 이브라겡, 『정관의 경로』, 앞의 책, pp. 131~132.

살아간다고 할 수 있다. 하지만 엄밀히 말해 영성가들이 발을 딛고 있는 이 또 다른 세계는, 다른 세계라기보다는 영성가들이 가진 전혀 새로운 실존에 포착되는 동일한 세계 안의 다른 실재들이라고 해야만 한다. 영성가들이 가진 다른 실존과 그들이 관상의 행위를 통해 포착하는 다른 실재들을 우리는 영적인 실재 혹은 초자연적인 실재라고 정당하게 말할 수 있을 것이다. 정관적인 삶을 살아가는 사람들이 느끼는 실존적인 분위기를 가장 잘 표현하는 용어가 있다면 아마도 존재의 충만 혹은 실존의 충만이라는 표현일 것이다.

존재의 충만 혹은 실존의 충만을 가진 관상가들에게 있어서 비로소 막스 쉘러가 「인간학」에서 말한 '인간이란 자신보다 더 큰 세계로 열린 X'라는 인간에 대한 규정이, 그리고 파스칼이 『팡세』에서 말한 '인간은 인간을 무한히 초월하는 존재'라는 진술이 진정으로 실재가 된다. "한 개인이 보다 내면적이 된다는 것은 결국 생장적인 능력에서 감각적인 능력으로 그리고 지성적인 능력으로 나아감을 의미하며, 나아가 자신의 근원 자체인 신에게로 나아가는 것 즉 영성적인 삶을 가지게 됨을 의미한다. 즉 보다 내적으로 된다는 것은 보다 큰 세계로의 열림을 의미하는 것이다."[655] 관상을 통해 영성적인 삶을 영위하는 사람들은 신적 현존과의 일치를 통해서 신적 실존과 유사한 실존을 가지게 된다.[656] 이는 말하자면 그들의 삶이란 신이 세상을 사랑하는 것처럼 세상을 사랑하는 삶이라는 것이다. 프랑스의 토미스트인 프랑수와 제니트(F. M. Geyunt)는 이러한 초월적인 지평에 거주하는 영성가들의 실존을 "절대적인 초탈이면서 동시에 절대적인 관심(désinterssement absolu et engagement absolu)"이라는 역설적인 말로 표현한다. 자신의 관심사가 오직 내적이고 신성한 현존에 있기에 세상에 대한 모든 이해득실에 무관심하며 또한 완전히 자기이익을 구하지 않기에 예외 없이 모두에게, 모든 존재하는 것들에 대해서 동일한 관심을 가질 수 있는 것이다. 이러한 모든 것에 대한 절대적인 배려야말로 진정 아

---

655 이명곤, 「중세철학에서 「내면성」의 의미」, 『중세철학』, 제15호, 한국중세철학회, 2009, p. 32.

656 "하나의 존재자는 그의 내적인 정도를 통해서 그와 유사한 내면성을 가진 존재와 연관되고 보다 내적인 존재가 되면서 보다 타자적인 존재에로 열리게 되는 것이다." 위의 책, p. 35.

가페적 사랑에 어울리는 사랑이다. 이는 세속적인 모든 관심들에 절대적으로 초연하면서, 오직 신성한 사랑(caritas)의 감정을 통해서 모든 것에 절대적으로 관심을 가지는 성인의 실존이다. 신이 이 세계를 사랑하는 것처럼 신적인 사랑으로 세계와 인간을 사랑하는 것이 토미즘 영성의 핵심인 것이다.

5. 영성적 삶에서 죽음의 의미

정관적인 삶이 일종의 천국을 앞당겨 사는 삶 혹은 천상적인 세계의 마지막 부분을 차지하는 삶이라면, 이러한 삶은 일종의 죽음을 초월하는 삶이라고 할 수 있다. 왜냐하면 일반인에게 천국이라는 말이 의미가 있다면 그것은 사후의 삶을 의미하기 때문이다. 따라서 상징적인 의미든 실제적인 의미든 천국을 앞당겨 사는 삶이라는 말이 의미 있다면, 현재의 삶과 사후의 삶 혹은 지상의 시간적인 삶과 영원의 삶이라는 두 지평 사이에 있는 죽음의 문제가 가장 중요한 매개체로 등장할 수밖에 없다. 따라서 토미즘에서 죽음의 문제를 어떻게 이해할 것인가 하는 문제는 진정한 영성적인 삶을 영위하는 사람들에게 있어서 하나의 중요한 질문이다.

1) 토미즘에 있어서 죽음의 이중적인 의미

인간의 궁극적인 목적이 지복이라고 믿는 그리스도교 사상가들에게 있어서 육체적인 죽음은 마치 육체라는 감옥으로부터 영혼의 해방을 의미하는 것처럼 고려되는 것이 일반적이다. 이러한 사유는 물론 육체와 영혼, 지상과 천국이라는 이원론적인 사유에서 기인한다. 하지만 육체와 영혼을 유일한 하나의 통일체 혹은 실체(substantia)로 보는 토마스 아퀴나스는 육체적인 죽음을 이렇게 단순하게 고려하지 않는다. 그에게 있어서 죽음은 이중적인 의미를 지니고 있다. 육체적인 죽음은, 한편으로는 유일하고 유기적인 하나의 실체가 파괴되는 일종의 폭력적인 사건이

며 다른 한편으로는 영혼이 보다 차원 높은 세계로 나아가는 계기로서 복된 사건이기도 하다.[657]

인간 영혼의 본성은 육체의 형상(forma corporis)이지만 또한 스스로 자립할 수 있는 순수한 정신적인 실체이다. 즉 영혼은 자연적인 상태에서는 항상 육체와 결합하여 육체의 형상으로만 존재하겠지만, 또한 어떤 이유로 육체와 분리된다면 육체에 의존하지 않고 자신의 존재행위(esse)를 가질 수 있는 순수한 정신적인 실체이다. 영혼이 본성상 육체와 결합하여 완전한 존재가 됨에도 불구하고 육체와 분리되어야만 한다는 이 사태를 토마스 아퀴나스는 죄의 결과로 본다. 그는 이에 대해 여러 곳에서 일관되게 진술한다.

> 영혼이 육체 없이도 실존할 수 있다는 사태는 죄의 결과인 육체의 파괴를 초래하였다.[658]
>
> 육체의 죽음 이후에 영혼의 본성은 바뀌지 않는다.[659]
>
> 육체로부터 분리된다는 것은 영혼의 본성에 있어서 예외적인 것이다.[660]
>
> 영혼은 죽음을 두려워하지 않는다. 즉 영혼은 자기 자신의 죽음에 대해서 염려하지 않는다. 하지만 영혼은 그 자신으로부터의 분리와 육체로부터의 분리를 통한 복합체의 죽음을 두려워하고 있다.[661]

---

657 육체의 죽음 이후에 발생할 인간영혼의 사태에 대한 논의들은 사실 철학적인 논의를 넘어서는 것이기도 하다. 하지만 토마스 아퀴나스가 『신학대전』에서 논하는 사후 영혼의 상태에 대한 것은 아리스토텔레스의 형이상학적인 원리들을 근거로 추론한 것이다. 가장 근본적인 형이상학적인 원리들로부터 추론하여 필연성에 의해서 결론을 도출하는 것이라는 차원에서 우리는 이를 형이상학적인 앎이라고 할 수 있을 것이다.

658 *ST*, I, q. 118, a. 3, ad 3.

659 *ST*. I, q. 89, a. 1, c.

660 *ST*. I, q. 89, a. 1, c.

661 *QDV*, q. 26, a. 2, ad 1.

죄의 결과로 영혼이 육체와 분리되었다는 것은 영혼에게 있어서 자신의 완전함을 상실하게 되는 일종의 폭력적인 사태이다. 그렇기 때문에 사후에도 영혼은 육체의 형상으로서의 자신의 동일성을 그대로 간직한 채 육체와 결합하고자 하는 속성을 지니고 있다. 따라서 육체적 죽음 이후의 영혼은 자신의 본성에 적합한 상태가 아닌 매우 불안정한 상태 혹은 과도기적인 상태에 있다고 할 수 있다. 토마스 아퀴나스는 이러한 과도기적 상태를 "그 자체로는 완전한 유(species completum)가 아니지만, 그의 완전한 실존(esse completum)을 지니고 있는 상태"[662]라고 말한다. 그렇기 때문에 육체와 결합된 영혼의 삶보다 더 완전한 영혼의 삶을 생각할 수 없다.[663] 마찬가지로 비록 영혼이 불멸함을 믿고 있을지라도 육체적인 죽음을 앞둔 영혼이 이 죽음을 두려워하는 것은 자연적인 인간적 감정이라고 할 수 있다.

하지만 죽음이 단순히 영혼의 본성에 있어서 폭력적인 사태인 것만은 아니다. 비록 불완전하고 과도기적인 상태이지만 여기에는 하나의 보다 큰 희망이 있다. 그것은 사후의 영혼이 자신보다 더 큰 세계와 소통하면서 보다 상위적인 존재로 나아갈 수 있는 가능성을 발견하기 때문이다.[664] 이러한 희망은 영혼이 비록 육체적인 속성을 완전히 상실하였지만 지성적 속성을 상실 없이 보존하고 있기에 지성적인 작용 즉 앎의 행위를 하여야 하며, 이러한 앎의 행위가 이루어지는 과정으로서의 필연적인 귀결에서 발견된다. 비록 잠정적이기는 하지만 육체와 분리된 영혼은 육체적인 이미지가 완전히 배제된 다른 하나의 지성적인 행위를 가지게 될 것이며,[665] 이 완전히 다른 새로운 지성적 행위가 구체적으로 어떤 형태일지는 전혀 상

---

662 QDV, De Anima, q. 1, c.a.

663 인간은 유일한 생명의 원리인 자신의 영혼을 통해서 생명체이고 동물이며 인간이고 그리고 한 개별자이다. 따라서 이 모든 것이 완전하게 갖추어질 때 존재론적으로 가장 완전한 것이다. "인간은 자신이 인간이기 때문에 한 동물이며, 그리고 동물이기 때문에 그의 동물적인 특성을 통해서 '한 생명'인 것이다. 따라서 동시에 그리고 동일한 한 원리 덕분에 생명체이고, 동물이며, 인간이 되는 하나의 원리가 존재하는 것이다." *SCG*, II, ch. 58.

664 "죽은 이들의 영혼은 신성한 계획에 따라서 그리고 그들의 실존하는 방식에 따라서 산자들의 사회와는 분리되었으며 육체를 가지지 않는 정신적인 실체들의 사회에 귀속된다." *ST*, I, q. 89, a. 8, c.

665 "영혼이 육체와 결합되었다는 것과 감각적인 이미지를 통해서 이해한다는 것은 영혼의 가장 큰 선을 위한 것이라는 것은 분명하다. 그럼에도 영혼이 육체와 분리될 수 있고, 다른 하나의 지성적 행

상할 수 없겠지만[666] 토마스 아퀴나스는 이것이 보다 상위적인 존재들 즉 천사들의 그것과 유사할 것이라 추정한다.

> 육체와 분리된 영혼은 생득 관념을 통해서 이해하는 것도 아니며, 추상의 방식으로 이해하는 것도 아니며, 자신이 보존하고 있는 기억들을 통해서 이해하는 것도 아니다. 영혼은 신성한 빛의 영향에서 기인되는 유들(species)을 통해서 이해한다. (…) 이와 같이 육체와의 결합이 멈추자 말자 영혼은 상위적인 실재들과의 접촉에 들어간다.[667]

비록 죽음이 영혼에게 있어서 자신의 동일성을 잠정적으로 박탈당하는 과도기적인 상황을 맞이하는 것이겠지만 또한 보다 더 큰 희망을 예견하는 이러한 사유는 대다수의 그리스도교 사상가들에게 발견된다. 키르케고르는 토마스 아퀴나스보다 더욱 직설적이며 더 큰 확신으로 이를 말하는데, 그는 죽음 이후에 무한히 더 큰 희망이 기다리고 있다고 하며 그에게 있어서 이 희망이란 보다 건강하고 보다 힘 있는 더 완전한 생명이다.

> 사실 죽음 또한 모든 것을 포함한 영원한 생명의 내부에 있는 하나의 사소한 일에 불과하다. 그리스도교적으로 말하면 살아 있는 동안에 희망이 있는 것보다 죽음 이후에 무한히 더 큰 희망이 있다. 이 생명은 단순히 인간적인 의미의 생명뿐만 아니라 완성된 건강과 힘으로 가득 차 있는 생명을 의미한다.[668]

위성을 가질 수 있다." *ST*, I, q. 89, a. 1, c.

666 "이 지상에서 획득한 학문의 행위는 육체와 분리된 영혼에게도 남아 있다. 다만 동일한 형식으로는 아니다." *ST*, I, q, 89, a. 6, c. 죽음 이후의 영혼의 이해방식이 어떠할 것이지 알 수 없다는 사실을 토마스 아퀴나스는 『진리론』에서 보다 분명하게 진술한다. "죽음 이후에 영혼은 육체와 분리된 채 머문다. 마찬 가지로 육체 없이 존재하면서 영혼은 사유를 할 수 있다고 말해야 한다. 하지만 영혼이 어떠한 방식으로 사유하는 지를 이해한다는 것은 매우 어렵다." *QDV*. q. 19, a. 1, c.

667 *ST*, I, q. 89, a. 1, ad. 3.

668 키르케고르, 『불안의 개념』, 앞의 책, p. 18.

반면 신비가인 힐데가르트는 이를 보다 시적으로 말하며, 마치 죽음이 필연적으로 불명성과 총체적 생명에 귀의하게 하는 사건처럼 고려한다. 그녀는 이를 다음과 같이 말한다. "인간은 역시 정당하게 생명이라는 이름을 가질 것이다. 왜냐하면 정신의 숨결을 통해서 살아가는 한 그는 생명이기 때문이다. 그러나 육체의 죽음을 통하여 불멸성으로 변화할 때, 그는 총체적으로 생명 안에 있게 될 것이다."[669] 물론 우리는 여기서 총체적인 생명 안에 있음이 무엇을 의미하는지 분명히 알 수 없다. 하지만 토마스 아퀴나스는 이를 재탄생을 통하여 신적 본성에 참여하는 것이라고 말한다.

> 인간의 지성적인 능력이 믿음의 덕을 통해서 신성한 앎에 참여하듯이, 그리고 신성한 사랑(caritas)을 통해서 의지의 능력이 신의 사랑에 참여하듯이 인간 영혼의 본성은 특별한 유사함에 의해 재탄생(regenerationem) 혹은 하나의 새로운 창조(recreationem)를 통해서 신성한 본성에 참여한다.[670]

만일 힐데가르트가 말하는 총체적인 생명이라는 것이 진정 의미 있는 말이라면 이는 곧 신적 생명 그 자체일 수밖에 없을 것이다. 왜냐하면 오직 신만이 존재하는 모든 것을 포괄하기 때문이다. 사실이 그러하다면 총체적인 생명 안에 있다거나 신적 본성에 참여한다는 말은 표현이 다를 뿐 동일한 사태를 지칭하는 것이라 해야 한다. 그리고 이러한 표현들은 존재라는 용어를 통해서 보다 분명히 납득할 수 있을 것인데, "한 인격체의 소통 불가능한 개별성은 순수하게 부정적인 제약을 의미하지 않는다. 왜냐하면 (…) 내적인 충만함을 실현하는 존재(Esse, Être)를 통해서 각자가 다른 모든 것들과 연결되는 것"[671]이라는 토미스트 요셉 라삼의 진술에서 '총체적인 생명에 귀의함'과 '신성한 본성에 참여함'의 특성이 잘 드러난다. 사

---

669 Hildegarde de Bingen, *Livre des oeuvre divines*, *op. cit*., p. 184.
670 *ST*, I-II, q. 110, a. 4, c.
671 요셉 라삼, 『토마스 아퀴나스: 존재의 형이상학』, 앞의 책, p. 182.

실 존재하는 모든 것을 근원적으로 지탱하는 존재 현실력으로서의 존재란 인간지성에 대해서는 초월적이고 무제약적인 것이요 일종의 무한한 것이기에 모든 감각적·지성적 인식을 초월한다. 따라서 존재에 대한 이해란 사실 어떤 경우에도 직접적인 체험이나 경험의 대상이 될 수 없다. 하지만 만일 인간의 영혼이 육체적인 죽음을 통해서 진정 신적 본성에 참여할 수 있다면 아마도 우리는 이 경우에만 존재에 대한 생생한 앎을 가질 수 있을 것이다. 존재에 대한 생생한 체험이 어떠한 형태일지는 상상이 불가능하겠지만 최소한 지상에서 그토록 추구하였지만 희미하게만 알 수 있을 뿐이었던 진리에 대한 앎들이 보다 분명하게 드러나는 순간일 것이다. 토미즘의 죽음에 대한 긍정적인 의미는 바로 여기에 있다. 죽음을 통하여 비로소 새로운 생명을 가지게 되는 것, 즉 진정 살기 위해서는 죽지 않을 수 없다는 교훈이다. 그리고 비록 죽음이 지상의 삶을 살아가는 사람들에게 있어서 가장 큰 하나의 공포이자 두려움의 대상일망정, 공포와 두려움 뒤에는 새로운 생명의 탄생(regenerationem)과 일종의 새로운 창조(recreationem)가 존재한다는 희망이 있다.

2) 삶의 지속과 완성으로서의 죽음

죽음 이후에 발생할 인간영혼의 상태에 대해서 아무리 그럴듯하고 정교하게 논의 한다 하더라도 우리는 여전히 근본적인 질문을 가정할 수 있다. 사후의 삶에 대한 모든 논의들이 결국은 진위를 확인하기 어려운 가정에 불과하지 않은가? 혹은 인간의 정신은 죽음 이후의 사실들에 대해서 전적으로 무지하지 않은가? 이러한 질문을 가정하면서 우리는 먼저 사후의 삶에 대한 토마스 아퀴나스의 사유들이 어떠한 차원에서 진정성과 의미를 가질 수 있는지 숙고해 볼 필요가 있다.

죽음 이후에 관련된 일들이 미래의 사건에 대해서 인간의 사유를 전개한다는 차원에서, 사후의 영혼에 관한 논의들이 진정성을 가지기 위해서는 일종의 예언적인 앎으로 이해될 필요가 있다. 왜냐하면 예언이란 일종의 앎을 의미하기 때문이다. 토마스 아퀴나스는 예언에 대해서 말하면서 예언을 다음과 같이 규정한다.

> 예언은 첫째로 그리고 원리적으로 앎의 행위이다. 사실상 예언자들은 일반인들의 일상적인 앎을 벗어나는 실재들을 아는 사람들이다. 마찬가지로 사람들은 예언이라는 이름은 'pro' 즉 '먼'과 나타남을 의미하는 'phanos'의 합성이라고 말할 수 있다.[672]

예언자들이 미래의 사실들을 앞당겨 알 수 있는 근거는 어디에 있을까? 토마스 아퀴나스는 미래에 대한 앎은 사실상 자연적인 앎들을 통해서도 알 수 있다고 보는데,[673] 가령 의사들은 경험과 앎을 통해서 미래의 병을 예측한다. 하지만 예언적인 앎은 이러한 자연적인 앎과는 다르다. 토마스 아퀴나스는 "미래의 사건들 그 자체를 아는 것은 신성한 지성의 고유함이다. 이 신성한 지성에는 영원하게 모든 것들이 현존하기 때문이다."[674]라고 말하는데, 예언적인 앎이란 본질적으로 예언자의 영혼이 신성한 지성에 참여함으로써 이미 신의 지성 속에 있는 어떤 사실(진리)들을 일종의 시간을 초월하는 절대적인 지평에서 통찰하는 것을 말한다. 이러한 통찰은 어떤 사물들의 본질적인 국면(신의 지성 속의 이데아들)일 수 있고, 또 현재의 원인들이 유발할 미래의 사건들을 앞당겨 보는 것일 수 있다. 그렇기 때문에 자연적인 앎과 예언적인 앎의 차이는 개연성과 필연성의 차이라고 할 수 있다. 즉 자연적인 앎들은 자연적인 법칙들에 근거하여 추론하는 것이기에 오차나 오류의 가능성이 항상 존재하지만, 예언적인 앎은 신성한 지성에 참여하면서 통찰하는 것이기에—그것이 진정한 예언적인 앎이기만 하다면—오류가 있을 수 없다.[675] 그는

---

672 *ST*, II-II, q. 171, c. "우리는 예언자들을 미리 말하는 사람처럼 고려할 수 있다. 왜냐하면 이들은 먼 것에 대해서, 즉 멀리 떨어져 있는 사건에 대해서 말하며, 그리고 미래에 관한 진리에 대해서 선포하기 때문이다." *ST*, II-II, q. 171, a. 1, c.

673 "어떤 미래의 앎은 자연적인 앎의 덕분에 원인이 되어서 인간을 통해서 알 수도 있다." *ST*, II-II, q. 172, a. 1, c.

674 *ST*, I, q. 14, a. 13. c.

675 "이러한 자연적인 앎을 통한 미래에 대한 앎은 예언자들의 앎과는 두 가지 차원에서 다르다. 첫째, 예언된 앎은 모든 것에 적용될 수 있는 것이며, 또한 결코 변질되지 않는다. 반면 자연적인 앎을 통한 것은 인간의 경험에 비추어서 알게 된 것이다. 두 번째, 초자연적인 계시는 불변하는 진리를 소유하고 있지만, 자연적인 앎이란 오류에 빠질 수가 있다." *ST*, II-II, q. 172, a. 4, c.

또한 "예언자의 앎은 신성한 빛을 통해서 이루어지는데, 이는 신성한 것이든 인간적인 것이든, 영적인 것이든 육체적인 것이든 모든 실재들을 알게 한다."[676]라고 말한다. 말하자면 예언적인 앎이란 단지 교회의 일이나 종교적 사건의 특정한 주제에만 국한된 것이 아니라, 인간적 삶의 전반적인 분야에 모두 해당된다는 의미이다. 가령 신비가 힐데가르트는 환시 형식으로 우주의 모습이나 태양계의 모습 그리고 자연 법칙과 인간 신체의 비밀, 나아가 태양의 영향과 계절의 변화 등 모든 분야에 대해서 계시를 받았고 일종의 방대한 예언서를 남겼다. 이러한 예언적 내용은 당시에는 너무나 획기적이어서 충분히 긍정되지 못했지만, 800년이 지난 현대에 와서 비로소 진정한 계시에 의한 진리로 인정되었고 힐데가르트는 비로소 성인 반열에 올랐다. 그렇기 때문에 우리는 아직 인간이 충분히 이해할 수 없는 어떤 세상의 진리를 신적 지성에 참여함으로써 알게 되는 모든 앎들을 예언적인 앎이라고 말할 수 있다.

예언적인 앎을 가지기 위해서 요청되는 조건은 두 가지이다. 첫째는 신적 지성에 참여할 수 있을 만큼 순수하고 고양된 영혼의 상태 혹은 신적인 조명을 수용할 수 있는 상승된 지성이며, 둘째는 은총 즉 신의 계시이다. "예언은 한편으로는 영감, 즉 정신의 상승을 요청하며 다른 한편으로는 계시, 즉 신성한 실재들에 대한 통찰을 요청한다."[677] 고양된 지성이 신적 지성에 참여함으로써 신성한 실재들을 통찰한다는 진리에 대한 이해는 중세의 교부들에게 조명설(illuminatio)이라는 이름으로 수용된 것인데,[678] 특히 아우구스티누스의 사상에서 잘 드러난다.[679] 그리

676 *ST*, II-II, q. 171, a. 3, c.

677 *ST*, II-II, q. 171, a. 1, ad 4.

678 "진리는 비록 우리 정신에 거한다 할지라도 그 근원은 우리 혹은 우리의 정신을 넘어서 있다고 하지 않을 수 없다. 아우구스티누스는 그와 같은 성격의 진리의 근원을 곧 진리 그 자체인 신으로 재확인한다. 그리고 인간의 진리에 대한 인식을 인간의 지식과 신과의 관계 속에서 확인하려는 기획 하에서 신의 조명(illuminatio Divina)이라는 개념을 끌어들여 설명한다." 정현석, 「토마스 아퀴나스의 인식론과 인간」, 『중세철학』, 제4호, 분도출판사, 1998, p. 105.

679 "'지성의 정상'(acies mentis) 또는 '지성의 정곡'(apex mentis)은 인간의 오성(intellectus)을 가르키며 초월적 진리에 관하여 하느님의 비추임을 받는 부분이기도 하다." 아우구스티누스, 『자유의지론』, 성염 옮김, 분도출판사, 1998, p. 226.

고 이러한 조명설은 토마스 아퀴나스도 분명하게 긍정하는 관점이다.[680] 예언적인 앎은 신의 조명을 받아 아직 발생하지 않은 미래의 일이나 아직 인간의 지성에 숨겨져 있는 진리들을 통찰하는 차원에서 특수한 종교적인 분야의 앎이 아니라 거의 모든 분야에서 이루어질 수 있다.[681] 토마스 아퀴나스는 "예언자들은 다른 사람들의 눈을 피해 가는 것을 보며, 신비에 감싸여 있던 것을 통찰하는 사람들이다."[682] 라고 말하며, 나아가 예언적인 빛은 인간의 행위와 한 민족을 다스리는 데 반드시 필요하다고도 말한다. "예언적인 빛은 인간 행위들의 향방에 이르게 된다. 이러한 의미에서 한 민족의 다스림에 예언자가 필요하다."[683] 따라서 우리는 순수한 학문적인 앎을 통해서는 결코 접근할 수 없는 사후의 삶에 대한 토마스 아퀴나스의 제 논의를 일종의 신적 조명을 통한 예언적인 앎이라고 말할 수 있을 것이다. 보다 높이 나는 새가 보다 멀리 볼 수 있듯이 보다 상승된 지성은 보다 깊고 넓은 지평을 주시할 수 있기 때문이다. 만일 누군가 '토마스 아퀴나스의 지성이 참으로 신성한 지평에까지 상승한 것이었던가?'라고 묻는다면, 우리는 그의 지성이 누구보다 높이 상승하였음을 그 누구도 흉내 낼 수 없는 완벽하고 방대한 자기 완결성을 가진 그의 저작들이 증거한다고 답할 수 있다.

이제 다시 죽음에 관한 주제로 되돌아오자. 철학자들 중에는 죽음이 존재의 절대적인 마침이라고 생각한 사람들이 있다. 에피쿠로스는 "죽음은 우리들에게 아무것도 아니다. 우리가 여기에 우리 자신으로 있는 이상 죽음은 여기에 없으며 죽

---

680 "우리는 다음과 같이 말해야 한다. 신의 본질을 보기 위해서는 신과의 유사함(similitudo)이 보는 능력에 수용되어야만 한다. 지성에게 신을 볼 수 있는 능력을 부여하는 것은 신성한 영광의 빛(lumen gloriae)이다." *ST*, I, q. 12, a. 2, ad resp. "신성한 본질은 현실성 중의(in actu) 지성이다. 그리고 창조된 지성과 결합하면서 이 지성을 (자신과) 동일한 현실성 중의 지성적인 것으로 변화시킨다." *ST*, q. 12, a. 2, ad. 3.

681 토마스 아퀴나스는『신학대전』2-2권에서 예언적인 앎의 등급을 세 가지로 분류하는데, 첫 번째 등급은 특정한 사람들에게 벗어나 있는 앎들이며, 두 번째 등급은 인간지성의 불완전성 때문에 모든 인간의 지성을 초월하는 신성한 실재에 관한 앎들이며, 세 번째 등급은 인간적인 지성으로는 그 자체로 알 만한 것이 아닌 미래의 불확정적인 일들에 대한 앎이라고 규정하고 있다. 참조: *ST*, II-II, q. 171, a. 3, c.

682 *ST*, II-II, q. 171, ad resp.

683 *ST*, II-II, q. 172, a. 4, ad 4.

음이 오게 되면 그때는 우리가 더 이상 여기에 있지 않기 때문이다."[684]라고 말하였다. 이는 죽음 이후에 더 이상 아무것도 존재하지 않기 때문에 두려워할 무엇이 없음을 말하는 것이다. 반면 죽음을 진지하게 생각하기보다는 무시하거나 초월함으로써 죽음에 대한 생각을 극복하고자 한 철학자들도 있다. 플라톤은 우리가 전혀 알지 못하는 죽음에 대해서 우리가 무서워할 이유가 없다고 생각하였고, 아리스토텔레스는 "만일 몇 시간 동안 사람의 마음 안에 큰 차이가 발생한다면, 스스로 놀랄 것인가? 삶에서 죽음에로 나아가는 데는 단 1분뿐이다."라고 말한 바 있다. 이러한 사유는 내가 전혀 알지 못하는 것에 대해서 두려움을 느낄 이유가 없으며, 죽음이 고통을 동반한다고 하더라도 단 한 순간일 뿐이라고 생각하면서 죽음에 대한 두려움을 떨쳐버리고자 하는 것이다. 그런데 유명한 '파스칼의 내기'에서는, 죽음 이후 새로운 삶이 있는가 없는가에 대한 답변은 정확히 50%의 확률을 가지고 있기 때문에 있다고 믿는 것이 더 낫다고 한다. 왜냐하면 사후의 삶이 있다고 믿었는데 없는 것은 크게 문제없지만, 없다고 믿었는데 있는 것은 큰일이기 때문이다. 이러한 파스칼의 사유는 죽음 이후의 삶이 현재의 삶과 연장선상에 있거나 혹은 현재의 삶의 도덕적인 특성이 사후의 삶에 결정적인 영향을 미칠 것임을 전제한다. 그런데 몽테뉴는 『수상록』에서 철학함에 대해 논하면서 "철학을 한다는 것, 이는 죽음을 배운 것이다."[685]라는 키케로의 유명한 말을 제시한다. 플라톤 역시 죽음을 매우 중요한 철학함의 계기로 생각하는데 『파이든』에서 "죽음은 고유하게 철학에 대한 영감을 불어 넣는 천재 혹은 신화이다. 그리고 소크라테스는 이처럼 철학은 마치 죽음을 준비하는 것처럼 규정할 수 있었다."[686]라고 말한다. 그런데 죽음을 배우는 것이나 죽음을 준비하는 것은 구체적으로 무엇을 의미할까? 어떤 의

---

684 Jean-François Balaudé, 《*Introduction*》, *in Épicure, Lettres, Maximes, sentences*, LGF, coll. Le livre de Poche, 2009, p. 113. 에피쿠로스의 '죽음'에 관한 사상은 다음의 책들을 참조 바람. Jacques Brunschwig, 《*Épicure*》, *in Collectif, Philosophie grecque*, Paris, PUF, 1998, p. 476 & Marcel Conche, 《*Introduction*》, *in Épicure, Lettres et Maximes*, Paris, PUF, coll. Épiméthée, 2003, p. 40.

685 Michel de Montaigne, *Essais*, Liv. I, ch. 19, trad. par Guy de Pernon, NumLivres, 2011, p. 117.

686 플라톤, 『파이돈』, 앞의 책, 81 a.

미에서 죽음에 관해 말하는 모든 철학자들의 말이 곧 죽음을 준비하는 것이라고 말할 수 있다. 그것이 두려움에 대한 극복이든, 실제로 죽음 이후의 보다 나은 삶에 대한 준비이든 죽음을 준비하는 것은 사실이기 때문이다.

그런데 죽음이 철학에 영감을 주고, 철학이 죽음을 배우는 것이라는 말에는 단지 육체적인 죽음을 준비하는 것과는 다른 차원의 의미가 있다. 사실 철학이 죽음을 배운다는 말에는 철학은 무엇보다 잘 사는 삶에 대해서 고민하는 학문이라는 역설적인 의미가 담겨 있다. 왜냐하면 진정 죽음을 잘 준비하는 방법이 있다면 그것은 곧 잘 사는 것밖에 없기 때문이다. 다시 말해서 어떤 사람이 좋은 죽음을 맞이하였는지 아닌지 판단하는 방법이 있다면, 그것은 그가 좋은 삶을 살았는가 아닌가를 살펴보는 것뿐이다. 후회 없이 삶을 산 사람은 후회 없는 죽음을 맞이할 것이며, 고통스럽고 괴로운 삶을 산 사람은 고통스럽게 죽음을 맞이할 수밖에 없다. 왜냐하면 삶이란 바로 죽음과 마주하기 직전까지를 말하기 때문이다. 그렇기 때문에 철학이 죽음을 배우는 학문이라는 것은, 곧 잘 사는 방법을 배운다는 의미이다. 그렇다면 잘 사는 삶은 어떠한 삶일까? 이 질문에 대한 답은 결국 그가 어떠한 세계관과 인생관 그리고 가치관을 가지고 있는가에 따라서 다를 것이다. 왜냐하면 잘 사는 것은 곧 후회 없이 사는 것이나 보람 있게 사는 것 등을 말하는데, 이러한 보람과 긍지는 곧 자신의 가치관에서 비롯되기 때문이다. 사실이 이러하다면 우리는 죽음의 의미를 이해하기 위해, 영성적인 삶에 있어서 잘 산다는 것은 무엇을 의미하는지 질문해야만 할 것이다. 그리고 앞서 살펴본 사후의 삶에 대한 토미즘의 사유를 통해서 이에 답할 수 있다.

그리스도교적 세계관에서 부정할 수 없는 한 가지 사실은, 삶과 죽음의 의미는 육체적이고 생물학적인 것이 아니라 보다 차원 높은 정신적인 의미라는 것이다. 즉 살아도 산 것이 아닌 삶이 있을 수 있으며, 죽어도 영원히 죽지 않는 삶이 있을 수 있다. 이러한 관점은 현재의 지상적인 삶이란 지나가는 것에 불과하다는 일반적인 종교적 세계관에서도 발견될 수 있지만, 그리스도교는 영적인 삶과 육적인 삶이라는 이원론적인 세계관에 근거하고 있다. 그리고 이는 종종 세상적인 것과 하느님의 것이라는 방식으로 이야기되기도 한다. 이러한 이원론적인 사유는 키르케고르의 사유에서도 분명하게 드러난다. 그는 "그리스도교적인 용어로도 죽음은 가장 깊은 영적인 비참함을 나타내는 표현이다. 그러나 치료는 죽는 것에, 세상에서 죽는 것에 있다."[687]라고 말하는데, 이는 세속적인 어떤 가치들에서 벗어날 때 비로소 영적인 가치들을 가질 수 있음을 말해 주는 진술이다.

이미 앞서 본 바와 같이 사실 토미즘에서는 이렇게 분명하게 이원론적인 세계관을 발견하기 어렵지만, 최소한 죽음이 문제가 될 때는 이원론적인 세계관을 부정할 수 없다. 왜냐하면 육체적인 죽음 이후에는 모든 감각과 이미지 그리고 정념들이 상실되고 순수하게 정신적인 영혼만이 남으며, 영혼은 다시 예전의 상태로 나아가고자 하는 것이 아니라 보다 상위적이고 차원 높은 세계로 나아가고자 하기 때문이다. 육체와의 분리 이후의 지성작용이 감각적 이미지의 도움 없이, 마치 천사들처럼 지성적인 대상(지성적인 유(類))을 순수한 정신의 방식으로 이해한다는 것[688]은 육체적인 것에 대립하는 것으로서의 영적인 것에 대한 단서가 된다. 사실 토미즘의 영성이 실체적 존재의 모든 차원에서 보다 탁월하고 완성된 것을 추구한다는 사실은 부정할 수 없지만, 그럼에도 크리스천의 세계관에서 육적인 것과 영적인 것 혹은 세상적인 것과 하느님적인 것을 구분하는 이원론은 결코 부정할 수 없다. 그렇기 때문에 만일 토미즘에서 이러한 구분이 필요하다면 육체적인 것과 구분되는 순수한 영혼의 것에 대한 개념이 반드시 필요하다. 사실 토마스 아퀴나스 역시 이미 순수한 영혼의 것에 대한 논의를 심도 있게 한 바 있다. 그는 『진리론』에서 순수하게 정신적인 것으로서의 영혼의 존재에 대해서 다음과 같이 말한다.

> 영혼이 자기 자신의 존재와, 자신에게서 발생하는 것에 대한 앎을 가지기 위해서 어떠한 물리적 확인(habitus)도 필요치 않다. 이를 위해서는 정신에 현존(praesens)하

---

687 키르케고르, 『죽음에 이르는 병』, 김용일 옮김, 계명대학교출판부, 2006, p. 16.
688 *ST*, I, q. 89, a. 1, ad resp.

는 영혼의 본질만으로 충분하다.[689]

영혼이 정신으로서의 자기 자신의 본질에 대한 이해를 가지기 위해서 자기 자신에게 현존하여야 한다는 말은, 모든 외적인 감각세계로부터 관심을 돌려 오직 자기 자신에게 관심을 집중한다는 말이다. "영혼의 본질은 자기 자신에게 현존하는 것이다(essentia sua est sibi praesens)."[690] 이러한 행위는 사실 성녀 아빌라의 데레사가 관상(contemplatio)을 하기 위한 준비 단계로 고려하고 강조하는 사실이다. 물론 아빌라의 데레사에게 있어서 그 이유는 신이 거주하는 거주처가 인간 영혼의 깊숙한 곳이기 때문이다. 파리의 삼위일체 수도원의 원장인 필립(Philippe)은 이러한 데레사 영성의 핵심을 다음과 같이 말한다.

> 우리들 주위에 쌓이는 외관들의 모래 믿을 움푹 파면서 그 아래에 있는 바위를 발견하여야 한다. 이 바위는 우선 우리들에게 직접적으로 주어진 확고하고 지속적인 단 하나의 실재인 우리들의 영혼이다. 이 영혼은 우리가 끊임없이 확인하는 우리자신들의 사태들의 근원, 즉 삶이 분출하는 지속적인 근원이다. (…) 참된 정관이 하느님을 찾아야 할 곳은 바로 이곳이다. 모든 것 중 가장 참된 실재는 모든 것이 기초해 있고, 지지되고 있는 알파요 오메가인 그 '바위'가 아닌가?[691]

하지만 토미즘의 관점에서 인간의 영혼이 세상으로부터 관심을 돌려 자신의 본질에 집중하는 것은 우선적으로 자기 자신의 진정한 모습을 발견하기 위한 것이지 신적 현존을 발견하기 위한 것은 아니다. 만일 자기 자신에게로 되돌아온 영혼이

---

689 "Ad hoc autem quod percipiat anima se esse, et quid in seipsa agatur attendat, non requiritur aliquis habitus ; sed ad hoc sufficit sola essentia animae, auae menti est praesens." *QDV*, *De Veritate*, q. 10, a. 8, a.

690 *QDV*, *De Veritate*, q. 10, a. 8, ad b.

691 Fr. Philippe (OCD), *La présence à Dieu et à moi-même*, éd. du Seuil, 1949, p. 26.

하느님의 현존을 발견한다면, 이는 일종의 유비로서 모든 존재하는 것의 근거이자 원인인 존재 자체를 발견한다는 의미이다. 우리 시대의 토미스트인 에메 포레스트(Aimé Forest)는 이러한 영혼의 자기 발견과 존재에 대한 발견을 가장 중요한 인간 정신의 과제로 생각한다.

> 반성적 행위가 자신의 순수한 형상 아래서 자신을 파악할 때, 이 행위는 자신을 귀환한(되돌아온) 현존(la présence recueillie) 그리고 존재에 대한 열림(l'ouverture à l'être)으로서 인정하게 된다. (…) 자아(자기)에 대한 의식이 완성되어 발견되는 때는, 존재에 대한 영혼의 관계가 가장 고상한 형식을 취하면서 정신적이고 순수하게 변할 때이다. 존재로부터 영혼을 분리시키는 간격은 일종의 영혼의 자기 자신과의 멀어짐을 의미한다.[692]

영혼이 자기 자신에게 현존함을 존재에 대한 열림으로 고려한다는 것은 무엇을 의미하는가? 그것은 나의 본질과 모든 속성들의 근원인 존재를 발견함으로써 이 동일한 존재를 또한 자신들의 본질과 속성들의 근원으로 하고 있는 타자들에게 열린다는 것이며, 나아가 이러한 타자들을 마치 동일한 형제들처럼 고려하는 것을 말한다. 현대 유신론적 실존주의자인 루이 라벨은 이러한 존재에 대한 발견과 가장 심오한 자기 자신에게 현존하는 이 사태를 내밀성(intimité)이라고 명명한다.

> 내밀성(intimité)이란 모든 이들의 시선이 도달할 수 없는 내부에 있는 것일 뿐 아니라, 실재의 최후의 지반이다. (…) 사람들이 자주 그렇게 믿고 있듯이 이 내밀성은 고독으로부터의 마지막 은신처이다. 그러나 사실상 이 내밀성은 우리로 하여금 고독을 멈추게 하는데 충분한 것이다. 이 내밀성은 우리 자신에게 있는 하나의 세계를 발견하게 해 주는데, 이 세계에서는 다른 모든 존재들이 수용될 수 있다. 왜

692 Aimé Forest, *L'Avènement de l'âme*, *op. cit.*, 1973, p. 23.

냐하면 각자가 자기 자신에게로 귀환하는 지점은 또한 각자가 다른 모든 이에게로 문을 여는 지점이기 때문이다.[693]

루이 라벨의 내밀성은 토마스 아퀴나스가 "각자에 있어서 가장 내밀하고 모든 것에 있어서 가장 심오한 것"[694]이라고 말한 존재행위의 내밀성과 같은 것이다. 바로 이러한 내밀성의 차원에서만이 "어떤 의미에 있어서 모든 것이 되는 것이 정신적인 존재의 고유성이다."[695]라고 말한 아퀴나스의 진술이 충분히 의미를 가진다. 이러한 존재에 대한 발견과 순수한 자기 자신에게 현존함은 어떤 의미에서 신적 존재의 존재하는 방식과 유사한 것이다. 왜냐하면 세계를 존재의 지평에서 바라보는 것은 제 사물과 사람을 본질(무엇인 것, essentia)로서 구분되기 이전의 존재로 고려하는 것으로, 모든 것을 마치 동일한 신의 자녀들처럼 고려하고 동등한 사랑의 대상으로 고려하기 때문이다. 바로 이러한 존재 방식이 존재가 곧 그의 본질인 신의 존재하는 방식이다. 따라서 영성적인 삶을 통해서 자신의 깊은 곳에 존재하는 진정한 자기 자신을 발견하고 이곳에 현존하는 사람이란 곧 모든 것을 신의 시선에서 바라보는 사람이며, 신이 질서 지어 놓은 진정한 실재들을 주시하는 사람들이다. 바로 여기서 우리는 세상적인 것과 신적인 것 혹은 세속적인 것과 영적인 것, 육체적인 것과 정신적인 것이라는 일종의 이원론적인 세계관을 가질 수 있게 되는 것이다.

사실 엄밀한 의미에서 이러한 이원론은 전통적인 플라톤적인 이원론과 동일한 것은 아니다. 토미즘에서는 오히려 전통적인 이원론이 일종의 정신의 역동성과 변증법적인 운동을 통해서 종합됨을 발견할 수 있다. 왜냐하면 인간의 지성혼은 모든 것이 되고자 하는 것으로, 모든 존재하는 것을 정신의 차원으로 파악하고 정신

---

693 Louis Lavelle, *L'erreur de Narcisse*, Paris, Bernard Grasset, 1939, p. 27 et 29.
694 "Esse autem est illud quod est magis intimum cuilibet et quod profondius omnibus inest." *ST*, I, q. 8, a. 1.
695 *SCG*, III, ch. 112 & II, ch. 85.

의 지평으로 들어올리기 때문이다. 다시 말해서 토미즘의 영성에 있어서는 모든 존재하는 것의 제 지평 즉 육체적·감성적·이성적인 것들이 지성혼의 노력에 의해 하나의 차원 높은 영혼의 것[696]으로 변모하며, 이렇게 하여 한 개별자의 영혼이 진정한 내면세계를 형성하면서 스스로를 완성해 가는 것이다.[697] 완성된 개별자가 자기세계를 가지고 있기에 이는 세계에서 유일한 개별적인 존재가 되며,[698] 완성된 개별자가 되는 것은 또한 신이 창조한 이 세계를 보다 완전하게 하는 차원에서 신의 창조사업에 동참하는 것이라 할 수 있다. 왜냐하면 "우주의 완성은 개별자들의 증가와 함께 매일 증가하고 있기"[699] 때문이다. 지성적인 앎을 통해서 유일한 소우주라고 할 수 있는 개별적인 영혼이 곧 정신적인 실재 혹은 영적인 실재(réalité spirituelle)의 의미이다. 바로 이러한 의미에서 프랑스의 토미스트인 프랑수와 제니트는 "영혼의 실존은 육체 안에 존재하는 사태와 연관된 것이 아니다, 영혼의 실존은 그의 창조성으로부터 솟아나는 것이다."[700]라고 한 것이다.

육체적이고 감각적인 것을 멀리하는 가르멜 영성과 육체적이고 감각적인 것마저도 정신적인 것으로 창조해 내는 토미즘의 영성이 가지는 차이점이 있다면, 토미즘은 영성을 말하기 이전에 내면성에 보다 큰 의미를 두고 가르멜 영성은 내면성

696 여기서 차원 높은 영혼의 것이란 지성혼 안에 지성혼의 내용으로 있는 것을 말하며, 이는 외적 대상들의 이데아 즉 신의 지성 속에 있는 원형에 가까운 것이다. 마찬가지로 토마스 아퀴나스는 인간적인 완성을 위해서는 윤리적인 덕들 역시 'caritas'를 통해서 변모 되어야 한다고 생각하고 있다. "은총이 없이는 완성된 인간적인 성공은 어디에도 없다는 확신을 통해서 토마스 아퀴나스는 각각의 인간적인 덕은 수여 받은 도덕적인 덕(vertu morale infuse, 즉 caritas)을 통해서 새롭게 되어야 한다는 것을 말하고자 한다. 이 수여 받은 덕의 역할은 인간의 모든 내면적인 움직임들을 이 지상에서 이룰 수 있는 최상의 완전한 덕들로 이끌고자 하는 것이다." Jean-Pierre TORRELL, *Saint Thomas d'Aquin, maître spirituel*, *op. cit.*, p. 359.

697 "정신적(영적) 본성의 완성은 진리에 대한 앎에서(앎을 통해서) 이루어진다(perfectio autem spiritualis naturae in cognitione veritatis consistit)." *QDV*, q. XV, *De ratione superiori et inferiori*, a. 1, c., Paris, J. Vrin, 1991.

698 "사람들은 가능지성이 개별적인 가지상(species intelligiblis, 知的相)들을 수용한다는 의미에서 개별적인 지성이 된다고 말한다–Dicitur autem intellectus possibilis fieri singula, secundum quod recipit species sigulorum." *ST*, I, q. 79, a. 6, c.

699 *ST*, I, q. 118, a. 3, ad 2.

700 F. M. Genuyt, *Vérité de l'être et Affirmation de Dieu*, *op. cit.*, 1974.

에 대한 강조보다는 영성으로 직접 나아가는 지름길을 강조한다는 점이다. 그래서 에메 포레스트는 "내면성(intériorité)은 첫 번째의 것으로 고려되고, 영성(spiritualité)은 마치 기다림처럼 내면성의 심오한 체험을 통해서 분명해지는 것"[701]이라고 규정하는 것이다.

어쨌든 이러한 정신적인 실재가 가장 분명하게 드러나는 것은 곧 사후 영혼의 존재방식에서이다. 토마스 아퀴나스는 사후 영혼의 존재방식에 대해서 다음과 같이 말한다. "감각적 이미지를 통한 지성 작용은 (지성이) 육체와 결합되는 것과 마찬가지로 자연적이다. 반면 육체와 분리된 상태에서는 자연적인 그의 존재하는 방식에 대해서 예외적이다. 이와 유사하게 감각적 이미지의 도움 없이 실행되는 지성 행위는 초자연적인 것(예외적인 자연적인 것, praeter naturam)이다."[702] 사후에 육체와 분리된 영혼들이 보는 초자연적인 것은 한 영성가가 탈혼을 통해서 세계를 볼 때의 실재와 같을 것이며, 더 나아가 한 영성가가 진정한 관상 중에 바라보는 그 실재들과 같을 것이다. 그렇기 때문에 가르멜의 현대 영성가인 필립은 이러한 세계를 참된 존재라고 부르면서 참된 존재를 추구하는 정신을 초자연적인 실재론(réalisme surnaturel)이라고 부른다.

> 어느 정도 진지해진 영성적인 삶 안에서는 순수한 집중이 사물과 사건을 투명하게 하고, 또 믿음이 밝혀주는 새로운 눈을 통해 모든 상황에 있어서 실재를 분명히 인식하고자 한다. 이는 궁극적으로 자신 스스로 참된 존재가 되기 위한 지속적인 노력처럼 나타나게 된다. 신비 그 자체는 이 초자연적인 실재론(réalisme surnaturel)의 단순한 개화(開花)에 불과하다.[703]

---

701 Aimé Forest, *L'Avènement de l'âme*, *op. cit*., pp. 11~12.

702 "modus intelligendi per conversionem ad phantasmata est animae naturalis sicut et corpori uniri, sed esse separatum a corpore est praeter rationem suae naturae, et similiter intelligere sine conversione ad phantasmata est ei praeter naturam." *ST*, I, q. 118, a. 3, c.

703 Fr. Philippe (OCD), *La présence à Dieu et à moi-même*, op. cit., p. 7.

신의 시선 및 분리된 영혼들의 시선에 보이는 진정한 실재들을 발견하고 사랑하는 것이 영성가들의 사명이라면, 영성가들은 본질적으로 세상을 초월한 자 혹은 강하게 말해서 세상에서 죽은 자들이다. 토미즘의 고유한 언어로 이들은 세상 안에서 세상을 초월한 자라고 표현할 수 있다. 이들에게 육체적인 죽음은 진정한 실재들 혹은 참된 존재들을 맞이하는 순간이며, 그렇게 때문에 영성가들에게 있어서 임종 직전에 "나는 이제 진정한 삶으로 나아갑니다."라는 유언을 남긴 리지외의 데레사의 고백이 너무나 당연한 것처럼 보인다. 이제 우리는 이러한 의미에서 "그리스도교적으로 이해할 때 죽음은 오히려 그 자체가 삶으로의 과정이다."[704]라고 한 키르케고르의 말도 충분히 이해할 수 있다. 모든 크리스천들이 이렇게 신의 시선으로 혹은 신이 질서 지은 초자연적인 실재들로서 세상을 보지는 않고 이러한 사람들만이 진정한 크리스천이라고는 할 수는 없겠지만, 그럼에도 진정 영성적인 삶을 추구한다면 이러한 세계관을 긍정하지 않을 수 없다. 사실 물질문명이 그 어느 때보다도 발달한 현대사회에서 이러한 신적인 시선, 진정한 관상의 시선으로 세상을 바라보는 것은 참으로 힘겨운 일이다. 자본주의가 지배하고 경쟁사회가 일상이 되어 버린 현대인에게 있어 모든 존재하는 것을 신이 지은 원초적인 질서 안에서 바라보고 모든 존재들을 형제처럼 고려하는 것은, 마치 폭포를 거슬러 올라가는 물고기처럼 세상을 역행하는 것과 같다. 하지만 진정한 영성가는 세상에서 죽는 것을 두려워하지 않는다. 왜냐하면 그는 이 세상의 그 어떤 것도 우리 자신의 내면 깊숙이 존재하는 참된 존재로서의 자기 자신, 즉 영적인 존재보다 더 가치 있고 소중한 것은 어디에도 없음을 알기 때문이다. 필립은 이러한 진리를 저버리고자 하는 것이 곧 유혹이라고 말한다.

> 분명히 본다는 것은 사실 거북한 것이다. 왜냐하면 실재의 바깥으로 이끌고 가기 위한 탐욕들과 상상들이 늘 도사리고 있기 때문이다. 유혹과 죄가 우리를 그것

---

704 키르케고르, 『죽음에 이르는 병』, 앞의 책, p. 29.

인 것(ce qui est)의 저편으로 내던진다. 유혹을 당한다는 것, 이는 보다 분명히 말하자면, 정신적인 혹은 초자연적인 법칙들에 의해 질서 지어진 사물들의 용도를 해석할 때 끼어 드는 불순한 것, 즉 더 이상 사물들을 신이 질서 지은 것으로 보려고 하지 않는 것이다.[705]

이 세상의 모든 것을 신이 초자연적인 법칙에 따라서 질서 지은 존재들로 바라보는 사람에게 사실 육체적인 죽음은 어떤 의미에서 감옥에서 풀려나는 것과 같다. 왜냐하면 육체적인 자연적 조건 속에 살고 있는 한 누구도 항상 지속적으로 이러한 관상의 상태에 있을 수 없기 때문이다.[706] 오직 죽음이라는 관문을 통하여 순수한 정신으로 존재할 때, 더 이상 감각적 이미지가 전혀 존재하지 않는 상태에서 비로소 지속적이고 영속적으로 관상의 상태를 유지할 수 있기 때문이다. 찰리 채플린은 "죽음으로 나아가는 것은 두려운 일이다. 하지만 만일 새로 탄생하는 아이가 삶으로 나아간다는 의식을 가지고 있다면, 그 역시 공포에 질려 있을 것이다."라는 흥미로운 말을 한 적이 있다. 사람들이 죽음을 두려워하는 것은 자연적인 감정이겠지만, 만일 죽음 뒤에 일어날 사건이 현세의 삶보다 더 나은 삶이라는 확신이 있다면 오히려 죽음은 흥미진진한 사건이 될 것이다. 어떤 관점에서 보면 육체적인 죽음이란, 최소한 영성적인 삶을 갈망한 사람에게는 현세의 모든 소망들이 실현되는 훨씬 충만한 삶이라고 할 수가 있다. 왜냐하면 우리가 진정한 삶이라고 갈망하였지만 이룰 수 없었던 모든 것들, 진실한 우정·참된 평화·참된 정의·진정한 자유·참된 사랑 등이 진정으로 실재가 되는 삶이 곧 사후의 삶일 것이기 때문이다. 이러한 참된 실재들을 가리고 있던 육체적이고 감각적인 모든 것이 소멸된 사후의 삶에서는 오직 참된 존재밖에 존재하지 않을 것이다.

---

705 Fr. Philippe (OCD), *La présence à Dieu et à moi-même*, *op. cit.* p. 12.

706 "개별적인 가지상들을 수용하고, 소유하고 있는 가능지성은 자신이 원할 때 작용할 수 있으며, 항상 작용하는 것은 아니다(Ex hoc ergo quod recipit species intelligibilium, habet quod possit operari cum voluerit, non autem quod semper operetur)." *ST*, I, q. 79, a. 6, c.

장켈레비치는 『죽음』에서 "죽음을 피하는 사람은 삶을 피하는 사람이다. 왜냐하면 죽음도 삶 그 자체이기 때문이다."라고 말한 적이 있다. 죽음이 삶 그 자체라는 말은 죽음도 삶의 일부분이라는 말이며, 또한 현세적인 삶이 죽음을 통해서 끝나는 것이 아니라 죽음 이후에도 지속된다는 말과 같다. 사실 토미즘에서도 죽음은 전혀 현세적 삶의 종말을 의미하지 않는다. 죽음이란 다만 육체적이고 감각적인 것의 완전한 소멸을 의미할 뿐 이미 정신화된 나의 자아, 나의 정신적인 실재는 전혀 손상 없이 그대로 간직된다. 마찬가지로 토마스 아퀴나스는 정관적인 삶이 사후의 삶에서도 여전히 지속된다고 말한다.

> 정관적인 삶은 (사후에도) 지속적이다. 왜냐하면 이는 우리 자신에게 있는 불멸하는 것, 즉 지성의 업적이기 때문이다. 따라서 정관적인 삶은 지금 현재의 삶 이후에도 보다 더 심오하게 깊어질 수 있다.[707]

> 정관적인 삶은 천국에서 그의 완성을 발견하기 위해서 여기 지상에서 시작되는 것이다.[708]

죽음이 삶의 연장이며, 그런 한 삶의 한 부분이라고 생각할 수 있다면 우리는 죽음이 삶의 완성이라고도 말할 수 있다. 왜냐하면 죽음은 최소한 지상의 삶을 매듭짓는 마무리이며, 마무리인 한 완성이라고 할 수 있기 때문이다. 만일 죽음 이후의 삶이 진정한 실재들을 마주하는 삶이라는 토미즘의 사유가 사실이라면 참되고 선한 삶을 산 사람에게 있어서 죽음이란 그 열매를 맺는 시기요, 반면 허상에 잡혀 있거나 악한 삶을 산 사람에게는 죽음이란 삶의 심판을 맞이하는 시기라고 할 수 있을 것이다. 왜냐하면 토미즘에서 허상과 악이란 존재의 부재를 의미하기에 이러

---

707 *ST*, II-II, q. 180, a. 8, c.
708 *ST*, II-II, q. 180, a. 8, ad 1.

한 영혼들에게 있어서는 맞이할 수 있는 참된 존재가 전혀 없기 때문이다. 그렇기 때문에 토미즘에게 있어서 죽음이란 평범한 사람에게는 두렵기도 하고 흥미진진한 기대이기도 하지만, 허상과 악한 삶을 산 사람에게는 참으로 두려운 것일 수밖에 없다. 반면 진정한 영성적인 삶을 통해 참된 실재와 사랑의 삶을 살아온 사람에게는 매우 희망찬 기다림의 대상일 것이다. 이 희망찬 기다림은 지상의 삶에서 고대하던 그 영적인 실재들을 맞이하는 데 대한 기다림이다.

> 관상적인 삶은 매우 갈망할 만한 온유함을 동반하는데, 이 온유함이 영혼을 그 자신의 저편으로 데려가며, 영혼에게 하늘을 열어 주며 영성의 시선(mentis oculis)에 영적인 실재들(spiritualia)을 발견하게 한다.[709]

아나톨 프랑스는 "죽음은 삶의 유일한 보상이다."라고 말한 바 있는데, 사실 이러한 말이 진실이 되기 위해서는 현재의 삶이 충분히 참된 삶이어야 한다는 조건이 전제된다. 여기서 참된 것이란 곧 세상이 바라보는 세계가 아니라 영원한 신의 시선에 보이는 세계, 애초에 신이 초자연적인 법칙에 따라 질서 지은 진정한 실재 그리고 탄생 시에 신이 나에게 부여한 진정한 나 자신[710]을 말한다. 이를 발견하고 참된 실재들을 추구할 수 있게 하는 신성한 힘이 곧 은총이요, 사랑이다. 그리고 이러한 모든 참된 실재를 '초자연적인 실재(La réalité sur-naturelle)'라고 부르는 것이다.

이러한 토미즘 영성의 핵심을 요약하자면, 눈에 보이는 이 세계 즉 우리가 매일 바라보고 그 안에서 살아가는 감각적이고 시간적인 이 세상이 다만 세속적인 것이거나 지나가는 헛된 것이 아니라, 바로 이 감각적이고 시간적인 실재들의 이면에 이들의 근원으로서 그것을 통해서 외적인 세계가 존재를 지속할 수 있는 순수하게 영적이고 영원적인 존재 즉 초자연적인 실재가 내재하고 있으며, 바로 이러한

---

709 *ST*, II-II, q. 180, a. 7, ad 3.
710 "영혼들이 육체 이전에 창조된 것이 아니라, 영혼들이 육체에 주입될 때 그때 창조된 것이라는 것은 절대적으로 인정해야만 한다." *ST*, I, q. 118, a. 3, c.

진정한 실재들 즉 진리에 대한 앎을 통해서 각 영혼이 세계에서 유일한 개별적인 지성적 존재로 변모하여야 한다는 것이다. 이러한 영혼들이야말로 세속에서 신성한 것을, 시간 안에서 영원한 것을 살아가는 영혼들이며 이러한 영혼들의 삶이 곧 지상에서 천국을 앞당겨 사는 삶인 것이다. 이러한 삶은 더 이상 이 세상의 가치에 집착하지 않는다는 차원에서 키르케고르가 말한 치유된 사람들 즉 세상에서 죽은 사람들이라고 할 수 있으며, 구원을 확약 받은 사람들이라고 할 수 있다. 이러한 사람들을 우리는 영성가라고 할 수 있으며, 이들은 더 이상 하루 중 어느 특정한 시간만을 신 앞에 거주하며 신을 위해서 보내거나 다만 삶의 어느 특정한 사건만을 신의 시선 즉 섭리로 바라보는 것이 아니라, 자신의 삶 자체를 신의 시선으로 바라보고 자신의 삶의 모든 것을 신의 섭리로 받아들인다.

그리스도교적인 의미에서 생명이란 생물학적인 생명에서 영적인 생명으로, 어둠에서 빛에로, 죽음에서 삶으로 나아가게 하는 힘이라고 한다면, 이러한 영성가들의 삶이야말로 진정한 생명에로의 변모 혹은 도약이다. 그리고 영성가들에게 있어서 죽음이란 곧 생명의 완전한 개화를 의미한다. 생명의 개화는 토마스 아퀴나스와 거의 동시대를 살다 간 신비가 힐데가르트가 말한, 총체적인 생명 안에 휴식하는 바로 그것이다.

> 인간은 역시 정당하게 생명이라는 이름을 가질 것이다. 왜냐하면 정신의 숨결을 통해서 살아가는 한 그는 생명이기 때문이다. 그러나 육체의 죽음을 통하여 불멸성에로 변화할 때, 그는 총체적으로 생명 안에 있게 될 것이다.[711]

그리고 현대철학의 선구자이자 실존주의자의 선구자인 키르케고르가 말하는 완성된 건강과 힘으로 가득 찬 그 생명이다.

---

711 Hildegarde de Bingen, *Livre des oeuvre divines*, *op. cit*., p. 184.

> 사실 죽음 또한 모든 것을 포함한 영원한 생명의 내부에 있는 하나의 사소한 일에 불과하다. 기독교적으로 말하면 살아 있는 동안에 희망이 있는 것보다 죽음 이후에 무한히 더 큰 희망이 있다. 이 생명은 단순히 인간적인 의미의 생명뿐만 아니라 완성된 건강과 힘으로 가득 차 있는 생명을 의미한다.[712]

이러한 그리스도교의 생명 개념은 참으로 희망적이고 긍정적이다. 인간이 고안한 모든 문화적인 가치들을 넘어서는, 인간이라면 누구나 그 자신의 깊숙이에 마치 가능성처럼 지니고 있는 이 신성한 생명의 씨앗은 비교할 수 없는 가치요 소중한 무엇이다. 이러한 매우 소중한 내면의 신비를 보려 하지 않고 인간을 사물화하는 문명들이 마치 악의 화신처럼 인류의 역사에 드리울 때, 인간의 영혼을 생명의 원리(principium vitae)로 그리고 신의 이미지(imago Dei)로 규정한 토마스 아퀴나스의 정의는 참으로 강력한 해독제처럼 보인다. "빛이 세상에 왔으나, 세상은 그 빛을 알아보지 못했다!"라고 말하는 성경의 말씀처럼 오늘날 여전히 세상은 영성가들의 놀라운 삶들에 대해서 점점 더 무관심해지는 것 같다. 하지만 토미즘은 항상 희망적이고 낙관적이다. 세상에 드리우는 어두움이 깊어질수록 영성의 빛은 보다 밝게 빛날 것이며, 지혜의 여신인 미네르바(부엉이)가 어둠이 드리울 때, 비로소 그의 비상의 날개를 펼치듯 언젠가 다시금 영성의 빛이 빛나는 때가 올 것이라는 믿음을 토미즘은 버리지 않는다. 비록 무의식적이기는 하지만 모든 인간의 갈망에는 궁극적인 목적에 대한 충동이 첫 원동력처럼 도사리고 있다는 것이 토미즘의 확고한 신념이기 때문이다. 토미스트인 요셉 라삼의 아래 진술은 이러한 토미즘의 신념을 잘 보여 준다.

> 비록 인간이 이 마지막 목적을 의도적으로 생각하고 있지 않더라도, 그의 마지막 목적에 대해서 상대적인 첫 충동적 정감은 인간의 개개의 개별적인 욕망들 안에서

---

712 키르케고르, 『불안의 개념』, 앞의 책, p. 18.

끊임없이 이 마지 막 목적을 향해 존재하고 있다. 도상 중에 있는 여행자는 그가 내디디는 매 발자국마다 여행의 최종 목적지를 생각하지는 않는다.[713]

3) 초자연적 실재의 제 국면에 대한 개념적 이해

초자연적 실재론에서 초자연적 실재의 제 국면 1°	
양태	내용
초자연적 실재 超自然的 實在 res supra-naturalem the reality supernatural la réalité sur-naturelle	자연적인 질서를 넘어서 있는 실재로서 인간의 영혼이 완성으로 나아가면서 맞이하게 되는 실재들이다. 특히 영성적인 삶을 영위하는 사람에게 있어서 이러한 자연적인 질서를 초월하는 실재들은 보다 현실적이고 보다 의미 있는 실재들이 된다.
참된 존재 ens verum	관상가들은 애초에 신이 초자연적인 법칙에 따라 질서 지어 놓은 진정한 세계와, 탄생 시에 신이 나에게 부여한 진정한 나 자신에게 항상 시선을 고정하고 있는 사람들이다. 이러한 실재들을 참된 존재라고 할 때, 이는 자연적인 존재를 넘어서는 것 즉 초자연적인 실재들이다.
신의 부르심(성소) appel de Dieu	인간이 그의 자연적인 능력으로는 지복에 도달할 수 없는 제약된 존재라는 사실은 영성적인 삶에서 신의 부르심이 먼저 있었음을 의미한다. 이러한 신의 부르심은 단지 시적이거나 비유적인 표현이 아니라 진정한 실재, 즉 초자연적인 실재이다.
상위적인 존재 esse eminentius	존재를 추구한다는 것은 존재의 상승을 꾀하는 것을 말하며, 하나의 어떤 완성이 이루어진다는 것은 그만큼 나의 존재가 상승하였다는 것을 의미하는데, 토마스 아퀴나스는 이를 보다 상위적인 존재가 되었다고 말한다. 상위적인 존재가 되기 위해 신적 도움을 필요로 한다는 차원에서 이는 자연적인 것을 넘어서는 실재라고 할 수 있다.
영성적인 덕 vertu spirituelle	일반인이 인간적이라고 하는 말은 영성가의 입장에서 보자면 충분히 인간적인 것은 아니며 어느 정도 인간적인 것이다. 인간이 완전한 인간이라고 말할 수 있다면, 즉 완성된 인격이라는 말을 사용할 수 있다면 여기에는 반드시 영성적인 덕이 가정되어야 한다. 이는 신적 사랑(caritas)으로부터 발생하는 것인데, 구체적으로 믿음·소망·사랑을 말한다. 이러한 덕이 존재론적으로 내재한다는 의미에서 초자연적인 실재인 것이다.
구성된 믿음 fides formata	한 개인의 내면에서 한 개인의 삶의 형식에 결정적인 영향을 미치는 내적인 실재이다. 구성된 믿음은 원론적인 믿음의 언어적 진술이 아니라 한 개별자의 내면성을 이루는 실재이다. 이 실재는 나의 내면세계나 나의 삶의 형식이나 내용들이 신적 사랑에 의해서 어떤 궁극적인 목적에로 나아가고 있다는 강한 내적인 확신을 주며, 이를 중심으로 자신의 삶의 모든 것이 규정되고 선택되고 지향되기에 자연적인 질서를 초월하는 자아의 내용이라고 할 수 있다.

713 Joseph Rassam, *Thomas d'Aquin*, *op. cit.*, p. 115.

초자연적 실재론에서 초자연적 실재의 제 국면 2°	
양태	내용
영성적인 분위기 ambience spirituelle	영성가가 지니는 한 차원 들어 올려 진 실존에서 풍기는 영적인 힘과 빛남, 카리스마라고 불릴 수 있는 것으로 자신의 존재 그 자체로부터 신적 현존을 증거하는 실존이다. 이 영성적인 카리스마는 자연적인 것을 넘어서는 내적인 힘이다.
법열 또는 환희 raptus	관상(contemplatio)의 행위 중에 탈혼을 한 영혼이 영적인 실재들을 마주하면서 가지게 되는 내적인 감정을 말한다. 이는 단순히 차원이 높아진 것이 아니라, 인간의 본성에 대해 반대되는 것(contra naturam)이라고 토마스 아퀴나스는 말한다. 관상가들이 가지는 이러한 법열은 초자연적인 실재이다.
완성된 인격 persona perfictionis	인간의 정신(영혼)은 진리에 대한 앎을 통해서 각 영혼이 세계에서 유일한 개별적인 지성적 존재로 변모하여야 한다. 이렇게 완전하게 자신의 인격(persona)을 실현한 영혼들은 세속 안에서 신성한 것을, 시간 안에서 영원한 것을 살아가는 영혼들이며, 곧 지상에서 천국을 앞당겨 사는 영혼들이다. 이러한 완성된 인격을 초자연적인 실재라고 말할 수 있다.
초자연적인 의미를 가진 세계 Le monde ayant un sens surnaturel	영성가들의 변모된 실존은 비록 그 누구의 시선에서도 포착되지 않지만 일반인들의 그것과는 완전히 다른 실존의 방식을 가지고 있으며, 이를 통해서 다가오는 모든 삶의 현상들이 다른 하나의 의미 즉 초자연적인 의미를 가지게 된다. 이렇게 초자연적인 의미를 가지고 다가오는 세계는 곧 초자연적인 실재이다.
예외적인 자연적인 것 praeter naturam	예언자들이 통찰하는 실재들은 현재에는 존재하지 않는 미래의 실재들이라는 차원에서 아직 실재가 아니다. 하지만 신적 지성에 참여하는 예언자의 지성에서 이러한 미래의 실재들은 부정할 수 없는 실재들이다. 토마스 아퀴나스는 이러한 실재들을 초자연적인 것 혹은 예외적인 자연적인 것(praeter naturam)이라고 부른다.
새로운 생명의 탄생 regenerationem 혹은 새로운 창조 recreationem	사후의 영혼은 감각적인 존재방식을 완전히 상실하고 완전히 새로운 방식으로 존재하게 되는데, 이를 토마스 아퀴나스는 재탄생 또는 새로운 창조를 통해서 신적 본성에 참여하는 것이라 말한다. 이러한 재탄생과 새로운 창조는 곧 초자연적인 실재이다.

제8장
맺음말

토미즘의 생명사상과 영성사상 그리고 미래의 비전

A THOMISTIC THEORY OF LIFE AND SPRITUALITY

온갖 종류의 군집화와 조직화로 인해 정신의 포화상태를 맞이하고 새로운 물질주의로 추락하고자 하는 현대인의 경향성에 맞서, 과연 인간의 정신이 가야할 방향은 무엇인가 그리고 새로운 생의 도약은 무엇인가 하는 것이 현대 토미즘의 필연적인 질문이다. 그리고 이러한 질문은 또한 우리의 정신(영혼)에 현존하는 신의 현존은 어떻게 추구될 수 있는가 하는 질문을 야기한다.

제8장

맺 음 말

토미즘의 생명사상과 영성사상 그리고 미래의 비전

1. 토미즘의 생명사상과 실재론적 영성

인간의 생명, 구체적으로 한 개인의 탄생이 우연의 산물인가 혹은 신적 의지의 필연적 결과인가 하는 것은 사실상 학문적인 논의로 밝힐 수 있는 문제가 아니다. 이러한 문제는 결국 한 개인이 전 삶의 과정을 거치면서 체험한 지혜 혹은 확신이라는 차원으로부터 나타나는 일종의 철학적 신앙의 문제이다. 생명과 인류의 기원 나아가 인류의 미래에 대한 토미즘의 시각은 그리스도교적 신앙에 기초하지만 그 논의의 과정은 철저하게 논리적이고 합리적인 사유에 바탕한다. 아리스토텔레스의 형이상학적인 원리들에 기초한 토미즘의 논의 방식은 주어진 경험적인 사실들을 토대로 그 경험적인 사태들의 근원적인 원인으로 거슬러 올라가, 다양한 경험적인 사실들을 유기적이고 총체적으로 잘 설명할 수 있는 형이상학적인 원리들을 도출하는 방법을 취한다. 이러한 논의들 사이에서 인간의 생명의 기원과 그 운명은 신적인 존재를 가정하지 않고서는 설명이 불가능하며, 마찬가지로 인류의 미래를 생각할 때 신의 섭리라는 초자연적인 원리를 가정하지 않고서는 해결의 실마리가 보이지 않는다. 바로 이러한 것이 토미즘의 영성, 특히 실재론적인 영성의 관점이다.

본 저서의 서두에서 우리는 '인간적 삶의 의미와 목적'에 관련된 철학적 혹은 형이상학적인 질문을 생명의 진보 혹은 개화라는 측면에서 부각시키면서, 이러한 질문이 의미를 가지기 위해서는 생명에 관한 형이상학적인 차원 즉 종교적인 현상과 연관하여 고찰해야만 함을 다루었다. 그리고 토미즘의 생명사상을 영성(spirituality)이라는 개념과 연관하여 고찰해야만 하는 근거를 제시하였다. 그리고 현대사조에서 나타나는 다양한 생명사상들—진화론과 DNA사상, 들뢰즈의 생명사상, 떼이야르 드 샤르뎅의 사상 등—을 소개하면서, 현대 과학이 지닌 유물론적 사유는 구체적인 실재에 대한 지식이 아니라 매우 추상화된 지식임을 말하였다. 또한 생명현상이 정신이나 의식 혹은 자아의 문제로 확대될 때 본질적으로 과학의 영역을 넘어섬을 확인하였다. 나아가 떼이야르 드 샤르뎅과 베르그송의 사유를 통해 생명현상이 자기 자신을 반성하는 의식을 탄생시키고자 하는 지향성을 가진 상향운동이라는 형이상학적인 사유를 소개하면서, 생명사상을 인류의 미래의 삶의 방향과 연계해 보았다. 이러한 논의들을 토대로, 결론적으로 '창조적 진화와 인류의 자기동일성에 대한 고민과 비전'이라는 토미즘의 생명사상과 영성이론에 대한 사유를 문제제기로 이끌어내었다.

생명에 관한 토마스 아퀴나스의 사유는 매우 포괄적이다. 토미즘에서 생명의 기원은 근원적으로 신에게 있지만, 그 발생의 현상에 있어서 진화현상을 충분히 수용할 수 있다. 토마스 아퀴나스에 따르면 하나의 생명체는 항상 보다 완전한 것을 향해 생의 도약을 감행하는데, 새롭게 도약한 생명체는 이전의 생명체와는 질적으로 다른 하나의 생명의 형식을 가지게 되기에 진화는 창조적인 것이다. 이러한 생의 도약은 의식의 탄생을 지향하며, 생명체가 진화를 계속하는 한 창조는 계속된다고 하는 사유가 가능하며, 우주의 역사는 창조적 진화의 과정이라고 요약할 수 있다. 이러한 사유는 토마스 아퀴나스 특유의 존재(*esse*)에 관한 사유에 의해 가능한데, 이 존재 개념에서 존재하는 모든 것은 필연적으로 신적 존재와의 관계성 안에서 존재하기 때문이다. 즉 모든 존재하는 것이 존재를 지속하기 위해서 근원적인 존재인 신의 존재(*Ipsum Esse*)에 참여해야만 하는데, 이는 또한 모든 생명체가 전체적인 상호관계 속에 있다는 생명의 유기체성을 이해하는 데 빛을 제공한다. 뿐만 아니라, 본질의 차원에서는 서로 분명하게 구분되는 정신·감각·육체 등의 실재들도 유일한 하나의 존재를 공유한다는 사유는, 나의 생명이 유일한 하나의 생명이며 모든 생명현상들이 유일한 하나의 생명의 개화라는 관점을 긍정해 준다. 이러한 토미즘의 존재에 관한 사유는 세계 내 생명체들의 유기체성에 대한 신비주의적 관점을 제시한다. 그리고 결과는 항상 원인과의 유사성을 가진다는 아리스토텔레스의 형이상학적 원리에 따라, 생명의 진보는 그의 최종 목적(신적 존재)을 향해 상승하는 것이라 규정할 수 있다. 생명의 유기체성과 생명의 지향성은 경험적으로 확인된 자연과학적인 결과들을 수용하면서도 종교적 관점의 생명의 존엄성과 신비를 간직한 토미즘 특유의 실재론적인 관점이다.

생명에 관한 토미즘의 사유에서 특기할 만한 것은 생명의 실체성과 개별성이다. 토마스 아퀴나스는 생명을 실체적인 것으로 간주하는데, 이는 생명이라는 개념 자체가 물리적 혹은 생물학적 지평에 국한된 실재가 아니라 생물학적·감성적·지성적 나아가 영적인 모든 인간현상에 관련되어 있는 것 혹은 모든 인간현상의 원인임을 말한다. 즉 인간의 모든 생명현상은 단 하나의 생명으로부터의 개화 혹은 실현이며, 이러한 측면에서 토마스 아퀴나스의 생명에 관한 정의는 가장 풍요롭고 포괄적이며 심오한 것이다. 생명의 개별성이란, 각자의 개인이 지니고 있는 생명은 근본적으로 타인의 생명과 구별되는 유일한 생명이라는 것이다. 이는 생명의 실체성 자체로 인해 분명한 사실인데, 개별적인 영혼이 유일한 생명의 원리이기 때문이다. 생명이 근본적으로 개별적이라는 것은 한 개인의 생명의 근원적인 기원이 부모에게 있지 않으며, 어떤 초월적인 것에 기인함을 말한다. 생명의 개별성은 인간이 초월적인 세계와 관계하고 있음을 증거하며, 이는 영성에 대한 보편적인 근거가 된다. 즉 인간의 생명은 출발부터 초월적인 세계와의 관계성 안에 있으며, 이러한 지평으로 도약하도록 부름을 받은 것이다.

토미즘에 있어서 실체의 유기체성은 감각작용과 지성작용이 서로 유기적으로 개입하고 있음을 부각시키며, 감각적 생명현상이 지성적 생명현상을 목적으로 이루어지고 있음을 규명해 준다. 구체적으로 감각활동의 결과물인 감각적 상(*species sensibilium*)은 지성적인 인식의 지반처럼 고려된다. 마찬가지로 감성적 현존을 의미하는 감성 혹은 정념이란 지성이 관여하는 감성적 현존이며, 그렇기 때문에 생명작용은 보다 정신적이 되면서 보다 완전하게 실행되고 보다 탁월한 생명력을 가지게 되는 것이다. 이처럼 생명은 감각에서 정신으로 그리고 정신에서 영성으로의 지향성을 가진 상승적인 운동을 지닌다. 토미즘에 있어서 생명, 특히 인간의 생명이란 변모(transformation)라는 상승운동 즉 초월의 특성을 지니고 있다. 초월의 운동은 윤리적 지평·미학적 지평·종교적 지평이라는 특수한 상황과 지평을 형성하면서 개화하게 된다. 이러한 고찰은 단순히 생물학적인 작용을 의미하는 것이 아니라 고차적인 정신활동으로 상승하는 인간생명의 특수성을 말해 준다. 토미즘 특유의 유기체적 사유에서는 윤리적 지평에서의 실존이 가지는 도덕적인 문제가 존재론적인 문제와 밀접한 상관관계를 가지는데, 선악을 구분하고 올바른 행위의 원리가 되는 양심과 (도덕적) 의식은 내적인 존재를 형성하는 원리이기도 하다. 특히 윤리적 실존과 존재론적인 실존이 일치를 이루는 사랑은 윤리적·미학적 그리고 종교적 실존을 통일하는 원리 혹은 힘처럼 나타난다. 토미즘에 있어서 아름다움의 역할은 모든 인간실존의 지평에서 어떤 매력(appetitus) 혹은 갈망을 유발하는 동인으로 나타나며, 이러한 의미에서 아름다움은 사랑의 동인이다. 사랑은 인격(persona)이 솟아나고 완성되게 하는 내적 힘 혹은 행위처럼 나타나고, 미학적 지평에서의 동인처럼 나타난다. 사랑을 유발하고 움직이는 힘은 일차적으로 아름다움이며, 이는 예술이라는 특수한 형식으로 결실을 맺는다. 인간의 예술행위는 또한 인간생명의 창조적인 특성을 부각시켜 준다. 미학적 지평이 최정상에 이르렀을 때 가지는 충만한 실존을 피안(彼岸)이라고 말할 수 있으며, 이러한 차원의 예술을 피안을 위한 예술이라고 규정할 수 있다. 피안으로서의 예술은 곧 아름다움을 통해서도 신에게 접근할 수 있다는 토미즘 특유의 미학적 관념을 긍정해 준다. 그리고 종교적 지평에서 가지게 되는 영성적인 매력은 인간이 가지는 무한자 혹은 초월자와의 관계성의 근거가 되며, 인간의 생명이 가진 절대적 존엄성의 근거도 된다. 토마스 아퀴나스에게 있어서 인간이 가지는 신적 현존과의 관계성은 닮음(유사, similitudo)·신의 이미

지(imago dei)·참여(participatio) 등의 개념을 통해서 나타나며, 또한 현대 토미스트들에게 있어서는 정신의 역동성(le dynamique de l'esprit)과 존재의 역동성(le synamique de l'être)의 개념들을 통해서 나타난다. 이러한 개념들은 인간이란 생명이 주어지는 순간 이미 '궁극적인 목적'을 지향하고 있다는 토미즘의 생명관을 긍정하면서 왜 인간의 자연적인 진보에서 영성적인 삶과 필연적으로 마주하게 되는가를 말해 준다.

다양한 실존의 지평들이 끊임없이 상승하는 방식으로 나타나는 인간의 삶은, 그럼에도 불구하고 그 결정적인 원인으로 자유의지(libro arbtro)를 가정한다. 즉 궁극적인 목적으로의 상승은 자연적인 발전이나 필연적인 사건으로 나타나는 것이 아니라, 자유의지의 올바른 사용을 전제할 때 가능하다. 보다 종교적으로 표현하면 신의 부름을 느끼고 이에 응답하는 자유의지를 전제할 때 가능하다. 신의 부름을 보다 잘 느끼고 보다 잘 수용할 수 있는 사람이란 곧 보다 강한 영적인 생명을 소유한 사람으로서 보다 완성된 자유의지를 가진 사람이다. 토미즘에서 보다 강한 영적인 생명을 가지게 되는 과정은 의식의 지향성으로 해명되는데, 의식의 형성은 질료적인 것에서 비질료적인 것(정신적인 것)으로 그리고 불완전한 것에서 완전한 것으로 나아가는 형식으로 해명된다. 의식의 지향성은 통일된 자아의식을 가지고자 하는 것으로 나타나며, 이러한 지향성은 영성적인 삶을 필연적으로 요청하게 된다. 왜냐하면 초월적인 것 혹은 신성한 것과의 교류 없이는 자기 완결성이 불가능하기 때문이다. 이러한 영성적인 삶은 크게 내면적인 삶과 정신적인 삶으로 나타나는데, 내면적인 삶은 도덕적인 삶과 매우 밀접하게 연관되어 있고 정신적인 삶은 관상(정관)적인 삶과 밀접하게 연관되어 있다. 토미즘의 영성적인 삶은 사회적이고 일상적인 삶을 초월한 것이기보다는, 일상의 삶 안에서 올바름과 참됨을 추구하는 도덕적인 특성과 시간성 안에서 영원성을 추구하고 유한한 것 안에서 무한한 것을 추구하며 세속적인 것 안에서 신성한 것을 추구하는 것으로 나타난다. 바로 이것이 지상의 삶에서 천국적인 것을 앞당겨 사는 삶이라는 토미즘의 실재론적인 영성의 의미이다.

2. 토미즘의 영성과 초자연적인 실재론

본 저술에서 가장 중요하며 핵심적인 내용을 이루고 있는 7장에서는 토미즘의 영성의 핵심이 되는 내용들과 특히 초자연적인 실재라는 토미즘의 개념을 제시하고자 하였다. 영성적인 삶이란 그리스도교의 세계관과 진리를 자신의 삶의 진실로 받아들이는 사람들에게 있어서 최종적인 결실이라고 할 수 있는데, 여기에서는 진정으로 한 개별적인 자아(인격, persona)가 신적 현존을 맞이하고 수용하는 삶이라고 할 수 있다. 토미즘에 있어서 인간의 영혼이 영성적인 삶을 추구할 수밖에 없는 이유는 영혼이 본성적으로 가지는 신을 추구하는(신성화하는) 능력 때문이며, 이러한 능력은 인간의 영혼이 가지는 신적 현존과의 존재론적인 관계성을 말해 준다. 즉 인간의 영혼은 본성적으로 신성한 것과 친근성 혹은 친밀성을 가지고 있기 때문이다. 이것을 구체적인 삶 안에서 체험할 때 인간은 자기 영혼의 참된 모습 혹은 자신의 본래 모습을 알 수 있으며, 이러한 체험은 곧 신성한 부르심을 체험하는 것이다. 진정한 자신의 모습이나 신성한 부르심 등은 자연적인 질서를 초월하는 것이기에 초자연적인 실재로 규정된다. 이로써 우리는 신의 섭리라는 종교적이고 신학적인 주제를 철학적으로 해명할 수 있다. 즉 한 개인의 생명의 탄생이 단순히 생물학적인 산물이나 우연의 결과가 아니라 역사 안에 개입하는 초역사적인 계획(섭리)에 의한 것이며, 모든 인간의 탄생이 신적 현존과의 특별한 관계성을 지니고 있기에 한 개인의 절대적인 존엄성을 긍정할 수 있는 것이다. 이는 토미즘의 신비주의적인 관점이라고 할 수 있다.

한 개인의 생명의 근원적인 원인이 신에게 있으며 따라서 인간은 근본적으로 신성과의 어떤 관계 속에 있음을 긍정하게 되면, 인간의 궁극적인 목적도 신 그 자체이다. 왜냐하면 끊임없는 자기초월이 지향하는 것은 곧 가능성 중에서 신성한 것을 현실화하는 것이기 때문이다. 그렇기 때문에 인생을 전체적으로 고찰하는 형이상학적 시선에서는 심미적 지평에서도 신성한 아름다움 혹은 영적인 아름다움에 대한 매력과 환희(delectatio)를 발견하고 이를 추구하지 않을 수 없다. 따라서 인간의 심미적인 삶을 통해서도 신적 현존을 추구할 수 있으며 그러한 삶이 곧 영성적 삶의 고유한 특성이다. 이와 마찬가지로 윤리·도덕적 삶의 지평에서도 영혼이 선(善)의 추구를 통해 궁극적으로 지향하는 것은 영적인 휴식이며, 도덕적인 삶의 최정상에서 발견되는 것은 곧 성성(聖性, sanctimonia)이다. 즉 토미즘의 실재론적인 영성에 있어 심미적인 삶과 윤리·도덕적인 삶의 모든 지평에서 궁극적으로 추구하는 것은 신성한 어떤 것, 즉 신적 현존이다.

토미즘의 영성적인 비전에서 독특한 하나의 관점은 궁극적인 목적을 추구하는 것과 개별자의 완성을 추구하는 것이 일치한다는 점이다. 다시 말해 개별자가 신적 현존의 추구에서 지향하는 완성은 인간성으로서의 완성이라기보다는 개별자의 인격에 있어서의 완성을 의미하는데, 이는 토마스 아퀴나스가 신의 지성 속에 있는 개별자의 이데아를 긍정하는 것에 근거한다. 신의 지성 속에 존재하는 개별자의 이데아 개념은 신의 섭리가 한 구체적인 개인의 삶 안에 개입하고 있다는 근거가 된다. 즉 토미즘에 있어서 신의 섭리란 항상 시간과 역사성의 한가운데에서 이루어지고 완성되어 가는 것이며, 시간성 안에서 영원성을 세상적인 것 안에서 신성한 것을 세우는 것을 의미한다. 영성적인 삶을 영위하는 사람은 보다 탁월한 생명 혹은 보다 충만한 생명을 가진 사람이며, 이러한 충만의 상태가 곧 지복에 참여하는 삶 혹은 참여된 지복(beatitudo participata)을 사는 삶이며 또한 참여된 영원성(aeternitate participata)을 소유한 삶이다. 영성적인 삶을 영위하고 있는 사람들에게는 믿음·소망(희망)·사랑이라는 신학적 덕(수용된 덕)들이 진정 충만한 의미로 다가온다. 믿음(fides)이란 지성과 양심을 완성하는 내적 실재로, 희망(spes)은 믿음에 뒤따르는 실재로 그리고 사랑(caritas)이란 모든 덕의 형상으로서의 신의 은총으로 이해되는 것이다.

토미즘의 영성에서 개별자로서의 인격은 신의 현존하는 방식과 매우 밀접한 관계에 있다. 토마스 아퀴나스는 절대자로서의 신이 유한한 개별자로서의 인격에 관계하는 방식을 능동원인(causae agentis)과 작용의 대상(obiectum operationis)이라는 두 가지 방식으로 해명한다. 전자는 신의 현존이 모든 존재하는 것의 직접적인 원인임을 의미하며, 후자는 한 영성가가 신의 사랑을 자신의 내면에 지니고 있을 때 사랑의 원인은 곧 사랑하는 이와 신의 존재 사이의 직접적인 관계(상호주관성)에 의한 것이라는 말이다. 다시 말해서 신비가들에게서 발견되는 신과의 관계는 그들 스스로의 자유의지에 의한 예외적인 관계 또는 중개가 있을 수 없는 직접적인 관계이다. 신과 인간 사이의 사랑이라는 영성적인 삶은 인간과 인간 사이에서의 사랑과 마찬가지로 신비가의 자유와 신의 자유라는 두 존재의 자유를 전제한다. 신과 인간 사이의 사랑의 관계는 신비가로 하여금 정관적인 삶을 영위하게 한다. 왜냐하면 영혼은 진리에 대한 앎을 통해서 완성에 이르게 되는데, 정관(contemplatio)은 영혼이 진리를 통찰하는 유일한 방법이기 때문이다. 토미즘에 있어 정관이란 사물의 실재를 투명하게 통찰하는 지성(영혼)의 능력이며, 이는 신이 애초에 질서 지어 놓은 초자연적인 질서에 근거하여 사물들과 세계를 바라보는 것을 말한다. 이러한 정관을 통해서 영혼은 신의 현존을 관조하게 되며, 숭고한 진리(sublimis veritatis)를 통찰하면서 경외(admiratio)와 숭고미(崇高美)를 느끼게 되는 것이다. 그렇기 때문에 정관은 가장 탁월한 인간행위로서 인간 안에 있는 신성한 것을 실현하는 힘이다. 정관의 지평에서 신비가는 일반인들이 보지 못하고 느끼지 못하는 것들 즉 초자연적인 실재들을 가장 분명하고 가장 실제적인 방식으로 보고 느끼게 된다. 그리고 정관의 지평에서 완전한 사랑을 의미하는 "절대적인 초탈이면서 동시에 절대적인 관심"이라는 아가페적 사랑이 현실적으로 가능해진다.

완전한 정관적인 삶을 영위하는 영혼은 비로소 이 세상의 삶과 죽음의 의미를 진정으로 이해하게 된다. 토미즘에 있어서 죽음이란 한편으로는 유일하고 유기적인 하나의 실체가 파괴되는 일종의 폭력적인 사건이며, 다른 한편으로는 영혼이 보다 차원 높은 세계로 나아가는 계기이다. 하지만 죽음이 진정 새로운 삶으로 나아가는 복된 사건임을 실제로 이해하기 위해서는 영성적인 삶이 자신의 실제적인 삶이어야 한다. 왜냐하면 죽음이 곧 희망, 즉 새로운 생명의 탄생과 새로운 창조로 와 닿을 수 있는 것은 영성적인 지평에서 정관의 행위를 통해서이기 때문이다. 죽음이 곧 새로운 생명의 탄생이자 새로운 창조로 이해되는 것은 단순한 논리적인 추론이 아니라, 영성가의 실존이 초자연적인 실재로서 가지고 있는 실존의 느낌으로 인지하는 직관적인 앎이다. 바로 이러한 지평에서 삶의 지속과 완성으로서의 죽음 및 사후의 영혼에 대한 토마스 아퀴나스의 논의가 충분히 실제적으로 와 닿을 수 있다. 그렇기 때문에 토마스 아퀴나스는 사후의 영혼의 삶에 대한 자신의 앎을 추론적이라고 보지 않고 예언적이라고 규정한 것이다. 토마스 아퀴나스는 사후의 영혼의 양태를 설명하면서 지상에서의 가장 탁월한 영혼들의 완성된 상태와의 유비적인 관계를 통해서 논하는데, 이 책에서는 내면성(intériorité)·영성(spiritualité)·탈혼(extase)·초자연적인 것(예외적인 자연적인 것, praeter naturam)·초자연적인 실재론(réalisme surnaturel) 등의 개념들을 통해 논하였다. 이러한 논의들은, 결국 사후의 삶은 현세의 삶의 연장이라는 토미즘 특유의 실재론적인 관점을 잘 보여 준다.

3. 토미즘의 현대적 영성에 관한 새로운 비전

토미즘의 실재론적 영성에서 영성적인 삶이란 한 개인의 역사적 상황 안에 개입하는 신의 섭리를 통해 자신의 인격을 완성하는 것이라면, 우리는 토미즘의 영성을 현대인의 역사적인 삶의 상황에 적합하게 미래의 비전을 예견하는 차원에서 고찰해 볼 수 있다. 한 영성가가 신적 현존을 맞이하는 것은 자연과 세계 그리고 인간적인 역사 안에서 신의 섭리를 통찰하는 것이며, 이러한 신의 섭리를 자신의 개별적인 삶 안에서 통찰하고 끊임없이 신의 지성 속에 있는 자신의 창조적 본질 즉 개별자의 이데아로 접근해 가는 삶으로 나타난다. 그렇기 때문에 영성가는 본질적으로 세계 현상이나 역사적 상황을 항상 신의 섭리 혹은 신이 질서 지어 놓은 초자연적인 질서의 지평에서 바라보는 자이며, 자신의 미래와 인류가 나아갈 방향에 대해서 예언적인 시각을 가지는 것이다. 바로 이러한 차원에서 토미즘의 현대적 영성은 인류의 미래에 대한 비전을 예언자적인 시각으로 통찰하게 된다. 이것이 본 연구의 결론에서 제시하고자 하는 토미즘 영성의 현대적 모습이다.

1) 인격의 개념과 새로운 휴머니즘

인간의 삶 혹은 인류의 삶과 관련하여 현대 철학이 가지는 현대성의 특징은 개별자의 삶에 대한 심도 있는 추구라고 할 수 있다. 현대 철학이 가지는 현대성의 특징은 여러 차원에서 논할 수 있지만 일반적으로는 개별자 혹은 개인의 의미가 철학적 논의 대상으로 부각되었다는 점일 것이다. 근대 철학의 업적이 사유하고 세계를 파악하는 장본인인 정신 즉 사유의 주체를 발견한 것이라면, 현대 철학의 업적은 사유하는 개인의 삶 그 자체 혹은 내면성에 대한 탐구를 시작한 것이라고 할 수 있다. 내면성 혹은 내밀성이라는 주제는 현대 철학자들이 개인의 내적인 체험을 통해서 내면성의 사태 자체를 분석하고 내면이라는 실재를 이해하고자 하면서 자기 동일성(정체성) 혹은 자아의 개념으로 발전시킨 심오한 철학적 주제이다. 현대 철학의 선구자로 인정되는 키르케고르는 철학적 주제를 자신의 개별적인 삶의 가장 진지하고 의미 있는 문제로부터 취하였으며, 프랑스의 멘-느 비랑은 인간의 영혼이 영성적인 지평에 이르는 과정을 순수하게 내면의 체험을 관찰하고 분석함으로써 이해하고자 하였다. 반면 후설의 현상학에서는 인간의 내면성(의식)의 구조를 발견하였다. 마찬가지로 우리가 토미즘의 영성에서 현대성을 발견하고자 한다면, 이는 곧 한 개인의 심오한 근원으로서의 인격(persona) 개념일 것이다. 현대 토미스트들 중 이러한 인격의 개념을 중심 주제로 취하는 철학자로, 통합적 휴머니즘을 제시한 쟈크 마리텡과 인격주의의 대표적 멤버인 엠마누엘 무니에(Emmanuel Mounier) 등을 들 수 있다. 이들 현대의 토미스트들에게 있어 인격의 개념은 그들의 사유의 중심을 이루고 있는 심오하고 신비적인 것이다. 쟈크 마리텡은 『앎의 등급들(*Les degrés du savoir*)』에서 인격에 대해 다음과 같이 말한다.

> 한 인격체(une personne)는 자유의 중심이다. 그는 사물들, 우주, 신 앞에서 다른 인격체와 담화하고 지성과 감성을 통해서 소통하고 있다. 그것이 아무리 복잡하다고 하더라도 개성(개별성, personnalité)의 의미는 무엇보다 먼저 존재론의 질서에 있

다. (…) 개성의 형이상학적인 뿌리는 사람들이 실체(substance)라고 부르는 그것이다. (…) 나의 인격은 행위하기 이전에 존재한다. 그리고 이 인격은 그의 실존을 마치 그의 본성처럼 일종의 절대적인 방식으로 그리고 소통 불가능한 것으로 소유하고 있다.[714]

인격이 행위 이전에 존재하며, 개성의 형이상학적 뿌리가 된다는 차원에서 이는 선천적인 것이다. 그리고 소통 불가능하다는 차원에서 지성의 앎에 대해서는 초월적인 것이다. 그렇기 때문에 인격의 개념은 인간성과 신성의 관계를 이해하는 데 있어서 가장 직접적인 소여이다. 즉 신에게로 접근해 간다는 것은 곧 인격으로 더 깊이 나아간다는 의미이다. 하지만 인격은 이미 주어진 무엇이 아니라 "자유를 획득하듯이 실현해야만 하는 것"[715]이며, 따라서 인격을 형성하는 주체는 곧 자기 자신이다. 그런데 역설적이게도 형성된 인격의 자기 원인(causa sui)이기 위해서는 형성하는 주체의 자유 이외에 다른 것이 요청된다. 그것은 곧 신과의 관계 혹은 신의 섭리에 대한 일치이다. 왜냐하면 인격의 근원이 곧 신이며, 신과의 관계성을 전제하는 않는 그 어떤 자유도—세상의 모든 문화적 요인과 관습적인 요인들을 초월할 수 있는 초인을 가정하지 않는 한—실상은 세상의 영향 하에 형성되었기 때문이다.

따라서 인격에 대해서 생각하는 것은 곧 신성과 관계된 한 개인의 개별성을 생각하는 것이다. 인격은 곧 초월성의 징표이다. 영적인 삶 혹은 신비적인 삶은 필연적으로 한 개인의 개별성 혹은 인격성에 대한 사유와 불가분하다. 현대 철학자들이 인간의 고유한 본성에 부여하는 "막대함(inexhaustibilité) 혹은 비규정성(la personnalité)"[716]은 인간존재가 영적으로 변모하는 데 요구되는 인격성의 특성과 무관하지 않다. 왜냐하면 그것이 진정한 초월성인 한, 초월성은 끝이 없는 초월성 즉 항상 이미 체험된 것을 넘어서는 무한한 요구에 응답하는 초월성이어야 하기 때문이

714 Jacques Maritain, *Les degrés du savoir*, Paris, Desclée, 1932, pp. 457~458.
715 *Ibid.*, p. 460.
716 *Ibid*. 463.

다. 인간성 안에 존재하는 막대한 가능성, 어떤 것으로도 규정 불가능한 초월의 신비는 현대 철학에서 인간을 새롭게 바라보는 가장 이상적인 국면이자 새로운 휴머니즘이라 불릴 만하다.

인격에 대한 이해는 인격주의라는 새로운 사조를 형성하면서 현대 철학의 특징 중의 하나인 개인주의를 넘어서고자 하는 기류를 형성한다. 이러한 경향은 특히 엠마누엘 무니에의 사유에서 잘 드러난다. 그는 "개인주의(individualisme)의 첫 번째 근심은 개인을 자기 자신의 중심에 위치시키는 것이라면, 인격주의(personnalisme)의 첫 번째 근심은 인격의 열려진 지평들 안에서 개인을 다시 정립하기 위해서 자신의 중심에 위치시킨 이 중심을 허물어뜨리는 것이다."[717]라고 말한다. 이는 일종의 변증법적인 운동이다. 개인의 중심을 무너뜨리는 것은 이것이 오류이거나 잘못이기 때문이 아니라, 보다 더 큰 세계를 향해 열리기 위해서이다. 전통적인 의미의 내면성과 피안은 보다 새롭게 도약하기 위해서 열려야 한다. 이 열림은 결코 완전하게 그 궁극적인 최종점에 도달할 수 없는 것을 향해 중단 없이 나아가고자 하는 신비주의적인 의미를 함의한다. 그렇기 때문에 "개별적인 인격은 오직 보다 잘 도약하기 위해서만 자신에게로 칩거한다. 침묵과 피안의 가치들은 바로 이러한 생동하는 체험에 있어서 정립된다."[718] 이러한 사실은 인간존재의 초월적인 특성과 인간성의 신성과의 관계성에 대한 탐구가 왜 인격에 대한 깊이 있는 사유로 나아갈 수밖에 없는지 설명해 준다.

2) 인류의 궁극적인 목적과 현대적 신비주의

인류의 미래에 대해 고민하고 인류가 어디로 향해야 하는가를 가장 심오하게 고민한 현대 사상가로는 떼이야르 드 샤르뎅을 들 수 있다. 그는 인류 역사가 보

---

717 Emmanuel Mounier, *Le Personnalisme*, Paris, PUF, 1961, p. 35.
718 *Ibid*, p. 48.

여 주는 제 사건들의 실재를 액면그대로 고찰하고 인류의 실제적인 역사 안에서 보이는 신적 섭리가 무엇인가를 고민한 사상가이다. 그는 인류의 진화가 어떤 궁극적인 목적을 향해 나아가고 있음을 간파하였고, 바로 이 궁극적인 지점을 '오메가 포인터'라고 명명하였다. 그리고 이러한 과정을 '인격화의 과정'으로 보았다.

> 인격화에 대한 장애가 많았음에도 불구하고 인격화는 진전되고 있다. 한편으로는 인격적인 존재로서의 우주가 되어 가고 다른 한편 우주가 인격화를 이루는 것이다. 인간의 인격화부터 우주 전체의 인격화는 오메가 안에서 완성된다.[719]

인격화된다는 것은 무엇을 말하는가? 어떻게 인간이 아닌 우주가 인격화된다는 것인가? 그리고 이미 인격인 인간이 인격화된다는 것은 또 어떻게 이해해야 하는가? 그리스도교의 사상에서 보자면 인격(Persona)은 일차적으로 인간의 것을 지칭하는 것이 아니다. 왜냐하면 페르소나는 애초에 신의 본질을 지칭하기 위해 사용된 용어이기 때문이다. 엄밀히 말해 인간이 신의 본질인 페르소나 즉 인격을 닮은 것이지, 신이 인간의 인격을 닮은 것이 아니다. 다시 말해서 페르소나라는 말을 신과 인간에게 모두 사용하는 것은 신을 인격화하는 것이 아니라, 인간을 신격에 견주어 생각하는 것이다. 그래서 쟈크 마리텡은 "신은 최상으로 인격적(개별적, personnel)이기에 창조의 개념이 하나의 의미를 가지게 된다."[720]라고 말한다. 왜냐하면 그에게 있어서 인격의 특징은 지성과 자유인데, 완전한 지성과 완전한 자유의 존재만이 다른 모든 존재의 절대적인 원인일 수 있기 때문이다. 인간이 불완전한 지성과 불완전한 자유의지를 가지고 있는 것은 인격화의 과정 중에 있기 때문이다. 인간은 인격을 소유한 것이 아니라, 인격화되어 가는 존재이다. 애초에 단순한 생명에서 감각을 거쳐 의식이 발생하는 과정 그 자체가 인격화를 향한 생의

---

719 떼이야르 드 샤르뎅, 『인간 현상 이해』, 떼이야르 드 샤르뎅 연구회 옮김, 대건인쇄출판사, 2009, p. 195.
720 *Les degrés du savoir*, op. cit., p. 467.

도약이라고 할 수 있다. 떼이야르 드 샤르뎅에게 있어서 이러한 과정은 단순한 진화가 아니라, 신적 섭리에 의한 필연적인 사건으로 봄으로써 이를 "생명의 초창조(sur-création)" 혹은 "재탄생(re-naissance)"[721]이라고 부른다. 현대 사회는 정신화의 포화상태 즉 임계점에 도달했다고 말할 수 있고, 여기서 인류는 다시 한 번 질적인 도약 즉 초창조를 감행해야 한다. 그리고 이러한 초창조의 방향은 인격화를 극대화하는 방향이어야 한다. 인격의 극대화란 신의 인격성(Persona)을 인간존재 안에서 실현하는 것이며, 진정한 신의 이미지를 실현한다는 것을 의미한다. 이것이 토마스 아퀴나스가 "신의 이미지가 어떤 것에서 나타나기 위해서는, 이 어떤 것이 최상의 유적 완성(ultimum genus perfectionis)에 도달해야 한다."[722]라고 말했을 때의 의미이다.

그런데 이러한 인격화의 극대화는 어떻게 가능한가? 떼이야르 드 샤르뎅에 의하면 이 과정에서는 최소한 두 가지의 조건이 전제된다. 하나는 인간의 실존에 이미 신이 현존하고 있다는 것이며,[723] 다른 하나는 개개의 의식이 보다 자기 자신이 되어야 한다는 것이다.[724] 따라서 우선적으로 인간의 정신은 자기 자신에게 현존하는 신적 현존을 추구하는 일이며, 보다 자기 자신이 되는 것이다. 자기 자신의 정신에 현존하는 신을 추구하는 것은 일찍이 신비주의가 감행했던 그것이다. 신비주의에 관한 쟈크 마리뗑과 베르그송의 말을 들어 보자.

> 우리는 여기서 신비적인 체험(expérience mystique)을 다음과 같이 이해하고자 한다. (…) 신의 깊이들에 대한 체험적인 앎(connaissance expérimentale)의 의미로 혹은 영혼을 신성한 것과 접촉하는 자신의 가장 깊은 곳으로 이끌어가는 신성한 것들에 대

---

721 『인간 현상 이해』, 앞의 책, p. 130.

722 *De veritate*, q. X *De Mente*, a. 1, ad 5.

723 "실재적이고 현실적인 정신권에는 실재적인 또 현실적인 중심이 있다. 오메가가 최고도로 인간을 끌어당기는 존재이기 위해서는 이미 최고도로 현존 해야만 한다." 『인간 현상 이해』, 앞의 책, p. 202.

724 "개개의 의식은 자기를 의식한다. 또 이 의식이 점점 자기화 하면 할수록 다른 의식들과 구별되며 오메가점으로 나아가게 된다. 의식분자는 각각 자아의 불혼화성을 뚜렷하게 한다. 의식 분자는 다른 이(他者)가 되면 될수록 더 자기 자신이 된다. 그것은 오메가점에 잠김으로써 반드시 생기는 결과이다." 위의 책, p. 197.

한 열정 그리고 신의 삶(la vie de Dieu)을 느끼는 것으로 이해하고자 한다.[725]

> 우리의 눈에, 신비주의의 정신은 생명이 표현하는 창조적 노력과의 접촉이며, 따라서 부분적인 일치다. 그런 노력은 신 자체는 아니지만, 신에서 나온다. 위대한 신비주의자는 물질성에 의하여 종에 주어진 한계를 뛰어넘는, 신적인 행동을 또한 연장하는 하나의 개체성이다.[726]

오늘날 현대사회는 그 어느 때보다도 조직화가 강화되어, 삶의 모든 부분에서 서로 연계되고 전체적인 체계 안에 삽입되어 있다. 하지만 구성요소들이 아무리 정신화되어도 의식군(意識群)의 집합체는 진정한 정신이 될 수 없고, 영성적인 도약이 불가능하다. 정신은 보다 군집화될수록 일종의 물질화가 되어 버린다. 즉 닫힌 사회가 되어 버리는 것이다. 진정한 영성은 개개인의 의식이 보다 깊이 자기화 되고 그럼으로써 보다 더 인격화가 되어야 하기 때문이다. 신적 현존의 체험은 절대적으로 개별적이고 내밀한 것이지, 집단화로서 가능한 것이 아니다. 그렇기 때문에 현대인의 모든 노력에도 불구하고 결국 현대인의 삶에서 가장 큰 문제점은 인격화의 노력을 게을리 하는 것이다. 진정한 보편성은 집단성이 아니다. 집단성은 그것이 어떠한 형식을 취하든 일종의 배타성일 뿐 진정한 보편성이 될 수 없다. 집단성 혹은 전체성은 인격화와 보편성에 모순된다. 진정한 보편성은 완성된 인격성 즉 신적 현존과의 일치에서만 주어진다. 왜냐하면 "인격성은 다양성의 하나의 매듭 혹은 하나의 종합이며, 이는 창조된 것 안에서의 고유한 조건이지만, 창조되지 않은 존재 안에서는 이 인격성은 순수한 단순성이기 때문이다."[727]

따라서 집단성을 넘어서고 보다 자기 자신이 되면서 인격화한다는 것은 개인주의와는 무관하다. 이는 진정으로 보편성(universalité)을 실현하기 위한 것이다. 즉 신

---

725 *Les degrés du savoir*, op. cit., p. 490.
726 H. Bergson, *Les deux sources de la morale et de la religion*, Alcan, 1932, p. 233.
727 *Les degrés du savoir*, op. cit., p. 463.

적 현존에 완전히 일치하는, 그리하여 진정으로 자연주의(naturalisme)를 넘어서는 생의 도약인 것이다. 그래서 떼이야르 드 샤르뎅은 "보편적인 사랑은 다만 심리적으로만 가능한 것이 아니라 우리가 할 수 있는 완전하고 종국적인, 유일한 사랑의 방법이다."[728]라고 말한다. 온갖 종류의 군집화와 조직화로 인해 정신의 포화상태를 맞이하고 새로운 물질주의로 추락하고자 하는 현대인의 경향성에 맞서, 과연 인간의 정신이 가야할 방향은 무엇인가 그리고 새로운 생의 도약은 무엇인가 하는 것이 현대 토미즘의 필연적인 질문이다. 그리고 이러한 질문은 또한 우리의 정신(영혼)에 현존하는 신의 현존은 어떻게 추구될 수 있는가 하는 질문을 야기한다. 인간의식의 질적인 도약은 오직 우리 자신에게 현존하는 신적 현존과의 진정한 교감을 통해서만 가능하기 때문이다. 그리고 그러한 경우에만 모든 이기주의와 개인주의 그리고 자연주의와 집단성을 넘어서는 진정한 보편적 사랑이 가능하다. 그리고 이러한 보편적인 사랑이 구체적인 사회 현실 안에서 어떻게 가능할 것인지 묻지 않을 수 없다. 왜냐하면 새로운 인격화는 분열되고 파편화된 사회의 인격화를 동시에 함의하기 때문이다. 새로운 인격화의 길(la voie de la re-personalisation), 그것은 곧 현대의 신비주의라고 할 수 있다. 그리고 이는 최소한 토마스 아퀴나스에게는 결코 하나의 낭만주의가 아니다. 그는 이러한 것이 진정 생의 법칙이라고 생각하기 때문이다. 그의 확신에 찬 아래의 진술은 항상 새로운 도약을 위한 용기를 준다.

> 하나의 본성은 그 자신이 가진 가장 상승된 것(고차원적인 것)을 통해, 보다 상위적인 본성의 가장 하위적인 부분과 교감하게 된다.[729]

---

728 『인간 현상 이해』, 앞의 책, pp. 199~200.
729 *De veritae*, q. 10, *De Mente*, a. 1, ad. 5.

참고문헌

가르멜 수도회, 『십자가의 성 요한의 영성입문』, 크리스찬출판사, 1991.

가브리엘 마르셀, 『존재의 신비 I』, 이문호, 이명곤 옮김, 누멘, 2010.

강성훈 외, 『마음과 철학』, 서울대학교출판문화원, 동녘, 2012.

고이즈미 요시유키, 『들뢰즈의 생명철학』, 이정우 옮김, 동녘, 2003.

구영모, 『죽음: 생명윤리적 접근』, 울산대학교출판부, 2005.

길희성, 『마이스터 엑카르트의 영성 사상』, 분도출판사, 2003.

김현태, 『둔스 스코투스의 철학 사상』, 가톨릭대학교출판부, 1994.

김형효, 『베르그송의 철학』, 민음사, 1991.

______, 『마음의 철학』, 청계출판사, 2000.

나탈리 에니히, 『반 고흐 효과』, 이세진 옮김, 아트북스, 2006.

더널드 W. 셔번,, 『화이트헤드의 '과정과 실재' 입문』, 오영환, 박상태 옮김, 서광사, 2010.

떼이야르 드 샤르뎅, 『인간현상 이해』, 떼이야를 드 샤르뎅 연구회 옮김, 대건인쇄출판사, 2009,

로버트 패리시, 『떼이야르 드 샤르뎅의 신학 사상』, 이홍근 옮김, 분도출판사, 2001.

루이 라벨, 『성인들의 세계』, 최창성 옮김, 가톨릭출판사, 1992.

________, 『자아와 그 운명』, 이명곤 옮김, 누멘, 2008.

리처드 도킨스,『이기적 유전자』, 홍영남 옮김, 을유문화사, 2005.

모리스 메를로-퐁티, 『눈과 마음』, 김정아 옮김, 마음산택, 2008.

모리스 젱델, 『나날의 삶을 하느님과 함께』, 부산 가르멜 수녀원 옮김, 성바오로출판사, 1997.

미셸 푸코, 『말과 사물』, 이광래 옮김, 민음사, 1988.

박주영, 『악이란 무엇인가』, 누멘, 2012.

변종하, 『세잔』, 도서출판 지소림, 1987, 112쪽.

베른하르트 벨테, 『종교철학』, 오창선 옮김, 분도출판사, 2000.

서강대학교 생명문화연구소, 『생명연구』, 「철학에서 본 생명」, 진교훈, 서강대학교출판부, 1993.

서동은, 『하이데거와 가다머의 예술이해』, 누멘, 2009, 91쪽.

설민, 『하이데거와 인간실존의 본래성』, 한국학술정보, 파주, 2009.

소피아 로기, 『성 보나벤투라』, 이재룡 옮김, 가톨릭대학교출판부, 2001.
아리스토텔레스, 『니코마코스 윤리학』, 이창우, 김재홍, 강상진 옮김, 이제이북스, 2006.
아우구스티누스, 『고백록』, 최민순 옮김, 성바오로출판사, 1965.
_______________, 『자유의지론』, 성염 옮김, 분도출판사, 1998.
안쏘니 케니, 『토마스 아퀴나스』, 강영계·김익현 옮김, 서광사, 1986.
앤드루 라우스, 『서양 신비사상의 기원』, 배성옥 옮김, 분도출판사, 2001.
양명수, 『어거스틴의 인식론』, 한들출판사, 서울, 1999.
어윈 에드만, 『예술과 인간』, 박용숙 옮김, 문예출판사, 1993.
에르빈 슈뢰딩거, 『생명이란 무엇인가-물질과 정신』, 전대호 옮김, 궁리, 2011.
에머리히 코레트, 『인간이란 무엇인가?-철학적 인간학의 기본개요』, 안명옥 옮김, 성바오로출판사, 1994.
요셉 라삼, 『토마스 아퀴나스: 존재의 형이상학』, 이명곤 옮김, 누멘, 2009.
요셉 피퍼, 『토마스 아퀴나스 그는 누구인가』, 신창석 옮김, 분도출판사, 2005.
움베르트 에코, 『중세의 미와 예술』, 손효주 옮김, 열린책들, 1998.
보나벤투라, 『하느님께 이르는 영혼의 순례기 -해설판-』, 원유동 옮김, 누멘, 2012.
이브라겡, 『靜觀의 經路』, 이영직 옮김, 분도출판사, 1976.
잔 라크르와, 『현대 프랑스 사상의 파노라마』, 정성진 옮김, 탐구당, 1985,
잔 라크르와 & 모리스 블롱델, 『모리스 블롱델의 행동과 자유의 철학』, 홍승식 옮김, 수원가톨릭대학교출판부, 1990.
조지 오먼, 『가톨릭 전통과 그리스도교 영성』, 이홍근·이영희 옮김, 분도출판사, 2007.
조효남, 『의식·영성·자아초월 그리고 상보적 통합』, 학수림, 서울, 2008.
존 버거, 『피카소의 성공과 실패』, 김윤주 옮김, 미진사, 1984.
정달용, 『중세 독일 신비사상』, 분도출판사, 2007.
제임스 H. 루빈, 『인상주의』, 김석희 옮김, 한길아트, 1998.
질 들뢰즈, 『차이와 반복』, 김상환 옮김, 민음사, 2008.
질송 E., 『토미스트 실재론과 인식 비판』, 이재룡 옮김, 서광사, 1994.
차미영, 『죽음의 이해』, 상상커뮤니케이션, 2006.
카알 야스퍼스, 『철학적 신앙』, 신옥희 옮김, 이화여자대학교출판부, 1995.
카프라, 프리쵸프, 『생명의 그물』, 김용정 외 옮김, 범양사, 1998.
칸트, 『순수이성비판』, B 76, 재인용: 『순수이성비판 서문』, 김석수 옮김, 책세상, 2006.
콘라드 드 메스떼르, 『빈손-리지외의 성녀 데레사의 메시지』, 대전 가르멜 수녀원 옮김, 가톨릭출판사, 1986.
케빈 월, 『예술철학 - 고전적 원리의 관점에서 본 예술의 본질』, 박갑성 옮김, 민음사, 1992.

키르케고르, 『사랑의 役事』, 하, 임춘갑 옮김, 종로서적, 1982.
__________, 『들의 백합 공중의 새』, 표재명 옮김, 종로서적, 1980.
__________, 『이것이냐 저것이냐』, 임춘갑 옮김, 도서출판 치우, 2012.
__________, 『유혹자의 일기』, 임춘갑 옮김, 종로서적, 1980.
__________, 『관점』, 임춘갑 옮김, 도서출판 치우, 2011.
__________, 『불안의 개념』, 임춘갑 옮김, 도서출판 치우, 2011.
__________, 『공포의 전율』, 임춘갑 옮김, 도서출판 치우, 2011.
__________, 『순간』, 임춘갑 옮김, 도서출판 치우, 2011.
__________, 『직접적이며 에로틱한 단계들 또는 음악적이고 에로틱한 것』, 임규정 옮김, 지식을만드는 지식, 2011.
토마스 모어, 『유토피아』, 황문수 옮김, 종합출판 범우, 2008.
토마스 아퀴나스, 『진리론』, 이명곤 옮김, 책세상, 2012.
플라톤, 『국가』, 박종현 옮김, 서광사, 1997.
______, 『파이돈』, 박영덕 옮김, 육문사, 1994.
피터 싱어, 『실천 윤리학』, 황경식·김성동 옮김, 철학과 현실사, 서울, 2003.
_________, 『메타윤리』, 김성한 외 옮김, 철학과 현실사, 2006.
하이몽 다리고, 베르나르 뻬이루스, 『영성의 파노라마』, 이명곤 옮김, 성요셉출판사, 2008.
하이젠베르크, 『부분과 전체』, 김용준 옮김, 지식산업사, 2005.
화이트비, 『플로티노스의 철학』, 조규홍 옮김, 누멘, 2008.
힐쉬베르거, 『서양철학사(하)』, 강성위 옮김, 이문출판사, 1988.

Albin Michel, *Dictionnaire du Moyen Âge littérature et philosophie*, Paris, Albin Michel, 1999.
Aristote, *Éthique à Nicomaque*, Paris, J. Vrin, 1994.
Augustinus, *Confessionum*, Paris, Garnier Frères, 1950.
__________, *Cantique spirituel*, tra. Dom Chevalier OSB, éd. Desclée, 1930.
Balaudé Jean-François, *Introduction, in Épicure, Lettres, Maximes*, sentences, LGF, coll. Le livre de Poche, 2009.
Beaude Joseph, *La Mystique*, Paris, Cerf, 1990.
Bergson H., *L'évolution créatrice*, F. Alcan, Paris, 1914.
__________, *Matière et mémoire*, Paris, PUF, 1990.
__________, *Le Rire*, Oeuvre, Paris, PUF, 1963, p. 461.
__________, *L'énergie spirituelle*, PUF, 1966.

_________, *La Pensée et le Mouvement*, Paris, PUF, 1934.

_________, *Oeuvre de Bergson*, éd. Robinet, PUF, 1959.

_________, *essai sur les données immédiates de la conscience*, Paris, PUF, 1970.

Bloch E., *Das Prinzip Hoffnung* I, Suhrkamp, 1977.

Brunschwig Jacques, *Épicure, in Collectif, Philosophie grecque*, Paris, PUF, 1998.

Comte A., Catéchisme positiviste, Paris,. Garnier, 1909.

________, Cours de philosophie positive, Paris, Hermann, 1998.

Conche Marcel, Introduction, in Épicure, *Lettres et Maximes*, Paris, PUF, coll. Épiméthée, 2003.

Deschaussées Monique, *Musique et spiritualité*, Paris, Dervy,1990.

Descartes, *Les passions de l'âme*, Paris, Le livre de poche, 1990.

________, *Correspondance avec Élisabeth*, Paris, GF-Flammarion, 1989.

Druin Jean-Marc et Lenay Charles, *Théories de l'évolution*, Paris, presses pocket, 1990.

Eckhart, *Traités et sermons*, trad. Alin de Libera, Paris, GF-Flammarion, 1993.

Eddington A. S., *The Nature of the Physical World*, Cambridge University Press, 1928.

Emmanuel Mounier, *Le personnalisme*, Paris, PUF, 1949.

Forest Aimé, *Du consentement à l'être*, Paris, Montaigne, 1935.

__________, *Consentement et création*, Paris, Aubier, 1943.

__________, *L'Avènement de l'Ame*, Paris, Beauchesne, 1973.

Foucault M., *Les mots et les choses*, Paris, Gallimard, 1966.

Fuchs Eric, *Introduction à Ethique*, Genève, Labor et Fides, 1995.

Geiger Louis-B. O. P., *Le problème de l'amour chez saint Thomas d'Aquin*, Paris, J. Vrin, 1952.

Genuyt F. M. OP., *Vérité de l'être et Affirmation de Dieu*, Paris, J. Vrin, 1974.

_______________, *Le Mystère de Dieu*, paris, Desclée, 1963.

Gilson E., *Le Thomisme*, Paris, J. Vrin, 1942.

________, *Saint Thomas moraliste*, Paris, J. Vrin , 1974.

________, *L'Être et L'Essence*, Paris, J. Vrin, 1994.

Guillaume de Tocco, *Saint Thomas d'Aquin, sa vie*, trad. R. P. Pègues et M. Maquart, Paris, 1925.

Hegel, *La Raison dans l'histoire*, trad. K. Papaioannou, Paris, Bibliothèque 10/18, 1965.

____, *Cours d'esthétique*, I, trad. J. P. Lefebre et V. von Schenk, Aubier, 1995.

Hildegarde de Bingen, *Livre des oeuvre divines*, Bernard Gorceix, Paris, Albin Nichel, 1982.

Hume, *Traité de la nature humaine*, trad. P. Baranger et P. Saltel, Paris, GF-Flammarion, 1995.

Kandinsky, *Du spirituel dans l'art, et dans la peinture en particulier*, Floch, 1989.

Kant, *Fondement de la métaphysique des moeurs*, trad. par Victor Delbos, Paris, Delagrave, 1969.

____, *Critique de la raison pure*, trad. J. Barni, Paris, GF-Flammarion, 1987

____, *Critique du Jugement*, Paris, J. Vrin, 1982.

Lavelle Louis, *De l'Acte*, Paris, Aubier, 1992.

__________, *De l'être*, Paris, Broché, 1947.

__________, *Introduction à l'ontologie*, PUF, 1947.

__________, *La conscience de soi*, Ed. Bernard Grasset, 1933.

__________, *L'erreur de Narcisse*, Paris, Bernard Grasset, 1939.

Leibniz G. W., *Principe de la nature et de la grâce fondés en raison*, Paris, PUF, 2001.

__________, *Système nouveau de la nature et de la communication des substances*, présentation par Chistiane Frémont, GF-Flammarion, 1994,

Levinas E., *Autrement qu'être ou au-delà de l'essence*, Paris, LGF, 1990.

________, *Totalité et Infini, Essai sur l'extériorité*, La Haye, Nijhoff, 1961.

________, *Totalité et Infini, Essai sur le penser-à-l'autre*, Paris, éd. Grasset, 1991.

Marc André, *Dialectique de l'affirmation*, Paris, Desclée de Brouwer, 1952.

Marcel Gabriel, *La Dignité humaine*, Paris, Aubier, 1964.

__________, *Le mystère de l'être*, I, Paris, Aubier, 1964,

__________, *Le Mystère de l'Être*, II, Paris, Jean Grou-Radenez, 1964.

__________, *HOMO VIATOR*, Association Présence de G. marcel, 1998.

Marie-Madeleine de Pazzi, OEuvres, t. I, trad. par le Père Anselme Bruniaux, Ed. Victor Plamé, 1873.

____________________, *La personne et Le bien commun*, Paris, Desclée de Brouwer, 1974.

____________________, *De Bergson à Thomas D'Aquin*, Paris, Paul Hartmann, 1944.

Maritain Jacques, *Les degrés de savoir*, Paris, Desclée, 1932.

____________, *La personne et Le bien commun*, Paris, Desclée de Brouwer, 1974.

Maurice Nédoncelle, *La Réciprocité des consciences*, Paris, Aubier, 1942.

Michel de Montaigne, *Essais*, trad. par Guy de Pernon, NumLivres, 2011.

Panofsky Erwin, *Idea*, Press University of South Carolina, Columbia, 1968.

Pascal, *pensées*, 418-121, Paris, GF-Flammarion, 1976.

Philippe Fr.(OCD), *La présence à Dieu et à moi-même*, éd. du Seuil, 1949.

Pierre Teilhard de Chardin, *L'activation de l'énergie*, éd. Le Seuil, 1951.

____________________, *Le Phénomène humain*, Paris, éd Seul, 1955.

Platon, *La République*, trad. R. Baccou, Paris, GF-Flammarion, 1991.

Rassam Joseph, *Thomas d'Aquin*, PUF, 1969.

Renault Emmanuel, *St. Thérèse d'Avila et l'expérience mystique*, Paris, Seuil, 1981.

Russ J., *Dictionnaire de philosophie*, Paris, Bordas, 1991.

Souriau Etienne, *Clef pour l'esthétique*, Ed. Seghers, Paris, 1970.

Spinoza, *Éthique III*, trad. C. Appuhn, paris, GF-Flammarion, 1965,

Thierry Gosset, *Femmes mystiques époque moderne*, Paris, La table ronde, 1996.

Thomae Aquinatis, *Summa Theologiae*, I & I-II & II-II, marietti Editori, Italy, 1952.

________, *Summa Contra Gentiles.*, I & II & III, Paris, Louis Vivès, 1854.

________, *Questiones disputatae de Vertate*, q. III, *De Ideis*, trad. Abbaye sainte Madeleine du Barroux, 2012.

________, *Questiones disputatae de Vertate*, q. XVI, *De synderesis*, Paris, J. Vrin, 1991.

________, *Questiones disputatae de Vertate*, q. XVII, *De conscientia*, Paris, J. Vrin, 1991.

________, *Questiones disputatae de Vertate*, q. IV, *De Verbo*, Paris, J. Vrin, 1992.

________, *Questiones disputatae de Vertate*, q. X, *De Mente*, Paris, J. Vrin, 1998.

________, *Quaestiones dispputatae de Anima*, Parisiis, Sumptobus p. Lethielleux Editoris, 1925.

________, *Quaestiones dispputatae de Anima*, q. XV, *De ratione superiori et inferiori*, Paris, J. Vrin, 1991.

________, *Opera Omnia*, tom XLV, *Sentencia Libri de Anima*, J. Vrin, 1984.

Thomas d'Aquin, *Petite Somme Politique*, trad. Denis Sureau, Paris, Téqui, 1997.

________, Thomas d'Aquin, *L'unité de l'intellect contre les Averroïstes*, trad. Alain de Libera, Paris, GF-Flammarion, 1994.

Torrell Jean-Pierre O.P, *Saint Thomas d'Aquin, maître spirituel*, Paris, Cerf, 1996,

Vincent Van Gogh, *Lettres à son frère Théo*, Paris, Grasset, 1973.

Wittgenstein L., *Tractatus logico-philosophicus*, Francfroute, 1960.

Worms F., *L'âme et le corps, Bergson*, Paris, Hatier, 1992.

강상진, 「아벨라르두스 윤리학의 '의도'개념 연구」, 『중세철학』, 제15호, 한국중세철학회, 2009.

김율, 「토마스 자유이론의 변화를 어떻게 볼 것인가」, 『중세철학』, 제12호, 한국중세철학회, 2006.

김이균, 「세상의 영원성에 관한 Thomas Aquinas의 사상」, 『중세철학』, 제13호, 한국중세철학회, 2007.

김태규, 「아우구스티누스에 나타난 네오플라토니즘」, 『중세철학』, 제13호, 한국중세철학회, 2007.

문성학, 「칸트 윤리학에서 '실천이성의 사실'」, 『철학연구』, 제 90 집, 대한철학회, 2004.

박성은, 「이슬람 신의 영원성」, 『철학논총』, 제51집, 제1권, 새한철학회, 2008.

박승찬, 「인격개념의 근원과 발전에 대한 탐구」, 『중세철학』, 제13호, 한국중세철학회, 2007.

______, 「유비 개념의 다양한 분류에 대한 비판적 성찰」, 『중세철학』, 제11호, 한국중세철학회, 2005.

박주영, 「모든 학문의 신학으로의 환원」, 『중세철학』, 제15호, 한국중세철학회, 2013.

박찬수, 「안셀무스의 존재론적 논증」, 『철학적 분석』, 제16집, 2007.

서병창, 「토마스 아퀴나스의 악의 문제」, 『중세철학』, 제19호, 한국중세철학회, 2013.

______, 「토마스 아퀴나스 관계개념 연구」, 『철학』, 제70권, 한국철학회, 2002.

______, 「카리타스에 의한 에로스와 아가페의 종합」, 『중세철학』, 제19호, 한국중세철학회, 2004.

성염, 「Si fallor sum: 아우구스티누스 인식론의 형이상학적 맥락, 『삼위일체론』(De trinitate)을 중심으로'」, 『중세철학』, 제5권, 한국중세철학회, 1999.

손은실, 「하느님은 왜 그리스도의 죽음을 통해 인류를 구원하기를 원하셨는가?」, 『중세철학』, 제13호, 한국중세철학회, 2007.

손효주, 「필연성과 개연성 - 『시학』9, 1451a 38 해석」, in 『고전미학연구』, 민음사, 1992.

신창석, 「토마스 아퀴나스에 있어서 인간행위론의 철학적 근거: 인간의 본성(natura hominis)」, 『형이상학』, 제2권, 토마스학회, 1994.

양혜정, 「창조와 존재: 창조된 존재와 창조되지 않은 존재의 관계 고찰」, 『중세철학』, 제15호, 한국중세철학회, 2009.

원유동, 「보나벤투라의 신 존재 논증에 대한 이해」, 『중세철학』, 제11호, 한국중세철학회, 2005.

유원기, 「영혼의 불멸성에 관한 폼포나치의 견해」, 『중세철학』, 12호, 2006.

유지황, 「토마스 아퀴나스의 도덕철학 이해」, 『인문과학』, 제37권, 성균관대 인문과학연구소, 2006.

______, 「존재와 유비: 토마스 아퀴나스의 신(神) 존재 이해를 중심으로」, 『철학탐구』 제20호, 중앙철학연구소, 2006.

윤종갑, 「불교의 사생관과 생명윤리」, 『철학연구』, 제105집, 대한철학회, 2008.

이경재, 「안셀무스 존재론적 신 존재 증명의 두 전제」, 『중세철학』, 제11호, 한국중세철학회, 2005.

이명곤, 「토미즘에 있어서 인간의 의식의 특수성과 새로운 윤리관의 전망」,『철학연구』, 제103호, 대한철학회, 2007.

______, 「생명원리로서의 영혼 이해에 관한 중세철학의 두 지평」, 『중세철학』, 제11호, 한국중세철학회, 2005.

______, 『레비나스 / 제일철학으로서의 윤리학』, 『동서철학연구』, 한국동서철학회, 2002.

이상묵, 「가톨릭의 생명윤리」, 『철학논총』, 새한철학회, 제34집, 제4권, 2003.

이상봉·김재철, 「서양 중세철학에서의 상상력 개념」, 『철학논총』, 제44집 제2권, 2006.

이상섭, 「자기인식에 대한 아우구스티누스와 토마스 아퀴나스의 이론비교」, 『범한철학』, 제45집, 범한철학회, 2007.

이재성, 「종교적 실존은 세계와 어떻게 관계하는가?」, 『철학논총』, 제63집, 제1권, 새한철학회, 2011.

이진남, 「아퀴나스는 신명론자인가?」, 『중세철학』, 제11호, 한국중세철학회, 2005.

이충범, 「생태신학자 빙엔의 힐데가르트」, 『중세철학』, 제15호, 한국중세철학회, 2009.

이희용, 「아우구스티누스의 내적 말에 대한 해석학적 이해」, 『중세철학』, 제13호, 한국중세철학회, 2007.

정재현, 「'올바름'에서 '베풂음'으로-아우구스티누스의 '자유'를 해방시키기 위하여」, 『중세철학』, 제12호, 한국중세철학회, 2006.

정현석, 「토마스 아퀴나스의 인식론과 인간」, 『중세철학』, 제4호, 분도출판사, 1998.

최소인, 「숭고와 부정성」, 『철학논총』, 제58집, 제4권, 새한철학회, 2009.

최신한, 「헤겔의 삼위일체론」, 『기독교사상』, 제487호, 대한기독교서회, 1999.

최준호, 박기묵, 「생명과학과 인문학의 생명윤리정책에 관한 의사소통의 시론적 분석」, 『인문연구』, 제54호, 영남대학교 인문과학연구소, 2008.